Andreas Trautwein

Wertrelevanz von Patentinformationen im Kontext der Rechnungslegung

GABLER EDITION WISSENSCHAFT

Unternehmensführung & Controlling

Herausgegeben von
Universitätsprofessor Dr. Wolfgang Becker,
Otto-Friedrich-Universität Bamberg
und Universitätsprofessor Dr. Dr. h.c. Jürgen Weber,
WHU – Otto Beisheim School of Management, Vallendar

Die Schriftenreihe präsentiert Ergebnisse der betriebswirtschaftlichen Forschung im Themenfeld Unternehmensführung und Controlling. Die Reihe dient der Weiterentwicklung eines ganzheitlich geprägten Management-Denkens, in dem das Controlling als übergreifende Koordinationsfunktion einen für die Theorie und Praxis der Führung zentralen Stellenwert einnimmt.

Andreas Trautwein

Wertrelevanz von Patentinformationen im Kontext der Rechnungslegung

Eine empirische Betrachtung für börsennotierte Kapitalgesellschaften in Deutschland

Mit einem Geleitwort von Prof. Dr. Dr. h. c. Jürgen Weber

Deutscher Universitäts-Verlag

Bibliografische Information Der Deutschen Nationalbibliothek
Die Deutsche Nationalbibliothek verzeichnet diese Publikation in der Deutschen Nationalbibliografie; detaillierte bibliografische Daten sind im Internet über <http://dnb.d-nb.de> abrufbar.

Dissertation WHU – Otto Beisheim School of Management, Vallendar, 2006

1. Auflage Oktober 2007

Lektorat: Frauke Schindler / Stefanie Loyal

Der Deutsche Universitäts-Verlag ist ein Unternehmen von Springer Science+Business Media.
www.duv.de

Umschlaggestaltung: Regine Zimmer, Dipl.-Designerin, Frankfurt/Main
Gedruckt auf säurefreiem und chlorfrei gebleichtem Papier
Printed in Germany

ISBN 978-3-8350-0338-5

Meiner Familie

Geleitwort

Im Zuge der weltweiten Durchsetzung kapitalmarktorientierter Rechnungslegungssysteme wie US-GAAP und IAS/IFRS sowie der Weiterentwicklung der deutschen Rechnungslegungsvorschriften im Konzernabschluss durch den Deutschen Standardisierungsrat (DSR) hin zu einer stärkeren Orientierung an den Informationsbedarfen der Kapitalmärkte stellt sich die Frage, inwieweit Informationen über immaterielle Vermögenswerte von Unternehmen strukturiert im Rahmen der Rechnungslegung kommuniziert werden sollten.

Die Bedeutung dieser Fragestellung zeigt sich u. a. in dem Verhältnis von Markt- und Buchwerten des Eigenkapitals von Unternehmen (market-to-book-ratio), das z. B. in dem in der vorliegenden Arbeit betrachteten Zeitraum (1988 bis 2000) bei deutschen börsennotierten Gesellschaften im Schnitt immer zwischen ca. 1,5 und 4,5 lag. Die Differenz zwischen Markt- und Buchwerten des Eigenkapitals drückt nichts anderes aus als einen „blinden Fleck" der bestehenden Rechnungslegungsvorschriften, denn ganz offensichtlich gibt es systematisch für Investoren wertrelevante, d. h. marktpreisbeeinflussende Sachverhalte, die aber nicht in den Jahres- bzw. Konzernabschlüssen dieser börsennotierten Gesellschaften repräsentiert sind.

Insbesondere bei technologieorientierten Unternehmen kann unterstellt werden, dass Informationen über das Patentierverhalten Entscheidungsrelevanz für Investoren – bzw. bezogen auf den Marktpreis Wertrelevanz – besitzen, da Patente zum einen Indikator für die Wissensgenerierung im Unternehmen sind und zum anderen durch ihren Charakter als Schutzrecht das Abschöpfen von Renten aus diesem generierten Wissen zumindest für den Zeitraum des Patentschutzes erlauben. Aus dem Patentierverhalten lassen sich damit Prognosen über zukünftig erwartete Cashflows bzw. deren Risikostruktur fundieren.

Sowohl in der Unternehmenspraxis als auch in der wissenschaftlichen Diskussion besteht ein großes Interesse daran zu wissen, wie bedeutsam diese – zunächst theoretisch unterstellte – Wertrelevanz von Patentinformationen praktisch überhaupt ist und welche Implikationen dies für die regulatorischen Aktivitäten für Standardsetter bzw. für die Fortentwicklung der Rechnungslegung bedeutet. Diese grundlegenden Forschungsfragen greift Trautwein in der vorliegenden Dissertationsschrift auf, indem er empirisch die handelsrechtlichen Konzernabschlüsse von insgesamt 46 als technologieorientiert eingeordneten deutschen Unternehmen aus den Jahren 1988 bis 2000 und Informationen über die in diesem Zeitraum erteilten europäischen Patente in Relation zu den Marktpreisen dieser Unternehmen setzt.

Methodische Grundlage für die Arbeit Trautweins ist das *Feltham-Ohlson*-Modell (1995), das als theoretisch fundiertes und in der wissenschaftlichen Diskussion inzwischen breit anerkanntes anspruchsvolles Bewertungsmodell die Grundlage für die statistische Analyse von bilanziellen und sonstigen Messgrößen auf die Marktkapitalisierung darstellt. Die Umsetzung durch Trautwein folgt der einschlägigen Vorgehensweise, die in referierten Beiträgen zum *Feltham-Ohlson*-Modell fast ausschließlich gewählt wird, nämlich der multiplen Regressionsanalyse gepoolter Zeitreihen- und Querschnittsdaten.

Mit seiner Untersuchung trägt Trautwein einen wichtigen Baustein zur Abdeckung eines wichtigen Forschungsgebietes bei: Gerade für den deutschen Kapitalmarkt sind die o. a. Zusammenhänge bisher empirisch kaum untersucht worden. Auch für den US-amerikanischen Kapitalmarkt gibt es in diesem Kontext nur wenige Studien (z. B. von *Lev/Sougiannis* (1996)); zudem lassen sich diese Ergebnisse aufgrund des stark divergenten regulatorischen Umfeldes nur sehr eingeschränkt auf Deutschland übertragen. Im Ergebnis liefert die Arbeit zum Teil kontra-intuitive Erkenntnisse; nicht nur aus diesem Grund ist ihr ein großer Leserkreis zu wünschen!

Professor Dr. Dr. h. c. Jürgen Weber

Vorwort

Meine Entscheidung für eine Promotion wurde maßgeblich durch die positiven Erfahrungen geleitet, die ich während der Diplomarbeit an der WHU – Otto Beisheim School of Management am Lehrstuhl für Betriebswirtschaftslehre, insbesondere Controlling und Telekommunikation meines Doktorvaters Herrn Professor Dr. Dr. h. c. Jürgen Weber und dort am Zentrum für Externes Rechnungswesen und Steuerrecht gewonnen habe. Die Anregung zur zentralen Fragestellung der Dissertation, vor allem aber die Wahl eines empirischen Themas für das Forschungsvorhaben, wurde durch die inhaltlichen und methodischen Einblicke in die wissenschaftliche Arbeit begründet, die ich während dieser Zeit gesammelt habe.

Die wissenschaftliche Ergründung und empirische Validierung eines Zusammenhangs zwischen unternehmensspezifischen Messgrößen einerseits und am Kapitalmarkt beobachtbaren Marktwerten andererseits ist ein spannendes Forschungsfeld, dem angesichts der Internationalisierungs- und Harmonisierungsbestrebungen infolge der Durchdringung kapitalmarktorientierter Rechnungslegungssysteme ein konkretes Erkenntnisinteresse von Wissenschaft und Praxis zugeschrieben wird. Die angewandte Forschungsstrategie zur Analyse dieser Beziehung verknüpft theoretische und empirische Elemente und generiert Erkenntnisfortschritte aus der Messung des statistischen Zusammenhangs zwischen Fundamentaldaten der Rechnungslegung in Kombination mit Patentinformationen auf der einen und der Marktbepreisung auf der anderen Seite. Die Arbeit wurde 2005 als Dissertationsschrift an der WHU – Otto Beisheim School of Management eingereicht. Sie reflektiert den Forschungsstand bis zu diesem Zeitpunkt.

Zum Gelingen des Dissertationsprojektes haben eine Reihe von Personen durch Ihre fachbezogene ebenso wie durch Ihre moralische Unterstützung beigetragen. Ihnen allen gilt mein herzlicher Dank.

Zu allererst möchte ich aber meinem Doktorvater und akademischen Lehrer Professor Weber besonders danken. Seine stete Gesprächsbereitschaft habe ich hoch geschätzt und seine wertvollen Anregungen und Hinweise gerne aufgenommen. Beeindruckt haben mich außerdem immer wieder seine wahrhaft beispiellos kurzen Reaktionszeiten. Auch konnte ich an entscheidenden Stellen auf seinen Rückhalt und auf seine Unterstützung zählen. Eine herausragende Bedeutung kommt in diesem Zusammenhang auch Frau Professor Dr. Barbara E. Weißenberger zu, der ich ebenfalls herzlich danke. Zunächst als Leiterin des Zentrums für Externes Rechnungswesen und Steuerrecht am Lehrstuhl von Professor Weber und anschließend als Inhaberin der Professur für Industrielles Management und Controlling der Justus-Liebig-Universität Gießen war sie jederzeit für mich erreichbar, um Inhalte kritisch zu hinterfragen, lösungsorientiert zu diskutieren und die richtige

Hilfestellung zu geben. Sie hat spannende Fragen aufgeworfen und mich stets dazu ermuntert, meine Überlegungen konsequent weiterzuführen. Von der guten Betreuung und der Richtungsgebung habe ich sehr profitiert. Bei Herrn Professor Dr. Holger Ernst bedanke ich mich zudem für die Übernahme des Korreferates.

Durch die für eine Dissertation genauso typischen wie zahlreichen Höhen und Tiefen haben mich darüber hinaus viele Mitstreiter und enge Freunde begleitet. Hervorheben möchte ich an dieser Stelle im Besonderen Dipl.-Kfm. Michael Löbig, Dr. Sven Vorstius, Dr. Andreas Enders sowie Professor Dr. Matthias Muck. Wir haben neben unserer akademischen auch und vor allem unsere freie Zeit gemeinsam gestaltet und verbracht. Unsere überwiegend fachbezogenen, aber auch unsere außerfachlichen Diskussionen wurden stets leidenschadtlich geführt und waren immer mindestens so konstruktiv wie kritisch. Daneben möchte ich natürlich auch die Akteure am Lehrstuhl anführen. Die durch Professor Weber geschaffene kollegiale, fast familiäre Atmosphäre in dem gleichzeitig hoch motivierten, leistungsorientierten Umfeld haben die Freude an der wissenschaftlichen Arbeit sehr begünstigt. Stellvertretend für viele möchte ich hier Dr. Ulrich David und Dr. Erik Zeyer nennen. Besonders erwähnen möchte ich auch Fanny Knorr, die mich über weite Strecken von Studium und Promotion mit großer Geduld und Nachsicht begleitet hat.

Es war für mich eine begeisternde und faszinierende Zeit an der WHU, in der wissenschaftlicher Anspruch und individuelle, eigenverantwortliche Freiheit genauso ausgewogen wie symbiotisch miteinander verbunden waren.

Nicht zuletzt danke ich meinen Eltern, die mich fortwährend in meinem Vorhaben bestärkt haben und ohne deren Unterstützung und persönlichen Zuspruch die Promotion nicht möglich gewesen wäre. Ihnen ist dieses Buch in Dankbarkeit gewidmet.

Andreas Trautwein

Inhaltsübersicht

Inhaltsverzeichnis

Abbildungsverzeichnis

Tabellenverzeichnis

Abkürzungsverzeichnis

a. a. O.	am angegeben Ort
Abb.	Abbildung
Abs.	Absatz
AG	Aktiengesellschaft
AktG	Aktiengesetz
Aufl.	Auflage
BGBl.	Bundesgesetzblatt
BIP	Bruttoinlandsprodukt
BiRiLiG	Bilanzrichtliniengesetz
BMJ	Bundesministerium der Justiz
Bsp.	Beispiel
ca.	circa
CAPM	Capital Asset Pricing Modell
CDAX	Composite Deutscher Aktienindex
CEQ	Eigenkapitalbuchwert (Common Equity)
CII	Einflussstärke (Current Impact Index)
CITE	Patentzitat
CITER	Zitierquote
CPP	Zitate pro Patent (Cite pro Patent)
DAI	Deutsches Aktieninstitut
DAX	Deutscher Aktienindex
DBB	Deutsche Bundesbank
Def.	Definition
ders.	derselbe
DM	Deutsche Mark
DPMA	Deutsches Patent- und Markenamt
DRS	Deutscher Rechnungslegungs Standard
DRSC	Deutsches Rechnungslegungs Standards Committee e. V.
EG	Europäische Gemeinschaft
EPA	Europäisches Patentamt
EPÜ	Europäisches Patentübereinkommen
ERG	Ergebnisgröße
etc.	et cetera
et al.	et alii (und andere)
EU	Europäische Union
f.	folgende [Seite]

FASB	Financial Accounting Standardsetting Board
ff.	fortfolgende/folgende [Seiten]
Fn.	Fußnote
ggf.	gegebenenfalls
Gl.	Gleichung
GmbH	Gesellschaft mit beschränkter Haftung
GoB	Grundsätze ordnungsmäßiger Buchführung
GuV	Gewinn-und-Verlust-Rechnung
HGB	Handelsgesetzbuch
Hrsg.	Herausgeber
i. A. a	in Anlehnung an
i. d. R.	in der Regel
i. e.	id est, das heißt
i. e. S.	im engeren Sinne
i. H. v.	in Höhe von
i. S. d.	im Sinne der/des
i. w. S.	im weiteren Sinne
IAS	International Accounting Standards
IFRS	International Financial Reporting Standards
IPC	International Patent Classification
ISIN	International Stock Identifikation Number
KapAEG	Kapitalaufnahmeerleichterungsgesetz
KGaA	Kommanditgesellschaft auf Aktien
KGV	Kurs-Gewinn-Verhältnis
KonTraG	Gesetz zur Kontrolle und Transparenz im Unternehmensbereich
lt.	laut
MBV	Markt-Buchwert-Verhältnis
Mio.	Millionen
Mrd.	Milliarden
MV	Marktwert/-kapitalisierung (Market Value)
m. w. N.	mit weiteren Nachweisen
n. F.	neue Fassung
NOP	Anzahl der Patente (Number of Patents)
NOSH	Anzahl der ausgegebenen Aktien (Number of Shares)
o. g.	oben genannt
OA	operatives Vermögen (operating Assets)
OI	operativer Gewinn (operating Income)
PAT	Patent
PatG	Patentgesetz
PublG	Publizitätsgesetz
RND	Research and Development (Forschung und Entwicklung)
Rz.	Randziffer
SCIP	wissenschaftliche Publikation

SEC	Securities and Exchange Commission
SFAC	Statements of Financial Accounting Concepts
SIC	Standard Industrial Classification
SL	Wissenschaftsbindung (Science Linkage)
sog.	so genannt
SS	Wissenschaftsstärke (Science Strength)
Tab.	Tabelle
TCT	Technologiezyklusdauer (Technology Cycle Time)
TransPuG	Transparenz- und Publizitätsgesetz
TS	Technologiestärke (Technology Strength)
Tsd.	Tausend
Tz.	Textziffer
u.	und
u. a.	unter anderem
u. U.	unter Umständen
u. Ä.	und Ähnliches
UMTS	universal mobile telecommunications system
US	United States
US-GAAP	United States Generally Accepted Accounting Principles
USPOC	United States Patent Office Classification
VDAX	DAX-Volatilitätsindex
vgl.	vergleiche
VGP	Vereinbarung über Gemeinschaftspatente
WKN	Wertpapierkennnummer
WLS	Weighted Least Squares (Gewichtete Kleinstquadrate)
WpHG	Wertpapierhandelsgesetz
z. B.	zum Beispiel
z. T.	zum Teil
zzt.	zurzeit

Symbolverzeichnis

$\mathbb{I}$	Informationsmenge
$\mathbb{N}$	Menge der natürlichen Zahlen
$\mathbb{S}$	Menge der Stichprobenunternehmen
$\mathbb{T}$	Teilmenge
bv	Eigenkapitalbuchwert
c	Operativer Cashflow nach Investitionen
cf^{div}	Dividenden-Korrekturfaktor
cf^{smpl}	Umschichtungs-Korrekturfaktor
d	Dividende
fa	Finanzanlagen
i	Finanzergebnis
I	Investitionsbetrag
oa	Operatives Vermögen
ox	Operativer Gewinn
p	Aktienkurs
P	Marktwert oder -preis des Eigenkapitals
PI	Preisindex
q	Aktienanzahl
r_f	Risikoloser Zinssatz
R_f	um eins erhöhter risikoloser Zinssatz
RI	Returnindex
V	Portfoliowert
w	Gewichtungsfaktor
x	Gewinn
x^a	Residualgewinn
$\tilde{x}^a$	Zukünftig erwarteter Residualgewinn
y	Buchwert des Eigenkapitals
ε	Standardnormalverteilte Zufallsvariable

1. Einführung und Gang der Arbeit

1.1. Ausgangslage und Motivation

Der Kapitalmarkt nimmt insbesondere im angelsächsischen Raum traditionell eine starke Stellung in Volkswirtschaft und Gesellschaft ein. In Deutschland manifestiert sich erst mit Beginn der Neunzigerjahre ein beschleunigter Paradigmenwechsel in diese Richtung.[1] Die herkömmlich durch ein Hausbankensystem geprägte hiesige Finanzierungslandschaft unterliegt aktuell einem Umbruch.[2] Im Zuge fortschreitender Globalisierung und Integration internationaler Finanzplätze wird die Entwicklung einer Aktienmarktkultur nach angelsächsischem Muster begünstigt. Die Gründe für einen Bedeutungszuwachs des Aktienmarktes auch in Deutschland sind vielfältiger Natur. Als wichtige Einflussfaktoren werden hier ebenso die Globalisierung und damit verbundene Umstrukturierungsmaßnahmen auf Unternehmensebene, private Investitionen sowie ein steigendes Altersvorsorgebedürfnis bei niedrigem Zinsniveau gesehen.[3]

Unternehmen beanspruchen auch hierzulande zunehmend den Kapitalmarkt, um ihren (langfristigen) Kapitalbedarf zu decken.[4] Aber nicht nur die Unternehmensfinanzierung unterliegt gegenwärtig einem massiven Strukturwandel. Ebenso gewinnen Aktien und andere Wertpapiere als Anlageform für private Haushalte deutlich an Attraktivität.[5] Es offenbart sich also sowohl auf Unternehmensebene als auch auf Seiten der Anleger eine verstärkte Hinwendung zu Aktienmärkten und Wertpapieren.[6] Durch die veränderten Rahmenbedingungen kommt einer Bereitstellung und Verfügbarkeit relevanter Informationen ein höherer Stellenwert zu. Aus den dargestellten Entwicklungsdynamiken leiten sich zwangsläufig Konsequenzen für die Beziehung zwischen Unternehmen und Kapitalmarkt ab.

In diesem Zusammenhang kann die Rechnungslegung als ein wesentliches Instrument zur Gestaltung dieser Beziehung gesehen werden.[7] Für eine Kommu-

---

1 Unterschiede sind in diesem Kontext vor allem in der Finanzierungsstruktur von Unternehmen sichtbar. Vgl. *Böcking* (1998), S. 19.

2 Siehe *Francfort/Rudolph* (1992) vertiefend zu Kapitalstrukturen in Deutschland und den USA und *Rajan/Zingales* (2003) zum Veränderungsprozess europäischer Finanzmärkte.

3 Vgl. *Europäische Zentralbank* (2001), S. 8.

4 Der Kapitalmarktbegriff wird im Verlauf der vorliegenden Arbeit i. S. d. Wertpapierhandelsgesetzes (§ 2 Abs. 5 WpHG) verwendet und bezeichnet einen organisierten und öffentlich regulierten Finanzmarkt. Siehe auch Kap. 2.2 auf S. 20 zum Kapitalmarkt.

5 In diesem Kontext sind auch weitere einschneidende Veränderungen für die gesamte Unternehmensfinanzierung in Deutschland als Konsequenz aus dem Umsetzungsprozess des zweiten Basler Accords zu erwarten.

6 Eine katalysierende Funktion übt darüber hinaus die wachsende globale Vernetzung der Kapitalmärkte aus, aus der eine veränderte Anlegerstruktur resultiert.

7 Vgl. *Hax* (1988), S. 200.

nikation zwischen Anbietern und Nachfragern von Kapital, i. e. Unternehmen und Investoren, dient die Unternehmensberichterstattung als Bindeglied und als Kanal für einen Informationstransfer. So erscheint angesichts des erwähnten Wandels in den Rahmenbedingungen der Kapitalmarktlandschaft in Deutschland eine Anpassung der Rechnungslegung notwendig. Sonst besteht im veränderten Kontext die Gefahr, dass bestehende Rechnungslegungszwecke durch das Regelwerk lediglich unzureichend umgesetzt und damit letztlich ausgehöhlt werden. Insgesamt werden Veränderungen bei der Rechnungslegung durch die Forderung nach einer verbesserten Anpassung an die Informationsbedürfnisse kapitalmarktorientierter Anleger induziert.[8] Auf nationaler Ebene wirken zudem weit reichende Internationalisierungs- und Harmonisierungsbestrebungen als Katalysator.[9]

Eine kapitalmarktorientierte Rechnungslegung strebt grundsätzlich an, den Jahresabschluss verstärkt auf kapitalmarktorientierte Nutzer auszurichten und die Inhalte entsprechend anzupassen oder zu erweitern. Auf diese Weise soll eine Versorgung von Investoren mit relevanten und entscheidungsnützlichen Informationen sichergestellt und ausgebaut werden. Letztlich kann so die Erwartungsbildung über zukünftige Transferzahlungen zwischen Unternehmen und Anteilseignern verbessert und die Güte von Investitionsentscheidungen positiv beeinflusst werden. Der Informationswert eines Jahresabschlusses steigt demnach aus Sicht der Nutzer mit der Menge an darin enthaltenen relevanten Informationen.[10]

Als Konsequenz dieser Entwicklungstendenzen erscheint eine Modifikation bestehender Normen und Regelungen dahingehend notwendig, dass steigende Informationsansprüche der Marktteilnehmer adäquat befriedigt werden können. Die Verantwortung, solch einen Veränderungsprozess zu initiieren, Prämissen vorzugeben und eine Umsetzung letztlich zu überwachen, fällt prinzipiell in den Kompetenzbereich von Standardsettern und anderen am Normengebungsverfahren beteiligten Institutionen. Um die Ziele einer Steigerung der Transparenz und einer Stärkung des Informationswertes des Jahresabschlusses zu verwirklichen,[11] sind in der jüngeren Vergangenheit bereits umfassende Reformen sowie Gesetzesnovellen auf den Weg gebracht worden.[12] In diesem Zusammenhang kommt dem Konzernabschluss aufgrund seiner primären Ausrichtung auf die Bereitstellung von Informationen eine immer wichtigere Rolle zu.

---

8 Siehe *Pellens* (1999), S. 22 ff. für eine Übersicht zu Einflussfaktoren auf die Rechnungslegung.

9 Unter Internationalisierungsbestrebungen fällt beispielsweise 2005 die verpflichtende Einführung der IAS/IFRS im Konzernabschluss für alle kapitalmarktorientierten Unternehmen in Deutschland. Harmonisierungsbestrebungen hingegen beziehen sich z. B. auf die nationale Umsetzung der 4. und 7. EG-Richtlinie.

10 Einer Variable kommt genau dann Informationswert zu, wenn sie geeignet ist, Unsicherheiten über zukünftige Umweltzustände zu reduzieren. Vgl. *Busse von Colbe* (1993), S. 13.

11 Die Steigerung des Informationsgehaltes wird in der Literatur als eine wesentliche Herausforderung der Bilanzforschung angesehen. Vgl. *Coenenberg* (2003), S. 1186.

12 Beispielhaft zu nennen sind die Aktienrechtsnovelle von 1994, das Gesetz zur Kontrolle und Transparenz im Unternehmensbereich (KonTraG) von 1998, das Kapitalaufnahmeerleichterungsgesetz (KapAEG) ebenfalls von 1998, sowie die Finanzmarktförderungsgesetze von 1990, 1994, 1998 und 2002.

Untersuchungen zur Wertrelevanz operationalisieren das Kriterium der Relevanz und prüfen in diesem Kontext empirisch das Erreichen der Zielsetzung.[13] Zudem besteht die Motivation solcher Untersuchungen in einer Identifikation und empirischen Validierung wertrelevanter Parameter, die kein integraler Bestandteil bestehender Rechnungslegungsnormen und Richtlinien zur Unternehmensberichterstattung sind, wie beispielsweise Angaben zur Forschungsleistung und technologischen Kompetenz eines Unternehmens.[14] Vor dem Hintergrund einer Steigerung des Informationswertes des Jahresabschlusses begründen sich aus praxisorientierter Sicht Ansatzpunkt und Motivation der durch Wertrelevanzuntersuchungen behandelten Fragestellungen vornehmlich im Wandel der Rechnungslegung und in der Fortentwicklung von Publikationsbestimmungen und Berichterstattung.[15]

Im Verlauf der Neunzigerjahre, vor allem aber nach Veröffentlichung der richtungsweisenden Arbeiten von *Ohlson* (1995) und *Feltham/Ohlson* (1995),[16] ist ein signifikanter Anstieg der Aktivität im weitläufigen Feld der kapitalmarktbasierten empirischen Bilanzforschung[17] zu verzeichnen.[18] Die vorliegende Arbeit ordnet sich auf wissenschaftlich-konzeptioneller Ebene diesem Bereich und dort speziell dem Feld der Wertrelevanzforschung zu. Wissenschaftliche Studien zur Wertrelevanz[19] haben insbesondere in der letzten Dekade wesentlich an Bedeutung hinzugewonnen.[20] Diese Tatsache liegt u. a. in der methodischen Konzeption des Untersuchungsansatzes begründet, der sich insbesondere dadurch auszeichnet, dass Ergebnisse und Implikationen generiert werden, denen potenziell sowohl aus der Wissenschaft als auch aus der Praxis Interesse entgegengebracht wird.[21] Die

---

13 Aus diesen Überlegungen und der Argumentationskette folgt jedoch nicht, dass Wertrelevanz das entscheidende Kriterium für Standardsetter sein sollte. Abgesehen von Investoren müssen auch die Interessen weiterer Anspruchsgruppen berücksichtigt und gewahrt werden, weil Eigenkapitalgeber eben nicht alleinige Adressaten oder Nutzer der Rechnungslegung sind.

14 In diesen Bereich fallen Angaben zu Forschungs- und Entwicklungsaufwendungen ebenso wie Informationen zu Patenten.

15 Überlegungen zu einer informationsorientierten Verbesserung des Jahresabschlusses finden sich u. a. schon bei *Ballwieser* (1982). In diesem Zusammenhang stellt der Autor fest, dass ein Instrument zur empirischen Evaluierung der Zielerreichung genau dann sinnvoll ist, wenn von zwei alternativen Vorschlägen zur Fortentwicklung der Rechnungslegung derjenige zu bevorzugen ist, der dem grundlegenden Zweck besser gerecht wird. Vgl. *Ballwieser* (1982), S. 772. Ein solches wird im Rahmen der Wertrelevanzforschung bereitgestellt.

16 Vgl. *Bernard* (1995), S. 733.

17 *„This [the relation between capital markets and financial statements] is a broad area of research that originated with the seminal publication of* Ball/Brown *(1968)."* Vgl. *Kothari* (2001), S. 106.

18 In den vergangenen dreißig Jahren sind mehr als 1.000 Beiträge in renommierten Zeitschriften erschienen. Vgl. *Kothari* (2001), S. 106.

19 Dem Verständnis der einschlägigen Literatur folgend, wird in dieser Arbeit eine Messgröße genau dann als wertrelevant bezeichnet, wenn ein statistisch messbarer und signifikanter Zusammenhang mit dem am Kapitalmarkt erzielten Marktwert nachgewiesen werden kann. Vgl. *Barth* (2000), S. 16; *Beaver* (1998), S. 116 oder auch *Beaver* (2002), S. 459. Diese Sicht findet sich auch implizit bei *Ohlson* (1999). Siehe Kap. 3.4 auf S. 75 für eine definitorische Abgrenzung von Terminologie und Konzeption.

20 Vgl. *Ota* (2003), S. 6.

21 Eine eigene Erhebung der Publikationshäufigkeit in renommierten Zeitschriften, die im Social Science Citation Index (SSCI) berücksichtigt sind, bestätigt die Aussage. So lassen sich dort für den Zeitraum von 1995 bis einschließlich September 2004 insgesamt 105 Papiere identifizieren, die den Begriff *Value Relevance* entweder unmittelbar im Titel selbst oder aber in den Schlüsselwörtern aufweisen. Vgl. Abb. F.2 auf S. 418. In einer früheren Analyse für den Zeitraum von 1990 bis 2000 schreiben

Erkenntnisse erweisen sich somit für eine Reihe verschiedener Interessengruppen als relevant, darunter explizit auch Standardsetter genauso wie Unternehmen oder auch kapitalmarktorientierte Investoren.[22]

In der Literatur existieren zwar viele Studien, die – wie diese Arbeit auch – nichtmonetäre und industriespezifische Messgrößen auf Wertrelevanz prüfen, um Denkanstöße und Diskussionsansätze für das Standardsetting abzuleiten und so mögliche Richtungen einer Fortentwicklung aufzuzeigen. Bislang gehen aber nur wenige Studien auf den deutschen Raum ein, so dass hier ein signifikantes Forschungsdefizit existiert.[23] Unterschiede bei essentiellen Kontextfaktoren wie Aktienmarktkultur oder Finanzierungsstrukturen einerseits, beim Rechnungslegungs- und Rechtssystem (Common Law versus Code Law)[24] andererseits, lassen eine einfache Übertragung der Erkenntnisse für den US-amerikanischen Raum auf deutsche Verhältnisse nicht ohne weiteres zu. Vielmehr ist die Notwendigkeit ergänzender empirischer Untersuchungen unter den abweichenden Rahmenbedingungen in Deutschland zu unterstreichen, die bisherige Forschungsergebnisse komplementieren und auf Basis einer gestärkten Validität der Erkenntnisse ein umfassendes Bild zeichnen können. Speziell unter diesem Gesichtspunkt manifestiert sich also Forschungsbedarf. Ein Defizit an wissenschaftlichen Erkenntnissen in diesem Bereich wurde in der Vergangenheit auch vom *Arbeitskreis „Immaterielle Werte im Rechnungswesen" der Schmalenbach-Gesellschaft für Betriebswirtschaft e. V.* beklagt, der u. a. die Zweckmäßigkeit empirischer Studien hervorgehoben und Forschungsprojekte begrüßt hat.[25]

Für den US-amerikanischen Raum hat sich in diesem Zusammenhang bereits eine *Task Force* der *Securities and Exchange Commission (SEC)* mit der Fragestellung auseinandergesetzt, ob Investoren überhaupt die für eine fundierte Investitionsentscheidung benötigten Informationen in ausreichendem Umfang zur Verfügung stehen. Sie kommt in ihrem Abschlussbericht zu dem Ergebnis, dass vor allem zwei Ansatzpunkte für Verbesserungen bestehen und macht dahingehend konkrete Vorschläge. Zum einen wird der Aufbau einer Berichterstattung für immaterielle Werte und alternative Leistungskennzahlen angeregt und zum anderen die Schaffung von günstigen Rahmenbedingungen und Anreizen für eine Ausweitung der Offenlegung gefordert.[26] Eine (erweiterte) Lageberichterstattung gemäß dem Deutschen Rechnungslegungs Standard Nr. 15 (DRS 15), der die Aufnahme ergänzender Informationen in den Lagebericht regelt, geht bereits in eine vergleichbare Richtung.[27] So wäre hier auch die Einbeziehung nichtmonetärer Kennzahlen, beispielsweise

---

Holthausen/Watts insgesamt 62 in einschlägigen Zeitschriften publizierte Beiträge dem Bereich der Wertrelevanzforschung zu. Vgl. *Holthausen/Watts* (2001), S. 6.

22 Vgl. *Barth/Beaver/Landsman* (2001), S. 86 und mit direktem Bezug auf das Standardsetting *Schipper* (1994), S. 73.

23 Vgl. *Möller/Schmidt* (1998b), S. 480.

24 Siehe *Pellens* (1999), S. 25 für eine Gegenüberstellung wesentlicher Eigenschaften der Rechtssysteme.

25 Diese Überlegungen wurden im Rahmen einer Sitzung des Arbeitskreises während des 56. Deutschen Betriebswirtschafter-Tages 2002 in Frankfurt angestrengt.

26 Vgl. *SEC-Inspired Task Force* (2001), S. 3 ff.

27 Der DRS 15 (Lageberichterstattung) ist im Bundesanzeiger Nr. 40 vom 26. Februar 2005 (Beilage) durch das Bundesministerium der Justiz (BMJ) gemäß § 342 Abs. 2 HGB bekannt gemacht worden.

zu Patenten, denkbar. Nicht zuletzt haben auch die Bilanzskandale in jüngerer Vergangenheit zusätzlich Fragen zum Informationswert von Rechnungslegung und Jahresabschluss aufgeworfen und die zur Fortentwicklung der Rechnungslegung geführte Diskussion weiter intensiviert. Damit wird ein Forschungsbedarf auch aus einem anderen Blickwinkel untermauert.[28]

Die vorliegende Arbeit knüpft hier an und zielt darauf ab, einen Beitrag zur aktuellen Diskussion zu leisten. Indem neben Finanzinformationen der Rechnungslegung auch Angaben zu Patenten in die Analysen einbezogen und als wertrelevant validiert werden, wird eine technologieorientierte Komponente in die Diskussion aufgenommen. Im folgenden Abschnitt wird die behandelte Problemstellung in einer detaillierten Herleitung näher erläutert.

1.2. Problemstellung und Zielsetzung

Nachdem Motivation und Ausgangslage bereits allgemein für Fragestellungen auf dem Gebiet der Wertrelevanzforschung skizziert wurden, soll nun die Argumentationskette vorgestellt werden, welche die speziell in dieser Arbeit thematisierte zentrale Problemstellung herleitet.

Ein starker Anstieg des Markt-Buchwert-Verhältnisses in den Neunzigerjahren, insbesondere bei Technologie-Unternehmen, impliziert u. a. eine sinkende Bedeutung der traditionell für den Unternehmenswert relevanten Fundamentaldaten der Rechnungslegung.[29] Zudem erzeugen Veränderungen bei Kontextfaktoren und institutionellen wie gesetzlichen Rahmenbedingungen ein Spannungsfeld unterschiedlicher Umwelteinflüsse, die ein potenzielles Abschwächen der Wertrelevanz im Zeitablauf vermuten lassen.[30] Entsprechend wird in der Literatur von einigen Seiten die Meinung vertreten, dass die Rechnungslegung mit traditionellen monetären Größen den Anforderungen einer durch schnellen Wandel charakterisierten Dynamik ökonomischer Rahmenbedingungen nicht länger gerecht wird und sich im Besonderen für wachstumsorientierte Industriezweige in zunehmendem Maße als nicht ausreichend erweist.[31] Für mögliche Erklärungsansätze dieser Wertlücke spielen besonders nichtbilanzierte immaterielle Vermögensgegenstände,[32] wie beispielsweise selbsterstellte Patente oder auch Aufwendungen für Forschung und Entwicklung,[33] eine entscheidende Rolle.[34]

---

28 Vgl. *Wallace* (2000), S. 675 f.

29 Eine ausführliche deskriptive Analyse der wesentlichen Entwicklungen über den Betrachtungshorizont am deutschen Kapitalmarkt sowie für die Unternehmen der Stichprobe zeichnet hierzu ein eindeutiges Bild. Siehe Kap. 6 auf S. 189.

30 Dies sind u. a. eine Ausweitung der öffentlichen Informationsmenge oder ein signifikanter Bedeutungszuwachs immaterieller und nicht bilanzierungsfähiger Vermögenswerte.

31 Vgl. *Francis/Schipper* (1999), S. 323 f. oder auch *Edvinsson/Brünig* (2000), S. 12.

32 D. h. nicht in der Bilanz abgebildete immaterielle Werte, für die ein Bilanzansatzverbot besteht.

33 Ausnahme bilden hier Entwicklungskosten, die unter bestimmten Voraussetzungen nach IAS/IFRS bilanzierungspflichtig sind.

34 Schätzungen der Bruttoinvestition in immaterielle Werte für das Jahr 2002 und den US-amerikanischen Raum belaufen sich beispielsweise auf einen Wert zwischen 500 Mrd. und 1 Billion Dollar. Vgl. *Nakamura* (2003), S. 2.

Die These von einer sinkenden Wertrelevanz von Rechnungslegungsinformationen findet weitgehend Bestätigung in den Erkenntnissen empirischer Arbeiten jüngeren Entstehungsdatums. So untersuchen verschiedene Studien diese Vermutung, hauptsächlich mit Fokus auf den US-amerikanischen Markt, und dokumentieren eine Abschwächung der Wertrelevanz von Rechnungslegungsdaten im Zeitablauf. Als einflussreich können insbesondere die Aufsätze von *Lev/Zarowin* (1999) und *Brown/Lo/Lys* (1999) angeführt werden. Übereinstimmend weist *Vorstius* (2004) für Deutschland und die handelsrechtliche Berichterstattung eine vergleichbare Entwicklung nach.

Diese Beobachtungen stützen insgesamt die Aussage, dass die Rechnungslegung bei der Abbildung der Vermögens-, Finanz- und Ertragslage eines Unternehmens Defizite aufweist.[35] Der beobachtete Rückgang in der Wertrelevanz von Rechnungslegungsinformationen kann u. a. als Folge einer Ausweitung der öffentlich verfügbaren Informationsmenge gewertet werden. Bei gleichzeitiger Ausweitung der Gesamtmenge relevanter Informationen nimmt ceteris paribus der relative Anteil der Rechnungslegungsinformationen ab und drängt die Bedeutung von Jahres- bzw. Konzernabschlüssen zurück, so dass die Aufgabe einer umfassenden Informationsvermittlung erschwert wird.[36] Das erreichte Informationsniveau des handelsrechtlichen Jahresabschlusses, genauer: des Konzernabschlusses, kann demnach als erodierend eingestuft werden. Damit rückt eine kritische Evaluierung der Informationsfunktion der Rechnungslegung in den Mittelpunkt des wissenschaftlichen Interesses. Um insgesamt ein Aushöhlen der Informationsfunktion zu verhindern, sind Handlungen zur Steigerung und Stärkung des Informationswertes des Jahresabschlusses erforderlich.[37]

Weiter kann argumentiert werden, dass kapitalmarktorientierte Investoren im entsprechenden Umfeld zunehmend auf alternative Informationsquellen zurückgreifen, um ihre wachsenden Informationsbedürfnisse zu decken.[38] Bei einer Evaluierung von Investitionsgelegenheiten rücken so neben Finanzinformationen der Rechnungslegung alternative Kennzahlen stärker in den Blickpunkt von Anlegern, die nicht integraler Bestandteil standardisierter und gesetzlich verankerter Publizitätsvorschriften und nicht direkt ableitbar bzw. ermittelbar sind. Dies würde die Notwendigkeit der Prüfung fundamentaler Faktoren auf Wertrelevanz betonen, die zur Klärung beitragen und einen Ansatz zur Verbesserung der Bereitstellung wertrelevanter Informationen im Rahmen der Unternehmensberichterstattung liefern könnten. Hier wären insbesondere alternative Messgrößen in die Überlegungen einzubeziehen, die aktuell nicht Element regulierter Berichterstattung und i. d. R. nichtmonetärer, industriespezifischer Natur sind. Der beschriebene Gedankengang schafft Forschungsbedarf und lenkt das Interesse, im Besonderen der empirischen Forschung, vermehrt auf dieses Themengebiet.

---

35 Vgl. *Haller/Dietrich* (2001), S. 1045.

36 Vgl. *Vorstius* (2004), S. 106 ff.

37 In diesem Zusammenhang kommt einer Information genau dann ein Wert zu, wenn sie geeignet ist, Unsicherheiten über zukünftige Umweltzustände zu reduzieren. Vgl. *Busse von Colbe* (1993), S. 13.

38 Vgl. *Rimerman* (1990), S. 79.

Bisherige Untersuchungen zielen, wie erwähnt, überwiegend auf den US-amerikanischen Raum und erstrecken sich vor allem auf drei Industriebereiche: Telekommunikation, Internet und Hochtechnologie – vornehmlich, weil dort immaterielle Vermögenswerte, alternative Leistungskennzahlen und Wachstum eine besondere Rolle spielen. Zu den untersuchten Faktoren zählen sowohl nicht bilanzierungsfähige immaterielle Vermögensgegenstände, beispielsweise (selbsterstellte) Patente oder Software, als auch nichtmonetäre Messgrößen im weitesten Sinne aus den Bereichen Kunden und Kundenverhalten. Empirische Studien bestätigen die These weitestgehend, dass die oben angesprochene Wertlücke durch immaterielle Vermögensgegenstände auf der einen und vor allem aber alternative Informationsvariablen auf der anderen Seite zumindest in Teilen ausgefüllt und erklärt werden kann.[39]

An eben diesem Aspekt setzt das Forschungsvorhaben der vorliegenden Arbeit mit seinem inhaltlichen Schwerpunkt an. Ausgehend von einer Evaluierung der Informationsfunktion der Rechnungslegung wird der Fokus auf eine Analyse der Wertlücke zwischen Markt- und Buchwerten gelegt, indem wertrelevante Informationen empirisch validiert werden, die nicht Bestandteil der Rechnungslegung und regulierten Berichterstattung sind.

Als Investition in die Generierung von Wissen verstanden, welches letztendlich durch eine Patentanmeldung geschützt werden kann, stellen Aufwendungen für Forschung und Entwicklung und im Besonderen Informationen über Patentaktivitäten bereits theoretisch wertrelevante Parameter dar. Die zentrale Zielsetzung der Arbeit besteht in der Prüfung der Wertrelevanz von Patentinformationen, die sich als derivative analytische Kennzahlen des betrieblichen Patentierverhaltens definieren, und von Daten der Rechnungslegung.[40] Im Zentrum der Betrachtung stehen ferner der deutsche Wirtschaftsraum als Marktumfeld und börsennotierte Technologie-Unternehmen als Merkmalsträger.

Aus den dargelegten Überlegungen ergeben sich insgesamt drei erkenntnisleitende Forschungsfragen. Forschungsfrage F 1 thematisiert eine Zielerreichung der Rechnungslegung mit Blick auf die Informationsfunktion. Forschungsfrage F 2 spannt den Bogen weiter und fragt nach einer Wertrelevanz von Patentinformationen und damit von Faktoren, die kein integraler Bestandteil von Rechnungslegung und regulierter Unternehmensberichterstattung sind. Forschungsfrage F 3 baut schließlich auf den Ergebnissen der beiden anderen auf und strengt weiterführende Überlegungen hinsichtlich der gesetzlichen Publikationsbestimmungen und Vorschriften zur Unternehmensberichterstattung an. Konkret geht der Gedankengang der Frage nach, ob und, wenn ja, wie die Informationsfunktion aus Investorensicht

---

39 Frühe, richtungsweisende Arbeiten auf diesen Gebieten sind z. B. *Lev/Sougiannis* (1996); *Aboody/Lev* (1998) oder auch *Amir/Lev* (1996). Ein zum Ende der letzten Dekade viel beachteter Bereich ist die Wertrelevanz von Webmetrics, die das Nutzungsverhalten von Internetkunden beschreiben. Relevante Arbeiten sind hier insbesondere *Demers/Lev* (2001), *Hand* (2003, 2001) oder auch *Trueman/Wong/Zhang* (2000, 2001).

40 Beispielhaft können in diesem Zusammenhang *Hirschey/Richardson/Scholz* (2001) oder auch *Wyatt/Matolcsy* (2004) angeführt werden, da ihre Papiere thematisch eng mit dieser Arbeit verwandt sind.

gestärkt werden könnte und ob bestehende Regelungen unter den gegebenen Umständen noch hinreichen, die aktuellen Informationsbedürfnisse kapitalmarktorientierter Adressaten zu befriedigen. So werden indirekt Ansatzpunkte für die Richtung einer möglichen Fortentwicklung aufgezeigt sowie Denkanstöße geliefert.

Forschungsfrage 1 *Sind Rechnungslegungsinformationen wertrelevant, d. h., besitzen sie signifikante Erklärungskraft für am Kapitalmarkt erzielte Marktwerte?*

Forschungsfrage 2 *Sind Patentinformationen wertrelevant, d. h., besitzen sie signifikante Erklärungskraft für am Kapitalmarkt erzielte Marktwerte?*

Forschungsfrage 3 *Welche Implikationen können aus den zu Forschungsfragen F 1 und F 2 gewonnenen Erkenntnissen für Wissenschaft und Praxis abgeleitet werden?*

Diese Fragestellungen werden im Verlauf der Arbeit für eine Stichprobe aus insgesamt 46 börsennotierten Unternehmen eingehend analysiert und geprüft. Im Mittelpunkt der Betrachtungen steht dabei die Einschätzung einer Wertrelevanz von Forschungsleistung und technologischem Potenzial der Unternehmen, die einen nicht unerheblichen Indikator für zukünftige Wertschöpfungspotenziale darstellen und sich – so die Hypothese – im Marktwert widerspiegeln. Zurückgegriffen wird bei der empirischen Schätzung der vermuteten Zusammenhänge und der nachfolgenden Validierung einzelner wertrelevanter Parameter auf Daten aus handelsrechtlichen Konzernabschlüssen der Geschäftsjahre 1988 bis einschließlich 2000 und auf (erteilte) europäische Patente des gleichen Zeitraumes.

Grundlegende Intention des gewählten Forschungsvorgehens ist es, wertrelevante Parameter empirisch zu validieren und einen Möglichkeitsraum zur Stärkung des Informationsgehaltes von Rechnungslegung und regulierter Unternehmensberichterstattung aufzuspannen. Ausgehend von den in der Empirie gewonnenen Erkenntnissen sollen dann generelle Rückschlüsse für die Unternehmensberichterstattung gezogen werden. Im Speziellen soll beurteilt werden, ob die Rechnungslegung für eine Investitionsentscheidung relevante Informationen sowohl in hinreichendem Umfang als auch in standardisierter und verlässlicher Form abbildet. Darauf aufbauend lassen sich Implikationen für den Standardsetter bzw. den Gesetzgeber hinsichtlich einer Fortentwicklung der Rechnungslegung generieren. So soll ein Beitrag dazu geleistet werden, das eingangs umrissene Forschungsdefizit insbesondere mit Blick auf den deutschen Raum und die dort gegebenen Rahmenbedingungen zu schließen.

1.3. Methodisches Vorgehen und Aufbau

Die vorliegende Arbeit verfolgt eine empirische Forschungsstrategie.[41] Das Vorgehensmodell zur Beantwortung der erkenntnisleitenden Forschungsfragen F 1 bis

[41] Siehe *Grochla* (1976), S. 634 ff. zur Unterscheidung von sachlich- und formal-analytischer sowie empirischer Forschungsstrategie.

F 3 wird mit einem großzahligen konfirmatorischen Forschungsansatz umgesetzt.[42] Die Fragestellungen werden zunächst in Hypothesen überführt, die theoriegeleitet aufgestellt und dann sukzessive, dem angewandten methodischen Ansatz einer Wertrelevanzstudie entsprechend, empirisch validiert werden.

Der Schwerpunkt der empirischen Untersuchung dieser Arbeit liegt auf einer Anwendung der Wertrelationsgleichung im Rahmen von *Feltham/Ohlson* (1995), welche sich insbesondere angesichts der Berücksichtigung von zwei frei definierbaren Informationsparametern durch ein hohes Maß an Flexibilität auszeichnet.[43] Mit dem Modellrahmen von *Ohlson* (1995) bzw. seiner Erweiterung in *Feltham/Ohlson* (1995) bildet ein theoretisch fundiertes und methodisch anerkanntes Bewertungsmodell die Grundlage für die statistische Analyse der Zusammenhänge zwischen den betrachteten Messgrößen und der Marktkapitalisierung. Vereinfacht ausgedrückt beschreibt das *Feltham-Ohlson*-Modell (1995) einen linearen Zusammenhang zwischen Buchwerten der Rechnungslegung einerseits und Marktwerten andererseits, wobei zusätzlich die Aufnahme frei definierbarer Informationsvariablen in zwei Dimensionen erlaubt ist. So können auch Faktoren berücksichtigt werden, die bereits in Marktpreisen enthalten, aber noch nicht in der Rechnungslegung abgebildet sind.[44] Damit steht eine formale Verbindung zwischen dem fundamentalen (oder auch intrinsischen bzw. wahren) Unternehmenswert und Daten der Rechnungslegung in einem geschlossenen Bewertungsmodell zur Verfügung.[45] Mit dieser Bewertungsfunktion wird gleichzeitig auch ein umfassender und konkreter Rahmen für eine Analyse der Beziehung von Unternehmenswert und Rechnungslegungsdaten geschaffen.[46] Aufgrund seiner Flexibilität und der Tatsache, dass der Modellrahmen ein solides theoretisches Fundament bereitstellt, wird seine Eignung für die wissenschaftliche Untersuchung unterstrichen.

Die empirische Messung und Validierung einer Wertrelevanz folgt der einschlägigen Vorgehensweise, so dass das statistische Instrumentarium der (multiplen) Regressionsanalyse gepoolter Zeitreihen- und Querschnittsdaten implementiert wird.[47] Indem die Perspektive kapitalmarktorientierter Investoren eingenommen wird, besteht das übergeordnete Erkenntnisziel des Forschungsmodells darin, aus

---

42 Die eingesetzte empirische Forschungsstrategie wird durch sachlich- und formal-analytische Elemente ergänzt. Die Deduktion der Hypothesen ist durch die theoretische Fundierung sachlich-analytisch geprägt, während die abgeleiteten Konstrukte in einem formalen Messmodell operationalisiert werden.

43 Die Informationsvariablen dienen dazu, Parameter aufzunehmen, die über Fundamentaldaten der Rechnungslegung hinaus einen zusätzlichen Erklärungsgehalt für den am Kapitalmarkt erzielten Unternehmenswert liefern. Im Kontext der vorliegenden Arbeit wird die Relevanz einer Kombination von Rechnungslegungs- und Patentinformationen für die Marktbepreisung der betrachteten Unternehmen ermittelt.

44 Vgl. *Liu/Ohlson* (2000), S. 321.

45 Vgl. *Barth* (2000), S. 13.

46 Vgl. *Ohlson* (1995), S. 663.

47 Als wichtige Voraussetzung nimmt in diesem Zusammenhang die Annahme effizienter Kapitalmärkte eine zentrale Stellung im angewandten Forschungsmodell ein. Nur wenn diese Bedingung erfüllt ist, lässt sich die Argumentationskette aufrechterhalten und darauf schließen, dass in Marktpreisen reflektierte Informationen aus Sicht der am Kapitalmarkt agierenden Investoren wertrelevant sind.

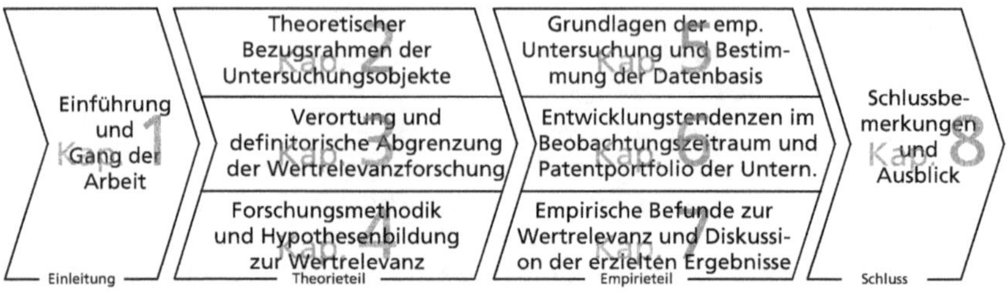

Abbildung 1.1.: Aufbau und Gang der Arbeit

nachgewiesenen statistischen Zusammenhängen Rückschlüsse auf eine Wertrelevanz der getesteten Parameter zu generieren.[48]

Der Gang der Arbeit orientiert sich an der logischen Struktur des Vorgehensmodells des Forschungsvorhabens und folgt einem zweistufigen Aufbau. So lassen sich auf der obersten Ebene zwei zentrale Bausteine differenzieren, ein theoretisch und ein empirisch ausgerichteter Hauptteil, die durch Einleitung und Schlussbemerkungen umrahmt werden. Im ersten Teil wird ein theoretischer Schwerpunkt gesetzt. Damit wird die notwendige Grundlage für die im zweiten Teil im Fokus stehende empirische Untersuchung geschaffen. Sowohl Theorie- als auch Empirieblock unterteilen sich weiter in jeweils drei Komponenten. Die Struktur der Arbeit wird in Abb. 1.1 grafisch skizziert.

Kapitel 2 spannt den theoretischen Bezugsrahmen der Untersuchungsobjekte dieser Wertrelevanzstudie auf und widmet sich drei theoretischen Säulen, auf denen das Fundament des Forschungsmodells aufgestellt ist. Zu diesen elementaren Eckpfeilern gehören die handelsrechtliche Rechnungslegung und die Bedeutung der Publizität im Jahresabschluss, der Kapitalmarkt und die Informationsverarbeitung sowie der gewerbliche Rechtsschutz bzw. das Patentwesen. So werden fundamentale Grundlagen für das Vorgehensmodell zur Beantwortung der Forschungsfragen und den weiteren Verlauf dieser Arbeit gelegt.

Kapitel 3 grenzt das Forschungsfeld der Wertrelevanz definitorisch ab und ordnet es wissenschaftstheoretisch in die Bilanzforschung ein. Es setzt sich aus insgesamt vier Teilen zusammen. Zunächst erfolgt eine Einführung zur empirischen Bilanzforschung und zur Wertrelevanzforschung, die in eine Darstellung des Forschungsstandes im relevanten Teilbereich mündet. Nachfolgend werden wesentliche Bereiche der internationalen *Accounting*-Forschung und der Bilanzforschung im deutschen Schrifttum beschrieben und so Unterschiede in der Kategorisierung herausgestellt. Abschließend wird das Untersuchungskonzept der Wertrelevanz

48 Der Betrachtungswinkel wird auf die Sicht von Investoren bzw. Eigenkapitalgebern ausgerichtet, die somit eine Benchmark für die empirische Analyse darstellen. Andere Anspruchsgruppen werden bei der empirischen Analyse vollständig ausgeblendet.

ausführlich dargelegt und neben einer Definition auch die Bedeutung für das Standardsetting aufgezeigt. Damit wird nicht nur eine ausführliche Einordnung und Darstellung des Verständnisses des Forschungsmodells vorgenommen, sondern vielmehr das Konzept zur Beantwortung der Forschungsfragen erarbeitet.

Kapitel 4 befasst sich mit Fragen der Forschungsmethodik und der Herleitung der erkenntnisleitenden Forschungshypothesen. Neben allgemeinen methodischen Aspekten in der empirischen Bilanzforschung wird der Modellrahmen von *Ohlson* (1995) bzw. *Feltham/Ohlson* (1995) ausführlich erläutert. Einer Spezifikation und ökonometrischen Fundierung des implementierten empirischen Messmodells folgt dann die theoriegeleitete Aufstellung der Forschungshypothesen. Auf inhaltlich-konzeptioneller Ebene ergänzen sich demnach das dritte und vierte Kapitel, so dass die zunächst dargelegten Forschungskonzepte durch allgemein anerkannte methodische Ansätze hinterlegt werden.

Kapitel 5 widmet sich den essentiellen methodischen und konzeptionellen Grundlagen der empirischen Untersuchung dieser Arbeit und der Bestimmung der Datenbasis. Im ersten von insgesamt vier Teilen wird der Beobachtungszeitraum festgelegt. Nachfolgend wird die Grundgesamtheit abgegrenzt und die Bildung der Stichprobe beschrieben. Es schließt sich eine Darstellung der Datenprovider an, bevor das Kapitel mit einer ausführlichen Definition der verwendeten empirischen Daten schließt.

Kapitel 6 hebt im Rahmen einer deskriptiven Analyse wesentliche Entwicklungstendenzen über den Beobachtungshorizont hervor und legt den Fokus auf Marktwerte, Rechnungslegungsgrößen und Patentportfolio der Stichprobenunternehmen. Den unterschiedlichen Schwerpunkten entsprechend untergliedert sich das Kapitel in vier Teile. Zunächst wird auf Entwicklungstendenzen am deutschen Kapitalmarkt eingegangen, bevor die Unternehmen der Stichprobe ebenfalls anhand wesentlicher Merkmale charakterisiert werden. Die Kapitelteile drei und vier stellen das herrschende Bewertungsniveau und die Bedeutung immaterieller Werte einerseits sowie verschiedene Aspekte des Patentportfolios der Stichprobenunternehmen andererseits dar. In diesem Zusammenhang wird eine Patent-Scorecard eingeführt, die eine Rangfolge der Stichprobenunternehmen nach der technologischen Stärke der Patentportfolios aufstellt.

Kapitel 7 beschreibt und diskutiert die empirischen Befunde der Untersuchung zur Wertrelevanz. Dieses zentrale Ergebniskapitel untergliedert sich in vier Teile. Einführend wird im ersten Teil die für Analysezwecke zur Verfügung stehende Datenmenge mittels gebräuchlicher statistischer Kennzahlen beschrieben. Der zweite Abschnitt konzentriert sich auf eine ausführliche Präsentation der statistischen Resultate der zur Wertrelevanzprüfung operationalisierten empirischen Messmodelle. Es wird dezidiert auf die verschiedenen Modellvarianten eingegangen, die zur Evaluierung der Forschungshypothesen eingesetzt werden, und die erzielten Resultate werden dargelegt. Der dritte Abschnitt diskutiert und interpretiert zum einen die gewonnenen Erkenntnisse, zum anderen werden Implikationen für Wissenschaft und Praxis generiert. Der inhaltliche Schwerpunkt der Ausführungen liegt auf der zusammenfassenden Überprüfung der Hypothesen und abschließenden

Beantwortung der Forschungsfragen. Im vierten Kapitelteil erfolgt dann im Rahmen einer Sensitivitätsanalyse eine Robustheitsprüfung der erreichten Ergebnisse gegenüber einer Zugehörigkeit der Stichprobenunternehmen zu verschiedenen Industriesektoren.

Die Arbeit schließt mit einer Zusammenfassung. Ein Fazit der wesentlichen Erkenntnisse geht hier einem Ausblick voraus, der die Grenzen der Untersuchung aufzeigt und Ansatzpunkte für weiterführende Fragestellungen unterstreicht.

2. Theoretischer Bezugsrahmen der Untersuchungsobjekte Rechnungslegung, Kapitalmarkt und Patentwesen

In diesem Kapitel wird einführend der für das Forschungskonzept der vorliegenden Arbeit wesentliche theoretische Bezugsrahmen der Untersuchungsobjekte aufgespannt und definiert. Dies umfasst drei Säulen, auf denen das Fundament des Forschungsmodells einer Wertrelevanzstudie aufgestellt ist. Zu den Eckpfeilern gehört zum einen die Rechnungslegung, zum anderen bildet der Kapitalmarkt und insbesondere die Markteffizienzhypothese einen wichtigen Bezugspunkt. Darüber hinaus ist der gewerbliche Rechtsschutz und dort speziell das Patentwesen relevant. Der Aufbau des Kapitels gliedert sich entsprechend in drei Teile und ist in Abb. 2.1 auf der folgenden Seite zusammengefasst.

2.1. Rechnungslegung und Bedeutung der Publizität im Jahresabschluss

2.1.1. Handelsrechtlicher Einzel- und Konzernabschluss

Die Rechnungslegung stellt eines der ältesten Teilgebiete der modernen Betriebswirtschaftslehre dar.[49] Unter diesem Begriff werden verschiedene Rechenwerke im Unternehmen subsumiert, die real- und finanzwirtschaftliche Sachverhalte abbilden. Synonym finden in der Literatur auch die Termini Rechnungswesen und Unternehmensrechnung Verwendung. Für diese Arbeit sind die handelsrechtliche Rechnungslegung und im Speziellen die Informationsfunktion des Konzernabschlusses wichtige theoretische Bezugspunkte.

Das deutsche Handelsrecht kennt eine Unterscheidung zwischen Einzel- und Konzernabschluss.[50] In diesem Kontext bezieht sich der Begriff des Jahresabschlusses zwar rein rechtlich auf den Einzelabschluss, im einschlägigen Sprachgebrauch wird von dieser klaren Zuordnung aber abgewichen und der Begriff umfassender verwendet.[51] Der Jahresabschluss bezeichnet dort vielmehr das Set an veröffentlichten Rechnungslegungsgrößen und wird daher neben dem Einzelabschluss häufig

---

49 Vgl. hierzu und im Folgenden *Weißenberger* (2003), S. 87.

50 Zum Konzernabschluss und die wesentlichen Abweichungen zum Einzelabschluss siehe *Baetge* (1997), S. 566 ff.

51 Vor In-Kraft-Treten des Bilanzrichtliniengesetzes (BiRiLiG) vom 19. Dezember 1985 (BGBl. I S. 2355) waren ausschließlich Regelungen für den Einzelabschluss Bestandteil des Handelsgesetzbuches (HGB), während Vorschriften für den Konzernabschluss im Aktiengesetz (AktG) verankert waren. Rechtlich erstreckte sich der Begriff des Jahresabschlusses daher nur auf den Einzelabschluss. Erst mit

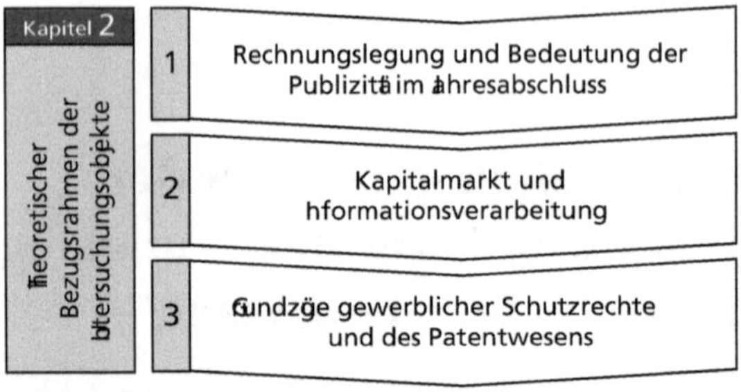

Abbildung 2.1.: Aufbau und Struktur des Kapitels

auch mit dem Konzernabschluss in Verbindung gebracht. Für den Verlauf der vorliegenden Arbeit wird der Jahresabschluss analog zum allgemeinen Sprachgebrauch und losgelöst von einer rein rechtlichen Betrachtung verwendet.[52]

Für die Aufstellung eines Jahresabschlusses nach deutschem Handelsrecht sind die im Handelsgesetzbuch (HGB) kodifizierten Rechnungslegungsvorschriften und Normen verbindlich. Grundsätzlich müssen Kaufleute nach § 242 HGB mindestens einmal im Verlauf eines Jahres Rechenschaft über die Entwicklung und die wirtschaftlichen Verhältnisse des abgelaufenen Geschäftsjahres ablegen.[53] Als Adressaten und Nutzer der Rechnungslegung gelten die vielschichtigen Interessengruppen eines Unternehmens; unter ihnen sind als wichtige Kategorien Kapitalgeber, wie Anteilseigner und Gläubiger, aber auch der Staat, Arbeitnehmer oder Kunden zu nennen.[54]

Das Regelwerk des HGBs unterscheidet zwischen Mindestanforderungen einerseits, die für jeden Kaufmann Gültigkeit besitzen, und einem erweiterten Vorschriftenkatalog andererseits, der für Kapitalgesellschaften verpflichtend anzuwenden ist.[55] Laut § 242 Abs. 3 HGB besteht der Jahresabschluss grundsätzlich aus zwei Basiselementen, i. e. Bilanz[56] und Gewinn-und-Verlust-Rechnung (GuV). Weiterhin sieht § 264 Abs. 1 Satz 1 HGB vor, für Kapitalgesellschaften diesen Mindestumfang

Novellierung des HGBs wurden ergänzend Vorschriften zur Konzernrechnungslegung aufgenommen, ohne aber den Begriff des Jahresabschlusses rechtlich auch auf den Konzernabschluss auszudehnen.

52 Unterstützung findet dieses Vorgehen in der einschlägigen Literatur. So sprechen beispielsweise *Coenenberg* (2003) oder auch *Möller / Hüfner* (2002) im Zusammenhang mit der empirischen Bilanzforschung von Jahresabschlüssen und Jahresabschlussdaten.

53 Die Vorschrift in § 242 HGB gilt in Verbindung mit § 264 HGB für Kapitalgesellschaften und § 290 HGB, der die Pflicht zur Aufstellung des Konzernabschlusses regelt.

54 Vgl. *Weber / Weißenberger* (2002), S. 21 ff.

55 Der erste Abschnitt des dritten Buches des HGBs besitzt für alle Kaufleute Gültigkeit und umfasst die Paragraphen §§ 238–263. Der zweite Abschnitt mit den Paragraphen §§ 264–335 enthält spezielle Vorschriften für Kapitalgesellschaften. Weiterhin regelt der 5. Abschnitt in § 342 die Errichtung eines privaten Rechnungslegungsgremiums und die Erlassung von Rechnungslegungsstandards, die ebenfalls beachtet werden müssen. Das *Deutsche Rechnungslegungs Standards Committee e. V.* (DRSC) und die *Deutschen Rechnungslegungs Standards* (DRS) rekurrieren darauf.

56 Die Bezeichnung „Bilanz" findet im alltäglichen Sprachgebrauch oftmals als Synonym für den „Jahresabschluss" Verwendung, obwohl dies sachlich nicht korrekt ist. Vgl. *Coenenberg* (2003), S. 3.

durch einen Anhang zu erweitern, der mit Bilanz und GuV eine Einheit bildet, sowie um einen Lagebericht zu ergänzen. Unter Kapitalgesellschaften werden im Wesentlichen Aktiengesellschaften (AGs), Kommanditgesellschaften auf Aktien (KGaAs) und Gesellschaften mit beschränkter Haftung (GmbHs) verstanden.[57] Daneben existieren größenabhängige Erleichterungen.[58]

Für die Aufstellung eines handelsrechtlichen Jahresabschlusses einer Kapitalgesellschaft ist grundsätzlich die Generalnorm des § 264 Abs. 2 HGB maßgeblich. Sie schreibt vor, dass der Jahresabschluss *„unter Beachtung der Grundsätze ordnungsmäßiger Buchführung*[59] *ein den tatsächlichen Verhältnissen entsprechendes Bild der Vermögens-, Finanz- und Ertragslage"* und damit kurz der wirtschaftlichen Lage eines Unternehmens zu vermitteln hat.[60] Durch die Grundsätze ordnungsmäßiger Buchführung (GoB), insbesondere das Vorsichtsprinzip, wird die Darstellung der wirtschaftlichen Lage aber potenziell verzerrt und so das Prinzip eines *true und fair view* faktisch ausgehebelt. Um einer drohenden Informationsverzerrung entgegenzuwirken, schreibt § 264 Abs. 2 Satz 2 HGB die Aufnahme erweiternder Angaben in den Anhang vor.[61] Die ergänzende Darstellung von Informationen zur wirtschaftlichen Lage eines Unternehmens in Anhang wie auch Lagebericht spiegelt im Kern die Abkopplungsthese von *Moxter* wider.[62]

In § 290 Abs. 1 schreibt das HGB die Aufstellung eines Konzernabschlusses und eines Konzernlageberichtes für Mutterunternehmen (Kapitalgesellschaften) in einem Konzernverbund vor.[63] Im Konzernabschluss werden, unter Berücksichtigung und Eliminierung der internen Leistungsverflechtungen, die Einzelbilanzen

---

57 In dieser Arbeit stehen ausschließlich Kapitalgesellschaften im Mittelpunkt des Forschungsinteresses, daher können andere Rechtsformen und damit in Verbindung stehende spezifische Regelungen ausgeblendet werden.

58 Siehe *Coenenberg* (2003), S. 28 f. für eine Darstellung der Größenklassen bei Kapitalgesellschaften. Alle in dieser Arbeit berücksichtigten Unternehmen gelten nach § 267 Abs. 3 Satz 2 als groß, weil durch Ausgabe und Zulassung von Aktien zum amtlichen Handel an der Frankfurter Wertpapierbörse bereits ein hinreichendes Kriterium erfüllt ist. Die im weiteren Verlauf diskutierten Regelungen konzentrieren sich demnach hauptsächlich auf große Kapitalgesellschaften.

59 Siehe exemplarisch *Moxter* (2002) oder auch *Leffson* (1987) zu Grundsätzen ordnungsmäßiger Buchführung.

60 Vgl. § 264 Abs. 2 Satz 1 HGB. Die Formulierung geht auf die 4. EG-Richtlinie zurück und wurde fast wörtlich übernommen. Vgl. *Coenenberg* (2003), S. 28 oder auch *Busse von Colbe* (1993), S. 21.

61 Im Konzernabschluss orientiert man sich aber trotz der Möglichkeit der Neuausübung aller Ansatz- und Bewertungswahlrechte immer noch viel zu sehr an dem von Vorsichtsprinzip und Ausschüttungsbemessung geprägten Einzelabschluss. Weiterhin wird versucht, identische Gewinne im Einzel- und Konzernabschluss der Muttergesellschaft auszuweisen.

62 Siehe hierzu *Moxter* (1978), S. 1630 f. oder auch *Moxter* (1986), S. 67 f.

63 Der mit dem Kapitalaufnahmeerleichterungsgesetz (KapAEG) 1998 in Kraft getretene § 292a HGB befreit börsennotierte Mutterunternehmen unter bestimmten Voraussetzungen von der Pflicht zur Aufstellung eines Konzernabschlusses nach den Richtlinien des HGBs, wenn ersatzweise ein Abschluss nach international anerkannten Rechnungslegungsgrundsätzen aufgestellt wird. Diese Regelung war bis Ende 2004 zeitlich begrenzt und ist mittlerweile weggefallen. Seit dem 1. Januar 2005 schreibt die EU-Verordnung 1606/2002 für kapitalmarktorientierte Unternehmen einen Konzernabschluss nach IAS/IFRS verpflichtend vor, während § 315a HGB n. F. für nicht kapitalmarktorientierte Unternehmen ein Wahlrecht einräumt. Zum befreienden Konzernabschluss siehe auch den Deutschen Rechnungslegungsstandard Nr. 1 (DRS 1) *Befreiender Konzernabschluss nach § 292a HGB* des Deutschen Rechnungslegungs Standards Committees e. V.

der dem Konzern zugehörigen Unternehmen zusammengefasst dargestellt.[64] Der Konzernabschluss besteht analog zu den beschriebenen Komponenten des Einzelabschlusses gemäß § 297 Abs. 1 Satz 1 HGB zunächst aus Konzernbilanz, Konzern-Gewinn-und-Verlust-Rechnung und Konzernanhang, die wiederum eine Einheit bilden. Daneben ist ein Konzernlagebericht zu erstellen.[65] Für börsennotierte Mutterunternehmen sind darüber hinaus noch Kapitalflussrechnung[66], Segmentberichterstattung[67] oder auch Eigenkapitalveränderungsrechnung als Anhangsbestandteile hinzuzufügen.[68] Zusätzlich sind hier die Regelungen des Gesetzes zur Kontrolle und Transparenz im Unternehmensbereich (KonTraG) und des Gesetzes zur Transparenz und Publizität (TransPuG) relevant.[69]

Im deutschen Wirtschaftsraum kommt dem Konzernabschluss aufgrund weit reichender Verflechtungen der Unternehmen untereinander, Stichwort Deutschland AG, eine große Bedeutung zu.[70] So stellt der Konzernabschluss des Mutterunternehmens einen Zusammenhang der Einzelabschlüsse rechtlich selbstständiger, aber wirtschaftlich abhängiger Tochterunternehmen[71] her, die unter einheitlicher Leitung und Kontrolle der Konzernmutter stehen oder auf die das Mutterunternehmen aufgrund eines Beherrschungsvertrages einen beherrschenden Einfluss ausübt.[72]

2.1.2. Informationsfunktion als primärer Zweck des Konzernabschlusses

Das externe Rechnungswesen verfolgt im Wesentlichen zwei zentrale Zwecke, die durch einen untergeordneten Nebenzweck ergänzt werden. Die Hauptaufgabe und Zielsetzung der handelsrechtlichen Rechnungslegung wird überwiegend in der Zahlungs- oder Ausschüttungsbemessung und der Informationsvermittlung gesehen, während der Dokumentationsfunktion eine nachgelagerte Rolle zugeschrieben wird.[73] Diese Sichtweise der Rechnungslegungszwecke findet sich stellvertretend

64 Vgl. *Coenenberg* (1997), S. 5 oder auch *Wöhe* (1996), S. 229.

65 Zusätzliche Informationen sollen im Rahmen der Lageberichterstattung gemäß DRS 15 in den Lagebericht aufgenommen werden.

66 Siehe hierzu auch DRS 2 *Kapitalflussrechnung*.

67 Siehe hierzu auch DRS 3 *Segmentberichterstattung*.

68 Die Vorschriften gehen auf § 297 Abs. 1 Satz 2 HGB zurück bzw. sind dort kodifiziert.

69 Die Gesetze sind 1998 respektive 2002 in Kraft getreten.

70 Bedingt durch § 292a HGB und im Zuge einer Konsolidierungs- und Konzentrationswelle, ausgelöst durch fortschreitende Globalisierungsbestrebungen und den Vorschriften am Neuen Markt, gewinnt seit Ende der Neunzigerjahre der Konzernabschluss nach internationalen Rechnungslegungsnormen zunehmend an Bedeutung. Vgl. *Coenenberg* (2003), S. 513.

71 Als Tochterunternehmen wird ein Unternehmen angesehen, wenn das Mutterunternehmen eine Beteiligung nach § 271 Abs. 1 an dem Unternehmen hält.

72 Die Bedingungen einheitlicher Leitung und Kontrolle leiten sich unmittelbar aus § 290 Abs. 1 u. 2 HGB ab.

73 Beispielhaft findet sich eine ausführliche Interpretation aktienrechtlicher Jahresabschlussziele u. a. bei *Baetge*, der in seinen Ausführungen das Verständnis von *Moxter* und *Leffson* gegenüberstellt. Siehe *Baetge* (1976b), S. 773 f.

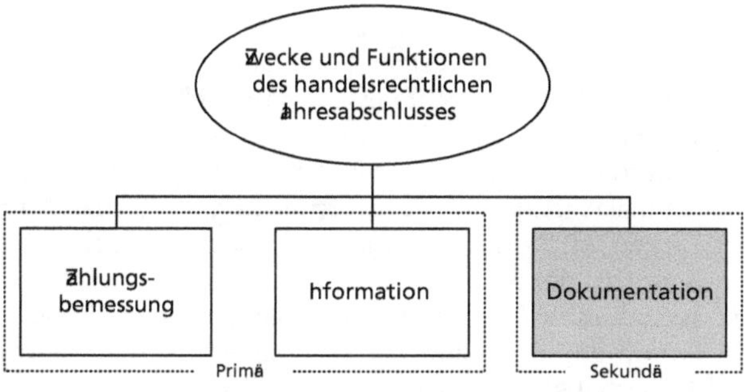

Quelle: i.A.a. Coenenberg (2003): S. 19 Abb. 1.2

Abbildung 2.2.: Rechnungslegungszwecke des handelsrechtlichen Jahresabschlusses

für viele bei *Coenenberg* oder auch *Moxter*.[74] Abb. 2.2 grenzt die beiden primären Zwecke gegen den Nebenzweck ab.

Die Informationsfunktion der handelsrechtlichen Rechnungslegung ist in § 264 Abs. 2 HGB verankert: „*Im Rahmen der zweigeteilten Aufgabenstellung des Jahresabschlusses dient Abs. 2 der Informationsfunktion, ohne das Ziel vorsichtiger Ergebnisermittlung anzutasten.*"[75] Während die GoB für Ansatz und Bewertung maßgeblich sind und sich an einer vorsichtigen Bestimmung des ausschüttungsfähigen Gewinns orientieren, vermitteln Anhang und Lagebericht ergänzend Informationen zur wirtschaftlichen Lage, um eine potenzielle durch Anwendung der GoB hervorgerufene Verzerrung zu beseitigen, so dass die Informationsaufgabe des Jahresabschlusses als Einheit aller Rechenwerke erfüllt wird.[76]

Indem die Mess- und Verdichtungsregeln des externen Rechnungswesens auf die wirtschaftlichen Vorgänge der Vergangenheit angewendet werden, wird das reale ökonomische Geschehen in einem Unternehmen zusammengefasst. Hierbei können die dargestellten Rechnungszwecke in unterschiedliche zeitliche Bezüge gesetzt werden. Die Zahlungsbemessungsfunktion zielt auf die Ermittlung eines ausschüttungsfähigen Gewinns des vergangen Wirtschaftsjahres ab und nimmt so eine vergangenheitsbezogene Perspektive ein. Weil der maximal ausschüttbare Gewinn festgeschrieben wird, wird eine Kapitalerhaltung sichergestellt, so dass sich hier der Gläubigerschutzgedanke des handelsrechtlichen Rechnungswesens widerspiegelt. Die nachgelagerte Dokumentationsfunktion offenbart bei Aufstel-

---

74 Vgl. *Coenenberg* (2003), S. 18 f. u. 1146 f.; *Moxter* (1984), S. 81ff. u. 158 oder auch *Ballwieser* (1982), S. 22. Siehe vertiefend *Moxter* (1987) zu Jahresabschlusszwecken. Es existieren aber auch abweichende Sichtweisen der Rechnungslegungszwecke, wie z. B. von *Pellens* oder auch *Baetge* vertreten. Hier tritt die Dokumentation gleichberechtigt neben Zahlungsbemessungs- bzw. Kapitalerhaltung und die Informationsfunktion bzw. Rechenschaft. Vgl. *Pellens* (1999), S. 134 f. und *Baetge* (1997), S. 21 ff.

75 Vgl. *Adler/Düring/Schmaltz* (2002), § 264 HGB Tz. 89.

76 Vgl. *Moxter* (1986), S. 67 f.

lung und ggf. Interpretation des Jahresabschlusses einen Gegenwartsbezug, da ökonomischer In- und Output des vergangenen Geschäftsjahres gegenübergestellt werden. Eine zukunftsorientierte Sichtweise kommt schließlich der Informationsfunktion zu, weil Angaben im Jahresabschluss für Investoren zur Einschätzung der zukünftigen wirtschaftlichen Lage eines Unternehmens relevant sind.

Während der Einzelabschluss u. a. zur Ermittlung eines ausschüttungsfähigen Gewinns herangezogen wird und so primär auf eine Zahlungsbemessung abstellt, dient im Gegensatz dazu der Konzernabschluss hauptsächlich Informationszwecken.[77] Wird die Informationsfunktion im handelsrechtlichen Einzelabschluss noch durch den dort dominierenden Gläubigerschutzgedanken zurückgedrängt, lebt diese dann im Konzernabschluss wieder auf, so dass dort die Vermittlung entscheidungsnützlicher Informationen als primäres Ziel in den Vordergrund der Berichterstattung rückt.[78] So lässt sich aus den Regelungen des HGBs ableiten: *„Der Konzernabschluß tritt selbständig neben die Jahresabschlüsse der einbezogenen Unternehmen und dient ausschließlich der Informationsvermittlung."*[79] Die Aufgabe einer Ausschüttungsbemessung fällt im Konzernabschluss vollständig weg.[80] Zudem bereinigt eine fehlende Maßgeblichkeit des Konzernabschlusses für die steuerliche Gewinnermittlung Verzerrungen, die im Einzelabschluss potenziell durch steuerlich motivierte, bilanzpolitische Maßnahmen verursacht werden.[81] I. A. a. die in § 264 Abs. 2 Satz 2 HGB kodifizierte Generalnorm des handelsrechtlichen Einzelabschlusses existiert mit § 297 Abs. 2 Satz 2 HGB eine Regelung mit fast wortgleichem Inhalt für den Konzernabschluss. Der Konzernabschluss hat demnach *„unter Beachtung der Grundsätze ordnungsmäßiger Buchführung ein den tatsächlichen Verhältnissen entsprechendes Bild der Vermögens-, Finanz- und Ertragslage,"* d. h. kurz der wirtschaftlichen Lage zu vermitteln.[82] In Verbindung mit § 297 Abs. 2 Satz 3 HGB stellen diese Regelungen die Verankerung der Informationsfunktion des Jahresabschlusses dar.

Mit der alleinigen Ausrichtung auf die Aufgabe der Informationsvermittlung soll der Konzernabschluss dazu beitragen, dass Adressaten bzw. Nutzer in ökonomischen Entscheidungen, wie Kauf oder Verkauf von Unternehmensanteilen oder Gewährung von Krediten, unterstützt werden.[83] Dies trifft im Besonderen für kapitalmarktorientierte Investoren bzw. Eigenkapitalgeber zu. Die Funktion der Informationsvermittlung speziell im Konzernabschluss markiert letztlich den Ansatzpunkt für die Wertrelevanzforschung.

Von den eingangs angeführten, vielschichtigen Adressatengruppen der Rechnungslegung verjüngt sich der Fokus dieser Untersuchung nun dem Wertrelevanzkonzept entsprechend auf kapitalmarktorientierte Investoren. Weil es sich

---

77 Es wird auch von einer Dominanz der Informationsfunktion im Konzernabschluss gesprochen. Vgl. *Schildbach* (2001), S. 15.

78 Vgl. *Küting / Weber* (1998), S. 37 I Rz. 43 u. 623 II Rz. 1000.

79 Vgl. *Adler / Düring / Schmaltz* (2002), § 297 HGB Tz. 3.

80 Vgl. *Coenenberg* (2003), S. 515.

81 Vgl. *Coenenberg* (2003), S. 513.

82 Vgl. § 297 Abs. 2 Satz 2 HGB.

83 Vgl. *Busse von Colbe* (1993), S. 13.

bei den Unternehmen der Stichprobe i. d. R. um große börsennotierte Konzerngesellschaften handelt und die Informationsfunktion des Jahresabschlusses als Ausgangspunkt und Fundament des Forschungskonzeptes dient, steht der Konzernabschluss aufgrund der Dominanz der Informationsvermittlung im Fokus der empirischen Untersuchung dieser Arbeit.

2.1.3. Kapitalmarktorientierung

Eine Hauptaufgabe kapitalmarktorientierter Rechnungslegung ist die Versorgung externer Interessengruppen eines Unternehmens mit entscheidungsnützlichen Informationen.[84] Eine Entscheidungsnützlichkeit von Informationen vereint insbesondere zwei Kriterien, die als wesentliche Eigenschaften des Konzepts zu nennen sind. Dies ist zum einen Relevanz (Relevance) und zum anderen Verlässlichkeit (Reliability), womit zwei wesentliche Eckpfeiler des Spannungsfeldes einer Ausgestaltung der Berichterstattung berührt werden.[85]

Unter kapitalmarktorientierter Rechnungslegung werden nach herrschender Meinung die internationalen Rechnungslegungssysteme US-GAAP und IAS/IFRS verstanden, da diesen als primäre Zielsetzung die Informationsversorgung kapitalmarktorientierter Investoren zukommt.[86] Die Kapitalmarktorientierung ist ein Begriff, der im weiteren Verlauf häufig vorkommt und daher nun definiert werden soll. Sie wird im Rahmen der vorliegenden Arbeit im Kontext der Rechnungslegung sowie im Hinblick auf Investoren und Unternehmen verwendet. Diese Sicht lässt sich für die Unternehmensseite weiter einschränken, da ausschließlich börsennotierte Unternehmen in der empirischen Analyse Berücksichtigung finden.

Das angewandte Verständnis ergibt sich unmittelbar aus dem Gesetz. Dementsprechend gilt ein Unternehmen als kapitalmarktorientiert, wenn es selbst oder über ein Tochterunternehmen an einem organisierten Markt gemäß § 2 Abs. 5 WpHG teilnimmt, oder eine Zulassung hierzu beantragt hat, und diesen durch Ausgabe von Wertpapieren i. S. d. § 2 Abs. 1 Satz 1 WpHG beansprucht.[87] Analog definiert sich ein kapitalmarktorientierter Investor durch Teilnahme an einem organisierten Markt nach § 2 Abs. 5 WpHG und den Handel von Wertpapieren i. S. d. § 2 Abs. 1 Satz 1 WpHG. Formell ist dieses Verständnis in Def. 1 niedergelegt.

Definition 1 (Kapitalmarktorientierung) *Ein Unternehmen (Investor) definiert sich genau dann als kapitalmarktorientiert, wenn es (er) einen organisierten Finanzmarkt zur Beschaffung (Verfügungsstellung) von Eigen- oder Fremdkapital in Anspruch nimmt.*

---

84 Die große Bedeutung einer intensiven Kommunikation mit kapitalmarktorientierten Anlegern spiegelt sich u. a. in der Einschätzung internationaler Führungskräfte wider, die nicht mehr unbedingt von einer Offenlegungspflicht sprechen, sondern Unternehmen vielmehr ein Publikationsbedürfnis attestieren. Vgl. *Kubin* (1998), S. 547.

85 Vgl. *Busse von Colbe* (1993), S. 20.

86 Auch in deutschen Unternehmen rücken die Informationsziele der internationalen Rechnungslegung zunehmend in das Bewusstsein von Entscheidungsträgern und werden positiv bewertet. Vgl. *Fröschle/Glaum/Mandler* (1998), S. 2282f.

87 Ab dem Jahr 2005 sind kapitalmarktorientierte Unternehmen in der EU zur Aufstellung eines Konzernabschlusses nach IAS/IFRS verpflichtet (Verordnung (EG) 1606/2002).

2.2. Kapitalmarkt und Informationsverarbeitung

2.2.1. Definition und ökonomische Funktion des Kapitalmarktes

Der Markt für Kapitalanlagen und Kredite i. w. S. wird gemeinhin als Finanzmarkt bezeichnet. Dieses umfassende Verständnis führt zu einer Abgrenzung von Segmenten mit unterschiedlichem Fokus. Hierzu findet sich in Literatur und Praxis allerdings keine einheitliche Vorgehensweise. Vielmehr offenbaren sich mehrere, gleichermaßen gebräuchliche Ansätze, die verschiedene Differenzierungskriterien zugrunde legen. Eine übliche Einteilung erfolgt zunächst nach Prämisse der Fristigkeit der gehandelten Titel.[88]

Der Begriff Kapitalmarkt bezieht sich demnach auf einen Markt für langfristig orientierte Kapitalanlage und -aufnahme, auf dem Wertpapiere bzw. verbriefte Finanztitel zum Handel dargeboten werden.[89] Dieser grenzt sich z. B. vom Geldmarkt ab, auf dem Finanzinstrumente mit kurzer Fristigkeit gehandelt werden.[90] Diese Segmentierung kann auch auf weitere Dimensionen ausgedehnt und verfeinert werden, indem mehrere Merkmale zur Unterscheidung herangezogen werden. Im Folgenden soll aber diese, an der Fristigkeit ausgerichtete Unterteilung beibehalten werden.

Wird das Geschehen auf dem Kapitalmarkt aus einer rein funktionalen Perspektive betrachtet, kennzeichnet es sich maßgeblich durch den übergeordneten Zweck einer Zusammenführung von Angebot an und Nachfrage nach (langfristigen) Finanzierungstiteln und einem Transfer von Geldmitteln zwischen beiden Parteien.[91] Ausgehend vom primären Ziel einer effizienten Ressourcenallokation in einer Volkswirtschaft, d. h. einer Umverteilung von finanziellen Mitteln zu ihrem produktivsten Einsatz, können weitere wichtige Teilaufgaben identifiziert werden.[92]

Als eine Schlüsselfunktion des Finanzsystems gilt die zeitliche Transformation von Ressourcen, d. h., nach Maßgabe individueller Präferenzen kann eine beliebige Verteilung von heutigem und zukünftigem Konsum gewählt werden.[93] So können Ressourcen ihrem, aus volkswirtschaftlicher Sicht, effizientesten Nutzen zugeführt werden.[94] Ist eine optimale Verteilung aller Finanzmittel in einer Volkswirtschaft gegeben, spricht man von Allokationseffizienz.[95] Ferner ist die Funktion der Risikotransformation hervorzuheben, die es gestattet, Unsicherheit zu managen und Risiko zu kontrollieren.[96] Ein funktionierendes Kapitalmarktsystem ermöglicht eine effiziente Zuordnung von Risiko nach individuellen Präferenzstrukturen. Über den

---

88 Alternative Kriterien zur Abgrenzung führen u. a. zu einer Aufteilung in Primär- und Sekundärmarkt oder Eigen- und Fremdkapitalmarkt. Vgl. *Steiner/Perridon* (2002), S. 169 und *Mishkin* (2001), S. 23 ff.

89 Vgl. *Steiner/Perridon* (2002), S. 170.

90 Üblicherweise wird die Grenze zwischen lang- und kurzfristigen Kapitalanlagen bei einer Laufzeit von einem Jahr gesehen. Vgl. *Mishkin/Eakins* (2003), S. 20.

91 Vgl. *Copeland/Weston* (1992), S. 330.

92 Vgl. *Merton/Bodie* (1995), S. 5.

93 Vgl. *Merton/Bodie* (1995), S. 14.

94 Siehe *Crane* (1995) für eine ausführliche Behandlung dieser Thematik.

95 Vgl. *Copeland/Weston* (1992), S. 330.

96 Vgl. hierzu und im Folgenden *Merton/Bodie* (1995), S. 14 f.

Mechanismus einer Trennung von Real- und Finanzinvestitionen werden Möglichkeiten von Risikopooling und aufteilung zwischen Unternehmen und Haushalten bereitgestellt.[97] Grundsätzlich erfüllen Kapitalmärkte also bei der Finanzierung von Realinvestitionen eine wichtige Funktion innerhalb eines Wirtschaftssystems.[98] Sie können letztlich über eine Ausweitung der Produktion und Steigerung der Effizienz potenziell zu Wachstum und Wohlstandsmehrung einer Volkswirtschaft beitragen.[99]

Nun soll beispielhaft der Betrachtungshorizont enger gefasst werden und zur Veranschaulichung eine Konzentration auf Unternehmen und Haushalte als beteiligte Wirtschaftssubjekte erfolgen. Bei der Mittelbeschaffung für Projektinvestitionen stehen Unternehmen mit der Außen- und Innenfinanzierung grundsätzlich zwei alternative Wege zur Verfügung.[100] Während die Innenfinanzierung bei einer Kapitalaufbringung auf interne Mittel zurückgreift, beanspruchen Unternehmen bei der Außenfinanzierung u. a. den Kapitalmarkt, beispielsweise zur Emission von Wertpapieren. Unternehmen, die Zugang zu einem Überangebot an produktiven Realinvestitionsgelegenheiten haben und mit einer Mittelknappheit konfrontiert sind, können benötigte Gelder zur Durchführung lukrativer Projekte am Kapitalmarkt zu einem adäquaten Zinssatz nachfragen.[101] Haushalte, die in diesem Szenario ein Überangebot an finanziellen Mitteln haben, können diese auf dem Kapitalmarkt anbieten und werden durch Zinszahlungen kompensiert.

Abb. 2.3 auf der nächsten Seite zeigt in stark vereinfachter Weise den resultierenden Kapitalfluss im Finanzsystem. Als Institutionen sind Kapitalmarkt und Finanzintermediäre dargestellt, über die Kapitalnehmer und geber direkt und indirekt Geschäftsbeziehungen eingehen.[102] Bei der angesprochenen Transaktion stehen sich Unternehmen und private Haushalte gegenüber, einerseits mit dem Ziel, ihren Kapitalbedarf für Realinvestitionen zu decken, und andererseits um Ersparnisse Investitionsgelegenheiten zuzuführen.[103] Unternehmen treffen Produktions- und Investitionsentscheidungen, während Investoren zwischen verschiedenen Formen an Unternehmensbeteiligungen wählen können. Die Finanzmittel fließen entweder über den Kapitalmarkt direkt, oder indirekt über den Umweg der Finanzintermediäre den Unternehmen zu.[104]

In dieser Arbeit stehen mit Wertpapierbörsen organisierte Märkte im Mittelpunkt der Betrachtung, deren Definition im Wertpapierhandelsgesetz (WpHG) klar

---

97 Siehe *Mason* (1995) für eine detaillierte Darstellung der Aufgabe einer Risikotransformation.

98 Vgl. *Mishkin/Eakins* (2003), S. 16 f.

99 Vgl. *Mishkin* (2001), S. 22.

100 Vgl. hierzu und im Folgenden *Steiner/Perridon* (2002), S. 354 ff.

101 Ein Projekt wird genau dann als lohnend eingestuft, wenn sein Nettobarwert größer als null ist. Auf den Bereich der Investitionsrechnung soll aber nicht näher eingegangen werden und stattdessen auf die einschlägige Literatur zu diesem Thema verwiesen werden. Siehe stellvertretend für viele *Brealey/Myers* (2003) oder auch *Bodie/Kane/Marcus* (2005).

102 Vgl. *Mishkin* (2001), S. 21.

103 In einer neoklassischen Modellwelt bestimmen individuelle Präferenzstrukturen die Aufteilung zwischen heutigem und zukünftigem Konsum. Wichtige Kriterien sind hier Höhe, Timing und Risiko zukünftiger Zahlungsströme. Siehe *Ohlson* (1987), S. 7 und *Mishkin* (2001), S. 20 ff.

104 Siehe *Greenbaum/Thakor* (1995) ausführlich zu Finanzintermediären.

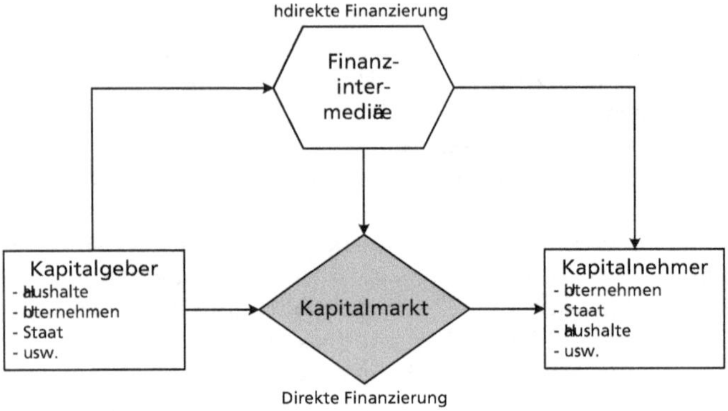

Quelle: i.A.a. Mishkin (2001): S. 21, Abb. 1

Abbildung 2.3.: Kapitalfluss im Finanzsystem

kodifiziert ist. So gilt ein Markt nach § 2 Abs. 5 WpHG genau dann als organisiert, wenn er von staatlich anerkannten Einrichtungen überwacht wird, regelmäßig stattfindet und für die Allgemeinheit mittel- oder unmittelbar zugänglich ist.[105] Der Handel umfasst dabei u. a. Wertpapiere i. S. d. § 2 Abs. 1 Satz 1 WpHG, zu denen unmittelbar Aktien, Zertifikate, die Aktien vertreten, Genuss- oder Optionsscheine zählen.[106]

Im Rahmen der empirischen Untersuchung dieser Arbeit stehen Aktien und Aktienbörsen im Interessenfokus.[107] Ferner konzentrieren sich die Analysen auf den heimischen Markt.[108]

2.2.2. Theorie effizienter Märkte

Die Theorie effizienter Märkte und die Markteffizienzhypothese nehmen eine zentrale Stellung in der Kapitalmarkttheorie ein und werden überwiegend mit Informationseffizienz gleichgesetzt.[109] Das Konzept geht maßgeblich auf die Arbeiten

---

105 Neben dem regulierten Börsenhandel existiert auch ein nicht regulierter und i. S. d. WpHG nicht organisierter Markt, der als „Grauer Markt" bekannt ist.

106 Das Gesetz fasst die Definition in § 2 Abs. 1 Satz 2 WpHG weiter und dehnt diese auch auf Wertpapiere aus, die mit Aktien oder verbrieften Schuldverschreibungen vergleichbar sind. Hinreichendes Kriterium ist eine Handelbarkeit.

107 Im weiteren Verlauf der Arbeit beziehen sich Aussagen mit Ausnahme des nächsten Abschnitts zur Effizienz des Kapitalmarktes vornehmlich auf Aktienbörsen, soweit nicht anderslautende Angaben gemacht werden.

108 Abstrahiert wird von internationalen Finanzmärkten. Siehe hierzu vertiefend *Levich* (1998).

109 Vgl. *Dimson/Mussavian* (1998), S. 91. In diesem Zusammenhang kommt auch der Bildung von rationalen Erwartungen seitens der Kapitalmarktteilnehmer eine tragende Bedeutung zu. Vgl. *Mishkin* (2001), S. 697.

von *Fama* zurück.[110] Dort werden Annahmen in Richtung des Verarbeitungsmechanismus von Informationen auf dem Kapitalmarkt getroffen und unterschiedliche Formen der Markteffizienz definiert.

Grundsätzlich wird ein Markt genau dann als informationseffizient bezeichnet, wenn bei der Preisbildung eine klar definierte Menge an Informationen vollständig berücksichtigt und unverzüglich in Preisen reflektiert wird.[111] Die Aussage impliziert, dass Preisänderungen ceteris paribus nur in Folge eines Eintreffens neuer Informationen auftreten. Ein solches Ereignis ist aber per definitionem nicht vorhersagbar und tritt in zufälliger Folge ein. Der Preis eines Wertpapiers kann auf einem effizienten Kapitalmarkt zu einem beliebigen Zeitpunkt als beste Näherung für seinen wahren ökonomischen oder intrinsischen Wert interpretiert werden.[112] Abweichungen hiervon treten lediglich kurzfristig auf und sind zufälliger Natur.[113]

Die Informationseffizienz eines Kapitalmarktes hebt sich von verwandten Effizienzbegriffen ab, worunter in der Literatur u. a. die operative bzw. Verfahrens- sowie die Allokationseffizienz erwähnt werden.[114] Eine Verfahrenseffizienz bedingt, dass keine Transaktions- oder Informationskosten vorhanden sind. Hingegen verlangt eine Allokationseffizienz, dass alle Ressourcen ihrer produktivsten Verwendung zugewiesen werden. Alle genannten Effizienzformen werden auf perfekten Märkten erreicht. Weil ein perfektes Marktumfeld zwar eine hinreichende, aber keine notwendige Bedingung für Informationseffizienz ist, sollen die sehr restriktiven Annahmen hier nicht ausführlich behandelt werden.[115]

Grundvoraussetzung für die von *Fama* definierten Abstufungen der Markteffizienz ist die Annahme, dass alle Informationen eines als relevant erachteten Sets unmittelbar nach Bekanntwerden vollständig verarbeitet werden und mit sofortiger Wirkung in Marktpreise einfließen.[116] Entscheidend für eine Differenzierung ist demnach die Definition der zugrunde liegenden Informationsmenge.[117] Im Einzelnen sind dies die Menge der historischen Preise, der öffentlich verfügbaren Informationen sowie aller Informationen einschließlich der privat gehaltenen. Jedes Informationsset stellt dabei eine Teilmenge des nächstgrößeren dar, so dass Informationsmenge und korrespondierende Effizienzformen in einer hierarchischen Beziehung zueinander stehen.[118] Dieser Zusammenhang wird in Abb. 2.4 auf S. 25 verdeutlicht.

---

[110] Einflussreiche Papiere sind in diesem Kontext vor allem *Fama* (1965, 1970). Siehe *Fama* (1991, 1998); *Ball* (1994) oder auch *Malkiel* (2003) für einen kritischen Review. Einen Rückblick auf theoretische Meilensteine und eine Übersicht zu relevanten Konzepten und Arbeiten liefern in diesem Zusammenhang *Dimson/Mussavian* (1998).

[111] Vgl. hierzu und im Folgenden *Greenbaum/Thakor* (1995), S. 22.

[112] Vgl. *Mishkin* (2001), S. 700.

[113] Aktienkurse folgen einem als Random Walk oder Brownian Motion bezeichneten stochastischen Prozess. Siehe hierzu exemplarisch *Fama* (1965).

[114] Vgl. hierzu und im Folgenden *Copeland/Weston* (1992), S. 330 f.

[115] Siehe *Fama* (1970), S. 389 für hinreichende, aber nicht notwendige Bedingungen für eine Markteffizienz. Da zudem das Konstrukt der Informationseffizienz für diese Arbeit vorrangig ist, kann auf eine vertiefende Darstellung der anderen Effizienzformen ebenfalls verzichtet werden.

[116] Vgl. *Fama* (1970), S. 384.

[117] Vgl. *Copeland/Weston* (1992), S. 332.

[118] Vgl. *Ball* (1994), S. 9.

Aus den unterschiedlichen Stufen der Markteffizienz ergeben sich des Weiteren Implikationen für kapitalmarktorientierte Investoren hinsichtlich der Renditeerwartung an die eingesetzten Handelsstrategien.[119] Die Markteffizienzhypothese unterscheidet insgesamt drei Arten der Informationseffizienz:[120]

- Schwache Form der Markteffizienz
- Semi-strenge Form der Markteffizienz
- Strenge Form der Markteffizienz

Gilt die schwache Form der Markteffizienz, so sind alle Informationen über historische Kurse und Renditen bereits in aktuellen Preisen enthalten.[121] Daraus folgt, dass durch eine Handelsstrategie, die ausschließlich auf einer Analyse von historischen Kursverläufen basiert, keine systematischen Überrenditen realisiert werden können. Eine Identifikation von Investitionsgelegenheiten auf Grundlage der technischen Chartanalyse würde sich also bereits in diesem Umfeld als nutzlos erweisen. Erst die Einbeziehung von Informationen aus einem größeren Set bei einer Fundamentalanalyse würde einen Wissensvorsprung generieren, der zu erwarteten risikolosen Gewinnen führen könnte.

Ein semi-streng effizientes Marktumfeld charakterisiert sich hingegen durch eine vollständige Berücksichtigung aller öffentlich verfügbaren Informationen bei der Marktpreisbildung. Das macht es unmöglich, auf Basis der öffentlichen Informationsmenge Handelsstrategien zu entwickeln, die eine ökonomische Rente erwarten ließen. In diesem Umfeld würde sich folglich auch die Fundamentalanalyse als wirkungslos herausstellen. Nur die Kenntnis privater Informationen brächte in diesem Umfeld noch einen entscheidenden Vorteil.

Eine Gültigkeit der strengen Form der Markteffizienz bedingt schließlich, dass die Gesamtmenge aller öffentlichen und privaten Informationen unmittelbar lückenlos in Marktpreisen reflektiert wird. Somit sind keinerlei Handelsstrategien denkbar, die risikolose Gewinne zulassen.[122]

Für den Verlauf der vorliegenden Arbeit soll die Gültigkeit der Markteffizienzhypothese in der semi-strengen Form angenommen werden.[123] Weil die Informationsmenge, die einer Preisbildung am Kapitalmarkt zugrunde liegt, auch

---

119 Siehe hierzu auch *Fama* (1970), S. 384.

120 Vgl. *Fama* (1970), S. 383.

121 Vgl. hierzu und im Folgenden *Copeland/Weston* (1992), S. 332; *Greenbaum/Thakor* (1995), S. 23 oder auch *Brealey/Myers* (1996), S. 329.

122 Ex ante können in einem effizienten Marktumfeld überdurchschnittliche Renditen erwirtschaftet werden, ohne auch ein entsprechend höheres Risiko zu tragen. Risikolose Handelsstrategien (Arbitrage) sind nicht möglich. Solche Gelegenheiten werden der Theorie nach unverzüglich von den Marktteilnehmern erkannt und durch entsprechende Handelsstrategien ausgenutzt. Dadurch ist letztlich gewährleistet, dass das Phänomen nur von kurzer Dauer und praktisch nicht existent ist. Als Folge der Tätigkeit von Arbitrageuren bieten sich in einem effizienten Marktgeschehen also keine Arbitragemöglichkeiten. Dieser Zusammenhang wird auch als Arbitrage-Paradox bezeichnet.

123 Heutzutage zeigen sich in der Empirie Anzeichen für temporäre Verletzungen der Markteffizienzhypothese, so dass die Frage nach der Effizienz von Finanzmärkten, die eigentlich schon beantwortet schien, nochmals in den Fokus des Forschungsinteresses rückt. Eine inhaltliche Brücke zu jüngeren Ansätzen der Behavioral Finance, die sich u. a. mit dem Phänomen von Marktanomalien auseinander-

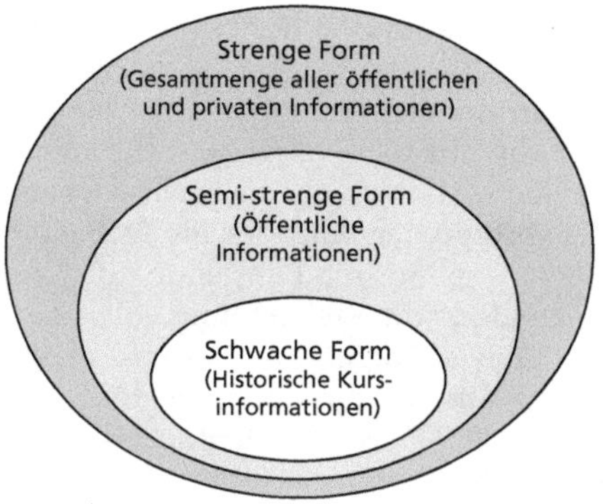

Abbildung 2.4.: Markteffizienzformen und Informationsmengen

Angaben aus der Rechnungslegung beinhaltet, begründet sich darin eine notwendige Voraussetzung für das der Wertrelevanzforschung[124] zugrunde liegende Forschungsmodell.[125]

2.2.3. Bedeutung der Markteffizienz für die empirische Bilanzforschung

Konzept und Annahme informationseffizienter Märkte ist von gesteigerter Bedeutung für die kapitalmarktbasierte empirische Forschung in der Rechnungslegung.[126] Zum einen hat ihr Aufkommen Ende der Sechzigerjahre maßgeblich zur Entstehung des Forschungsfeldes beigetragen und stellt daher einen wichtigen Eckpfeiler dar. Zum anderen ergeben sich wesentliche Implikationen für die Rolle der Rechnungslegung als Informationsinstrument und folglich auch für die Ergründung dieser Funktion im Rahmen wissenschaftlicher Studien.

Grundsätzlich fußen wissenschaftliche Studien, die Rechnungslegungsstandards auf Basis einer Korrelation mit Marktwerten evaluieren, auf einer Gültigkeit der Markteffizienzhypothese in der semi-effizienten Form.[127] Dieses Vorgehen ist hauptsächlich dadurch motiviert, dass a priori die Richtung statistischer Zusam-

setzen, schlägt in diesem Zusammenhang *Fama* (1998). Siehe auch Kap. 3.2.4.1 auf S. 54 zu Tests der Markteffizienz.

124 Siehe Kap. 3.4 auf S. 75 und im Besonderen 3.4.2.2 auf S. 80 zum Forschungsmodell der Wertrelevanz.

125 Selbst in einem informationseffizienten Marktumfeld ist die Veröffentlichung von Rechnungslegungsdaten bedeutsam, da sie dazu beträgt, die Markteffizienz aufrechtzuerhalten und zu gewährleisten. Vgl. *Beaver* (1973), S. 55.

126 Siehe *Lee* (2001) ausführlich zur Bedeutung der Markteffizienzhypothese für die kapitalmarktorientierte empirische Bilanzforschung.

127 Vgl. *Kothari* (2001), S. 120.

menhänge theoretisch abgeleitet und in der Nullhypothese niedergelegt werden kann.[128]

Wird Markteffizienz in der semi-strengen Form angenommen, stellt die Finanzberichterstattung zwar nicht die alleinige, aber dennoch eine bedeutende Informationsquelle über die wirtschaftliche Lage eines Unternehmens dar.[129] Nach der Theorie werden alle verfügbaren Angaben als Teile einer gesamten, öffentlich verfügbaren Informationsmenge für die Beurteilung der ökonomischen Lage herangezogen und nachfolgend für die Preisbildung vollständig verarbeitet. Es folgt die Möglichkeit eines rekursiven Vorgehens, dass Informationen auf ihre Relevanz für Marktwerte hin überprüft werden. Dies spiegelt i. w. S. den Kerngedanken bei Wertrelevanzstudien wider.[130] Es wird deutlich, dass das Untersuchungskonzept entscheidend von der Annahme der Gültigkeit der Markteffizienzhypothese abhängt.[131]

Informationseffiziente Märkte bedingen ferner, dass durch Bilanzanalyse und Auswertung im Jahresabschluss enthaltener Angaben Erkenntnisse generiert werden können, auf deren Basis sich weder profitable Handelsstrategien implementieren noch Aktienkursprognosen verbessern ließen.[132] Die Folgerung, dass Rechnungslegungsinformationen deshalb definitiv keinen Wert für Marktteilnehmer besitzen, leitet sich daraus aber nicht ab.[133] Vielmehr ist es denkbar, dass die Veröffentlichung von Jahresabschlüssen erst zur Erhaltung der Effizienz beiträgt.[134] *Coenenberg* spricht in diesem Kontext von einer „Hygienefunktion" des Jahresabschlusses, die der Rolle der Rechnungslegung keinen instruierenden Charakter, sondern eine bestätigende Funktion zuschreibt.[135]

2.3. Grundzüge gewerblicher Schutzrechte und des Patentwesens

2.3.1. Begriffliche und funktionale Betrachtung

Der gewerbliche Rechtsschutz und im Besonderen Patente stellen im theoretischen Bezugsrahmen des Forschungsvorhabens den dritten Eckpfeiler dar. Patente fallen

---

[128] Als Beispiel kann die Ankündigung der Änderung einer angewandten Rechnungslegungsnorm angeführt werden. Theoretisch lässt sich hieraus ex ante weder eine systematisch positive noch negative Überrendite ableiten. Eine empirisch beobachtbare systematische Abweichung von dieser Vermutung würde folglich eine Verletzung der Markteffizienzhypothese darstellen. Hier wird unmittelbar die Problematik einer denkbaren Theorie der Marktineffizienz deutlich; die Richtung eines Zusammenhangs könnte in diesem Fall nicht eindeutig spezifiziert und damit empirisch nicht überprüft werden. Vgl. *Kothari* (2001), S. 120.

[129] Vgl. *White/Sondhi/Fried* (2003), S. 166.

[130] Wertrelevanzstudien unterstellen Markteffizienz und testen die Relevanz einzelner Messgrößen hinsichtlich ihrer statistischen Erklärungskraft für Marktwerte. Siehe 3.4 auf S. 75 für eine Abgrenzung und ausführliche Definition des Konzepts.

[131] Vgl. *Lee* (2001), S. 234.

[132] Vgl. *White/Sondhi/Fried* (2003), S. 166 f. und *Schmidt* (1982), S. 732.

[133] Vgl. *Schmidt* (1982), S. 732.

[134] Vgl. *Beaver* (1973), S. 55.

[135] Vgl. *Coenenberg* (2003), S. 1203, 1205 u. 1215.

unter die gewerblichen Schutzrechte[136] und nehmen dort eine herausragende Stellung ein.[137]

Ein Patent definiert sich im weiteren Sinne als Urkunde über einen hoheitlichen Verwaltungsakt, der dem Inhaber ein Vermögensrecht verleiht.[138] Im engeren Sinne stellen Patente ein staatlich anerkanntes, subjektives Ausschlussrecht dar.[139] Durch ein Patent wird dem Erfinder[140] oder seinem Rechtsnachfolger von staatlicher Seite ein zeitlich begrenztes Monopol für die wirtschaftliche Nutzung einer Erfindung gewährt. Grundlage bilden die im Patentgesetz (PatG) kodifizierten Regelungen. Laut § 1 Abs. 1 PatG sind für die Erteilung einer Erfindung zum Patent drei notwendige Bedingungen zu erfüllen:

- Technischer Neuigkeitsgehalt[141]
- Erfinderische Tätigkeit[142]
- Gewerbliche Anwendbarkeit[143]

Eine Erfindung[144] gilt demnach als patentierfähig[145], wenn die Erkenntnisse einen technischen Neuigkeitsgehalt aufweisen, auf eine erfinderische Tätigkeit zurückgehen und gewerblich anwendbar sind.[146]

Der Neuigkeitsgehalt einer Erfindung wird in § 3 Abs. 1 PatG umschrieben und erfordert, dass sie über den Stand der Technik hinausgeht. Dieser umfasst alle Kenntnisse, die in mündlicher oder schriftlicher Form oder durch Benutzung bereits der Öffentlichkeit zugänglich gemacht wurden (§ 3 Abs. 1 PatG). Die Voraussetzung für das Vorliegen einer erfinderischen Tätigkeit wird in § 4 PatG geregelt und erfordert, dass sich die Entdeckung für den Fachmann nicht unmittelbar aus dem Stand der Technik ableitet. Ferner knüpft das Gesetz eine gewerbliche Anwendbarkeit in § 5 Abs. 1 an die Möglichkeit, die Erfindung auf einem gewerblichen Gebiet (einschließlich der Landwirtschaft) herzustellen oder zu benutzen.[147]

---

136 Neben Patenten zählen Gebrauchs- und Geschmacksmuster, Marken oder auch Topographien zu den gewerblichen Schutzrechten. Die Bezeichnung „Gewerbliche Schutzrechte" rekurriert auf die gesetzlich verankerte Forderung nach einer gewerblichen Anwendbarkeit als Grundvoraussetzung für eine Gewährung.

137 Vgl. *Ernst* (1996), S. 17.

138 Vgl. *Benkard* (1993), S. 139 Rz. 2.

139 Vgl. *Kraßer* (2004), S. 1.

140 Einen Sonderfall stellen Arbeitnehmererfindungen dar, weil der Patentinhaber nicht notwendigerweise identisch mit dem Erfinder ist. Das grundlegende Erfinderrecht ist aber auf andere Personen (private und juristische) übertragbar. In der betrieblichen Praxis kann dies etwa im Rahmen privatrechtlicher Vereinbarungen wie Arbeitsverträgen geregelt werden.

141 Siehe § 3 Abs. 1 PatG.

142 Siehe § 4 PatG.

143 Siehe § 5 Abs. 1 PatG.

144 Siehe *Benkard* (1993), S. 157 Rz. 40 oder auch *Kraßer* (2004), S. 2 ff. vertiefend zur Erfindung als Gegenstand des Patentes.

145 Die materielle Patentierbarkeit wird im PatG in § 1 Abs. 2 und § 2 eingeschränkt.

146 Siehe hierzu auch *Benkard* (1993), S. 62 Rz. 25.

147 Siehe hierzu vertiefend *Benkard* (1993), S. 324 ff.

Im Kontext der gewerblichen Nutzbarkeit einer Erfindung muss grundsätzlich zwischen betrieblichen Forschungsaktivitäten und Grundlagenforschung differenziert werden, weil sich beide Formen insbesondere in diesem Aspekt unterscheiden.[148] Unter Grundlagenforschung kann theoretische und experimentelle Forschung verstanden werden, mit dem Ziel, neue wissenschaftliche Erkenntnisse zu generieren. Während diese i. d. R. nicht unmittelbar auf praktische Anwendung hin betrieben wird, macht die praktische Umsetzbarkeit und ökonomische Nutzbarkeit einer Erfindung bei betrieblicher Forschung die primäre Zielsetzung aus. Weil eine wirtschaftliche Anwendbarkeit aber keine entscheidende Rolle spielt, sind die durch Grundlagenforschung erzielten Erkenntnisse häufig i. S. d. PatG auch nicht schutzfähig. Aufgrund dieser fehlenden Ausschließlichkeit der Wissensnutzung ist Grundlagenforschung auf staatliche Subventionen angewiesen und/oder wird vermehrt an gemeinnützigen und öffentlich rechtlichen Institutionen wie beispielsweise Universitäten betrieben. In der vorliegenden Arbeit stehen betriebliche Forschungsaktivitäten im Vordergrund.

Mit Erteilung eines Patentes wird dem Inhaber das alleinige Verfügungsrecht[149]über die patentierte Erfindung gewährt (§ 9 PatG).[150] Es liegt in der diskretionären Kontrolle des Rechteinhabers zu entscheiden, ob und von wem die Erfindung letztlich gewerblich hergestellt, angeboten und in Verkehr gebracht werden darf. Dritte bedürfen also einer Zustimmung des Eigentümers. Die Wirkung eines Patentes unterliegt räumlichen wie zeitlichen Begrenzungen.[151] In Abhängigkeit der Zahlung jährlicher Gebühren endet die Laufzeit spätestens 20 Jahre nach Anmeldung. Ferner ist die Wirksamkeit eines Patentes grundsätzlich auf den Rechtsraum des Patentamtes beschränkt, das die Erteilung vorgenommen hat. Die für den hiesigen Rechtsraum zuständige Institution ist das Deutsche Patent- und Markenamt (DPMA) mit Sitz in München. Erweiternd greifen hier aber internationale Patentabkommen wie beispielsweise das Europäische Patentübereinkommen (EPÜ).

2.3.2. Funktionen und Zwecke

Während die Grundidee des gewerblichen Rechtsschutzes und des Patentwesens im Schutz geistigen Eigentums liegt, wird diese primäre Schutzfunktion durch eine umfangreiche Informationsfunktion ergänzt.

Die Schutzfunktion leitet sich aus der Möglichkeit des Patentinhabers ab, Dritte von der Nutzung einer patentierten Erfindung vollständig auszuschließen.[152] Gesetzlich verankert ist diese Möglichkeit in § 9 PatG, der die alleinigen Verfügungs-

---

148 Vgl. hierzu und im Folgenden *Ernst* (1996), S. 20.

149 Dieses ist nicht frei von Einschränkungen. Hier kann speziell die Zwangslizenz angeführt werden, die in § 24 PatG kodifiziert ist. Sie gestattet eine Nutzung per Richterentscheid, wenn ein besonderes öffentliches Interesse vorliegt. Vgl. *Kraßer* (2004), S. 1.

150 Siehe weiterführend für eine Beschreibung des Prozesses der Patenterteilung *Harhoff/Scherer/Vopel* (2003), S. 1361 f. oder auch *Benkard* (1993), S. 79 ff.

151 Vgl. hierzu und im Folgenden *Kraßer* (2004), S. 2.

152 Vgl. *Ernst* (1996), S. 13.

rechte regelt. Im betrieblichen Kontext bedeutet dies, dass technische Neuerungen im Rahmen eines gesetzlich geschützten, aber zeitlich begrenzten Monopols gewerblich genutzt werden können.[153] Auf diesem Wege kann eine Rendite für die in die Generierung von Wissen getätigten Investitionen (Forschungs- und Entwicklungsaufwendungen) abgesichert werden, die als Pioniergewinn bezeichnet wird.[154] Die Durchsetzung des Ausschließlichkeitsprinzips[155] kann somit als eine wesentliche Voraussetzung und einen Anreiz für betriebliche Forschungsaktivitäten gewertet werden.[156] Die Schutzfunktion eines Patentes stellt damit ein Instrument zur Aufrechterhaltung der Wettbewerbsfähigkeit dar, das größtenteils über eine Absicherung zukünftiger Erträge und eine Abschirmung vor Nachahmern wirkt.[157]

Nach Ablauf einer Frist von maximal achtzehn Monaten nach Einreichung einer Patentanmeldung (oder dem Prioritätstag[158]) wird die Anmeldung im Patentblatt angezeigt und prinzipiell jedermann Akteneinsicht gewährt (§ 31 Abs. 2 Satz 2 PatG) für Angaben, die zur Offenlegung freigegeben sind (§ 32 PatG).[159] Erst nach endgültiger Erteilung einer Erfindung zum Patent, die ebenfalls im Patentblatt bekannt gegeben wird, wird der Inhalt der Patentschrift vollständig veröffentlicht.[160] Die Veröffentlichung dient der umfassenden Information der Öffentlichkeit über erteilte Patente, technologische Neuerungen und damit den Stand der Technik.[161] Dieser Gedanke macht den Kern der Informationsfunktion des Patentwesens aus. Im Rahmen einer umfangreichen Patentanalyse ist es möglich, den Stand der Technik zu bestimmen.[162] Durch sorgfältige Prüfung bestehender Patentschriften lassen sich dann wertvolle Hinweise gewinnen, die beispielsweise vor Doppelerfindungen schützen, weiterführende Forschungsprojekte anregen oder dazu beitragen, Schutzrechtskollision zu vermeiden.[163] Die Informationsfunktion des Patentwesens

---

153 Vgl. *Ernst* (1996), S. 17.

154 Vgl. *Rebel* (2003), S. 1.

155 Die Ausschließlichkeit der Wissensnutzung wird im angelsächsischen Schrifttum als *Appropriability* und die Fähigkeit einer Aneignung der Erträge aus der industriellen Forschung und Entwicklung als *Appropriability Conditions* bezeichnet. Vgl. *Ernst* (1996), S. 16 oder auch *Franke* (1993), S. 308.

156 Dies begründet sich hauptsächlich in der Tatsache, dass Wissen Eigenschaften eines öffentlichen Gutes aufweist. Siehe hierzu ausführlich *Ernst* (1996), S. 14 ff.

157 Vgl. *Rebel* (2003), S. 1. Neben gewerblichen Schutzrechten existieren weitere Instrumente zur Durchsetzung des Ausschließlichkeitsprinzips und der Sicherstellung von Erträgen aus Forschungs- und Entwicklungstätigkeiten. Siehe *Ernst* (1996), S. 17 ff. für eine Diskussion alternativer Schutzmechanismen.

158 Grundsätzlich ist im Erteilungsverfahren der Tag der Einreichung einer Patentanmeldung maßgeblich und determiniert den Zeitrang. Das Patentrecht räumt dem Anmelder aber die Möglichkeit ein, den Zeitrang einer älteren, identischen Erfindung zu beanspruchen (Priorität), deren Anmeldung nicht länger als zwölf Monate zurückliegen darf (§ 40 PatG). In diesem Fall ist der Prioritätstag z. B. für die Prüfung des Neuigkeitsgehaltes bindend. Siehe auch *Benkard* (1993), S. 108 Rz. 109 für weitere Erläuterungen zum Anmeldetag im Kontext eines europäischen Patentes.

159 Vgl. *Ernst* (1996), S. 22.

160 Vgl. § 58 Abs. 1 PatG.

161 Vgl. *Benkard* (1993), S. 139.

162 Siehe *Breitzman/Mogee* (2002), S. 199 ff. oder auch *Ernst* (1996), S. 89 ff. ausführlich zur Patentanalyse und ihren Anwendungsbereichen.

163 Vgl. *Rebel* (2003), S. 2 u. 4.

fördert durch die Bereitstellung von Informationen über den aktuellen Stand der Technik den allgemeinen Fortschritt.[164]

2.3.3. Überblick zum Europäischen Patentsystem

Die im Empirieteil dieser Arbeit auf Wertrelevanz geprüften Kennzahlen des betrieblichen Patentierverhaltens[165] setzen auf europäischen Patenten auf. Ein europäisches unterscheidet sich im Vergleich zu einem nationalen Patent u. a. durch den Wirtschaftsraum, für den ein Rechtsschutz gewährt wird. Durch einen auf den europäischen Markt ausgedehnten Schutz ist ein solches insbesondere für international agierende Unternehmen von gesteigertem Interesse.

Mit einer europäischen Patentanmeldung ist aber üblicherweise ein nicht unerheblicher zeitlicher wie auch monetärer Mehraufwand verbunden.[166] In Abhängigkeit der nachgefragten Leistungen sind höhere Kosten auch mit Unterschieden in der Gebührenordnung von EPA und DPMA zu erklären.[167] Ein Mehraufwand der europäischen Anmeldung begründet sich weiter u. a. darin, dass es sich i. d. R. empfiehlt, im Vorfeld einen Patentanwalt zu konsultieren und den Sachverhalt eingehend prüfen zu lassen. Zeitaufwendig ist ferner eine ggf. erforderliche Übersetzung eingereichter Unterlagen und/oder der Patentschrift. Insgesamt werden einer Erfindung, die in einem europäischen Patent niedergelegt ist, aufgrund des mit der Anmeldung verbundenen gesteigerten Aufwandes implizit größere Marktchancen eingeräumt, so dass einer europäischen Patentanmeldung auch eine Indikatorfunktion für Qualität und wirtschaftliche Bedeutung einer Erfindung beigemessen wird.[168]

Das Europäische Patentsystem ruht auf drei Säulen.[169] Diese sind das Europäische Patentübereinkommen[170] (EPÜ) von 1977, die Vereinbarung über Gemeinschaftspatente (VGP) von 1989 sowie die nationalen gesetzlichen Regelungen der Vertragsstaaten.[171] Ziel des EPÜ ist eine verstärkte Zusammenarbeit zum Schutz geistigen Eigentums, das aus erfinderischer Tätigkeit hervorgeht.[172] Aufgrund der Vereinbarung des EPÜ können Patente für den Rechtsraum der Bundesrepublik Deutschland auch durch das in München ansässige Europäische Patentamt (EPA)

---

164 Der Informationsfunktion kommt auch aus volkswirtschaftlicher Sicht eine Bedeutung zu. In diesem Zusammenhang werden technologische *Spill-Over-Effekte* erzielt, die Wachstumsimpulse geben können. Vgl. *Ernst* (1996), S. 22 f.

165 Siehe Kap. 5.4.4 auf S. 171 ausführlich zu den operationalisierten Kennzahlen.

166 Die Kosten für europäische Patentanmeldung einschließlich patentanwaltlicher Leistungen können lt. Auskunft des Deutschen Patent- und Markenamtes mit bis zu 50 Tsd. Euro zu Buche schlagen.

167 Für eine aktuelle Übersicht zum Leistungsspektrum und zur Gebührenordnung siehe Deutsches Patent- und Markenamt (DPMA) [http://www.dpma.de/formulare/a9510.pdf, Zugriffsdatum: 1. März 2005] und Europäisches Patentamt (EPA) [http://www.european-patent-office.org/epo/new/supp_05_02_tab.pdf, Zugriffsdatum: 1. März 2005].

168 Vgl. *Ernst* (1996), S. 63.

169 Siehe *Harhoff/Reitzig* (2004), S. 446 ff. und *Dybdahl* (2000) ausführlich zum Europäischen Patentsystem.

170 Siehe hierzu ausführlich *Benkard* (1993), S. 104 ff.

171 Vgl. *Dybdahl* (2000), S. 1.

172 Vgl. *Dybdahl* (2000), S. 2.

erteilt werden.[173] Ein europäisches Patent hat dieselbe Schutzwirkung und unterliegt identischen Vorschriften wie ein nationales Patent des Mitgliedsstaates, für den die Erteilung erfolgt (Art. 2 Abs. 2 EPÜ).[174] Es hebt sich von einem nationalen Patent dadurch ab, dass es einen größeren Geltungsbereich abdeckt. Nach Art. 54 Abs. 1 EPÜ sind die im Vorfeld zu erfüllenden Prämissen für eine Patenterteilung identisch mit den in § 1 Abs. 1 PatG geforderten Voraussetzungen eines technischen Neuigkeitsgehaltes, einer erfinderischen Tätigkeit und einer gewerblichen Anwendbarkeit.[175]

Grundsätzlich kann eine europäische Patentanmeldung beim EPA oder alternativ bei einem nationalen Patentamt eingereicht werden.[176] Das Standardprozedere umfasst eine materielle Formalprüfung, an die sich eine umfangreichere Recherche zur Bestimmung des Stands der Technik anschließt. Die Ergebnisse werden im Abschlussbericht dokumentiert und dienen im weiteren Verlauf des Verfahrens einer Evaluierung der für eine Patentierbarkeit entscheidenden Merkmale Neuheit und erfinderische Tätigkeit. Mit Ablauf einer Frist von achtzehn Monaten nach Anmeldung oder dem Prioritätstag erfolgt eine Veröffentlichung der Anmeldung im European Patent Bulletin. Eine endgültige Prüfung auf Erteilungsfähigkeit geschieht nur auf Antrag des Anmelders, der spätestens sechs Monate nach Veröffentlichung gestellt sein muss. Am Ende des Verfahrens steht eine Zurückweisung des Antrages oder eine Erteilung des Patentes. Nach Erteilung wird die Patentschrift vollständig offengelegt und dies im European Patent Bulletin öffentlich angezeigt.

Die Regelungen des EPÜ erstrecken sich bislang ausschließlich auf den Zeitraum bis zur eigentlichen Erteilung einer Erfindung zum europäischen Patent.[177] Danach greift jedoch wieder die nationale Patentgesetzgebung. Ursprünglich sollte hier die Vereinbarung über Gemeinschaftspatente ansetzen und die Rechtswirkungen eines europäischen Patentes auf nationaler Ebene vereinheitlichen. Das Gemeinschaftspatent differenziert sich in diesem Punkt von einem europäischen Patent, dessen Wirkung auf nationaler Ebene abweichen kann. Die VGP ist aber noch nicht in Kraft getreten.

---

173 Vgl. *Kraßer* (2004), S. 1.

174 Vgl. *Dybdahl* (2000), S. 271.

175 Vgl. *Kraßer* (2004), S. 1 f.

176 Die Skizzierung des Verfahrens konzentriert sich hier auf die wesentlichen Eckpunkte. Vgl. hierzu und im Folgenden *Dybdahl* (2000), S. 24 ff. oder auch *Benkard* (1993), S. 107 ff.

177 Vgl. hierzu und im Folgenden *Dybdahl* (2000), S. 4.

3. Verortung und definitorische Abgrenzung der Wertrelevanzforschung als Teildisziplin der Bilanzforschung

Dieses Kapitel nimmt eine wissenschaftstheoretische Einordnung und definitorische Abgrenzung der Wertrelevanzforschung vor.[178] Im ersten Teil erfolgt zunächst eine Einführung zur Entstehung des für die Thematik der vorliegenden Arbeit relevanten Stranges der kapitalmarktorientierten (empirischen) Bilanzforschung, bevor auf einige grundlegende Aspekte des Wertrelevanzkonzeptes eingegangen wird. Darauf aufbauend wird das Forschungsvorhaben dieser Studie eingeordnet und der Stand der Forschung im relevanten Teilbereich zusammengefasst. Die nachfolgenden zwei Kapitelteile legen die inhaltlichen Strukturen der Rechnungslegungsforschung dar, wobei zum einen auf die im internationalen und zum anderen auf die im deutschen Schrifttum übliche Kategorisierung zurückgegriffen wird.[179] Aufgezeigt werden sowohl Schwerpunktbereiche als auch aktuelle Entwicklungstendenzen, die inhaltliche Ausrichtung ist dabei deskriptiv-erklärend. Der vierte Teil führt schließlich die im bisherigen Verlauf des Kapitels gelegten relevanten Grundlagen zusammen und nimmt Bezug auf das Thema dieser Arbeit. Es werden das zugrunde liegende Wertrelevanzverständnis und das angewandte Forschungsmodell ausführlich herausgearbeitet sowie die Bedeutung der Wertrelevanzforschung für das Standardsetting diskutiert. Abb. 3.1 auf der folgenden Seite zeigt den Aufbau.

3.1. Topologische Einführung zur kapitalmarktorientierten Bilanzforschung

3.1.1. Ursprung und Genese des Forschungsstranges

Die kapitalmarktorientierte empirische Forschung in der Rechnungslegung stellt einen Schnittstellenbereich zur Kapitalmarkttheorie dar. Insbesondere das Untersuchungskonzept der Wertrelevanz fungiert hier als ein Bindeglied beider theoretischer Säulen. Hervorgegangen ist der Forschungsstrang in den Sechzigerjahren aus der normativ geprägten Forschung.[180] Mit den richtungsweisenden Arbeiten

---

178 In der angelsächsischen *Accounting*-Forschung stellt die Wertrelevanzforschung bereits seit längerem einen eigenständigen Teilbereich der Bilanzforschung dar.

179 Das Vorgehen ist dadurch motiviert, dass neben weitgehenden Gemeinsamkeiten auch abweichende Einteilungen der Forschungsfelder zu verzeichnen sind. Diese lassen sich aber nicht ohne weiteres eindeutig und überschneidungsfrei ineinander überführen, daher wird darauf verzichtet.

180 Vgl. *Coenenberg* (2003), S. 1188 und *Kothari* (2001), S. 113.

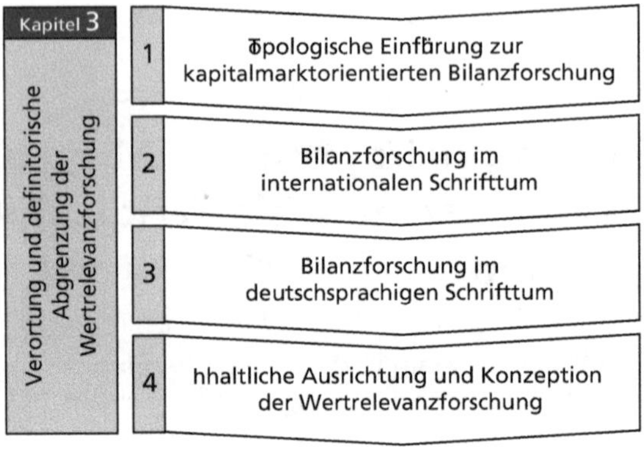

Abbildung 3.1.: Aufbau und Struktur des Kapitels

von *Ball/Brown* (1968) und *Beaver* (1968) hat eine Analyse der Beziehung zwischen Fundamentaldaten der Rechnungslegung und dem Kapitalmarkt eine zunehmend bedeutendere Stellung innerhalb der betriebswirtschaftlichen Forschung erlangt.[181]

Die entscheidenden Impulse für Entstehung und verstärktes Aufkommen von Fragestellungen in dieser Disziplin wurden durch fortschreitende Entwicklungen in der Kapitalmarkttheorie gegeben.[182] In diesem Zusammenhang spielten im Besonderen die Entwicklung der Markteffizienzhypothese[183] und der Modernen Portfoliotheorie[184] (MPT) sowie des Capital Asset Pricing Modells[185] (CAPM) eine nachhaltige Rolle.[186]

Die Theorie effizienter Märkte bzw. die Markteffizienzhypothese wirkt sich auch heute noch entscheidend auf die Forschung und speziell Wertrelevanzüberlegungen aus. Wird nämlich eine Gültigkeit der Markteffizienzhypothese in der semi-strengen Form angenommen, ergeben sich Konsequenzen für die Rolle der Rechnungslegung als Informationsinstrument. So stellt die Finanzberichterstattung unter dieser Prämisse nicht die alleinige Quelle an Informationen über die wirtschaftliche Lage eines Unternehmens dar.[187] Vielmehr werden auch andere In-

---

181 Vgl. *Kothari* (2001), S. 112 f.

182 Vgl. *White/Sondhi/Fried* (2003), S. 166.

183 Siehe hierzu ausführlich Kap. 2.2.2 auf S. 22.

184 Als Begründer der Modernen Portfoliotheorie gilt *Markowitz* (1952).

185 Die Entwicklung des Capital Asset Pricing Modells geht maßgeblich auf die Arbeiten von *Sharpe* (1964) und *Lintner* (1965) zurück.

186 Vgl. *White/Sondhi/Fried* (2003), S. 166. Zusätzlich leisteten auch Entwicklungstendenzen in der positiven Ökonomie sowie der methodologischen Forschung einen nennenswerten Beitrag für die Entstehung der ersten empirischen Studien der kapitalmarktbasierten Rechnungslegungsforschung. Im Besonderen ist dies die Methodik der Ereignisstudie, die im Wesentlichen auf *Fama* et al. (1969) zurückgeht. Vgl. *Kothari* (2001), S. 114.

187 Vgl. *White/Sondhi/Fried* (2003), S. 166 f.

formationen bei der Preisbildung berücksichtigt, die letztlich durch Standardsetter Regularien unterworfen werden könnten.

Die MPT und das CAPM leisteten ebenfalls einen Beitrag, der die Entwicklung der kapitalmarktorientierten empirischen Forschung in der Rechnungslegung begünstigt hat.[188] Im Wesentlichen können hier zwei entscheidende Faktoren angeführt werden. Erstens spielt die Einteilung des Risikos in eine systematische und eine firmenspezifische Komponente eine wichtige Rolle.[189] In diesem Zusammenhang rücken Rechnungslegungsinformationen als firmenspezifische Informationen und deren Eignung zur Prognose oder unmittelbar als Risikomaß selbst ins Forschungsinteresse. Zweitens wird durch die MPT und das CAPM ein Modellrahmen geschaffen, der es erlaubt, eine Beziehung von Marktrenditen und Unternehmensgewinnen – also Kapitalmarkt- und Rechnungslegungsinformationen – abzubilden. Abweichungen vom erwarteten Gewinnniveau führen in diesem Kontext zu einer Beeinflussung der realisierten Marktrendite. Insbesondere diese Erkenntnis leistete der kapitalmarktbasierten Forschung Vorschub. In diesem Kontext haben *Ball/Brown* (1968) erstmalig eine Beziehung von Rechnungslegungs- und Kapitalmarktdaten modelliert und den Informationsgehalt des Jahresabschlusses anhand von Marktreaktionen auf die Bekanntgabe von Unternehmensgewinnen und unter Berücksichtigung der Abweichungen vom erwarteten Niveau analysiert.

Kritische Beiträge zu bisherigen Forschungserkenntnissen von *Lev* (1989) und *Bernard* (1989) zeigen einige Schwachpunkte und Forschungslücken auf.[190] Diese werden in Verbindung mit einer wachsenden Anzahl an beobachteten Marktanomalien als Anhaltspunkt für eine strukturelle und inhaltliche Neuausrichtung der Forschungsaktivitäten herangezogen.[191] Eine katalysierende Funktion für die kapitalmarktbasierte Forschung kann Anfang der Neunzigerjahre so z. B. den Anzeichen einer scheinbaren Marktineffizienz zugeschrieben werden.[192] Auch wenn der Forschungsschwerpunkt hauptsächlich auf empirischen Arbeiten liegt, bleibt eine begleitende Entwicklung theoretischer Grundlagen notwendig. Nur so ist die Existenz einer gleichermaßen soliden und validen Interpretationsgrundlage für die Erkenntnisse empirischer Forschung gewährleistet.

Eine Vielzahl an publizierten Forschungsbeiträgen in führenden wissenschaftlichen Zeitschriften lässt auf eine Reihe von Faktoren schließen, die für eine verstärkte Nachfrage nach Forschung in der Rechnungslegung verantwortlich sind und fortschreitende Entwicklungen begünstigen.[193] Im Rahmen einer Ergründung der Beziehung von Kapitalmarkt und Rechnungslegung identifiziert *Kothari* (2001) insgesamt vier Themenkomplexe, denen ein Großteil des wachsenden For-

---

188 Vgl. *White/Sondhi/Fried* (2003), S. 167 f.

189 Systematische Unsicherheit resultiert aus volkswirtschaftsweiten Einflüssen wie Inflation, Zinsen oder allgemeinen Konjunkturzyklen. Im Gegensatz dazu wird das unsystematische Risiko mit einer firmenspezifischen Unsicherheit verbunden, die aber durch Diversifikation reduziert werden kann. Vgl. *White/Sondhi/Fried* (2003), S. 167.

190 Siehe hierzu ausführlich *White/Sondhi/Fried* (2003), S. 176 ff.

191 Siehe ausführlich *White/Sondhi/Fried* (2003), S. 181 ff. zu beobachteten Marktanomalien.

192 Vgl. *Kothari* (2001), S. 113.

193 Vgl. *Kothari* (2001), S. 108.

schungsbedarfs entspringt und die daher die Nachfrage nach kapitalmarktbasierter empirischer Rechnungslegungsforschung nachhaltig antreiben.[194] *Kothari* weist explizit darauf hin, dass diese Liste weder den Anspruch habe, umfassend zu sein, noch eine klare Abgrenzung der einzelnen Punkte untereinander beabsichtigt sei. Letzteres unterstriche, so *Kothari* weiter, die gegenseitigen Ergänzungen der Forschungssegmente untereinander. Auf drei dieser Bereiche wird im weiteren Verlauf noch detailliert eingegangen, deshalb beschränken sich die Ausführungen an dieser Stelle auf eine Auflistung der Einflussfaktoren.[195] Im Einzelnen handelt es sich um:

- Positiver Forschungsansatz[196]
- Anzeichen für Marktineffizienzen[197]
- Fundamentalanalyse und -bewertung[198]
- Regulierung der Offenlegungspflichten und Berichterstattung[199]

3.1.2. Grundzüge der Wertrelevanzforschung

Im einschlägigen Schrifttum wird unter Wertrelevanz eine statistisch signifikante Erklärungskraft von unternehmensspezifischen Messgrößen für Marktwerte verstanden.[200] Die Wertrelevanzforschung liefert empirisch validierte Erkenntnisse, die einen Beitrag zum tieferen Verständnis des Wertes von Informationen im Kontext der Rechnungslegung leisten können.[201] Damit sind die Forschungsergebnisse prinzipiell für Wissenschaft und Praxis gleichermaßen von hohem Interesse.[202]

Eine fundamentale Säule dieser Forschungsrichtung ist die Informationsfunktion der Rechnungslegung, auf der Untersuchungen zur Wertrelevanz konzeptionell aufsetzen. Weil das wissenschaftliche Vorgehensmodell direkt in der Informationsfunktion verankert ist, wird eine empirische ex-post-Evaluierung der

---

194 Vgl. hierzu und im Folgenden *Kothari* (2001), S. 108.

195 Ein weiterer wichtiger Punkt, der der Forschung Vorschub leistet, hier aber aufgrund seiner allgemeinen Natur nicht aufgeführt wird, sind Fortschritte in der Informationstechnologie sowie eine zunehmende elektronische Verfügbarkeit von Kapitalmarkt- und Rechnungslegungsdaten. Insbesondere Letzteres hat sich für den deutschsprachigen Raum in der Vergangenheit verstärkt als Forschungshemmnis herausgestellt, das im Verlauf der Neunzigerjahre allerdings zunehmend an Relevanz eingebüßt hat.

196 Siehe hierzu Kap. 3.2.3 auf S. 47.

197 Siehe hierzu Kap. 3.2.4.1 auf S. 54.

198 Siehe hierzu Kap. 3.2.4.2 auf S. 56.

199 Dies ist in mittelbarem Zusammenhang mit der Wertrelevanzforschung zu sehen. So kann beispielsweise anhand von Reaktionen am Kapitalmarkt geprüft werden, ob und inwiefern ein bestimmter Rechnungslegungsstandard neue und relevante Informationen in den Markt bringt und Kapitalmarktanlegern für eine Investitionsentscheidung geeignete Informationen zur Verfügung gestellt werden. Vgl. *Kothari* (2001), S. 112.

200 Vgl. *Barth* (2000), S. 16; *Beaver* (1998), S. 116 oder auch *Beaver* (2002), S. 459. Implizit findet sich dieses Verständnis auch bei *Ohlson* (1999).

201 Vgl. *Beaver* (2002), S. 463.

202 Neben der akademischen Gemeinde betrifft dies also die Rechnungslegungspraxis wie beispielsweise Unternehmen oder auch Standardsetter.

Zielerreichung, also der in diesem Aspekt an die Rechnungslegung gerichteten Anforderungen, möglich.[203] Die Beurteilung und Prüfung einzelner Parameter auf Wertrelevanz wird letztlich indirekt durch eine Analyse der Beziehung von Rechnungslegung und Kapitalmarkt anhand statistischer Messmodelle erreicht. So eignet sich der Forschungsansatz, um vor dem Hintergrund wachsender Informationsbedürfnisse kapitalmarktorientierter Anleger und dem Anspruch der regulierten Berichterstattung diesen gerecht zu werden, Erkenntniszugewinne zu generieren.

Während in der internationalen Literatur der Begriff *Wertrelevanz* (Value Relevance) vorherrscht, ist im deutschsprachigen Schrifttum auch der Begriff *Bewertungsrelevanz* (Valuation Relevance) gebräuchlich. In der vorliegenden Arbeit wird grundsätzlich auf das internationale Verständnis und die Bezeichnung Wertrelevanz zurückgegriffen, da dieses inhaltlich wie konzeptionell deutlich weiter gefasst ist. Zudem wird durch die Bezeichnung Bewertungsrelevanz eine Nähe zur Unternehmensbewertung suggeriert, die leicht einen missverständlichen Eindruck über Inhalt und Ausrichtung der Forschungsrichtung erwecken kann.[204] Denn gerade die mit einer Bewertung verbundene Prozesskomponente trifft nicht den Kern des Forschungsmodells, weil es eben nicht das erklärte Ziel einer Wertrelevanzstudie ist, einen Wert zu ermitteln, sondern vielmehr einzelne Komponenten auf ihren Erklärungsgehalt für einen Wert hin zu überprüfen.[205]

Die Frage nach der Wertrelevanz einzelner Größen aus der Rechnungslegung ist eine der zentralen Forschungsfragen dieser Arbeit. Dazu kommt, wie in der Einführung dargelegt, die Frage nach einer Wertrelevanz von Patentinformationen und daraus abgeleiteter Kennzahlen des betrieblichen Patentierverhaltens. Die Ausführungen an dieser Stelle legen den Grundstein für den Verlauf der nachfolgenden zwei Kapitelteile, bevor das Forschungskonzept der Wertrelevanz schließlich in Kap. 3.4 auf S. 75 eingehend dargestellt wird.

3.1.3. Einordnung in die Literatur und Stand der Forschung

Im Bereich der Wertrelevanzforschung sind für die vorliegende Arbeit primär zwei Themenstränge relevant, die den Gang der Überlegungen und die Argumentationskette bei der Aufstellung der Hypothesen leiten und durch empirische Fakten untermauern. Dabei handelt es sich auf der einen Seite um Untersuchungen zur Wertrelevanz von Finanzinformationen der Rechnungslegung[206] und auf der anderen zur Wertrelevanz von überwiegend nichtmonetären, oft industriespezifischen Kenngrößen.[207] Als eine Untergruppe gliedern sich dort auch Fragestellungen zur Wertrelevanz von Technologieindikatoren bzw. Patentinformationen ein. Wichtige

203 Vgl. *Barth/Beaver/Landsman* (2001), S. 80.

204 Siehe Kap. 3.2.4.2 auf S. 56 für einen Überblick zu Fundamentalanalyse und Bewertung und speziell Kap. 3.4.2.2 auf S. 82 für eine Darstellung der Unterschiede zu Fragestellungen der Wertrelevanz.

205 Vgl. *Barth/Beaver/Landsman* (2001), S. 90.

206 Im Besonderen deren Zeitreihenverhalten bzw. Veränderung im Zeitablauf.

207 Untersucht werden beispielsweise Kundenzahlen, Webmetrics oder wie in dieser Studie Patentkennzahlen. Hierunter fallen auch Studien, die eine Kapitalmarktrelevanz von Forschungs- und

Beiträge werden im Anschluss kurz skizziert, um den Forschungsstand im relevanten Feld aufzuzeigen. Tab. 3.1 auf S. 40 fasst eine Auswahl an Arbeiten auf dem Forschungsgebiet zusammen.[208]

Eine Reihe von Arbeiten widmet sich primär einer Bestimmung der Wertrelevanz von Jahresabschlussdaten im Zeitablauf. Jüngere Untersuchungen in den Neunzigerjahren dokumentieren überwiegend eine sinkende Wertrelevanz; als beispielhaft für einflussreiche Aufsätze wären etwa *Brown/Lo/Lys* (1999) oder *Lev/Zarowin* (1999) zu nennen. Während sich beide Studien auf den US-amerikanischen Raum beziehen, bestätigen sich die Befunde in einer neueren Studie von *Vorstius* (2004) auch für das deutsche Marktumfeld. Ausgehend von der Beobachtung einer abnehmenden Relevanz von Daten des Jahresabschlusses aus Sicht des Kapitalmarktes gewinnt die Frage nach der Wertrelevanz alternativer Erfolgskennzahlen, die nicht integraler Bestandteil der regulierten Berichterstattung sind, vermehrt Beachtung in der Wissenschaft. Als Folge einer Verlagerung des Interessenschwerpunktes gewinnt neben einer Analyse immaterieller Vermögenswerte auch die Analyse nichtmonetärer Kennzahlen zusehends an Bedeutung. Beide Gruppen können letztlich als wertrelevante Größen in verschiedenen Industriezweigen empirisch validiert werden.

Lev/Sougiannis (1996) untersuchen die Wertrelevanz von Forschungs- und Entwicklungskosten und schließen auf eine Bedeutung dieser Position aus Sicht des Kapitalmarktes. Mit einem ähnlichen Thema befassen sich *Aboody/Lev* (1998)[209], die einen Nachweis über die Wertrelevanz von Aufwendungen für die Entwicklung von Software erbringen. *Collins/Maydew/Weiss* (1997) und *Lev/Zarowin* (1999) folgern abschließend, dass immaterielle Vermögensgegenstände generell an Gewicht hinzugewinnen.

Eine Reihe empirischer Studien beschäftigt sich wie angedeutet mit alternativen, überwiegend industriespezifischen, nichtmonetären Kennzahlen und zeigt eine Bedeutung dieser Größen aus Sicht kapitalmarktorientierter Investoren auf. *Amir/Lev* (1996) leisten auf diesem Gebiet Pionierarbeit und dokumentieren in der Mobilfunkbranche eine Wertrelevanz von nichtbilanziellen Kennzahlen.[210] Andere einschlägige Beiträge umfassen beispielsweise *Ittner/Larcker* (1998), *Hughes II* (2000), *Aaker/Jacobson* (2001) oder auch *Riley/Pearson/Trompeter* (2003), die ebenfalls empirisch den Nachweis einer Wertrelevanz für nichtfinanzielle Messgrößen erbringen.[211]

Ein weiteres, vielbeachtetes Themengebiet betrifft die Wertrelevanz von webbasierten Kennzahlen. Relevante Arbeiten sind hier insbesondere *Demers/Lev* (2001), *Hand* (2003, 2001), *Trueman/Wong/Zhang* (2000, 2001) sowie *Trautwein/Vorstius*

Entwicklungstätigkeiten und von immateriellen Vermögenswerten analysieren, für die nach den Regularien der handelsrechtlichen Rechnungslegung ein Bilanzansatzverbot besteht.

208 Die Auflistung erhebt keinerlei Anspruch auf Vollständigkeit und es werden Studien zu Fragestellungen unterschiedlicher Schwerpunkte zusammengefasst.

209 Siehe *Eccher* (1998) für eine Diskussion der Studie.

210 Siehe *Shevlin* (1996) für eine Diskussion der Studie.

211 Unter diesen sind beispielsweise kundenorientierte Parameter zu Zufriedenheit oder Markenbekanntheit.

(2004). Die Studienergebnisse bestätigen überwiegend eine Wertrelevanz der getesteten Webmetrics.

Es kann den empirischen Erkenntnissen zufolge also als erwiesen angesehen werden, dass der evidente Rückgang in der Wertrelevanz von Rechnungslegungsinformationen teilweise durch einen Anstieg in der Bedeutung immaterieller Vermögensgegenstände sowie alternativer Leistungskennzahlen aufgefangen und aus Sicht von Investoren dadurch in Teilen kompensiert wird.

Beispielhaft für frühe empirische Arbeiten zu Fragestellungen einer Kapitalmarktrelevanz von Forschungsaktivitäten, Innovationen und Patenten sind *Griliches* (1981), *Pakes* (1985), *Cockburn/Griliches* (1988), *Connolly/Hirschey* (1988), *Griliches/Hall/Pakes* (1991), *Megna/Klock* (1993) oder auch *Austin* (1995), die alle einen positiven Einfluss von betrieblichen Patentieraktivitäten auf den Marktwert messen. Als eine Auswahl relevanter Studien neueren Datums können *Deng/Lev/Narin* (1999), *Hirschey/Richardson/Scholz* (2001), *Toivanen/Stoneman/Bosworth* (2002) oder auch *Wyatt/Matolcsy* (2004) angeführt werden, die ebenfalls eine Kapitalmarktrelevanz von Patenten nachweisen.[212]

[212] Weitere relevante Beiträge sind *Griliches* (1990); *Albert* et al. (1991) oder auch *Hall/Jaffe/Trajtenberg* (2000).

Tabelle 3.1.: Literaturüberblick (Auszug)

Autor(en)	Jahr	Fragestellung	Zentraler Untersuchungsaspekt	Fokus	Kernaussage
Collins/Maydew/Weiss	1997	Changes in the Value-Relevance of Earnings and Book Values over the Past Forty Years	WR von RI	USA	(Geringfügige) Zunahme der WR im Zeitablauf
Brown/Lo/Lys	1999	Use of R-Square in Accounting Research: Measuring Changes in Value Relevance over the Last Four Decades	WR von RI	USA	Absinken der WR im Zeitablauf
Francis/Schipper	1999	Have Financial Statements lost their Relevance?	WR von RI	USA	(Geringfügige) Zunahme der WR im Zeitablauf
Lev/Zarowin	1999	The Boundaries of Financial Reporting and How to Extend Them	WR von RI	USA	Absinken der WR im Zeitablauf
Vorstius	2004	Wertrelevanz von deutschen Jahresabschlussdaten im Zeitverlauf	WR von RI	D	Absinken der WR im Zeitablauf
Lev/Sougiannis	1996	The Capitalization, Amortization, and Value-Relevance of R & D	WR von RI, Immaterielle Vermögenswerte	USA	Nachweis von WR von F&E
Aboody/Lev	1998	The Value Relevance of Intangibles: The Case of Software Capitalization	WR von RI, Immaterielle Vermögenswerte	USA	Nachweis von WR
Amir/Lev	1996	Value-Relevance of Nonfinancial Information: The Wireless Communications Industry	WR von nicht-bilanziellen Messgrößen	USA	Nachweis von WR
Ittner/Larcker	1998	Are Nonfinancial Measures Leading Indicators of Financial Performance? An Analysis of Customer Satisfaction	WR von nicht-bilanziellen Messgrößen	USA	Nachweis von WR
Hughes II	2000	The Value Relevance of Nonfinancial Measures of Air Pollution in the Electric Utility Industry	WR von nicht-bilanziellen Messgrößen	USA	Nachweis von WR
Aaker/Jacobson	2001	The Value Relevance of Brand Attitude in High-Technology Markets	WR von nicht-bilanziellen Messgrößen	USA	Nachweis von WR
Riley/Pearson/Trompeter	2003	The Value Relevance of Non-Financial Performance Variables and Accounting Information: The Case of the Airline Industry	WR von nicht-bilanziellen Messgrößen	USA	Nachweis von WR

Fortsetzung auf der nächsten Seite

Tab. 3.1: *(Fortsetzung)*

Autor(en)	Jahr	Fragestellung der Untersuchung	Relevanter Untersuchungsaspekt	Fokus	Kernaussage
Trueman/Wong/Zhang	2000	The Eyeballs have it: Searching for the Value in Internet Stocks	WR von Webmetrics	USA	Nachweis von WR
Demers/Lev	2001	A Rude Awakening: Internet Shakeout in 2000	WR von Webmetrics	USA	Nachweis von WR
Hand	2001	The Role of Book Income, Web Traffic, and Supply and Demand in the Pricing of U. S. Internet Stocks	WR von Webmetrics	USA	Nachweis von WR
Rajgopal/Kotha/Venkatachalam	2003	The Value Relevance of Network Advantages: The Case of E-commerce Firms	WR von Webmetrics	USA	Nachweis von WR
Trueman/Wong/Zhang	2001	Back to Basics: Forecasting the Revenues of Internet Firms	WR von Webmetrics	USA	Nachweis von WR
Hand	2003	Profits, Losses and the Non-linear Pricing of Internet Stocks	WR von Webmetrics	USA	Nachweis von WR
Trautwein/Vorstius	2004	The Role of Accounting Data and Web-Traffic in the Pricing of German Internet Stocks	WR von Webmetrics	D	Nachweis von WR
Ernst	1999	Führen Patentanmeldungen zu einem nachfolgenden Anstieg des Unternehmenserfolges? – Eine Panel Analyse	PI und U.-Erfolg	D	Patente wirken zeitversetzt auf U.-Erfolg
Ernst	2001	Patent Applications and Subsequent Changes of Performance: Evidence from Time-Series Cross-Section Analyses on the Firm Level	PI und U.-Erfolg	D	Patente wirken zeitversetzt auf U.-Erfolg

Fortsetzung auf der nächsten Seite

Tab. 3.1: *(Fortsetzung)*

Autor(en)	Jahr	Fragestellung der Untersuchung	Relevanter Untersuchungsaspekt	Fokus	Kernaussage
Hirschey/Richardson/Scholz	2001	Value Relevance of nonfinancial Information: The Case of Patent Data	WR von PI	USA	Nachweis WR von PI
Wyatt/Matolcsy	2004	What Drives the Value of Technological Companies – An Economics of Innovation Approach	WR von PI	AUS	Nachweis WR von PI
Griliches	1981	Market Value, R & D and Patents	PI und Marktwert	USA	Pos. Einfluss
Pakes	1985	On Patents, R & D and the Stock Market Rate of Return	PI und Marktwert	USA	Pos. Einfluss
Cockburn/Griliches	1988	Industry Effects and Appropriability Measures in the Stock Market's Valuation of R & D and Patents	PI und Marktwert	USA	Pos. Einfluss
Connolly/Hirschey	1988	Market Value and Patents: A Bayesian Approach	PI und Marktwert	USA	Pos. Einfluss
Griliches/Hall/Pakes	1991	R & D, Patents and the Market Value Revisited: Is there a Second (Technological Opportunity) Factor?	PI und Marktwert	USA	Pos. Einfluss
Megna/Klock	1993	The Impact of Intangible Capital on Tobin's q in the Semiconductor Industry	PI und Marktwert	USA	Pos. Einfluss
Austin	1995	The Power of Patents	PI und Marktwert	USA	Pos. Einfluss
Deng/Lev/Narin	1999	Science and Technology as Predictors of Stock Performance	PI und Marktwert	USA	Pos. Einfluss
Toivanen/Stoneman/Bosworth	2002	Innovation and the Market Value of UK Firms, 1989–1995	PI und Marktwert	UK	Pos. Einfluss

Quelle: Eigene Darstellung

Legende:
F&E = Forschungs- und Entwicklungsaufwendungen, PI = Patentinformationen, RI = Rechnungslegungsinformationen, WR = Wertrelevanz
AUS = Australien, D = Deutschland, UK = Vereinigtes Königreich, USA = Vereinigte Staaten von Amerika

3.2. Bilanzforschung im internationalen Schrifttum

3.2.1. Forschungsrichtungen und Schwerpunktbereiche

In der internationalen Literatur zur Forschung im Bereich der Rechnungslegung ist die US-amerikanische Wissenschaft federführend, was sich u. a. in einer Vielzahl einschlägiger Literaturbeiträge widerspiegelt.[213] Entsprechend bildet die dortige Rechnungslegung als Untersuchungsgegenstand Ansatzpunkt für vielseitige Fragestellungen.

Das US-amerikanische Rechnungslegungssystem baut auf dem Conceptual Framework auf. Das Rahmenkonzept schafft einen theoretischer Bezugsrahmen für die Entwicklung und Ausgestaltung von Rechnungslegungsnormen und besteht aus insgesamt sechs Statements of Financial Accounting Concepts (SFAC), die seit dem Jahr 2000 durch SFAC Nr. 7 ergänzt werden.[214] Die primäre Zielsetzung wird in SFAC Nr. 1, *Objectives of Financial Reporting by Business Enterprises*, festgelegt. Als übergeordneter Zweck ist dort die Funktion als Informationsinstrument verankert. Die US-amerikanische Rechnungslegung ist damit in erster Linie darauf ausgerichtet, den an das Unternehmen gerichteten Informationsbedürfnissen interner und externer Unternehmensbeteiligter (Stakeholder) gerecht zu werden, wobei eindeutig die Interessen aktueller und potenzieller Eigenkapitalgeber dominieren.[215]

Eine trennscharfe Kategorisierung des Forschungsbereiches ist aufgrund von Überschneidungen und Verzahnungen einzelner Fragestellungen nur schwer zu leisten. Für die Ausführungen in diesem Kapitelteil wird daher die einschlägige Literatur zu diesem Thema herangezogen, die als Richtschnur dient. Wegen ihrer Aktualität und umfassenden inhaltlichen Abdeckung wird verstärkt auf die Beiträge von *Kothari* (2001), *Beaver* (2002) und *White/Sondhi/Fried* (2003) zurückgegriffen.[216]

Im internationalen Schrifttum lässt sich die Rechnungslegungsforschung auf drei Hauptforschungsstränge reduzieren, die sich im Laufe der Zeit herauskristallisiert haben und in ihrer Definition auf *White/Sondhi/Fried* (2003) zurückgehen.[217] Unterschieden werden hauptsächlich folgende Richtungen:

- Klassischer Forschungsansatz[218]
- Positiver Forschungsansatz[219]
- Kapitalmarktbasierter Forschungsansatz[220]

---

213 Siehe *Prather/Rueschhoff* (1996) für eine Analyse der Forschungsbeiträge in US-amerikanischen Zeitschriften im Zeitraum von 1980 bis 1993.

214 Vgl. *Pellens/Fülbier/Gassen* (2004), S. 62.

215 Vgl. *Pellens* (1999), S. 133.

216 Bedeutende Übersichten finden sich weiter bei *Bauman* (1996); *Holthausen/Watts* (2001); *Lev/Ohlson* (1982); *Prather/Rueschhoff* (1996) sowie *Barth/Beaver/Landsman* (2001); *Beaver* (1982); *Bernard* (1989); *Lee* (2001); *Lev* (1989) oder auch *Patell* (1989).

217 Vgl. *White/Sondhi/Fried* (2003), S. 164.

218 Siehe Kap. 3.2.2 auf S. 46 für einen Überblick zum klassischen Forschungsansatz.

219 Siehe Kap. 3.2.3 auf S. 47 für einen Überblick zum positiven Forschungsansatz.

220 Siehe Kap. 3.2.4 auf S. 51 für einen Überblick zum kapitalmarktbasierten Forschungsansatz.

Fundamentale Unterschiede zwischen den dargestellten Forschungsansätzen manifestieren sich vor allem in den Annahmen hinsichtlich der Existenz einer wahren ökonomischen Realität und der Rolle der Rechnungslegung, diese Wirklichkeit abzubilden.[221] Dem klassischen Forschungsansatz liegt eine Sichtweise zugrunde, die eine tatsächliche wirtschaftliche Realität zwar als real existierend, jedoch nicht direkt beobachtbar annimmt. Damit hebt sich das Verständnis des klassischen deutlich vom dem des kapitalmarktbasierten wie auch des positiven Forschungsansatzes ab. So wird in der kapitalmarktorientierten Forschung unterstellt, dass eine wahre ökonomische Realität bestmöglich durch den Kapitalmarkt angenähert wird und demnach unmittelbar beobachtet werden kann. Wohingegen im positiven Forschungsansatz Rechnungslegungsstandards helfen, diese Wirklichkeit zu erfassen.

Die vorliegende Arbeit ordnet sich inhaltlich der kapitalmarktbasierten Forschung zu. Dieser Zusammenhang ist in Abb. 3.2 auf der anderen Seite kenntlich gemacht, indem der hier relevante Forschungsstrang grafisch hervorgehoben wird.[222] Nach einer kurzen Vorstellung der Kernfragen in den übergeordneten Schwerpunktbereichen wird im weiteren Verlauf ausführlich auf den kapitalmarktorientierten Forschungszweig eingegangen und so der inhaltlichen Ausrichtung der Arbeit entsprochen. Der Fokus liegt hierbei auf Forschungsfeldern, die von hohem aktuellen Interesse und zugleich inhaltlich bedeutsam für das angewandte Untersuchungskonzept der Wertrelevanz sind.

221 Vgl. hierzu und im Folgenden *White/Sondhi/Fried* (2003), S. 164 f.

222 Die Abbildung fasst die Schwerpunktbereiche in der internationalen Rechnungslegungsforschung nach *White/Sondhi/Fried* (2003); *Beaver* (2002) und *Kothari* (2001) zusammen. Zunächst werden die Hauptstränge nach *White/Sondhi/Fried* wiedergegeben und sodann die Schwerpunktbereiche in der kapitalmarktbasierten Forschung verdeutlicht. Diese gehen in ihrer Definition im Wesentlichen auf *Beaver* (2002) und *Kothari* (2001) zurück.

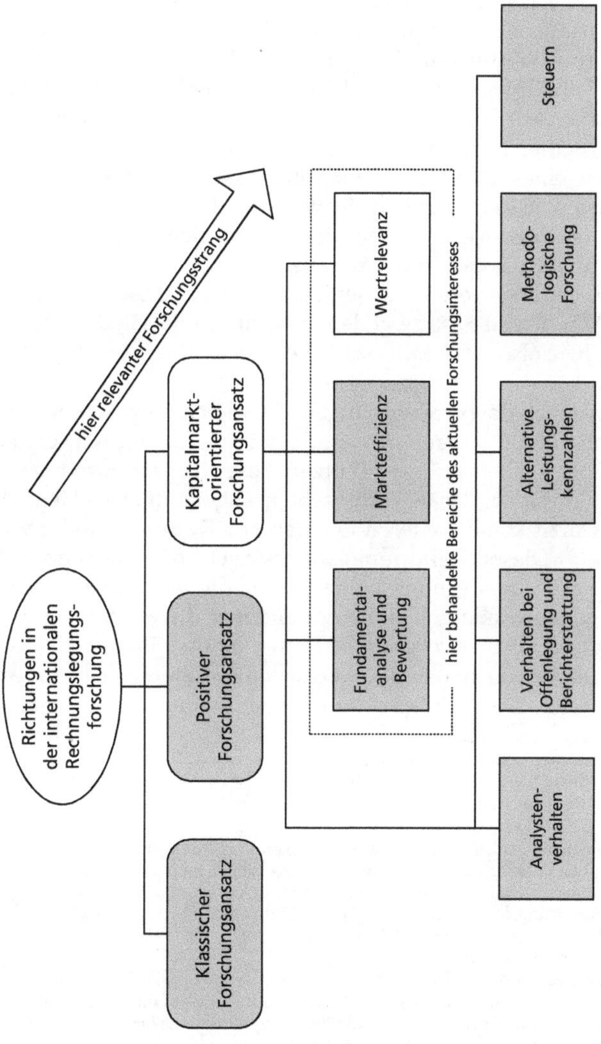

Quelle: Eigene Darstellung i.A.a. Beaver (2003), Kothari (2001) und White et al. (2003)

Abbildung 3.2.: Richtungen in der internationalen Rechnungslegungsforschung

3.2.2. Klassischer Forschungsansatz

Im klassischen Denkrahmen[223] ist es das primäre Ziel der Rechnungslegung, eine wahre ökonomische Realität möglichst nah abzubilden.[224] Methodisch wird ein normatives Vorgehen verfolgt, in dessen Fokus die Ausgestaltung von Rechnungslegungsnormen wie auch die Evaluierung der Eignung bestehender Regelungen im Hinblick auf ihre Abbildungsfähigkeit der Wirklichkeit steht.[225] So wird eine den tatsächlichen Verhältnissen entsprechende Beschreibung der ökonomischen Realität als innerhalb eines Rechnungslegungssystems erreichbar angenommen.[226]

Ausgehend von einer Entscheidung, die die operative, Finanzierungs- oder Investitionstätigkeit eines Unternehmens betrifft, stellt sich ein realwirtschaftlicher Sachverhalt ein. Dieser wird im System der Rechnungslegung mit dem Instrumentarium der Regelwerke abgebildet. Unterstrichen wird der Fokus des klassischen Forschungsansatzes in der parallelen Existenz der Darstellung eines Sachverhaltes im Rechnungswesen und seiner nicht beobachtbaren wahren ökonomischen Realität. Abb. 3.3 auf S. 50 zeigt den Forschungsfokus in den identifizierten Schwerpunktbereichen, also beim klassischen, kapitalmarktbasierten und positiven Forschungsansatz.

Es wird grundsätzlich davon ausgegangen, dass Rechnungslegungsinformationen so angenommen und interpretiert werden, wie sie im Jahresabschluss dargestellt werden.[227] Entsprechend richten Nutzer dieser Angaben, so die Annahme im klassischen Denkrahmen, ihr als vorhersehbar angenommenes Handeln daran aus und ziehen explizit keine weiteren Quellen zur Evaluierung der wirtschaftlichen Lage hinzu.[228] Dieser Standpunkt unterstreicht die Notwendigkeit einer Entwicklung von Rechnungslegungsstandards, die die tatsächlichen wirtschaftlichen Verhältnisse genau wiedergeben. Ferner bildet er die wesentliche Ebene, auf der Standardsetter und normengebende Institutionen operieren.[229]

Vor diesem Hintergrund stellen die im Conceptual Framework zusammengefassten übergeordneten Ziele, Zwecke und Konzepte der Rechnungslegung die

---

223 Der klassische Forschungsansatz korrespondiert mit der normativen Bilanzforschung im deutschsprachigen Schrifttum. Siehe hierzu Kap. 3.3.2 auf S. 65.

224 Vgl. *White/Sondhi/Fried* (2003), S. 164.

225 Vgl. *White/Sondhi/Fried* (2003), S. 165.

226 In diesem Zusammenhang genießen Konzepte wie der ökonomische Gewinn in der wissenschaftlichen Diskussion einen hohen Stellenwert. Zudem werden Anschaffungs- und Wiederbeschaffungskosten sowie (Tages-) Zeitwertbilanzierung vergleichend erörtert. Vgl. *White/Sondhi/Fried* (2003), S. 165. Auch in der deutschen Rechnungslegung findet sich diese Sichtweise: *„Der Jahresabschluss hat [...] ein den tatsächlichen Verhältnissen entsprechendes Bild der Vermögens-, Finanz- und Ertragslage der Kapitalgesellschaft zu vermitteln."* Vgl. § 264 Abs. 2 HGB.

227 Vgl. *White/Sondhi/Fried* (2003), S. 165.

228 In der Literatur wird diese Sichtweise auch als Mechanistic View oder Functional Fixation Hypothese bezeichnet. Sie steht im Widerspruch zur Markteffizienzhypothese, die besagt, dass alle verfügbaren Informationen bei der Marktpreisbildung Berücksichtigung finden. Folglich würde unter dieser Prämisse ein Sachverhalt unabhängig von seiner eventuell abweichenden Darstellung in der Rechnungslegung erkannt und diese hätte keinen Einfluss auf eine Anlageentscheidung. Verschiedene Rechnungslegungsalternativen ohne direkten Cashflow-Effekt hätten ebenso keinerlei Auswirkung auf die Preisbildung am Markt. Vgl. *White/Sondhi/Fried* (2003), S. 168 f.

229 Vgl. *White/Sondhi/Fried* (2003), S. 164.

Grundlage für die Ausgestaltung der US-amerikanischen Rechnungslegungsnormen (US-GAAP) dar.[230] Letztlich wird der klassische Ansatz aber aufgrund seiner sehr eingeschränkten empirischen Überprüfbarkeit häufig kritisiert.[231]

3.2.3. Positive Accounting-Theorie

Die positive Accounting-Theorie beschäftigt sich mit der Erforschung von Faktoren, die auf Unternehmensebene zur Anwendung bestimmter Rechnungslegungsstandards oder Ausübung von Wahlrechten und auf Ebene der Standardsetter zur Ausgestaltung von Normen und Regelwerken der Rechnungslegung führen.[232]

Dies beinhaltet die Betrachtung von Wechselwirkungen zwischen Informationen der Rechnungslegung und dadurch induzierten Reaktionen in der unmittelbaren Umwelt, wobei sich als Umwelt z. B. Kapitalmärkte oder auch Standardsetter definieren.[233] Eine Analyse der Reaktionen wird durch die Berücksichtigung von Entlohnungssystemen oder Kreditvereinbarungen maßgeblich erweitert, in deren Inhalt Abhängigkeiten von bestimmten Größen der Rechnungslegung verankert sind. Der Fokus liegt also sowohl auf einer Analyse der durch eine Bekanntgabe von Rechnungslegungsinformationen hervorgerufenen direkten Reaktionen in der Umwelt als auch in umgekehrter Richtung der dadurch ausgelösten indirekten Rückwirkungen. Diese ergeben sich einerseits für die Anwendung und Gestaltung von Rechnungslegungsnormen, andererseits werden wirtschaftliche Entscheidungen der Rechnungslegenden selbst potenziell beeinflusst.

Rechnungslegungsinformationen sind in dieser Hinsicht nicht zwangsläufig das Resultat wirtschaftlicher Entscheidungen, sondern werden vielmehr als integraler Bestandteil eines Unternehmens und seiner Organisationsstruktur selbst gesehen.[234] Im Unternehmenskontext begründet sich aus dieser Sicht beispielsweise ein möglicher Einfluss auf die Allokation von Ressourcen oder auch die Managementvergütung. Konkret betrifft dies u. a. mögliche Auswirkungen, die Rechnungslegungsdaten als integraler Bestandteil in Vertragswerken, wie z. B. Kreditvereinbarungen oder Entlohnungssystemen, auf die Handlungsweise der Rechnungslegenden haben.[235] Ausgehend von beobachtbaren Wirkungen, die eine Offenlegung von Informationen der Rechnungslegung in ihrer Umwelt hervorrufen, ergeben sich wiederum Anreizstrukturen, aus denen sich eine Beeinflussung wirt-

230 Vgl. *White/Sondhi/Fried* (2003), S. 165.

231 Die Kritik wird insbesondere auch dadurch begünstigt, dass eine empirische Überprüfung der Nützlichkeit von Rechnungslegungsinformationen aus Sicht der Adressaten zunehmend in den Mittelpunkt des Forschungsinteresses rückt, da sich daraus u. a. wertvolle Rückschlüsse hinsichtlich einer Erweiterung bestehender oder Ausgestaltung neuer Normen ziehen lassen. Vgl. *White/Sondhi/Fried* (2003), S. 166.

232 Deutlich wird hier die Ausrichtung der positiven Ökonomie, deren Zielsetzung darin besteht, einen Umweltzustand zu ergründen und beschreiben. Im Gegensatz dazu widmet sich die normative Ökonomie der Frage, wie ein Zustand idealerweise sein sollte. Zur Logik der Forschung siehe vertiefend *Popper* (1984) oder auch *Chmielewicz* (1979) zu Forschungskonzeptionen der Wirtschaftswissenschaft.

233 Vgl. hierzu und im Folgenden *White/Sondhi/Fried* (2003), S. 164 f.

234 Vgl. hierzu und im Folgenden *White/Sondhi/Fried* (2003), S. 173.

235 Vgl. *Kothari* (2001), S. 111.

schaftlicher Entscheidungen wie auch ein zielorientierter Einsatz zur Verfügung stehender Instrumente der Rechnungslegung ableiten lassen.[236]

Mögliche Konsequenzen einer ökonomischen Entscheidung beinhalten also auch Effekte ihrer Abbildung in der Rechnungslegung und werden – so die Vermutung – bereits a priori bei der Entscheidung berücksichtigt. Daraus ergibt sich ein signifikanter Einfluss entweder auf die ökonomische Entscheidung selbst oder auf die Art der Repräsentation in der Rechnungslegung. Die Perspektive der Forschung wird folglich in zweierlei Hinsicht erweitert.[237] Die Untersuchung einer solchen Feedbackschleife stellt den Forschungsfokus dar, der in Abb. 3.3 auf S. 50 dargestellt ist.

Wesentliche Eckpfeiler der positiven Accounting-Theorie bilden zum einen die Analyse der Regulierung von Offenlegungspflichten im Rahmen der Finanzberichterstattung und zum anderen die Prinzipal-Agenten-Theorie als Grundlage für eine verhaltensorientierte Betrachtung.[238] Neben der Aufdeckung von Anreizstrukturen, die einen Beitrag dazu leisten, Motive bei der Wahl von Rechnungslegungsstandards in Abhängigkeit einer spezifischen Situation zu klären, stehen auch die Art und Weise im Betrachtungsfokus der Untersuchungen, in der Rechnungslegungsdaten auf operative Entscheidungen der Rechnungslegenden einwirken.[239] Die in der positiven Accounting-Theorie formulierten Hypothesen über Verbindungen und wechselseitige Beeinflussung von Rechnungslegung und Umwelt werden in der Empirie, häufig unter Verwendung von Kapitalmarktdaten, mit dem Ziel überprüft, Erkenntnisse für eine optimale Ausgestaltung von Rechnungslegungsstandards zu gewinnen.[240] Insgesamt haben sich drei bedeutende Hypothesen herauskristallisiert, auf deren Überprüfung sich die Forschung hauptsächlich konzentriert. Diese umfassen nach *White/Sondhi/Fried* (2003) folgende Sachzusammenhänge:[241]

Entlohnungssysteme Die sog. Bonus-Plan-Hypothese besagt, dass das Management bei der Erstellung des Jahresabschlusses auch intrinsische, auf die Maximierung der eigenen Vergütung gerichtete Interessen verfolgt. Zu deren Durchsetzung könnten gezielt bilanzpolitische Maßnahmen angewendet werden. Empirische Befunde deuten darauf hin, dass Gewinne nicht selten derart gestaltet werden, dass sie sich innerhalb bestimmter, für die Bezüge des Managements optimaler Grenzen bewegen.

Kreditvereinbarungen Kern der Debt-Covenant-Hypothese bildet die Vermutung, dass bilanzpolitische Spielräume seitens des Managements ausgereizt werden, um die Einhaltung der in Kreditvereinbarungen enthaltenen Bedingungen für die Ausprägung wesentlicher operativer Kennzahlen sicherzustellen. Dies geschieht mit dem Ziel, eine eventuell drohende Verletzung vereinbarter

236 Vgl. *White/Sondhi/Fried* (2003), S. 165.
237 Siehe *Watts/Zimmerman* (1990) für einen ausführlichen Überblick zu dieser Forschungsrichtung.
238 Vgl. *White/Sondhi/Fried* (2003), S. 173.
239 Vgl. *White/Sondhi/Fried* (2003), S. 175.
240 Vgl. *Kothari* (2001), S. 111.
241 Für die Erklärungen vgl. *White/Sondhi/Fried* (2003), S. 174.

Auflagen zu umgehen und so negative Auswirkungen abzuwenden. Aus Sicht von Fremdkapitalgebern könnten sich solche Verschleierungstaktiken aber nachteilig auswirken, da oftmals heutige Gewinne auf Kosten zukünftiger Erträge künstlich aufgebläht und folglich eine nicht vorhandene Sicherheit von Krediten und Zinszahlungen suggeriert wird.

Politische Kosten Die Political-Cost-Hypothese ist eng verbunden mit der Thematik einer politischen Einflussnahme und Regulierung von Märkten. Unterstellt wird, dass Politik und Regulierungsbehörden im Interesse der breiten Öffentlichkeit handeln und beispielsweise bei Verdacht auf Missbrauch einer marktbeherrschenden Stellung korrigierend eingreifen. I. d. R. geht dies mit nicht unerheblichen Kosten für die betroffenen Unternehmen einher. Als ein wesentlicher Indikator gilt in diesem Zusammenhang die Ertragslage eines Unternehmens. Wird außerordentlich gut verdient, liegt die Vermutung einer Vorteilsnahme zu Lasten der Öffentlichkeit nahe, was wiederum – so die Hypothese – ein regulierendes Eingreifen seitens der Politik wahrscheinlicher werden lässt. Daraus ergeben sich unmittelbar Anreize, die Gewinnlage künstlich niedrig zu halten, um das Risiko einer politischen Einflussnahme und der damit verbundenen Kosten zu minimieren und/oder Steuerzahlungen zu reduzieren.

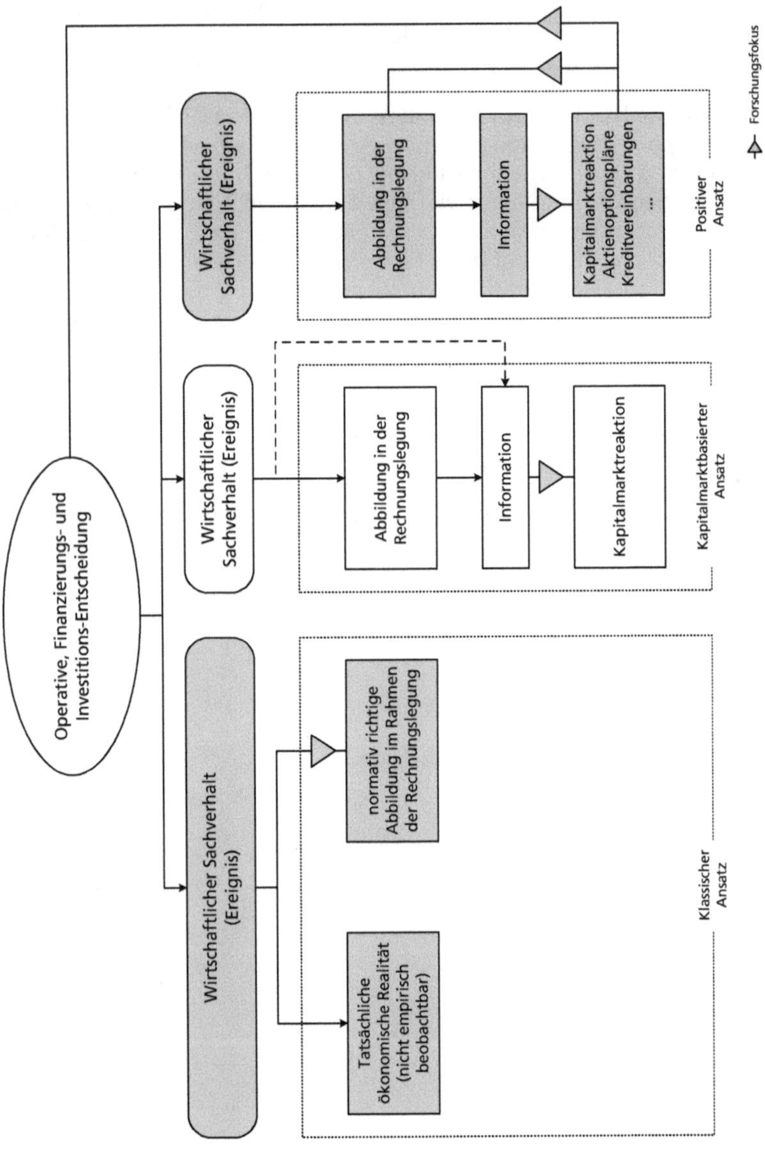

Quelle: Darstellung i.A.a. White et al. (2003): S. 164, Abb. 5.1

Abbildung 3.3.: Forschungsfokus der Schwerpunktbereiche in der internationalen Rechnungslegungsforschung

3.2.4. Kapitalmarktbasierte empirische Forschung

Der klassische Forschungsansatz ist häufig aufgrund seiner mangelnden empirischen Überprüfbarkeit Kritik ausgesetzt. Diese Tatsache ist in erster Linie auf seine zentrale Annahme einer real existierenden, aber nicht empirisch beobachtbaren wahren ökonomischen Realität zurückzuführen. Diese oft zitierte Schwachstelle wird im kapitalmarktorientierten Forschungsansatz aufgegriffen und dahingehend ausgeräumt, dass eine empirische und nutzerorientierte Perspektive eingenommen wird.[242]

So rückt eine auf den Nutzer ausgerichtete Beurteilung der Rolle der Rechnungslegung als Informationsinstrument in den Mittelpunkt des Forschungsinteresses der kapitalmarktbasierten empirischen Bilanzforschung.[243] Grundlage hierzu bildet die Analyse von Kapitalmarktreaktionen, die in direktem Zusammenhang mit der Veröffentlichung von Rechnungslegungsinformationen stehen, und die Aufdeckung fundamentaler statistischer Zusammenhänge von Jahresabschlussgrößen mit Marktdaten. Ausgehend von einer operativen, Finanzierungs- oder Investitions-Entscheidung stellt sich ein wirtschaftlicher Sachverhalt ein, der in der Rechnungslegung erfasst wird. Die durch Abbildung und Offenlegung dieser Informationen im Rahmen der Unternehmensberichterstattung induzierte Reaktion am Kapitalmarkt ist schließlich Gegenstand der Untersuchung.[244] Auf den empirischen Erkenntnissen aufbauend können dann Rückschlüsse generiert werden. Der Ablauf wird in Abb. 3.3 auf der gegenüberliegenden Seite zusammenfassend schematisiert.

Im Folgenden werden die wesentlichen Felder der angelsächsisch geprägten Forschung im Rechnungswesen herausgestellt sowie im Besonderen auf aktuelle Tendenzen und Forschungsschwerpunkte eingegangen. Hauptaugenmerk liegt hierbei auf den Entwicklungen der späten Achtziger- und frühen Neunzigerjahre, in die sich auch die Thematik dieser Arbeit unmittelbar einordnet.[245]

Es lassen sich nach *Kothari* (2001) und *Beaver* (2002) insgesamt acht Schwerpunktbereiche in der kapitalmarktorientierten Forschung im Rechnungswesen

---

242 Vgl. *White/Sondhi/Fried* (2003), S. 164.

243 Vgl. hierzu und im Folgenden *White/Sondhi/Fried* (2003), S. 164.

244 Daneben ist auch eine Kapitalmarktreaktion denkbar, ohne dass der Informationsfluss über eine Abbildung des Sachverhaltes in der Rechnungslegung verläuft. So können beispielsweise die in der vorliegenden Arbeit betrachteten Patentinformationen als Resultat einer Investition in die Generierung von Wissen verstanden werden. Aufwendungen für Forschung und Entwicklung werden zwar in der GuV erfasst, für Patente besteht nach den Richtlinien des HGBs aber ein Bilanzansatzverbot, wenn sie, wie in diesem Fall, zu den selbsterstellten immateriellen Vermögensgegenständen zählen. Eine direkte Verbindung zwischen einem wirtschaftlichen Sachverhalt – hier einer Patenterteilung – und der Reaktion am Kapitalmarkt, ohne Umweg über die Rechnungslegung, ist in der Grafik durch eine gestrichelte Linie gekennzeichnet. Im Rahmen der grafischen Darstellung des Forschungsmodells der Wertrelevanz in Abb. 3.5 auf S. 84 werden explizit Verbreitung und Verarbeitung von Informationen über beide Kanäle berücksichtigt.

245 Die Ausführungen gehen im Wesentlichen auf die Metastudien von *Kothari* (2001) und *Beaver* (2002) zurück. Die Forschungsschwerpunkte der Siebziger- und Achtzigerjahre werden u. a. in den Studien von *Lev/Ohlson* (1982); *Bernard* (1989) und *Lev* (1989) überblicksartig zusammengefasst. Eine Bilanz der Resultate der frühen Forschung wird zudem bei *White/Sondhi/Fried* (2003), S. 176 ff. gezogen, wo auch einige Schwachstellen aufgezeigt und aktuelle Forschungsfragen diskutiert werden.

identifizieren, die aktuell von wissenschaftlichem Interesse sind.[246] Im Besonderen wird im weiteren Verlauf auf drei dieser Bereiche ausführlicher eingegangen, die nach *Kothari* (2001) von aktuellem wissenschaftlichem Interesse und zugleich von Relevanz für diese Arbeit sind.[247] Im Einzelnen sind dies:

- Markteffizienz[248]
- Fundamentalanalyse und -bewertung[249]
- Wertrelevanz[250]

Die drei angeführten Bereiche wirken sich vor allem auf Investitionsentscheidungen, Standardsetting und Unternehmensberichterstattung aus und betreffen hier insbesondere Offenlegungspflichten und Anhangberichterstattung.[251] Während sich die ersten beiden Themenkomplexe auf Plattformen beziehen, die eine Basis für verschiedene Untersuchungskonzepte schaffen, stellt die Wertrelevanzforschung eine Anwendung dar, die in ihren zugrunde liegenden Annahmen auf eben diese beiden zurückgreift.[252] Neben den drei bereits erwähnten lassen sich zudem fünf weitere Forschungsgebiete identifizieren, die aktuell wissenschaftliches Interesse auf sich ziehen:[253]

Analystenverhalten Als Intermediär von Informationen, insbesondere auch von Rechnungslegungsinformationen, kommt Analysten eine bedeutende Funktion im Finanzsystem zu. In Analystenberichten und schätzungen wird eine Vielzahl öffentlich verfügbarer Informationen unterschiedlicher Herkunft verarbeitet und verdichtet. Vorausgesetzt, dieser Prozess selbst beinhaltet keine Ineffizienzen beispielsweise durch einseitige Fokussierung auf eine Informationsquelle, kann potenziell ein Beitrag zur Effizienzsteigerung von Aktienpreisen geleistet werden. Daher ist es Kern dieses Forschungsbereiches, Fähigkeiten und Verhalten von Finanzanalysten bei der Auswahl berücksichtigter Unternehmen wie auch bei den Gewinnschätzungen zu ergründen. In diesem Zusammenhang weisen empirische Studien einen generellen Schätzoptimismus nach, dessen Ausprägung u. a. auf den Grad der Affiliation zu Underwritern zurückzuführen ist.[254]

246 Vgl. *Kothari* (2001), S. 121. Die aufgeführten Themengebiete sind nicht völlig überschneidungsfrei und daher nicht klar gegeneinander abgrenzbar. Dies unterstreicht eine Verzahnung und Ergänzung einzelner Bereiche in der internationalen *Accounting*-Forschung. Eine Beobachtung, die auch für die Bilanzforschung im deutschen Schrifttum Bestand hat.

247 Vgl. *Kothari* (2001), S. 107.

248 Siehe hierzu ausführlich Kap. 3.2.4.1 auf S. 54.

249 Siehe hierzu ausführlich Kap. 3.2.4.2 auf S. 56.

250 Siehe hierzu ausführlich Kap. 3.2.4.3 auf S. 58.

251 Vgl. *Kothari* (2001), S. 107.

252 Vgl. *Beaver* (2002), S. 453.

253 Da diese Fragestellungen die Thematik dieser Arbeit gar nicht oder nur am Rande tangieren, werden die inhaltlichen Komponenten nur kurz skizziert.

254 Vgl. *Beaver* (2002), S. 464 ff. Einen zusammenfassenden Überblick zu dieser Forschungsrichtung geben u. a. *Kothari* (2001), S. 152 ff. oder auch *Brown* (1993).

Verhalten bei Offenlegung und Berichterstattung Im angelsächsischen Schrifttum wird das Forschungsfeld gemeinhin als Discretionary Behaviour bezeichnet. Mittelpunkt der Betrachtungen bilden u. a. Fragestellungen hinsichtlich Earnings Management, Voluntary Disclosure oder auch Accounting Choice. Untersucht werden z. B. im Bereich Earnings Management Auswirkungen bilanzpolitischer Maßnahmen sowie damit ursächlich verfolgte Ziele. Eine wichtige Rolle spielt die Motivlage der Rechnungslegenden, die in letzter Konsequenz dazu führt, bestehende Ermessensspielräume bei der Erstellung des Jahresabschlusses zielgerichtet wahrzunehmen. Es zeigt sich, dass verschiedene äußere Umstände und Rahmenbedingungen wie Entlohnungssysteme, Kreditvereinbarungen, Gewinnerwartungen o. Ä. zu einer zielorientierten Gestaltung der publizierten Ertragslage führen.[255]

Alternative Leistungskennzahlen Kern der Forschungsrichtung ist die vergleichende Analyse alternativer Gewinnermittlungskonzepte und ihrer Kennzahlen. Grundlage für eine relative Bewertung betrachteter Alternativen bildet eine statistisch messbare Beziehung zu Marktrenditen. Die unter Verwendung von Anschaffungs- und Wiederbeschaffungskosten ermittelten Gewinne zählen genauso zu den untersuchten Größen wie eine Gegenüberstellung von Residualgewinnen und Cashflows. In diesem Zusammenhang wird auch von Qualität des ermittelten Gewinns gesprochen, entweder im Hinblick auf Eignung und Wert für Anleger oder zur Evaluierung der Leistung der Unternehmensleitung.[256]

Methodologische Forschung Ziel der methodologischen Forschung ist die Bereitstellung geeigneter empirischer Instrumente zur gezielten Aufdeckung vermuteter Sachzusammenhänge für unterschiedliche Bereiche. Die entwickelten Modelle und Methoden kommen bei zahlreichen Forschungsfragen aus unterschiedlichen Bereichen zum Einsatz.[257]

Steuern Die wissenschaftliche Analyse steuerlicher Rahmenbedingungen und deren Auswirkungen aus Sicht der Rechnungslegung stellt ebenfalls ein breites Feld.[258]

---

255 Vgl. *Beaver* (2002), S. 466 ff. Diese Forschungsrichtung beinhaltet auch Elemente der positiven Accounting-Theorie. Siehe *Healy/Wahlen* (1999) für einen Literaturüberblick zu Earnings Management, *Healy/Palepu* (2001); *Verrecchia* (2001) sowie alternativ *Dye* (2001) zu Disclosure und *Fields/Lys/Vincent* (2001) oder auch *Francis* (2001) zu Accounting Choice.

256 Vgl. *Kothari* (2001), S. 167 f. Dieser Bereich weist Parallelen zur Wertrelevanzforschung auf, in der ebenfalls auf Basis statistischer Zusammenhänge Rückschlüsse auf eine Nützlichkeit der betrachteten Informationen aus Investorensicht gezogen werden. Siehe *Kothari* (2001), S. 168 ff. für einen zusammenfassenden Überblick.

257 Vgl. *Kothari* (2001), S. 122. Siehe *Kothari* (2001), S. 168 ff. für einen zusammenfassenden Überblick.

258 Eine umfangreiche Zusammenfassung der jüngeren Entwicklungen in dieser Forschungsrichtung liefern u. a. *Shackelford/Shevlin* (2001).

3.2.4.1. Tests der Markteffizienz

Ziel von Untersuchungen zur Markteffizienz ist es, die Informationsverarbeitung am Kapitalmarkt zu ergründen. Das Konzept effizienter Märkte geht im Wesentlichen auf die Arbeiten von *Fama* (1970, 1991) zurück.[259] Ein (semi-streng) effizientes Marktumfeld charakterisiert sich dadurch, dass bei der Marktpreisbildung alle öffentlich verfügbaren Informationen berücksichtigt und vollständig verarbeitet werden.[260]

Das Interesse der Wissenschaft an der Erforschung der Markteffizienz rührt u. a. auch daher, dass die Informationsmenge, die einer Preisbildung am Kapitalmarkt zugrunde liegt, Angaben aus der Rechnungslegung beinhaltet.[261] Aus einer Gültigkeit der Markteffizienzhypothese leiten sich weit reichende Konsequenzen ab. So ließe sich etwa durch Fundamentalanalyse kein nennenswerter Wissensvorsprung mehr generieren und keine lukrativen Handelsstrategien identifizieren. Änderungen in Rechnungslegungsvorschriften ohne direkte Cashflowwirkung würden ebenfalls kaum Erkenntniszugewinne bringen. Weiter wäre es unerheblich, ob Angaben ergänzend in den Fußnoten des Jahresabschlusses enthalten sind oder in den Rechnungen des Jahresabschlusses selbst erfasst sind. Zudem würden erläuternde Angaben im Anhang ebenfalls keinen Beitrag zur Steigerung des Informationsstandes der Adressaten leisten, sofern sie nicht neue inhaltliche Sachzusammenhänge darlegen.

Aus diesen Überlegungen ergeben sich potenziell Handlungskonsequenzen für Standardsetter, Regulierer und Gesetzgeber. So beruht ein Großteil der Regulierungstätigkeit in der Finanzberichterstattung auf der Annahme, dass sich eine öffentliche Bekanntgabe von Daten über die Geschäftstätigkeit eines Unternehmens über eine Verarbeitung dieser Information an der Börse letztlich in Wertpapierpreisen niederschlägt.[262] Ein im Sinne der Informationsverarbeitung ineffizienter Kapitalmarkt hingegen würde sich demnach negativ auf die Effektivität der Unternehmensberichterstattung auswirken, da nicht alle verfügbaren Informationen lückenlos verarbeitet und in Preisen reflektiert würden. Umgekehrt würde in einem effizienten Marktumfeld die Finanzberichterstattung den Informationsstand kapitalmarktorientierter Anleger positiv beeinflussen, so dass diese u. a. von fair bepreisten Wertpapieren profitieren würden und i. d. R. eine eigene umfangreiche Verarbeitung von Informationen zumindest teilweise verzichtbar wäre.

Die Frage nach einer Effizienz der Kapitalmärkte schien bereits in den Sechzigerjahren mit den Studien von *Ball/Brown* (1968) sowie *Beaver* (1968) beantwortet, da die empirischen Resultate grundsätzlich diese Hypothese stützen.[263] Seitdem manifestieren sich aber zunehmend Anzeichen für Anomalien im Marktgeschehen, die als Hinweise auf eine mögliche Marktineffizienz gewertet werden. Wegen der Auswirkungen auf Funktionsweise und Beziehung von Kapitalmarkt und

259 Siehe Kap. 2.2.2 auf S. 22 für eine ausführliche Beschreibung der Markteffizienzhypothese.

260 Vgl. *Fama* (1970), S. 383.

261 Vgl. hierzu und im Folgenden *Kothari* (2001), S. 110.

262 Vgl. hierzu und im Folgenden *Beaver* (2002), S. 453 f.

263 Vgl. *Beaver* (2002), S. 454.

Rechnungslegung kommt wiederholt auftretenden Anzeichen scheinbarer Marktineffizienzen – sog. Marktanomalien – Einfluss auf die Forschung zu.[264]

Der sog. Post-Earnings-Announcement-Drift stellt solch einen oft zitierten, ersten Angriffspunkt dar.[265] Unter diesem Begriff werden Studien subsumiert, die den Renditeverlauf in Folge von Gewinnankündigungen untersuchen. Es zeigt sich, dass unter bestimmten Bedingungen auch über einen längeren Zeitraum hinweg systematisch Überrenditen erzielt werden können.[266] Dies wird als Indiz für eine mögliche Marktineffizienz gewertet, da die Reaktion auf eine Gewinnankündigung per definitionem unverzüglich und in vollem Umfang erfolgen und somit alle neuen Informationen zeitnah und unverzerrt im Preis Berücksichtigung finden müssten.[267] Hier stehen die empirischen Beobachtungen also im Widerspruch zu den aus der Theorie abgeleiteten Vermutungen.[268]

Methodisch kommen zur Überprüfung der Markteffizienz in erster Linie Ereignisstudien zum Einsatz. Untersucht wird die Marktreaktion in Folge eines Ereigniseintritts im Hinblick auf Wirkungsrichtung, Geschwindigkeit wie auch Grad der Verzerrung.[269] Da bedeutende Erkenntnisse empirischer Studien bereits ausführlich im einschlägigen Schrifttum diskutiert und in Metastudien zusammengefasst dargestellt werden, wird an dieser Stelle nicht näher darauf eingegangen.[270]

Abweichungen von unter Effizienzgesichtspunkten erwarteten Begebenheiten führen aber nicht zwangsläufig zu einer generellen Ablehnung und Widerlegung der Ausgangshypothese, da eine entsprechende alternative Hypothese über Art und Ausprägung von Zusammenhängen gemäß einer Theorie ineffizienter Märkte bislang nicht eindeutig formuliert werden konnte.[271] Zurückzuführen ist diese Tatsache u. a. auf Schwierigkeiten bei der Theoriebildung, da die Richtung eines Zusammenhangs zwar bei gegebener Markteffizienz vorhergesagt, im umgekehrten Falle aber nicht eindeutig spezifiziert werden kann. Grundsätzlich fehlt also eine allgemeine Theorie ineffizienter Märkte, aus der sich dezidierte und empirisch überprüfbare Vorhersagen ableiten ließen.[272]

---

264 Vgl. *White/Sondhi/Fried* (2003), S. 176.

265 Vgl. *Beaver* (2002), S. 454.

266 Vgl. *Kothari* (2001), S. 193.

267 *Kothari* fasst zusammen, dass dieses Phänomen auch in jüngeren Untersuchungen nachhaltig bestätigt wird. Er wertet dies als Indiz dafür, dass es eine rationale Erklärung dafür gibt, die jedoch bislang nicht gefunden werden konnte. Vgl. *Kothari* (2001), S. 196.

268 Siehe *Kothari* (2001), S. 193 ff. und *Beaver* (2002), S. 454 ff. für eine ausführliche Darstellung der aus dieser Fragestellung resultierenden empirischen Erkenntnisse und deren Implikationen.

269 Neben dem klassischen Instrument der Ereignisstudie (Event-Study) kommen auch Querschnittsanalysen zur Anwendung. Die Untersuchungen vergleichen Wertsteigerung eines Portfolios, das ex post gemäß einer festgesetzten Handelsstrategie gebildet wurde, mit den Renditeerwartungen eines theoretischen Gleichgewichtmodells wie beispielsweise des CAPMs. Erzielt die Handelsstrategie systematische Überrenditen, so wird dies als ein Indiz für die Existenz einer Marktanomalie gewertet und die Markteffizienz zumindest hinterfragt. Vgl. *Kothari* (2001), S. 187.

270 Siehe *Kothari* (2001), S. 192 ff.; *Mishkin* (2001), S. 700 ff. oder auch *Beaver* (2002), S. 453 ff. für eine Diskussion wesentlicher Erkenntnisse empirischer Arbeiten.

271 Vgl. hierzu und im Folgenden *Kothari* (2001), S. 120.

272 Zusätzlich mangelt es an adäquaten statistischen Verfahren und Tests. Siehe *Kothari* (2001), S. 191.

Aus den Hinweisen auf temporäre Abweichungen von Zuständen, die unter gegebener Markteffizienz vorhergesagt und erwartet werden, kann aus oben angeführten Gründen aber nicht auf eine generelle Ineffizienz der Märkte geschlossen werden. Aus diesem Grund wird für verschiedene Fragestellungen der Forschung weiter an einer Gültigkeit der Markteffizienzhypothese festgehalten, trotz zahlreicher dokumentierter Anzeichen für z. T. gravierende Schwachstellen.

3.2.4.2. Fundamentalanalyse und Bewertung

Ein wesentlicher Bereich der kapitalmarktbasierten empirischen Forschung in der Rechnungslegung umfasst Fragestellungen der Fundamentalanalyse und Bewertung.[273] Damit markiert das Forschungsfeld eine inhaltliche Schnittstelle zur Kapitalmarkttheorie.[274]

Einen relevanten Ansatzpunkt bietet die Analyse einer Verbindung zwischen dem durch theoretische Bewertungsmodelle ermittelten Unternehmenswert einerseits und der an der Börse beobachtbaren Marktbewertung andererseits.[275] Ein Ziel ist die vergleichende Analyse beider Unternehmenswerte, um falsch bepreiste Wertpapiere und somit lukrative Investitionsgelegenheiten zu identifizieren.[276] Anderseits stellt bei der theoretischen Modellentwicklung der Erwerb eines grundlegenden Verständnisses bewertungs- oder wertrelevanter Faktoren einen wichtigen Bestandteil dar.[277]

Deutlich werden hier die unterschiedlichen Perspektiven, die hinsichtlich der Annahme von Markteffizienz eingenommen werden. Im ersten Fall wird Markteffizienz nicht uneingeschränkt unterstellt und in Folge einer Existenz von Marktanomalien davon ausgegangen, dass beispielsweise Aktien nicht jederzeit zu ihrem intrinsischen Wert gehandelt werden und sich so lohnende Investitionsgelegenheiten ergeben. Im zweiten Fall richtet sich der Forschungsfokus, nun bei gegebener Markteffizienz, auf die Identifikation und das Verständnis maßgeblicher Determinanten für den wahren und an der Börse beobachtbaren Unternehmenswert. Nimmt man an, dass der intrinsische oder wahre, aber nicht direkt beobachtbare Unternehmenswert am besten durch den Börsenwert approximiert wird, lässt sich die Funktionsweise eines Bewertungsmodells überprüfen oder es lassen sich

273 Da Fragestellungen in diesem Forschungsbereich breit gefächert sind, wird auf eine umfassende Darstellung verzichtet und mit der Übersicht bei *Kothari* (2001) auf das einschlägige Schrifttum verwiesen. Siehe hierzu *Kothari* (2001), S. 171 ff. Die hier angesprochenen Aspekte beschränken sich so auf die für diese Arbeit relevanten Punkte.

274 Siehe *Kothari* (2001), S. 172 f. für eine Diskussion, warum Fragen der Fundamentalanalyse und Bewertung zur Rechnungslegungsforschung gezählt werden, und siehe *Bauman* (1996) für einen ausführlichen Überblick zur Forschungsrichtung.

275 Vgl. *Kothari* (2001), S. 109.

276 Anzeichen für Marktineffizienzen motivieren Fundamentalanalysen, da sich basierend auf einer Identifikation über- oder unterbewerteter Wertpapiere profitable Handelsstrategien implementieren lassen. Vgl. *Kothari* (2001), S. 208.

277 Insbesondere bei Anlageentscheidungen und der Bewertung nicht börsennotierter Unternehmen kommt dieser Anwendung eine große Bedeutung zu. Vgl. *Kothari* (2001), S. 171.

modellimmanente Parameter kalibrieren.[278] Unabhängig von der beschriebenen Ausrichtung ist also primäres Ziel von Fundamentalanalysen, den inneren Wert eines Unternehmens oder einer Aktie zu bestimmen.[279] Es kommt also maßgeblich auf Standpunkt und Sichtweise bei der Beurteilung der Werte auf beiden Seiten der Gleichung an.

Während in der Literatur zwischen einer Vielzahl an Bewertungsmodellen differenziert wird, umfassen die im Rahmen der hier beschriebenen Forschungsrichtung überwiegend verwendeten Modelle das Dividendendiskontmodell oder eine darauf zurückgehende Transformation.[280] Grundsätzlich lässt sich aber feststellen, dass nahezu alle geschlossenen theoretischen Bewertungsmodelle Annahmen treffen, deren Gültigkeit in der Realität nicht ohne weiteres unterstellt werden kann.[281] Gerade aus diesem Grund hält es *Kothari* für nicht zielführend, Modelle auf der Basis ihrer mehr oder weniger unrealistischen Annahmen zu kritisieren.[282] Im Einzelnen ist eine Anwendung folgender Bewertungsmodelle weit verbreitet:

Dividend-Discount-Modell Das Dividendendiskontmodell geht seinem Ursprung nach auf *Williams* (1938) zurück. In diesem Modellrahmen wird der Unternehmenswert als Barwert des erwarteten und mit einem risiko-adjustierten Zinsfuß diskontierten, zukünftigen Dividendenstromes ausgedrückt. Hierbei repräsentiert der Zinssatz das systematische Risiko der Dividendenzahlungen. Unter Berücksichtigung vereinfachender Annahmen wie z. B. einer konstanten Wachstumsrate der Dividenden und einem deterministischen Risiko leitet sich hieraus das Gordon-Growth-Modell ab. [283]

Earnings-Capitalization-Modell Dem Ertragswertverfahren liegt eine Transformation des Dividendendiskontmodells zugrunde und überführt die erwarteten zukünftigen Dividendenzahlungen in Gewinnprognosen sowie zukünftige Investitionen. Dieser Modellrahmen ist in der Literatur weit verbreitet, wobei insbesondere die Earnings-Response-Forschung darauf zurückgreift. [284]

---

278 Im gleichen Setting lässt sich aber auch eine Relevanz der verwendeten Inputgrößen für den Marktwert bzw. den intrinsischen Unternehmenswert testen, wie es das Hauptanliegen dieser Arbeit und charakteristisch für Wertrelevanzstudien ist.

279 Vgl. *Kothari* (2001), S. 171.

280 Vgl. *Kothari* (2001), S. 173. Eine ausführliche Diskussion von Bewertungsmodellen, deren analytische Fundierung und Herleitung liegen mit Ausnahme des *Feltham-Ohlson*-Modells(1995) nicht im Fokus dieser Arbeit. Es wird daher auf das einschlägige Schrifttum verwiesen. Siehe exemplarisch *Copeland/Koller/Murrin* (1995) oder *Drukarczyk* (1998) für Grundlagen zu Bewertungsmodellen, *Palepu/Healy/Bernard* (2000) oder *Barker* (2001) zu Bewertungsfragen und Rechnungslegung sowie einen umfangreichen Überblick *Damodaran* (2002).

281 Vgl. *Kothari* (2001), S. 178.

282 Er schlägt vielmehr eine anwendungsorientierte Vorgehensweise vor. Bei angenommener Markteffizienz könnten so Modelle hinsichtlich ihrer Erklärungsgüte der Aktienkurse vergleichend analysiert werden. Bei unterstellter Ineffizienz hingegen könnten Modelle auf Basis einer Identifikation falsch bepreister Wertpapiere evaluiert werden. Vgl. *Kothari* (2001), S. 178.

283 Vgl. *Kothari* (2001), S. 174. Siehe auch *Damodaran* (2002), S. 322 ff. für eine weiterführende Diskussion des Dividendendiskontmodells und seiner Annahmen.

284 Vgl. *Kothari* (2001), S. 173 f. Siehe auch *Fama/Miller* (1972), S. 86 ff. für eine ausführliche Darstellung der Transformation des Dividenden-Diskont- in das Ertragswertmodell.

Residual-Income-Modell Das Residualgewinnmodell geht auf *Preinreich* (1938) und *Peasnell* (1982) zurück. Als Ausgangspunkt für die Herleitung des Residualgewinnmodells dient wiederum das Dividendendiskontmodell. Der Unternehmenswert wird als Summe heutiger Buchwerte zuzüglich des Barwertes aller erwarteten zukünftigen Überrenditen ausgedrückt. Diese errechnen sich unter Berücksichtigung der Kosten für das eingesetzte Kapital aus den Gewinnprognosen. In der Gruppe der Residualgewinnmodelle nehmen das *Ohlson-* und *Feltham-Ohlson*-Modell (1995) vor allem in der empirischen Forschung eine gewichtige Stellung ein.[285]

Balance-Sheet-Modell Das Substanzwertverfahren ist in der einschlägigen Literatur ebenfalls weit verbreitet und basiert auf der impliziten Sicht einer Unternehmung als Zusammenschluss einzelner Vermögensgegenstände, deren intrinsischer Wert wiederum durch den Marktwert angenähert wird.[286]

3.2.4.3. Wertrelevanz der Finanzberichterstattung

Kern von Untersuchungen zur Wertrelevanz[287] bildet eine empirische Analyse der Beziehung ausgewählter Größen der Rechnungslegung mit an der Börse erzielten Marktwerten.[288] Insbesondere seit den frühen Neunzigerjahren ist eine Vielzahl einschlägiger Studien zu Forschungsfragen entstanden, die sich in diesem Feld ansiedeln. *Holthausen / Watts* führen in ihrer Studie insgesamt 62 Untersuchungen zur Wertrelevanz auf, die in referierten Journals publiziert sind.[289]

Ziel der Wertrelevanzforschung ist die Evaluierung von Rechnungslegungsstandards hinsichtlich einer Kapitalmarktrelevanz der betrachteten Größen, die sich im Wesentlichen auf die statistische Erklärungsgüte von Marktwerten stützt. Weil Relevanz und Verlässlichkeit gemäß dem Conceptual Framework der US-GAAP die beiden obersten Prinzipien darstellen, die zur Beurteilung alternativer Normen und Standards der Rechnungslegung eingesetzt werden, leitet sich eine intuitive Bedeutung für Standardsetter ab. Die Wertrelevanzforschung stellt aber explizit kein Kriterium für Standardsetter dar, auf dessen alleiniger Basis eine

---

285 Vgl. *Kothari* (2001), S. 175 f. Bei der empirischen Operationalisierung des Untersuchungskonzeptes der Wertrelevanz greift diese Arbeit auf das *Feltham-Ohlson*-Modell (1995) zurück. Siehe Kap. 4.2 auf S. 105 ausführlich zum *Ohlson-* und *Feltham-Ohlson*-Modell (1995).

286 Vgl. *Kothari* (2001), S. 173.

287 An dieser Stelle wird zunächst auf wesentliche inhaltliche Aspekte der Wertrelevanzforschung eingegangen, indem grundlegende Ansatzpunkte sowie verfolgte Ziele erläutert werden. Basis für die Ausführungen ist hier die angelsächsische *Accounting*-Forschung. I. A. a. die Vorgehensweise in den vorausgehenden Abschnitten werden darauf aufbauend ausgewählte Forschungsfragen skizziert. In Kap. 3.4 auf S. 75 wird dann näher auf das Untersuchungskonzept eingegangen und im Besonderen werden auf einer konzeptionellen Ebene unterschiedliche Ansätze zur Beantwortung verschiedener Problemstellungen diskutiert. Dabei werden gleichermaßen Gesichtspunkte des angelsächsischen wie auch deutschen Schrifttums verbunden und auf ein teilweise abweichendes Verständnis der Terminologie hingewiesen. An genannter Stelle wird daher auch eine einheitliche Definition der relevanten Begriffe angestrebt.

288 Vgl. *Holthausen / Watts* (2001), S. 4.

289 Vgl. *Holthausen / Watts* (2001), S. 10.

Entwicklung oder Gestaltung von Normen stattfinden sollte.[290] Vielmehr ist es ein wissenschaftlicher Ansatz, der sich zur Überprüfung des Grades der Zielerreichung eignet, den Informationen der Finanzberichterstattung hinsichtlich ihrer Relevanz für Nutzer dieser Angaben erreichen.

Die theoretische Fundierung von Studien zur Wertrelevanz setzt sich aus einer Kombination von Elementen der Unternehmensbewertung sowie einem profunden Verständnis des Rechnungslegungssystems und seines institutionellen Umfeldes zusammen.[291] Ausgangspunkt bilden also zum einen verschiedene Ansätze der fundamentalen Unternehmensbewertung, aber auch sog. Ad-hoc-Modelle, die eine Assoziationen zwischen der abhängigen und unabhängigen Variablen in einem nicht theoretisch geschlossenen Verbund testen. Unter den geschlossenen Varianten sind mit dem Earnings-[292] und Balance-Sheet-[293] sowie dem *Feltham-Ohlson*-Modell (1995) [294] drei als maßgeblich einzustufen.[295] Besonders Letzteres nimmt in der Wissenschaft eine herausragende Stellung ein und hat eine weit verbreitete Anwendung in der Wertrelevanzliteratur erlangt.

Neben den erwähnten Modellen bildet der rechnungslegungsspezifische Kontext den zweiten elementaren theoretischen Eckpfeiler, auf dessen Grundgerüst Argumente in Wertrelevanzstudien getestet werden.[296] Um den in empirischen Untersuchungen generierten Ergebnissen eine Bedeutung für Standardsetter beimessen zu können, ist als zusätzliche theoretische Säule ein erweitertes Verständnis der institutionellen Rahmenbedingungen und Grundsätze erforderlich.[297] In dieser Weise wird ein Einsatz als Instrument zur Überprüfung der Zielerreichung möglich und unmittelbar die Voraussetzung für eine valide Interpretation der Ergebnisse geschaffen.

Es existiert eine Reihe unterschiedlicher und z. T. hoch spezialisierter, weil sehr detaillierter Fragestellungen, die mit dem Wertrelevanzansatz untersucht werden.[298] Im Wesentlichen können diese auf vier Hauptbereiche reduziert werden, die aktuell zum Fokus wissenschaftlicher Diskussion zählen:[299]

---

290 Vgl. *Barth/Beaver/Landsman* (2001), S. 80.

291 Vgl. *Beaver* (2002), S. 462.

292 In diesem Zusammenhang wird darunter ein einfaches Ertragswertmodell verstanden, in dessen Rahmen sich der fundamentale Unternehmenswert als Barwert einer nachschüssigen ewigen Rente i. H. der zukünftig erwirtschafteten Gewinne ermittelt.

293 In diesem Kontext definiert sich der bezogene Ansatz als einfaches Substanzwertmodell, wobei sich der fundamentale Wert unmittelbar aus der Bilanz ableitet.

294 Das *Feltham-Ohlson*-Modell (1995), dessen methodischen Grundlagen ihrem Ansatz nach auch diese Arbeit folgt, beschreibt den intrinsischen Wert eines Unternehmens als lineare Funktion von Buch- und Barwert zukünftiger Übergewinne.

295 Vgl. *Beaver* (2002), S. 462.

296 Vgl. *Beaver* (2002), S. 462.

297 Die Bedeutung von Wertrelevanzstudien aus Sicht des Standardsetting wird in der einschlägigen Fachliteratur kontrovers diskutiert. Eine unterstützende Sicht nehmen *Barth/Beaver/Landsman* (2001) ein, während *Holthausen/Watts* (2001) einen skeptischen Standpunkt vertreten. Siehe Kap. 3.4.4 auf S. 89 zur Bedeutung der Wertrelevanzforschung für das Standardsetting.

298 In Abhängigkeit der gewählten Forschungsfrage dienen verschiedene Untersuchungskonzepte als Grundlage für eine Interpretation der empirischen Ergebnisse und Generierung von Erkenntnissen. Vgl. *Barth* (2000), S. 18.

299 Vgl. *Barth* (2000), S. 18.

Fair-Value-Accounting Fragestellungen zur Zeitwertbilanzierung werden typischerweise im Kontext von Finanzinstrumenten, Anlagevermögen oder Verbindlichkeiten diskutiert. Während zu Finanzinstrumenten beispielsweise Wertpapiere, Pensionsrückstellungen oder auch Derivate gezählt werden, sind unter Anlagevermögen im Besonderen immaterielle Vermögensgegenstände von Interesse. Erörtert wird u. a. die Zweckmäßigkeit von Zeitwerten im Jahresabschluss. Dabei spielen die Abwägung von Relevanz und Verlässlichkeit sowie Auswirkungen von Gestaltungsfreiräumen beim Wertansatz eine tragende Rolle. Eine Grundlage für Rückschlüsse bildet die Messung der statistischen Erklärungskraft für Aktienkurse. Insbesondere im Hinblick auf die Evaluierung von immateriellem Vermögen besteht die Schwierigkeit maßgeblich darin, geeignete Näherungen für einen Marktwert zu identifizieren, die dann empirisch getestet werden können.[300]

Recognition vs. Disclosure In diesem Feld werden Fragestellungen behandelt, die sich mit Entscheidungen beschäftigen, Sachverhalte in Unternehmensrechnungen des Jahresabschlusses zu erfassen oder aber ergänzend in Anhang bzw. Fußnoten aufzunehmen. Es werden u. a. Auswirkungen von Art und Kanal der Offenlegung einer Information auf die Nutzer untersucht. Damit kommt diesem Bereich eine fundamentale Bedeutung für die Publizität zu, insbesondere auch aus Sicht normengebender Institutionen. Nicht zuletzt ist es für Standardsetter von Bedeutung zu ermitteln, welcher Kriterienkatalog für eine Entscheidungsfindung hinsichtlich der Publizität einer Information angelegt werden kann.[301]

Cashflow vs. Accrual Accounting Obwohl sich diese Diskussion auf die Grundfesten der Rechnungslegung bezieht, besteht in der Wissenschaft kein allgemeiner Konsens über die Implikationen der unterschiedlichen Gewinnermittlungssysteme für die Unternehmensbewertung. Erforscht werden u. a. die unterschiedlichen Eigenschaften und Auswirkungen einer cashflowbasierten, im Vergleich zu einer periodengerechten Gewinnermittlung. Gemessen wird die Erklärungskraft der betrachteten Variablen für den Marktwert, um daraus Rückschlüsse hinsichtlich der Ausgangsfragestellung zu ziehen.[302]

International Harmonization Angesichts einer rasant steigenden Globalisierung nehmen die Bestrebungen einer internationalen Harmonisierung der Rechnungslegung zu. Daher ist es nicht länger die Frage, ob, sondern vielmehr wann ein globaler Standard eingeführt wird und wer die eingeschlagene Richtung maßgeblich beeinflusst. Von Interesse sind hier u. a. Fragen nach Unterschieden in den Rechnungslegungssystemen und eine Analyse der Kosten und Nutzen einheitlicher Standards. Mittels Wertrelevanzstudien kann

---

300 Vgl. *Barth* (2000), S. 18 ff.

301 Vgl. *Barth* (2000), S. 23 f. und siehe ders. für einen Überblick zu empirischen Erkenntnissen.

302 Vgl. *Barth* (2000), S. 22 und siehe ders. für einen Überblick zu empirischen Erkenntnissen.

empirisch überprüft werden, welche Standards aus Kapitalmarktsicht einen größeren Informationsgehalt besitzen.[303]

Fragestellungen mit Bezug auf das Fair-Value-Accounting wird aktuell ein hoher Stellenwert zugeschrieben, entsprechend ist eine Vielzahl an einschlägigen wissenschaftlichen Beiträgen in diesem Feld angesiedelt.[304] Dies schließt i. w. S. auch Untersuchungen zur Wertrelevanz nichtfinanzieller Kennzahlen sowie immaterieller Vermögensgegenstände ein, da beide Fragestellungen u. a. den Bereich des Fair-Value-Accounting tangieren.[305] Insbesondere in der zweiten Hälfte der Neunzigerjahre wurden verstärkt Kennzahlen auf Wertrelevanz geprüft, die nicht Bestandteil der regulierten Finanzberichterstattung sind.

Empirische Erkenntnisse stützen weitgehend die Aussage, dass Finanzanlagen im Börsenkurs reflektiert werden und damit aus Sicht kapitalmarktorientierter Investoren Relevanz besitzen.[306] Während entsprechende Ergebnisse für eine Reihe von getesteten Faktoren existieren, soll in diesem Zusammenhang beispielhaft auf Wertpapiere des Umlaufvermögens sowie Pensionsrückstellungen hingewiesen werden.[307]

Bezüglich immaterieller Vermögensgegenstände stellt sich die Erkenntnislage ähnlich dar. So liegt der Interessenschwerpunkt auf einer Validierung wertrelevanter Faktoren, die bislang gar nicht, wie im Fall selbst erstellter immaterieller Vermögensgegenstände, oder aber nur unzureichend, wie im Fall käuflich erworbenen immateriellen Vermögens, in der standardisierten Unternehmensberichterstattung erfasst werden.[308] Für Forschungs- und Entwicklungsaufwendungen, Software und Patente lässt sich festhalten, dass sie sich ebenfalls als wertrelevant erwiesen haben.[309] Thematisch eng verwandte Studien befassen sich mit der Wertrelevanz nichtfinanzieller Kennzahlen, wie beispielsweise branchenspezifische und/oder kundenorientierte Größen der Telekommunikations- oder Internetindustrie.[310]

Der kurze Literaturüberblick in den vorausgehenden Absätzen hebt eine Auswahl an wichtigen Fragestellungen hervor. Es wird hierbei ausnahmslos auf die Forschungsergebnisse US-amerikanischer Untersuchungen verwiesen. Die getroffenen Aussagen beziehen sich daher ausschließlich auf das dortige Marktumfeld,

---

303 Vgl. *Barth* (2000), S. 25 und siehe ders. für einen Überblick zu empirischen Erkenntnissen.

304 Vgl. *Barth/Beaver/Landsman* (2001), S. 82.

305 Siehe *Barth* (2000), S. 18 u. 20.

306 Siehe auch *Barth/Beaver/Landsman* (2001), S. 82 ff.; *Barth* (2000), S. 18 ff. oder *Beaver* (2002), S. 462 f. für einen zusammenfassenden Überblick der Erkenntnisse empirischer Forschung im Bereich Fair-Value-Accouting.

307 Siehe exemplarisch *Barth/Clinch* (1998) oder auch *Amir* (1993) für Wertrelevanzstudien zu Wertpapieren und Pensionsrückstellungen.

308 Ausgangspunkt bzw. Motivation bildet die Frage nach einer hinreichenden Erfüllung der Informationsfunktion des Jahresabschlusses. Siehe beispielhaft *Brown/Lo/Lys* (1999); *Collins/Maydew/Weiss* (1997); *Francis/Schipper* (1999) oder auch *Lev/Zarowin* (1999) für Untersuchungen zur Wertrelevanz von Rechnungslegungsdaten im Allgemeinen und Veränderungen im Zeitablauf im Speziellen.

309 Siehe exemplarisch *Lev/Sougiannis* (1996) zu Forschungs- und Entwicklungsaufwendungen, *Aboody/Lev* (1998) zu Software und *Hirschey/Richardson/Scholz* (2001) zur Wertrelevanz von Patenten.

310 Eine Auswahl empirischer Studien in diesem Bereich umfasst: *Amir/Lev* (1996); *Demers/Lev* (2001); *Hand* (2003, 2001); *Hirschey/Richardson/Scholz* (2001); *Ittner/Larcker* (1998); *Lev/Sougiannis* (1996); *Shevlin* (1996) oder auch *Trueman/Wong/Zhang* (2000, 2001).

so dass eine Übertragbarkeit auf Deutschland nicht ohne weiteres zulässig ist. Vielmehr kann für den deutschen Raum und die dort herrschenden Rahmenbedingungen ein Forschungsdefizit identifiziert und konstatiert werden. An genau diesem Punkt setzt das Forschungsvorhaben der vorliegenden Arbeit an, indem Patentinformationen unter den in Deutschland gegebenen Kontextfaktoren auf Wertrelevanz geprüft werden.

3.3. Bilanzforschung im deutschsprachigen Schrifttum

3.3.1. Forschungsrichtungen und Schwerpunktbereiche

Die Forschung im Bereich der deutschsprachigen externen Rechnungslegung umspannt ein weitläufiges Feld. So führt beispielsweise *Coenenberg* (2003) an, dass die Theorie der öffentlichen (externen) Rechnungslegung weit reichende Aufgaben erfüllt und vielfältige Problemstellungen abdeckt.[311] Insbesondere vor dem Hintergrund der Informationsbedürfnisse externer Anspruchsgruppen eines Unternehmens und bezüglich der Funktion des Jahresabschlusses als Informationsinstrument[312] schlägt *Coenenberg* eine Verdichtung zu zwei wesentlichen Herausforderungen in der Bilanzforschung vor:[313]

- Bestimmung des Informationsgehaltes der Rechnungslegung
- Steigerung des Informationsgehaltes der Rechnungslegung

Zum einen ist dies die Evaluierung und zum anderen die Verbesserung des Informationsgehaltes der im Jahresabschluss enthaltenen Daten der Rechnungslegung aus Sicht externer Adressaten bzw. Nutzer dieser Informationen. Es ist also gleichermaßen bedeutsam, den Informationsgehalt des Jahresabschlusses aus Sicht externer Unternehmensbeteiligter wie beispielsweise Eigenkapitalgeber zu bestimmen, wie auf diesen Erkenntnissen aufbauend der Frage nach der Möglichkeit einer Stärkung dieser Eigenschaft nachzugehen. Entsprechend ergänzen sich beide Forschungsfragen inhaltlich.

Die einschlägigen Beiträge in der wissenschaftlichen Literatur sind breit gefächert und kennzeichnen sich durch ein großes Maß an Heterogenität. Grundsätzlich lassen sich aber zwei wesentliche Entwicklungstendenzen herausstellen, die ihrer Forschungsstrategie nach in normative und empirische Bilanzforschung unterteilt werden können.[314] Während die Bestimmung des Informationsgehaltes als eine wesentliche Aufgabe der empirischen Bilanzforschung gewertet werden kann, ordnet

---

311 Vgl. *Coenenberg* (2003), S. 1186.

312 Neben der Informationsfunktion hat der handelsrechtliche Jahresabschluss (Einzelabschluss) vor allem die Funktion der Ermittlung eines ausschüttungsfähigen Gewinns. Da in dieser Arbeit der Konzernabschluss im Mittelpunkt der Betrachtungen steht und dessen primäre Funktion in der Bereitstellung von Informationen besteht, kann vom Einzelabschluss weitestgehend abstrahiert werden. Siehe Kap. 2.1 auf S. 13 zur handelsrechtlichen Rechnungslegung und speziell Kap. 2.1.2 auf S. 16 zur Informationsfunktion im Konzernabschluss.

313 Vgl. *Coenenberg* (2003), S. 1186.

314 Vgl. *Coenenberg* (2003), S. 1187.

sich die Frage nach Vorschlägen und Maßnahmen zum Ausbau dieser Eigenschaft eher der normativen Forschung zu. Im weiteren Verlauf dieser Arbeit nimmt die von *Coenenberg* verwendete Terminologie des Informationsgehaltes daher eine wichtige Stellung ein.

Im Folgenden wird sowohl auf die normative als auch die empirische Forschung eingegangen. Entsprechend der Ausrichtung der Arbeit liegt der Fokus aber auf der empirischen Forschungsstrategie, wobei im Besonderen die für das zentrale Untersuchungskonzept der Wertrelevanz maßgeblichen Konzepte erörtert werden. Abb. 3.4 auf der nächsten Seite fasst die unterschiedlichen Richtungen zusammen, die im Allgemeinen unter Bilanzforschung subsumiert werden, und hebt zusätzlich den Forschungsstrang hervor, auf dem sich der Ansatz dieser Arbeit thematisch und methodisch befindet. Die Ausführungen greifen hierzu weitgehend auf die einschlägige Literatur zurück, insbesondere auf *Coenenberg* (2003) und *Möller / Hüfner* (2002).[315]

---

315 Ergänzend findet sich auch ein Überblick bei *Coenenberg / Möller / Schmidt* (1984).

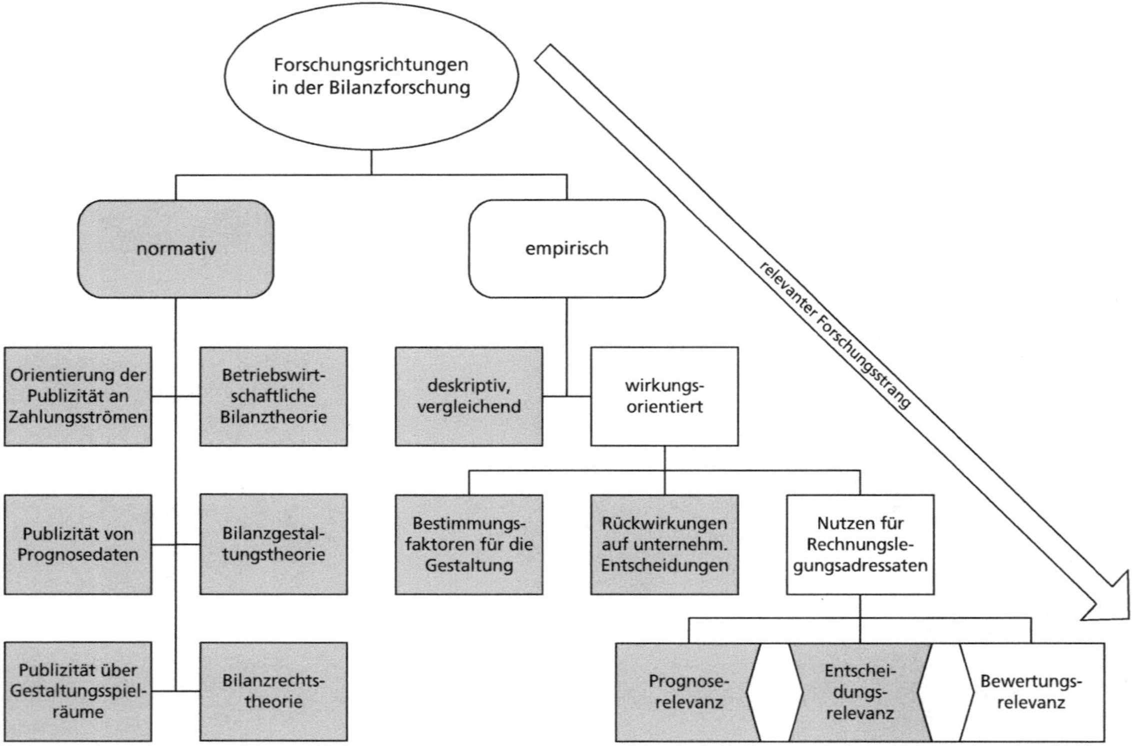

Quelle: Darstellung i.A.a. Coenenberg (2003): S. 1188, Abb. 17.12

Abbildung 3.4.: Forschungsrichtungen in der externen Rechnungslegung

3.3.2. Normative Bilanzforschung

Unter normativer Bilanzforschung wird eine überwiegend von Plausibilitätsgesichtspunkten geleitete Bildung konkreter Vorschläge zur Steigerung des Informationsgehaltes der externen Rechnungslegung verstanden.[316] Für dieses Forschungsfeld findet sich bei *Coenenberg* a. a. O. eine Unterscheidung in insgesamt sechs thematisch z. T. eng verzahnte Forschungsstränge, so dass zusammenfassend Diskussionen zu folgenden Themenkomplexen geführt werden:[317]

Orientierung an Zahlungsströmen In diesem Bereich wird eine verstärkte Ausrichtung des Jahresabschlusses an Zahlungsströmen diskutiert. Die Überlegungen betreffen sowohl die Einführung von Regelungen als Substitut wie auch als Komplementär zu bestehenden Normen.

Veröffentlichung von Prognosedaten Überlegungen gehen hier in Richtung einer möglichen Aufnahme ergänzender Angaben zu intern genutzten Daten in die Unternehmensberichterstattung, beispielsweise aus der Investitions- und Finanzplanung.

Ausweitung der Publizität über Gestaltungsspielräume In diesem Feld werden Überlegungen hinsichtlich einer zunehmenden Objektivierung der im Jahresabschluss enthaltenen ergänzenden Angaben angestrengt. Dies betrifft in erster Linie Informationen zu angewandten Wahlrechten bei der Bewertung von Vermögensgegenständen. Zudem wird eine strikte Trennung von schätzungsab- und -unabhängigen Daten diskutiert.

Betriebswirtschaftliche Bilanztheorie Zentrales Element in diesem Forschungsbereich sind Fragen der Vermögensbewertung.

Bilanzrechtstheorie Zentrale Fragestellung ist die Auslegung von gesetzlichen Bestimmungen in der Bilanzrechtsprechung.

Bilanzgestaltungstheorie Das Forschungsfeld umschließt eine von Anwendungsgesichtspunkten geleitete Betrachtung ausgenutzter Spielräume in den Bilanzierungsvorschriften.

---

316 Vgl. hierzu und im Folgenden *Coenenberg* (2003), S. 1187.

317 In den letztgenannten drei Bereichen werden im US-amerikanischen Raum auch empirisch-induktive Ansätze verfolgt. Dies unterstreicht die Existenz von Trennungsunschärfen bei der Kategorisierung des Forschungsfeldes. Vgl. *Coenenberg* (2003), S. 1188.

3.3.3. Empirische Bilanzforschung

Die empirische Bilanzforschung im Bereich der externen Rechnungslegung geht ihrem Ursprung nach bis in die späten Sechzigerjahre zurück, wo sie im Wesentlichen durch fortschreitende Entwicklungen in der normativen Forschung initiiert wurde.[318] Vor allem die kapitalmarktorientierte empirische Bilanzforschung ist in Deutschland weit weniger ausgeprägt als im angelsächsischen Raum. Als Ursache führen *Möller/Keller* (1999) in erster Linie einen praktischen Aspekt an, nämlich eine eingeschränkte elektronischen Datenverfügbarkeit. Die Autoren machen aber zudem die Tatsache dafür mitverantwortlich, dass hierzulande kein dem Conceptual Framework der US-GAAP vergleichbares Regelwerk existiert.[319]

Zur Kategorisierung der empirischen Bilanzforschung wird auf die Einteilung bei *Coenenberg* zurückgegriffen.[320] Abb. 3.4 auf S. 64 fasst Gliederung und Struktur des Forschungsbereiches zusammen. Die Grafik hebt zusätzlich den Forschungsstrang hervor, in den sich die vorliegende Arbeit thematisch und methodisch einordnet. Zunächst erfolgt eine Differenzierung zwischen deskriptiven Untersuchungen komparativ statischer Natur einerseits und andererseits Studien, bei denen eine Entschlüsselung der Wirkungsweise von Rechnungslegungsinformationen auf mikro- und makroökonomischer Ebene sowie eine Beleuchtung der Beziehung zum Kapitalmarkt im Mittelpunkt stehen. Im Besonderen werden Letztere in der einschlägigen Literatur als empirische Bilanzforschung bezeichnet. Weiterhin grenzt *Coenenberg* drei große inhaltliche Themenkomplexe der bilanzorientierten empirischen Forschung gegeneinander ab. Im Einzelnen handelt es sich um Arbeiten zur Analyse der:

Rückwirkungen des Rechnungslegungssystems auf unternehmerische Entscheidungen Es wird der Frage nachgegangen, inwiefern ökonomische Entscheidungen im Unternehmenskontext, beispielsweise in der Finanz- oder Investitionsplanung, durch das Rechnungslegungssystem beeinflusst werden.[321]

Bestimmungsfaktoren für die Gestaltung der Rechnungslegung in der Praxis Mittelpunkt der Forschungsrichtung ist es, einerseits Abhängigkeiten zwischen Rechnungslegung und Publizitätsverhalten der Rechnungslegenden aufzudecken. Andererseits stehen die Wechselwirkungen zwischen Standardsettingprozess und Standardsetter auf dem Prüfstand. Im US-amerikanischen Raum fällt diese Forschungsrichtung unter Positive Accounting Theory.[322]

---

318 Vgl. *Coenenberg* (2003), S. 1188.

319 Vgl. *Möller/Keller* (1999), S. 135.

320 Vgl. hierzu und im Folgenden *Coenenberg* (2003), S. 1188.

321 Vgl. *Coenenberg* (2003), S. 1189. Da dieses Forschungsfeld im Kontext dieser Arbeit keine Relevanz besitzt, wird entsprechend auf weitere Ausführungen hinsichtlich der grundlegenden inhaltlichen Thematik verzichtet und vielmehr auf das einschlägige Schrifttum verwiesen. Näheres findet sich bei *Coenenberg* (2003), S. 1210.

322 Vgl. *Coenenberg* (2003), S. 1189. Da dieses Forschungsfeld im Kontext dieser Arbeit keine große Relevanz besitzt, wird an dieser Stelle auf weitere Ausführungen hinsichtlich der grundlegenden

Nutzen der Rechnungslegungsinformationen als Informationsinstrument Ziel ist es zu ermitteln, ob die externe Rechnungslegung als Informationsinstrument prinzipiell Nutzen stiften kann.[323]

Für die vorliegende Arbeit ist inhaltlich hauptsächlich der dritte Forschungsstrang relevant. Zentrales Element der Untersuchungen ist eine Überprüfung der im Rahmen der Regel- und Normenwerke der Rechnungslegung publizierten Informationen hinsichtlich ihrer Relevanz für externe Anspruchsgruppen und Adressaten der Rechnungslegung, hier ausschließlich Eigenkapitalgeber. Prinzipiell bildet also die Ergründung der Eignung und Bedeutung der Rechnungslegung als Informationsinstrument aus Sicht der Adressaten den eigentlichen Kern der Betrachtungen. In diesem Feld lassen sich weiter drei Untergruppen differenzieren:[324]

- Prognoserelevanz
- Entscheidungsrelevanz
- Bewertungsrelevanz

Die Ansätze verfolgen dabei das gemeinsame und übergeordnete Ziel einer Bestimmung des Informationsgehaltes aus Sicht der Adressaten bzw. Nutzer der Rechnungslegung. Jedoch differieren Perspektive und Interpretationsrichtung der gewonnenen Erkenntnisse in Abhängigkeit zum gewählten Forschungsansatz.[325] So leiten sich aus einem empirisch validierten Informationsgehalt der Rechnungslegung kontextspezifisch Prognose-, Entscheidungs- und Bewertungsrelevanz ab. Der Begriff einer Informationsgehaltsstudie bezieht sich folglich auf die zentrale Forschungsfrage, wohingegen die angewandte Methodik zu deren Beantwortung auf die konkrete Zielrichtung verweist, auf deren Grundlage die Erkenntnisse letztlich interpretiert und evaluiert werden können. Den aufgeführten Konzepten ist auf übergeordneter Ebene der Relevanzbegriff gemein, es sind jedoch deutliche Divergenzen in den gesetzten Untersuchungsschwerpunkten zu verzeichnen.

Ein fundamentaler Unterschied liegt in der zeitlichen Perspektive des Betrachtungswinkels.[326] So wird bei der Bestimmung der Prognoserelevanz eine ex-ante-Sicht eingenommen und versucht, auf Basis vergangenheitsbezogener Daten die betrachteten Größen in die Zukunft zu projizieren. Ein gegensätzlicher zeitlicher Bezug findet sich bei Fragestellungen zur Bewertungsrelevanz, denn dort bildet

---

inhaltlichen Thematik verzichtet und vielmehr auf das einschlägige Schrifttum verwiesen. Eine kurze Einführung in die Thematik erfolgt bei der Darstellung der Schwerpunkte in der internationalen *Accounting*-Forschung in Kap. 3.2.3 auf S. 47. Einen umfassenden Überblick geben *Coenenberg* (2003), S. 1211 ff. und *Watts/Zimmerman* (1990).

323 Vgl. *Coenenberg* (2003), S. 1188 f.

324 Vgl. *Möller/Hüfner* (2002), S. 412 oder auch *Coenenberg* (2003), S. 1188 f.

325 Unterschiede in den methodischen Ansätzen werden in Kap. 4.1 auf S. 97 behandelt, wohingegen im weiteren Verlauf dieses Kapitels ausführlich auf die verschiedenen Ansätze in der empirischen Bilanzforschung eingegangen wird.

326 Siehe *Möller/Schmidt* (1998b), S. 487 für Erläuterungen zur zeitlichen Perspektive in der empirischen Kapitalmarktforschung.

eine ex-post-Perspektive die Grundlage für eine Analyse der Relevanz. Beim Konzept der Entscheidungsrelevanz spielt die Zeitnähe der Betrachtung eine große Rolle, weil unmittelbare Auswirkung auf den Entscheidungsprozess untersucht werden.

Die Fragestellung der vorliegenden Arbeit ordnet sich inhaltlich grundsätzlich der Rubrik der Bewertungsrelevanz zu, wenngleich, wie eingangs des Kapitels bereits angeführt, ein Unterschied im Begriffsverständnis von Bewertungs- und Wertrelevanz festzustellen ist.[327] Wichtig ist in diesem Zusammenhang eine Abgrenzung der verschiedenen Relevanzbegriffe nach *Coenenberg* und *Möller/Hüfner*. Daher schließt sich eine kurze Vorstellung der inhaltlichen Ausrichtung von Studien zu Prognose-, Entscheidungs- und Bewertungsrelevanz an, bevor im nachfolgenden Kapitelteil vertiefend auf den thematischen wie methodischen Schwerpunkt dieser Arbeit und das zugrunde liegende Konzept der Wertrelevanz eingegangen wird.[328]

3.3.3.1. Studien zur Prognoserelevanz

Der Schwerpunkt dieser Forschungsrichtung liegt in der Analyse von Rechnungslegungsdaten hinsichtlich ihrer Prognosefähigkeit für zukünftige Ereignisse oder Entwicklungen, die eine hohe Relevanz für unterschiedliche Interessengruppen eines Unternehmens und das Unternehmen selbst aufweisen.[329] Beispielhaft ist die Prognose zukünftiger Jahresabschlüsse, Dividendenzahlungen oder auch Aktienkurse.[330]

Eignet sich eine bestimmte Information für die Prognose eines Ereignisses oder aber wird dessen Vorhersage durch Hinzunahme in das Schätzmodell signifikant verbessert, kann ein Nutzen für die Adressaten der betrachteten Rechnungslegungsgröße unterstellt werden.[331] Der Festlegung des zu betrachtenden Ereignisses folgt die Definition eines geeigneten Prognosemodells. Dabei besteht die Schwierigkeit vor allem darin, dass nicht auf ein bereits bestehendes theoretisches Gerüst zurückgegriffen werden kann, aus dem sich unmittelbar zu prognostizierende Ereignisse sowie passende Modelle ableiten ließen. Von großer Praxisrelevanz erweist sich, neben der bereits erwähnten Prognose zukünftiger Ergebnisgrößen oder Aktienrenditen, insbesondere eine frühzeitige Erkennung existentieller Unternehmenskrisen, die u. U. in eine Insolvenz münden können. In diesem Zusammenhang spielt auch das Kreditrating eine Rolle, da sich aus ihm mittelbar eine Konkurswahrscheinlichkeit ableitet.

---

327 Vgl. Kap. 3.1.2 auf S. 36. Siehe ausführlich Kap. 3.4.2.2 auf S. 80 für eine Darstellung des Forschungsmodells der Wertrelevanz.

328 In den angesprochenen Forschungsbereichen kommen im Wesentlichen drei unterschiedliche methodische Ansätze zur Anwendung. Differenziert werden der Prognoseeignungs-, der verhaltenswissenschaftliche und der kapitalmarktbasierte Forschungsansatz. In dieser Untersuchung kommt ausschließlich der kapitalmarktorientierte Ansatz zum Tragen. Siehe hierzu Kap. 4.1 auf S. 97.

329 Vgl. *Möller/Hüfner* (2002), S. 423 f. Da diese Forschungsrichtung lediglich einen Randaspekt dieser Arbeit darstellt, wird an dieser Stelle bis auf wenige wesentliche Literaturbeiträge auf eine Darstellung des einschlägigen Schrifttums verzichtet.

330 Vgl. *Busse von Colbe* (1993), S. 15.

331 Vgl. hierzu und im Folgenden *Möller/Hüfner* (2002), S. 412 f.

Gerade weil davon ausgegangen werden kann, dass das Fortbestehen eines Unternehmens im Interesse interner wie auch externer Anspruchsgruppen liegt, ist eine verlässliche Einschätzung der wirtschaftlichen Lage und eine frühzeitige Erkennung von Unternehmenskrisen von elementarer Bedeutung.[332] Eine Diagnose von Krisen anhand von Finanzinformationen der Rechnungslegung geht ihrem Ursprung nach auf die zweite Hälfte der Sechzigerjahre und vor allem die richtungsweisenden Arbeiten von *Beaver* (1966) und *Altman* (1968) zurück, die sich erstmals empirisch mit dieser Thematik auseinandersetzen.[333]

Methodisch werden mittels multivariater Diskriminanzanalyse beispielsweise Bilanzkennzahlen identifiziert, die geeignet sind, finanziell gesunde von gefährdeten Unternehmen abzugrenzen.[334] Daraus resultiert ein System bilanzorientierter Kennzahlen, welches erfolgreich bei der Beurteilung der finanziellen Stärke eines Unternehmens und der frühzeitigen Erkennung von existentiellen Krisen eingesetzt werden kann.[335] Die Prognosegüte gewinnt mit zunehmender zeitlicher Nähe des betrachteten Ereignisses – hier einer sich anbahnenden Insolvenz – deutlich an Genauigkeit.[336] Schon eine kleine Auswahl an Kennzahlen aus den Bereichen Rentabilität, Kapitalstruktur und Liquidität kann bereits zu einer zufriedenstellenden Vorhersagegenauigkeit führen. Neben analytischen Kennzahlen der Bilanzanalyse spielen zudem im Jahresabschluss enthaltene qualitative Angaben bei der frühzeitigen Erkennung von Unternehmenskrisen eine Rolle und können sich positiv auf die erreichte Prognosegüte auswirken.

Neben dem beschriebenen Prognoseeignungsansatz, welcher in diesem Forschungsfeld überwiegt, existieren parallel der verhaltenswissenschaftliche wie auch der kapitalmarktbasierte Ansatz zur Bestimmung der Prognoserelevanz von Rechnungslegungsinformationen und, daraus abgeleitet, dem erzielten Nutzen für die Adressaten dieser Informationen.[337] Studien zur Prognoseeignung, in denen der verhaltenswissenschaftliche Ansatz zur Anwendung kommt, widmen sich z. B. der Gütebeurteilung von Ergebnisschätzungen von Finanzanalysten sowie der Entwicklung eines Erklärungsmodells für ineffizientes Schätzverhalten. So wird beispielsweise deutlich, dass Analysten häufig Informationen selektiv herausfiltern und verarbeiten, wodurch letztendlich nicht alle verfügbaren Angaben Grundlage

---

332 Vgl. *Coenenberg* (2003), S. 1200.

333 *Beaver* weist für einem Zeitraum von bis zu fünf Jahren vor Eintritt einer Insolvenz insbesondere für das Verhältnis von Cashflow zu Fremdkapital eine hohe Prognosegüte nach. *Altman* testet traditionelle analytische Kennzahlen hinsichtlich ihrer Trennschärfe zwischen wirtschaftlich gefährdeten und gesunden Unternehmen und belegt dahingehend eine gute Eignung für ein Zeitfenster von bis zu zwei Perioden vor Eintritt einer Insolvenz.

334 Vgl. *Baetge* (1998), S. 560 ff. oder auch die zwölf Thesen zum Bilanzrating bei *Baetge* (1994).

335 Das Baetge-Bilanzrating kann hier beispielhaft angeführt werden. *Baetge* nutzt die Methodik der multivariaten Diskriminanz- und der künstlichen neuronalen Netzanalyse für ein von ihm entwickeltes Bilanzrating und die Prognose von Unternehmenskrisen. Eine Bezugnahme auf Bilanzkennzahlen findet sich auch bei den großen Ratingagenturen Standard & Poor's oder Moody's. Diese veröffentlichen für ihre jeweiligen Ratingklassen Durchschnittswerte ausgewählter finanzieller Kennzahlen und erlauben so den Unternehmen ein Benchmarking oder eine Selbsteinschätzung.

336 Vgl. hierzu und im Folgenden *Coenenberg* (2003), S. 1200.

337 Siehe Kap. 4.1 auf S. 97 für eine Unterscheidung der verschiedenen methodischen Ansätze in der empirischen Bilanzforschung.

einer solchen Schätzung bilden.[338] Zudem zeigt sich insgesamt eine tendenziell zu optimistische Einschätzung in der Zukunft realisierbarer Entwicklungen.[339] Grundlage des kapitalmarktorientierten Ansatzes in dieser Forschungsrichtung bildet die Erkenntnis, dass zukünftige Aktienrenditen oder allgemeine Unternehmensentwicklungen, hierin explizit einbezogen auch Unternehmenskrisen, teilweise schon frühzeitig anhand von Renditeverläufen am Aktienmarkt erkenn- und prognostizierbar sind.[340]

3.3.3.2. Studien zur Entscheidungsrelevanz

Zentrales Element von Untersuchungen zur Entscheidungsrelevanz von Rechnungslegungsinformationen bildet die Fragestellung nach deren Wirkung auf den Entscheidungsprozess von Investoren am Kapitalmarkt.[341] Untersucht wird die kurzfristige Entscheidungswirkung aus einem zeitnahen Blickwinkel, indem der Neuigkeitsgehalt von Informationen zu einem bestimmten Zeitpunkt gemessen wird, i. d. R. dem der erstmaligen Veröffentlichung.[342] Untersuchungen zur Entscheidungsrelevanz bedienen sich damit des informationsökonomischen Ansatzes der allgemeinen Betriebswirtschaftslehre.[343] Bei zielgerichteter Beeinflussung der Entscheidungsgüte kann unmittelbar ein Nutzen für die Adressaten dieser Informationen abgeleitet werden. Ein Informationsnutzen für einen kapitalmarktorientierten Investor kann genau dann unterstellt werden, wenn die zur Verfügung stehenden Rechnungslegungsdaten einen signifikanten Einfluss auf das Investitionsverhalten ausüben und ihre Kenntnis einen zusätzlichen Beitrag zur im gewählten Kontext angenommen Zielerreichung der Gewinnmaximierung leistet.[344]

Der Forschungsansatz geht auf die bahnbrechenden Arbeiten von *Ball / Brown* (1968) sowie *Beaver* (1968) gegen Ende der Sechzigerjahre zurück. Während sich die Problemstellungen in diesem Forschungsfeld grundsätzlich mit der Frage nach der Entscheidungsrelevanz einzelner Größen der Rechnungslegung auseinandersetzen, werden in der Methodik unterschiedliche Ansätze, überwiegend aber der kapitalmarktbasierte Ansatz, gewählt.[345] So überprüfen beispielsweise *Ball / Brown* die Wirkung von im Jahresabschluss enthaltenen Ergebnisgrößen auf das Investitionsverhalten am Kapitalmarkt und weisen für die betrachteten Größen

338 Vgl. *Coenenberg* (2003), S. 1201.

339 Vgl. *Hüfner / Möller* (1997), S. 13 f.

340 Unterstrichen wird dadurch u. a. die Bedeutung der über die gesetzlichen Bestimmungen hinausgehenden Veröffentlichungen unternehmensspezifischer Informationen und deren Verfügbarkeit am Kapitalmarkt. Vgl. *Coenenberg* (2003), S. 1201.

341 Vgl. *Möller / Hüfner* (2002), S. 413. Da diese Forschungsrichtung lediglich einen Randaspekt dieser Arbeit darstellt, wird auf eine Angabe des einschlägigen Schrifttums an dieser Stelle weitgehend verzichtet.

342 Hier liegt auch der wesentliche Unterschied zum Konzept der Bewertungsrelevanz, welches eine langfristige Sichtweise einnimmt. Siehe Kap. 3.3.3.3 auf S. 72.

343 Vgl. *Möller / Hüfner* (2002), S. 412.

344 Vgl. *Möller / Hüfner* (2002), S. 414 f.

345 Anhand der am Kapitalmarkt beobachtbaren Kursreaktion wird der Informations- oder Neuigkeitsgehalt einer Nachricht zum Zeitpunkt ihrer Veröffentlichung gemessen. Siehe Kap. 4.1 auf S. 97 für eine Unterscheidung gebräuchlicher methodischer Ansätze in der empirischen Bilanzforschung.

zum Zeitpunkt ihrer Bekanntmachung eine Relevanz für Kapitalmarktteilnehmer nach.[346] *Beaver* testet ebenfalls mit dem methodischen Ansatz einer Ereignisstudie die Wirkung von Erfolgsgrößen auf Investitionsentscheidungen am Aktienmarkt und bestätigt auch eine Relevanz der betrachteten Informationen aus Sicht von Kapitalmarktanlegern.[347]

Neben der bereits angesprochenen Analyse der Entscheidungsrelevanz von Informationen der Rechnungslegung umspannt diese Forschungsrichtung auch Fragen nach der Wirkung von Bilanzpolitik und unterjähriger Berichterstattung auf das Investitionsverhalten von Anlegern am Kapitalmarkt. Unter dem Begriff Bilanzpolitik werden üblicherweise gestalterische Maßnahmen zusammengefasst, die bei der Bilanzierung von wirtschaftlichen Sachverhalten im Rahmen der Erstellung des Jahresabschlusses eingesetzt werden, um durch gezielte Ausnutzung bestehender Bilanzansatz- und Bewertungswahlrechte den ausgewiesenen Jahresüberschuss in eine gewünschte Richtung zu beeinflussen.[348] Erreicht werden kann so beispielsweise eine Verstetigung des Jahresergebnisses zum Ausgleich kurzfristiger Abweichungen oder aber zur Berücksichtigung steuerlicher Gesichtspunkte. Jedoch zeigt sich, dass insbesondere vor dem Hintergrund effizienter Kapitalmärkte solch eine Verstetigung des ausgewiesenen Jahresüberschusses Anleger genau dann nicht in ihrem Investitionsverhalten beeinflusst, wenn bilanzpolitisch motivierte Maßnahmen durch ergänzende Angaben im Jahresabschluss transparent und nachvollziehbar sind.[349] Vielmehr leitet sich eine Entscheidungsrelevanz für Investoren mittelbar aus mit bilanzpolitischen Maßnahmen verknüpften Signalen her. So kann eine Steigerung (Verringerung) des ausgewiesenen Jahresergebnisses als Indiz für eine positive (negative) Einschätzung der zukünftigen Geschäftslage durch das Management gewertet werden. Ferner kann eine durch bilanzpolitische Gestaltung erreichte Verstetigung des ausgewiesenen Gewinns als Indikator für eine lediglich als kurzfristig eingestufte Abweichung vom nachhaltig erwarteten Ergebnisniveau interpretiert werden.

Darüber hinaus stellen die Analyse der Auswirkungen der Publizitätspolitik sowie der Zwischenberichterstattung auf das Investitionsverhalten von Kapitalmarktanlegern weitere wichtige Fragestellungen in diesem Bereich dar. Zum einen wird bei Untersuchungen zur Publizitätspolitik die Relevanz der über die gesetzlichen Bestimmungen hinausgehenden zusätzlichen Informationen bestimmt, die im Jahresabschluss integriert und in denen nähere Erläuterungen und Erklärungen

---

346 Aus den von *Ball/Brown* erzielten Ergebnissen lässt sich zudem ableiten, dass die im Jahresabschluss enthaltenen Angaben den Kapitalmarkt teilweise frühzeitig über andere Kanäle erreichen und dort verarbeitet werden, indem Investoren ihre Erwartung und Investitionsentscheidungen bereits im Vorfeld der Veröffentlichung anpassen und eine Kursveränderung im betrachteten Zeitfenster dann z. T. deutlich schwächer ausfällt. Vgl. *Coenenberg* (2003), S. 1202.

347 Demzufolge schauen Investoren aber eher unmittelbar auf publizierte Ergebnisgrößen selbst und nutzen nur zum Teil Ankündigungen im Vorfeld der offiziellen Veröffentlichung, um ihre Entscheidungen anzupassen. In diesem Aspekt weisen die von *Ball/Brown* und *Beaver* erzielten Erkenntnisse leichte Abweichungen auf. Vgl. *Beaver* (1968), S. 84.

348 Vgl. hierzu und im Folgenden *Coenenberg* (2003), S. 1206 f.

349 Diese Beobachtung kann zudem als Indiz für effiziente Kapitalmärkte gewertet werden.

zu dargestellten wirtschaftlichen Sachverhalten niedergelegt sind.[350] Zum anderen steht die Bedeutung der Zwischenberichterstattung aus Sicht kapitalmarktorientierter Investoren im Mittelpunkt der Betrachtungen.[351] Für beide Forschungsfragen lässt sich eine signifikante Wirkung auf den Entscheidungsprozess von Anlegern feststellen. Es leitet sich unmittelbar eine grundlegende Bedeutung der über die gesetzlichen Bestimmungen hinausgehenden Publizität ergänzender Angaben im Jahresabschluss sowie der Zwischenberichterstattung für Investoren ab.[352]

Im Zusammenhang mit Fragen der Entscheidungsrelevanz sprechen *Möller/Hüfner* auch von Eintrittswahrscheinlichkeiten von Umweltzuständen und deren Neubewertung auf Basis neuer Informationen.[353] Dies gilt z. B. für Finanzanalysten und die Schätzgenauigkeit ihrer Ergebnisprognosen, die häufig Grundlage für Investitionsentscheidungen bilden und durch die bestätigende Funktion der unterjährigen Berichterstattung potenziell an Güte hinzugewinnen. Analysten können diese Angaben u. a. zum teilweisen Abbau von Unsicherheiten nutzen, mit denen Schätzungen der zukünftigen Entwicklungen der Geschäftstätigkeit behaftet sind, und ihre an den wirtschaftlichen Erfolg eines Unternehmens einer Berichtsperiode gerichtete Erwartungshaltung dahingehend anpassen. Ein Teil der entscheidungsrelevanten Informationen gelangt demnach bereits frühzeitig über diesen Kanal in den Markt, so dass dem Jahresabschluss letztendlich eine bestätigende Funktion zukommt. *Coenenberg* spricht in diesem Zusammenhang von einer „Hygienefunktion" des Jahresabschlusses.[354]

Abgesehen von diesen Themenstellungen spielt u. a. auch die Frage nach der Wahl des Bilanzierungsstandards und den damit einhergehenden Signalwirkungen für Investoren ein Rolle. Untersucht werden zum Beispiel Effekte einer Umstellung der Bilanzierung von handelsrechtlichen auf internationale Rechnungslegungsstandards. In diesem Zusammenhang stützen *Pellens/Tomaszewski* in einer empirischen Untersuchung die These, dass die Wahl des Rechnungslegungssystems Einfluss auf Investitionsentscheidungen am Aktienmarkt ausüben kann. Während sich diese Aussage für eine Umstellung der Rechnungslegung von HGB auf US-GAAP bestätigt, kann ein vergleichbarer Effekt für die Umstellung von HGB auf IAS/IFRS nicht nachgewiesen werden.[355]

3.3.3.3. Studien zur Bewertungsrelevanz

Das Konzept der Bewertungsrelevanz stützt sich auf eine Analyse der Bedeutung von Rechnungslegungsdaten für die fundamentale Unternehmensbewertung und verbindet so wesentliche Elemente aus den Bereichen Rechnungslegung und

350 Vgl. *Coenenberg* (2003), S. 1204.
351 Vgl. *Coenenberg* (2003), S. 1208.
352 Vgl. *Coenenberg* (2003), S. 1205 u. 1208 f.
353 Vgl. *Möller/Hüfner* (2002), S. 414.
354 Vgl. *Coenenberg* (2003), S. 1203, 1205 u. 1215.
355 Vgl. *Pellens/Tomaszewski* (1999), S. 220. Siehe weiterführend *Weißenberger/Stahl/Vorstius* (2004); *Stahl* (2004) oder auch *Spannheimer/Koch* (2000) zu Motiven einer Umstellung der Rechnungslegung von handelsrechtlichen auf internationale Rechnungslegungsstandards.

Finanzen.[356] Während Studien zur Entscheidungsrelevanz in erster Linie auf eine Bestimmung der kurzfristigen Entscheidungswirkung von Daten der Rechnungslegung für Kapitalmarktteilnehmer abzielen und aus einem signifikanten Informationsgehalt zum Zeitpunkt der Untersuchung auf eine Relevanz für eine Investitionsentscheidung schließen, betrachten Studien zur Bewertungsrelevanz die Bedeutsamkeit von Rechnungslegungsinformationen aus Sicht des Kapitalmarktes über einen deutlich größeren Zeitraum.[357]

Untersuchungen zur Bewertungsrelevanz bauen demnach prinzipiell auf dem Konzept der Entscheidungsrelevanz auf, erweitern den Betrachtungswinkel aber substantiell, indem eine langfristige Perspektive eingenommen wird.[358] So steht einer kurzfristigen Sichtweise bei der Entscheidungsrelevanz eine langfristige Sichtweise bei der Bewertungsrelevanz gegenüber. Folglich enthalten Studien zur Bewertungsrelevanz über eine Analyse der langfristigen Entscheidungswirkung bei Investitionen hinaus grundsätzlich auch ein Entscheidungsmoment, wodurch die Verbindung beider Ansätze unterstrichen wird.[359] Der Neuigkeitsgehalt einer Information zum Untersuchungszeitpunkt wird jedoch vernachlässigt und vielmehr die Gesamtheit der im Markt befindlichen Rechnungslegungsinformationen auf Erklärungskraft für am Kapitalmarkt erzielte Marktwerte überprüft. Es leitet sich implizit ab, dass Entscheidungsrelevanz grundsätzlich als hinreichende, nicht aber als notwendige Bedingung für Bewertungsrelevanz gesehen werden kann. So ist es nämlich beispielsweise denkbar, dass eine Informationsvariable zum Zeitpunkt der Untersuchung keinen signifikanten Neuigkeitsgehalt aufweist, sie also nicht entscheidungsrelevant ist, sich aufgrund des größeren Betrachtungswinkels aber trotzdem eine Bewertungsrelevanz nachweisen lässt.[360]

Kern der Forschungsfragen im Schwerpunktbereich der Bewertungsrelevanz bildet eine Analyse der Erklärungskraft von Rechnungslegungsdaten hinsichtlich der am Kapitalmarkt beobachtbaren Kurswerte.[361] In diesem Kontext ist eine Information genau dann als bewertungsrelevant einzustufen, wenn sich ein signifikanter Beitrag zur Erklärung von Marktbewertungen nachweisen lässt.[362] Dies bezieht sich

---

356 Vgl. *Coenenberg* (2003), S. 1199. Damit besteht eine inhaltliche Verbindung zum Feld der Fundamentalanalyse und Bewertung in der internationalen *Accounting*-Forschung. Siehe Kap. 3.2.4.2 auf S. 56.

357 Vgl. *Möller/Hüfner* (2002), S. 443.

358 Dies spiegelt sich auch in der angewandten Methodik des kapitalmarktorientierten Ansatzes wider, wo zwischen Short- und Long-Horizon-Ereignisstudien unterschieden wird. Siehe Kap. 4.1.4 auf S. 101.

359 Vgl. *Coenenberg* (2003), S. 1199.

360 Bei einem kontinuierlichen Informationsfluss wäre eine solche Konstellation denkbar, da ein einzelnes Ereignis zum Veröffentlichungszeitpunkt nicht zwingend einen hohen Neuigkeitsgehalt aufweisen würde.

361 Vgl. *Möller/Hüfner* (2002), S. 415.

362 Aus der einschlägigen deutschsprachigen Literatur geht nicht zweifelsfrei hervor, inwiefern die Verwendung eines geschlossenen theoretischen Bewertungsmodells für das Untersuchungskonzept der Bewertungsrelevanz notwendig ist. Sowohl *Coenenberg* als auch *Möller/Hüfner* verweisen auf eine mögliche Art der Modellierung, die auf das *Feltham-Ohlson*-Modell (1995) zurückgeht. Vgl. *Coenenberg* (2003), S. 1199 und *Möller/Hüfner* (2002), S. 430 f. Im US-amerikanischen Schrifttum wird hingegen eindeutig zwischen Wertrelevanz und Bewertungsrelevanz differenziert. Die Konzepte sind zwar eng verwandt, legen jedoch unterschiedliche Schwerpunkte. Siehe hierzu ausführlich *Lo/Lys* (2000b).

in Abhängigkeit von der gewählten Methodik und Modellierung gleichermaßen auf Marktpreise wie Renditen.[363] Im Kontext der wirkungsorientierten empirischen Bilanzforschung wird gemeinhin bei Erfüllung der Voraussetzung der Bewertungsrelevanz ein Informationsnutzen der betrachteten Größen für Adressaten der Rechnungslegungsdaten angenommen.[364] Anders als bei den Untersuchungen zur Entscheidungsrelevanz ist es bei diesem Konzept möglich, Analysen beispielsweise auf eine absolute und relative Bestimmung der Bewertungsrelevanz unterschiedlicher Rechnungslegungssysteme abzustellen und etwa den Informationsgehalt der Regelwerke von HGB, IAS/IFRS und US-GAAP anhand der Erklärungskraft hinsichtlich Marktbewertungen zu beurteilen.[365]

Insbesondere Mitte der Neunzigerjahre hat dieses Forschungsfeld im einschlägigen Schrifttum mit den Arbeiten von *Ohlson* (1995) sowie *Feltham/Ohlson* (1995) deutlich an Bedeutung hinzugewonnen, weil sie richtungsweisend einen theoretischen Unterbau für die Beziehung von Markt- und Buchwerten und deren empirische Ergründung im Rahmen eines geschlossenen Bewertungsmodells aufstellen.[366] Allerdings bleibt festzuhalten, dass die empirische Bilanzforschung im Allgemeinen und die Bewertungsrelevanzforschung im Besonderen im angloamerikanischen gegenüber dem deutschen Raum deutlich stärker ausgeprägt ist. Diese Tatsache spiegelt sich vor allem in einer geringeren Anzahl einschlägiger Literaturbeiträge im deutschsprachigen Raum wider, was überwiegend auf eine eingeschränkte Verfügbarkeit von Daten zurückzuführen ist.[367]

Mit Veröffentlichung der Arbeit von *Alford/Jones* (1993), die sich erstmals im Rahmen einer Bewertungsrelevanzstudie dem deutschen Kapitalmarkt und dem Informationsgehalt der handelsrechtlichen Rechnungslegung widmet, wächst auch hierzulande die Bedeutung dieses Forschungsstranges merklich. *Alford/Jones* untersuchen für ausgewählte Ergebnisgrößen die Bewertungsrelevanz einer Reihe internationaler Rechnungslegungsstandards und stellen die Ergebnisse denen für die US-amerikanischen Standards (US-GAAP) gegenüber. Die Autoren weisen einen im Vergleich zum US-amerikanischen Raum geringeren Informationsgehalt handelsrechtlicher Ergebnisgrößen nach und folgern daraus eine geringere Bewertungsrelevanz.[368] Ebenfalls als Pionierarbeit ist die Studie von *Harris/Lang/Möller* (1994) zu werten, die sich auf einen Vergleich der Bewertungsrelevanz deutscher und US-amerikanischer Jahresabschlüsse konzentrieren. Als ein wesentliches Ergebnis führen die Autoren an, dass sich die weit verbreitete Annahme einer geringeren Bewertungsrelevanz von handelsrechtlichen Jahresabschlüssen im Vergleich zu

---

363 Vgl. *Möller/Hüfner* (2002), S. 415. In der Wertrelevanzforschung werden neben den Informationen der Rechnungslegung auch vermehrt andere firmenspezifische Angaben auf ihre Bedeutung und Erklärungskraft für Marktwerte überprüft.

364 Vgl. *Möller/Hüfner* (2002), S. 415.

365 Vgl. *Coenenberg* (2003), S. 1209.

366 Vgl. *Coenenberg* (2003), S. 1209 f. und *Möller/Hüfner* (2002), S. 415.

367 Vgl. *Harris/Lang/Möller* (1994), S. 188 und *Keller/Möller* (1993), S. 135.

368 Vgl. *Alford/Jones* (1993), S. 213.

US-GAAP Abschlüssen nicht uneingeschränkt bestätigt, sondern teilweise ein vergleichbares Niveau nachgewiesen werden kann.[369]

Neben dem bereits erwähnten Teilbereich einer komparativen Bestimmung des Erklärungsgehaltes unterschiedlicher Rechnungslegungssysteme stehen vor allem Einzelfragen im Mittelpunkt des Forschungsinteresses. In diese Kategorie fallen Fragen nach der Bewertungsrelevanz konkreter Messgrößen der Rechnungslegung, den Auswirkungen von Änderungen in Bilanzierungsrichtlinien oder andere, auf inhaltliche Aspekte des Jahresabschlusses gerichtete Problemstellungen, wie beispielsweise die Auswirkungen der Einführung der Kapitalflussrechnung.[370]

3.4. Inhaltliche Ausrichtung und Konzeption der Wertrelevanzforschung

3.4.1. Topologische Einführung zur Wertrelevanzforschung

Eine Messgröße definiert sich genau dann als wertrelevant, wenn eine statistisch signifikante Erklärungskraft für den am Kapitalmarkt beobachteten Marktwert nachweisbar ist.[371] Als Ausgangspunkt und Fundament des Forschungskonzeptes dient die Informationsfunktion des Jahresabschlusses.[372] Mit dem Untersuchungskonzept der Wertrelevanz kann der Grad der Zielerreichung gemessen und ausgehend von den empirischen Resultaten evaluiert werden, den die Rechnungslegung in seiner Aufgabe als Informationsinstrument aufweist.

Grundsätzlich liefert die Wertrelevanzforschung empirisch validierte Erkenntnisse, die vor dem Hintergrund einer (normativen oder positiven) theoriebildenden Forschung von zentraler Bedeutung sind, weil zu einem profunden Verständnis des Wertes von Informationen im Kontext der Rechnungslegung beigetragen wird.[373] Die empirischen Ergebnisse können als Signale aus einem Informationssystem – hier der Rechnungslegung – verstanden und im Kontext von a priori formulierten Hypothesen hinsichtlich einer möglichen Wirkungsweise einzelner Komponenten des analysierten Systems interpretiert werden. Die Erkenntnisse der Wertrelevanzforschung stellen demnach potenziell eine wertvolle Informationsquelle für die Rechnungslegungspraxis, Investoren und insbesondere auch für normengebende Institutionen dar.[374]

369 Während die getesteten Ergebnisgrößen beider Rechnungslegungsstandards ein vergleichbares Ausmaß an Relevanz erreichen, zeigt sich für den Eigenkapitalbuchwert eine deutlich größere Relevanz für US-GAAP als für HGB. Vgl. *Harris/Lang/Möller* (1994), S. 207. Siehe hierzu auch *Harris/Lang/Möller* (1995).

370 Vgl. *Coenenberg* (2003), S. 1210.

371 Vgl. *Barth* (2000), S. 16; *Beaver* (1998), S. 116 oder auch *Beaver* (2002), S. 459. Implizit findet sich dieses Verständnis auch bei *Ohlson* (1999).

372 Siehe Kap. 2.1 auf S. 13 zur handelsrechtlichen Rechnungslegung und im Besonderen Kap. 2.1.2 auf S. 16 zur Informationsfunktion im Konzernabschluss.

373 Vgl. hierzu und im Folgenden *Beaver* (2002), S. 463.

374 Siehe Kap. 3.4.4 auf S. 89 zur Bedeutung für das Standardsetting.

Basierend auf einer empirischen Bestimmung des Informationsgehaltes[375] der Rechnungslegung erfolgt eine Bewertung der erzielten Ergebnisse im betrachteten Kontext. Die Untersuchungen beschränken sich hierbei nicht unbedingt auf Fundamentaldaten der Rechnungslegung. Es können im Gegenteil auch alternative Kennzahlen auf Wertrelevanz geprüft werden, die nicht Bestandteil der regulierten Berichterstattung sind und sich nicht unmittelbar ableiten lassen, wie beispielsweise Patentinformationen in der vorliegenden Arbeit. So wird grundsätzlich angestrebt, aus statistisch validierten Zusammenhängen Rückschlüsse über mögliche Ansatzpunkte für eine Steigerung des Informationsgehaltes der Rechnungslegung zu generieren. Eine ausdrückliche Erarbeitung konkret formulierter Handlungsempfehlungen, etwa für Standardsetter, wird allerdings weithin nicht als Aufgabe der Wissenschaft angesehen.[376] Vielmehr wird zum Aufgabenbereich gezählt, Entscheidungsträgern valide Informationen bereitzustellen und Denkansätze zu liefern, die einen angemessenen Rahmen für eine (Weiter-) Entwicklung von Standards und Normen der Rechnungslegung schaffen.[377]

Der theoretische Unterbau von Studien zur Wertrelevanz setzt sich aus einer Kombination von Elementen der Unternehmensbewertung, der Rechnungslegung sowie deren institutionellem Kontext zusammen. Auf Grundlage dieser drei Säulen werden Annahmen und Vorhersagen über die Beziehung einer Auswahl an Messgrößen aus der Rechnungslegung zu Marktwerten gebildet, die letztendlich empirisch überprüft werden.[378] Daneben besitzt das Wertrelevanzkonzept zwei weitere wichtige Merkmale. Zum einen ist ein fundiertes Wissen im Bereich der Rechnungslegung und seines institutionellen Umfeldes erforderlich, das Aufgabe und Zielsetzung der Rechnungslegung genauso einschließt wie eine gute Kenntnis der Normen, und zum anderen ist die Zeitnähe der Berichterstattung kein entscheidendes Kriterium.[379] Der genaue Zeitpunkt, zu dem die getesteten Informationen in den Markt gelangen, ist nur von untergeordneter Bedeutung, anders als dies z. B. bei Studien zur Entscheidungsrelevanz der Fall ist. Das Forschungskonzept der Wertrelevanz beinhaltet zwar auch ein Entscheidungsmoment, ist aber auf eine langfristige Wirkung ausgerichtet. Der Neuigkeitsgehalt einer Information zum Untersuchungszeitpunkt und die Auswirkungen der erstmaligen Offenlegung auf die Marktpreise werden entsprechend vernachlässigt und vielmehr wird die Erklärungskraft für am Kapitalmarkt erzielte Marktwerte in der langen Frist überprüft.

Damit wird u. a. der Tatsache Rechnung getragen, dass Marktpreise Ereignisse annahmegemäß früher widerspiegeln, als dies im Jahresabschluss der Fall ist. Da der Jahresabschluss einerseits Bezug auf eine zurückliegende Berichtsperiode nimmt und andererseits mit Ablauf einer längeren Frist offengelegt werden muss,

---

375 Informationsgehalt wird im Rahmen dieser Arbeit als übergeordneter Begriff interpretiert. Siehe hierzu auch Kap. 3.4.2.1 auf S. 78.

376 Vgl. *Barth* (2000), S. 8 oder auch *Barth/Beaver/Landsman* (2001), S. 88.

377 Diese Tätigkeit ist normativ und fällt eindeutig in den Zuständigkeits- und Kompetenzbereich von Standardsettern bzw. Gesetzgebern. Vgl. *Schipper* (1994), S. 63.

378 Vgl. *Beaver* (2002), S. 462.

379 Vgl. *Beaver* (2002), S. 460.

wird in diesem Zusammenhang auch von einer in zweifacher Hinsicht veralteten Datenbasis gesprochen.[380] Es lässt sich daraus die Existenz alternativer Informationskanäle folgern, auf denen relevante Informationen in den Markt gelangen. Dem Jahresabschluss kommt so letztendlich eine bestätigende Funktion zu.[381] Durch die Vernachlässigung der Zeitnähe in der Analyse wird eine kurzfristige Entscheidungsrelevanz der betrachteten Informationen ausgeblendet. Demnach folgt aus einer nachgewiesenen Wertrelevanz nicht bereits zwingend eine Entscheidungsrelevanz einer untersuchten Messgröße, weil Informationen über das Ereignis bereits auf anderen Kanälen zeitnäher in den Markt gelangt sein könnten und die betrachteten Informationen somit auf einen bestätigenden Charakter reduziert werden.[382]

Wertrelevanzstudien greifen im Wesentlichen auf zwei theoretische Konstrukte zurück, auf deren Gültigkeit respektive Annahmen das Untersuchungskonzept rekurriert. Einerseits wird ein lineares Modell unterstellt, das einen Zusammenhang zwischen Marktwerten und betrachteten Messgrößen abbildet.[383] Anderseits ist die Prämisse der Markteffizienz zwingend erforderlich, da die Modellierung der unterstellten Beziehung allein noch nicht ausreicht, um die notwendigen Voraussetzungen für eine Untersuchung i. S. d. Wertrelevanz zu erfüllen.[384] Erst die Annahme semi-streng effizienter Kapitalmärkte schafft den benötigten Denkrahmen im Hinblick auf die Funktionsweise der Informationsverarbeitung am Kapitalmarkt.[385]

3.4.2. Terminologische Abgrenzung und wissenschaftliches Vorgehensmodell der Wertrelevanzforschung

Das Konzept der Wertrelevanz und die damit verbundene Terminologie geht seinem Ursprung nach vornehmlich auf die US-amerikanische Forschung zurück. Bisher wurden teilweise einschlägige Begriffe aufgegriffen und verwendet, ohne ein einheitliches Verständnis für den weiteren Verlauf der Arbeit zu definieren. Eine Klärung erscheint aber vor allem deshalb zweckmäßig, weil die Terminologie in der Literatur nicht einheitlich und trotz abweichender inhaltlicher Bedeutung teils synonym verwendet wird. Insbesondere sind Unterschiede in der Verwendung im US-amerikanischen und deutschen Schrifttum zu verzeichnen.[386]

---

380 Vgl. *Baetge* (1998), S. 56.

381 *Coenenberg* spricht in diesem Zusammenhang von einer „Hygienefunktion“ des Jahresabschlusses. Vgl. *Coenenberg* (2003), S. 1203, 1205 u. 1215.

382 Vgl. *Barth/Beaver/Landsman* (2001), S. 80.

383 Die postulierte funktionale Beziehung wird entweder durch ein theoretisch geschlossenes Bewertungs- oder ein Ad-hoc-Modell abgebildet.

384 Siehe *Beaver* (2002), S. 453.

385 Siehe *White/Sondhi/Fried* (2003), S. 166.

386 Bei *Lo/Lys* (2000b) findet sich eine formal ausgerichtete Definition der Konzepte Informationsgehalt, Wertrelevanz und Bewertungsrelevanz und ihrer Interdependenzen. Siehe *Lo/Lys* (2000b), S. 7 ff. Für eine alternative Definition siehe *Goodwin/Sawyer/Ahmed* (2002), S. 6 ff.

3.4.2.1. Informationsgehalt und Entscheidungsrelevanz im Kontext von Wertrelevanz

Die Bestimmung des Informationsgehaltes der Rechnungslegung stellt nach *Coenenberg* einen wesentlichen Teilbereich der Bilanzforschung dar, der hauptsächlich durch die empirische Forschung abgedeckt und geleistet wird, während Überlegungen hinsichtlich einer Steigerung normativen Charakter haben.[387]

In der angelsächsischen Literatur wird der Begriff *Informationsgehalt* (Information Content) z. T. spezifischer und in inhaltlich anderen Sachzusammenhängen verwendet. In der vorliegenden Arbeit wird das Verständnis aber i. A. a. an *Coenenberg* umfassender ausgelegt. Ein Informationsgehalt des Jahresabschlusses kann so z. B. in Verbindung mit der Erfüllung seiner grundlegenden Zwecke, insbesondere im Hinblick auf die Informationsfunktion, gesehen und eine Sicherstellung als elementares Ziel interpretiert werden.

Größen der Rechnungslegung als Träger relevanter Informationen[388] für kapitalmarktorientierte Investoren sind diesem Verständnis nach Grundbausteine von Untersuchungen zur Kapitalmarktrelevanz und so auch der Wertrelevanzforschung. Das bedeutet, dass der Tatbestand des Informationsgehaltes zwingend erforderlich ist, damit das Kriterium der Relevanz erfüllt wird. In Abhängigkeit des verfolgten Untersuchungsansatzes kann ein empirisch nachgewiesener Informationsgehalt im Kontext der unterschiedlichen Relevanzformen wie Entscheidungs- oder Wertrelevanz beurteilt werden.[389] Def. 2 formuliert das Begriffsverständnis von Informationsgehalt, wie es im Rahmen dieser Arbeit angewandt wird.

Definition 2 (Informationsgehalt) *Eine Messgröße besitzt genau dann Informationsgehalt (Information Content), wenn sie als Bestandteil der öffentlichen Informationsmenge auf die Marktpreisbildung wirkt und in Marktpreisen reflektiert wird.*

Eine zeitliche Komponente bleibt bei dieser Definition zunächst unberücksichtigt. In Abhängigkeit der Zeitnähe der Betrachtungsperspektive variiert die Richtung, in die ein Informationsgehalt interpretiert werden kann, nämlich als Entscheidung- oder als Wertrelevanz. Der Grund für diese Abweichung liegt in der Divergenz der zeitlichen Perspektive des Betrachtungswinkels beider Konzepte. Während Entscheidungsrelevanz auf die Analyse einer kurzfristigen Entscheidungswirkung ausgerichtet ist, stellt Wertrelevanz auf ein langfristiges Moment ab.[390]

Wird zu einem bestimmten Zeitpunkt eine Preisveränderung am Kapitalmarkt nachgewiesen, so kann ein dokumentierter Informationsgehalt in Verbindung

---

387 Vgl. *Coenenberg* (2003), S. 1186 ff.

388 Eine Information wird als zweckgebundenes und zielgerichtetes Wissen verstanden. Mit dieser Sicht stützt sich die Arbeit auf das in der wirtschaftswissenschaftlichen Literatur verbreitete Verständnis nach *Wittmann* (1959), S. 14.

389 Unterschieden werden im Allgemeinen drei Formen der Kapitalmarktrelevanz. Siehe Kap. 3.3.3.1 bis 3.3.3.3 auf S. 68–72 zu Prognose-, Entscheidung- und Bewertungsrelevanz und *White/Sondhi/Fried* (2003), S. 9 zu Predictive, Timeliness und Feedback Value.

390 Vgl. *Coenenberg* (2003), S. 1209.

mit einem Neuigkeitsgehalt gesehen und als Entscheidungsrelevanz interpretiert werden. Damit ist ein Informationsgehalt zwar eine notwendige, aber keine hinreichende Voraussetzung für eine Entscheidungsrelevanz, weil dort zusätzlich eine signifikante Auswirkung auf den Marktpreis zum Zeitpunkt der Bekanntmachung gefordert wird.

Diese Forderung wird bei der Wertrelevanzforschung fallen gelassen. Vielmehr wird geprüft, ob bestimmte Informationen langfristig in Marktpreisen reflektiert werden, und so eine langfristige Entscheidungswirkung ermittelt.[391] In diesem Rahmen ist die Existenz von Informationsgehalt eine Grundvoraussetzung für Wertrelevanz. Wertrelevanz (Value Relevance) bedingt demzufolge nicht zwangsläufig Entscheidungsrelevanz (Decision Relevance), d. h., eine Größe kann zwar wertrelevant, zugleich aber nicht entscheidungsrelevant sein.[392] Insbesondere ist dies auf die Tatsache zurückzuführen, dass Daten der Rechnungslegung eine Zusammenfassung von wirtschaftlichen Sachverhalten über ein Geschäftsjahr darstellen und oftmals durch zeitnähere Informationen über Einzelereignisse vorweggenommen werden.[393]

Deutlich wird in diesem Denkmodell der Charakter des Informationsgehaltes als übergeordnetes Konzept. Dieses Verständnis setzt voraus, dass Untersuchungskonzepte wie Wertrelevanz oder auch Entscheidungsrelevanz Informationsgehalt zwingend erfordern, der in Abhängigkeit des gewählten Forschungsansatzes aber anders interpretiert wird. So gesehen kann von Informationsgehalt einer Variablen gesprochen werden, wenn ihre Kenntnis relevant für das kurz- oder langfristige Investitions- und Entscheidungsverhalten der Marktteilnehmer ist und sie in Marktpreisen reflektiert wird.

Die eingangs formulierte Sicht von Informationsgehalt wird nun formal ausgedrückt. Dem Konzept (semi-streng) effizienter Kapitalmärkte folgend, sei $\mathbb{I}$ die Menge öffentlich verfügbarer Informationen, bestehend aus den Informationsvariablen I_j mit $j = 1, \ldots, n$. Weiter sei P sei der Marktwert oder Preis eines Unternehmensanteiles. Der Informationsgehalt einer Variable I_j sei nun genau dann gegeben, wenn sich Auswirkungen auf die Marktbepreisung nachweisen lassen. Formal lässt sich der Zusammenhang wie in Gl. (3.1) dargestellt beschreiben. Wenn der unter der Bedingung $I_j \in \mathbb{I}$ realisierte Preis vom erwarteten Wert für $I_j \notin \mathbb{I}$ abweicht und I_j im Marktwert reflektiert wird, kann ein Informationsgehalt gefolgert werden, zunächst ohne eine zeitliche Komponente zu berücksichtigen.

---

391 Über die Berücksichtigung des an der Börse ermittelten Unternehmenswertes beinhalteten Wertrelevanzstudien also ebenfalls ein Entscheidungsmoment und stehen damit langfristig in direkter Wechselwirkung mit Studien zur Entscheidungsrelevanz. Vgl. *Coenenberg* (2003), S. 1199.

392 Vgl. hierzu und im Folgenden *Barth/Beaver/Landsman* (2001), S. 80.

393 Das ist z. B. dann der Fall, wenn Informationen der Rechnungslegung bereits vor ihrer offiziellen Bekanntgabe im Rahmen der Veröffentlichung des Jahresabschlusses über alternative Informationskanäle in den Markt diffundieren und so im Aktienpreis Berücksichtigung finden. Die getesteten Größen der Rechnungslegung könnten dann zwar nachweislich wertrelevant, weil im Preis enthalten, jedoch zum Zeitpunkt ihrer Veröffentlichung nicht mehr entscheidungsrelevant sein, weil die Information schon anderweitig in den Markt gelangt ist. *Coenenberg* spricht hier auch von einer bestätigenden, im Gegensatz zu einer instruierenden Funktion des Jahresabschlusses (Hygienefunktion). Vgl. *Coenenberg* (2003), S. 1203, 1205 u. 1215.

$$P \mid I_j \in \mathbb{I} \neq E(P \mid I_j \notin \mathbb{I}) \qquad (3.1)$$

es gilt:

$$P = \text{Marktwert}$$
$$\mathbb{I} = \{I_1, \ldots, I_n\}$$
$$I_j = \text{Informationsvariable } j$$

Ein vergleichbares Verständnis, das aber ausschließlich auf den Effekt zum Zeitpunkt der Veröffentlichung der Information abzielt und deshalb enger gefasst ist, liegt der Arbeit von *Beaver* zugrunde.[394] Das hier beschriebene Verständnis von Informationsgehalt lehnt sich zwar bei *Lo/Lys* (2000b) an, weicht aber geringfügig davon ab, da es dort mit Entscheidungsrelevanz gleichzusetzen ist, wie sie u. a. bei *Möller/Hüfner* (2002) definiert wird.[395] Die Unterscheidung von Informationsgehalt und Entscheidungsrelevanz ist gering, aber dennoch nicht vernachlässigbar, da sich eine Interdependenz mit dem Konzept der Wertrelevanz ergibt.

3.4.2.2. Wertrelevanzdefinition und zugrunde liegendes Forschungsmodell

Das Wertrelevanzkonzept nimmt die Perspektive kapitalmarktorientierter Investoren ein, die einen substantiellen Anteil der Nutzer von Rechnungslegungsdaten ausmachen. Die Zielsetzung besteht primär darin, eine Verbindung von Größen der Rechnungslegung[396] zu Wertkennzahlen herzustellen und die Eigenschaften dieser Beziehung zu analysieren.[397]

Die Begriffsdefinition von Wertrelevanz ist in der Literatur nicht immer eindeutig und trennscharf formuliert, so dass mitunter leichte Abweichungen im Verständnis zu verzeichnen sind.[398] Grundsätzlich besitzt eine Messgröße aber genau dann Wertrelevanz (Value Relevance) und wird entsprechend als wertrelevant bezeichnet, wenn sich ein statistisch signifikanter Erklärungsgehalt für den an der Börse beobachteten Marktwert nachweisen lässt. Dabei ist es unerheblich, ob der Marktwert als Preis[399], Differenz oder Rendite betrachtet wird.[400] Das

394 Vgl. *Beaver* (1968), S. 68 und *Lo/Lys* (2000b), S. 3 f.

395 Siehe *Coenenberg* (2003), S. 1202 ff. oder auch *Möller/Hüfner* (2002), S. 413ff. u. 425 ff. zu Entscheidungsrelevanz.

396 Ursprünglich wurden im Rahmen von Wertrelevanzstudien ausnahmslos Rechnungslegungsdaten untersucht. Prinzipiell existieren aber keine Einschränkungen hinsichtlich Art und Herkunft der zu prüfenden Informationen, so dass eine Fokussierung auf Größen der Rechnungslegung nicht zwingend ist. Vielmehr können im Rahmen von Ad-hoc-Modellen beliebige Kombinationen auch an nichtfinanziellen Kennzahlen getestet werden. Auch das theoretisch geschlossene *Ohlson-* und *Feltham-Ohlson*-Modell (1995) erlaubt die Berücksichtigung frei definierbarer Informationsvariablen.

397 Vgl. *Barth* (2000), S. 10.

398 Vgl. *Ota* (2003), S. 6.

399 Als Preis können die Marktkapitalisierung wie auch der Aktienkurs verstanden werden. Der Unterschied besteht hier letztlich in einer Skalierung mit der Anzahl der Aktien, die vorgenommen wird, um Größeneffekte zu kontrollieren. Siehe Kap. 4.3.2 auf S. 121 für eine Diskussion von Größeneffekten und mögliche Verfahren zur Bereinigung.

400 Siehe Kap. 4.3.1 auf S. 119 für eine Diskussion der Modellierungsarten.

Wertrelevanzverständnis dieser Arbeit folgt damit der im einschlägigen Schrifttum herrschenden Meinung und üblichen Definition. Als namenhafte Vertreter dieser Sichtweise können beispielsweise *Barth, Beaver* oder auch *Ohlson* angeführt werden.[401]

Wesentlich für das grundlegende Verständnis des Forschungskonzeptes ist die Erkenntnis, dass es sich ausdrücklich nicht um eine Unternehmensbewertung handelt, die eindeutig in den Bereich der Fundamentalanalyse und Bewertung fällt und damit ein anderes Forschungsfeld beschreibt. Vielmehr vermittelt die Wertrelevanzforschung Einblicke in Faktoren, die sich prinzipiell zur Bewertung eignen würden, gerade weil sie nachweislich in einer funktionalen Beziehung zum Marktwert stehen.[402] Im Kontext einer Wertrelevanzstudie wird angenommen, dass der an der Börse beobachtbare Marktpreis eines Wertpapiers der bestmöglichen Näherung für seinen inneren Wert entspricht, die Märkte also effizient sind. Ferner wird eine funktionale Beziehung unterstellt, die geeignet ist, den Zusammenhang zwischen einer Auswahl an Informationsvariablen und dem Marktwert abzubilden.

Eine exakte Spezifizierung dieser Beziehung ist für viele Fragestellungen nicht erforderlich, einzig die Bedingung der Nichttrivialität muss zwingend erfüllt werden, d. h., sie darf keine Konstante sein. Die Verwendung eines theoretisch geschlossenen Bewertungsmodells ist keine notwendige, wohl aber eine hinreichende Bedingung für die valide Durchführung einer Wertrelevanzstudie. Im Prinzip reicht aber schon die Annahme einer beliebigen funktionalen Beziehung. So ist auch eine theoretische Fundierung nicht entscheidend für den Wert einer Wertrelevanzstudie und seiner Ergebnisse, vielmehr kommt der Theorie häufig lediglich eine eingeschränkte Relevanz zu.[403] Für den weiteren Verlauf dieser Arbeit wird das zugrunde liegende Wertrelevanzverständnis in Def. 3 zusammengefasst.

Definition 3 (Wertrelevanz) *Wertrelevanz (Value Relevance) definiert sich als ein statistisch signifikanter Zusammenhang zwischen einer unternehmensspezifischen Messgröße und dem an der Börse erzielten Marktwert, der durch eine nichttriviale Funktion abgebildet wird.*

Genau diese spezifische Annahmenkonstellation ermöglicht es nun, konzeptionell die Relevanz der verwendeten Inputgrößen für die Erklärung des Marktwertes im Rahmen einer ex-post-Betrachtung empirisch zu bestimmen. Da sowohl die modellierte funktionale Beziehung als auch der Marktwert als sachlich richtig postuliert werden, gehen Abweichungen per definitionem auf die gewählte Kombination an Inputvariablen zurück.[404] Weisen die getesteten Messgrößen einen empirisch validierten Erklärungsgehalt für den Marktwert auf, so ist von einer Wertrelevanz

401 Vgl. *Barth* (2000), S. 16; *Beaver* (1998), S. 116 oder auch *Beaver* (2002), S. 459.

402 Vgl. *Barth/Beaver/Landsman* (2001), S. 90.

403 Vgl. *Ohlson* (1990), S. 674.

404 Genau genommen werden bei der Untersuchung gleichzeitig der angewandte Modellrahmen inklusive seiner Annahmen sowie die Eignung zur Abbildung von Marktpreisen getestet. Vgl. *Kothari* (2001), S. 178.

der betrachteten Größen auszugehen.[405] Aus der dargestellten Konstellation ergeben sich unterschiedliche Untersuchungsschwerpunkte, deren Forschungsfragen auf eine inkrementelle oder relative Bestimmung der Wertrelevanz der Menge $\mathbb{T}$ an zu prüfenden Messgrößen abzielen.[406]

Eine formale Beschreibung des grundlegenden Aufbaus des Untersuchungskonzeptes wird in vereinfachter Form durch Gl. (3.2) ausgedrückt.[407] Im Folgenden sei P der Marktpreis eines Unternehmensanteiles, $f(\cdot)$ eine nichttriviale Funktion sowie η eine Fehlerkomponente. Der Marktwert P wird nun unter Berücksichtigung der Fehlerkomponente η durch die Funktion $f(\cdot)$ der Informationsmenge $\mathbb{T}$ beschrieben.[408] Die Menge $\mathbb{T}$ repräsentiert eine Teilmenge aus dem Raum aller öffentlich verfügbaren Informationsvariablen $\mathbb{I}$.[409] Die unterstellte funktionale Beziehung $f(\cdot)$ unterliegt keinen Einschränkungen und ist nahezu frei wählbar, solange die Voraussetzung der Nichttrivialität erfüllt ist.

$$P = f(\mathbb{T}) + \eta \tag{3.2}$$

es gilt:

$$\begin{aligned} P &= \text{Marktwert} \\ f(\cdot) &= \text{Funktionale Beziehung} \\ \mathbb{T} &\subseteq \mathbb{I} \\ \mathbb{I} &= \{I_1, \ldots, I_n\} \\ I_j &= \text{Informationsvariable } j \\ \eta &= \text{Fehlerkomponente} \end{aligned}$$

Grundsätzlich leiten sich aus dem in Gl. (3.2) dargestellten Zusammenhang drei Untersuchungvarianten ab. In Abhängigkeit der Gültigkeit der zugrunde liegenden Annahmen und der eingenommenen Perspektive ergeben sich drei Konstellationen der relevanten Bausteine P, $f(\cdot)$ und $\mathbb{T}$, die sich in drei verschiedene

405 Die Überprüfung erfolgt im Rahmen einer Regressionsanalyse. Gemessen wird also der Informationsgehalt, den die betrachteten Messgrößen aus Sicht des Kapitalmarktes tragen. Operationalisiert wird die Überprüfung durch eine Analyse der Regressionsstatistiken, insbesondere der Koeffizienten.

406 Siehe Kap. 3.4.3 auf S. 86 für einen Überblick zum Untersuchungsdesign.

407 Die formale Definition folgt der Darstellung bei *Lo/Lys* (2000b), S. 7 und dem angewandten verbalen Verständnis von Wertrelevanz. Die Indizes werden der Übersicht halber fallen gelassen und auf eine Darstellung verzichtet.

408 Aus der angenommenen Markteffizienz folgt, dass Abweichungen vom intrinsischen Wert unsystematisch sind und zufällig auftreten. Da zudem die unterstellte funktionale Beziehung zwar als sachlich richtig, aber die betrachtete Teilmenge an Informationen nicht unbedingt als umfassend angenommen wird, wird eine Fehlerkomponente in die Gleichung aufgenommen, die Abweichungen auffängt. Die Fehlerkomponente enthält neben dem unsystematischen zusätzlich auch einen systematischen Anteil, der durch nicht berücksichtigte aber dennoch relevante Messgrößen verursacht wird.

409 Zu den Informationsvariablen zählen Finanzgrößen wie beispielsweise der operative Gewinn. Denkbar sind aber auch nichtfinanzielle Kennzahlen wie z. B. Patentinformationen. Die relevante Teilmenge der verwendeten Messgrößen ist zudem abhängig von der implementierten funktionalen Beziehung. Diese gibt im Falle eines geschlossenen Bewertungsmodells wie dem *Feltham-Ohlson*-Modell (1995) bereits eine Teilauswahl an Informationsvariablen fest vor.

Fragestellungen überführen lassen. Hierbei werden jeweils zwei Bestandteile als sachlich richtig angenommen und konstant gehalten, so dass sich Rückschlüsse bezüglich des dritten ziehen lassen. Die denkbaren Anwendungsmöglichkeiten und Betrachtungsrichtungen werden im Folgenden skizziert, um die entscheidenden Unterschiede zur Konzeption des Forschungsmodells der Wertrelevanz herauszuarbeiten. Während nur der erste nachfolgend beschriebene Ansatz mit dem Wertrelevanzkonzept korrespondiert, fallen der zweite und dritte eindeutig dem Bereich der Fundamentalanalyse und Bewertung zu.[410]

1. Das Forschungsmodell der Wertrelevanz geht von einer unbedingten Gültigkeit der Markteffizienzhypothese in der semi-strengen Form aus. Folglich stellen die am Kapitalmarkt beobachtbaren Preise die beste Näherung für ihren wahren oder intrinsischen Wert dar. Wird nun die funktionale Beziehung $f(\cdot)$ zwischen der Informationsmenge $\mathbb{T}$ und dem Marktwert P ebenfalls als richtig angenommen, so lässt sich eine Auswahl an Informationsvariablen auf ihre Relevanz für Marktpreise hin überprüfen und damit ihre Wertrelevanz ermitteln.

2. Ein alternativer Denkrahmen unterstellt genauso effiziente Märkte, geht aber a priori nicht uneingeschränkt von einer Richtigkeit der funktionalen Beziehung $f(\cdot)$ aus. In diesem Setting kann nun ein Bewertungsmodell empirisch validiert werden. D. h., es kann die Güte geprüft werden, mit der das getestete Modell den Marktwert P abbildet, der den intrinsischen Wert repräsentiert und der als Zielfunktion fungiert.[411] Das Ziel besteht hier in der Evaluierung des verwendeten Bewertungsmodells hinsichtlich seiner Eignung für die fundamentale Unternehmensbewertung. Alternativ ist in diesem Rahmen auch die Kalibrierung eines Modells und seiner modellimmanenten Parameter möglich.

3. Wird hingegen die Prämisse der Markteffizienz aufgeweicht, werden dadurch Anomalien in Form von systematischen Abweichungen der Marktpreise von ihrem intrinsischen Wert zugelassen.[412] Folglich ergibt sich, bei gleichzeitig unterstellter Richtigkeit der Bewertungsmethode und ihrer Komponenten, die Möglichkeit zur Identifikation falsch bepreister bzw. über-/unterbewerteter Wertpapiere. Darauf aufbauend können lukrative Handelsstrategien entwickelt und implementiert werden.[413]

Abb. 3.5 auf der folgenden Seite veranschaulicht schließlich am Beispiel von Rechnungslegungsinformationen das übliche Vorgehen bei der Durchführung einer Wertrelevanzstudie und stellt das wissenschaftliche Forschungsmodell dar. Die drei Hauptsäulen des Konzepts spiegeln sich hier in den Bausteinen Rechnungslegung,

---

410 Siehe auch Kap. 3.2.4.2 auf S. 56 zu Forschungsfragen der Fundamentalanalyse und Bewertung.

411 Vgl. *Kothari* (2001), S. 178.

412 Vgl. *Möller/Schmidt* (1998b), S. 482.

413 Siehe auch *Kothari* (2001), S. 171 zum beschriebenen Forschungsvorgehen.

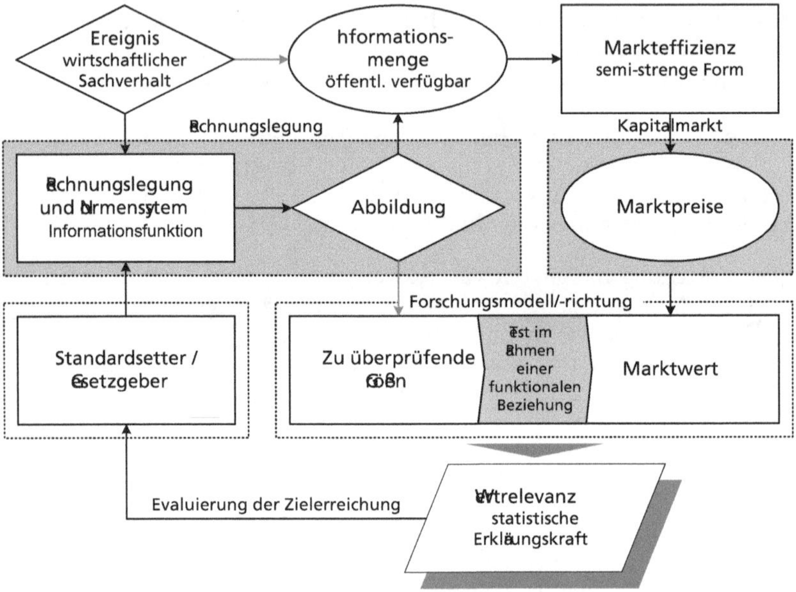

Quelle: Eigene Darstellung

Abbildung 3.5.: Konzeption und Forschungsmodell von Untersuchungen zu Wertrelevanz

Kapitalmarkt und unterstellter funktionaler Beziehung wider, die beide Elemente verbindet.

Ausgehend von einem wirtschaftlichen Ereignis findet eine zweigeteilte Verarbeitung statt. Zum einen fließen auf Seiten des Kapitalmarktes die den Sachverhalt betreffenden Informationen über die Annahme effizienter Märkte unmittelbar in die Preisbildung ein. Zum anderen wird das Ereignis in der Rechnungslegung erfasst und über das Normensystem im Jahresabschluss abgebildet. In Abhängigkeit der unterstellten funktionalen Beziehung wird die statistische Erklärungskraft geprüft, die eine (beliebige) Auswahl an Kennzahlen für den Marktwert aufweisen. Aus den in der Empirie erzielten Erkenntnissen können Rückschlüsse hinsichtlich einer Wertrelevanz gezogen werden, auf deren Basis dann die Erfüllung der Informationsfunktion der Rechnungslegung evaluiert werden kann. Wie bereits angedeutet, ergeben sich aus dem Grad der Zielerreichung Denkansätze für Standardsetter hinsichtlich einer (Weiter-) Entwicklung und Ausgestaltung der Rechnungslegung.[414]

[414] Siehe Kap. 3.4.4 auf S. 89 für eine Darstellung der Bedeutung der Wertrelevanzforschung für das Standardsetting.

3.4.2.3. Differenzierung zwischen Wertrelevanz und Bewertungsrelevanz

Zwischen *Wertrelevanz* und *Bewertungsrelevanz* besteht nicht nur terminologisch, sondern auch inhaltlich eine enge Verwandtschaft, wenngleich der Begriff Bewertungsrelevanz im internationalen und deutschen Schrifttum nicht unbedingt deckungsgleich verwendet wird.[415] So deutet der Gebrauch der Terminologie sowohl bei *Coenenberg* als auch *Möller/Hüfner* eher darauf hin, dass i. d. R. von Bewertungsrelevanz gesprochen wird, wenn in der einschlägigen internationalen Literatur, beispielhaft sind hier *Barth*, *Beaver* oder auch *Ohlson*, Wertrelevanz bzw. Value Relevance verwendet wird.[416]

Implizit lässt sich das Begriffsverständnis aber auch in die Richtung interpretieren, dass *Coenenberg* wie auch *Möller/Hüfner* eine restriktivere Annahme hinsichtlich der Art der unterstellten funktionalen Beziehung zwischen den operationalisierten Messgrößen und dem Marktwert treffen. Während Wertrelevanz prinzipiell einen beliebigen funktionalen Zusammenhang zulässt, der einzig die Prämisse einer Nichttrivialität zu erfüllen hat, suggeriert Bewertungsrelevanz hier eine deutlich stärkere Restriktion, wenn die angenommene Beziehung einem theoretisch fundierten Bewertungsmodell entspricht. Wird dieses terminologische Verständnis zugrunde gelegt, lässt sich demzufolge festhalten, dass eine Bewertungsrelevanzstudie in diesem Aspekt weitergeht und die funktionale Beziehung durch ein Bewertungsmodell ersetzt, welches als richtig angesehen wird.[417] Zwar sind Bewertungsrelevanzstudien durch diese zusätzliche Annahme spezieller, aber eindeutig auch eine Teilmenge von Untersuchungen zur Wertrelevanz.

Es ist weiterhin wichtig anzumerken, dass trotz der offensichtlichen begrifflichen Nähe zu Unternehmensbewertung weder Wertrelevanz noch Bewertungsrelevanz darauf abzielen oder darauf ausgerichtet sind, eine Bewertung einzelner Unternehmen oder Wertpapiere vorzunehmen. Es wird vielmehr ein ähnlicher Modellrahmen eingesetzt, während Untersuchungsrichtung und fragestellung grundlegend divergieren. Bei der Interpretation der Ergebnisse wird eine ganzheitlich Perspektive eingenommen, so dass es nicht möglich ist, Rückschlüsse für den Wert eines einzelnen Unternehmens aus den statistischen Resultaten einer Wertrelevanzstudie zu ziehen.

Auch in der internationalen Literatur existiert ein Konzept der Bewertungsrelevanz (Valuation Relevance). Wie bereits angedeutet wird das Begriffsverständnis in den einschlägigen Beiträgen und speziell bei *Lo/Lys* (2000b) aber abweichend zu *Coenenberg* und *Möller/Hüfner* definiert. *Lo/Lys* setzten sich dezidiert mit einer formalen Definition und Unterscheidung der Konzepte von Informationsgehalt,

---

415 Siehe Kap. 3.3.3.3 auf S. 72 für einen Überblick über Studien zur Bewertungsrelevanz in der deutschen Literatur und speziell Fn. 362 auf S. 73.

416 Siehe *Coenenberg* (2003), S. 1209 f. und *Möller/Hüfner* (2002), S. 415ff. u. 430 ff. ausführlich zu Bewertungsrelevanz.

417 Die hinsichtlich der Bewertungsfunktion getroffene Annahme wirkt sich auf die in Gl. (3.2) eingeführte Fehlerkomponente η aus. Da der Marktwert jetzt per definitionem ausschließlich durch die untersuchten Variablen determiniert und die zugrunde gelegte Beziehung als richtig angenommen wird, beinhaltet diese folgerichtig keinen systematischen Anteil mehr, anders als noch bei der Wertrelevanz. Siehe hierzu auch Fn. 408 auf S. 82.

Wertrelevanz und Bewertungsrelevanz auseinander.[418] Dort wird der Schwerpunkt einer Bewertungsrelevanz zwar ähnlich gesetzt und ebenfalls eine Relation von Marktwerten und Rechnungslegungsdaten unterstellt, hinsichtlich der funktionalen Beziehung beider Komponenten wird aber auf einen unterschiedlichen inhaltlichen Aspekt abgestellt.

Dieser offenbart sich u. a. schon bei einer semantischen Betrachtung. So suggeriert der Begriff Bewertung einen Prozess, an dessen Ende die Ermittlung eines Wertes steht, während der Terminus Wert eine rein quantitative Ausrichtung besitzt.[419] Wird die von *Lo/Lys* vorgebrachte Interpretation zugrunde gelegt, zielen Studien zur Bewertungsrelevanz verstärkt auf eine Entscheidungswirkung der betrachteten Variablen ab. Beide Methoden beziehen demnach Markterwartungen über den Verlauf von Preisen oder den Stand von Informationsmengen in die Modellierung ein, während beide Aspekte bei Wertrelevanzstudien ausgeklammert werden.

Die Ausführungen zeigen, dass Wertrelevanz einerseits ein weitläufiges Feld umschließt und weniger restriktive Annahmen trifft als Bewertungsrelevanz, so dass diese als Spezialfall von Wertrelevanz gewertet werden kann. Anderseits könnte der Begriff aber auch ein anders ausgerichtetes Forschungsvorhaben kennzeichnen. Um missverständliche Eindrücke zu vermeiden, wird daher im weiteren Verlauf auf das internationale Verständnis der Bezeichnung Wertrelevanz zurückgegriffen, da dieses inhaltlich wie konzeptionell deutlich weiter gefasst ist. Zudem trifft die durch den Bewertungsrelevanzbegriff suggerierte Prozesskomponente einer *Be*wertung nicht den Kern des Forschungsmodells dieser Arbeit. Erklärtes Ziel einer Wertrelevanzstudie ist es gerade nicht, einen Wert zu ermitteln, sondern vielmehr einzelne Komponenten auf Erklärungsgehalt für einen Wert zu überprüfen.[420]

3.4.3. Typologie des Untersuchungsdesigns von Wertrelevanzstudien

Dem Wertrelevanzverständnis dieser Arbeit folgend, wird einer getesteten Kennzahl genau dann Wertrelevanz zugeschrieben, wenn ein statistisch signifikanter Erklärungsgehalt für den Marktwert nachweisbar ist. Methodisch kommen Regressionsmodelle zur Anwendung, deren Schätzergebnisse Aufschluss über den Zusammenhang der getesteten Kennzahlen mit dem Marktwert geben. Richtungsweisend sind hier Koeffizienten und Bestimmtheitsmaß.

In Abhängigkeit von Motivation und Ausrichtung der untersuchten Forschungsfrage können Studien zur Wertrelevanz insgesamt drei unterschiedlichen Typen zugeordnet werden.[421] Die Einteilung trägt zur besseren Eingrenzung und einem

---

418 Der Unterschied wird bei einem Beispiel schnell deutlich. So klassifizieren *Lo/Lys* den Ansatz von *Beaver* (1968) als Informationsgehalts- und die von *Ball/Brown* (1968) als Bewertungsrelevanzstudie. Vgl. *Lo/Lys* (2000b), S. 4 f. Nach dem Verständnis von *Coenenberg* wie auch *Möller/Hüfner* sind beide Studien jedoch der Entscheidungsrelevanz zuzurechnen.

419 Vgl. *Lo/Lys* (2000b), S. 5.

420 Vgl. *Barth/Beaver/Landsman* (2001), S. 90.

421 Vgl. *Beaver* (2002), S. 462.

erweiterten Verständnis des Konzepts bei, ist aber nicht frei von Überschneidungen. Der inhaltliche Kern lässt sich entsprechend auf die folgenden drei Ansätze reduzieren:

- Relative Assoziationsstudie[422]
- Inkrementelle Assoziationsstudie[423]
- Marginale Informationsgehaltsstudie[424]

Holthausen / Watts identifizierten im Zeitraum von 1990 bis 2000 insgesamt 62 in einschlägigen Zeitschriften publizierte Artikel im Bereich der Wertrelevanzforschung.[425] Von diesen entfallen etwa 89 % auf eine oder beide der erstgenannten Kategorien.[426] So stellen diese Ansätze und die korrespondierenden Fragestellungen den inhaltlichen Schwerpunkt im Bereich der Wertrelevanzforschung dar. Aufgrund des komplementären Charakters dieser Forschungsfragen ist eine Zuordnung aber oft nicht oder nicht eindeutig zu leisten.[427] Die vorliegende Arbeit vereint Aspekte der beiden erst genannten Felder auf sich, während der inkrementelle Ansatz stärker ausgeprägt ist.

Der dritte Bereich hebt sich deutlich von den beiden anderen ab und stellt einen Randbereich der Wertrelevanzforschung dar.[428] *Holthausen / Watts* identifizieren lediglich sieben Studien im Zeitraum von 1990 bis 2000, die hier einzuordnen sind.[429] Insgesamt besteht eine große Nähe zum Konzept der Entscheidungsrelevanz, weshalb auf weitere Ausführungen zu diesem Ansatz verzichtet wird.

3.4.3.1. Relative Assoziationsstudie

Relative Assoziationsstudien stellen darauf ab, die Wertrelevanz alternativer Rechnungslegungsnormen vergleichend zu analysieren.[430] Die Fragestellung ist z. B. interessant, wenn seitens des Standardsetters Bilanzierungswahlrechte vorgegeben werden und zwischen der Abbildung eines wirtschaftlichen Sachverhaltes mit sich gegenseitig ausschließenden Standards entschieden werden muss.[431]

---

422 Relative Association Study.

423 Incremental Association Study.

424 Marginal Information Content Study.

425 Eine eigene Erhebung der Publikationshäufigkeit ergibt für renommierte Journals des Social Science Citation Index (SSCI) und den Zeitraum von 1995 bis einschließlich September 2004 insgesamt 105 Papiere, die den Begriff *Value Relevance* entweder unmittelbar im Titel selbst oder aber in den Schlüsselwörtern aufweisen. Vgl. Abb. F.2 auf S. 418.

426 Vgl. *Holthausen / Watts* (2001), S. 6.

427 Vgl. *Holthausen / Watts* (2001), S. 5.

428 Methodisch kommt zudem eine Ereignisstudie zum Tragen, was für Wertrelevanzstudien unüblich ist. Inhaltlich gehen marginale Informationsgehaltsstudien der Frage nach, ob eine betrachtete Größe zum Zeitpunkt ihrer Publikation das Informationsset der Investoren erweitert, also einen Neuigkeitsgehalt aufweist. Vgl. *Holthausen / Watts* (2001), S. 6.

429 Siehe *Biddle / Seow / Siegel* (1995) zur Unterscheidung zwischen relativem und inkrementellem Informationsgehalt sowie der Art der Modellierung.

430 Vgl. *Biddle / Seow / Siegel* (1995), S. 3.

431 Vgl. *Biddle / Seow / Siegel* (1995), S. 2.

In diesem Kontext kann ermittelt werden, inwiefern sich Kennzahlen aus der Rechnungslegung in ihrem Einfluss auf die Marktbepreisung unterscheiden. Beispielhaft können hier unterschiedliche Gewinnkomponenten angeführt werden, deren Wertrelevanz auf Basis des Bestimmtheitsmaßes verglichen werden kann.[432] Die Wertrelevanz unterschiedlicher Rechnungslegungssysteme kann aber prinzipiell genauso evaluiert werden wie die alternativer Standards innerhalb eines Systems.[433]

Insbesondere ersteres Vorgehen erweist sich aus der Sicht von Standardsettern als bedeutsam, weil die Erkenntnisse als Denkanstoß und Entscheidungshilfe für eine Um- bzw. Neugestaltung existierender Standards herangezogen werden können. Aber auch für die Rechnungslegenden selbst ergeben sich Hinweise, da die Ergebnisse den Einfluss einer Entscheidung auf Marktwerte anzeigen und somit die Sicht einer wichtigen Interessengruppe wiedergeben.

Methodisch wird auf Long-Horizon-Studien zurückgegriffen und es werden mehrere Regressionsmodelle geschätzt. In diesem Zusammenhang werden Unterschiede im Bestimmtheitsmaß gemessen und einem signifikant höheren Wert entsprechend eine höhere Wertrelevanz zugeschrieben.[434] Insgesamt entfallen etwa 24% der von *Holthausen / Watts* identifizierten Artikel in diesen Bereich.[435]

3.4.3.2. Inkrementelle Assoziationsstudie

Mit dem Ansatz einer inkrementellen Assoziationsstudie wird üblicherweise ergründet, ob eine Messgröße generell in die Marktpreisbildung einfließt. Ziel ist die Ermittlung der Erklärungskraft, die eine Messgröße zusätzlich für den Marktwert besitzt.[436]

Fragestellungen dieser Art sind in der Literatur weit verbreitet.[437] Es kann beispielsweise der Informationsgehalt einer Cashflowgröße über den einer Gewinngröße hinaus bestimmt werden.[438] Mit dem Ansatz kann aber auch geprüft werden, ob über die Rechnungslegung hinausgehende alternative Leistungskennzahlen wertrelevant sind, wie es in dieser Studie praktiziert wird.

Methodisch wird auf Long-Horizon-Studien zurückgegriffen und das Ergebnis der Regressionsmodelle eingehend analysiert. Bei einer Validierung der Erklärungskraft ist primär der Regressionskoeffizient der analysierten Variablen maßgeb-

---

432 Vgl. *Beaver* (2002), S. 462.

433 Vgl. *Holthausen / Watts* (2001), S. 5.

434 Vgl. *Holthausen / Watts* (2001), S. 5 f. Der Vergleich von Regressionsmodellen anhand ihres Determinationskoeffizienten bedarf eines statistischen Tests, der die Signifikanz eines Unterschieds im Gegensatz zu einer lediglich zufälligen Abweichung nachweist. Siehe *Davidson / MacKinnon* (1981); *Vuong* (1989) oder auch *Biddle / Siegel* (1995) für eine ausführliche Darstellung einer entsprechenden Testumgebung.

435 Vgl. *Holthausen / Watts* (2001), S. 6.

436 Vgl. *Biddle / Seow / Siegel* (1995), S. 3.

437 *Holthausen / Watts* schreiben ca. 85 % der identifizierten Wertrelevanzstudien diesem Bereich zu, d. h., 53 Studien gehen zumindest einem Aspekt nach, der dort anzusiedeln ist. Vgl. *Holthausen / Watts* (2001), S. 6.

438 Vgl. *Biddle / Seow / Siegel* (1995), S. 2.

lich.[439] Signifikanzniveau und Vorzeichen des Koeffizienten geben Aufschluss über eine Wertrelevanz und bestimmen die Richtung des Zusammenhangs.[440]

Die inkrementelle Ausrichtung erfordert ein Grundmodell, das um die zu prüfenden Kennzahlen erweitert wird.[441] Im Rahmen dieser Studie wird diese Anforderung durch das *Feltham-Ohlson*-Modell (1995) erfüllt. In diesem Kontext wird eine auf die Bestandteile aus der Rechnungslegung reduzierte Spezifikation als Grundmodell definiert und nachfolgend durch die zu testenden Informationsvariablen ergänzt. Die zu prüfenden Messgrößen werden sukzessive als zusätzliche unabhängige Variable in das Regressionsmodell integriert.[442]

3.4.4. Bedeutung der Wertrelevanzforschung für das Standardsetting

Die Aufgabe einer Fortentwicklung der regulierten Unternehmensberichterstattung und einer Ausgestaltung neuer Normen und Standards für die Rechnungslegung liegt im Kompetenzbereich von Gesetzgebern und Standardsettern. Begleitet wird die Rechnungslegungspraxis seit je her von einer (normativen) wissenschaftlichen Diskussion in der betriebswirtschaftlichen Forschung um das optimale Rechnungslegungssystem. Vor allem in der letzten Dekade hat auch die empirische Bilanzforschung zunehmend einen Beitrag zu dieser Debatte leisten können. In diesem Kontext eigenen sich aus Sicht des Standardsettings im Besonderen Studien zur Wertrelevanz für drei grundlegende Zwecke:

1. Als Richtschnur für die Evaluierung aktueller Rechnungslegungsvorschriften bezüglich des erreichten Informationsgehaltes,

2. zur Generierung von Anhaltspunkten für zukünftige Entwicklungen in der Rechnungslegung und

3. zur Beurteilung der Effektivität der eigenen Tätigkeit.

Neben Informationsgesichtspunkten werden aber auch andere Anforderungen an die Rechnungslegung gestellt, die in erster Linie politische Beweggründe oder Wohlstandsüberlegungen umfassen und die es aus Sicht der Standardsetter zu erfüllen gilt.[443] Vor diesem Hintergrund wird in der Wissenschaft die Bedeutung der empirischen Bilanzforschung im Allgemeinen und der Wertrelevanzforschung mit Blick auf das Standardsetting im Speziellen intensiv diskutiert. Die Debatte bezieht sich, dem Ursprung der Forschungsrichtung entsprechend, hauptsächlich

---

439 Gemessen wird dies durch einen signifikant von null abweichenden Koeffizienten in der operationalisierten Regressionsgleichung. Vgl. *Beaver* (2002), S. 462.

440 Vgl. *Holthausen/Watts* (2001), S. 6.

441 Vgl. *Biddle/Seow/Siegel* (1995), S. 2.

442 Zur Überprüfung der statistischen Signifikanz einer marginalen und über die der Komponenten des Grundmodells hinausgehenden Wertrelevanz kann beispielsweise der partielle F-Test angewandt werden. Siehe *Kvanli/Guynes/Pavur* (1996), S. 659 ff. oder auch *Gujarati* (1995), S. 250 ff. zur Konzeption des partiellen F-Tests.

443 Vgl. *Barth* (2000), S. 9 und *Barth/Beaver/Landsman* (2001), S. 88.

auf den Kontext des US-amerikanischen Rechnungslegungsumfeldes.[444] Zusammenfassend kann der Rolle der Wissenschaft im Standardsettingprozess unter bestimmten Bedingungen ein nutzbringender Beitrag zugeschrieben werden.[445]

Eine Übertragbarkeit der Argumentation auf Deutschland und die hiesigen Rahmenbedingungen und Kontextfaktoren erscheint auf einer aggregierten Ebene vor allem aus zwei Gründen gegeben:[446] Erstens steht der (handelsrechtliche) Konzernabschluss im Mittelpunkt der Betrachtungen, der ähnlich der US-amerikanischen Abschlüsse auf die Informationsfunktion ausgerichtet ist,[447] so dass dahingehend annähernd eine Zielkongruenz der Regelungen besteht.[448] Zweitens wird die Frage, ob sich Standardsetter generell in Ausübung ihrer Aufgaben an Ergebnissen empirischer Untersuchungen orientieren sollten, vorwiegend auf einer konzeptionellen Ebene erörtert. Die aus der angelsächsischen Accounting-Literatur vorgebrachten Argumente und Meinungen besitzen daher auch für den deutschen Raum Relevanz, so dass eine Übertragung bis zu einem gewissen Grad zulässig ist.

3.4.4.1. Forschungsmodellbasierte Nutzenüberlegungen

Der Fokus von Wertrelevanzstudien liegt auf der Messung eines statistischen Zusammenhangs zwischen einer Auswahl an unternehmensspezifischen Größen, wie z. B. in dieser Untersuchung Fundamentaldaten der Rechnungslegung und Patentinformationen, und dem an der Börse erzielten Marktwert eines Unternehmensanteiles.[449] Demzufolge besteht das Ziel der Untersuchung darin, über eine empirische Bestimmung und Validierung der Erklärungskraft einzelner Messgrößen für den Marktwert Rückschlüsse für eine Evaluierung des Informationsgehaltes der Rechnungslegung zu generieren.

Wird in diesem Kontext weiter die Erfüllung der Informationsfunktion als primäres Ziel der Rechnungslegung angesehen, so stellt die Wertrelevanzforschung ein passendes Instrument zur Evaluierung des Grades der Zielerreichung bzw.

---

444 Im Fokus steht hier die Beschreibung der Bedeutung akademischer Forschung für das Standardsetting auf einer konzeptionellen Ebene. Auf eine ausführliche Darlegung der in der Wissenschaft geführten Diskussion wird verzichtet und dafür auf die einschlägige Literatur verwiesen. Einen detaillierten Überblick geben u. a. *Barth* (2000); *Barth/Beaver/Landsman* (2001); *Brown/Howieson* (1998); *Holthausen/Watts* (2001); *Schipper* (1994) oder auch *Swieringa* (1989) zur Bedeutung der empirischen Kapitalmarktforschung für das Standardsetting und *Beresford/Johnson* (1995) oder auch *Tandy/Wilburn* (1996) zur Beziehung von Wissenschaft und FASB.

445 Diese Sicht findet beispielsweise bei *Barth* (2000); *Barth/Beaver/Landsman* (2001); *Brown/Howieson* (1998); *Leisenring/Johnson* (1994) oder auch *Schipper* (1994) Unterstützung.

446 Siehe *Pellens* (1999), S. 108 f. u. 397 ff. oder auch *Baetge/Krumnow/Noelle* (2001) zum Standardsettingprozess im internationalen Rechnungslegungsumfeld.

447 Siehe Kap. 2.1.2 auf S. 16 ausführlich zur Informationsfunktion im Konzernabschluss.

448 Eine verstärkt an den Bedürfnissen von Eigenkapitalgebern orientierte Bereitstellung von Informationen im Rahmen der Unternehmensberichterstattung hat auch im deutschen Rechnungslegungsumfeld inzwischen eine größere Bedeutung erlangt und wird mitunter sogar gleichwertig neben dem Gläubigerschutzgedanken gesehen, der primär auf Fremdkapitalgeber ausgerichtet ist. Vgl. *Havermann* (1994), S. 662. Damit wird auch die Stellung kapitalmarktorientierter Investoren als eine Adressatengruppe der Rechnungslegung stetig aufgewertet. Vgl. *Kubin* (1998), S. 547.

449 Siehe Kap. 3.4.2.2 auf S. 80 ausführlich zur Konzeption des Untersuchungsmodells.

der Eignung der Rechnungslegung als Informationsinstrument dar.[450] Damit wird im Prinzip ein Kriterium bereitgestellt, anhand dessen die Qualität von einzelnen Rechnungslegungsstandards oder ganzen Normensystemen objektiviert und vergleichend analysiert werden kann.

Die Konzeption des Untersuchungsmodells erlaubt also grundsätzlich die Ableitung von Erkenntnissen hinsichtlich einer Entscheidungsnützlichkeit und Relevanz von Rechnungslegungsinformationen für kapitalmarktorientierte Anleger bzw., allgemeiner formuliert, externe Anspruchsgruppen eines Unternehmens. Damit begründet sich eine unmittelbare Bedeutung der Wertrelevanzforschung auch aus Sicht der Standardsetter.[451] Unterstrichen wird diese Tatsache u. a. durch die Zielsetzung einzelner Studien, die explizit eine potenzielle Bedeutung für das Standardsetting als Ausgangspunkt für die Forschung herausstellen.[452] Ferner wird der Entwicklung des *Ohlson*- und *Feltham-Ohlson*-Modells (1995) ein initiierender Charakter für in diese Richtung motivierte Forschungsbeiträge zugeschrieben. So plädiert in diesem Zusammenhang 1997 das Coopers & Lybrand Accounting Committee dafür, dass Studien zur Evaluierung von Rechnungslegungsnormen methodisch idealerweise auf den Modellrahmen von *Ohlson* (1995) bzw. *Feltham/Ohlson* (1995) zurückgreifen sollten.[453]

Obwohl Wertrelevanz weder als eine notwendige noch als eine hinreichende Bedingung für existierende oder zukünftige Rechnungslegungsstandards angesehen werden kann, mindert dies keineswegs die Bedeutung der erzielten Erkenntnisse für den Entscheidungsprozess der Standardsetter.[454] D. h., aus der Wertrelevanz einer Messgröße alleine erwächst noch keine Legitimation, diese auch in die Berichterstattung zu integrieren (hinreichende Bedingung), genauso wenig wie Wertrelevanz zwingend erforderlich ist, um eine Messgröße in die Publizitätsbestimmungen aufzunehmen (notwendige Bedingung). Vielmehr wird deutlich, dass die empirische Forschung lediglich einen Teilaspekt herausgreift und sich auf dessen Operationalisierung und nicht dessen Determinierung konzentriert.[455] Einem weiterführenden Anspruch, auch normativ geprägte Fragestellung der Standardsetter zu beantworten, kann hingegen nicht entsprochen werden und wird seitens der Forschung auch nicht angestrebt.[456]

---

450 Abb. 3.5 auf S. 84 zeigt den Standardsetter als Bestandteil des Untersuchungsmodells, da Einzelregelungen der Rechnungslegung auch Inputgrößen für das Forschungsmodell sind. Daraus leitet sich dann im Umkehrschluss eine potenzielle Relevanz der Ergebnisse für das Standardsetting ab.

451 Trotz offensichtlicher Nähe und supplementären Charakters der Wertrelevanzforschung zum Aufgaben- und Kompetenzbereich der Standardsetter wird in der Literatur über deren Bedeutung für das Standardsetting mitunter kontrovers diskutiert. Im Besonderen sind hier die Arbeiten von *Holthausen/Watts* (2001) sowie *Barth/Beaver/Landsman* (2001) zu nennen. Während Erstere eine eher kritische Haltung einnehmen, betonen Letztere nachdrücklich eine wesentliche Bedeutung der Erkenntnisse des Untersuchungskonzeptes für das Standardsetting.

452 Von 62 Papieren, die 1990 bis einschließlich 2000 in anerkannten Journals erschienen sind, nehmen insgesamt 54, also ca. 87 %, explizit Bezug auf das Standardsetting, während dies für die verbleibenden acht Studien zumindest implizit der Fall ist. Vgl. *Holthausen/Watts* (2001), S. 10.

453 Vgl. *Hand/Landsman* (1998), S. 2.

454 Vgl. *Barth/Beaver/Landsman* (2001), S. 88.

455 Vgl. *Barth/Beaver/Landsman* (2001), S. 80.

456 Vgl. *Schipper* (1994), S. 63.

Zurückzuführen ist dies u. a. darauf, dass Eigenkapitalgeber nicht die einzigen Adressaten der Rechnungslegung sind und normengebende Institutionen aus diesem Grund zusätzlich auch andere, erweiterte Maßstäbe bei der Ausgestaltung der Regelungen anlegen müssen.[457] So kann Wertrelevanz hier lediglich ein zusätzliches Kriterium in einem weitergefassten Katalog verkörpern und eine Richtschnur vorgeben, die als Hilfestellung in dieser einen Dimension herangezogen werden kann.[458] Daher kann die Forschung auch keine konkreten Handlungsempfehlungen aussprechen, sondern lediglich Anregungen und Einblicke in Zusammenhänge gewähren.[459]

Um aus den empirischen Ergebnissen von Untersuchungen zur Wertrelevanz valide Schlussfolgerungen mit Blick auf Rechnungslegung und Standardsetting ziehen zu können, bedarf es eines entsprechenden theoretischen Bezugsrahmens. Als theoretischer Bezugspunkt wird die Informationsfunktion der Rechnungslegung gewählt; zudem steht seit *Ohlson* und *Feltham/Ohlson* ein anerkanntes Modell zur Verfügung, mit dessen Hilfe Schlüsselaspekte operationalisiert werden können.[460] Unterschieden werden zwei theoretische Konstrukte, vor deren Hintergrund ein Nutzen aus Sicht der Standardsetter allgemein als gegeben angenommen wird: Zum einen wird unterstellt, dass normengebende Institutionen ein gesteigertes Interesse an einer komparativen Analyse alternativer Rechnungslegungsstandards haben.[461] Wird diese Perspektive verfolgt, wird genau die getestete Größe als überlegen angesehen, die einen stärkeren Zusammenhang mit oder eine höhere Erklärungskraft für den Marktwert aufweist. Zum anderen wird dem Standardsetter ein Interesse daran zugeschrieben, Größen in die Unternehmensberichterstattung zu integrieren, denen aufgrund eines hohen Erklärungsgehaltes für den Marktwert Relevanz für die Fundamentalanalyse und Unternehmensbewertung zugeschrieben wird.[462]

3.4.4.2. Ansatzpunkte im Standardsettingprozess

Das grundsätzliche Interesse von Standardsettern gilt der Entwicklung und Gestaltung von Rechnungslegungsnormen unter Berücksichtigung der jeweiligen Zielvorgaben, wobei die Entwicklung konkreter Regelungen ein normatives Vorgehen erfordert.[463] Es spielen dabei Überlegungen eine Rolle, welche Größen überhaupt in die Berichterstattung aufgenommen werden und ob bestimmte Angaben in den Unternehmensrechnungen wie Bilanz oder Gewinn-und-Verlustrechnung selbst

457 Vgl. *Brown/Howieson* (1998), S. 6. Siehe weiterführend *Beaver* (1973) zu den Zielen des FASB und *Brown* (1990) zu wirtschaftlichen und sozialen Auswirkungen von Rechnungslegungsstandards.

458 Vgl. *Barth/Beaver/Landsman* (2001), S. 88.

459 Vgl. *Barth/Beaver/Landsman* (2001), S. 78 u. 88 und *Holthausen/Watts* (2001), S. 4.

460 Vgl. *Barth/Beaver/Landsman* (2001), S. 78.

461 Vgl. *Holthausen/Watts* (2001), S. 11.

462 Vgl. *Holthausen/Watts* (2001), S. 12. Relative respektive inkrementelle Assoziationsstudien korrespondieren mit den Ansätzen. Siehe Kap. 3.4.3 auf S. 86 für eine Darstellung der Untersuchungsformen in der Wertrelevanzforschung.

463 Diese Aussage spiegelt sich in den Mission Statements des internationalen und nationalen Standardsetters wider, respektive *FASB* (2004) und *DRSC* (2004).

erfasst bzw. ausgewiesen (recognized) oder ergänzend im Anhang (oder Lagebericht) offengelegt (disclosed) werden sollen.[464] Empirische Erkenntnisse aus der Wertrelevanzforschung können vor allem bei ersterer Fragestellung unterstützend herangezogen werden, da Einblicke in die Relevanz von Größen aus der Sicht von Eigenkapitalgebern und damit einer wichtigen Adressatengruppe gewährt werden.

Hier lässt sich leicht ein Bezug zur Themenstellung der vorliegenden Arbeit herstellen. Im Rahmen der empirischen Untersuchung werden Patentinformationen in Verbindung mit Daten der Rechnungslegung auf Wertrelevanz überprüft und ihr zusätzlicher Erklärungsgehalt für Marktwerte über den der Rechnungslegung hinaus gemessen. Der Nachweis einer Wertrelevanz kann für eine Auswahl der getesteten Faktoren eindeutig erbracht werden.[465] Damit sind Informationen aus Sicht kapitalmarktorientierter Investoren bedeutsam, die kein Bestandteil der regulierten Unternehmenspublizität sind und damit auch keinerlei Offenlegungspflichten unterliegen. Die empirisch validierten Erkenntnisse könnten sich daher im Hinblick auf die zur Fortentwicklung der Rechnungslegung geführte Diskussion als wertvoll für den Standardsetter erweisen. Der dokumentierte hohe Informationswert der Kennzahlen macht sie nämlich aufgrund der Informationsfunktion prinzipiell auch für die regulierte Berichterstattung interessant. So könnten auf dieser Basis konkrete Überlegungen zu einer ausgeweiteten Lage- oder Anhangberichterstattung bekräftigt oder sogar Vorschläge für eine eigenständige Technologieberichterstattung gestützt werden.

Eine generelle Schwierigkeit besteht nun darin, dass Standardsetter ex-ante-Entscheidungen treffen, während die empirische Forschung eine ex-post-Perspektive einnimmt.[466] Eine ex-ante-Ausrichtung der Wertrelevanzforschung kann nur dahingehend erfolgen, dass Faktoren identifiziert werden, die wertrelevant, aber zugleich nicht Bestandteil der regulierten Unternehmensberichterstattung sind, um dem Standardsetter so Ansätze für die Ausgestaltung zukünftiger Standards zu liefern.

Grundsätzlich bleibt daher festzuhalten, dass einige, vornehmlich durch normative Elemente geprägte Aspekte im Aufgabenbereich der Standardsetter nicht durch empirische Forschung komplementiert werden können, während sich Erkenntnisse, insbesondere der Wertrelevanzforschung, in anderen Bereichen als wertvolle Unterstützung erweisen können.[467]

In diesem Zusammenhang ist es hilfreich, den Prozess des Standardsetting auf drei wesentliche Phasen zu reduzieren.[468] Abb. 3.6 auf der nächsten Seite

---

464 Vgl. *Brown/Howieson* (1998), S. 8 oder auch *Schipper* (1994), S. 62 f.

465 Für eine ausführliche Diskussion der im Rahmen der empirischen Untersuchung erzielten Erkenntnisse siehe Kap. 7.3 auf S. 267.

466 Typischerweise beschäftigt sich die ex-ante-Sicht mit der Frage, wie sich die Berichterstattung unter einem bestimmten Standard verhält und welche Auswirkungen dessen Einführung auf die Adressaten nach sich ziehen würde. Die ex-post-Ausrichtung erlaubt wahlweise eine Überprüfung der Zielerreichung bzw. der Auswirkungen, die ein Standard auf den Kapitalmarkt besitzt, oder auch eine Evaluierung zweier alternativer Standards. Vgl. *Schipper* (1994), S. 62 f.

467 Vgl. *Barth/Beaver/Landsman* (2001), S. 80 oder auch *Schipper* (1994), S. 67.

468 Vgl. hierzu und im Folgenden *Schipper* (1994), S. 67.

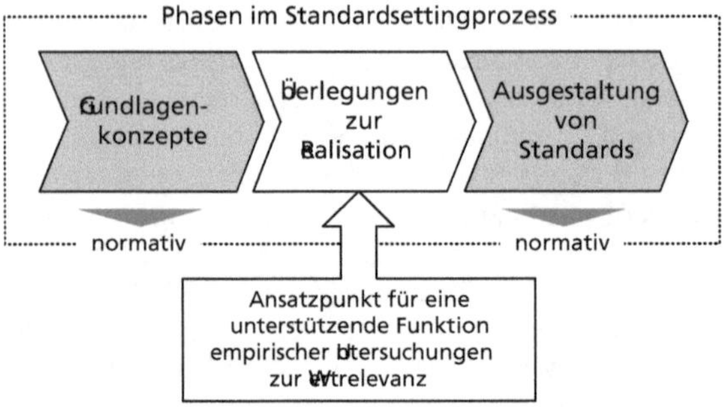

Quelle: Eigene Darstellung i.A.a. Schipper ([illegible] S. [illegible]

Abbildung 3.6.: Drei-Phasen-Modell Standardsetting

verdeutlicht diese Unterteilung. Die erste Phase betrifft die Ausarbeitung und Etablierung grundlegender Konzepte der Rechnungslegung.[469] In einer nächsten Stufe werden die etablierten Basiskonzepte auf realwirtschaftliche Sachverhalte übertragen und tiefschürfend hinsichtlich Anwendbarkeit und Auswirkungen im Unternehmenskontext, insbesondere auch unter Berücksichtigung der Adressaten der Rechnungslegung, hin evaluiert. Auf den Erkenntnissen der zweiten Stufe aufbauend, die zugleich ein Verbindungsglied zwischen den Grundsätzen und den Standards darstellt, erfolgt in einer dritten Phase die konkrete Ausgestaltung und Formulierung von Rechnungslegungsstandards unter Berücksichtigung des gültigen Kriterienkataloges.

In diesem Drei-Phasen-Modell stellt die Wertrelevanzforschung ein geeignetes Instrument zur Operationalisierung und empirischen Validierung der in den Grundsätzen und Zielvorgaben der Standardsetter festgeschriebenen Kriterien dar, dessen Erkenntnisse in der zweiten Stufe von Bedeutung sind.[470] Dort kommt ihnen dann eine unterstützende Funktion bei dem Verständnis der Zusammenhänge zwischen den Basiskonzepten und den Begebenheiten in der Empirie zu. Der geleistete Beitrag besteht in einer Überbrückung der Kluft zwischen Standardsetter und Adressaten bzw. Nutzer der Rechnungslegung.[471] Um dies zu gewährleisten, muss die Wissenschaft genau an der beschriebenen Stelle ansetzen und vor allem zeitnah Erkenntnisse liefern.[472] Explizit wird in diesem Zusammenhang auch zu einer verstärkten Teilnahme der akademischen Gemeinschaft aufgerufen.[473] In

[469] Beispielhaft können hier für das deutsche System der Rechnungslegung die Generalnorm oder die Grundsätze ordnungsmäßiger Buchführung (GoB) angeführt werden, während für den US-amerikanischen Raum das Conceptual Framework zu nennen wäre.

[470] Vgl. *Barth/Beaver/Landsman* (2001), S. 80.

[471] Vgl. *Jonas* (1998), S. 154.

[472] Vgl. *Jonas* (1998), S. 158.

[473] Siehe u. a. *Beresford* (1991); *Burton/Sack* (1990) oder auch *Wyatt* (1990).

jüngster Zeit hat die Beteiligung merklich zugenommen, wie eine aktuelle Studie belegt.[474]

[474] Vgl. *George* (2004), S. 54.

4. Forschungsmethodik und Hypothesenbildung zur Wertrelevanz von Rechnungslegungs- und Patentinformationen

Dieses Kapitel widmet sich der Darstellung der Forschungsmethodik und der Herleitung der Hypothesen zur Wertrelevanz von Rechnungslegungs- und Patentinformationen. Der Aufbau des Kapitels gliedert sich in vier Teile und wird in Abb. 4.1 auf der folgenden Seite verdeutlicht. Einleitend wird im ersten Kapitelteil auf einschlägige methodische Schwerpunkte und gebräuchliche Untersuchungsansätze in der kapitalmarktorientierten empirischen Bilanzforschung eingegangen.[475] Im zweiten Abschnitt wird der angewandte Modellrahmen von *Ohlson* (1995) und *Feltham/Ohlson* (1995) ausführlich beschrieben, bevor nachfolgend vertiefend auf die Spezifikation und ökonometrische Fundierung des implementierten Messmodells eingegangen wird. Im vierten Teil werden schließlich die Forschungshypothesen zur Wertrelevanz von Rechnungslegungs- und Patentinformationen abgeleitet und formuliert.

4.1. Methodische Grundlagen empirischer Bilanzforschung

4.1.1. Differenzierung der Forschungsansätze und Schwerpunkte

Im Bereich der wirkungs- und nutzenorientierten empirischen Bilanzforschung lassen sich nach *Coenenberg* (2003) und *Möller/Hüfner* (2002) Untersuchungen zur Prognose-, Entscheidungs- sowie Bewertungsrelevanz identifizieren.[476] Hinsichtlich der angewandten Methodik kommen im Wesentlichen drei unterschiedliche Ansätze zum Tragen.[477] Differenziert wird demnach zwischen den folgenden Forschungsansätzen:[478]

- Prognoseeignungsansatz

---

475 Der Fokus liegt hauptsächlich auf der deutschen Literatur, da eine methodische Einteilung in der US-amerikanischen Forschung nicht in gleicher Form üblich erscheint. Die methodischen Instrumente sind jedoch, anders als die Kategorisierung der Forschungsfelder, insbesondere für den empirischen Teil der kapitalmarktbasierten Forschung weitgehend deckungsgleich. Siehe *Rayn/Scapens/Theobald* (2002), S. 117 ff. für einen Überblick zur Methodik mit Fokus auf das US-amerikanische Schrifttum.

476 Siehe hierzu Kap. 3.3.3 auf S. 66.

477 Grundlage für die Unterscheidung bilden die Ausführungen bei *Coenenberg* (2003), S. 1189 ff. sowie *Möller/Hüfner* (2002), S. 423 ff.

478 Ähnlich den Unterschieden im zeitlichen Betrachtungswinkel der Relevanzbegriffe, ergeben sich auch bei den methodischen Ansätzen dahingehend Unterschiede. So nimmt der Prognoseeignungs- eine ex-ante-Sicht und der kapitalmarktorientierte Ansatz eine ex-post-Perspektive ein, während der verhaltenswissenschaftliche Ansatz eher einer zeitnahen Betrachtung entspricht.

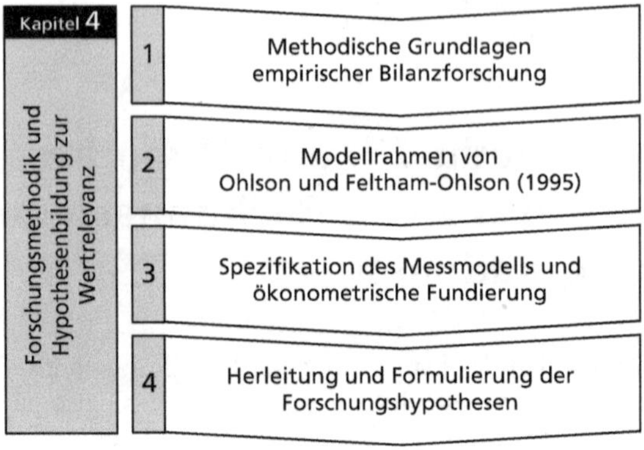

Abbildung 4.1.: Aufbau und Struktur des Kapitels

- Verhaltenswissenschaftlicher Ansatz
- Kapitalmarktorientierter Ansatz

Aufbauend auf den Beschreibungen zu inhaltlichen Kernbereichen der Forschung[479] erfolgt an dieser Stelle eine kurze Vorstellung der zur Beantwortung allgemein gebräuchlichen methodischen und Modellierungsansätze. Diese Studie wendet das Konzept der Wertrelevanz an, das den Bereich der Bewertungsrelevanz nach *Coenenberg* (2003) sowie *Möller/Hüfner* (2002) einschließt. Damit ist aus methodischer Sicht der kapitalmarktorientierte Untersuchungsansatz maßgeblich.[480] Analog wird im Folgenden der Schwerpunkt der Ausführungen gelegt und die einschlägige methodische Vorgehensweise des kapitalmarktorientierten Ansatzes ausführlich diskutiert.[481] Die verbleibenden, hier nicht unmittelbar relevanten methodischen Verfahren werden skizziert, um einen Überblick zu gewähren.

Abb. 4.2 auf der anderen Seite zeigt eine Neun-Felder-Matrix, die eine Zuordnung von Forschungsfragen und -ansätzen in diesem Themenbereich zeigt.[482] Darüber hinaus werden a. a. O. Anwendungsschwerpunkte der Vorgehensmodelle

479 Siehe Kap. 3.3.3 auf S. 66.

480 Das zentrale Untersuchungskonzept der Wertrelevanz wird in Kap. 3.4 auf S. 75 detailliert beschrieben, während in Kap. 4.2 auf S. 105 die Modellierung im Rahmen des *Ohlson*- und *Feltham-Ohlson*-Modells (1995) diskutiert wird.

481 Darauf aufbauend folgt in Kap. 4.3 auf S. 119 die Darstellung ökonometrischer Besonderheiten, die bei der Analyse der Beziehung von Kapitalmarkt- und Rechnungslegungsdaten auftreten und denen im angewandten Modellrahmen dieser Untersuchung Relevanz beigemessen wird.

482 Die Zuordnung einzelner empirischer Arbeiten in diese Matrix kann oft nicht zweifelsfrei und eindeutig erfolgen, da vermehrt unterschiedliche Elemente zu finden sind. Die Darstellung dient daher rein informativen Zwecken und veranschaulicht, dass sich die angesprochenen Ansätze nicht gleichermaßen bedeutsam für die Bearbeitung der vorgestellten Forschungsfragen zeigen. Es zeigt sich vielmehr, dass das einschlägige methodische Vorgehen in den betrachteten Problemstellungen divergiert.

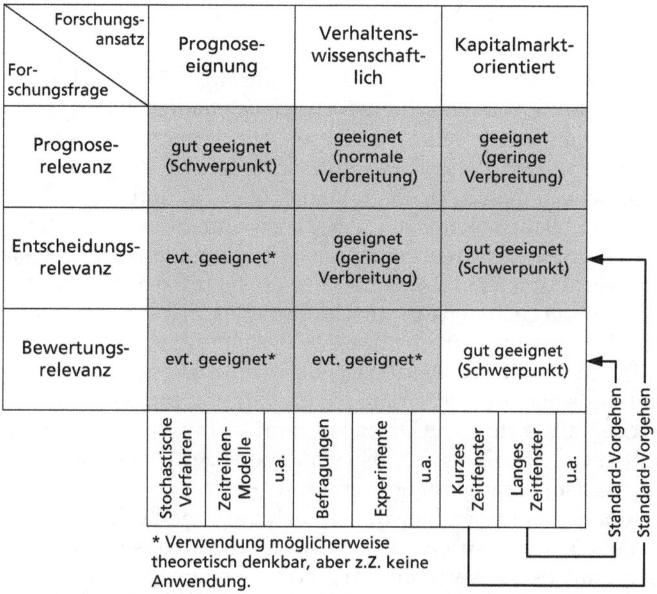

Quelle: Eigene Darstellung i.A.a. Coenenberg (2003) und Möller/Hüfner (2002)

Abbildung 4.2.: Forschungsfragen und methodische Ansätze in der empirischen Bilanzforschung

zur Beantwortung der Forschungsfragen hervorgehoben, wobei die Ausführungen im Wesentlichen auf *Coenenberg* (2003) sowie *Möller/Hüfner* (2002) zurückgehen.

4.1.2. Prognoseeignungsansatz

Der Prognoseeignungsansatz im Feld der empirischen Bilanzforschung findet hauptsächlich Anwendung zur Bestimmung der Vorhersagekraft von Rechnungslegungsdaten für spezifische Entwicklungen im Unternehmenskontext.[483] Die Entwicklungen betreffen zukünftige und aus Sicht des Unternehmens und seiner diversen Anspruchsgruppen relevante Ereignisse. Ein Nutzen der betrachteten Informationen aus Sicht der Adressaten der Rechnungslegung leitet sich dann indirekt ab, da von einem signifikanten Einfluss der Kenntnis der Prognoseergebnisse auf den Entscheidungsfindungsprozess und die güte ausgegangen wird. Primärer Zweck dieses Ansatzes ist, grundlegende Zusammenhänge publizierter Daten der Rechnungslegung mit wirtschaftlichen Sachverhalten aufzudecken, auf

483 Vgl. hierzu und im Folgenden *Coenenberg* (2003), S. 1190 sowie *Möller/Hüfner* (2002), S. 423 f.

deren Basis wertvolle Erkenntnisse für verschiedene Anspruchsgruppen generiert werden können.

Während eine allgemeine Betrachtung zukünftiger Entwicklungen eines Unternehmens durch die übergeordnete Sichtweise einen Ausgangspunkt für eine Unterteilung darstellt, verzweigt sich dieser Ansatz in zwei Ebenen, die sich in Aggregationsniveau und Perspektive unterscheiden. So differenziert *Coenenberg* zwei wirtschaftliche Tatbestände, deren Eintritt oder zukünftiger Verlauf a priori in Abhängigkeit von historischen Daten der Unternehmensberichterstattung gesetzt werden. Eine Prognose der Unternehmensentwicklung auf der Ebene konkreter Ergebnisgrößen wie beispielsweise Gewinn, Umsatz oder Cashflow grenzt sich ab von einer Vorhersage unternehmensspezifischer Ereignisse aus ganzheitlicher Sicht.[484] Beispielhaft wäre hier etwa eine frühzeitige Erkennung von Unternehmenskrisen anzuführen.[485] Im ersten Fall werden folglich Entwicklungen bedeutsamer Ergebnisgrößen auf Basis historischer Verläufe in die Zukunft prognostiziert, während im zweiten Fall ebenfalls historische Daten zur a-priori-Evaluierung von Eintrittswahrscheinlichkeiten eines Ereignisses (Insolvenz) oder der Diagnose eines Zustandes (Unternehmenskrise) herangezogen werden.

Im Wesentlichen kommen hier daher auch zwei methodische Verfahren zum Einsatz, zum einen stochastische, also wahrscheinlichkeitsbasierte Modelle, und zum anderen statistische Verfahren der Zeitreihenanalyse. Zur ersten Gruppe gehören multivariate Techniken wie beispielsweise die Diskriminanz-, Cluster-, Faktoren- oder auch Künstliche Neuronale Netzanalyse, während unter die Rubrik der Zeitreihenmodelle beispielsweise die Extrapolation oder die Trendanalyse fallen.[486]

4.1.3. Verhaltenswissenschaftlicher Forschungsansatz

Der verhaltenswissenschaftliche oder informationsökonomische Ansatz der allgemeinen Betriebswirtschaftslehre findet auch in den unterschiedlichen Feldern der wirkungsorientierten empirischen Bilanzforschung Anwendung. Dort wird er bei der Analyse von Problemstellungen zur Prognose-, Entscheidungs- wie auch Bewertungsrelevanz eingesetzt.[487]

Im englischsprachigen Raum wurde in diesem Zusammenhang der Begriff des Behavioral Accounting geprägt, unter dem diese Forschungsrichtung im einschlägigen Schrifttum firmiert. Im Fokus steht die Erforschung des Entscheidungsverhaltens der am Rechnungslegungsprozess mittel- und unmittelbar beteiligten Gruppen. Dies bezieht ausdrücklich sowohl Adressaten als auch Erzeuger der Rechnungs-

---

484 Vgl. hierzu und im Folgenden *Coenenberg* (2003), S. 1190 sowie *Möller/Hüfner* (2002), S. 424.

485 Unternehmenskrisen lassen sich häufig bereits frühzeitig anhand charakteristischer Ausprägungen einer Auswahl an Bilanzkennzahlen diagnostizieren.

486 Vgl. *Möller/Hüfner* (2002), S. 425. Da die genannten Verfahren im methodischen Kontext dieser Arbeit nicht relevant sind, werden sie lediglich der Vollständigkeit halber aufgeführt und auf eine detailliertere Darstellung unter Verweis auf das einschlägige Schrifttum verzichtet.

487 Vgl. hierzu und den folgenden Ausführungen zum verhaltenswissenschaftlichen Ansatz *Coenenberg* (2003), S. 1189.

legungsinformationen ein. Ausgangspunkt für weiterführende Analysen bilden hierbei hauptsächlich direkte Beobachtungen des spezifischen Entscheidungsverhaltens der beteiligten Akteure. Betrachtet werden an die Rechnungslegung und den damit verbundenen Informationsprozess gerichtete Erwartungen, die realen Begebenheiten gegenübergestellt werden. Gleichermaßen sind Abhängigkeiten wie z. B. Zusammenhänge zwischen Sachverhalten der Rechnungslegung und dem rechnungslegungsspezifischen Verhalten unmittelbar beteiligter Akteure Bestandteil der Untersuchungen.

Zielsetzung des Behavioral Accounting ist es demnach, über einen Erkenntniszugewinn zur komplexen Wechselwirkung von Rechnungslegung und Verhaltensweise der beteiligten Akteure in entscheidungsrelevanten Situationen eine Effizienzsteigerung der Rechnungslegung als Kommunikationsinstrument und Informationsträger zu erreichen. Um die angesprochenen Zusammenhänge zu analysieren und aufzudecken, wird überwiegend die Methodik von Befragungen oder aber Experimenten eingesetzt. Demnach untergliedert sich der beschriebene verhaltenswissenschaftliche Forschungsansatz weiter in diese beiden Hauptstränge. Bei Befragungen kommen persönliche Interviews und Fragebögen in Betracht, während Experimente in Labor- oder anderen Umgebungen durchgeführt werden können.[488]

4.1.4. Kapitalmarktorientierter Forschungsansatz

Der kapitalmarktorientierte Ansatz nimmt in der empirischen Bilanzforschung eine herausragende Stellung ein.[489] Insbesondere im US-amerikanischen Schrifttum stellt dieser Ansatz einen Schwerpunktbereich dar. Die weite Verbreitung geht zumindest partiell auf eine im Vergleich zu Europa weiter entwickelte Aktienkultur im angelsächsischen Umfeld zurück. So zeigt sich die US-amerikanische Wirtschaft deutlich stärker durch den Kapitalmarkt geprägt, als dies zzt. noch in Europa der Fall ist. Daher kommt börsennotierten Unternehmen im Allgemeinen ein gesteigertes Interesse und der Unternehmensberichterstattung im Speziellen ein höherer Stellenwert in der Wissenschaft zu.[490] Im Zuge einer Angleichung der hiesigen Aktienmarktkultur an die angelsächsische erlangt die kapitalmarktorientierte empirische Bilanzforschung mit einer wachsenden Bedeutung der Wertpapierbörsen auch hierzulande ein zunehmend stärkeres Gewicht.[491]

Der Ansatz zeigt sich in der wissenschaftlichen Diskussion eng verwurzelt mit Theorien zur Informationsverabeitung am Kapitalmarkt und im Besonderen der

---

488 Da die genannten Verfahren im methodischen Kontext dieser Arbeit nicht relevant sind, werden sie lediglich der Vollständigkeit halber aufgeführt und es wird auf eine detailliertere Darstellung unter Verweis auf das einschlägige Schrifttum verzichtet.

489 Dies manifestiert sich vor allem durch eine Vielzahl empirischer Arbeiten, die auf diesen Ansatz zurückgreifen. Ein umfangreicher Überblick über die bilanzorientierte empirische Kapitalmarktforschung findet sich u. a. bei *Kothari* (2001). Seit den frühen richtungsweisenden Arbeiten von *Ball/Brown* (1968) sowie *Beaver* (1968) oder auch *Fama* et al. (1969) sind insgesamt über 1 000 Beiträge in der einschlägigen Literatur erschienen. Vgl. *Kothari* (2001), S. 106.

490 Vgl. hierzu und im Folgenden *Coenenberg* (2003), S. 1190.

491 Vgl. *Coenenberg* (2003), S. 1191.

Markteffizienzhypothese.[492] Üblicherweise wird im Kontext der bilanzorientierten empirischen Kapitalmarktforschung von semi-strenger Markteffizienz ausgegangen. Zudem basiert der Forschungsansatz auf der impliziten Annahme einer theoretischen Verbindung zwischen Fundamentaldaten der Rechnungslegung auf der einen und am Markt erzielten Preisen auf der anderen Seite.[493] Methodisch werden zwei Vorgehensweisen unterschieden, die in der Länge des betrachteten Zeitfensters und ihrem Anwendungsschwerpunkt differieren.[494]

Die Länge des Zeitfensters ist ein wesentlicher Parameter des Untersuchungsdesigns und wird maßgeblich durch die Forschungsfrage beeinflusst. So erlauben Short-Window-Studien, die unmittelbare Wirkung einer Bekanntgabe von Rechnungslegungsdaten auf den Entscheidungsprozess eines Investors innerhalb eines kleinen Zeithorizontes um den Veröffentlichungszeitpunkt herum zu erfassen.[495] Damit wird eine direkte Verbindung zwischen Informationsgehalt und kurzfristiger Entscheidungsrelevanz hergestellt. Long-Window-Studien hingegen betrachten eine langfristige Beziehung von Fundamentaldaten der Rechnungslegung und dem an der Börse erzielten Unternehmenswert. Damit werden Überlegungen zur Unternehmensbewertung im Bereich der Finanzierungs- und Kapitalmarkttheorie aufgegriffen, die einen langfristigen Zusammenhang von Fundamentaldaten der Rechnungslegung und dem Unternehmenswert aufstellen.

4.1.4.1. Short-Window-Studien

Studien mit kurzem Zeithorizont werden auch als Ereignisstudien bezeichnet.[496] Kernbereich der Anwendung ist die Untersuchung von Kapitalmarktreaktionen, die in direktem Zusammenhang mit einem bestimmten Ereignis stehen und innerhalb eines kurzen Intervalls um dessen Eintrittszeitpunkt auftreten.[497] Zielsetzung ist die Bestimmung der Entscheidungsrelevanz eines betrachteten Ereignisses, das im Kontext der empirischen Bilanzforschung häufig als erstmalige Veröffentlichung von Informationen aus der Rechnungslegung modelliert wird.[498] Im gewählten Kontext werden Kursbewegungen im Zeitfenster der Veröffentlichung in Relation zu einem Kontrollzeitraum gesetzt, in dem keine Veröffentlichungen erfolgen. Vereinfacht

492 Die Theorie effizienter Märkte geht im Wesentlichen auf die Arbeiten von *Fama* (1965, 1970) zurück. Siehe Kap. 2.2.2 auf S. 22.

493 Mit den Arbeiten von *Ohlson* (1995) und *Feltham/Ohlson* (1995) wurde diese Annahme theoretisch untermauert und die Beziehung zwischen Markt- und Buchwerten im Rahmen eines geschlossenen Bewertungsmodells formal dargelegt.

494 Vgl. *Coenenberg* (2003), S. 1193.

495 Vgl. hierzu und im Folgenden *Coenenberg* (2003), S. 1199.

496 Siehe *Campbell/Lo/MacKinlay* (1997), S. 149 ff.; *MacKinlay* (1997) oder auch *Kothari/Warner* (2004) ausführlich zu Ereignisstudien.

497 Im Interesse der Wissenschaft stehen also zum einen firmenspezifische Ereignisse, beispielhaft ist die Veröffentlichung von Daten des Jahresabschlusses, ein Aktiensplit oder auch die Ausschüttung von Dividenden. Zum anderen sind auch allgemeinere Ereignisse größerer Tragweite, wie z. B. Änderungen von gesetzlichen Bestimmungen oder Regelwerken von Bedeutung. Betrachtet werden können gleichermaßen Effekte, die sich sowohl aus Ankündigung als auch Eintritt eines zukünftigen Ereignisses ergeben.

498 Vgl. *Coenenberg* (2003), S. 1194.

ausgedrückt wird aus Unterschieden in den Kursbewegungen auf einen signifikanten Neuigkeits- und Informationsgehalt der untersuchten Rechnungslegungsdaten geschlossen.[499] Aus diesem leitet sich dann mittelbar eine Entscheidungsrelevanz ab.[500] Es bleibt festzuhalten, dass der methodische Ansatz einer Ereignisstudie fast ausschließlich bei Forschungsfragen nach einer Entscheidungsrelevanz Anwendung findet. Sowohl *Ball/Brown* (1968) als auch *Beaver* (1968) greifen auf den methodischen Ansatz einer Ereignisstudie zurück, um die Entscheidungsrelevanz von Jahresabschlussdaten zu messen.

Beaver bedient sich eines einfachen Messmodells zur Bestimmung des statistischen Zusammenhangs von Rechnungslegungsdaten und Marktwerten. Eine Entscheidungsrelevanz der betrachteten Informationen leitet sich letztlich aus dem sog. Beaver-U ab. Das Beaver-Maß setzt die quadrierten Überrenditen der Stichprobenunternehmen im Zeitfenster der Veröffentlichung ins Verhältnis zur Varianz im verbleibenden Betrachtungszeitraum.[501] Der Wertverlauf des Beaver-U über das Zeitfenster der Untersuchung erlaubt sodann Rückschlüsse auf eine Entscheidungsrelevanz, die durch einen Ausschlag der Kurve zum Zeitpunkt der Veröffentlichung ausgedrückt wird.[502] Eine Quantifizierung des Informationsnutzens für die Adressaten, wie auch eine Bestimmung der Einflussrichtung der Entscheidung, sind mit diesem Ansatz aber nicht zu erzielen.[503]

Ball/Brown hingegen nutzen ein erweitertes Messmodell und die Methodik des Abnormal Performance Index (API) für die Bestimmung der Entscheidungsrelevanz von Rechnungslegungsinformationen.[504] Dieses Vorgehen liefert einen Ausgangspunkt für die Ableitung von Implikationen hinsichtlich Wirkungsrichtung und Nutzen der getesteten Informationen.[505] Auf Grundlage der Hypothese, dass gute (schlechte) Unternehmensnachrichten über eine Erwartungsrevision einen positiven (negativen) Anfangserfolg bewirken, werden die Stichprobenunternehmen entsprechend ex post in zwei Portfolios unterteilt. Ein Anpassungsprozess in Folge der Veröffentlichung der betrachteten Informationen, und daraus resultierend divergierende Kurvenverläufe der Portfoliowerte, wird auf eine Entscheidungsrelevanz der Daten zurückgeführt. Die Differenz der Portfoliorenditen markiert den Informationsnutzen bzw. den Wert der publizierten Daten, weil bei ex-ante-

---

499 Die Interpretationsrichtung spiegelt den eingenommenen Standpunkt bei diesem Ansatz wider. Da zumindest die semi-strenge Form der Markteffizienz unterstellt wird, können Kursbewegungen auf einen Informationsgehalt der Informationen zurückgeführt werden. Umgekehrt ist es aber auch möglich, bei im Vorfeld angenommenem Informationsgehalt oder Relevanz einer Größe bzw. eines Ereignisses, Tests der Markteffizienz durchzuführen. Im Bereich der empirischen Kapitalmarktforschung besitzen Tests der Markteffizienz bedeutendes Gewicht.

500 Hier wird nochmals der Unterschied zum Konzept der Bewertungsrelevanz deutlich. Zwar steht dort ebenfalls der Informationsgehalt von Rechnungslegungsdaten im Mittelpunkt der Betrachtung. Es wird jedoch explizit vom Neuigkeitsgehalt der Informationen abstrahiert und die Relevanz der Gesamtheit aller im Markt befindlichen Rechnungslegungsdaten für eine Bewertung am Kapitalmarkt über ein deutlich längeres Zeitintervall betrachtet.

501 Siehe *Beaver* (1968), S. 80 f.

502 Vgl. *Möller/Hüfner* (2002), S. 427.

503 Vgl. *Coenenberg* (2003), S. 1194.

504 Siehe *Ball/Brown* (1968), S. 168.

505 Vgl. hierzu und im Folgenden *Coenenberg* (2003), S. 1194 ff. oder auch *Möller/Hüfner* (2002), S. 428 f.

Kenntnis diese Überrendite durch eine entsprechende Anlagestrategie hätte realisiert werden können. Neben einer multiplikativen Verknüpfung der Renditen, wie dies bei der API-Methodik vorgenommen wird, wird häufig auch eine additive Ermittlung der Portfoliorenditen verwendet.[506]

4.1.4.2. Long-Window-Studien

In der empirischen Bilanzforschung werden Long-Window-Studien vornehmlich dazu eingesetzt, um langfristige Abhängigkeiten und Korrelationen, seltener kausale Zusammenhänge zwischen Rechnungslegungs- und Kapitalmarktinformationen aufzudecken.[507] Damit heben sie sich deutlich von Ereignisstudien ab, sowohl was Konzeption als auch was Gegenstand der Untersuchung betrifft. Während Ereignisstudien auf die Ergründung einer Entscheidungsrelevanz von Rechnungslegungsdaten abzielen, steht bei Long-Window-Studien die Relevanz der Rechnungslegungsinformationen für den Marktwert eines Unternehmens im Vordergrund.[508]

Grundlage der Untersuchung eines statistischen Zusammenhangs von Buchwerten der Rechnungslegung und Marktwerten bildet das Instrumentarium der (multiplen) linearen Regressionsanalyse. Als abhängige Variable werden üblicherweise Marktwerte definiert, während sich die erklärenden Variablen aus Angaben aus der Rechnungslegung und/oder anderen Informationsvariablen zusammensetzen.[509]

In der Literatur wird bei der Modellierung dieser Beziehung konzeptionell zwischen einerseits Ad-hoc- oder Assoziationsmodellen und andererseits theoretisch geschlossenen Modellen (fundamentalen Bewertungsmodellen) unterschieden. Bei Verwendung von Assoziationsmodellen liegt also explizit kein theoretisch geschlossenes Bewertungsmodell zugrunde.[510] Es wird weiter keine kausale Verbindung unterstellt und vielmehr eine positive Korrelation der Variablen analysiert, weil angenommen wird, dass seitens der Investoren neben den betrachteten Messgrößen

---

506 Im einschlägigen Schrifttum wird dieses Vorgehen als Cumulative Average Residual, kurz CAR, bezeichnet. Grundsätzlich ergeben sich aber keine weiteren signifikanten Unterschiede zu dem vorgestellten Vorgehen. Vgl. *Coenenberg* (2003), S. 1198 oder auch *Möller/Hüfner* (2002), S. 429.

507 Vgl. *Coenenberg* (2003), S. 1198.

508 Für eine Definition der Untersuchungskonzepte Entscheidungs- und Bewertungsrelevanz siehe Kap. 3.3.3.2 auf S. 70 und 3.3.3.3 auf S. 72.

509 In der Regressionsgleichung werden sowohl unskalierte Größen wie deflationierte Größen operationalisiert, die beispielsweise mit der Anzahl der Aktien oder auch dem Eigenkapitalbuchwert skaliert sind. Eine unskalierte Modellspezifikation wird in der Literatur als Preis- oder auch Level-Modell bezeichnet und ist weit verbreitet. Zudem finden auch Differenzen- bzw. Rendite- oder Return-Modelle Verwendung. Die Wahl der Modellierungsart wird entscheidend durch die ökonometrischen Eigenschaften der Modelle mit beeinflusst. Siehe Kap. 4.3.1 auf S. 119 zur Preis- und Returnmodellierung.

510 Die Verwendung eines theoretisch geschlossenen Bewertungsmodells ist keine notwendige, wohl aber hinreichende Bedingung für eine valide Durchführung einer Wertrelevanzstudie. Unterstellt wird, wie in Kap. 3.4 auf S. 75 ausführlich diskutiert, alleinig eine funktionale Beziehung, die die verwendeten Informationsvariablen in die Marktwerte abbildet. Eine genaue Spezifizierung oder Identifizierung dieser Beziehung wird für viele Fragestellungen nicht gefordert. So ist eine theoretische Fundierung auch nicht entscheidend für den Wert der Studie und seiner Ergebnisse, vielmehr kommt in vielen Fällen der Theorie lediglich eine eingeschränkte Relevanz zu. Vgl. *Ohlson* (1990), S. 674.

auch andere Informationen in eine Erwartungsbildung der zukünftigen Ertragslage einfließen.[511] Bei der Auswahl der Variablen für die Operationalisierung ist so ein größerer Freiraum gewährleistet.[512] Erwartete Beziehungen der betrachteten Größen mit dem Marktwert werden üblicherweise in Hypothesen niedergelegt, bevor sich eine empirische Überprüfung anschließt.

Theoretisch geschlossene Modelle dagegen fundieren auf kausalen Zusammenhängen, die fest in Bewertungsmodellen der Kapitalmarkt- und Finanzierungstheorie verankert sind und dort formal hergeleitet werden.[513] Im Gegensatz zur klassischen Unternehmensbewertung im Bereich der Finanzierungstheorie geht es bei der Verwendung von Bewertungsmodellen in der empirischen Bilanzforschung nicht vorrangig darum, einen wahren Unternehmenswert rechnerisch zu ermitteln. Dieser wird allgemein als gegeben angesehen und als Näherung hierfür der am Kapitalmarkt beobachtete Wert herangezogen.[514] Vielmehr wird also ausgehend von einem wahren Unternehmenswert versucht, Qualität und Relevanz von Rechnungslegungsinformationen hinsichtlich des am Kapitalmarkt erzielten Wertes zu überprüfen.

4.2. Modellrahmen von Ohlson und Feltham-Ohlson 1995

4.2.1. Topologie und Bedeutung für die empirische Forschung

Das Konzept der Wertrelevanz fußt auf einem Forschungsmodell, das vereinfacht ausgedrückt eine funktionale Beziehung zwischen Marktwerten auf der einen und Informationsvariablen auf der anderen Seite unterstellt.[515] Postuliert wird weiterhin eine spezifische Annahmenkonstellation, die es letztlich konzeptionell ermöglicht, Informationen wie beispielsweise Buchwerte der Rechnungslegung als modellimmanente Inputgrößen auf Erklärungsgehalt für Marktpreise zu prüfen.

Seit den Anfängen der empirischen Kapitalmarktforschung in den Sechzigerjahren greift eine Vielzahl von Arbeiten zur Wertrelevanz von unternehmensspezifischen Messgrößen bei Spezifikation bzw. Operationalisierung des untersuchten Zusammenhangs auf einfache Assoziationsmodelle zurück. D. h., für eine Erklärung der Marktwerte wird zunächst eine (beliebige) Kombination von Informationsvariablen herangezogen, deren Auswahl sich nicht zwingend an Bestandteilen eines theoretisch geschlossenen Modells der zu testenden Beziehung orientiert.[516] Erst mit den richtungsweisenden Arbeiten von *Ohlson* (1995) und nachfolgend *Feltham/Ohlson* (1995) wurde ein theoretisches Grundgerüst für diese Forschungs-

---

511 Vgl. *Kothari* (2001), S. 116.

512 Im angelsächsisch Schrifttum wurde der Begriff Association Study geprägt.

513 Beispielhaft können hier Dividenden-Diskont-, Discounted-Cashflow- oder Residualgewinnmodelle angeführt werden. Siehe exemplarisch *Drukarczyk* (1998) oder auch *Copeland/Koller/Murrin* (1995) für eine Diskussion der Unternehmensbewertung.

514 Dieses Vorgehen setzt u. a. die Gültigkeit der Markteffizienzhypothese voraus.

515 Siehe Kap. 3.4 auf S. 75 ausführlich zur Wertrelevanzforschung und speziell Kap. 3.4.2.2 auf S. 80 für eine Definition und Beschreibung des Forschungsmodells der Wertrelevanz.

516 Die Hypothesenbildung weist aber i. d. R. ein theoriegeleitetes Vorgehen auf.

methodik geschaffen.[517] Der Modellrahmen untermauert so ex post das Vorgehensmodell früherer Arbeiten theoretisch und birgt zudem einen Ansatzpunkt für weiterführende Forschungsfragen.

Durch eine Verbindung von Bezugspunkten aus Bilanz- und Kapitalmarkttheorie wird mit *Ohlson* (1995) sowie *Feltham/Ohlson* (1995) ein methodischer Ansatz zur Verfügung gestellt, der unter Berücksichtigung der zugrunde liegenden zentralen Annahmen eine lineare Beziehung zwischen Buchwerten der Rechnungslegung und dem an der Börse erzielten Unternehmenswert in einer theoretisch geschlossenen Form beschreibt. Darüber hinaus bietet er Raum für die Aufnahme „anderer Informationen", die bereits in Marktpreisen reflektiert, jedoch noch nicht in der Rechnungslegung erfasst werden.[518] Über die Einbeziehung „anderer Informationen" in das Modell findet eine verspätete Abbildung ökonomischer Sachverhalte in der Rechnungslegung Berücksichtigung.[519] Die Darstellung des Unternehmenswertes als Funktion einer Kombination von „reinen" Rechnungslegungsdaten markiert einen fundamentalen Unterschied zu anderen Bewertungsmodellen, die auf derivativen Größen wie z. B. dem Free Cashflow im Falle des Discounted-Cashflow-Modells basieren.[520]

Die theoretische Fundierung und Formulierung genau der funktionalen Beziehung, die bislang dem herrschenden Vorgehen dieser Forschungsrichtung entsprechend stets implizit unterstellt wurde, begründet den bedeutenden wissenschaftlichen Beitrag dieser Arbeiten und ist so als ursächlich für die tragende Rolle anzusehen, die das *Ohlson*- und *Feltham-Ohlson*-Modell (1995) innerhalb kürzester Zeit in der empirischen Bilanzforschung erlangt hat.[521] Seit Publikation der Arbeiten bedient sich folglich eine Vielzahl an Studien, insbesondere auf dem Gebiet der Wertrelevanzforschung, explizit dieses methodischen Ansatzes.[522] Legt man i. A. a. *Brown* (1996) die Zitierhäufigkeit einer Veröffentlichung als Maßstab für den Grad ihrer Bedeutung zugrunde, ist das *Ohlson* (1995)-Papier bereits 1999 aufgrund seiner Zitierhäufigkeit im Social Science Citation Index zweifelsohne als einflussreich und bei angenommener, mindestens gleichbleibender Güte gar als Klassiker einzustufen.[523] Neben dem Grundmodell in *Ohlson* (1995) spielen auch

---

517 Vgl. *Bernard* (1995), S. 733 f.

518 Vgl. *Ohlson* (1995), S. 664 und *Feltham/Ohlson* (1995), S. 689.

519 Vgl. *Beaver* (2002), S. 457.

520 Vgl. *Bar-Yosef/Callen/Livnat* (1996), S. 207.

521 Die breite Akzeptanz und Anerkennung, die die Modelle in der Wissenschaft erlangt haben, spiegelt sich stellvertretend für viele bei *Bernard* (1995), S. 733 oder auch *Lundholm* (1995), S. 749 wider. So merkt *Bernard* in Bezug auf die wissenschaftliche Relevanz beider Arbeiten an: *„The* Ohlson *(1995) and* Feltham/Ohlson *(1995) studies stand among the most important developments in capital markets research in last several years."* und *Lundholm* fasst zusammen: *„The* Ohlson *(1995) and* Feltham/Ohlson *(1995) papers are landmark works in financial accounting."*

522 Vgl. *Easton* (1999), S. 402.

523 Vgl. *Lo/Lys* (2000a), S. 338. Für den Zeitraum von 1996 bis 2004 beträgt die durchschnittliche jährliche Zitierrate im SSCI für *Ohlson* (1995) ca. 11 und für *Feltham/Ohlson* (1995) etwa 6 (Stand: August 2004, eigene Erhebung). Die Zitierrate bezeichnet dabei die Anzahl an Nennungen im Literaturverzeichnis wissenschaftlicher Beiträge, die in Journals des SSCI publiziert wurden. Siehe hierzu auch Abb. F.1 auf S. 417. Gemäß *Brown* (1996) sind beide Arbeiten so bereits neun Jahre nach Publikation als Klassiker einzustufen.

nachfolgende Weiterentwicklungen wie *Feltham/Ohlson* (1995, 1996) oder auch *Ohlson* (1999, 2001) eine vielbeachtete Rolle.[524]

Die Operationalisierung der in dieser Arbeit betrachteten Zusammenhänge folgt damit der allgemein üblichen Vorgehensweise auf dem relevanten Gebiet der kapitalmarktorientierten empirischen Bilanzforschung und nutzt überwiegend den Modellrahmen von *Ohlson*- bzw. *Feltham-Ohlson* zur Implementierung des Vorgehensmodells zur Evaluierung der Wertrelevanz im betrachteten Kontext.[525] Im Folgenden schließt sich daher zunächst eine Beschreibung des Grundmodells in *Ohlson* (1995) an, bevor auf die Weiterentwicklung in *Feltham/Ohlson* (1995) eingegangen wird.

4.2.2. Grundlagen und zentrale Annahmen der Modelle

Das *Ohlson*- wie auch das *Feltham-Ohlson*-Modell (1995) bringen Marktwerte in einen theoretischen Zusammenhang mit Buchwerten und „anderen" Informationen.[526] Damit wird eine formale Verbindung zwischen dem fundamentalen (oder auch intrinsischen bzw. wahren) Unternehmenswert und grundlegenden Daten der Rechnungslegung in einem theoretisch geschlossenen Bewertungsmodell aufgestellt.[527] Mit dieser Bewertungsfunktion wird gleichzeitig auch ein konkreter und umfassender Rahmen für eine empirische Analyse der Beziehung von Unternehmenswert und Rechnungslegungsdaten geschaffen.[528]

Das *Feltham-Ohlson*-Modell (1995) trifft im Vergleich zum Grundmodell in *Ohlson* (1995) geringfügig andere Annahmen und stellt dahingehend eine Erweiterung dar.[529] Beide Modelle basieren auf dem Residualgewinnkonzept[530] und drücken, hier für den Fall des Grundmodells vereinfacht dargestellt, den Unternehmenswert unter Einbeziehung anderer Informationen durch den Buchwert des Eigenkapitals sowie den Barwert der zukünftig erwarteten Residualgewinne[531] aus.[532] Für die

---

524 Vgl. *Barth/Beaver/Landsman* (2001), S. 91.

525 Ergänzend werden auch Modelle eingesetzt, die beispielsweise nur eine oder auch alle Patentkennzahlen enthalten können. Auch wenn hier bewusst von einem theoretischen Konstrukt abgewichen und auf die Implementierung von Assoziationsmodellen zurückgegriffen wird, sind Erkenntniszugewinne durch einen neuen Blickwinkel zu erwarten, die solch ein Vorgehen rechtfertigen. Zudem wenden Studien vergleichbarer Fragestellungen neben der *Ohlson*- bzw. *Feltham-Ohlson*-Modellierung oftmals zusätzlich auch Ad-hoc-Modelle an. Gestützt wird das Vorgehen darüber hinaus durch *Ohlson* (1990), der feststellt, dass für eine Vielzahl von Problemstellungen auch ohne die Annahme eines theoretisch fundierten Modells valide Ergebnisse erzielt werden können. Vgl. *Ohlson* (1990), S. 674.

526 Vgl. *Liu/Ohlson* (2000), S. 321.

527 Vgl. *Barth* (2000), S. 13.

528 Vgl. *Ohlson* (1995), S. 663.

529 Das *Feltham-Ohlson*-Modell (1995) unterscheidet zwischen operativen Aktivitäten und Finanzierungstätigkeiten, um eine abweichende Behandlung im Rahmen der Rechnungslegung zu berücksichtigen. Vgl. *Feltham/Ohlson* (1995), S. 690. Zudem erlaubt es die Modellierung der „anderen" Informationen in zwei anstatt nur einer Dimension. Vgl. *Liu/Ohlson* (2000), S. 322.

530 Die Entwicklung des Residualgewinnkonzeptes geht u. a. auf die Arbeiten von *Preinreich* (1938); *Edwards/Bell* (1961) oder auch *Peasnell* (1982) zurück.

531 Dies sind zukünftig erwartete ökonomische Renten und definieren sich als um Kapitalkosten verminderte prognostizierte Gewinne.

532 Während das grundlegende Konzept also keinen signifikanten wissenschaftlichen Neuigkeitsgehalt aufweist, verdienen die Arbeiten von *Ohlson* und *Feltham/Ohlson* höchste Anerkennung, insbesondere

Formulierung der zentralen Bewertungsgleichungen des *Ohlson-* wie auch das *Feltham-Ohlson*-Modells (1995) ist im Wesentlichen die Gültigkeit der folgenden drei Annahmen erforderlich:[533]

Dividendenbarwertmodell Der neoklassischen Sichtweise entsprechend wird der Unternehmenswert durch den Barwert zukünftig erwarteter Transferzahlungen zwischen Eigenkapitalgebern und Unternehmung (Dividenden) bestimmt.[534]

Clean-Surplus-Relation Eine Einhaltung des Kongruenzprinzips der Vermögens- und Erfolgsermittlung setzt voraus, dass, abgesehen von Transferzahlungen mit den Anteilseignern, alle Transaktionen, die eine Veränderung des Eigenkapitals nach sich ziehen, erfolgswirksam behandelt und nicht unmittelbar mit dem Eigenkapital verrechnet werden.[535]

Lineare Informationsdynamik Die Lineare Informationsdynamik modelliert das Zeitreihenverhalten der Residualgewinne mittels eines stochastischen Prozesses.[536]

4.2.3. Modellrahmen und Herleitung der Wertrelation

4.2.3.1. Grundmodell von *Ohlson* 1995

Als ein wichtiger Eckpfeiler im Grundgerüst des *Ohlson*-Modells (1995) bildet zunächst die Dividendenbarwertformel den Ausgangspunkt für die Ableitung der zentralen Bewertungsgleichung.[537] Vereinfachend werden weiterhin Risikoneutralität[538], eine flache Zinsstruktur und homogene Erwartungen unterstellt.[539]

---

für ein erfolgreiches Aufgreifen und Auflebenlassen der Idee sowie für die Schaffung einer theoretischen Grundlage für eine Umsetzung und Übertragung des Konzepts auf die empirische Forschung. Vgl. *Kothari* (2001), S. 176.

533 Vgl. und für die Anmerkungen zu den Annahmen *Ohlson* (1995), S. 663 f.

534 Der Modellrahmen geht ursprünglich auf *Williams* (1938) zurück.

535 Vgl. *Lücke* (1955, 1965). Siehe *Brief/Peasnell* (1996) für eine Übersicht zu bedeutenden Arbeiten zu diesem Themenkomplex. Verletzungen der Clean-Surplus-Beziehung und deren Auswirkungen auf das *Feltham-Ohlson*-Modell (1995) werden an dieser Stelle ausgeklammert und stattdessen exemplarisch auf die Diskussion bei *Stroman* (2003), S. 147 ff. verwiesen.

536 Vgl. *Ohlson* (1995), S. 663 f. Auf eine nähere Spezifikation wird hier verzichtet und in Kap. 4.2.3 nachgereicht.

537 Die Ausführungen zur formalen Herleitung der Bewertungsformel orientieren sich, soweit nicht anders angegeben, an der Originalquelle und beziehen sich aus Gründen der Konsistenz und Vergleichbarkeit auch auf die dort verwendete Notation. Unter Vernachlässigung der formalen Umformungen erfolgt eine Konzentration auf die wesentlichen Schritte. Siehe *Ohlson* (1995), S. 665 ff. Ergänzend finden sich in der Literatur ausführlich kommentierte Übersichten und Erläuterungen zur Herleitung der Bewertungsgleichungen. Siehe hierzu exemplarisch *Bauman* (1996); *Bernard* (1995); *Liu/Ohlson* (2000); *Livnat* (2000); *Lo/Lys* (2000a); *Lundholm* (1995); *Myers* (2000) oder auch *Streim* (2000).

538 Der Diskontierungszinsfuß ist in diesem Fall mit dem risikolosen Zinssatz gleichzusetzen.

539 Ferner wird unterstellt, dass die Kapitalmärkte der semi-strengen Form der Markteffizienzhypothese genügen, während auf den Produktmärkten temporäre Ineffizienzen über die modellierten ökonomischen Gewinne ausdrücklich Berücksichtigung finden. Vgl. *Barth/Beaver/Landsman* (2001), S. 91.

Unter diesen Annahmen definiert sich der Unternehmenswert P als Barwert der zukünftig erwarteten Transferzahlungen (Dividenden) d an die Eigenkapitalgeber.[540] Dieser Zusammenhang respektive die Dividendenbarwertformel ist in Gl. (4.1) formal dargestellt:[541]

$$P_t = \sum_{\tau=1}^{\infty} R_f^{-\tau} E_t[\tilde{d}_{t+\tau}] \tag{4.1}$$

es gilt:

$$P_t = \text{Marktwert oder -preis des Eigenkapitals in } t$$
$$d_t = \text{Dividende in } t$$
$$R_f = \text{Um eins erhöhter risikoloser Zinssatz } r_f$$

Der Clean-Surplus-Beziehung (CSR) entsprechend wird die Zahlung einer Dividende unmittelbar mit dem Eigenkapital verrechnet, während der ausgewiesene Gewinn hiervon unberührt bleibt. Daraus folgt die in Gl. (4.2) abgebildete Restriktion. Diese beschreibt den Buchwert y der Periode t mit dem Buchwert in $t-1$ zuzüglich des erwirtschafteten Gewinns x der Periode $(t-1, t)$ und vermindert um die Dividendenzahlung d in t. Der Residualgewinn wird als Differenz des Periodengewinnes in t und den kalkulatorischen Eigenkapitalkosten unter Berücksichtigung des unterstellten Zinsfußes R_f determiniert, wie in Gl. (4.3) dargestellt.[542] Daraus ergibt sich für die Dividende d die in Gl. (4.4) aufgeführte Abhängigkeit vom Residualgewinn x^a, dem Buchwert y und den Kapitalkosten $\left(R_f - 1\right) y_{t-1}$:

$$y_{t-1} = y_t + d_t - x_t \tag{4.2}$$
$$x_t^a \equiv x_t - \left(R_f - 1\right) y_{t-1} \tag{4.3}$$
$$\Rightarrow d_t = x_t^a - y_t + R_f y_{t-1} \tag{4.4}$$

es gilt:

$$y_t = \text{Buchwert des Eigenkapitals in } t$$
$$x_t = \text{Gewinn der Periode } (t-1, t)$$
$$x_t^a = \text{Residualgewinn in Periode } (t-1, t)$$

Unter Einbeziehung von Gl. (4.4) kann die Dividendenbarwertformel in Gl. (4.1) in die Residualgewinnformel überführt werden.[543] Es resultiert die in Gl. (4.5)

---

540 Kapitalerhöhungen werden über negative Dividenden abgebildet.

541 Die Notation orientiert sich aus Gründen der Konsistenz und Vergleichbarkeit an der in der Originalquelle verwendeten Schreibweise. Siehe *Ohlson* (1995), S. 666 ff.

542 Aufgrund der unterstellten Risikoneutralität kann an dieser Stelle der risikolose Zinssatz für die Berechnung der Eigenkapitalkosten angewandt werden.

543 Die Dividendenbarwertformel lässt sich unter Verwendung des Lücke-Theorems in das Residualgewinnmodell überführen. Siehe *Lücke* (1955, 1965) und *Preinreich* (1937) ausführlich zum Lücke-Theorem.

dargestellte Form.[544] Der Wert P eines Unternehmens wird demzufolge zu einem beliebigen Zeitpunkt t gemäß des Residualgewinnmodells als Buchwert des Eigenkapitals y zuzüglich des Barwertes der Summe aller zukünftig erwarteten ökonomischen Gewinne $E(\tilde{x}^a)$ ausgedrückt:

$$P_t = y_t + \sum_{\tau=1}^{\infty} R_f^{-\tau} E_t[\tilde{x}_{t+\tau}^a] \tag{4.5}$$

es gilt:

$$\tilde{x}^a = \text{Zukünftig erwarteter Residualgewinn}$$

Aus Gl. (4.5) geht hervor, dass die Erwartung über die zukünftige Entwicklung der Residualgewinne und folglich deren Prognose einen maßgeblichen Bestandteil bei der Bestimmung des Unternehmenswertes ausmacht. Entscheidend für die Ermittlung des Fundamentalwertes ist also das Zeitreihenverhalten der zukünftig erzielbaren Überrenditen. Dieses wird im Kontext des *Ohlson*-Modells (1995) mittels eines stochastischen Prozesses im Modell abgebildet und als lineare Informationsdynamik bezeichnet.

Der angenommene lineare Prozess beschreibt die künftigen Residualgewinne $\tilde{x}_\tau^a$ als Summe des ökonomischen Gewinns der Vorperiode x^a, einer nicht näher spezifizierten Informationsvariablen v sowie eines Störterms ε. Demnach folgt der zukünftig erwartete ökonomische Gewinn $\{\tilde{x}_\tau^a\}_{\tau\geq 1}$ per definitionem dem in den Gl. (4.6) und (4.7) formal zusammengefassten stochastischen Prozess, der linearen Informationsdynamik:

$$\tilde{x}_{\tau+1}^a = \omega x_t^a + v_t + \tilde{\varepsilon}_{1t+1} \tag{4.6}$$

$$\tilde{v}_{t+1} = \gamma v_t + \tilde{\varepsilon}_{2t+1} \tag{4.7}$$

es gilt:

$$\begin{aligned} v &= \text{Informationsvariable} \\ \varepsilon &= \text{Standardnormalverteilter Störterm} \\ E_t\left[\tilde{\varepsilon}_{kt+\tau}\right] &= 0; k = 1{,}2; \tau \geq 1 \\ \omega, \gamma &\in [0;1[\end{aligned}$$

Die Implementierung der gezeigten linearen Informationsdynamik liefert die gesuchte Verbindung zwischen Informationen der aktuellen Periode und zukünftig erwarteten Residualgewinnen und gilt damit als das fundamentale Element des Bewertungsansatzes von *Ohlson* (1995).[545] Der Parameter v repräsentiert weitere über den Residualgewinn hinaus wertrelevante Informationen, die erst zu einem

544 Vereinfachend wird hier auf eine ausführliche Darstellung der Umformungen verzichtet und stattdessen auf die eingangs angegebene Literaturquelle verwiesen.

545 Vgl. *Bauman* (1996), S. 5 f.

späteren Zeitpunkt in den Bilanzen reflektiert werden.[546] Damit wird Raum für eine Berücksichtigung weiterer frei definierbarer Informationsparameter, im Besonderen auch nichtmonetärer Kennzahlen, im Modell geschaffen.[547]

Die zentrale Bewertungsformel des Grundmodells von *Ohlson* (1995) leitet sich schließlich aus der Umformung von Gl. (4.5) und der Evaluierung des Terms $\sum_{\tau=1}^{\infty} R_f^{-\tau} E_t[\tilde{x}_{t+\tau}^a]$ mit der Informationsdynamik in Gl. (4.6) und (4.7) her.[548] Der angenommenen Linearität entsprechend ergibt sich eine lineare Lösung für die Wertrelation des *Ohlson*-Modells (1995). Gl. (4.8) stellt diese dar:

$$P_t = y_t + \alpha_1 x_t^a + \alpha_2 v_t \tag{4.8}$$

es gilt:

$$\alpha_1 = \frac{\omega}{R_f - \omega} \geq 0$$

$$\alpha_2 = \frac{R_f}{\left(R_f - \omega\right)\left(R_f - \gamma\right)} > 0$$

Im *Ohlson*-Modell (1995) wird der Unternehmenswert P zu einem beliebigen Zeitpunkt t durch den Buchwert des Eigenkapitals y beschrieben, der durch zwei Faktoren adjustiert wird: zum einen durch die aktuelle Rentabilität, gemessen durch den Residualgewinn x^a, und zum anderen durch die zukünftig erwartete Rentabilität, abgebildet durch die „andere" Information v.

4.2.3.2. Modellerweiterung von *Feltham-Ohlson* 1995

Das *Feltham-Ohlson*-Modell (1995) spannt einen methodischen Rahmen auf, der Raum für drei verschiedene Anwendungsvarianten bietet.[549] Ermöglicht werden die folgenden Analysen, wobei sich die vorliegende Arbeit klar in den Kontext der zweiten einordnet:

1. Beschreibung und Analyse der Beziehung zwischen Marktwerten und zukünftig erwarteten Rechnungslegungsdaten[550]

2. Beschreibung und Analyse der Beziehung zwischen Marktwerten und aktuellen Rechnungslegungsdaten[551]

---

546 Üblicherweise wird diese Variable auch als „other information" bezeichnet.

547 Vgl. *Ohlson* (1995), S. 668. Denkbare Anwendungen betreffen z. B. Gewinnschätzungen von Analysten oder auch stellvertretend für nichtmonetäre Messgrößen Patentinformationen wie im Kontext der vorliegenden Arbeit.

548 Die genauen Schritte der Überleitung sind im Anhang zur Originalquelle aufgeführt. Siehe *Ohlson* (1995), S. 682 ausführlich zu den notwendigen Umformungen des Gleichungssystems.

549 Vgl. *Feltham/Ohlson* (1995), S. 691.

550 Siehe hierzu *Feltham/Ohlson* (1995), S. 693 ff.

551 Siehe hierzu *Feltham/Ohlson* (1995), S. 701 ff.

3. Beschreibung und Analyse der asymptotischen Beziehung von Marktwerten zu Gewinngrößen und Buchwerten[552]

Das *Feltham-Ohlson-* baut unmittelbar auf dem *Ohlson*-Modell (1995) auf und stellt gleichermaßen eine theoretisch geschlossene Verbindung zwischen Marktpreisen einerseits und Basisdaten der Rechnungslegung ergänzt durch „andere" Informationen andererseits her.[553] Indem eine Abgrenzung der operativen Geschäfts- zur Finanzierungstätigkeit erfolgt und „andere" Informationsvariablen in zwei anstatt nur einer Dimension akkommodiert werden, wird eine Generalisierung des Grundmodells erreicht.[554]

Neben einer unterschiedlichen Natur der Aktivitäten wird durch die Trennung auch eine i. d. R. abweichende Abbildung in der Rechnungslegung berücksichtigt.[555] Wenn für Finanzanlagen die Existenz perfekter Produktmärkte und ein Bilanzansatz zum Zeitwert unterstellt werden kann, dann sind Markt- und Buchwerte dieser Bilanzposition identisch. Bei den operativen Vermögensgegenständen hingegen können u. a. bedingt durch eine periodengerechte Abgrenzung sowie eine konservative Bilanzierung Differenzen von Markt- und Buchwerten auftreten. Diesem Verständnis folgend ist von Finanzaktivitäten im Gegensatz zum operativen Geschäft nicht unmittelbar die Erwirtschaftung von Überrenditen zu erwarten. Entsprechend beträgt der Nettobarwert unter den angenommenen Bedingungen null. Weil im Kontext der Residualgewinnmodelle „zero-net-present-value"-Projekte aber keine Rolle spielen, können Finanzaktivitäten im Modellrahmen vernachlässigt werden, so dass in der Bewertungsformel über den Buchwert des Eigenkapitals hinaus eine ausschließliche Fokussierung auf den operativen Bereich erfolgt. Dies stellt eine bedeutende Erweiterung des ursprünglichen Ansatzes von *Ohlson* (1995) dar.[556] Abgesehen von dieser Ergänzung und der Berücksichtigung einer zweiten Informationsvariablen in der linearen Informationsdynamik treffen das *Ohlson-* und das *Feltham-Ohlson*-Modell (1995) grundsätzlich aber identische Annahmen.

Ausgangspunkt für die Herleitung des *Feltham-Ohlson*-Modells (1995) bildet wiederum die Dividendenbarwertformel, wie sie in Gl. (4.1) dargestellt ist.[557] Gemäß der Differenzierung zwischen operativen und Finanzaktivitäten gelten für den Eigenkapitalbuchwert bv in Periode t sowie für das Periodenergebnis x in t für

552 Siehe hierzu *Feltham/Ohlson* (1995), S. 709 ff.

553 Streng genommen kann das *Ohlson-* als Spezialfall des *Feltham-Ohlson*-Modells (1995) angesehen werden. Vgl. *Bauman* (1996), S. 7.

554 Vgl. *Liu/Ohlson* (2000), S. 322.

555 Vgl. hierzu und im Folgenden *Feltham/Ohlson* (1995), S. 690.

556 Andere wesentliche Weiterentwicklungen bzw. inhaltliche Verfeinerungen des *Ohlson*-Modells (1995) finden sich bei *Feltham/Ohlson* (1995, 1996, 1999) sowie *Ohlson* (1999, 2001). Darüber hinaus finden sich in der einschlägigen Literatur Beiträge zu Modellerweiterungen, weiterführenden Aspekten und/oder untersuchten Spezialfällen. Exemplarisch können hier *Morel* (1999); *Bar-Yosef/Callen/Livnat* (1996); *Myers* (1999) oder auch *Clubb* (1996) angeführt werden.

557 Die Ausführungen zur formalen Herleitung der Bewertungsformel orientieren sich, soweit nicht anders angegeben, an der Originalquelle und beziehen sich aus Gründen der Konsistenz und Vergleichbarkeit auch auf die dort verwendete Notation. Unter Vernachlässigung der formalen Umformungen erfolgt eine Konzentration auf die wesentlichen Schritte. Siehe *Feltham/Ohlson* (1995), S. 694 ff.

$(t-1,t)$ die in Gl. (4.9) respektive (4.10) formulierten Beziehungen. Der Buchwert des Eigenkapitals bv setzt sich damit zu einem beliebigen Zeitpunkt t aus den zwei Komponenten Finanzanlagen fa und operatives Vermögen oa zusammen. Analog erfolgt die Definition des Periodenerfolges x, der sich in die Bestandteile operatives ox und Finanzergebnis i aufspaltet.[558]

$$bv_t = fa_t + oa_t \tag{4.9}$$
$$x_t = i_t + ox_t \tag{4.10}$$

es gilt:

$$\begin{aligned} bv_t &= \text{Eigenkapitalbuchwert in } t \\ fa_t &= \text{Finanzanlagen (netto) in } t \\ oa_t &= \text{Operatives Vermögen (netto) in } t \\ x_t &= \text{Gewinn in } t \\ i_t &= \text{Finanzergebnis in } t \\ ox_t &= \text{Operativer Gewinn in } t \end{aligned}$$

Weiterhin Bestand hat die Clean-Surplus-Relation (CSR) aus Gl. (4.2), die in leicht abgewandelter Form nunmehr wie in Gl. (4.11) verdeutlicht lautet. Eine saubere Erfolgsermittlung vorausgesetzt, ist der Eigenkapitalbuchwert in t gleich dem Wert der Vorperiode, erhöht um den Periodenerfolg x und vermindert um die Dividendenzahlung d.

$$bv_t = bv_{t-1} + x_t - d_t \tag{4.11}$$

es gilt:

$$d_t = \text{Dividenden in } t$$

Zusätzlich wird die Net-Interest-Relation (NIR) in der in Gl. (4.12) dargelegten Form eingeführt, die das Finanzergebnis beschreibt. Demgemäß erzielen die (Netto-) Finanzanlagen fa in $(t-1,t)$ eine Rendite in Höhe des risikolosen Zinses.[559] Folglich resultiert ein Zahlungsstrom von i.

$$i_t = (R_f - 1)fa_{t-1} \tag{4.12}$$

es gilt:

$$R_f = \text{Um eins erhöhter risikoloser Zinssatz } r_f$$

Weiter werden die Financial-Assets-Relation (FAR) und die Operating-Assets-Relation (OAR) eingeführt, die in Gl. (4.13) respektive (4.14) dargestellt sind. Die

558 Eine Definition für i findet sich in Gl. (4.12).

559 Unterstellt wird in diesem Zusammenhang eine flache Zinsstruktur sowie Risikoneutralität.

Finanzanlagen *fa* der Periode *t* werden demnach durch den Wert der Vorperiode, zuzüglich der Zinszahlungen *i* und vermindert um die Differenz aus Dividenden *d* und operativem Cashflow (netto) *c* bestimmt.[560] Analog setzt sich das operative Vermögen *oa* aus dem Bestand zu Periodenbeginn, dem operativen Gewinn in *t* abzüglich des operativen Cashflows (netto) zusammen.[561]

$$fa_t = fa_{t-1} + i_t - d_t + c_t \tag{4.13}$$

$$oa_t = oa_{t-1} + ox_t - c_t \tag{4.14}$$

es gilt:

$$c_t = \text{Operativer Cashflow nach Investitionen in } t$$

Unter Berücksichtigung der in den Gleichungen Gl. (4.11), (4.12), (4.13) sowie (4.14) beschriebenen Beziehungen und der Dividendenbarwertformel (4.1) leitet sich letztlich die Residualgewinngleichung des *Feltham-Ohlson*-Modells (1995) ab.[562] Diese wird in Gl. (4.15) dargestellt. Zu einem beliebigen Zeitpunkt *t* determiniert sich demnach der Wert *P* einer Unternehmung durch den Eigenkapitalbuchwert *bv* zuzüglich der Summe der zukünftig erwarteten operativen Übergewinne $o\tilde{x}^a$.[563]

$$P_t = bv_t + \sum_{\tau=1}^{\infty} R_f^{-\tau} E_t[o\tilde{x}^a_{t+\tau}] \tag{4.15}$$

es gilt:

$$o\tilde{x}^a_t \equiv ox_t - \left(R_f - 1\right) oa_{t-1}$$

$$ox^a = \text{Zukünftig erwarteter operativer Residualgewinn}$$

Die in Gl. (4.15) formulierte Bewertungsformel beinhaltet eine Erwartungsbildung über die zukünftige Entwicklung operativer Übergewinne $E_t[o\tilde{x}^a_{t+\tau}]$. Im Rahmen des *Feltham-Ohlson*-Modells (1995) wird nun vereinfachend angenommen,

---

560 Die Finanzanlagen *fa* erwirtschaften gemäß der NIR im Zeitraum von $(t-1, t)$ Zinseinkünfte i. H. v. *i*. Die Differenz aus Dividendenzahlungen *d* und operativem Cashflow *c* wirkt sich wiederum auf die Höhe der Finanzanlagen aus und führt dort zu einer Erhöhung bzw. Verminderung. Der Cashflow aus der operativen Geschäftstätigkeit erhöht die Finanzanlagen (Vermögensmehrung), während Dividenden zu einer Reduktion führen (Vermögensverteilung).

561 Die operativen Vermögensgegenstände *oa* erwirtschaften gemäß der OAR in $(t-1, t)$ ein Ergebnis i. H. v. *ox*. Dieses reduziert sich dann durch den Cashflow *c*, der abzüglich der getätigten Investitionen den Finanzanlagen zukommt.

562 Das Prozedere der Herleitung ähnelt dem bei Gl. (4.5) im Rahmen des *Ohlson*-Modells (1995). So erfolgt auch hier die Überführung eines Dividendenbarwert- in ein Residualgewinnmodell unter der impliziten Berücksichtigung des Lücke-Theorems. Siehe *Lücke* (1955, 1965) und *Preinreich* (1937) ausführlich zum Lücke-Theorem. Vereinfachend wird hier auf eine ausführliche Darstellung der erforderlichen Umformungen verzichtet und stattdessen auf die eingangs angegebene Literaturquelle verwiesen.

563 Die Definition erwarteter operativer Übergewinne stellt hierbei eine weitere erforderliche Nebenbedingung dar.

dass die Entwicklung aller konzeptionalisierten Informationsvariablen einem linearen stochastischen Prozess folgt. Der zukünftige operative Residualgewinn wird in diesem Kontext durch Werte der aktuellen Periode für den operativen Residualgewinn, das operative Vermögen sowie eine frei bestimmbare Informationsvariable näherungsweise determiniert. Analog definiert sich das zukünftige operative Vermögen durch den Wert der aktuellen Periode zuzüglich einer zweiten nicht näher spezifizierten Informationsvariable.

Dieser Zusammenhang wird mit einem linearen Informationsmodell abgebildet, das in Gl. (4.16) bis (4.19) beschrieben ist. Die darin enthaltene lineare Informationsdynamik entspricht dem angenommenen stochastischen Prozess und ist von fundamentaler Bedeutung für die Herleitung der zentralen Bewertungsgleichung des *Feltham-Ohlson*-Modells (1995). [564]

$$o\tilde{x}^a_{t+1} = \omega_{11} ox^a_t + \omega_{12} oa_t + v_{1t} + \tilde{\varepsilon}_{1t+1} \tag{4.16}$$

$$o\tilde{a}_{t+1} = \omega_{22} oa_t + v_{2t} + \tilde{\varepsilon}_{2t+1} \tag{4.17}$$

$$\tilde{v}_{1t+1} = \gamma_1 v_{1t} + \tilde{\varepsilon}_{3t+1} \tag{4.18}$$

$$\tilde{v}_{2t+1} = \gamma_2 v_{2t} + \tilde{\varepsilon}_{4t+1} \tag{4.19}$$

es gilt:

$$\begin{aligned} v &= \text{Informationsvariable} \\ \varepsilon &= \text{Standardnormalverteilter Störterm} \\ E_t\left[\tilde{\varepsilon}_{jt+\tau}\right] &= 0; j = 1, \cdots, 4; t, \tau \geq 1 \\ \gamma_h &\in [0,1]; h = 1,2 \\ \omega_{11} &\in [0,1[; \omega_{12} \geq 0; \omega_{22} \in [1, R_f[\end{aligned}$$

Gl. (4.16) des linearen Informationsmodells drückt aus, dass zukünftige operative Übergewinne $o\tilde{x}^a_{t+1}$ eine Funktion der Persistence ω_{11} aktueller operativer Gewinne ox^a_t, des Conservatism ω_{12} bei der Bilanzierung des operativen Vermögens oa_t sowie „anderer" wertrelevanter Informationen v_{1t} sind.[565] Durch Gl. (4.17) wiederum wird eine Abhängigkeit des zukünftigen operativen Vermögens $o\tilde{a}_{t+1}$ vom aktuellen Wachstum ω_{22} in dieser Größe sowie „anderen" wertrelevanten Informationen v_{2t} modelliert.[566]

Unter Berücksichtigung aller in diesem Abschnitt angeführten Annahmen und Definitionen, führt die Anwendung des linearen Informationsmodells auf die Bewertungsformel des Residualgewinnmodells in Gl. (4.15) zu einer geschlossenen

[564] Die Anzahl der „anderen" Informationen ist auf zwei Variablen beschränkt, um zusammen mit der angenommenen linearen Informationsdynamik die Existenz einer analytischen Lösung bei der Herleitung der zentralen Bewertungsgleichung zu gewährleisten.

[565] Ergänzt werden im linearen Informationsmodell aufgestellten Beziehungen durch eine standardnormalverteilte Zufallsvariable ε_{jt+1}.

[566] Die langfristige Wachstumsrate wird durch den risikolosen Zins beschränkt.

Lösung für den Wert eines Unternehmens. Dieser wird dann als Funktion aktueller Daten der Rechnungslegung, korrigiert um wertrelevante „andere" Informationen, ausgedrückt.[567] Es resultiert die sog. Wertrelationsgleichung, dargestellt in Gl (4.20). Diese zentrale funktionale Beziehung im Rahmen des *Feltham-Ohlson*-Modells (1995) korrespondiert mit dem eingangs beschriebenen zweiten Analyseansatz, der einen Zusammenhang zwischen aktuellen Daten der Rechnungslegung und Marktwerten aufstellt.

$$P_t = bv_t + \alpha_1 ox_t^a + \alpha_2 oa_t + \beta \cdot v_t \tag{4.20}$$

es gilt:

$$\alpha_1 = \frac{\omega_{11}}{R_f - \omega_{11}}$$

$$\alpha_2 = \frac{\omega_{12} R_f}{\left(R_f - \omega_{22}\right)\left(R_f - \omega_{11}\right)}$$

$$\beta = (\beta_1, \beta_2) = \left[\frac{R_f}{\left(R_f - \omega 11\right)\left(R_f - \gamma_1\right)}, \frac{\alpha_2}{\left(R_f - \gamma_2\right)}\right]$$

Aus der Wertrelationsgleichung des *Feltham-Ohlson*-Modells (1995) in Gl. (4.20) folgt eine lineare Abhängigkeit des Unternehmenswertes von insgesamt fünf Komponenten, wobei sich drei davon auf Fundamentaldaten der Rechnungslegung und zwei auf „andere" Informationen beziehen. Zu einem beliebigen Zeitpunkt t wird der Unternehmenswert P als Funktion des Eigenkapitalbuchwertes bv und des Buchwertes des operativen Vermögens oa bestimmt, die um die aktuelle Rentabilität, gemessen durch den operativen Residualgewinn ox^a, sowie die zukünftige Rentabilität, approximiert durch „andere" wertrelevante Informationen v, korrigiert werden.[568]

Die in der Wertrelationsgleichung des *Ohlson*- wie auch des *Feltham-Ohlson*-Modells (1995) ausgedrückte funktionale Beziehung lässt sich ohne Schwierigkeiten in eine empirisch testbare Form überführen, die dann z. B. mittels des Instrumentariums der multiplen linearen Regression evaluiert werden kann. Dieses Vorgehen bildet den Kern der empirischen Analyse der vorliegenden Arbeit. Die wesentlichen Schritte der Überführung in eine empirisch testbare Form werden nachfolgend in Kap. 4.2.4 gezeigt.

4.2.4. Operationalisierung der Wertrelationsgleichung

Für die Implementierung des *Ohlson*- bzw. *Feltham-Ohlson*-Frameworks im Rahmen einer Wertrelevanzstudie ist die Überführung der Wertrelationsgleichung in eine

567 Die genauen Schritte der Überleitung sind im Anhang zur Originalquelle aufgeführt. Siehe *Feltham/Ohlson* (1995), S. 723 ausführlich zu den notwendigen Umformungen des Gleichungssystems.

568 Die Dimension des Parameters v stellvertretend für „andere" wertrelevante Informationen beträgt zwei. Es handelt sich bei der Darstellung um eine Vektorschreibweise.

empirisch testbare Form notwendig. Die resultierenden empirisch schätzbaren Modelle stellen dann den Ausgangspunkt für Untersuchungen zur Wertrelevanz unter Anwendung des (multiplen) linearen Regressionsverfahrens dar. Zunächst wird im Folgenden auf einige notwendige Umformungen beim *Ohlson*-Modell (1995) eingegangen, bevor analog hierzu die erforderlichen Schritte beim *Feltham-Ohlson*-Modell (1995) überblicksartig aufgezeigt werden. [569]

Damit die betrachteten Zusammenhänge überhaupt empirisch getestet werden können, bedarf es zunächst einer Operationalisierung der modellimmanenten Größen. Im Rahmen dieses Prozesses werden in der Praxis der Wertrelevanzforschung an einigen Stellen üblicherweise implizit vereinfachende Annahmen getroffen, um eine Anwendbarkeit des Modellrahmens in der Empirie zu ermöglichen. Dieses Vorgehen bedeutet auch die Festlegung einer bestmöglichen empirischen Näherung für die theoretischen Variablen der Wertrelation, weil eine exakte Umsetzung oft nicht uneingeschränkt möglich ist.[570] Insbesondere die im Modell berücksichtigten Übergewinne werden in diesem Zusammenhang häufig durch andere Erfolgsmaße näherungsweise abgebildet bzw. ersetzt.[571] Indem der Residualgewinn durch eine alternative Gewinngröße wie z. B. das EBIT oder den operativen Gewinn approximiert wird, wird implizit der risikolose Zinssatz gleich null gesetzt und gleichzeitig die Ermittlung der Kapitalkosten umgangen.[572] Da bei großzahligen empirischen Untersuchungen alternativ nicht nur aktuelle, sondern auch historische Kapitalkosten bestimmt werden müssten, ist es zudem fraglich, ob etwaige Verzerrungen in den Ergebnissen durch dieses Vorgehen nicht noch zusätzlich verstärkt würden. Im Besonderen vor dem Hintergrund, dass Wertrelevanzstudien auch Ad-hoc-Modelle mit dem Ziel einsetzen, Aussagen zur Beziehung zwischen Markt- und Buchwerten zu generieren, erscheint eine exakte Abbildung der theoretischen Größen eines Modells in der Empirie nicht zwingend erforderlich, um eine Werthaltigkeit der erzielbaren Erkenntnisse zu gewährleisten.[573]

Die Wertrelationsgleichung im *Ohlson*-Modell (1995) wird als Ausgangspunkt zusammenfassend in Gl. (4.21) dargestellt.[574] Operationalisiert werden die Variablen Eigenkapitalbuchwert bv, Residualgewinn x^a und „andere" Informationen v. Der Eigenkapitalbuchwert wird durch die Größe CEQ[575] abgebildet und der Residualgewinn x^a gemäß der oben diskutierten Annahme durch eine Ergebnisgröße ERG substituiert. Weiter wird v durch einen Platzhalter für „andere" Informationsvariablen I ersetzt. Als nächster Schritt werden empirische Schätzer β und eine Konstante c eingeführt, die teilweise die Stelle der theoretischen Koeffizienten α

569 Auch wenn die empirische Untersuchung im Kern auf den Rahmen des *Feltham-Ohlson*-Modells (1995) zurückgreift, kommt dem Grundmodell in *Ohlson* (1995) dennoch eine bedeutende Rolle zu.

570 Hier spielen u. a. Einschränkungen in der Datenverfügbarkeit eine entscheidende Rolle und führen teilweise zu Kompromissen in der Auswahl der Daten.

571 Unter der zugrunde liegenden Annahme einer Risikoneutralität würden Residualgewinne in Abhängigkeit der Bemessungsgrundlage mit dem risikolosen Zinssatz ermittelt.

572 Eine komplette Aufhebung beider Annahmen (Risikoneutralität und risikoloser Zinssatz gleich null) würde zwangsläufig zur Bestimmung individueller Kapitalkosten führen.

573 Vgl. *Ohlson* (1990), S. 674.

574 Vgl. *Ohlson* (1995), S. 669.

575 Siehe Def. 5a auf S. 167 zur Definition der Größe.

einnehmen.[576] Zusätzlich wird eine standard-normalverteilte Zufallsvariable in das Modell aufgenommen. Entsprechend lautet die empirisch schätzbare Form des *Ohlson*-Modells (1995) wie in Gl. (4.22) formuliert. [577]

$$P_t = bv_t + \alpha_1 x_t^a + \alpha_2 v_t \tag{4.21}$$
$$\Rightarrow P_t = \beta_0 + \beta_1 CEQ_t + \beta_2 ERG_t + \beta_3 I_t + \varepsilon_t \tag{4.22}$$

es gilt:

$$bv \simeq CEQ = \text{Eigenkapitalbuchwert}$$
$$x^a \simeq ERG = \text{Ergebnisgröße}$$
$$v \simeq I = \text{Informationsvariable}$$

Die Überleitung der Wertrelationsgleichung des *Feltham-Ohlson*-Modells (1995) in eine empirisch testbare Form erfolgt analog zum gezeigten Vorgehen für das *Ohlson*-Modell (1995). Startpunkt bildet wieder die Wertrelation[578], dargestellt in Gl. (4.23). Zunächst erfolgt eine Substitution der Variablen Eigenkapitalbuchwert bv, operativer Übergewinn ox^a, operatives Vermögen oa und „anderer" Informationen v mit empirisch operationalisierbaren Näherungen respektive CEQ, OI, OA sowie I. Durch Einführung empirischer Schätzer für die Koeffizienten β sowie die Aufnahme eines Störterms ε resultiert schließlich Gl. (4.24). Diese stellt eine Form der Wertrelation des *Feltham-Ohlson*-Modells (1995) dar, die mittels der multiplen linearen Regression geschätzt werden kann.[579]

$$P_t = bv_t + \alpha_1 ox_t^a + \alpha_2 oa_t + \beta_1 v_{1t} + \beta_2 v_{2t} \tag{4.23}$$
$$\Rightarrow P_t = \beta_0 + \beta_1 CEQ_t + \beta_2 OI_t + \beta_3 OA_t + \beta_4 I_{1t} + \beta_5 I_{2t} + \varepsilon_t \tag{4.24}$$

es gilt:

$$bv \simeq CEQ = \text{Eigenkapitalbuchwert}$$
$$ox^a \simeq OI = \text{Operativer Gewinn}$$
$$oa \simeq OA = \text{Operatives Vermögen}$$
$$v \simeq I = \text{Informationsvariable}$$

---

576 Deutlich werden an dieser Stelle wieder die in Kap. 3.4.2.2 auf S. 82 ausführlich diskutierten unterschiedlichen Ansätze der Wertrelevanzforschung im Vergleich zu denen der Fundamentalanalyse und Bewertung. Ein empirischer Test des Bewertungsmodells würde so zunächst eine Schätzung des linearen Informationsmodells und eine Bestimmung der Koeffizienten erfordern, bevor das durch diesen Vorgang kalibrierte Modell empirisch auf Eignung hin überprüft werden könnte. Ein alternatives Vorgehensmodell würde ein kalibriertes Modell zur Identifikation falsch bepreister Wertpapiere mit dem Ziel der Entwicklung lukrativer Handels- bzw. Investitionsstrategien einsetzen.

577 Geschätzt werden multiple lineare Regressionsmodelle mit gepoolten Querschnitts- und Zeitreihendaten. Der Einfachheit halber wird der Index i für das bezogene Unternehmen in Gl. (4.22) fallengelassen.

578 Vgl. *Feltham/Ohlson* (1995), S. 705.

579 Geschätzt werden die Regressionsmodelle mit gepoolten Querschnitts- und Zeitreihendaten. Der Einfachheit halber wird in der Gleichung der Index i für das bezogene Unternehmen fallengelassen.

Die formulierte Beziehung des Unternehmenswertes *P* als empirisch schätzbare lineare Funktion der Variablen *CEQ*, *OI*[580], *OA* und *I* bildet den Ausgangspunkt für die empirische Untersuchung der vorliegenden Arbeit. Die Grundform des empirischen Messmodells wird in Abhängigkeit der vermuteten und in den Hypothesen konzeptionalisierten Zusammenhänge näher spezifiziert und schließlich geschätzt.[581]

4.3. Spezifikation des Messmodells und ökonometrische Fundierung

4.3.1. Wahl der Modellierungsart

Empirische Untersuchungen im Bereich der Wertrelevanzforschung greifen bei der Schätzung der betrachteten Zusammenhänge auf das statistische Instrumentarium der (multiplen) linearen Regression zurück. In der wissenschaftlichen Praxis wirft dies u. a. Fragen nach Art und Spezifikation der angewandten Modellierung auf.[582]

Im relevanten Schrifttum der kapitalmarktorientierten empirischen Forschung in der Rechnungslegung zeigen sich hier in erster Linie zwei Modellierungsvarianten als weit verbreitet und gelten demnach als Standardprozedere.[583] Unterschieden wird zum einen das Preis- oder Levelmodell, das Daten in absoluter und unskalierter Form verarbeitet, und zum anderen das Returnmodell, welches Daten in Form prozentualer Veränderungen einbezieht.[584] Eine ausführliche Diskussion zu weiterführenden Aspekten einer Anwendung von Preis- und Returnmodellen in der kapitalmarktbasierten empirischen Bilanzforschung findet sich in der einschlägigen Literatur.[585] Beide Ansätze basieren theoretisch auf der Wertrelation des *Ohlson*- und *Feltham-Ohlson*-Modells (1995) und lassen sich unter den dort gültigen Annahmen ableiten.[586] Zusätzlich existiert das sog. Differenzenmodell, das Ähnlichkeiten mit dem Returnmodell aufweist, aber deutlich geringer verbreitet ist.[587]

Die Wahl des geeigneten Modellierungsansatzes wird maßgeblich durch zwei Faktoren bestimmt und durch die Forschungsfrage einerseits und ökonometrische Überlegungen andererseits beeinflusst.[588] Die im Rahmen von Wertrelevanzstudien zur Prüfung der statistischen Erklärungskraft eingesetzten Modelle basieren üblicherweise auf dem *Ohlson*- bzw. *Feltham-Ohlson*-Framework. Anwendung finden

---

580 Siehe Def. 5c auf S. 171 zur Definition der Größe.

581 Siehe Kap. 4.4 auf S. 127 zur Hypothesenbildung.

582 Vgl. *Barth* (2000), S. 14.

583 Vgl. *Ota* (2003), S. 6.

584 Vgl. *Gu* (2004), S. 1.

585 Siehe *Christie* (1987); *Kothari/Zimmerman* (1995); *Landsman/Magliolo* (1988) oder auch *Ohlson/Shroff* (1992) ausführlich zu Preis- und Returnmodellen in der kapitalmarktbasierten empirischen Bilanzforschung.

586 Siehe *Ota* (2003), S. 8 f. ausführlich zur Entwicklung eines Preis- und Returnmodells aus den Annahmen des *Ohlson*-Modells (1995).

587 Siehe exemplarisch *Easton/Harris* (1991), S. 21 ff. für eine Herleitung.

588 Vgl. hierzu und im Folgenden *Barth/Beaver/Landsman* (2001), S. 95.

aber auch andere geschlossene Bewertungs- oder Assoziationsmodelle. Die überwiegende Mehrzahl der eingesetzten Modelle drückt dabei den Unternehmenswert in Abhängigkeit der Inputgrößen mittels einer Preis- bzw. Levelmodellierung aus, bedient sich also unskalierter Daten, während der Fokus auf Renditen und skalierten Inputgrößen alternative Ansätze darstellt. Ein intuitives Vorgehen wäre nun die unveränderte Übernahme der implementierten funktionalen Beziehung in das empirische Schätzmodell bzw. eine Ausrichtung der Modellierungsart nach dieser Prämisse. Damit deuten bereits erste Beweggründe auf die Anwendung eines Preis- oder Levelmodells. Ein Schlüsselmerkmal bei der Unterscheidung beider Modellierungsarten stellt aber die untersuchte Fragestellung des Forschungsvorhabens dar.

Eine Preismodellierung bezieht sich auf die Frage, welche Größen generell in Marktpreisen reflektiert werden, während eine Returnmodellierung untersucht, welche Faktoren sich in Preisänderungen über einen bestimmten Zeitraum widerspiegeln.[589] Damit eignet sich die Returnmodellierung vornehmlich für Ereignisstudien, um die Zeitnähe (Timeliness) von Rechnungslegungsdaten zu testen. Entsprechend steht eine Bestimmung des Neuigkeitsgehaltes oder der Entscheidungsrelevanz im Mittelpunkt. Die Fragestellung der vorliegenden Arbeit zielt aber auf die generelle Evaluierung wertrelevanter Faktoren, abgeleitet aus Rechnungslegung und Patenten ab, daher ist bei der Spezifikation des Messmodells eindeutig eine Preismodellierung anzuwenden. Darüber hinaus ist Zeitnähe ausdrücklich kein entscheidendes Moment dieser Forschungsfrage und kann daher vernachlässigt werden.[590] Die Wertrelation in Gl. (4.22) und (4.24) entspricht in der dargestellten Form bereits einer Preismodellierung und wird folgerichtig im Rahmen dieser Arbeit zur empirischen Überprüfung der betrachteten Zusammenhänge eingesetzt.

Die statistische Analyse von Rechnungslegungs- und Kapitalmarktdaten weist weiterhin Besonderheiten auf, die eine potenzielle Anfälligkeit der Ergebnisse für Verzerrungen bedeuten, wenn diese bei der Spezifikation unberücksichtigt bleiben. Beide oben diskutierten Modellierungsansätze zeigen sich in unterschiedlicher Art und unterschiedlichem Ausmaß hiervon betroffen.

Preismodelle sind häufig einem möglichen verzerrenden Einfluss durch Heteroskedastizität und durch in der Regressionsgleichung nicht berücksichtigte erklärende Variablen (omitted-correlated-variable-bias) ausgesetzt.[591] In diesem Zusammenhang sind sog. Größeneffekte (Scale und Scale Effects) von gesteigerter Bedeutung.[592] Diese beziehen sich vereinfacht ausgedrückt auf eine Scheinkorrelation, die genau dann auftreten kann, wenn bei einer Analyse von Kapitalmarkt- und Rechnungslegungsdaten nicht für die Existenz von Größenunterschieden im Querschnitt des Datensatzes kontrolliert wird, d. h. das firmenspezifische Merkmal Größe in der Regression unberücksichtigt bleibt. Da aus den oben genannten

---

589 Vgl. *Gu* (2004), S. 16 oder auch *Barth/Beaver/Landsman* (2001), S. 95.

590 Vgl. *Beaver* (2002), S. 460 f.

591 Vgl. *Barth/Kallapur* (1996), S. 528.

592 Vgl. *Barth* (2000), S. 14 f.

Gründen in der vorliegenden Arbeit eine Preismodellierung implementiert wird, wird nachfolgend ausführlich auf die Thematik von Größeneffekten und geeignete statistische Verfahren zu deren Kontrolle eingegangen.[593]

Die Robustheit von Returnmodellen wird hingegen häufig durch Verzerrungen, ausgehend von einer verspäteten Erfassung wirtschaftlicher Sachverhalte in der Rechnungslegung (Accounting Recognition Lag), sowie durch außergewöhnliche Bestandteile des Periodenergebnisses (Transitory Earnings) negativ beeinflusst.[594] Beide Probleme sind aber im Rahmen der empirischen Untersuchung dieser Arbeit nicht relevant, da auf Preismodelle zurückgegriffen wird. Größeneffekte treten hingegen bei einer Returnmodellierung nicht auf.[595]

4.3.2. Scale und Scale Effects in der empirischen Bilanzforschung

4.3.2.1. Definitorische Abgrenzung und Relevanz

In der kapitalmarktorientierten empirischen Bilanzforschung ist wie bereits angedeutet ein bestimmter ökonometrischer Aspekt von besonderer Relevanz, der auf Größenunterschiede im Querschnitt der betrachteten Unternehmen zurückgeht. Größeneffekte (Scale Effects) können bei einer Regressionsanalyse zum einen zu verzerrten Koeffizienten, zum anderen über Heteroskedastizität zu verzerrten Standardfehlern und genereller Schätzineffizienz führen.[596] In diesem Zusammenhang wird mit dem Begriff Scale üblicherweise Unternehmensgröße in Verbindung gebracht, während die dadurch induzierten Auswirkungen auf die Analyseergebnisse als Scale Effects oder Größeneffekte bezeichnet werden.

Insbesondere Studien zur Wertrelevanz sind aufgrund des zur Beantwortung der Forschungsfrage implementierten Vorgehensmodells von dieser ökonometrischen Besonderheit betroffen, die sich für eine statistische Messung eines Zusammenhangs zwischen Marktwerten und Rechnungslegungsgrößen charakteristisch zeigt. Speziell bei einer Preismodellierung kann die Existenz von Größenunterschieden im Querschnitt der Untersuchungsstichprobe (Scale) über Größeneffekte (Scale Effects) eine Scheinkorrelation auslösen und so die Schätzung des in der Regression modellierten Zusammenhangs signifikant beeinflussen.[597] Als Folge resultiert eine potenzielle Verzerrung der gemessenen Beziehung zwischen Regressand und Regressoren mit weit reichenden Konsequenzen für empirische Ergebnisse, Interpretationsfähigkeit und generierbare Schlussfolgerungen.[598] Aufgrund seiner Bedeutung für die Robustheit der erzielten empirischen Erkenntnisse wird dieser

593 Siehe Kap. 4.3.2 ausführlich zur Thematik der Größeneffekte.

594 Vgl. *Ota* (2003), S. 7.

595 Vgl. *Easton* (1999), S. 404.

596 Vgl. *Barth/Kallapur* (1996), S. 528.

597 Vgl. *Easton* (1999), S. 404.

598 Eine mögliche Verzerrung wirkt sich sowohl auf die Regressionskoeffizienten wie auch das Bestimmtheitsmaß aus. Siehe *Gu* (2004) ausführlich zu dieser Thematik. Eine mögliche Verzerrung des Determinationskoeffizienten bleibt an dieser Stelle aber unberücksichtigt, weil zur Beurteilung einer Wertrelevanz in erster Linie die Koeffizienten relevant sind.

Themenkomplex in der Literatur ausführlich und mitunter kontrovers diskutiert.[599] Eine Reihe von Studien widmet sich dieser Problemstellung, indem potenzielle Auswirkungen auf Analyseergebnisse erörtert sowie adäquate Verfahren zur Bereinigung vorgeschlagen werden.[600]

Während also eine Präsenz von Scale unmittelbar mit Heterogenität im Größenmerkmal der in der Stichprobe enthaltenen Unternehmen gleichzusetzen ist, werden nach herrschender Meinung unter Scale Effects die dadurch ausgelösten Folgen verstanden.[601] Simplifiziert ausgedrückt besagt dies, dass kleine (große) Unternehmen entsprechend geringe (hohe) Werte für Marktkapitalisierung, Eigenkapitalbuchwert, Gewinn etc. aufweisen.[602] Es ist jedoch wichtig festzustellen, dass dieses Verständnis den im Fokus der Untersuchung stehenden Zusammenhang selbst als Auslöser eines Größeneffektes ausschließt.[603] So spiegelt sich der ökonomische Erfolg eines Unternehmens u. a. in Rechnungslegungsgrößen und darauf basierenden Leistungskennzahlen wider, die sich der getesteten Hypothese nach letztlich in einer höheren Marktkapitalisierung niederschlagen.[604] Weil aber zu vermuten ist, dass nicht nur ökonomisch erfolgreiche, sondern auch große Unternehmen höhere Werte in diesen Parametern aufweisen, besteht bei einer statistischen Schätzung der Beziehung zwischen Marktkapitalisierung und Rechnungslegungsgrößen wie beispielsweise Eigenkapitalbuchwert und Gewinn die Möglichkeit, dass die gemessenen Einflüsse wesentlich von Größenunterschieden dominiert und das Ergebnis dadurch substantiell verzerrt wird.[605] Da die Erklärung von Variationen im Marktwert des Eigenkapitals durch den Parameter Unternehmensgröße aber nicht im Fokus der Wertrelevanzforschung steht, bedarf es einer weitgehenden Neutralisierung und Bereinigung des Einflusses. Die dargelegten Überlegungen untermauern demnach die Notwendigkeit, diesen potenziell verfälschenden Effekt zu kontrollieren, um sowohl die Robustheit der Ergebnisse als auch die Validität der abgeleiteten Erkenntnisse sicherzustellen.

4.3.2.2. Implementiertes Vorgehen zur Bereinigung und Kontrolle

Trotz weitgehender Übereinkunft, was Existenz und globale Wirkung von Scale und Scale Effects anbelangt, nämlich eine Verzerrung der empirischen Ergebnisse,

---

599 Vgl. *Ota* (2003), S. 10.

600 Relevante Arbeiten umfassen beispielsweise *Akbar/Stark* (2003); *Barth/Clinch* (2001); *Barth/Kallapur* (1996); *Bernard* (1987); *Brown/Lo/Lys* (1999); *Christie* (1987); *Easton* (1998); *Easton/Sommers* (2003); *Gu* (2004); *Kothari/Zimmerman* (1995); *Landsman/Magliolo* (1988) oder auch *Lo/Lys* (2000a).

601 Alternativ könnte auch der in der Wertrelevanzforschung betrachtete Zusammenhang in Abhängigkeit der Unternehmensgröße unterschiedlich stark ausgeprägt sein. D. h., die Erklärungskraft von Rechnungslegungsdaten für Marktwerte nimmt mit steigender Unternehmensgröße zu oder ab. Da sich in der Literatur aber keinerlei Hinweise auf Theorien finden lassen, die derartige Überlegungen stützen würden, kann im Folgenden von dieser durch ökonomische Gesichtspunkte geleiteten Hypothese abstrahiert werden.

602 Vgl. *Akbar/Stark* (2003), S. 57; *Barth/Kallapur* (1996), S. 528; *Easton* (1998), S. 404; *Easton/Sommers* (2003), S. 26. oder auch *Ota* (2003), S. 10.

603 Vgl. *Barth/Clinch* (2001), S. 2.

604 Vgl. *Barth/Clinch* (2001), S. 5.

605 Vgl. *Ota* (2003), S. 10.

besteht in der Literatur kein allgemeiner Konsens über Definition und mögliche Verfahren zur Kontrolle und Bereinigung der dadurch induzierten Effekte. Vielmehr finden sich deutlich voneinander abweichende Standpunkte, die im Folgenden mit dem Ziel skizziert werden, das für diese Arbeit gewählte Vorgehen zu entwickeln. Dies ist erforderlich, damit eine fundierte Kontrolle des unerwünschten Nebeneffektes bei der empirischen Schätzung der Zusammenhänge sichergestellt ist. Der Fokus liegt, stellvertretend für viele, auf den Arbeiten von *Barth/Clinch* (2001) sowie *Barth/Kallapur* (1996) einerseits und *Easton* (1998) sowie *Easton/Sommers* (2003) andererseits, weil Verständnis und Ansatz der Beiträge diametral auseinandergehen und auf diese Weise ein Überblick über das breite Spektrum an Perspektiven gewährt wird.

Easton (1998) und *Easton/Sommers* (2003) setzen Scale bzw. Unternehmensgröße letztlich mit Marktkapitalisierung gleich und verstehen unter Größeneffekten den signifikanten Einfluss großer Unternehmen in der Stichprobe auf die Regressionsergebnisse.[606] Damit hebt sich ihre Position in beiden Punkten deutlich von der durch *Barth/Clinch* (2001) und *Barth/Kallapur* (1996) vertretenen Meinung ab. Diese definieren Scale als eine unternehmensspezifische Eigenschaft, die aber in keiner unmittelbaren Beziehung zum Fokus der Untersuchung steht.[607] Folglich erfüllt keine der in die Regressionsgleichung einfließenden Faktoren diese Bedingung, was letztlich dazu führt, dass eine Verzerrung hier durch eine fehlende erklärende Variable entsteht (omitted-correlated-variable-bias). Nach Ansicht von *Barth/Clinch* (2001) und *Barth/Kallapur* (1996) hängt Art und Ausprägung von Scale also maßgeblich vom Kontext der gewählten Forschungsfrage und dem implementierten Messmodell ab. Eine direkte Beobachtung eines Größenfaktors ist nach Meinung der Autoren nicht möglich.[608] Stattdessen schlagen sie vor, firmenspezifische Charakteristiken zu betrachten, die potenziell geeignete Näherungen für das Merkmal Größe abgeben.[609] Solche Proxies umfassen üblicherweise Variablen wie Anzahl der ausgegebenen Aktien, Umsatz, Bilanzsumme, Nettoergebnis, Eigenkapitalbuch- und -marktwert.[610]

Entgegen dieser Aussage vertreten *Easton* (1998) und *Easton/Sommers* (2003) den Standpunkt, dass der Marktwert des Eigenkapitals nicht nur die beste Näherung für das abstrakte Merkmal Unternehmensgröße darstellt, sondern vielmehr mit diesem unmittelbar gleichgesetzt werden kann.[611] Ferner merken die Autoren an, dass die Nutzung anderer Näherungen, beispielsweise aus der Rechnungslegung, weit weniger geeignet sei und argumentieren weiter, dass die Marktkapitalisierung als abhängige Variable in der Untersuchung den Maßstab darstellt, vor dem die erklärenden Variablen empirisch evaluiert und validiert werden. Damit stützt jedes Argument, das die Marktkapitalisierung als Benchmark für die Analyse von

606 Vgl. *Easton/Sommers* (2003), S. 26.
607 Vgl. hierzu und im Folgenden *Barth/Clinch* (2001), S. 2.
608 Vgl. *Barth/Kallapur* (1996), S. 530.
609 Vgl. *Barth/Clinch* (2001), S. 6.
610 Vgl. *Barth/Kallapur* (1996), S. 528 f.
611 Vgl. hierzu und im Folgenden *Easton/Sommers* (2003), S. 30.

Daten der Rechnungslegung rechtfertigt, implizit auch deren Verwendung als Größenindikator. Diese Differenzierung stellt den fundamentalen Unterschied der beschriebenen Positionen von *Barth/Clinch* (2001) und *Barth/Kallapur* (1996) auf der einen gegenüber *Easton* (1998) und *Easton/Sommers* (2003) auf der anderen Seite dar. Die Unterscheidung wirkt sich entscheidend auf die Art der vermuteten Verzerrung und die vorgeschlagenen Verfahren zur Bereinigung aus.

Als Grundlage für das weitere Vorgehen folgt diese Arbeit der Argumentation von *Easton* (1998) und *Easton/Sommers* (2003) und definiert die Marktkapitalisierung als Indikator für die Unternehmensgröße. Diese Sicht erscheint vor allem deshalb intuitiv plausibel, weil der Marktwert eines Unternehmens gemeinhin als Richtschnur für die Größe eines Unternehmens Verwendung findet. Beispielhaft können hier Entscheidungen hinsichtlich der Zusammensetzung von Aktienindizes genannt werden. Aufgrund der für die empirische Analyse und zur Beantwortung der Forschungsfragen gewählten Preismodellierung des Messmodells und der damit verbundenen Anfälligkeit für Größeneffekte hat aus ökonometrischer Sicht eine Anpassung an die durch die Existenz von Größenunterschieden in den Datensätzen verursachten besonderen Begebenheiten zu erfolgen. D. h., es muss ein statistisches Schätzverfahren oder eine Spezifikation des Messmodells gewählt und implementiert werden, das einer durch heterogene Unternehmensgrößen im Querschnitt der Stichprobe induzierten möglichen Verzerrung in den Analyseergebnissen (Größeneffekte) entgegenwirkt bzw. dafür kontrolliert.

Wird nun die Argumentation von *Easton* (1998) und *Easton/Sommers* (2003) zugrunde gelegt, dann geht eine Verzerrung in der Regressionsschätzung ursächlich von den absolut größten Beobachtungen in einer Stichprobe aus. Die Autoren dokumentieren anhand einer Simulation, dass erst eine Eliminierung von über 60 % der Beobachtungen eine Bereinigung dieses Effektes erzielt, weshalb solch ein Vorgehen aufgrund starker Einbußen im Stichprobenumfang in der Praxis schlecht anwendbar ist.[612]

Barth/Clinch (2001) und *Barth/Kallapur* (1996) empfehlen zwei alternative Vorgehensweisen: zum einen eine Deflationierung aller Variablen der zu schätzenden Beziehung mit einer der bereits erwähnten Näherungen für den Parameter Scale, oder aber zum anderen eine Aufnahme einer dieser Kennzahlen als zusätzliche, erklärende Variable in die Regressionsgleichung.[613] Die Aufnahme einer zusätzlichen erklärenden Variable, um besagten Einfluss isoliert aufzufangen, führt jedoch zu einer substantiellen Veränderung des modellierten Zusammenhangs. Auf diese Art wird die ökonomische Interpretierbarkeit insbesondere deshalb merklich erschwert, weil einige der aufgeführten Größenproxies, nämlich beispielsweise Eigenkapitalbuchwert oder Jahresergebnis, bereits in vergleichbarer Form Bestandteil des implementierten Modellrahmens sind. Aus diesem Grund erscheint der Vorschlag hier ungeeignet und kommt ebenfalls nicht zur Anwendung.

Eine in der Literatur ebenfalls häufig diskutierte Möglichkeit der Bereinigung stellt in diesem Kontext eine Deflationierung aller Größen mit der Aktienanzahl

612 Vgl. *Easton/Sommers* (2003), S. 40.
613 Vgl. *Barth/Kallapur* (1996), S. 530.

dar und ist mit einer Modellierung auf per-Share-Basis vergleichbar. Allerdings wird dieses Vorgehen u. a. deshalb kritisch hinterfragt, weil die Anzahl der Aktien diskretionärer Kontrolle des Managements obliegt und leicht, z. B. durch einen Aktiensplit, manipuliert werden kann.[614]

Folgt man nun *Easton* (1998) und *Easton / Sommers* (2003) und unterstellt, dass die Marktkapitalisierung nicht bloß eine Näherung für, sondern vielmehr unmittelbar selbst Scale darstellt, ergibt sich als einzig mögliches der diskutierten Verfahren zur Kontrolle und Bereinigung eine Deflationierung der gesamten Gleichung mit eben dieser Größe. Da abhängige und unabhängige Variablen in einer Regressionsschätzung nicht identisch sein dürfen, scheidet nämlich eine Aufnahme der Marktkapitalisierung als weiteren Regressor in die Gleichung als Alternative definitiv aus.[615] Eine Skalierung des Messmodells mit der Marktkapitalisierung führt aber zu der Konsequenz, dass die abhängige Variable den Wert eins annimmt. Diese Spezifikation erscheint zunächst ungewöhnlich, doch stellt sie konzeptionell nichts anderes dar als eine Regression unter Anwendung der Weighted Least Squares-Schätzmethodik (WLS), d. h. einer mit der Marktkapitalisierung gewichteten Schätzung.[616] Die Methodik der gewichteten Kleinstquadrate entspricht genau dann einer Deflationierung mit dem Marktwert, wenn der Gewichtungsfaktor mit dem Kehrwert der quadrierten Marktkapitalisierung gleichgesetzt wird.[617] Der Gewichtungsfaktor fängt zu jedem Beobachtungszeitpunkt unterschiedliche Ausprägungen der Merkmalsträger in einer bestimmten Charakteristik auf.[618] Auf diese Art kann demzufolge auch eine Kontrolle und Bereinigung von Größeneffekten erreicht werden.

Im Folgenden wird für den weiteren Verlauf der Arbeit und insbesondere die empirische Untersuchung die Annahme getroffen, dass die Größe eines Unternehmens primär durch die Marktkapitalisierung repräsentiert und vielmehr sogar direkt damit gleichgesetzt werden kann. Daraus leitet sich als einzig geeignetes Korrekturverfahren für Größeneffekte zwingend eine gewichtete Schätzung der Regressionsgleichung mit dem Verfahren der Weighted Least Squares ab.[619] Diese Maßnahme führt letztlich zu einer deutlichen Reduktion von Verzerrungen in den Koeffizienten, Heteroskedastizität sowie genereller Schätzineffizienz.[620] Mit der eingenommen Sichtweise folgt die Arbeit der von *Easton* (1998) und *Easton / Sommers* (2003) vertretenen Meinung und schließt sich in seiner Vorgehensweise der dort vorgeschlagenen Methode zur Bereinigung und Kontrolle von Größeneffekten an.

---

614 Vgl. *Easton* (1999), S. 404. Zudem wäre es denkbar, dass sich der Größeneffekt so noch verstärkt.

615 Vgl. *Easton / Sommers* (2003), S. 41.

616 Vgl. *Chatterjee / Hadi / Price* (2000), S. 170 sowie *Easton / Sommers* (2003), S. 41.

617 Vgl. *Easton / Sommers* (2003), S. 41.

618 Vgl. *Davidson / MacKinnon* (1993), S. 292.

619 Siehe *Chatterjee / Hadi / Price* (2000), S. 181 ff. oder auch *Maddala* (2003), S. 209 f. zum Schätzverfahren der Weighted Least Squares.

620 Vgl. *Easton / Sommers* (2003), S. 52.

4.3.3. Behandlung einflussreicher Beobachtungen

Ein wichtiger Punkt, dem bei der empirischen Analyse Bedeutung beizumessen ist, stellt die Behandlung einflussreicher Beobachtungen in der Stichprobe dar, weil durch sog. Ausreißer die Schätzergebnisse signifikant in eine Richtung beeinflusst und verzerrt werden können.[621] Die Ergebnisse wären damit nicht länger repräsentativ für alle Elemente der Stichprobe, da sie eventuell nur aufgrund einiger weniger Datenpunkte zustande kämen und gestützt würden. Ein Ausschluss der betreffenden Datenpunkte aus der Modellschätzung könnte so bereits die Lage der Regressionsgeraden signifikant verändern.[622] Diese Tatsache wirkt sich nachteilig auf die Übertragbarkeit der gemessenen Sachzusammenhänge sowie die Ableitung von Implikationen aus. Vor allem in kleinen Stichproben ist diese Problematik präsent und als kritisch anzusehen, wobei sie mit zunehmendem Umfang tendenziell abnimmt. Auch wenn die in dieser Arbeit implementierten Regressionsmodelle nicht unbedingt eine geringe Stichprobengröße aufweisen, so ist diese Thematik dennoch als relevant einzustufen, weil die Validität der Ergebnisinterpretation eng mit der Robustheit der Modellschätzungen verknüpft ist und diese wiederum nachteilig durch Ausreißer beeinflusst wird.

Vor diesem Hintergrund gilt es zu prüfen, ob die Schätzergebnisse nicht generell durch einige wenige Beobachtungen dominiert und die gemessenen Zusammenhänge nicht maßgeblich durch einige wenige Datensätze getragen werden. In der Fachliteratur werden diesbezüglich eine Reihe von Verfahren zur Bereinigung diskutiert. Neben einer pauschalen Eliminierung von Beobachtungen am oberen und unteren Ende des Wertebereichs werden auch deutlich komplexere Ansätze vorgeschlagen. Denkbar ist beispielsweise eine Überprüfung des statistischen Einflusses, den einzelne Datenpunkte auf das Regressionsergebnis ausüben. Damit ließe sich auf Einzelfallbasis eine signifikante Beeinflussung der Lage der Geraden identifizieren und es könnten entsprechende Maßnahmen eingeleitet werden, sprich die Eliminierung des in Frage kommenden Datenpunktes.

Die üblichen methodischen Ansätze unterscheiden zwischen Verfahren, die sich auf ungewöhnliche Ausprägungen zum einen in der Dimension des Regressanden und zum anderen in der der Regressoren beziehen.[623] In diesem Kontext liefert das Maß der Cooks-Distanzen eine Methode, die einen signifikanten Einfluss eines Datenpunktes auf die Regressionsschätzung in beiden Richtungen misst und explizit berücksichtigt.[624] Dieses Vorgehen stellt sicher, dass Beobachtungen aufgedeckt und als Ausreißer klassifiziert werden, die den gemessenen Zusammenhang in mindestens einer Dimension signifikant beeinflussen. Daher werden Cooks-Distanzen

---

621 Vgl. *Maddala* (2003), S. 88.

622 Vgl. *Kvanli/Guynes/Pavur* (1996), S. 614.

623 Im Kontext dieser Arbeit können hier beispielhaft Beobachtungen angeführt werden, die Eigenkapitalbuchwerten Marktwerte zuordnen. Ein spezieller Datenpunkt kann nun in der Ausprägung des Markt- und/oder Eigenkapitalbuchwertes deutlich von den anderen Beobachtungen der Stichprobe in dieser Kategorie abweichen, sprich extrem groß oder klein sein. Siehe hierzu ausführlich *Kvanli/Guynes/Pavur* (1996), S. 615 ff.

624 Siehe *Cook* (1977) ausführlich zu diesem Konzept.

im Rahmen der vorliegenden Arbeit eingesetzt und alle Beobachtungen eliminiert, die den kritischen Wert von 0,8 überschreiten.[625]

4.4. Herleitung und Formulierung der Forschungshypothesen

4.4.1. Kategorisierung und Vorgehen bei der Hypothesenbildung

Die Hypothesenbildung erfolgt differenziert nach Kennzahlen aus den Bereichen Rechnungslegung und Patente und damit analog zur im Verlauf der Arbeit vorgenommenen Einteilung der Datengrundlage. Global aufgestellte Haupthypothesen greifen die in der Einleitung formulierten erkenntnisleitenden Forschungsfragen F 1 und F 2 inhaltlich auf und bilden die Grundlage für eine weiterführende Spezifizierung der vermuteten Zusammenhänge und Berücksichtigung von Einzelaspekten. Damit werden die Hypothesen von einer aggregierten hin zu einer disaggregierten Sicht entwickelt. Auf der untersten Ebene steht letztlich die konkrete Wirkung einzelner Messgrößen auf den Marktwert im Mittelpunkt der Betrachtungen, wobei Hypothesen höherer diejenigen niederer Ordnung zusammenfassen. So können Aussagen in verschiedenen Detaillierungsgraden abgeleitet und Erkenntniszugewinne auf unterschiedlichen Ebenen generiert werden.

Das Fundament für die Hypothesenbildung ruht auf zwei tragenden Säulen und verbindet Aspekte aus Theorie und Empirie zu einem Gesamtgefüge. Theoriegeleitete Aussagen fließen gleichermaßen in die Herleitung ein wie bisherige empirische Erkenntnisse, die die vermuteten Zusammenhänge untermauern. Während die global formulierten Hypothesen durch Aggregation der Erkenntnisse aus den Einzelmodellen der untergeordneten Hypothesen beantwortet werden können, erfordert die Evaluierung auf disaggregierter Ebene eine eingehende Prüfung der Ergebnisse aus den Schätzungen der Regressionsmodelle. Der Fokus liegt überwiegend auf einer Analyse der Koeffizienten, d. h., entscheidend für einen Nachweis von Wertrelevanz sind Vorzeichen und erreichtes Signifikanzniveau.[626] Die Ableitung der Forschungshypothesen hinsichtlich der Wertrelevanz von Rechnungslegungsdaten besteht zum einen aus der Formulierung einer global ausgerichteten Haupthypothese und zum anderen aus der Aufstellung detaillierter Teilhypothesen, die sich maßgeblich an den Komponenten des *Ohlson*- bzw. *Feltham-Ohlson*-Modells (1995) orientieren. [627]

Entsprechend sind die Überlegungen hinsichtlich einer Wertrelevanz von Patenten und derivativen Kennzahlen des betrieblichen Patentierverhaltens strukturiert. Die Bildung der Hypothesen zu den Patentinformationen erfolgt differenziert nach Aktivitäts-, Qualitäts- und Verbindungskennzahlen.[628] Aus diesem Grunde werden neben der Globalhypothese, die eine Wertrelevanz von Patentinformationen im

---

625 Vgl. *Kvanli/Guynes/Pavur* (1996), S. 681.

626 Dieses Vorgehen entspricht dem angewandten Verständnis von Wertrelevanz und spiegelt Elemente des Ansatzes einer inkrementellen Assoziationsstudie wider. Siehe hierzu Kap. 3.4.3 auf S. 86.

627 Siehe Kap. 5.4.3 auf S. 165 ausführlich zur Definition der Rechnungslegungsinformationen.

628 Siehe Kap. 5.4.4 auf S. 171 ausführlich zur Kategorisierung und Definition der Patentinformationen.

Allgemeinen betrifft, drei weitere Teilhypothesen höherer Ordnung aufgestellt, die die genannten Kategorien abdecken. Erst danach erfolgt die Formulierung konkreter Subhypothesen bezüglich einer angenommenen Wirkungsrichtung einzelner Kennzahlen auf den Marktwert.[629]

In der empirischen Untersuchung zur Überprüfung der Hypothesen werden die Behauptungen auf Grundlage der statistischen Ergebnisse der Regressionsmodelle sukzessive verifiziert bzw. falsifiziert. Auf dieser Basis leiten sich dann Erkenntnisse ab und können Implikationen generiert werden.

4.4.2. Hypothesen zur Wertrelevanz von Rechnungslegungsinformationen

Die primäre Zielsetzung des handelsrechtlichen Konzernabschlusses besteht in der Bereitstellung von Informationen.[630] In den Rechnungen des Jahresabschlusses werden wirtschaftliche Sachverhalte abgebildet, die schließlich in standardisierter und geprüfter Form publiziert werden.[631] Vor dem Hintergrund der Informationsfunktion stellt die Konzeption von Wertrelevanzstudien auf eine ex-post-Evaluierung der Zielerreichung ab.[632] Eine wesentliche Bedingung für die Berücksichtigung öffentlich verfügbarer Informationen in Marktpreisen markiert die Informationseffizienz des Kapitalmarktes, gleichzeitig eine Grundannahme des Forschungskonzeptes.[633] Ist diese gewährleistet, kann davon ausgegangen werden, dass Investoren tatsächlich alle frei verfügbaren und aus ihrer Sicht relevanten Informationen für die Evaluierung einer Investitionsgelegenheit heranziehen. Diese Überlegungen unterstreichen, dass Rechnungslegungsdaten als Element der öffentlichen Informationsmenge theoretisch bei der Preisbildung Berücksichtigung finden und demnach auch in Marktpreisen reflektiert werden müssten. Im Umkehrschluss deutet dies mittelbar auf eine Wertrelevanz von Rechnungslegungsinformationen hin.[634]

Daneben existiert noch ein weiterer theoretisch ausgerichteter Anhaltspunkt für eine Wertrelevanz von Größen aus der Rechnungslegung. So liegt ein Schwerpunkt

---

629 Die Aufstellung der Hypothesen erfolgt nach Maßgabe der ökonomischen Intuition bzw. dem vermuteten Zusammenhang. Davon unberührt bleibt das Vorgehen bei dem zur Überprüfung eingesetzten statistischen Instrumentarium der Regressionsanalyse. Dort beinhaltet die Nullhypothese die Vermutung, dass kein signifikanter Zusammenhang zwischen unabhängiger und abhängiger Variable besteht, der Koeffizient also gleich null ist. Dieses Vorgehen begründet sich darin, dass Hypothesen nur direkt verworfen, aber nicht angenommen werden können. Erst die Ablehnung einer Nullhypothese führt im Umkehrschluss zur Annahme der in der alternativen Hypothese niedergelegten Beziehung, dass Koeffizient also signifikant von null verschieden ist. Vgl. *Kvanli/Guynes/Pavur* (1996), S. 278.

630 Siehe Kap. 2.1.2 auf S. 16 ausführlich zur Informationsfunktion des Konzernabschlusses.

631 Aufgrund der strengen Regulierung und Prüfung können Angaben im Jahresabschluss als weitgehend verlässlich und regelkonform angesehen werden.

632 Siehe Kap. 3.4 auf S. 75 ausführlich zum Untersuchungskonzept der Wertrelevanz.

633 Siehe Kap. 2.2.2 auf S. 22 ausführlich zur Markteffizienz.

634 Dass etwa eine Veröffentlichung von Rechnungslegungs- oder anderen Informationen in einem informationseffizienten Marktumfeld wertlos wäre, lässt sich aus der Markteffizienzhypothese nicht folgern. Vielmehr kann argumentiert werden, dass die Einbeziehung eben dieser Informationen gerade zur Markteffizienz beiträgt. Vgl. *Beaver* (1973), S. 55.

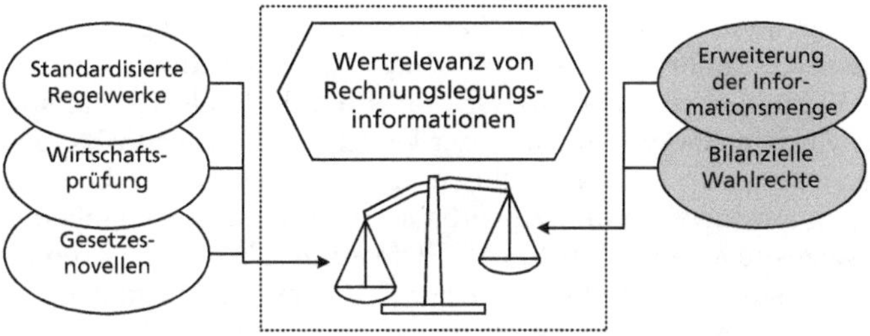

Quelle: Eigene Darstellung

Abbildung 4.3.: Einflussfaktoren auf die Wertrelevanz von Rechnungslegungsdaten

im thematisch verwandten Forschungsfeld der Fundamentalanalyse und Bewertung auf der Entwicklung geschlossener Modelle zur Unternehmensbewertung. Die in der einschlägigen Literatur diskutierten Modelle verwenden überwiegend Finanzdaten mit direktem Bezug auf die Rechnungslegung (Erfolgsgrößen, Cashflow, Dividenden, etc.), um den inneren Wert eines Unternehmensanteiles zu bestimmen. Insbesondere ist hier auch der Modellrahmen von *Ohlson* (1995) bzw. *Feltham/Ohlson* (1995) zu nennen, wo explizit eine Beziehung zwischen Daten der Rechnungslegung und Marktwerten aufgestellt wird.[635] Wenn aber eine Nutzung solcher Bewertungsmodelle durch Kapitalmarktteilnehmer wie Investoren oder Analysten weit verbreitet ist und somit einem Standardvorgehen auch bei der Beurteilung von Investitionsgelegenheiten entspricht, dann ist im Umkehrschluss die Annahme plausibel, dass Marktwerte durch die modellimmanenten Komponenten zumindest teilweise erklärt werden können. Aus der Verwendung von Rechnungslegungsdaten als zentrale Bausteine in geschlossenen Bewertungsmodellen lässt sich also theoretisch eine Verbindung mit dem intrinsischen Unternehmenswert herstellen, die eine Wertrelevanz von Rechnungslegungsinformationen impliziert.

Eine Wertrelevanz von Finanzinformationen lässt sich einerseits aufgrund der Informationsfunktion der Rechnungslegung und andererseits aufgrund der Integration in geschlossene Bewertungsmodelle somit bereits aus den theoretischen Überlegungen folgern. Es existieren allerdings eine Reihe von Kontextfaktoren, die in unterschiedlicher Form potenziell auf eine vermutete Wertrelevanz einwirken. Abb. 4.3 verdeutlicht einige Einflüsse verschiedenen Ursprungs und Wirkungsrichtung auf eine angenommene Wertrelevanz von Rechnungslegungsinformationen.[636]

Die im Jahresabschluss enthaltenen Angaben zur Vermögens-, Finanz- und Ertragslage weisen insgesamt ein hohes Maß an Standardisierung und Verlässlichkeit auf, da sie einem umfangreichen Normen- und Regelwerk unterworfen sind.

635 Siehe Kap. 4.2 auf S. 105 ausführlich zum *Ohlson*- und *Feltham-Ohlson*-Modell(1995).

636 Die Auflistung erhebt nicht den Anspruch der Vollständigkeit, es sollen vielmehr einige wichtige Einflüsse aufgezeigt werden. Die Faktoren auf der rechten Seite wirken sich eher negativ auf eine Wertrelevanz aus, während diejenigen links verstärkend wirken dürften.

Abgesehen von einer strengen Regulierung der Bestimmungen zur Aufstellung und Publikation besteht ferner eine Pflicht zur Prüfung durch eine unabhängige Institution. Diese Aufgabe wird in der Praxis durch den Wirtschaftsprüfer wahrgenommen. Zudem sind vor allem in der letzten Dekade verstärkte Bestrebungen seitens des Gesetzgebers zu verzeichnen, die Transparenz der Unternehmensberichterstattung auszuweiten und zu verbessern, was in der Vergangenheit zu zahlreichen Gesetzesnovellen geführt hat.[637] Die aufgeführten Faktoren dürften sich überwiegend positiv auf eine Relevanz der Rechnungslegungsdaten aus Sicht von kapitalmarktorientierten Investoren auswirken und damit auch eine Wertrelevanz unterstützen.

Demgegenüber stehen aber vor allem zwei Faktoren, die möglicherweise einen konterkarierenden Einfluss ausüben und die Wertrelevanzvermutung aushebeln könnten. Insgesamt hat die Menge öffentlich verfügbarer Informationen in letzter Zeit sowohl quantitativ als auch qualitativ deutlich zugenommen.[638] Damit liegt es nahe, dass Angaben aus der Rechnungslegung einen zunehmend geringer werdenden Anteil an der Gesamtinformationsmenge repräsentieren.[639] In diesem Kontext kann weiter argumentiert werden, dass zudem alternative Informationen zu Unternehmen wie beispielsweise nichtmonetäre und industriespezifische Kennzahlen die öffentliche Informationsmenge erweitern. Als denkbare Konsequenz dieser Entwicklungstendenz könnten Rechnungslegungsinformationen in ihrer Bedeutung zurückgedrängt und vielleicht sogar teilweise ganz verdrängt werden, weil Investoren Informationen zunehmend auch aus anderen Bereichen nachfragen und ihre Bedürfnisse aus alternativen Quellen decken.[640] Ein weiterer Faktor, der eine Wertrelevanz aushöhlen könnte, sind vorhandene Spielräume bei der Gestaltung des Jahresabschlusses. Bilanzpolitik dürfte sich insgesamt negativ auf eine Wertrelevanz der Rechnungslegung auswirken, da zumindest Ergebnisgrößen oftmals bilanzpolitisch motivierten Maßnahmen unterliegen.

Zusammenfassend lässt sich aber festhalten, dass aus den theoriegeleiteten Überlegungen eine Wertrelevanz von Finanzinformationen der Rechnungslegung nicht abgelehnt werden kann und sich vielmehr fundierte Anhaltspunkte ergeben,

---

637 Beispiele hierfür sind die Aktienrechtsnovelle von 1994, das Gesetz zur Kontrolle und Transparenz im Unternehmensbereich (KonTraG) von 1998, das Kapitalaufnahmeerleichterungsgesetz (KapAEG) ebenfalls von 1998, sowie die Finanzmarktförderungsgesetze von 1990, 1994, 1998 und 2002.

638 Vgl. *Kutzer* (1997), S. 118 ff.

639 In diesem Zusammenhang dokumentieren beispielsweise *Francis / Schipper / Vincent* (2002) eine deutliche Zunahme der Informationsmenge, die die Pressemitteilung zur Gewinnveröffentlichung begleitet. Oftmals werden im Jahresabschluss öffentlich gemachte Angaben auch durch andere, zeitnäher publizierte Informationen zumindest in Teilen vorweggenommen. D. h., ein Neuigkeitsgehalt der im Jahresabschluss enthaltenen Daten ist nicht notwendigerweise gegeben, so dass diesen daher eine bestätigende Funktion zugeschrieben werden kann. *Coenenberg* spricht in diesem Zusammenhang auch von einer „Hygienefunktion" des Jahresabschlusses. Vgl. *Coenenberg* (2003), S. 1203, 1205, 1208 f. u. 1215. Der negative Effekt der sog. doppelten Veraltung der Rechnungslegung, ausgelöst durch eine geringe Zeitnähe des Berichtswesens, wird durch eine zunehmende unterjährige Berichterstattung aufgefangen. Vgl. *Baetge* (1998), S. 56. Zeitnähe ist aber, wie bereits an anderer Stelle dieser Arbeit erläutert, kein relevanter Aspekt auf dem Gebiet der Wertrelevanzforschung, weshalb dieser Einwand verworfen werden kann.

640 Vgl. *Rimerman* (1990), S. 79.

die auf sie hindeuten. Breite Bestätigung findet diese Vermutung auch in empirischen Befunden bisheriger Forschungsbeiträge. Eine Reihe von Studien für den US-amerikanischen wie auch den deutschen Raum stützen eine Wertrelevanz von Rechnungslegungsinformationen, wenngleich uneinheitliche Ergebnisse bezüglich des Zeitreihenverhaltens zu verzeichnen sind.[641]

So analysieren *Collins/Maydew/Weiss* (1997) für den Zeitraum von 1953 bis 1993 die Wertrelevanz von Rechnungslegungsinformationen anhand einer Kombination aus Gewinngrößen und Buchwerten des Eigenkapitals und dokumentieren eine leichte Zunahme des Wertes. *Francis/Schipper* (1999) untersuchen für das Zeitfenster von 1952 bis 1994 ebenfalls Ergebnisgrößen und Eigenkapitalbuchwerte hinsichtlich einer Relevanz für Börsenwerte. In ihrer Studie erzielen die Autoren ein ähnliches Ergebnis wie bereits *Collins/Maydew/Weiss* (1997) und weisen übereinstimmend eine geringe Steigerung der Wertrelevanz im Betrachtungshorizont nach. Hingegen belegen *Lev/Zarowin* (1999) im Rahmen ihrer Untersuchung für die Periode von 1978 bis 1996 eine sinkende Wertrelevanz von Rechnungslegungsinformationen. Weiter nehmen *Brown/Lo/Lys* (1999) in ihrem Papier Bezug auf die Ergebnisse von *Collins/Maydew/Weiss* (1997) und *Francis/Schipper* (1999), indem sie die Untersuchungen replizieren. Entgegen der ursprünglichen Erkenntnis eines geringen Anstiegs der Wertrelevanz deuten die Ergebnisse von *Brown/Lo/Lys* (1999) hingegen auf eine leichte Abnahme hin.[642] Die bislang genannten Studien konzentrieren sich vornehmlich auf den US-amerikanischen Markt und das dortige Rechnungslegungssystem, wohingegen für das hiesige Umfeld deutlich weniger Untersuchungen existieren. Als eine umfangreiche Arbeit neueren Datums kann *Vorstius* (2004) angeführt werden. Der Autor analysiert u. a. die Wertrelevanz von handelsrechtlichen Rechnungslegungsinformationen in Deutschland im Zeitablauf und berichtet für die Periode von 1980 bis 2000 eine geringe Abnahme. Unterstützung für die These einer Wertrelevanz der handelsrechtlichen Rechnungslegung liefern auch die Arbeiten von *Harris/Lang/Möller* (1994, 1995) und *Stroman* (2003), die einen Vergleich der unterschiedlichen Systeme in den USA und Deutschland anstrengen.

Die in diesem Abschnitt geführte Diskussion erörtert unter Einbeziehung sowohl theoretischer wie auch empirischer Aspekte die Bedeutung von Rechnungslegungsinformationen für kapitalmarktorientierte Investoren. Alle Anzeichen deuten darauf hin, dass Finanzinformationen Wertrelevanz zugeschrieben werden kann, und insbesondere die empirischen Erkenntnisse bekräftigen diese These. Dabei ist das Zeitreihenverhalten der Wertrelevanz unerheblich, weil der Veränderung im Zeitablauf für die in der vorliegenden Arbeit gestellten Forschungsfragen lediglich periphere Bedeutung zukommt. Somit wird eine globale Hypothese H 1 formuliert

641 Für eine isolierte Betrachtung der Wertrelevanz von Rechnungslegungsdaten spielt diese Beobachtung zunächst keine tragende Rolle. Allerdings wird der Zusammenhang bei der Argumentation wieder aufgegriffen, die der nachfolgenden Hypothesenbildung zu Patentinformationen zugrunde liegt.

642 Die abweichenden empirischen Resultate lassen sich aber durch eine unterschiedliche Spezifikation des Messmodells erklären. So kritisieren *Brown/Lo/Lys* (1999) die Studien von *Collins/Maydew/Weiss* (1997) und *Francis/Schipper* (1999) auf der Basis, dass keine Kontrolle für Größeneffekte in den Modellen erfolgt.

und allgemein eine Wertrelevanz von Rechnungslegungsinformationen postuliert. In diesem Sinne lehnt sich die Formulierung der Haupthypothese H 1 zur Wertrelevanz von Finanzinformationen der Rechnungslegung der erkenntnisleitenden Forschungsfrage F 1 an.[643]

Hypothese 1 (Wertrelevanz von Rechnungslegungsinformationen) *Die im Konzernabschluss, der nach den Regelungen des HGBs aufgestellt wurde, publizierten Rechnungslegungsinformationen sind wertrelevant, d. h., sie besitzen (statistisch signifikante) Erklärungskraft für den am Kapitalmarkt erzielten Marktwert des Eigenkapitals.*

Die Haupthypothese H 1 schreibt Rechnungslegungsdaten Wertrelevanz auf einer globalen Ebene zu und stellt ein Dach dar, unter dem die näher spezifizierten Teilhypothesen H 1a bis H 1c zusammengefasst werden. Die einzelaspektbezogenen Teilhypothesen werden gemäß der im *Ohlson*- bzw. *Feltham-Ohlson*-Modellrahmen enthaltenen Variablen formuliert und umfassen demzufolge die Größen Eigenkapitalbuchwert (*CEQ*), operatives Vermögen (*OA*) und operativer Gewinn (*OI*). Während in den Hypothesen H 1a bis H 1c einheitlich eine Wertrelevanz der betrachteten Messgrößen unterstellt wird, wird zudem generell eine positive Wirkungsrichtung auf den Marktwert erwartet.[644] Im Rahmen der empirischen Messmodelle wird eine Wertrelevanz bereits bei einem signifikanten Regressionskoeffizienten als gesichert angesehen; durch die vermutete positive Richtung der Beziehung wird zusätzlich das Vorzeichen des Koeffizienten der getesteten Variablen näher bestimmt.

Teilhypothese 1a (Eigenkapitalbuchwert) *Der Eigenkapitalbuchwert (CEQ) ist wertrelevant, d. h., er besitzt (statistisch signifikante) Erklärungskraft für den am Kapitalmarkt erzielten Marktwert des Eigenkapitals.*

Teilhypothese 1b (Operatives Vermögen) *Das operative Vermögen (OA) ist wertrelevant, d. h., es besitzt (statistisch signifikante) Erklärungskraft für den am Kapitalmarkt erzielten Marktwert des Eigenkapitals.*

Teilhypothese 1c (Operativer Gewinn) *Der operative Gewinn (OI) ist wertrelevant, d. h., er besitzt (statistisch signifikante) Erklärungskraft für den am Kapitalmarkt erzielten Marktwert des Eigenkapitals.*

4.4.3. Hypothesen zur Wertrelevanz von Patentinformationen

Die Ausführungen im vorausgehenden Abschnitt liefern aus theoretischer wie auch empirischer Sicht Anhaltspunkte für eine Wertrelevanz von Rechnungslegungsinformationen und fundieren so die abgeleiteten Hypothesen H 1 und H 1a bis H 1c. Auch wenn das Zeitreihenverhalten der Wertrelevanz, also die Veränderung des

643 Siehe Forschungsfrage F 1 auf S. 8.

644 Die Wirkungsrichtung bezieht sich hier ausdrücklich nicht auf eine Kausalität, sondern lediglich auf die Richtung eines Zusammenhangs der Messgrößen.

Wertes im Zeitablauf, für die Fragestellung der vorliegenden Arbeit an sich unerheblich ist, kommt diesem bei der Herleitung der Hypothesen zur Wertrelevanz von Patentinformationen dennoch eine gewisse Bedeutung zu, da weiterführende Überlegungen an genau diesem Punkt ansetzen.

Veränderungen in den Rahmenbedingungen deuten bereits auf ein Abschwächen der Wertrelevanz von Rechnungslegungsinformationen über den Beobachtungshorizont hin. So wird in der Literatur von einigen Seiten die Meinung vertreten, dass die Rechnungslegung den Anforderungen eines schnellen Wandels ökonomischer Kontextfaktoren nicht länger gerecht wird und sich im Besonderen für wachstumsorientierte Industriezweige in zunehmendem Maße als nicht ausreichend erweist.[645] Die These einer sinkenden Wertrelevanz von Finanzinformationen findet darüber hinaus Unterstützung in den Erkenntnissen einer Reihe empirischer Arbeiten.

Als einflussreich können hier insbesondere die Papiere von *Lev/Zarowin* (1999) und *Brown/Lo/Lys* (1999) angeführt werden, die eine sinkende Wertrelevanz für das US-amerikanische Marktumfeld dokumentieren. Übereinstimmend weist *Vorstius* (2004) für Deutschland und die handelsrechtliche Berichterstattung eine vergleichbare Entwicklung nach. Der beobachtete Rückgang in der Wertrelevanz von Rechnungslegungsgrößen kann u. a. als Folge einer Ausweitung der öffentlich verfügbaren Informationsmenge gewertet werden.[646] Es liegt daher die Vermutung nahe, dass bei einer Evaluierung von Investitionsgelegenheiten neben Rechnungslegungsinformationen vermehrt auch Kennzahlen in den Blickpunkt von kapitalmarktorientierten Anlegern rücken, die nicht integraler Bestandteil der standardisierten und gesetzlich verankerten Publizitätsvorschriften sind. Investoren greifen also zunehmend auch auf andere Quellen neben dem Jahres- bzw. Konzernabschluss zurück, wenn die dort vermittelten Angaben als unzureichend eingestuft werden, um ihre Informationsbedürfnisse zu decken.[647] Als eine wesentliche Konsequenz führt diese Entwicklung bei Ausweitung der Gesamtmenge an verfügbaren Informationen zu einer deutlichen Schwächung der relativen Bedeutung der Rechnungslegung.

Einen wesentlichen Indikator für die Bedeutsamkeit immateriellen Vermögens und ggf. alternativer nichtbilanzieller Kennzahlen für die Marktbepreisung von Unternehmensanteilen liefert die Analyse des Markt-Buchwert-Verhältnisses.[648] Über das Zeitfenster der Untersuchung lässt sich ein Anstieg dieser Relation zeigen, was folglich eine größer werdende Lücke zwischen beiden Werten ausdrückt. Mit einer sich öffnenden Markt-Buchwert-Schere ergeben sich signifikante Anzeichen für einen Bedeutungszugewinn immaterieller Vermögensgegenstände.[649] Die Be-

645 Vgl. *Francis/Schipper* (1999), S. 323 f. oder auch *Edvinsson/Brünig* (2000), S. 12.

646 Vgl. *Vorstius* (2004), S. 106 ff.

647 Vgl. hierzu und im Folgenden *Rimerman* (1990), S. 79.

648 Siehe Kap. 6.3 auf S. 210 zur Entwicklung des Bewertungsniveaus und immateriellen Vermögens im Beobachtungszeitraum.

649 In diesem Zusammenhang ist auch die Arbeit des *Arbeitskreises Immaterielle Werte im Rechnungswesen* der Schmalenbach-Gesellschaft für Betriebswirtschaft e. V. zu nennen, der sich i. w. S. mit der Thematik einer steigenden Bedeutung immaterieller Vermögensgegenstände in der Unternehmenspraxis befasst.

obachtung impliziert, dass die Rechnungslegung die Vermögens-, Finanz- und Ertragslage eines Unternehmens zunehmend weniger realitätsnah abzubilden in der Lage ist.[650] Die beschriebenen Rahmenbedingungen schaffen Forschungsbedarf und lenken das Interesse insbesondere der empirischen Forschung auf dieses Themengebiet. Damit rückt eine kritische Evaluierung der Informationsfunktion der Rechnungslegung unweigerlich in den Mittelpunkt des wissenschaftlichen Interesses, so dass Studien zu verschiedenen Fragestellungen initiiert werden.

Die Untersuchungen erstrecken sich vor allem auf drei Industriebereiche, in denen immaterielles Vermögen und Wachstum eine besondere Rolle spielen. Dies sind die Sektoren Telekommunikation-, Internet- und Hoch-Technologie. Für die Erklärung von Marktwerten werden nun immaterielle Vermögensgegenstände oder auch alternative Kennzahlen herangezogen, die explizit kein Bestandteil der gesetzlichen Publizitätsbestimmungen sind. Analysiert werden Positionen, für die explizit ein Aktivierungsverbot besteht, wie z. B. Patente oder Aufwendungen für Forschung und Entwicklung, aber auch alternative Leistungskennzahlen, die keinen unmittelbar finanziellen Hintergrund haben.[651] Empirische Studien liefern weitestgehend Bestätigung für die These, dass die oben angesprochene Wertlücke durch immaterielle Vermögensgegenstände einerseits und alternative Informationsvariablen andererseits zumindest in Teilen ausgefüllt und erklärt werden kann.

Frühe, richtungsweisende Arbeiten auf diesen Gebieten umfassen z. B. *Lev/Sougiannis* (1996), *Aboody/Lev* (1998) oder auch *Amir/Lev* (1996). Ein speziell zum Ende der letzten Dekade vielbeachteter Bereich ist die Wertrelevanz von Webmetrics, die ein Nutzungsverhalten von Internetkunden beschreiben. Hier zeigen eine Reihe von Studien, dass webbasierte Kenngrößen für junge Unternehmen der New Economy Relevanz für die Marktwertentwicklung besitzen. Exemplarisch können *Demers/Lev* (2001), *Hand* (2003, 2001) und *Trueman/Wong/Zhang* (2000, 2001) für den US-amerikanischen Raum oder auch *Trautwein/Vorstius* (2004) für Deutschland angeführt werden. Arbeiten, die Patente und auch derivative Patentkennzahlen auf Wertrelevanz prüfen und größtenteils zu einem positiven Schluss kommen, komplettieren das Bild dieses Forschungsstranges. Beispielhaft sind *Hirschey/Richardson/Scholz* (2001), *Toivanen/Stoneman/Bosworth* (2002) und auch *Wyatt/Matolcsy* (2004) zu nennen.[652]

Gemeinsame Idee der genannten Studien ist, dass bei der Analyse der Wertrelevanz von einem ausschließlichen Fokus auf Rechnungslegungsinformationen abstrahiert wird. Es fließen zusätzlich Angaben zu immateriellen Vermögensgegenständen, für das Patente beispielhaft sind, aber auch industriespezifische, nichtmonetäre Kenngrößen in die Untersuchungen ein. Bei dieser speziellen Kon-

650 Vgl. *Haller/Dietrich* (2001), S. 1045.

651 Zu den untersuchten Faktoren zählen sowohl nicht bilanzierungsfähige immaterielle Vermögensgegenstände, wie beispielsweise selbsterstellte Patente oder Software, als auch nichtmonetäre Messgrößen aus den Bereichen Kunden und Kundenverhalten, wie z. B. die Nutzungsstrukturen webbasierter Angebote.

652 Weitere Arbeiten auf den angesprochenen Gebieten und Fragestellungen sind in Tab. 3.1 auf S. 40 aufgeführt.

zeption der Fragestellung steht nicht allein die Erklärung der Marktbewertung mit wirtschaftlichen Erfolgen der Vergangenheit im Vordergrund, beschrieben durch aktuelle Größen der Rechnungslegung, sondern vielmehr die Berücksichtigung von Wertschöpfungspotenzialen, deren Umfang und Dimension durch die betrachteten Parameter näherungsweise abgebildet werden.

Im Besonderen können Aktivitäten in Forschung und Entwicklung die aktuelle wie auch künftige wirtschaftliche Lage eines Unternehmens nachhaltig beeinflussen und stellen einen wesentlichen Erfolgsfaktor dar.[653] Patente spielen in diesem Zusammenhang als eine elementare Stufe im Innovationsprozess[654] und als Indikator für die zukünftige Ertragslage eines Unternehmens eine wichtige Rolle. Angaben über das Patentportfolio eines Unternehmens geben schon theoretisch eine gute Näherung für Wertschöpfungspotenziale ab, weil die gewerbliche Nutzbarkeit einer Erfindung eine gesetzlich kodifizierte Grundvoraussetzung[655] für die Erteilung eines Patentes ist.[656] Gewerbliche Schutzrechte gewähren über das Ausschließlichkeitsprinzip ein zeitlich begrenztes Monopol und sichern so Pioniergewinne, was zu einer erheblichen Reduktion des finanziellen Risikos von Forschungsaktivitäten führt.[657] Zudem kommt Patenten eine Informationsfunktion über Erfindungen und technische Neuerungen zu. Patente stellen daher auch eine bedeutende Quelle an technologischem Wissen dar, das u. a. bei Patentanalysen für betriebliche Zwecke genutzt werden kann.[658] Patente stellen folglich, so sie denn wirtschaftlich wie technologisch bedeutsam sind, eine wichtige Quelle zukünftigen Wohlstandes dar.[659]

Diese Überlegungen werden u. a. durch die Arbeiten von *Schumpeter* (1961, 1987a,b) untermauert, dessen Argumentation eine Verbindung zwischen Innovationen auf der einen und zukünftigen Zahlungsströmen und Wachstumsraten auf der anderen Seite herstellt. Dadurch offenbart sich unmittelbar ein deutlicher Informationsnutzen von Innovationsproxies für die Unternehmensbewertung. Eine Wirkung von Patenten auf den Unternehmenserfolg in nachfolgenden Perioden lässt sich zudem empirisch belegen, so weist *Ernst* (1999, 2001) unter Berücksichtigung einer zeitlichen Verschiebung des Einflusses einen signifikanten Zusammenhang mit der zukünftigen Umsatzentwicklung nach.

Die dargelegten theoriegeleiteten Überlegungen zur Relevanz von Patenten und daraus abgeleiteten Informationen für den Kapitalmarkt werden durch eine Reihe empirischer Arbeiten, die sich i. w. S. inhaltlich mit dieser Thematik befassen,

---

653 Vgl. *Brockhoff* (2001), S. 51 u. 64. Siehe *Brockhoff* (1999a) m. w. N. zur Bedeutung der betrieblichen Forschung und Entwicklung für den wirtschaftlichen Erfolg.

654 Siehe *Brockhoff* (1999b), S. 486 für eine Darstellung der einzelnen Stufen im Innovationsprozess.

655 Siehe § 1 Abs. 1 und § 5 Abs. 1

656 Siehe Kap. 2.3 auf S. 26 ausführlich zu Grundzügen des Patentwesens.

657 Vgl. *Rebel* (2003), S. 1.

658 Siehe *Breitzman / Mogee* (2002), S. 199 ff. oder auch *Ernst* (1996), S. 36 u. 89 ff. für eine Übersicht zu den verschiedenen Anwendungsbereichen der Patentanalyse in einem industriellen Kontext.

659 Entscheidende Bedeutung kommt einer Qualitätsbetrachtung zu, da einzelne Patente nicht gleichwertig sind und sich im Gegenteil durch ein z. T. hohes Maß an Heterogenität kennzeichnen. Derivative analytische Kennzahlen können dahingehend annähernd eine Differenzierung leisten.

nachhaltig untermauert.[660] Wie schon bei der Herleitung der Hypothese zur Bedeutung von Finanzinformationen der Rechnungslegung aus Sicht des Kapitalmarktes, sprechen also auch an dieser Stelle theoretische Gründe wie empirische Nachweise deutlich für die These einer Wertrelevanz von Patenten und daraus abgeleiteter analytischer Kennzahlen des betrieblichen Patentierverhaltens.[661] Im Besonderen beschreiben die in der vorliegenden Arbeit operationalisierten Messgrößen das Patentportfolio der Stichprobenunternehmen quantitativ wie auch qualitativ. Es wird ein informatives Bild der Stärke des Patentportfolios eines Unternehmens und damit eines wesentlichen Vermögensgegenstandes und der Quelle zukünftiger Wertschöpfung gezeichnet. Erleichtert wird zudem die technologische Positionierung im Marktumfeld sowohl absolut als auch relativ zum Gesamtmarkt, was die Einschätzung zukünftiger Umsatzsteigerungen, und daraus generierbarer Zahlungsströme, erleichtert. Gemäß dem bei Gültigkeit der Markteffizienzhypothese unterstellten Mechanismus finden Erwartungen über zukünftige wirtschaftliche Erfolge Berücksichtigung in heutigen Wertpapierkursen.[662] Deshalb sind diese Größen von hohem potenziellen Interesse für kapitalmarktorientierte Anleger, die auf deren Kenntnis Investitionsentscheidungen fundieren können. Im Mittelpunkt der Betrachtungen stehen demzufolge Forschungsleistung und technologisches Potenzial der Unternehmen, das beides einen nicht unerheblichen Indikator für zukünftige Wertschöpfungspotenziale darstellt und sich deshalb – so die Hypothese – im Marktwert widerspiegelt.

Die Bildung konkreter Forschungshypothesen erfolgt i. A. a. das Vorgehen für die Rechnungslegungsinformationen, also unterteilt in Ebenen unterschiedlichen Detaillierungsgrades. Zunächst erfolgt die Aufstellung einer globalen Hypothese, die dann sukzessive weiter spezifiziert wird. Hypothese H 2 formuliert den vermuteten Zusammenhang zwischen Patentinformationen und Marktwerten formell und schreibt Patentinformationen, aufgrund der dargestellten Argumente und eindeutigen Anhaltspunkte, eine Wertrelevanz zu.

Hypothese 2 (Wertrelevanz von Patentinformationen) *Patente und derivative analytische Kennzahlen des betrieblichen Patentierverhaltens sind wertrelevant, d. h., sie besitzen (statistisch signifikante) Erklärungskraft für den am Kapitalmarkt erzielten Marktwert des Eigenkapitals.*

Die unter dem Begriff Patentinformationen subsumierten Kennzahlen gliedern sich weiter in die drei Bereiche Aktivität, Qualität und Verbindung.[663] Es schließt sich eine dezidierte Betrachtung der Hypothesenbildung in den einzelnen Kategorien an.

---

660 Siehe *Hall* (2000) für einen Überblick zu relevanten Forschungsbeiträgen.

661 *Hirschey / Richardson / Scholz* (2001) und *Wyatt / Matolcsy* (2004) bestätigen eine Wertrelevanz vergleichbarer Kennzahlen für den US-amerikanischen Raum.

662 Durch ein rekursives Vorgehen bei Wertrelevanzstudien werden so im Rahmen dieser Arbeit Marktwerte, und damit implizit auch inhärente Erwartungen an zukünftige Zahlungsströme, mit einer Kombination vergangenheitsbezogener Daten der Rechnungslegung und in die Zukunft gerichteter Informationen über Patente erklärt.

663 Siehe Kap. 5.4.4.1 auf S. 171 ausführlich zur Kategorisierung und Definition der Kennzahlen.

4.4.3.1. Aktivitätsniveau des betrieblichen Patentierverhaltens

Aus oben genannten Gründen lässt sich für die quantitative Dimension der Patentieraktivität einer Firma ceteris paribus ein positiver Einfluss auf die Marktbewertung erwarten. Hinter dieser Vermutung steht die Annahme, dass damit auch eine deutlich größere zukünftige Einnahmequelle angedeutet wird, was für Investoren von gesteigertem Interesse ist und sich unter der Prämisse effizienter Märkte im Marktwert widerspiegelt. Im Umkehrschluss gilt dann, dass diese Messgrößen Erklärungsgehalt für den Marktwert aufweisen, der bei einer Wertrelevanzuntersuchung nachgewiesen werden kann. Dieser Überlegung folgend werden Aktivitätskennzahlen des betrieblichen Patentierverhaltens entsprechend als wertrelevant eingestuft, und es leitet sich Hypothese H 2a ab, die den Zusammenhang formal festhält.[664]

Teilhypothese 2a (Aktivitätskennzahlen) *Aktivitätskennzahlen des betrieblichen Patentierverhaltens sind wertrelevant, d. h., sie besitzen (statistisch signifikante) Erklärungskraft für den am Kapitalmarkt erzielten Marktwert des Eigenkapitals.*

Als eine grundlegende und intuitiv einleuchtende Kennzahl ordnet sich die Anzahl der Patente in die Rubrik Aktivität ein.[665] Während grundsätzlich der Aussage Gültigkeit beigemessen werden kann, dass der Wert eines Patentportfolios positiv mit dessen Umfang bzw. Größe korreliert, gilt gleichzeitig einschränkend, dass einzelne Patente hinsichtlich ihres ökonomischen Nutzens z. T. deutlich divergieren. Der Wert eines Patentportfolios kann also nicht notwendigerweise eindeutig durch die Anzahl der enthaltenen Elemente beschrieben werden, was sich letztlich negativ auf die Wertrelevanzvermutung auswirkt. Da ein genaues Ausmaß dieses Effektes aber nicht ohne weiteres messbar ist, wird trotz dieses gegenläufigen Einflusses an der ursprünglich geäußerten Hypothese einer Wertrelevanz festgehalten und entsprechend der Messgröße Anzahl der Patente Wertrelevanz zugeschrieben. Diese Vermutung wird in Hypothese H 2a.1 zusammenfassend ausgedrückt. Zusätzlich wird eine positive Wirkungsrichtung der Beziehung zwischen Kenngröße und Marktwert des Eigenkapitals erwartet, d. h., der Regressionskoeffizient weist ein positives Vorzeichen auf und ist signifikant.

Subhypothese 2a.1 (Anzahl der Patente) *Die Anzahl der Patente (NOP) ist wertrelevant, d. h., sie besitzt (statistisch signifikante) Erklärungskraft für den am Kapitalmarkt erzielten Marktwert des Eigenkapitals.*

4.4.3.2. Qualität und technologische Stärke des Patentportfolios

Wie bereits angedeutet, ist eine Quantitätsbetrachtung des betrieblichen Patentierverhaltens allein nicht hinreichend, um den Wert der von einem Unternehmen gehaltenen Patente möglichst genau zu bestimmen. Vielmehr ist es hierzu unerlässlich, auch qualitätsorientierte Faktoren zu berücksichtigen. Die Hauptschwierigkeit

664 Siehe Kap. 5.4.4.2 auf S. 174 ausführlich zu Aktivitätskennzahlen.
665 Siehe Def. 6a auf S. 175 für eine ausführliche Definition und Beschreibung.

bei der Patentanalyse besteht demnach in einer exakten Beurteilung der Werthaltigkeit eines Patentes bzw. der wirtschaftlichen wie technologischen Bedeutung der darin niedergelegten Erfindung.

Diese Aufgabe kann durch derivative analytische Kennzahlen, genauer Qualitätskennzahlen des betrieblichen Patentierverhaltens, näherungsweise geleistet werden.[666] Sie zielen vornehmlich darauf ab, auf Basis einer Analyse der Zitierhäufigkeit die Qualität eines Patentes oder Portfolios an Patenten zu bestimmen.[667] Da der Wert des Patentportfolios eines Unternehmens über den Mechanismus effizienter Märkte definitionsgemäß im Marktpreis Berücksichtigung findet, liegt die Vermutung nahe, dass Faktoren, die Aufschluss über eine Werthaltigkeit von Patenten gewähren, im Umkehrschluss notwendigerweise auch Erklärungskraft für Marktwerte besitzen, also i. S. d. Fragestellung der vorliegenden Arbeit wertrelevant sind.[668] Entsprechend kann Hypothese H 2b aufgestellt werden, die Qualitätskennzahlen des betrieblichen Patentierverhaltens formal eine Wertrelevanz zuweist.[669]

Teilhypothese 2b (Qualitätskennzahlen) *Qualitätskennzahlen des betrieblichen Patentierverhaltens sind wertrelevant, d. h., sie besitzen (statistisch signifikante) Erklärungskraft für den am Kapitalmarkt erzielten Marktwert des Eigenkapitals.*

Relevante und in der vorliegenden Arbeit operationalisierte Messgrößen des Typs Qualitätskennzahl umfassen Zitate pro Patent sowie Einflussstärke und Technologiestärke, deren gemeinsame Basis in einer Betrachtung der Zitierhäufigkeit liegt.[670] Wichtig hierbei ist die Erkenntnis, dass die Anzahl der Zitate, die ein Patent auf sich vereint, nachweislich eine Indikatorfunktion unmittelbar für den technologischen, und daher auch mittelbar für den wirtschaftlichen Wert besitzt.[671]

Die Kennzahl Zitate pro Patent misst die Häufigkeit der Verweise, die ein Patent oder auch ein Patentportfolio in nachfolgenden Patentschriften auf sich vereint, und tätigt damit eine absolute Aussage. Die Einflussstärke hingegen rebasiert vereinfacht ausgedrückt diese Information und setzt sie ins Verhältnis zum patentsystemweiten Durchschnittswert, womit es sich nunmehr um eine relative Aussage handelt. Die Technologiestärke ist wiederum ein absoluter Wert, der simplifiziert dargestellt angibt, wie stark ein Patentportfolio oder auch ein einzelnes Patent in technologischer Hinsicht ist.

Insgesamt kann durch diese Kennzahlen das Portfolio eines Unternehmens absolut wie auch relativ zum Patentsystem mit Blick auf den technologischen und

666 Siehe *Bosworth / Filiou / Longland* (2003) ausführlich zur Qualität von Patenten.

667 Siehe exemplarisch *Ernst* (1996) zur Bedeutung von Patentinformationen.

668 Im Folgenden wird vermehrt auf das Patentportfolio eines Unternehmens Bezug genommen. Die Aussagen sind aber prinzipiell auch auf einzelne Patente übertragbar, da ein einzelnes Patent mit einem Portfolio bestehend aus nur einem Element gleichgesetzt werden kann. Alle derivativen analytischen Patentkennzahlen sind also grundsätzlich auf Ebene einzelner Patente wie auch auf ganze Portfolios anwendbar. Dies rechtfertigt eine weitgehend synonyme Verwendung der Begriffe in den folgenden Ausführungen.

669 Siehe Kap. 5.4.4.3 auf S. 176 ausführlich zu Qualitätskennzahlen.

670 Siehe Def. 6b bis 6d auf S. 177–182 ausführlich zu Definition und Beschreibung der Kennzahlen.

671 Siehe *Harhoff* et al. (1999; *Harhoff / Scherer / Vopel* (2003) zur Bedeutung von Zitaten für den Wert eines Patentes.

daraus abgeleitet auch ökonomischen Wert charakterisiert werden. Darin begründet sich ein hoher Stellenwert dieser Kennzahlen bei der Patentanalyse und ein potenziell gesteigertes Interesse insbesondere für kapitalmarktorientierte Investoren. Alle erwähnten Größen stehen in einer positiven Beziehung zum Wert eines Patentes, welcher über die Prämisse effizienter Märkte schließlich in Marktpreisen Berücksichtigung findet. Analog zu früheren Ausführungen, kann nun im Umkehrschluss für alle Patentinformationen wieder ein Erklärungsgehalt für Marktwerte und ergo Wertrelevanz angenommen werden. Dies mündet schließlich in einer Aufstellung der Hypothesen H 2b.1 bis H 2b.3, die die Aussagen formal bündeln und festschreiben. Da für alle Messgrößen ein signifikant positiver Zusammenhang mit dem Marktwert angenommen werden kann, werden korrespondierend positive Vorzeichen für die Koeffizienten in der Regressionsschätzung erwartet.

Subhypothese 2b.1 (Zitate pro Patent) *Die Zitate pro Patent (CPP) sind wertrelevant, d. h., sie besitzen (statistisch signifikante) Erklärungskraft für den am Kapitalmarkt erzielten Marktwert des Eigenkapitals.*

Subhypothese 2b.2 (Einflussstärke) *Die Einflussstärke (CII) ist wertrelevant, d. h., sie besitzt (statistisch signifikante) Erklärungskraft für den am Kapitalmarkt erzielten Marktwert des Eigenkapitals.*

Subhypothese 2b.3 (Technologiestärke) *Die Technologiestärke (TS) ist wertrelevant, d. h., sie besitzt (statistisch signifikante) Erklärungskraft für den am Kapitalmarkt erzielten Marktwert des Eigenkapitals.*

4.4.3.3. Einbettung des Patentportfolios in den technologischen Fortschritt und die wissenschaftliche Forschung

Neben den bereits beschriebenen Qualitätskennzahlen existiert noch ein weiterer Typ, der bei der Patentanalyse eine andere Perspektive einnimmt und auf diese Weise einen Beitrag dazu leistet, das durch Aktivitäts- und Qualitätskennzahlen gezeichnete Bild der Forschungsleistung eines Unternehmens zu komplettieren. So genannte Verbindungskennzahlen des betrieblichen Patentierverhaltens messen Einbettung in das und Intensität der Vernetzung von Forschungstätigkeiten mit dem Unternehmensumfeld. So werden wichtige Kontextfaktoren wie äußere Rahmenbedingungen berücksichtigt.[672]

Als ein wesentlicher Indikator bestimmt beispielsweise der Forschungsbereich die Geschwindigkeit des technologischen Fortschritts und erlaubt anhand der dokumentierten Innovationsgeschwindigkeit eines Unternehmens Rückschlüsse auf den Forschungs- und so letztlich auch den Unternehmenserfolg. Informationen zur Einbettung der Forschungsaktivitäten in wissenschaftliche Grundlagenforschung sind vor allem deshalb aufschlussreich, weil grundlegende Erfindungen oftmals neue technische Lösungen und Möglichkeiten erschließen und so als Ansatzpunkt für eine Vielfalt an nachfolgenden Erfindungen dienen können.[673]

---

672 Siehe Kap. 5.4.4.4 auf S. 182 ausführlich zu Verbindungskennzahlen.

673 Siehe Kap. 2.3.1 auf S. 28 für eine Differenzierung von betrieblicher und Grundlagenforschung.

Verbindungskennzahlen implizieren also über Hinweise zur Forschungsleistung zukünftigen Unternehmenserfolg und stellen deshalb eine wichtige Quelle an Informationen für Investoren dar. Grundsätzlich kann so entsprechend der bekannten Argumentationskette eine Relevanz aus Sicht des Kapitalmarktes unterstellt werden. Es resultiert Hypothese H 2c, die Verbindungskennzahlen des betrieblichen Patentierverhaltens formal Wertrelevanz zuschreibt.

Teilhypothese 2c (Verbindungskennzahlen) *Verbindungskennzahlen des betrieblichen Patentierverhaltens sind wertrelevant, d. h., sie besitzen (statistisch signifikante) Erklärungskraft für den am Kapitalmarkt erzielten Marktwert des Eigenkapitals.*

Zu den im Rahmen dieser Studie berücksichtigten Verbindungskennzahlen zählen die Technologiezyklusdauer sowie die Wissenschaftsbindung und Wissenschaftsstärke.[674]

Erstere misst die zeitliche Länge eines Technologiezyklus und beschreibt so mittelbar die Innovationsgeschwindigkeit, wobei ein hoher Wert mit einem langen Zyklus und ergo einer niedrigen Geschwindigkeit assoziiert wird. Im Bereich der Hochtechnologie, charakterisiert u. a. durch eine schnell fortschreitende technologische Entwicklung und hohe Innovationsdichte, kann allgemein unterstellt werden, dass die Forschungsleistung eines Unternehmens mit der Innovationsgeschwindigkeit korreliert. Werden in dieser Umwelt ferner Erfolg und Zukunftschance an die Geschwindigkeit geknüpft, mit der die betriebliche Forschung fortschreitet, so ist gemäß der Theorie effizienter Märkte gegeben, dass der Marktwert eines Unternehmens hiervon beeinflusst wird. Wird die Innovationsgeschwindigkeit aber in den Preisen reflektiert, dann kommt ihr auch Wertrelevanz zu.

Die letztgenannten Messgrößen lassen auf Verbindungsgrad und Intensität der Einbettung in wissenschaftliche Grundlagenforschung schließen.[675] Hier ist anzunehmen, dass eine stärkere Vernetzung mit wissenschaftlicher Grundlagenforschung vermutlich positiv wahrgenommen wird, da revolutionären technologischen Neuheiten ein größeres Gewicht beigemessen wird, weil diese nicht selten eine Plattform für nachfolgende bahnbrechende und richtungsweisende technische Neuerungen markieren. Damit ist ein positiver Zusammenhang mit dem zukünftigen Unternehmenserfolg gegeben und über diese Verbindung auch mit dem Marktwert zu erwarten. Während die Berechnung der Wissenschaftsbindung auf Basis einer Analyse der Nennung wissenschaftlicher Publikationen in einer Patentschrift erfolgt, ist die Wissenschaftsstärke zwar eng verwandt, gibt aber das absolute Ausmaß der Einbeziehung von Grundlagenforschung an. Damit ähnelt das Grundkonzept der Kennzahl Wissenschaftsbindung dem der Größe Zitate pro Patent, während das der Wissenschaftsstärke vergleichbar mit dem der Technologiestärke ist. Zudem lässt ein hoher Einbindungsgrad wissenschaftlicher Grundlagenfor-

---

674 Siehe Def. 6e bis 6g auf S. 183–185 ausführlich zu Definition und Beschreibung der Kennzahlen.

675 Siehe *Narin/Hamilton/Olivastro* (1997) für eine Analyse der Abhängigkeiten patentierter Erfindungen von wissenschaftlicher Grundlagenforschung.

schung in betriebliche Aktivitäten auf eine Existenz wirksamer Eintrittsbarrieren und Imitationshemmnisse für potenzielle Konkurrenten schließen.[676]

Den Ausführungen entsprechend wird in den Hypothesen H 2c.1 bis H 2c.3 eine Wertrelevanz der Kennzahlen vermutet. In einer zur Überprüfung der postulierten Zusammenhänge eingesetzten Regression wird für die Kennzahl Technologiezyklusdauer ein negatives Vorzeichen des Koeffizienten, für Wissenschaftsbindung sowie Wissenschaftsstärke hingegen ein positives erwartet.

Subhypothese 2c.1 (Technologiezyklusdauer) *Die Technologiezyklusdauer (TCT) ist wertrelevant, d. h., sie besitzt (statistisch signifikante) Erklärungskraft für den am Kapitalmarkt erzielten Marktwert des Eigenkapitals.*

Subhypothese 2c.2 (Wissenschaftsbindung) *Die Wissenschaftsbindung (SL) ist wertrelevant, d. h., sie besitzt (statistisch signifikante) Erklärungskraft für den am Kapitalmarkt erzielten Marktwert des Eigenkapitals.*

Subhypothese 2c.3 (Wissenschaftsstärke) *Die Wissenschaftsstärke (SS) ist wertrelevant, d. h., sie besitzt (statistisch signifikante) Erklärungskraft für den am Kapitalmarkt erzielten Marktwert des Eigenkapitals.*

676 Vgl. *Wyatt/Matolcsy* (2004), S. 16.

5. Grundlagen der empirischen Untersuchung und Bestimmung der Datenbasis

Das folgende Kapitel gliedert sich wieder in vier Teile, wie der Aufbau in Abb. 5.1 auf der folgenden Seite zeigt. Im ersten Teil werden zunächst wesentliche konzeptionelle und methodische Aspekte der empirischen Untersuchung vorgestellt. Anschließend wird die Stichprobenbildung beschrieben, während im dritten Teil eine Darstellung der Datenprovider und der für die Erhebung relevanten Datenbanken erfolgt. Die für die Analyse benötigten empirischen Daten werden – gegliedert nach Rechnungslegungs-, Kapitalmarkt- und Patentinformationen – im vierten Teil ausführlich definiert.

5.1. Konzeptionelle und methodische Aspekte

5.1.1. Beobachtungszeitraum und Stichtag der Untersuchung

Der Beobachtungszeitraum der empirischen Untersuchung erstreckt sich insgesamt von 1988 bis 2001 und umfasst somit insgesamt 14 Jahre. Für dieses Zeitfenster werden Angaben zu spezifischen Merkmalen der Stichprobenunternehmen erhoben und in der Analyse berücksichtigt.

Bei den betrachteten Messgrößen kann grundsätzlich zwischen zeitpunkt- bzw. zeitraumbezogenen Angaben differenziert werden. Die Rechnungslegungs- und Patentinformationen fallen in die Rubrik der zeitraumbezogenen Daten, da sie sich auf eine zurückliegende Berichtsperiode beziehen, während die Kapitalmarktinformationen hier eine Momentaufnahme des Börsengeschehens repräsentieren und demzufolge den zeitpunktbezogenen Daten zuzuordnen sind.[677]

Die im Jahresabschluss enthaltenen Angaben aus der Rechnungslegung werden in den empirischen Messmodellen zur Wertrelevanz Kapitalmarktinformationen gegenübergestellt, die den Marktwert unmittelbar nach Ablauf des Geschäftsjahres abbilden.[678] Es kommt daher zu einer Verschiebung der Beobachtungszeiträume in Abhängigkeit der Variablengruppe. In die empirische Analyse werden

[677] Einschränkend gilt, dass bei Rechnungslegungsdaten eine Unterscheidung zwischen Bestands- und Stromgrößen vorgenommen werden kann. Eigenkapitalbuchwert und operatives Vermögen stellen eine Momentaufnahme dar und sind somit eigentlich zeitpunktbezogene Größen. Da sie aber dem Jahresabschluss entstammen und sich dieser auf ein abgeschlossenes Geschäftsjahr bezieht, erfolgt hier aus Konsistenzgründen ebenfalls eine Zurechnung zu den zeitraumbezogenen Daten.

[678] In diesem Zusammenhang ist zu beachten, dass das Geschäftsjahr nicht notwendigerweise mit dem Kalenderjahr übereinstimmt. Eventuell auftretende unternehmensübergreifende Unterschiede werden in der empirischen Untersuchung berücksichtigt. Im Rahmen einer Einzelfallbetrachtung werden die Daten zentriert und ein Abgleich von Kalender- und Geschäftsjahr vorgenommen. So wird sichergestellt, dass die zeitliche Differenz zwischen dem Geschäftsjahresende und dem zugeordne-

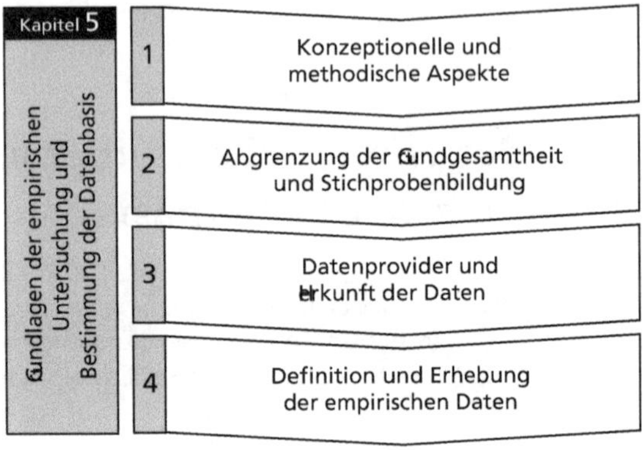

Abbildung 5.1.: Aufbau und Struktur des Kapitels

Rechnungslegungs- und Patentinformationen (zeitraumbezogen) für 1988 bis 2000 einbezogen. Damit deckt das Zeitfenster der Untersuchung nur 13 Jahre ab. Die benötigten Angaben aus dem Kapitalmarktumfeld (zeitpunktbezogen) sind aufgrund der zeitlichen Verschiebung zur Berichtsperiode der Rechnungslegung den Jahren 1989 bis 2001 zugeordnet. Sie umfassen ebenfalls nur 13 Perioden. Abb. 5.2 auf der gegenüberliegenden Seite zeigt ein Bild des vollständigen Beobachtungszeitraumes der Untersuchung.[679]

Als Stichtag der Untersuchung wurde der 31. Dezember 2001 gewählt.[680] Zu diesem Zeitpunkt waren Rechnungslegungsdaten für das Geschäftsjahr 2001 noch nicht verfügbar und bleiben daher in der Analyse unberücksichtigt. Analog hierzu sind für den Zeitraum vor 1988 Angaben zu Patentanmeldungen nicht oder nur eingeschränkt verfügbar. Beginn und Ende des Untersuchungszeitraumes werden also u. a. durch die Datenverfügbarkeit maßgeblich mit beeinflusst.[681] In Abhängigkeit von diesen Einschränkungen und dem Fokus der Arbeit auf die

---

ten Marktwert für jedes Unternehmen identisch ist. Bei der Operationalisierung der empirischen Messmodelle wird diese Zeitspanne gleich null gesetzt, d. h., das Datum des Geschäftsjahresendes ist maßgeblich für die Ermittlung des Marktwertes. Es wäre prinzipiell auch möglich ein Time-Lag zu modellieren und den Rechnungslegungsdaten einen zu einem späteren Zeitpunkt bestimmten Marktwert gegenüberzustellen. In dieser Untersuchung wurde allerdings auf eine Sensitivitätsbetrachtung zu diesem Aspekt verzichtet, da sie keine Erkenntniszugewinne i. S. d. Fragestellungen der vorliegenden Arbeit verspricht. Zudem sind keine signifikant abweichenden Ergebnisse zu erwarten, was sich im Rahmen einer selektiv durchgeführten supplementären Analyse empirisch bestätigt hat. Es wären allerdings weiterführende Fragestellungen denkbar, die in genau diesem Punkt ansetzen.

679 Ist ein bestimmter Zeitpunkt Element des betrachteten Intervalls, so wird dies in der Grafik durch einen gefüllten Kreis hervorgehoben, wohingegen ein leerer Kreis das Gegenteil besagt. Deutlich wird hier die Verschiebung der für die Rechnungslegungs- und Patentinformationen auf der einen und für die Kapitalmarktdaten auf der anderen Seite relevanten Zeitfenster um genau eine Periode.

680 Das Datum gewährleistet eine vollständige Abbildung der Neunzigerjahre und markiert gleichzeitig den Beginn der Datenerhebung.

681 Zudem wurde 1988 durch die Einführung des Bilanzrichtliniengesetzes (BiRiLiG) vom 19. Dezember 1985 eine deutliche Veränderung in den HGB Normen wirksam, wodurch die Aussagekraft früherer

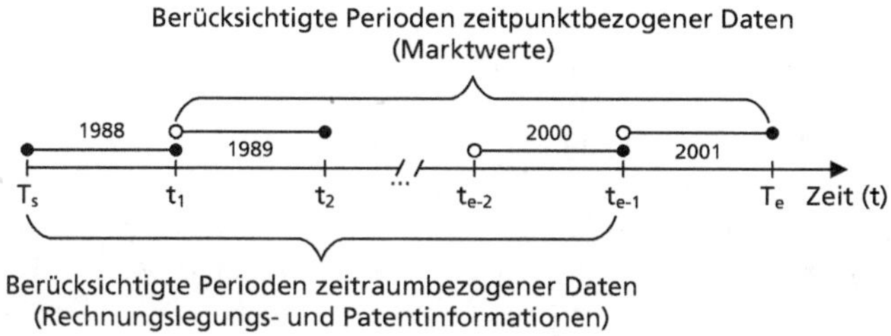

Abbildung 5.2.: Beobachtungszeitraum der Untersuchung

Entwicklungen der Neunzigerjahre wurde der Beobachtungszeitraum so groß wie möglich gewählt.[682]

Im weiteren Verlauf wird im Zusammenhang mit der empirischen Analyse auch von Firmenjahren gesprochen. Ein Firmenjahr definiert sich als Datensatz für ein bestimmtes Unternehmen und Jahr. Die insgesamt in die Untersuchung einfließenden Firmenjahre sind folglich gleichzusetzen mit der Gesamtanzahl der für eine Analyse zur Verfügung stehenden Datensätze.

5.1.2. Art der empirischen Daten

Die empirische Forschung ist im Hinblick auf erzielbare Ergebnisse und daraus ableitbare Erkenntnisse stark von der Qualität der zugrunde liegenden Datenbasis abhängig.[683] Um robuste Ergebnisse sicherzustellen, werden daher im Allgemeinen drei wesentliche Anforderungen an die Auswahl der empirischen Daten gestellt. Es müssen gleichermaßen die folgenden drei Eigenschaften gewährleistet sein:[684]

- Objektivität
- Reliabilität
- Validität

Aus diesem Grund wird der Datenerhebung im Rahmen dieser Arbeit hinsichtlich ihrer wesentlichen methodischen Aspekte besondere Beachtung zuteil. Für die empirische Untersuchung werden Quer- und Längsschnittsdaten kombiniert.[685]

Jahre abgeschwächt wird. Weitere Strukturbrüche, die durch wesentliche Veränderungen in den Rahmenbedingungen verursacht werden, sind nicht zu verzeichnen.

682 Dies geschieht auch vor dem Hintergrund, dass es aus statistischen Gesichtspunkten vorteilhaft ist, möglichst viele Beobachtungen in die Untersuchung einzubeziehen, da so die Robustheit der Ergebnisse durch eine Minimierung des Stichprobenfehlers positiv beeinflusst wird. Vgl. *Schulze* (1998), S. 15 oder auch *Poddig/Dichtl/Petersmeier* (2000), S. 168.

683 Vgl. *Gujarati* (1995), S. 27 oder auch zur Datenqualität *Winker* (1997), S. 23 f.

684 Siehe *Winker* (1997), S. 8 f. für weiterführende Erläuterungen und Beispiele.

685 Siehe *Gujarati* (1995), S. 23 f.; *Schulze* (1998), S. 12 f. oder auch *Winker* (1997), S. 11 f. für eine Unterscheidung zwischen Quer- und Längsschnittsdaten und ihren spezifischen Eigenschaften.

Diese Vorgehensweise entspricht der allgemein üblichen Methodik für Studien in diesem Forschungsfeld. In der Literatur wird hierfür auch der Begriff Paneldaten verwendet.[686]

Grundsätzlich bieten Paneldaten[687] im Rahmen einer statistischen Analyse eine Reihe von Vorteilen gegenüber der Verwendung von reinen Quer- oder Längsschnittsdaten, weil die Robustheit der Ergebnisse positiv beeinflusst wird.[688] Im Folgenden werden die wesentlichen Punkte kurz skizziert, die im Rahmen der vorliegenden Arbeit von Relevanz sind. Für eine ausführliche Darstellung mit anschaulichen Beispielen wird aber auf die Literatur verwiesen.[689] *Baltagi* führt an, dass die Verwendung von Paneldaten besser für eventuelle Heterogenität unter den zu analysierenden Merkmalsträgern, hier den Unternehmen der Stichprobe, kontrolliere und somit eine dadurch hervorgerufene Verzerrung der empirischen Ergebnisse reduziert werden könne. Des Weiteren seien Paneldaten weniger anfällig für Multikollinearität und gewährten über die größere Anzahl an Beobachtungen mehr Freiheitsgrade. Letztendlich werde dadurch die Anwendung komplexerer statistischer Modelle ermöglicht und so könnten Effekte aufgedeckt werden, die sich in reinen Zeitreihendaten nicht oder nur schwer nachweisen ließen. Die genannten Aspekte sind für die empirische Untersuchung dieser Arbeit vor allem deshalb relevant, weil die Stichprobenunternehmen größtenteils heterogen sind und durch Kombination von Informationen im Quer- und Längsschnitt die Anzahl der Beobachtungen signifikant ansteigt, so dass auch multiple lineare Regressionsmodelle problemlos geschätzt werden können.

Im Allgemeinen wird die Längsschnittsdimension durch die Länge des Beobachtungszeitraumes festgelegt, in diesem Fall sind dies genau 13 Perioden.[690] Analog definiert sich die Querschnittsdimension durch die Größe der Stichprobe, also die Anzahl der Stichprobenunternehmen. Für beide Punkte kann im Rahmen der empirischen Analyse der vorliegenden Arbeit aber nicht notwendigerweise eine Konstanz über den betrachteten Zeithorizont angenommen werden. Es ist vielmehr wahrscheinlich, dass sowohl die Anzahl der einbezogenen Unternehmen wie auch verfügbarer Datenpunkte pro Unternehmen variiert. Dies liegt darin begründet, dass möglicherweise nicht für alle Stichprobenunternehmen lückenlos Informationen über den gesamten Zeitraum zur Verfügung stehen.[691]

686 Siehe *Baltagi* (2001), S. 1 ff.; *Gujarati* (1995), S. 24 oder auch *Winker* (1997), S. 12 für eine Definition von Paneldaten.

687 Streng genommen handelt es sich um sog. gepoolte Querschnitts- und Zeitreihendaten. Der Unterschied zu einem Panel besteht letztlich darin, dass keine Konstanz der Zusammensetzung der Stichprobe angenommen werden kann und die Größe vielmehr variiert. Im Folgenden wird aber dennoch vereinfachend von Paneldaten gesprochen bzw. die Terminologie synonym verwendet.

688 Siehe *Arellano* (2003) ausführlich zur statistischen Analyse unter Verwendung von Paneldaten.

689 Vgl. hierzu und im Folgenden *Baltagi* (2001), S. 5 ff.

690 Für die Rechnungslegungsinformationen ist der Zeitraum von 1988 bis einschließlich 2000 und für die Kapitalmarktinformationen 1989 bis 2001 relevant. Siehe hierzu Kap. 5.1.1 auf S. 143.

691 Zum einen scheiden Unternehmen aus der Stichprobe aus, die beispielsweise im Zuge von Unternehmenszusammenschlüssen und/oder-übernahmen nicht länger am Kapitalmarkt gelistet oder gar existent sind, zum anderen werden Unternehmen aufgenommen, deren Aktien innerhalb des Beobachtungszeitraumes erstmalig an der Börse gehandelt werden.

In der einschlägigen Fachliteratur finden sich jedoch keine Hinweise darauf, dass durch diese Eigenschaft der Datenbasis ein verzerrender Einfluss auf die Analyseergebnisse verursacht wird. Daher kann dies nahezu ausgeschlossen und für den weiteren Verlauf der Arbeit vernachlässigt werden.

5.1.3. Methodik der Datenerhebung

Bei der Datenerhebung wird grundlegend zwischen zwei verschiedenen Vorgehensweisen unterschieden, zum einen der Total- und zum anderen der Teilerhebung oder Stichprobenbildung.[692] Eine Grundgesamtheit vollständig zu erfassen, birgt nicht selten erhebliche Schwierigkeiten und ist zudem nicht bei jeder Fragestellung sinnvoll. Daher wird in der Empirie häufig die Bildung einer Stichprobe vorgezogen. Hierbei ist die Repräsentativität einer Teilerhebung für die Grundgesamtheit von besonderer Bedeutung.[693] Erst dadurch wird eine valide Übertragbarkeit der Ergebnisse auf die Grundgesamtheit ermöglicht, so dass für die abgeleiteten Erkenntnisse eine breitere Gültigkeit angenommen werden kann, nämlich auch für die Grundgesamtheit.

In der Literatur wird bei der Stichprobenbildung weiter zwischen einer zufälligen und einer bewussten Auswahl unterschieden.[694] Im Rahmen dieser Arbeit kommt die bewusste Auswahl einer Stichprobe zur Anwendung. Dies geschieht hauptsächlich deshalb, weil die einbezogenen Unternehmen bestimmte Eigenschaften erfüllen müssen, damit eine valide statistische Analyse im Sinne der Fragestellung sichergestellt ist. Konkret basiert die Auswahl der Unternehmen daher auf dem so genannten Abschneideverfahren.[695] Bei diesem Verfahren hängt die Auswahl der Unternehmen, neben allgemein zu erfüllenden notwendigen, aber nicht hinreichenden Bedingungen, auch von der Erreichung eines Schwellenwertes in einigen Merkmalsausprägungen ab.[696]

Weiter können empirische Untersuchungen nach Art der Datengrundlage in Primär- und Sekundärforschung unterteilt werden.[697] Wenn die zu analysierende Datengrundlage zunächst originär erhoben werden muss, kann entsprechend von Primärdaten gesprochen werden. Dieses Vorgehen ist aber i. d. R. sowohl sehr zeit- wie auch kostenintensiv. Alternativ kann auf bereits von Dritten erhobene Daten zurückgegriffen werden, die auch als Sekundärdaten bezeichnet werden können. Insbesondere die Datenbeschaffung über professionelle Anbieter fällt in diese Kategorie. Die Motivlage einer Wahl zwischen Primär- und Sekundärdaten wird im Rahmen dieser Arbeit vor allem von Qualitäts- und Verlässlichkeits- sowie Vergleichbarkeitsüberlegungen geleitet.

---

692 Vgl. *Schulze* (1998), S. 13.

693 Vgl. *Poddig/Dichtl/Petersmeier* (2000), S. 168; *Schulze* (1998), S. 13 f. oder auch *Winker* (1997), S. 9 f.

694 Vgl. *Schulze* (1998), S. 14 f.

695 Vgl. *Schulze* (1998), S. 14 f. Für eine Beschreibung verschiedener Verfahren der Stichprobenbildung siehe *Kvanli/Guynes/Pavur* (1996), S. 257 ff. oder auch *Morris* (1993), S. 40 ff.

696 Siehe Kap. 5.2 auf der nächsten Seite ausführlich zur Stichprobenbildung.

697 Vgl. *Meffert* (2000), S. 145.

Bei der Informationsbeschaffung für eine empirische Untersuchung sind besonders die Datenquellen und ihre Qualität von Bedeutung, da durch diese Entscheidung Objektivität, Reliabilität und Validität der Datenbasis maßgeblich beeinflusst werden. Um diese Eigenschaften zu gewährleisten und um Vergleichbarkeit sowie Überprüfbarkeit der Ergebnisse sicherzustellen, wird im Rahmen dieser Studie auf professionelle Datenprovider anstelle einer eigenen Erfassung zurückgegriffen.[698] Durch die Auswahl etablierter und führender Unternehmen auf dem Gebiet der Datenerfassung und bereitstellung wird diese Forderung weitgehend erfüllt. Die Datenprovider weisen auf ihrem Gebiet ein hohes Ausmaß an Professionalität und Erfahrung auf und sind nicht zuletzt auch wegen der Verfügbarkeit der Daten in digitaler Form einer kostspieligen und zeitaufwendigen eigenen Erfassung originärer Daten vorzuziehen.

5.2. Abgrenzung der Grundgesamtheit und Stichprobenbildung

5.2.1. Definition der Grundgesamtheit

Die Abgrenzung der Grundgesamtheit als Basis für die Stichprobenbildung ist wesentlich für die Zielsetzung einer empirischen Untersuchung, da die aus der Überprüfung der Hypothesen für die Stichprobe gewonnenen Erkenntnisse i. d. R. auch auf die Untersuchungsgesamtheit übertragen werden. Diese Übertragbarkeit ist wichtig für eine valide Ableitung allgemeiner Rückschlüsse und dient als Grundlage für die Formulierung von Handlungsempfehlungen. Für die empirische Untersuchung in der vorliegenden Arbeit charakterisiert sich die Gesamtheit der Unternehmen durch Erfüllung von drei notwendigen Bedingungen:

- Kapitalgesellschaft mit Sitz im Inland
- Kapitalmarktorientierung[699]
- Technologieorientierung[700]

Ausgehend von allen inländischen Unternehmen sind zunächst Kapitalgesellschaften mit Sitz im Inland für die Abgrenzung der Grundgesamtheit relevant. Weiter wird auf die zu Beginn der Arbeit eingeführte Kapitalmarktorientierung zurückgegriffen.[701] Die gesetzliche Regelung wird an dieser Stelle aber enger gefasst und der Fokus ausschließlich auf Unternehmen gelegt, deren Aktien im amtlichen

698 Siehe Kap. 5.3 auf S. 153 ausführlich zu den Datenprovidern.

699 Grundvoraussetzung ist hier eine Notierung am inländischen Kapitalmarkt, einschränkend gilt zudem die Berücksichtigung im CDAX. Vereinfachend wird in diesem Zusammenhang im Verlauf der Arbeit auch von börsennotierten Unternehmen gesprochen.

700 Gefordert wird ein Schwerpunkt im Bereich von Forschung und Entwicklung.

701 Siehe hierzu Def. 1 auf S. 19.

Handel sowie geregelten oder Neuen Markt vertreten sind. Damit werden alle börsennotierten Aktiengesellschaften des Composite Deutscher Aktienindex (CDAX) berücksichtigt.[702]

Eine weitere wichtige Bedingung für die Abgrenzung der Unternehmensgesamtheit stellt die Existenz eines Schwerpunktes im Bereich von Forschung und Entwicklung dar. Als Proxy für betriebliche Forschungsaktivitäten wird letztendlich die Anzahl der Patente herangezogen, weil die betriebliche Erfindungstätigkeit i. d. R. auch zu einer Anmeldung der gewonnenen Erkenntnisse zum Patent führt.[703] Damit stehen technologielastige Unternehmen im Fokus der Betrachtung.[704]

Für den weiteren Verlauf wird in diesem Kontext der Begriff der Technologieorientierung eingeführt. Unternehmen werden als technologieorientiert bezeichnet, wenn sie Investitionen in die Generierung von Wissen vornehmen und eine erfinderische Tätigkeit betreiben. Diese Vermutung ist im Umkehrschluss nun genau dann gegeben, wenn ein quantitativ messbarer Output in Form von Patenten dokumentiert werden kann, weil das dort niedergelegte Wissen per definitionem einen technologischen Neuigkeitsgehalt aufweist.[705] Bei der Stichprobenbildung stellt die Anzahl der Patente einen Schwellenwert dar, der für die Aufnahme eines Unternehmens in die Stichprobe erfüllt sein muss.[706]

Definition 4 (Technologieorientierung) *Ein Unternehmen wird genau dann als technologieorientiert bezeichnet, wenn einer erfinderischen Tätigkeit (Forschung und Entwicklung) nachgegangen wird und diese einen wichtigen Bestandteil der Geschäftstätigkeit einnimmt.*

Die Identifikation technologieorientierter Unternehmen erfolgt durch die Bildung einer Schnittmenge mit den in der Datenbank des Providers der Patentinformationen enthaltenen Unternehmen.[707] Nachfolgend wird dieses Vorgehen in Kap. 5.2.2 auf der nächsten Seite aufgegriffen und näher beschrieben. Zusammenfassend veranschaulicht Abb. 5.3 auf der folgenden Seite die Abgrenzung der Grundgesamtheit anhand der Bildung verschiedener Schnittmengen.[708]

---

[702] Der CDAX umfasst alle an der Frankfurter Wertpapierbörse amtlich notierten Stamm- und Vorzugsaktien im Inland ansässiger Aktiengesellschaften. Dieses Marktsegment misst die Entwicklung des gesamten deutschen Aktienmarktes und wird daher bei Analysen i. d. R. als Proxy für das Marktportfolio verwendet. Vgl. *Deutsche Börse AG* (2004), S. 8. Nach der Umstellung der Aktienindizes der Deutsche Börse AG, bezieht sich diese Definition nunmehr auf alle deutschen Werte der Börsensegmente des Prime und General Standard.

[703] Es sind zwar auch Situationen denkbar, in denen auf eine Patentanmeldung verzichtet wird. Generell wird hier aber von der Hypothese ausgegangen, dass Unternehmen eine Gewinnerzielungsabsicht verfolgen und es daher in ihrem Interesse liegt, neu erworbenes technologisches Wissen durch eine Patentanmeldung zu schützen.

[704] Forschungs- und technologielastig wird nachfolgend weitgehend synonym verwendet und bezeichnet Unternehmen, deren Geschäftstätigkeit intensiv mit Forschung verbunden ist. Allgemein findet in diesem Zusammenhang auch der Begriff Technologie-Unternehmen Verwendung.

[705] Siehe Kap. 2.3 auf S. 26.

[706] Eine quantitative Bedingung wird in Kap. 5.2.2 auf der nächsten Seite diskutiert.

[707] Für eine Beschreibung von CHI Research und der Datenbankstruktur siehe Abs 5.3.2 auf S. 157.

[708] Die Größe der Mengen lässt keine Rückschlüsse auf die relative Anzahl der diesen zugehörigen Unternehmen zu.

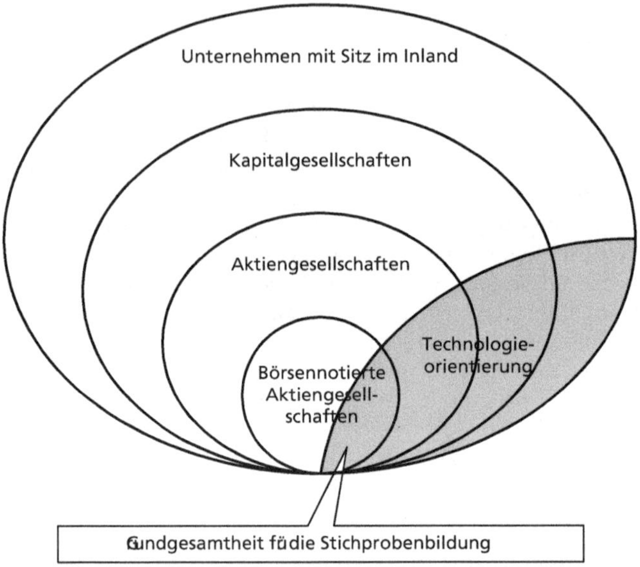

Abbildung 5.3.: Grundgesamtheit

5.2.2. Auswahl der Unternehmen für die Stichprobe

Nach der vorausgehenden Festlegung notwendiger Bedingungen für die Abgrenzung der Untersuchungsgesamtheit sind nun Überlegungen über hinreichende Bedingungen für die Stichprobenbildung anzustellen. In diesem Zusammenhang ist es für die empirische Untersuchung von Bedeutung, eine Fokussierung auf Unternehmen mit einer hohen Forschungsintensität vorzunehmen. Als wesentliches Merkmal für ein hohes Maß an Forschungsaktivitäten wird im Rahmen dieser Arbeit die absolute Anzahl der Patente angenommen, für die ein Schwellenwert überschritten werden muss.[709] Diese stellen einen messbaren Output der Forschungsaktivitäten dar und rechtfertigen daher diese Annahme.[710]

Ein diesen Überlegungen ähnliches Vorgehen verfolgt der Datenprovider der Patentinformationen, indem Technologie-Unternehmen in Abhängigkeit von der Anzahl neu erteilter Patente in den Datenbanken berücksichtigt werden. Ein Unternehmen wird genau dann aufgenommen, wenn die Anzahl der Patente über einen

709 Die Berücksichtigung von technologieorientierten Unternehmen mit einer nur geringen Anzahl an Patenten könnte eventuell zu Verzerrungen in der statistischen Analyse und somit bei den Ergebnissen der Überprüfung der Hypothesen führen.

710 Die absolute Patentanzahl erlaubt jedoch noch keine Rückschlüsse auf die Bedeutung einzelner Patente oder auch den wirtschaftlichen Erfolg. In diesem Zusammenhang bilden derivative Kennzahlen die Grundlage für eine Einschätzung der ökonomischen wie technologischen Qualität in einem Patentportfolio. Diese Thematik wird in Kap. 5.4.4 auf S. 171 vertiefend diskutiert.

Zeitraum von fünf Jahren in Summe mindestens 45 beträgt, und wird aus der Datenbank wieder gestrichen, wenn der Wert unter 25 fällt. Durch diese Bedingung wird sichergestellt, dass eine Konzentration auf die aktivsten technologieorientierten Unternehmen und Patentinhaber stattfindet.

Unternehmen, die der Grundgesamtheit zugehörig sind und darüber hinaus die hinreichende Bedingung einer hohen Patentanmeldungsquote erfüllen, bilden demnach die Stichprobe. Hierzu wird eine Schnittmenge zwischen den im CDAX und den in der Datenbank des Providers der Patentinformationen enthaltenen Unternehmen gebildet. Die Menge der im CDAX geführten Unternehmen dient als Näherung für die definierte Menge an börsennotierten inländischen Aktiengesellschaften, während die in der Datenbank des Providers von Patentinformationen enthaltenen Unternehmen als Proxy für eine hohe Forschungsaktivität herangezogen werden. Die Schnittmenge umschreibt somit alle in die Stichprobe einbezogenen Unternehmen. Dieser Zusammenhang wird aufbauend zu der in Abb. 5.3 auf der anderen Seite beschriebenen Untersuchungsgesamtheit in Abb. 5.4 auf der nächsten Seite verdeutlicht.

Die der Stichprobenbildung zugrunde liegenden Kriterien führen letztendlich zu einer Selektion großer deutscher Konzerngesellschaften mit intensiver Forschungstätigkeit im technologischen Bereich. Nicht zuletzt wird durch die Erfüllung dieser Eigenschaften teilweise Heterogenität unter den betrachteten Unternehmen abgebaut. Trotz der Gemeinsamkeit in den betrachteten Merkmalsausprägungen sind dennoch Unterschiede in den die Forschungstätigkeit betreffenden Eigenschaften zu erwarten. So weist beispielsweise *Ernst* auf die Möglichkeit einer unterschiedlichen Patentierneigung innerhalb verschiedener Branchen hin.[711] Zunächst wird aber keine Unterscheidung zwischen einzelnen Branchen vorgenommen, sondern die Daten vielmehr branchenübergreifend erhoben.[712]

Die Zusammensetzung der Stichprobe wird über den Zeithorizont der Untersuchung wahrscheinlich Veränderungen unterliegen, die auf die oben definierten Bedingungen für die Berücksichtigung eines Unternehmens zurückzuführen sind. Für die Abweichungen spielen insbesondere zwei Faktoren eine Rolle: zum einen die Börsennotierung und zum anderen der festgelegte Schwellenwert bei der Patentanzahl. Zwar steigt die Zahl börsennotierter Unternehmen über den Beobachtungszeitraum stetig an, so dass prinzipiell neue Unternehmen in die Stichprobe aufgenommen werden können, gleichzeitig können aber auch andere ausscheiden,

---

711 Siehe hierzu ausführlich *Ernst* (1996), S. 149 ff.

712 Die Definition spezifischer Charakteristika und eine darauf aufbauende Abgrenzung einzelner Branchen erweist sich als nicht trivial. Da es sich bei den betrachteten Unternehmen um große Aktiengesellschaften mit Sitz im Inland handelt und diese überlicherweise eine Konzernstruktur aufweisen, die mehrere unterschiedliche Sparten und Geschäftsfelder umspannt, zeigt sich eine eindeutige Zuordnung als oft nicht realisierbar. Vielmehr ist eine Zuordnung anhand einzelner Merkmale unscharf und nicht frei von Kompromissen. Vor diesem Hintergrund ist zu überlegen, ob eine Einteilung in Branchen gemäß den Vorgaben der Deutschen Börse für diesen Fall überhaupt sinnvoll erscheint. Oder ob eine Einteilung anhand eines alternativen Kriterienkataloges trennschärfer wäre. Für eine deskriptive Analyse der Branchenverteilung in der Stichprobe siehe Kap. 6.2.4 auf S. 206.

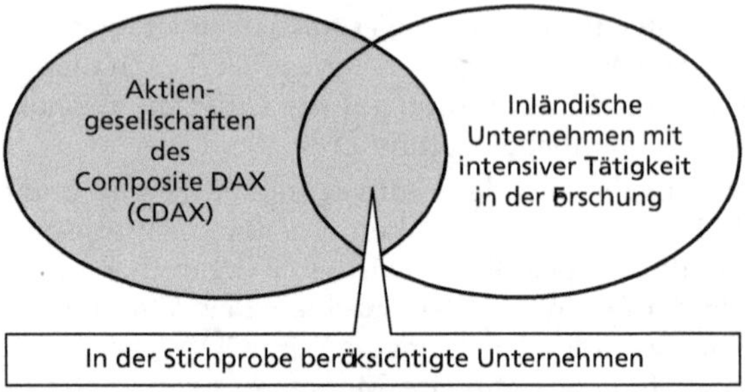

Abbildung 5.4.: Auswahl der Unternehmen für die Stichprobe

weil sie etwa nicht mehr notiert sind.[713] Analog werden Unternehmen in die Stichprobe einbezogen, wenn der Grenzwert für die Patentanzahl überschritten wird, und wieder entfernt, wenn dies nicht mehr gegeben ist.

In der Stichprobe sind folglich Unternehmen vertreten, die alle Anforderungen seit ihrer erstmaligen Berücksichtigung bis zum Ende des Beobachtungszeitraumes hin erfüllen. Zusätzlich beinhaltet die Auswahl aber auch Unternehmen, die aus den o. g. Gründen im Verlauf des Beobachtungszeitraumes aus der Stichprobe ausscheiden. Da es für die Analyse lediglich wichtig ist, dass die genannten Bedingungen erfüllt sind, und es folglich unerheblich ist, ob dies für eine lückenlose Zeitreihe der Fall ist, werden alle verfügbaren Datenpunkte in die Analyse einbezogen. Verzerrende Auswirkungen auf die Analyseergebnisse sind jedoch aufgrund der Verwendung von Paneldaten nicht zu erwarten.[714]

5.2.3. Zusammensetzung der Stichprobe

Die Stichprobe umfasst insgesamt 46 Unternehmen, für die über den Beobachtungszeitraum Informationen in die Untersuchung einfließen. Wie bereits angedeutet, unterliegt die Zusammensetzung der Stichprobe im Verlauf des Beobachtungszeitraumes Schwankungen, da Unternehmen ausscheiden oder hinzukommen.[715] Während also über den gesamten Zeithorizont gesehen 46 verschiedene Unternehmen in die Stichprobe einbezogen werden, ist die Anzahl der zeitgleich berücksichtigten Firmen geringer. Aus den angesprochenen Verschiebungen resultiert eine Stichprobengröße, die im Verlauf des Untersuchungszeitraumes zwischen 37 1988 und 40 im Jahr 1997 schwankt.

In Abb. 5.5 auf der anderen Seite wird die Größe der Stichprobe in Abhängigkeit vom Zeitpunkt sowie die Veränderung gegenüber dem Vorjahr dargestellt, während

713 Ein Delisting kann beispielsweise durch eine Unternehmensübernahme oder einen -zusammenschluss bedingt sein. In diesem Zusammenhang spielt auch der sog. Survivorship Bias eine Rolle. Siehe hierzu auch Kap. 5.3.1.1 auf S. 155.

714 Siehe hierzu auch Kap. 5.1.2 auf S. 146.

715 Siehe Kap. 5.2.2 auf S. 150.

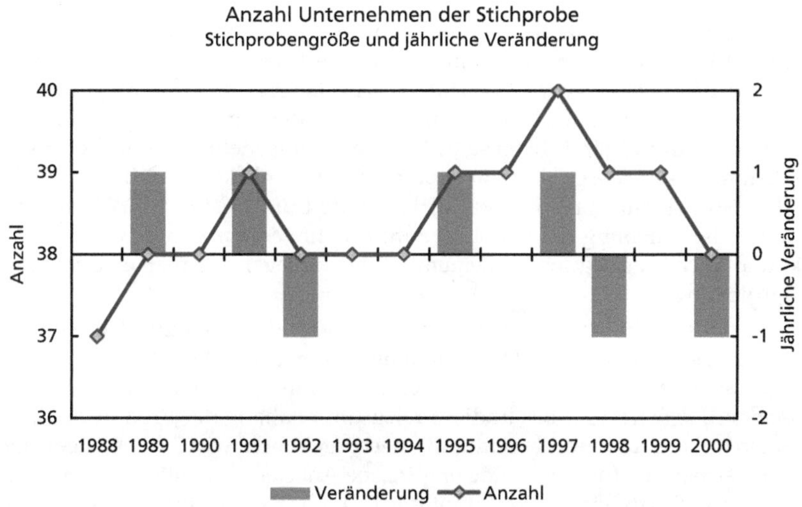

Abbildung 5.5.: Anzahl der Unternehmen in der Stichprobe

sich eine Auflistung aller berücksichtigten Unternehmen in Tab. A.1 auf S. 310 findet.[716] Ein Unternehmen i ist Element der Menge S der Stichprobe und erhält eine eindeutig zuordenbare Nummer. Formal drückt sich der Zusammenhang wie folgt aus:

$$i \in S = \{1,2,\cdots,N = 46\} \tag{5.1}$$

5.3. Datenprovider und Herkunft der Daten

5.3.1. Thomson Financial

Diese Arbeit stützt sich für die Erhebung der Kapitalmarkt- und Rechnungslegungsinformationen auf Thomson Financial als Datenprovider. Das Spektrum der angebotenen Leistungen und Produkte der Thomson Gruppe ist breit gefächert und gliedert sich in die vier Bereiche Legal & Regulatory, Learning, Financial

[716] A. a. O. ist zusätzlich ersichtlich, für welche Jahre Beobachtungen zur Verfügung stehen. In Tab. A.1 auf S. 310 finden sich allgemeine kapitalmarktbezogene Angaben zu den Unternehmen, wobei sich die Darstellung auf die jeweils liquideste Aktiengattung beschränkt. Einige Unternehmen der Stichprobe sind mit zwei Aktiengattungen, nämlich Stämmen und Vorzügen, am Markt vertreten. Diese Tatsache ist bei der Berechnung der Marktkapitalisierung im Rahmen der empirischen Untersuchung von Bedeutung und wird berücksichtigt. Siehe Kap. 5.4.2 auf S. 162.

sowie Scientific & Healthcare. Thomson Financial ist eine unabhängig operierende Geschäftseinheit, die auf die Bereitstellung von qualitativ hochwertigen Informationen für Dienstleister im Finanz- und Investmentsektor spezialisiert ist. In diesem Geschäftsfeld werden verschiedene umfangreiche, softwaregestützte Lösungen angeboten, die auf die individuellen Anforderungen der unterschiedlichen Kunden abgestimmt sind. Insgesamt kann das Unternehmen auf über zwanzig Jahre Erfahrung in diesem Tätigkeitsbereich zurückblicken.[717] Mit der Auswahl von Thomson Financial respektive der Produkte Datastream und Worldscope als Quelle für die Erhebung der benötigten Informationen aus den Bereichen Kapitalmarkt und Rechnungslegung implementiert die vorliegende Arbeit eine anerkannte Standardlösung.[718]

Insbesondere sind hier Datenbanken relevant, die über die Plattform Datastream bereitgestellt werden. Diese stellt einen elektronischen Zugang zu spezialisierten Datenbanken her, die sich durch eine qualitativ hochwertige Datenbasis auszeichnen. Besonders muss in diesem Zusammenhang der Prozess der intensiven Datenaufbereitung und bereinigung hervorgehoben werden. Die angewandte Methodik sichert die für eine valide empirische Analyse elementaren Eigenschaften Reliabilität, Objektivität und Validität der Datenbasis und untermauert zugleich den Qualitätsanspruch von Thomson Financial. Aufgrund seiner Positionierung als einer der führenden global agierenden Anbieter von integrierten Informationsdienstleistungen wird eine vergleichende Einordnung zu den Ergebnissen anderer Studien mit ähnlicher Fragestellung erleichtert. Darüber hinaus fördert der Einsatz einer anerkannten Standardlösung die Transparenz, so dass die Analysen und Ergebnisse somit intersubjektiv nachvollziehbar und prinzipiell replizierbar sind.

5.3.1.1. Inhalt und Struktur der Datenbanken

Für die Erhebung der erforderlichen Informationen mit unmittelbarem Bezug auf den Kapitalmarkt, wie beispielsweise die Marktkapitalisierung, wird auf die diesbezügliche Standard-Datenbank von Thomson Datastream zurückgegriffen.[719] Thomson Financial bezieht die Rohdaten aus verschiedenen Quellen, entweder von spezialisierten Informationsanbietern oder unmittelbar von der Wertpapierbörse. Die Standardabfrage von Kursinformationen für deutsche (oder in Deutschland gehandelte) Aktien liefert für die Schlusskurse an der Frankfurter Wertpapierbörse eine historische Zeitreihe. Die Angaben erfolgen i. d. R. in Euro und sind dahinge-

717 Die Ausführungen zu Thomson Financial sowie die Beschreibung der Datenbanken basiert auf frei verfügbaren und von der Thomson Gruppe veröffentlichten Informationen.

718 Unter Institutionen der Finanz- und Investmentbranche, aber auch in der akademischen Gemeinschaft, gilt Thomson als Standardlösung für die Bereitstellung von Informationen in diesem Bereich. Als eine vergleichbare Alternative ist die CompuStat-Datenbank zu nennen.

719 Unter der Bezeichnung Datastream versteht Thomson Financial sowohl die auf Windows basierende Software zur Abfrage als auch die über diese Plattform angebotenen Standard-Datenbanken. Als Quelle kann laut Auskunft des Unternehmens übergreifend Thomson Datastream angegeben werden.

hend rückwirkend angepasst.[720] Ebenfalls erfolgt eine rückwirkende Anpassung von Transaktionen eines Unternehmens, die die Anzahl der Aktien oder das Kapital betreffen.[721]

Mit der Worldscope-Datenbank unterhält Thomson Financial eine auf Rechnungslegungsinformationen spezialisierte Datenbank. Die Worldscope-Datenbank ist insbesondere für börsennotierte Aktiengesellschaften mit Sitz außerhalb der USA führend in der Bereitstellung von detaillierten Finanzinformationen, sowohl was Umfang als auch Qualität der Daten betrifft. Historische Rechnungslegungsdaten sind in der Zeitreihe bis 1980 zurück erhältlich.[722] Die Anzahl der berücksichtigten Unternehmen ist besonders nach 1985 kontinuierlich angestiegen. 1999 sind Angaben zu rund 27 Tsd. Unternehmen aus insgesamt 53 Ländern verfügbar. Darunter befinden sich etwa 22 Tsd. aktive Unternehmen, was einer Abdeckung von ca. 97 % der weltweiten Marktkapitalisierung entspricht. Folglich sind auch Informationen zu Unternehmen verfügbar, die aus unterschiedlichen Gründen heute nicht mehr börsennotiert oder gar existent sind. Mögliche Ursachen hierfür können beispielsweise eine Liquidation, Übernahme oder auch ein Zusammenschluss sein. Durch den Zugang zu Angaben der sog. Dead Series ist die Worldscope-Datenbank frei von einem Survivorship Bias, der zu Verzerrungen in den Ergebnissen empirischer Analysen führen kann.[723]

5.3.1.2. Prozess der Datenaufbereitung

Aufgrund des hohen Standardisierungsgrades und der Homogenität von Börsendaten sind nur wenige Schritte bei der Aufbereitung und Bereinigung erforderlich. Als wesentliche Bestandteile dieses Prozesses sind die rückwirkende Anpassung der historischen Schlusskurse nach der Euroumstellung und aller die Aktienbasis betreffenden Transaktionen der Unternehmen zu nennen, i. e. Aktiensplits, Ausgabe neuer Aktien u. Ä. Insbesondere für die Größe Marktkapitalisierung ist dies elementar wichtig, da diese von Thomson Datastream intern aus Kurswert und Anzahl der Aktien bestimmt wird.[724]

Wegen der größeren Heterogenität der Finanzinformationen, die sich in Gestaltungsspielräumen und Wahlrechten bei der Anwendung der Rechnungslegungsstandards begründet, kommt diesem Prozess bei der Worldscope-Datenbank eine deutlich höhere Bedeutung zu. Durch die internationale Ausrichtung der Datenbank ergeben sich aufgrund der unterschiedlichen Rechnungslegungssysteme Grenzen hinsichtlich der Vergleichbarkeit der Informationen. Obwohl dies in erster Linie länderübergreifende Vergleiche betrifft, ist diese Thematik auch für

720 Eine Ausnahme bilden hier die so genannten Dead Series, also Angaben für Unternehmen, die aus den unterschiedlichsten Gründen zum Zeitpunkt der Datenerhebung nicht mehr am Kapitalmarkt gelistet sind.

721 Beispielhaft sind Aktiensplits u. Ä. zu nennen.

722 Vgl. hierzu und im Folgenden *Primark Corporation* (2000), S. 4.

723 Vgl. *Damodaran* (2002), S. 122.

724 Für weitere Details und eine Definition der Variablen siehe Kap. 5.4.2 auf S. 162.

diese Arbeit durchaus relevant. Zwar stehen ausschließlich deutsche Aktiengesellschaften im Mittelpunkt der Betrachtungen, jedoch sind auch hier, wegen der zunehmenden Internationalisierung der Rechnungslegung, Unterschiede in der Art der Bilanzierung zu erwarten.[725] Darüber hinaus verursachen auch andere Faktoren unternehmensspezifische Unterschiede, die einen übergreifenden Vergleich erschweren.[726]

In diesem Zusammenhang sind hauptsächlich zwei Gründe für etwaige Unterschiede und damit für Grenzen bei Analyse und Vergleichbarkeit ausschlaggebend, nämlich Abweichungen bei Ansatz und Bewertung sowie Struktur des Jahresabschlusses und der verwendeten Terminologie.[727] Während eine Angleichung von Bewertungsansatz und -höhe schon allein durch die Notwendigkeit einer umfassenden Neubeurteilung und -bewertung aller Positionen im Jahresabschluss nicht praktikabel erscheint,[728] sind eine unterschiedliche Struktur und Terminologie ungleich leichter zu vereinheitlichen. Seitens Thomson Financial gewährleistet ein umfangreicher Analyse- und Aufbereitungsprozess der Rohdaten eine Minimierung dieser Unterschiede. Unter Einbeziehung aller im Rahmen der geprüften Jahresabschlüsse verfügbaren Informationen wird eine Umstrukturierung der Gliederung in Verbindung mit der Einführung einer einheitlichen Terminologie angestrebt. So wird weitestgehend sichergestellt, dass die in der Worldscope-Datenbank verfügbaren Informationen konsistent, verlässlich und vor allem vergleichbar sind. Grundlage hierzu bietet eine von Thomson Financial entwickelte Standardgliederung und -definition für die im Jahresabschluss enthaltenen Unternehmensrechnungen.[729]

Abschließend ist es von wesentlicher Bedeutung, noch einmal darauf hinzuweisen, dass Thomson Financial keinesfalls im Jahresabschluss enthaltene Angaben der Höhe nach verändert, sondern lediglich Größen aggregiert oder soweit möglich disaggregiert und somit die Wahrung der nationalen Charakteristiken der Rechnungslegung sowie des originären Inhaltes gewährleistet bleibt.[730] Nach Übermittlung der Rohdaten in Form von geprüften Jahresabschlüssen entweder von den Unternehmen direkt oder über andere Quellen findet zusätzlich zu den oben beschriebenen Schritten der Datenaufbereitung eine umfangreiche Plausibilitäts- und Integritätsprüfung statt, bevor die Daten letztlich in die Datenbank eingestellt und verfügbar gemacht werden. In einem komplexen Testverfahren wird u. a. sichergestellt, dass wesentliche Gleichungen in den Unternehmensrechnungen nicht

---

725 Vgl. § 292a HGB, der mit befreiender Wirkung die Aufstellung eines Konzernabschlusses nach international anerkannten Rechnungslegungsgrundsätzen erlaubt.

726 Besonders relevant sind hier Unterschiede zwischen einzelnen Branchen.

727 Vgl. hierzu und im Folgenden *Primark Corporation* (2000), S. 8 f.

728 Die erforderlichen Informationen wären wahrscheinlich ohnehin nicht oder nur unzureichend verfügbarer.

729 Die Standardgliederungen der Bilanz sowie der Gewinn-und-Verlust-Rechnung sind in Tab. E.3 auf S. 413 bis Tab. E.5 auf S. 415 dargestellt. Die hohe Gliederungstiefe und der Detaillierungsgrad erlauben jedoch nicht unmittelbar Rückschlüsse auf eine Verfügbarkeit der Angaben. So können durchaus einzelne Variablen für eine Reihe von Unternehmen nicht oder nicht lückenlos verfügbar sein. Eine genaue Definition der in der empirischen Analyse verwendeten Größen erfolgt in Kap. 5.4.3 auf S. 165. Für eine Definition aller Positionen sei auf den Data Definitions Guide der Worldscope-Datenbank verwiesen. Siehe *Primark Corporation* (2000).

730 Vgl. hierzu und im Folgenden *Primark Corporation* (2000), S. 10 ff.

verletzt werden und weiterhin Gültigkeit besitzen. Darüber hinaus wird beispielsweise der Datensatz eines Unternehmens auf eventuelle Ausreißer in der Zeitreihe einer Variablen hin überprüft. Sollte sich bei der Vielzahl an Tests eine Auffälligkeit ergeben, so wird diese gründlich analysiert, um eine fehlerhafte Dateneingabe auszuschließen. Erst dann werden die Daten für die Aufnahme in die Datenbank freigegeben.

5.3.2. CHI Research

Die benötigten Patentinformationen basieren auf einer detaillierten Analyse von Patentschriften und werden auch als Kennzahlen des betrieblichen Patentierverhaltens bezeichnet. Ein wesentlicher, jedoch schwierig zu quantifizierender Bestandteil bei der Evaluierung der erbrachten Forschungsleistung ist die Einschätzung der technischen und ökonomischen Werthaltigkeit der Patente. Vor diesem Hintergrund spielt auch die Wahl des Datenproviders eine entscheidende Rolle.

Die US-amerikanische Technologie-Beratung CHI Research ist auf Patentanalysen spezialisiert und beschäftigt sich u. a. mit der Entwicklung und Generierung von quantitativen Kennzahlen mit dem Ziel, die ökonomische und technologische Bedeutung der Forschungsleistung zu approximieren. Grundlage für die sog. Tech-Line-Technologie-Indikatoren bildet eine tief greifende Analyse der Patentschriften eines Unternehmens.[731] Mit den Technologie-Indikatoren stehen quantitative Kennzahlen für eine Beurteilung der Qualität eines Patentportfolios zur Verfügung.[732]

CHI Research unternimmt immense Anstrengungen zur Vereinheitlichung und exakten Zuordnung der Patente, wodurch Wert und Qualität der verfügbaren Informationen gleichermaßen nachhaltig unterstrichen werden. Die implementierte Methodik des Prozesses der Datenaufbereitung und -bereinigung sichert die für eine valide empirische Analyse elementaren Eigenschaften Reliabilität, Objektivität und Validität der Datenbasis. Als einer der weltweit führenden Anbieter auf dem Gebiet der Patentanalyse und -informationen wurde CHI Research als Provider der Daten ausgewählt.[733] Nicht zuletzt ist auch die Tatsache bedeutsam, dass hier auf eine Standardlösung zurückgegriffen wird, da so eine vergleichende Einordnung zu den Ergebnissen anderer Studien mit ähnlicher Fragestellung erleichtert wird.[734]

---

[731] Grundsätzlich wird im Rahmen dieser Studie davon ausgegangen, dass Patente aus der eigenen Forschungsleistung hervorgehen und daher als selbst-erstellte immaterielle Vermögensgegenstände nicht bilanzierungsfähig sind, der Kapitalmarkt sie jedoch als werthaltig ansieht und sie daher auch in den Kursinformationen implizit enthalten sind.

[732] Siehe Kap. 5.4.4 auf S. 171 für eine Definition der verwendeten Patentinformationen.

[733] Zum Kundenstamm gehören Unternehmen gleichermaßen wie auch die Akademische Gemeinschaft oder Finanzdienstleister. Die angebotenen Services beinhalten verschiedene Beratungsleistungen sowie die kundenspezifische Generierung von Informationen. Für diese Arbeit wurde ein historischer Datensatz der Standard-Tech-Line-Technologie-Indikatoren generiert, der an den spezifischen Anforderungen dieser Studie ausgerichtet ist. Vor diesem Hintergrund ist auch die Beschreibung der Datenbanken zu sehen; es werden nicht alle Anwendungs- und Abfragemöglichkeiten beschrieben, sondern vielmehr nur relevante Aspekte diskutiert.

[734] Die Tech-Line-Technologie-Indikatoren finden in zahlreichen empirischen Studien Verwendung, die in referierten internationalen und im Social Science Citation Index enthaltenen Journals publiziert sind.

Zudem sind die Studienergebnisse so aufgrund der freien Datenverfügbarkeit prinzipiell von Dritten replizierbar.

Seit Gründung des Unternehmens 1968 liegt der Schwerpunkt der Forschungstätigkeit im Bereich Informationswissenschaften mit Fokus auf der Analyse von wissenschaftlichen Zitierungen und Querverweisen, so genannten Bibliometrics.[735] Diese Analysemethode wird seit 1980 auch erfolgreich bei der Patentanalyse angewandt, wobei das Unternehmen bei der Übertragung des Konzepts Pionierarbeit geleistet hat. Neben theoretischer Grundlagenforschung widmet sich CHI Research auch empirischen Studien auf verschiedenen Anwendungsgebieten der Patentanalyse.[736]

Während sich die Methodik Patentanalyse generell auf eine Reihe verschiedener Fragestellungen übertragen lässt, ist für diese Arbeit insbesondere der Beitrag zur Unternehmensbewertung von Bedeutung. Aufgrund des hohen Detaillierungsgrades, der allgemeinen Verfügbarkeit sowie der technologischen Objektivität bergen Patentschriften ein wesentliches Informationspotenzial (Informationsfunktion des Patentwesens), das vielfältige Anwendungsmöglichkeiten bietet.[737] Diesen breiten Anwendungspotenzialen stehen allerdings auch Einschränkungen gegenüber, die bei der Nutzung der Daten berücksichtigt werden müssen. Gerade wegen des hohen technischen Detaillierungsgrades und der allgemeinen Verfügbarkeit sind Daten aus Patentschriften besonders für Wettbewerber potenziell von hohem Nutzen.[738] Daher ist es nicht unüblich, wenn Unternehmen durch diverse Vorkehrungen bei der Anmeldung versuchen, ihre Erfindungen zu verschleiern, um so eine ausschließliche Nutzung des Wissens sicherzustellen.[739] So werden beispielsweise breite Ansprüche angemeldet, unübliche Kategorien angegeben oder ein Anmeldename verwandt, der nicht notwendigerweise mit dem eigentlichen Nutzer der Erfindung übereinstimmt.[740]

CHI Research wirkt dieser Problematik auf konzeptioneller Ebene durch die Anwendung eines umfangreichen Aufbereitungs- und Bereinigungsprozesses entgegen. Besonders hervorzuheben sind hier die Vereinheitlichung der Anmeldenamen und die Berücksichtigung der Konzernstrukturen, verbunden mit einer Zuordnung der Patente zu den eigentlichen Nutzern.[741] Hinzu kommt eine Neu- bzw. Umklassifizierung in einheitliche Patentgruppen, die seitens des Unternehmens vorgenommen wird. Somit werden alle bei *Brockhoff* erwähnten Schwierigkeiten bei der Anwendung von Patentdaten bei der Konzeption und Generierung der Kennzahlen berücksichtigt. In diesem Zusammenhang sind hauptsächlich die um-

---

735 Siehe *Broadus* (1987) für eine Definition und *Osareh* (1996a,b) für einen Überblick zu dieser Forschungsrichtung.

736 Siehe *Breitzman/Mogee* (2002), S. 199 ff. oder auch *Ernst* (1996), S. 36 u. 89 ff. für eine Übersicht zu den verschiedenen Anwendungsbereichen der Patentanalyse.

737 Siehe *Brockhoff* (2000), S. 93 für eine kurze Darstellung der verschiedenen Anwendungsmöglichkeiten.

738 Siehe *Ernst* (1996), S. 22 f. für eine ausführliche Darstellung der Informationsfunktion des Patentwesens.

739 Vgl. *Brockhoff* (2000), S. 94.

740 Zudem werden wesentliche andere Maßnahmen zur Durchsetzung der ausschließlichen Nutzung erworbenen technischen Wissens u. a. bei *Ernst* (1996), S. 16 f. diskutiert.

741 Vgl. Kap. 5.3.2.2 auf S. 160.

fangreichen Schritte der Datenaufbereitung und standardisierung entscheidende Faktoren für die Qualität des Datensatzes.[742] Darüber hinaus zeichnet sich die Methodik der eingesetzten Prozesse durch ein hohes Maß an Transparenz aus.

5.3.2.1. Inhalt und Struktur der Datenbanken

Das Unternehmen unterhält eine umfangreiche Datenbank mit Informationen zu US-amerikanischen und europäischen Patenten, wobei die Informationen der ersten Seite einer Patentschrift vollständig erfasst werden.[743] Bis 1975 respektive 1978 sind Angaben zu insgesamt rund 2,7 Mio. US-amerikanischen sowie 1 Mio. europäischen Patenten in der Datenbank verfügbar. Dieser Datenbestand bildet die Grundlage für eine Identifikation der weltweit ca. 1 800 größten Technologie-Unternehmen, die in Abhängigkeit ihrer Anzahl der Patente identifiziert werden.[744] Für diese Unternehmen erfolgt eine umfangreiche, weiterführende Analyse der Konzernstrukturen sowie eine Vereinheitlichung der z. T. abweichenden Anmeldenamen.[745]

Um in der Tech-Line-Datenbank berücksichtigt zu werden, ist es wie bereits erwähnt erforderlich, einen Schwellenwert hinsichtlich der Patentanzahl zu überschreiten. Konkret bedeutet dies, dass ein Unternehmen genau dann berücksichtigt wird, wenn diesem zum Ende eines Kalenderjahres rückwirkend für die letzten fünf Jahre mindestens 45 Patente erteilt worden sind.[746] Fällt dieser Wert unter 25, wird das Unternehmen nicht länger in der Datenbank geführt. Der Datenbestand wird jährlich an die sich ändernden Rahmenbedingungen angepasst, d. h., es erfolgt eine Anpassung der Konzernstrukturen und eine Vereinheitlichung der Anmeldenamen. Durch die spezifische Struktur der Datenbank und der Verfügbarkeit historischer Informationen über Konzernverbindungen und Anmeldenamen sind neben einer Vielzahl an Standardprodukten auch kundenspezifische Abfragen möglich, so beispielsweise auch die Generierung von Kennzahlen auf Basis historischer oder aktueller Konzernstrukturen.[747]

---

742 Siehe Kap. 5.1.2 auf S. 145 zur Bedeutung der Datenqualität.

743 Die in den Datenbanken erfassten Angaben der ersten Seite einer Patentschrift umfassen Patentnummer, Titel, Datum der Anmeldung und der Erteilung, IPC und USPOC Klassifikation, Rechteinhaber, Erfinder, zitierte US und europäische Patente sowie Verweise auf wissenschaftliche Arbeiten. Quelle: CHI Research [http://www.chiresearch.com/information/customdata/patdata.php3, Zugriffsdatum: 15. Juni 2003].

744 Es werden die weltweit führenden Institutionen der Forschung in diesem Prozess berücksichtigt, einzig der Schwellenwert zur Einbeziehung einer Institution in der Datenbank ist abhängig von Anmeldungen im US-amerikanischen Patentsystem.

745 Quelle: CHI Research [http://www.chiresearch.com, Zugriffsdatum: 15.6.03]. Grundlage bietet hier das US-amerikanische Patentsystem. Siehe Kap. 5.3.2.2 auf der nächsten Seite für eine ausführliche Beschreibung der Schritte der Datenbereinigung.

746 Die folgenden Ausführungen basieren auf Aussagen von Peter Kroll, Research Analyst bei CHI Research Inc. sowie allgemein verfügbaren Informationen über CHI Research. Quelle: [http://chiresearch.com, Zugriffsdatum: 15.6.03].

747 Für diese Studie sind im Hinblick auf die Fragestellung insbesondere historische Konzernverbindungen für die Generierung des Datensatzes von Interesse. Während aktuelle Konzernstrukturen und darauf basierende historische Kennzahlen beispielsweise in der Unternehmensbewertung eingesetzt werden können, erfordern Wertrelevanzstudien Kennzahlen, die auf historischen Strukturen basieren, da diese letztlich historischen Marktwerten gegenübergestellt werden. Das Datenset für diese Arbeit wurde im Hinblick auf die Fragestellung nach den spezifischen Anforderungen generiert.

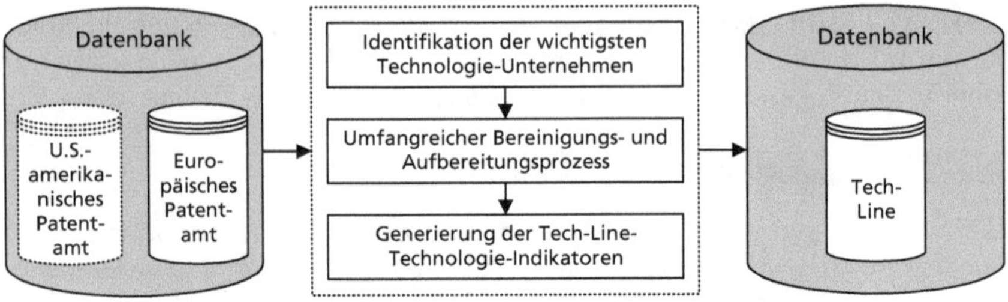

Abbildung 5.6.: Datenbankstruktur CHI Research

In Abb. 5.6 wird vereinfacht der Aufbau der Datenbanken dargestellt und deren Verbindung verdeutlicht. Wesentlich sind die Schritte der Identifikation der Unternehmen, welche letztendlich in die Tech-Line-Datenbank aufgenommen werden, und der umfangreiche Prozess der Aufbereitung und Bereinigung. Beides wird im Folgenden näher erläutert, da alle weiterführenden Analysen auf den Informationen in der Tech-Line-Datenbank aufsetzen.

5.3.2.2. Prozess der Datenaufbereitung

Grundlage für die Generierung quantitativer Technologie-Indikatoren, die für die Bewertung eines Patentportfolios herangezogen werden können, bietet die Patentanalyse.[748] Entscheidender Einfluss auf Qualität und daher auch Validität und Robustheit der aus der empirischen Analyse abgeleiteten Aussagen kommt im Wesentlichen drei Punkten zu, die gleichzeitig die Hauptschwierigkeit bei einer Patentanalyse auf Unternehmensbasis ausmachen.[749]

Zunächst ist auf Basis des International Patent Classification Systems eine Einordnung der Patente der Unternehmen in Technologiebereiche wichtig, um Forschungsschwerpunkte identifizieren zu können.[750] Weiterhin werden die Unternehmen in Branchen eingeteilt, die auf Grundlage des Fokus der Forschungstätigkeit eine feinere Unterscheidung berücksichtigen als im Standard Industry Classification System.[751] Theoretisch fundierte Kennzahlen des betrieblichen Patentierverhaltens auf Basis einer Analyse von Zitierungen und Querverweisen bilden dann die Grundlage, auf der die ökonomische und technologische Bedeutung von Patenten beurteilt wird.[752]

Kernpunkt und wesentlicher Hebel für eine solide Datengrundlage ist die eindeutige Zuordnung der Patente zu den Unternehmen, weil nur so die For-

748 Für eine Definition der Kennzahlen siehe Kap. 5.4.4 auf S. 171.
749 Vgl. *Narin* (2000), S. 155 f.
750 Vgl. *Narin* (2000), S. 159.
751 Insgesamt unterscheidet CHI Research 30 Technologiegruppen und 26 Branchen.
752 Prinzipiell soll so die Werthaltigkeit eines Patentes bzw. des Patentportfolios eines Unternehmens approximiert werden.

schungsleistung möglichst realitätsnah abgebildet werden kann.[753] Für diesen komplexen Prozess ist eine umfangreiche Analyse und Kenntnis der weit reichenden Konzern- und Beteiligungsstrukturen der weltweit nach Patenten größten Technologie-Unternehmen notwendig. Eine weitere Schwierigkeit besteht darin, dass eine Patentanmeldung i. d. R. im Namen des Erfinders erfolgt, während die Nutzungsrechte dem Unternehmen zugeschrieben werden, das den Erfinder beschäftigt und die Forschung finanziert.[754] Zunächst erfolgt eine Vereinheitlichung der Schreibweise des Namens. An diese typographische Normierung schließt sich dann die eigentliche Zuordnung der Patente an, bei der unter Berücksichtigung der Konzern- und Beteiligungsstrukturen eine Konsolidierung der dem Konzern zugehörigen Unternehmen vorgenommen wird.[755]

Beim Zuordnungsprozess der Patente werden einzelfallbezogen Unternehmenszusammenschlüsse, käufe und verkäufe berücksichtigt und die Datenbanken dahingehend kontinuierlich angepasst. Dieser Prozess ist komplex und wird zusätzlich durch die Notwendigkeit einer ständigen Aktualisierung dieser Informationen erschwert, da Unternehmensstrukturen und Beteiligungsverhälnisse einer Dynamik unterliegen.[756] Neben den bereits dargestellten Schritten werden auch Umschreibungen der Patente berücksichtigt.[757] Besonders die beiden letzten Punkte des Aufbereitungs- und Bereinigungsprozesses verdeutlichen nachhaltig den Wert der Datenbank und stellen die Kernkompetenz von CHI Research dar.

5.4. Definition und Erhebung der empirischen Daten

5.4.1. Abgrenzung der operationalisierten Variablengruppen

Die in der Analyse operationalisierten Variablen lassen sich drei allgemeinen Kategorien zuordnen, so dass Informationen folgender Herkunft in die Untersuchung einbezogen werden:

- Kapitalmarkt
- Rechnungslegung

---

753 Ein Konzern wie Aventis meldet beispielsweise nach Aussage von CHI Research Patente unter 255 verschiedenen Namen an. Hierdurch wird bereits die Bedeutung und Notwendigkeit einer genauen Zuordnung einzelner Patente verdeutlicht. Besonders wichtig ist dies im Hinblick auf die Zusammensetzung der Stichprobe in dieser Studie, da es sich hierbei i. d. R. um große Konzerne mit zahlreichen Tochtergesellschaften handelt.

754 Vgl. *Narin* (2000), S. 178.

755 Vgl. *Narin* (2000), S. 158 f. u. 178 f. Ab einer Beteiligung von 50 % werden die Patente eines im Konzernverbund stehenden Tochterunternehmens der Konzernmutter zugerechnet, da dann von einem beherrschenden Verhältnis ausgegangen wird. Besonders im Hinblick auf die weit reichenden Verflechtungen Deutscher Aktiengesellschaften stellt die richtige Erfassung der in Konzernverbund stehenden Gesellschaften eine Herausforderung dar. Die Expertise von CHI Research auf diesem Gebiet begründet sich u. a. durch langjährige Erfahrung und exzellente Branchenkenntnis.

756 Vgl. *Narin* (2000), S. 158 f. u. 179.

757 Auch hier bestehen Schwierigkeiten aufgrund nicht oder nur unzureichend verfügbarer Informationen. Vgl. *Narin* (2000), S. 158 f. u. 180.

- Patente

Informationen aus diesen Gruppen werden im Rahmen der empirischen Untersuchung in der Wertrelation des *Feltham-Ohlson*-Modells (1995) operationalisiert. [758] Der Marktwert repräsentiert im angewandten Modellrahmen die abhängige Variable, während sich die erklärenden Variablen weiter in Angaben aus dem Rechnungswesen (Rechnungslegungsinformationen) und andere Informationen (hier Patentinformationen) aufspalten.

Die Kapitalmarktinformationen können nach inhaltlichen Kriterien abgegrenzt weiter in Kursinformationen und deskriptive Angaben unterteilt werden. In der Gruppe der Rechnungslegungsinformationen wird zwischen Bestandsgrößen der Bilanz und Stromgrößen der Gewinn-und-Verlust-Rechnung differenziert, während sich die Patentinformationen in Aktivitäts-, Qualitäts- und Verbindungskennzahlen gliedern, die das betriebliche Patentierverhalten analytisch beschreiben. In den sich anschließenden Abschnitten erfolgt eine definitorische Einführung der Variablen, die dem hier dargelegten Muster folgt.[759]

5.4.2. Kapitalmarktinformationen

5.4.2.1. Konzeptionalisierung und Umfang

An der Börse sind neben Informationen über Kurse auch derivative oder rein deskriptive Angaben beispielsweise zu Wertpapieren und zum Handelsverlauf verfügbar. Exemplarisch können hier die Anzahl der emittierten Aktien, das erzielte Handelsvolumen oder auch die Volatilität genannt werden. Für das Verständnis der vorliegenden Arbeit werden alle quantitativen und qualitativen Informationen unter dem Begriff Kapitalmarktinformationen subsumiert, die i. w. S. mit dem Kapitalmarkt und dem Handelsverlauf in Verbindung stehen.

Für die empirische Untersuchung wird aus der Gruppe der Kapitalmarktinformationen der Marktwert des Eigenkapitals benötigt, der in diesem Fall durch die Marktkapitalisierung abgebildet wird.[760] Bei der Datenerhebung wird auf das Standardprodukt von Thomson Datastream zurückgegriffen.[761] Die Datenerhebung umfasst monatliche Zahlen und erstreckt sich auf den Zeitraum von Dezember 1988 bis Ende 2001. Grundsätzlich erfolgen alle Angaben in Mio. Euro, wobei

[758] Siehe Kap. 4.2 auf S. 105 für eine Darstellung der Wertrelationsgleichung im *Feltham-Ohlson*-Modell (1995).

[759] In diesem Kapitel beschränkt sich die Darstellung der Informationen auf die in der empirischen Untersuchung relevanten Variablen. Eine deskriptive Analyse der wesentlichen Entwicklungen über den Zeitraum der Untersuchung basiert auf anderen Kennzahlen. Diese werden hier jedoch nicht detailliert eingeführt, da es sich nicht um Variablen handelt, die unmittelbarer Bestandteil des Modells sind.

[760] Der Marktwert eines Unternehmens und die Marktkapitalisierung werden im weiteren Verlauf der Arbeit synonym verwendet.

[761] Siehe Kap. 5.3.1.1 auf S. 154 zu Thomson Datastream.

Tabelle 5.1.: Benötigte Kapitalmarktinformationen

Messgröße/Posten		Herkunft
Marktwert/-kapitalisierung	Market Value/Capitalisation	Kurswert und deskriptive Angabe

die verfügbaren Zeitreihendaten seitens des Datenproviders dahingehend in der Historie angepasst sind.[762]

Im Unterschied zu den Daten der Rechnungslegung, für die seitens des Datenproviders keine unterjährigen Angaben zur Verfügung stehen, sind die Marktinformationen auf einer täglichen Basis erhältlich. Erhoben werden monatliche Angaben, obwohl die zeitliche Dimension im empirischen Messmodell auf Basis der Wertrelationsgleichung des *Feltham-Ohlson*-Modells (1995) ein Jahr beträgt. Dieser Detaillierungsgrad ist aber notwendig, um etwaige zeitliche Abweichungen in den Berichtsperioden zu berücksichtigen und den Datensatz auf einen Zeitpunkt relativ zum Geschäftsjahresende zu zentrieren. Benötigt wird also aus der Gruppe der Kapitalmarktinformationen die Marktkapitalisierung der Stichprobenunternehmen, wie in Tab. 5.1.

Aufgrund umfangreicher Plausibilitäts- und Integritätstests schon seitens des Datenproviders kann davon ausgegangen werden, dass die zur Verfügung stehenden Daten hohen Qualitätsansprüchen genügen. Folglich kann von einer Erfüllung der für eine valide empirische Forschung wesentlichen Eigenschaften Objektivität, Reliabilität und Validität ausgegangen werden. Mit Ausnahme der notwendigen Berechnungen zur Ermittlung der Marktkapitalisierung, i. e. die Aufsummierung der Marktkapitalisierung aller an der Börse notierten Aktiengattungen eines Unternehmens, sind keine weiteren Schritte zur Datenaufbereitung oder bereinigung erforderlich.[763]

5.4.2.2. Marktwert des Eigenkapitals

In der empirischen Untersuchung wird der Marktwert des Eigenkapitals durch die Marktkapitalisierung operationalisiert, weil als Modellierungsart ein Preis- bzw. Levelmodell gewählt wurde und daher eine auf Unternehmensebene aggregierte Größe gefordert ist.[764]. Die Marktkapitalisierung ist eine derivative Größe, d. h., der Wert ist nicht unmittelbar an der Börse zu beobachten und definiert sich als Produkt aus Kurswert und Anzahl der emittierten Aktien eines Unternehmens,

---

762 Eine Ausnahme bilden hier zunächst Angaben derjenigen Unternehmen der Stichprobe, die zum Untersuchungsstichtag nicht mehr am Kapitalmarkt gelistet sind. In diesem Fall werden alle in DM angegebenen Daten nachträglich in Euro umgerechnet.

763 Aus technischen Gründen wird seitens des Datenproviders für Unternehmen, die nicht mehr am Kapitalmarkt gelistet und damit der sog. Dead Series zugehörig sind, der letzte verfügbare Wert auch in den Folgeperioden angegeben. Zusätzlich erfolgen Angaben zu diesen Unternehmen z. T. in DM. Beides wird im Zuge der Datenaufbereitung im Rahmen dieser Arbeit berücksichtigt und korrigiert.

764 Siehe Kap. 4.3.1 auf S. 119 zur Modellierungsart.

Tabelle 5.2.: Ermittlungsschema Marktkapitalisierung

Bezeichnung	Datastream Kennung	Notation
Aktienkurs	Price	P
Anzahl der Aktien	Number of Shares	NOS
Marktwert/-kapitalisierung	Market Value/Capitalisation	MV

wobei die Berechnung der Werte wie in Tab. 5.2 dargestellt automatisiert auf Seiten des Datenproviders erfolgt.[765]

Vor diesem Hintergrund ist festzustellen, dass einige Unternehmen der Stichprobe mit mehreren Aktiengattungen an der Börse notiert sind, üblicherweise Stamm- und Vorzugsaktien.[766] Diese Besonderheit wird in der empirischen Untersuchung berücksichtigt, um Verzerrungen der Ergebnisse durch ein Ungleichgewicht des auf beiden Seiten der Wertrelationsgleichung repräsentierten prozentualen Anteiles des Eigenkapitals zu vermeiden.[767] Dementsprechend wird die Marktkapitalisierung des gesamten Unternehmens benötigt und alle an der Börse gehandelten Aktiengattungen zur deren Bestimmung herangezogen.[768] Da sich die Marktkapitalisierung gemäß der Definition von Thomson Datastream ausschließlich auf eine bestimmte Aktiengattung eines Unternehmens bezieht, erfolgt die Abfrage gesondert für alle Aktiengattungen der Stichprobenunternehmen. Die Summe aller relevanten Werte für ein Unternehmen bestimmt schließlich die gesuchte Größe. Def. 4a gibt an, wie der Marktwert des Eigenkapitals im Rahmen der empirischen Untersuchung der vorliegenden Arbeit operationalisiert wird.

Definition 4a (Marktwert des Eigenkapitals) *Der Marktwert des Eigenkapitals (MV) des i-ten Unternehmens zum Zeitpunkt t definiert sich als Summe des Produktes aus Aktienkurs (P) und anzahl (NOS) für alle am Kapitalmarkt gehandelten Aktiengattungen (k).*

$$MV_{i,t} = \sum_{k} NOSH_{i,k,t} \cdot P_{i,k,t} \qquad (5.2)$$

765 Die offizielle Definition von Datastream wird in Tab. E.1 auf S. 405 dargestellt. A. a. O. finden sich weiter die Definitionen für Aktienkurs und anzahl, die in die Ermittlung der Marktkapitalisierung einfließen, jedoch nicht gesondert abgefragt werden müssen.

766 Welche Unternehmen mit mehreren Aktiengattungen am Kapitalmarkt vertreten sind, ist in Tab. A.1 auf S. 310 ersichtlich.

767 Siehe Kap. 5.4.3.2 auf S. 167 zum Buchwert des Eigenkapitals.

768 Die Ermittlung der Marktkapitalisierung bezieht sich ausschließlich auf die an der Wertpapierbörse gehandelten Aktiengattungen, da nur für diese auch ein Marktpreis beobachtbar ist. Systematische Verzerrungen können dennoch auftreten, wenn nicht 100 % des Aktienkapitals an der Börse gehandelt werden. Allerdings wäre in diesem Fall eine Korrektur nicht trivial, da zunächst ein Marktpreis für nicht gehandelte Aktiengattungen bestimmt werden müsste. Durch die so entstehende Fehlerquelle wäre nicht mehr ersichtlich, in welche Richtung eine Korrektur wirken würde und überhaupt eine Verzerrung beseitigen könnte. Diese Überlegungen werden daher nicht weiter verfolgt.

5.4.3. Rechnungslegungsinformationen

5.4.3.1. Konzeptionalisierung und Umfang

Die Rechnungslegungsinformationen beziehen sich auf Angaben aus dem Jahresabschluss. Beim Begriff des Jahresabschlusses wird zwischen Einzel- und Konzernabschluss differenziert, die in Aufgaben und Zielen voneinander abweichen.[769] Aufgrund seiner primären Funktion als Informationsinstrument und der Tatsache, dass es sich bei den betrachteten Unternehmen um Konzerngesellschaften handelt, ist einzig der Konzernabschluss für diese Studie von Bedeutung und somit bei der Datenerhebung relevant.[770] Entsprechend werden Rechnungslegungsinformationen für den weiteren Verlauf der Arbeit wie in Def. 5 dargelegt definiert:

Definition 5 (Rechnungslegungsinformationen) *Rechnungslegungsinformationen sind publizierte Angaben in einem Konzernabschluss, der nach den Regelungen des HGBs aufgestellt wurde.*

Der gewählte Modellrahmen von *Ohlson* bzw. *Feltham-Ohlson* und die in den Hypothesen hergeleiteten Zusammenhänge determinieren, welche Informationen benötigt und erhoben werden.[771] Für diese Arbeit stehen demnach Positionen aus der Bilanz[772] sowie der Gewinn-und-Verlust-Rechnung im Fokus der Analyse, so dass bei der Modellierung der betrachteten Zusammenhänge Größen aus beiden Rechenwerken operationalisiert werden.[773] Die verwendeten Rechnungslegungsinformationen lassen sich ihrer Herkunft nach in zeitpunkt- (Bilanz) und zeitraumbezogene (Gewinn-und-Verlust-Rechnung) Angaben über die Entwicklung der Geschäftstätigkeit eines Stichprobenunternehmens in den abgelaufenen Berichtsperioden des Beobachtungszeitraumes unterscheiden. Bei der Datenerhebung wird also zwischen den folgenden Typen unterschieden:

- Bestandsgrößen der Bilanz
- Stromgrößen der Gewinn-und-Verlust-Rechnung

Neben dem Eigenkapitalbuchwert werden gemäß der im *Feltham-Ohlson*-Modell (1995) implementierten Trennung von operativen und Finanzaktivitäten eines Unternehmens Angaben zu operativem Vermögen und Gewinn benötigt.[774] Aus

---

769 Siehe Kap. 2.1.1 auf S. 13 zur Unterscheidung zwischen Einzel- und Konzernabschluss.

770 Siehe Kap. 2.1.2 auf S. 16 zur Informationsfunktion des Konzernabschlusses.

771 Siehe Kap. 4.2 auf S. 105 zum Ohlson- und *Feltham-Ohlson*-Modell (1995).

772 Häufig wird fälschlicherweise auch der Begriff Bilanz als Synonym für den Jahresabschluss verwendet. Für eine Beschreibung der verschiedenen Bilanzarten sowie der Gewinn-und-Verlust-Rechnung als Bestandteil des Jahresabschlusses vgl. *Coenenberg* (1997), S. 3 ff.

773 Die Daten wurden von Thomson Datastream teilweise unter Hinzunahme von Anhangsangaben aufgeschlüsselt.

774 Für eine Definition und ausführliche Diskussion der Unterscheidung i. S. d. *Feltham-Ohlson*-Modells (1995) sowie einer Zuordnung der einzelnen Posten der Bilanz zu operativen- respektive Finanzaktivitäten sei auf die Dissertation von *Stroman* (2003) verwiesen. Diese Arbeit stützt sich auf die wesentlichen Unterscheidungsmerkmale unter Berücksichtigung der Gliederung der Bilanz und Gewinn-und-Verlust-Rechnung in der Worldscope-Datenbank.

Tabelle 5.3.: Benötigte Rechnungslegungsinformationen

Messgröße/Posten		Herkunft
Eigenkapitalbuchwert	Book Value Equity	Bilanz (Passivseite)
Operatives Vermögen	Operating Assets	Bilanz (Aktivseite)
Operativer Gewinn	Operating Earnings	Gewinn-und-Verlust-Rechnung

der Gruppe der Rechnungslegungsinformationen werden insgesamt das (operative) Vermögen, das (bilanzielle) Eigenkapital und der (operative) Gewinn erhoben, wie zusammenfassend in Tab. 5.3 aufgelistet ist. Die Daten werden über Thomson Datastream aus der Worldscope-Datenbank für die Geschäftsjahre 1988 bis 2000 bezogen und gehen dort auf Positionen in der Standardgliederung des Jahresabschlusses für Industrie-Unternehmen (Industrial Template) zurück. Die im Folgenden vorgestellten Definitionen basieren daher auf den offiziellen Angaben des Datenproviders.

Die Informationen aus der Worldscope-Datenbank werden umfassenden Integritäts- und Plausibilitätschecks unterzogen und daher hohen Ansprüchen an Datenqualität gerecht.[775] Für diese Untersuchung ist darüber hinaus noch die wesentliche Bedingung der plausiblen ökonomischen Interpretierbarkeit zu erfüllen. Aus diesem Grund werden für die Variablen Eigenkapitalbuchwert sowie Operating Assets negative Beobachtungen ausgeschlossen und bereinigt.

5.4.3.2. Bestandsgrößen der Bilanz

In der Bilanz wird in Form einer zeitpunktbezogenen Gegenüberstellung von Vermögen (Aktivseite) und Kapital (Passivseite) zum Bilanzstichtag Mittelverwendung und herkunft angegeben. [776] Die Gliederung der Bilanz erfolgt gemäß § 266 Abs. 2 HGB, wobei der Gesetzgeber hier nur eine Mindestgliederung vorgibt und unter gegebenen Umständen andere, erweiterte oder verkürzte Darstellungen zulässt.[777] Für die Erhebung der empirischen Daten ist die Standardgliederung der Worldscope-Datenbank für die Bilanz maßgeblich.[778]

Eigenkapitalbuchwert Der Buchwert des Eigenkapitals (Book Value) gibt Auskunft über die von den Anteilseignern in ein Unternehmen getätigten Investitionen

775 Vgl. Kap. 5.3.1.1 auf S. 154.

776 Der Bilanzstichtag bzw. das Datum des Geschäftsjahresendes ist in Tab A.3 auf S. 314 im Anhang für alle Stichprobenunternehmen und alle bei der Untersuchung einbezogenen Jahre dargestellt. Hier wird deutlich, dass es bei der Wahl der Berichtsperiode bzw. der Festlegung des Geschäftsjahres zu unternehmensspezifischen Unterschieden kommt, für diese Tatsache wird im Rahmen der empirischen Untersuchung jedoch kontrolliert.

777 Siehe *Coenenberg* (1997), S. 63ff. u. 469 ff. für eine ausführliche Darstellung der Bilanzgliederung in Einzel- und Konzernabschluss.

778 Siehe Tab. E.3 auf S. 413 zur Standardgliederung der Bilanz von Industrieunternehmen in der Worldscope-Datenbank.

sowie die dort belassenen Gewinne.[779] Seitens des Datenproviders wird das bilanzielle Eigenkapital bzw. der Buchwert des Eigenkapitals in der Worldscope-Datenbank unter der Position Common Equity zusammengefasst.[780]

Die Messgröße Common Equity beinhaltet getätigte Einlagen in Stamm- sowie in Vorzugsaktien. Diese Feststellung ist wichtig für den weiteren Verlauf der empirischen Untersuchung, da sich daraus Konsequenzen für die Berechnung der Marktkapitalisierung ergeben. So müssen dort ebenfalls Stamm- und Vorzugsaktien berücksichtigt werden, um Verzerrungen in den Analyseergebnissen zu vermeiden. Zwar erscheint in der zugrunde liegenden Standardgliederung der Worldscope-Datenbank für die Bilanz zusätzlich zu der erwähnten Größe Common Equity eine Position Preferred Stock, jedoch besitzt diese Gliederung für deutsche Unternehmen keine Relevanz.

Laut Thomson Financial wird nämlich für deutsche Unternehmen bei Aktiengattungen nicht explizit zwischen Vorzügen und Stämmen unterschieden, demnach sind beide Positionen unter Common Equity zusammengefasst. Für deutsche Kapitalgesellschaften werden Vorzugsaktien im Allgemeinen als Profit Participating Stock klassifiziert und diese der Position Common Equity zugerechnet. Dieses Vorgehen liegt darin begründet, dass sich Vorzugsaktien in Deutschland in wesentlichen Eigenschaften von ihren angloamerikanischen Gegenstücken unterscheiden. Wie in Def. 5a dargestellt, wird als Eigenkapitalbuchwert in der empirischen Untersuchung die Variable Common Equity der Worldscope-Datenbank verwendet.[781]

Definition 5a (Eigenkapitalbuchwert) *Als Messgröße Eigenkapitalbuchwert (CEQ) wird die Position Common Equity mit der Identifikationsnummer 06501 in der Worldscope-Datenbank verwendet.*

Operatives Vermögen Eine wesentliche Eigenschaft bzw. Annahme des *Feltham-Ohlson*-Modells (1995) ist die Trennung von operativen und Finanzaktivitäten eines Unternehmens. Diese Unterscheidung muss daher auch bei der Wahl der Variablen für die Modellierung der zu testenden Zusammenhänge im Rahmen der empirischen Modellierung berücksichtigt werden.

Üblicherweise versteht man unter operativem Vermögen (Operating Assets) genau das Betriebsvermögen eines Unternehmens, welches für die Erwirtschaftung von Erträgen im Rahmen der gewöhnlichen Geschäftstätigkeit unerlässlich ist. Während dies den allgemeinen Charakter beschreibt, ist eine genauere Abgrenzung und Definition des operativen Vermögens aber für die weitere Datenerhebung notwendig, da dieser Posten nach den Richtlinien des HGBs nicht explizit in der Bilanz ausgewiesen wird und somit auch nicht unmittelbar erhoben werden kann.

---

779 Siehe *Baetge* (1997), S. 211 f.; *Coenenberg* (1997), S. 184 ff. oder auch *Schneider* (1997), S. 70 ff. für eine Gliederung des Eigenkapitals nach den Richtlinien des HGBs und eine Beschreibung einzelner Positionen.

780 Die Position hat die Worldscope-Identifikationsnummer (WCID) 06501, die sie in der Gliederung der Bilanz eindeutig identifiziert. Im weiteren Verlauf dieser Arbeit werden alle Variablen mit Ursprung in der Worldscope-Datenbank zur eindeutigen Bestimmung mit der WCID angegeben.

781 Die offizielle Definition von Thomson Datastream findet sich in Tab. E.2 auf S. 407.

Erschwerend kommt noch hinzu, dass eine einheitliche Definition in der einschlägigen Fachliteratur nicht zu finden ist. Grundsätzlich kann in diesem Zusammenhang aber auch von betriebsnotwendigem Vermögen gesprochen werden, da unter diesem Begriff diejenigen Vermögensgegenstände zusammengefasst sind, die für die Aufrechterhaltung des eigentlichen operativen Geschäftes eines Unternehmens und daher zur Generierung von Umsatz unabdingbar sind.[782]

Die Schwierigkeit einer einheitlichen Abgrenzung ist u. a. darauf zurückzuführen, dass es sich nicht um einen vom Gesetzgeber oder Standardsetter vorgegebenen Posten in der Bilanz, sondern um eine aus verschiedenen Bilanzpositionen, unter Berücksichtigung zusätzlicher Angaben aus dem Jahresabschluss, abgeleitete Messgröße handelt. Somit ist eine Zusammensetzung dieser derivativen Größe einzelfallbezogen und nicht zuletzt auch von dem Detaillierungsgrad der verfügbaren Informationen im Jahresabschluss abhängig. Darüber hinaus ist die Abgrenzung von bilanziellem Vermögen seiner betrieblichen Nutzung entsprechend in operatives oder betriebsnotwendiges Vermögen aus externer Sicht aufgrund unzureichender Informationen oftmals nur mit einiger Unschärfe möglich.[783] Um dieser Tatsache gerecht zu werden, schlägt *Coenenberg* (1997) eine Gliederung nach dem Kriterium der überwiegenden Zugehörigkeit vor, die in Tab. 5.4 auf der anderen Seite zusammengefasst wird.

Eine ähnliche Zuordnung findet sich auch bei *Damodaran* (2002). Anders als *Coenenberg* ordnet dieser jedoch, neben den kurzfristigen Geldanlagen, auch den Kassenbestand den Wertpapieren des Umlaufvermögens zu. Folglich zählt der Bargeldbestand aus Sicht von *Damodaran* nicht zum operativen Vermögen. Die Beurteilung der Zugehörigkeit des Kassenbestandes stellt aber durchaus einen Grenzfall dar. So lässt sich beispielsweise argumentieren, dass ein bestimmtes Level an Barvermögen für die Fortführung der laufenden Geschäftstätigkeit eines Unternehmens unerlässlich und deshalb dem operativen Vermögen bzw. dem betriebsnotwendigen Vermögen zuzurechnen ist. Die Bestimmung des notwendigen Kassenbestandes für die Unternehmen der Stichprobe ist nicht trivial und kann im Rahmen dieser Arbeit nicht geleistet werden. Daher, und um etwaige Verzerrungen bei der Analyse zu minimieren, wird aus Gründen der Konsistenz für alle Unternehmen der Stichprobe angenommen, dass der Kassenbestand ein für die Aufrechterhaltung des Geschäftsbetriebes notwendiges Level aufweist.

Die Gliederung in Tab. 5.4 auf der gegenüberliegenden Seite stellt die Grundlage für die Berechnung des operativen Vermögens im Rahmen der empirischen Untersuchung dar. Ausgehend von den in der Bilanz der Worldscope-Datenbank vorhandenen Posten wird unter Berücksichtigung der vorgeschlagenen Zusammensetzung die Messgröße operatives Vermögen abgeleitet.[785] Eine Zuordnung der einzelnen Posten in der Worldscope-Bilanz ergibt somit das Ermittlungsschema für das operative Vermögen. Das Gesamtvermögen (Anlage- und Umlaufvermö-

[782] Vgl. *Coenenberg* (1997), S. 705 oder auch *Wöhe* (2000), S. 1115.

[783] Vgl. hierzu und im Folgenden *Coenenberg* (1997), S. 705.

[785] Die Standardgliederung der Bilanz in der Worldscope-Datenbank wird in Tab. E3 bis E.4 auf S. 413–414 zusammengefasst.

Tabelle 5.4.: Definition betriebsnotwendiges Vermögen

Bezeichnung Bilanzposten (HGB)
Gesamtvermögen
./. Finanzanlagen[784]
./. Sonstige Vermögensgegenstände
./. Wertpapiere des Umlaufvermögens
Betriebsnotwendiges Vermögen

Quelle: *Coenenberg* (1997), S. 705

gen) wird durch die Messgröße Total Assets (Worldscope ID 02999) beschrieben und stellt den Ausgangspunkt für die Herleitung des operativen Vermögens dar. Analog zu dem bei *Coenenberg* (1997) vorgeschlagenen Berechnungsschema werden nun von dieser Größe die Finanzanlagen abgezogen. Abgebildet werden diese in der Worldscope-Datenbank zum einen durch die Bilanzposition Investment in Unconsolidated Subsidiaries (Worldscope ID 02256) und zum anderen durch Other Investments (Worldscope ID 02250), somit gehen beide Positionen in die Berechnung ein. Unter dem Punkt sonstige Vermögensgegenstände werden Other Current Assets (Worldscope ID 02149) und Other Assets (Worldscope ID 02652) zusammengefasst und ebenfalls im Ermittlungsschema berücksichtigt. Als letzte Messgröße finden die Wertpapiere des Umlaufvermögens, in der Worldscope-Datenbank dargestellt unter dem Bilanzposten Short Term Investments (Worldscope ID 02008), bei der Berechnung des Operativen Vermögens Berücksichtigung.[786]

Definition 5b (Operatives Vermögen) *Die Messgröße operatives Vermögen (OA) leitet sich aus der Position Total Assets mit der Identifikationsnummer 02999 in der Worldscope-Datenbank ab und wird basierend auf dem bei* Coenenberg *(1997) entwickelten Schema ermittelt.*[787]

Dementsprechend geht das operative Vermögen in dieser Studie als eine derivative Größe in die empirische Untersuchung ein und folgt dem bei *Coenenberg* (1997) entwickelten Vorgehen. Tab. 5.5 auf der nächsten Seite fasst das Ermittlungsschema zusammen, während Def. 5b eine Definition angibt.

5.4.3.3. Stromgrößen der Gewinn-und-Verlust-Rechnung

In der Gewinn-und-Verlust-Rechnung werden Aufwendungen und Erträge einer Berichtsperiode gegenübergestellt. Dies dient zur Ermittlung des Unternehmensgewinnes sowie der Darstellung seiner Höhe, Art und Quellen.[788] Wie bereits angeführt, ist diese Unternehmensrechnung Pflichtbestandteil des handelsrechtlichen Jahresabschlusses. Die in § 275 Abs. 2 u. 3 HGB niedergelegte Gliederung stellt

786 Die offizielle Definition aller in diesem Absatz angeführten Bilanzpositionen von Thomson Datastream findet sich in Tab. E.2 auf S. 407.

787 Siehe *Coenenberg* (1997), S. 705

788 Vgl. *Coenenberg* (1997), S. 307.

Tabelle 5.5.: Ermittlungsschema operatives Vermögen

Bezeichnung Posten in der Bilanz	WSID*
Total Assets	02999
./. Investment in Unconsolidated Subsidiaries	02256
./. Other Investments	02250
./. Other Current Assets	02149
./. Other Assets	02652
./. Short Term Investments	02008
Operating Assets	

* Worldscope Identifier/Identifikationsnummer

eine Mindestgliederung dar, die im Allgemeinen von Kapitalgesellschaften anzuwenden ist.[789] Die für die empirische Untersuchung benötigten Angaben beziehen sich auch hier auf die Konzern-Gewinn-und-Verlust-Rechnung und konzentrieren sich auf den Gewinn aus der operativen Geschäftstätigkeit.[790] Grundlage für die Datenerhebung bilden die in der Gliederung der Gewinn-und-Verlust-Rechnung in der Worldscope-Datenbank enthaltenen Positionen.[791]

Operativer Gewinn Als eine zentrale Annahme des *Feltham-Ohlson*-Modells (1995) ist die Unterscheidung zwischen operativen und finanziellen Aktivitäten eines Unternehmens neben ihrer Berücksichtigung bei der Ermittlung des operativen Vermögens auch bei der Erhebung des operativen Gewinns von Bedeutung. Aufgrund der Fokussierung auf rein operative Geschäftstätigkeiten, also die betriebliche Leistungserstellung, kann eine besondere Nachhaltigkeit der Gewinngröße angenommen werden.[792]

Bei der Ermittlung der Messgröße besteht weiter die Notwendigkeit, nur diejenigen Erfolgsbestandteile zu berücksichtigen, die im eigentlichen operativen Geschäft erwirtschaftet werden. Da sich aber gemäß den im HGB kodifizierten Rechnungslegungsgrundsätzen in der Gewinn-und-Verlust-Rechnung nicht explizit der Posten operativer Gewinn findet, muss auch hier analog zu dem Vorgehen bei der Ermittlung des operativen Vermögens eine Messgröße abgeleitet werden.

Üblicherweise wird das Ergebnis der gewöhnlichen Geschäftstätigkeit auch als operatives Ergebnis bezeichnet.[793] Nach den Richtlinien des HGBs beinhaltet dieses jedoch auch das Finanz- und Beteiligungsergebnis und widerspricht daher dem Verständnis des operativen Gewinns i. S. d. *Feltham-Ohlson*-Modells (1995). In der wirtschaftlichen Praxis wird ein um außerordentliche, aperiodische und betriebsfremde Erträge und Aufwendungen bereinigter Jahresüberschuss auch als

789 Siehe *Coenenberg* (1997), S. 311ff. u. 525 ff. für eine ausführliche Beschreibung der grundlegenden Merkmale der Gewinn-und-Verlust-Rechnung in Einzel- und Konzernabschluss.

790 Siehe *Baetge* (1997), S. 566 ff. für eine Übersicht.

791 Siehe Tab. E.5 auf S. 415 für eine ausführlich Darstellung.

792 Vgl. *Baetge* (1997), S. 342.

793 In der Gliederung der Gewinn-und-Verlust-Rechnung für Kapitalgesellschaften entspricht dies § 275 Abs. 2 Nr. 14 HGB (Gesamtkostenverfahren) bzw. § 275 Abs. 3 Nr. 13 HGB (Umsatzkostenverfahren).

Betriebsergebnis bezeichnet.[794] Diese Messgröße gibt Auskunft über den Erfolg der betrieblichen Leistungserstellung und kann daher auch als operativer Gewinn i. S. d. *Feltham-Ohlson*-Modells (1995) verstanden werden.

In der Worldscope-Datenbank korrespondiert das Betriebsergebnis mit dem Posten Operating Income (Worldscope ID 01250) in der Gewinn-und-Verlust-Rechnung.[795] Folglich wird für die in der empirischen Analyse benötigten Größe operativer Gewinn gemäß Def. 5c die Variable Operating Income der Worldscope-Datenbank verwendet.

Definition 5c (Operativer Gewinn) *Als Messgröße operativer Gewinn (OI) wird die Position Operating Income mit der Identifikationsnummer 01250 in der Worldscope-Datenbank verwendet.*

5.4.4. Patentinformationen

5.4.4.1. Konzeptionalisierung und Umfang

Unter der Bezeichnung Patentinformationen werden in der vorliegenden Arbeit Kennzahlen des betrieblichen Patentierverhaltens subsumiert, die die technologische Leistung eines Unternehmens anhand quantitativer und qualitativer Merkmale des Patentportfolios approximieren. Als Kennzahlen des betrieblichen Patentierverhaltens werden i. A. a. *Ernst* (1996) analytische Patentkennzahlen bezeichnet, die im Rahmen der Patentanalyse eingesetzt werden.[796] Dies umfasst Kennzahlen mit differenzierter inhaltlicher Ausrichtung, deren Hauptmerkmale nachfolgend erläutert werden. Die Arbeit folgt dabei dem in Def. 6 zusammengefassten Begriffsverständnis für Patentinformationen.

Definition 6 (Patentinformationen) *Patentinformationen sind analytische Kennzahlen des betrieblichen Patentierverhaltens (Patentkennzahlen) und beschreiben die technologische Leistung eines Unternehmens anhand quantitativer und qualitativer Merkmale des Patentportfolios.*

In der Literatur wird eine Vielzahl verschiedener analytischer und derivativer Patentkennzahlen vorgeschlagen und diskutiert.[797] In der vorliegenden Arbeit wird das von CHI Research[798] entwickelte Kennzahlensystem verwendet, weil bei hoher analytischer Güte ein breites Spektrum allgemein gebräuchlicher Patentkennzahlen abgedeckt wird. Die Tech-Line-Technologie-Indikatoren charakterisieren die technologische Leistung eines Unternehmens und lassen sich nach inhaltlichen

---

[794] Vgl. *Coenenberg* (1997), S. 308 u. 313 ff. oder auch *Wöhe* (2000), S. 875 f.

[795] Die offizielle Definition von Thomson Datastream findet sich in Tab. E.2 auf S. 407.

[796] In Abhängigkeit des Gegenstandes der Analyse können Patentkennzahlen verschiedenen Ebenen zugeordnet werden. In diesem Zusammenhang wird zwischen Länder-, Unternehmens-, Technologie- und Erfinderebene differenziert. Vgl. *Narin* (1993), S. 19. Diese Unterscheidung wird bei *Ernst* aufgegriffen und erweitert. Vgl. *Ernst* (1996), S. 37 f. Dem Gegenstand der Untersuchung entsprechend und der Fragestellung dieser Arbeit folgend ist hier ausschließlich die Unternehmensebene relevant.

[797] Vgl. *Ernst* (1996), S. 37.

[798] Siehe 5.3.2 auf S. 157 für eine Beschreibung des Datenproviders CHI Research.

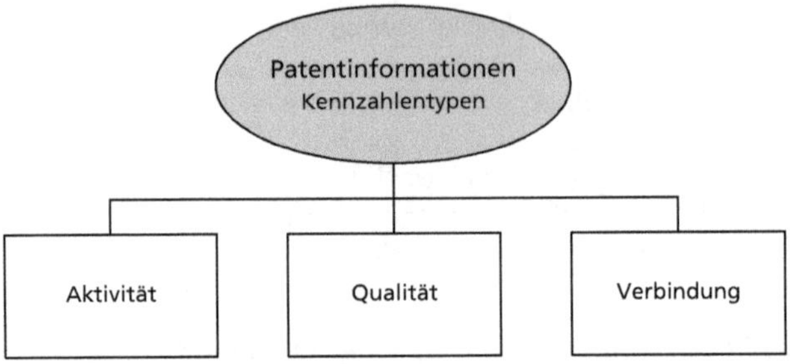

Abbildung 5.7.: Typisierung der Patentinformationen

Kriterien abgrenzen. Im Besonderen schlagen *Narin/Olivastro* eine Gliederung in drei Kategorien vor, der auch diese Studie folgt und die in Abb. 5.7 wiedergegeben wird.[799] Der inhaltlichen Ausrichtung entsprechend unterscheiden *Narin/Olivastro* zwischen den folgenden Kennzahlentypen:

- Aktivitätskennzahlen
- Qualitätskennzahlen
- Verbindungskennzahlen

Aktivitätskennzahlen, wie beispielsweise die Anzahl der Patente, beschreiben das Patentportfolio eines Unternehmens quantitativ, wodurch sich u. a. Forschungsschwerpunkte erkennen lassen. Sie stellen einen fundamentalen Bestandteil und Ausgangspunkt für weiterführende und vertiefende Patentanalysen dar, die neben quantitativen vor allem qualitative Aspekte beleuchten.[800] Bei der Beurteilung der Qualität von Patenten wird zwischen einer technologischen und ökonomischen Bedeutung differenziert, wobei einzelne Patente in beiden Merkmalen i. d. R. eine starke Heterogenität aufweisen. Aus diesem Grund empfiehlt es sich, eine Patentanalyse um die Betrachtung von Qualitäts- und Verbindungskennzahlen zu erweitern. Beispielhaft wird bei *Ernst* (1996) die Technologiestärke als Qualitäts- und die Wissenschaftsbindung als Verbindungskennzahl genannt.

Unter den Prämissen des Modellrahmens beschreibt das *Feltham-Ohlson*-Modell (1995) in der Wertrelationsgleichung einen linearen Zusammenhang zwischen dem an der Börse erzielten Marktwert des Eigenkapitals und Informationen der Rechnungslegung in Kombination mit frei definierbaren Informationsvariablen.[801] Im Kontext der vorliegenden Arbeit gehen Patentinformationen bzw. Kennzahlen des betrieblichen Patentierverhaltens als eben diese Informationsvariablen

799 Vgl. *Narin/Olivastro* (1988), S. 497. Siehe *Ernst* (1996), S. 83 für eine Erweiterung dieser Einteilung unter Berücksichtigung zusätzlicher analytischer Patentkennzahlen.

800 Vgl. hierzu und im Folgenden *Ernst* (1996), S. 82 f.

801 Für eine ausführliche Darstellung und Herleitung des *Feltham-Ohlson*-Modells (1995) siehe Kap. 4.2 auf S. 105.

Tabelle 5.6.: Benötigte Patentinformationen

Typ	Bezeichnung†		Notation
Aktivitätskennzahl	Number of Patents	Anzahl der Patente	*NOP*
Qualitätskennzahl	Cites per Patent	Zitate pro Patent	*CPP*
	Current Impact Index	Einflussstärke	*CII*
	Technology Strength	Technologiestärke	*TS*
Verbindungskennzahl	Technology Cycle Time	Technologiezyklusdauer	*TCT*
	Science Linkage	Wissenschaftsbindung	*SL*
	Science Strength	Wissenschaftsstärke	*SS*

† Offizielle Bezeichnung des Datenproviders

in die Gleichung ein. Bei der Operationalisierung der zu validierenden Hypothesen werden sukzessive Patentinformationen aller drei Kategorien getestet.[802] Damit fließen Kennzahlen in die Modellierung ein, die die Aktivitäts-, Qualitäts- und Verbindungseigenschaften des betrieblichen Patentierverhaltens der Stichprobenunternehmen abbilden und so das Patentportfolio quantitativ wie qualitativ charakterisieren. Als Grundlage hierzu dienen, wie bereits ausgeführt, das von CHI Research entwickelte Kennzahlensystem respektive die Tech-Line-Technologie-Indikatoren. Daher stützten sich die hier vorgestellten Definitionen der Patentkennzahlen primär auf die offiziellen Angaben des Datenanbieters. In Tab. 5.6 werden die für die Analyse erforderlichen Messgrößen gegliedert nach Kennzahlentyp zusammenfassend dargestellt.

Grundlage für die Generierung die Kennzahlen bildet das Europäische Patentsystem.[803] Damit erfolgt eine Fokussierung auf Patente mit einer aus Sicht des Anmelders gesteigerten wirtschaftlichen Werthaltigkeit, weil eine europaweite Patentanmeldung im Vergleich zu einer nationalen mit einem nicht unerheblichen zeitlichen wie monetären Mehraufwand verbunden ist.[804] Die Entscheidung für ein europäisches Patent impliziert also bereits eine positive Einschätzung der Möglichkeiten einer erfolgreichen Umsetzung und Markteinführung, die durch eine Ausschließlichkeit der Nutzung einer technologischen Neuerung europaweit abgesichert wird. Zusammenfassend kann eine europäische Patentanmeldung daher als ein primärer Qualitätsindikator für die technologische und ökonomische Wertigkeit einer Erfindung angesehen werden.[805] Die empirische Analyse konzentriert sich damit auf technologische Neuerungen, die vom Anmelder selbst im gesteigerten Ausmaß als technologisch und vor allem wirtschaftlich bedeutend eingestuft werden. Zudem wird berücksichtigt, dass es sich bei den Stichprobenunternehmen[806] um global agierende deutsche Firmen handelt, deren Heimatmarkt und damit auch Schwerpunkt der Geschäftstätigkeit in Europa angenommen werden kann.

802 Für eine Herleitung der zu testenden Hypothesen siehe Kap. 4.4 auf S. 127.
803 Wahlweise können die Kennzahlen auch auf Basis des US-amerikanischen Patentsystems generiert werden.
804 Siehe Kap. 2.3.3 auf S. 30 für einen Überblick zum Europäischen Patentsystem.
805 Vgl. *Ernst* (1996), S. 63.
806 Für die Zusammensetzung der Stichprobe siehe Kap. 5.2.3 auf S. 152.

Die Kennzahlen werden den spezifischen Anforderungen[807] dieser Studie entsprechend von CHI Research generiert und in elektronischer Form zur Verfügung gestellt. Ausgangspunkt für die Berechnungen der derivativen Patentkennzahlen bildet die Anzahl der vom Europäischen Patentamt erteilten Patente.[808] Die Datenerhebung umfasst die Kalenderjahre 1988 bis einschließlich 2000. Die Patentinformationen beziehen sich ähnlich der Rechnungslegungsdaten auf einen historischen Zeitraum, so dass sie unter Berücksichtigung eines Timelags historischen Marktwerten gegenübergestellt werden.

Schritte der Datenaufbereitung und/oder -bereinigung sind im Falle der Patentinformationen aufgrund der bereits seitens des Datenproviders bei der Generierung des Datensatzes verfolgten intensiven Aufbereitungs- und Bereinigungsverfahren nicht zusätzlich erforderlich.[809]

5.4.4.2. Aktivitätskennzahlen

Die Anmeldung einer Erfindung zum Patent ist ein mehrstufiger Prozess, bei dem verschiedenen Aktivitäten aus Sicht des Anmelders entscheidende Bedeutung zugeschrieben wird.[810] Aktivitätskennzahlen beziehen sich inhaltlich auf wichtige Aktivitäten im Erteilungsverfahren, wodurch ihnen bei der Patentanalyse eine grundlegende konzeptionelle Bedeutung beigemessen wird. Sie stellen daher einen elementaren Bestandteil und zugleich Ausgangspunkt für eine weiterführende Patentanalyse dar.

So bildet auch eine tiefschürfende Analyse des Patentportfolios eines Unternehmens die Grundlage für die Ableitung des Kennzahlensystems, das in dieser Studie Verwendung findet.[811] Als ein wesentliches Ereignis ist in diesem Zusammenhang, neben der Anmeldung einer Erfindung zum Patent, vor allem die Erteilung durch das zuständige Patentamt zu nennen. Nach erfolgreichem Abschluss des umfassenden Prüfverfahrens wird die Patenterteilung zeitnah bekannt gemacht.[812]

807 Dies bezieht sich hauptsächlich auf die Notwendigkeit einer Berücksichtigung historischer Konzernverbindungen und die Verwendung von Daten des Europäischen Patentsystems bei der Generierung der Kennzahlen.

808 Unter einem Patent wird im Rahmen dieser Arbeit also grundsätzlich ein bereits erteiltes Patent verstanden, d. h., das Anmelde- und Erteilungsverfahren wurde erfolgreich durchlaufen und alle gesetzlichen Anforderungen für eine Erteilung werden erfüllt.

809 Siehe Kap. 5.3.2.2 auf S. 160 zum Prozess der Datenaufbereitung und -bereinigung bei CHI Research.

810 Vgl. hierzu und im Folgenden *Ernst* (1996), S. 39.

811 Dieses Vorgehen begründet sich hauptsächlich in einer öffentlichen Verfügbarkeit von Informationen zu Patenten. Zudem spielt die Tatsache eine entscheidende Rolle, dass eine Analyse der Verbindungen von Patenten untereinander sowie zum wissenschaftlichen Umfeld ausschließlich für erteilte Patente möglich ist. Siehe *Ernst* (1996), S. 85 für eine Darstellung des Zeitpunktes, zu dem eine Kennzahl frühestens berechnet werden kann.

812 Die Bekanntgabe in frei zugänglichen Datenbanken des Patentamtes erfolgt unmittelbar nach dem Zeitpunkt der Patenterteilung. Das Europäische Patentamt ermöglicht zudem eine Online-Abfrage des Status einer Patentanmeldung. Hat eine Anmeldung Erteilungsreife erreicht, ist diese Information unmittelbar online verfügbar, zusätzlich werden einmal wöchentlich alle neu erteilten Patente im Patentblatt publiziert.

Anzahl der Patente Die Kennzahl Anzahl der Patente gibt Aufschluss über die quantitative Ausprägung der erfinderischen Aktivitäten eines Unternehmens.[813] Für die Erteilung einer Erfindung zum Patent ist eine Erfüllung der im Patentgesetz kodifizierten rechtlichen Voraussetzungen notwendig.[814]

Gefordert wird dort u. a. ein signifikanter technologischer Neuigkeitsgehalt der Erfindung. Da die Aufgabe dies zu beurteilen und zu verifizieren im Verantwortungsbereich des zuständigen Patentamtes liegt, also einer offiziellen und unabhängigen Institution übertragen ist, kann bereits aus der Tatsache, dass für eine Erfindung ein Patent erteilt wird, auf eine technologische Relevanz geschlossen werden.[815] Aufgrund der Tatsache, dass hier europäische Patente betrachtet werden, kann zudem auch eine ökonomische Bedeutung der Erfindung für den Anmelder unterstellt werden.[816]

Während durch die Erfüllung der gesetzlichen Anforderungen für die Erteilung eines Patentes ein signifikanter technologischer Neuigkeitsgehalt der Erfindung verifiziert wird, lässt sich die ökonomische Signifikanz demzufolge indirekt aus dem europäischen Patent ableiten. Damit wird die Bedeutung der Kennzahl Anzahl der Patente als ein fundamentaler Indikator unterstrichen, der die Menge technologisch wie wirtschaftlich bedeutender Erkenntnisse der Erfindungstätigkeit eines Unternehmens beschreibt und so Rückschlüsse hinsichtlich der technologischen Stärke erlaubt.[817]

Für den weiteren Verlauf der Arbeit ist es zweckmäßig, eine Definition dieser elementaren Kennzahl als Basis für die Entwicklung der weiterführenden Patentkennzahlen herauszustellen. Dem Verständnis der vorliegenden Arbeit folgend und analog zu den Richtlinien des Datenproviders wird die Anzahl der Patente auf Unternehmensebene in Def. 6a als Menge der binnen eines Kalenderjahres vom Europäischen Patentamt erteilten Patente definiert. Formal kann die Kennzahl *NOP* für das *i*-te Unternehmen wie in Gl. (5.3) als Summe aller (neu) erteilten europäischen Patente *PAT* über den Zeitraum τ beschrieben werden.[818]

Definition 6a (Anzahl der Patente) *Die Kennzahl Anzahl der Patente (NOP) gibt die Menge der Patente an, die dem i-ten Unternehmen in der Periode τ seitens des Europäischen Patentamtes erteilt wurden.*

$$NOP_{i,\tau} = COUNT_{\tau}\left\{PAT_{i,\tau}\right\} \tag{5.3}$$

813 Vgl. *Narin* (2000), S. 178 oder auch *Narin/Olivastro* (1988), S. 497.
814 Siehe Kap. 2.3 auf S. 26 zu Grundzügen des Patentwesens.
815 Vgl. *Ernst* (1996), S. 50.
816 Allein aus der Patentanmeldung kann schon die Annahme abgeleitet werden, dass es sich aus Sicht des Anmelders um eine Investition mit positivem Nettobarwert handelt. Vgl. *Ernst* (1996), S. 63.
817 Vgl. *Ernst* (1996), S. 40.
818 Die verwendete Notation wird beim erstmaligen Gebrauch in den Kap. 5.4.4.2 bis 5.4.4.4 auf S. 174–182 definitorisch eingeführt und nachfolgend wird auf eine wiederholte Aufführung verzichtet.

es gilt:

$$COUNT_{\tau}\{\cdot\} = \text{Zähloperator für den Zeitraum } \tau$$
$$PAT_{i,\tau} = \text{Patent des } i\text{-ten Unternehmens der Periode } \tau$$

5.4.4.3. Qualitätskennzahlen

Patente divergieren mitunter signifikant hinsichtlich ihrer technologischen wie auch ökonomischen Bedeutung.[819] Daher reicht eine Aktivitätsbetrachtung bei einer Patentanalyse nicht aus, um Schlussfolgerungen über die Qualität eines Patentportfolios oder die technologische Stärke eines Unternehmens zu ziehen, und wird aufgrund der Heterogenität durch Qualitätskennzahlen ergänzt.

Im Rahmen des offiziellen Prüfverfahrens einer Patentanmeldung wird zur Beurteilung des technologischen Neuigkeitsgehaltes der Stand der Technik auf dem betreffenden Gebiet analysiert. Bei dem Verfahren wird größtenteils das technologische Wissen in anderen Patenten herangezogen und als Entgegenhaltung auf der geprüften Patentschrift vermerkt.[820] Diese Verweise auf andere Patente bilden die Grundlage für eine Analyse von Querverbindungen im Patentsystem. Hierbei gilt die Anzahl der Verweise oder Zitate, die ein Patent auf sich vereint, als Indikator für die technologische und wirtschaftliche Qualität der geschützten Erfindung. Dementsprechend charakterisiert eine hohe Anzahl an erhaltenen Verweisen tendenziell eine fundamentale technologische Neuerung, weil in nachfolgenden Erfindungen verstärkt auf den Erkenntnissen aufgebaut wird.[821] Grundlegende Annahme hierbei ist, dass Patente, auf die häufig verwiesen wird, einen technologischen Fortschritt größeren Ausmaßes darstellen.[822]

Die vorliegende Studie stützt sich auf mehrere Kennzahlen, die konzeptionell auf der Analyse von Patentzitaten aufbauen und damit der Klasse der Qualitäts- oder Wirkungskennzahlen zugeordnet werden. Im Folgenden werden die in dieser Studie operationalisierten Qualitätskennzahlen des betrieblichen Patentierverhaltens eingeführt und definiert, die auf Basis einer Analyse der Zitate pro Patent abgeleitet werden.

Zitate pro Patent Die Kennzahl Zitate pro Patent beschreibt die durchschnittliche Anzahl an Verweisen, die die innerhalb eines bestimmten Kalenderjahres erteilten Patente eines Unternehmens in nachfolgenden Patenten auf sich vereinen.[823] Die Berechnung der Kennzahl erfolgt kumulativ. D.h., die Anzahl der Zitate, die durchschnittlich auf die Patente eines Unternehmens einer bestimmten Periode entfallen, wird durch eine Analyse aller Patente und der darin enthaltenen Verweise

819 Vgl. hierzu und im Folgenden *Ernst* (1996), S. 50. Gestützt wird diese Aussage ferner durch eine Reihe empirischer Studien, auf die sich *Ernst* a. a. O. bezieht.
820 Vgl. hierzu und im Folgenden *Ernst* (1996), S. 55.
821 Vgl. *Narin* (2000), S. 183.
822 Vgl. *Narin/Olivastro* (1988), S. 471.
823 Vgl. hierzu und im Folgenden *Ernst* (1996), S. 57 f. oder auch *Narin* (2000), S. 182 f.

ermittelt. Ein hoher Wert impliziert dabei eine starke Position in der Forschung und eine hohe technologische Kompetenz eines Unternehmens und charakterisiert tendenziell wertvolle und bedeutende Patentportfolios.[824]

Der Berechnungszeitpunkt der Kennzahl hat signifikanten Einfluss auf die durchschnittliche Häufigkeit, mit der Patente eines Unternehmens einer bestimmten Periode in nachfolgenden Patenten referiert werden.[825] Der Zusammenhang wird leicht anhand eines Beispiels deutlich. Die 1990 erteilten Patente eines Unternehmens vereinen Zitate in der Gesamtheit der Patente aller nachfolgenden Perioden bis einschließlich 2002 auf sich, so dass diese potenziell von einer größeren Grundmenge zitiert werden können als z. B. die Patente von 1995. Aus diesem Grund ist zu erwarten, dass die Kennzahl zu Beginn des Beobachtungszeitraumes für jedes Unternehmen die höchsten Werte annehmen und dann im Zeitablauf fallen wird, eine Tatsache, die auch bei der Interpretation der empirischen Ergebnisse relevant ist. Def. 6b fasst den Zusammenhang verbal zusammen, während Gl. (5.4) den Inhalt in mathematischer Form ausdrückt.[826]

Definition 6b (Zitate pro Patent) *Die Kennzahl Zitate pro Patent (CPP) gibt die durchschnittliche Anzahl der Verweise in der Gesamtheit aller Patente j im Europäischen Patentsystem an, die bis zum Bestimmungszeitpunkt der Kennzahl auf die Patente des i-ten Unternehmens der Periode τ entfallen.*

$$CPP_{i,\tau} = \frac{CITE^{j}_{i,\tau}}{COUNT_{\tau}\left\{PAT_i\right\}} \quad (5.4)$$

$$\Leftrightarrow \quad CPP_{i,\tau} = \frac{CITE^{j}_{i,\tau}}{NOP_{i,\tau}} \quad \text{aus (5.3)} \quad (5.5)$$

es gilt:

$CITE^{j}_{i,\tau}$	=	Zitierhäufigkeit der Patente des *i*-ten Unternehmens der Periode τ in der Gesamtheit aller Patente *j* im Europäischen Patentsystem
$NOP_{i,\tau}$	=	Anzahl der Patente des *i*-ten Unternehmens der Periode τ

Einflussstärke Ähnlich der im vorausgehenden Abschnitt eingeführten Messgröße Zitate pro Patent handelt es sich bei der Einflussstärke um eine relative Kennzahl der Patentqualität, die konzeptionell auf der Analyse von Patentzitaten aufsetzt.[827] Die Einflussstärke unterscheidet sich aber insgesamt in zwei wesentlichen Merkmalen von der Kennzahl Zitate pro Patent, nämlich in der Bezugseinheit sowie

824 Vgl. *Narin* (2000), S. 183.

825 Für die Generierung der Kennzahlen der vorliegenden Studie ist Ende September 2002 der Stichtag.

826 Die verwendete Notation wird beim erstmaligen Gebrauch in den Kap. 5.4.4.2 bis 5.4.4.4 auf S. 174–182 definitorisch eingeführt und nachfolgend auf eine wiederholte Aufführung verzichtet.

827 Vgl. *Ernst* (1996), S. 58.

der Richtung des zeitlichen Betrachtungswinkels. Indem die auf Unternehmensebene ermittelten Werte in Relation zum patentsystemweiten Durchschnitt gesetzt werden, wird die Bezugseinheit der Einflussstärke auf das ganze Patentsystem ausgedehnt.[828] Während die zeitliche Betrachtungsrichtung der Kennzahl Zitate pro Patent nach vorne gerichtet ist und die kumulierte Anzahl der Verweise misst, die ein Patent nachfolgend in allen Patenten des Patentsystems auf sich vereint, kehrt sich dieser Blickwinkel bei der Einflussstärke um. So wird rückwirkend die Anzahl der Verweise in allen Patenten der aktuellen Periode gemessen, die auf die Patente eines Unternehmens der vergangenen fünf Jahre entfallen.

Die Berechnung des Kennzahlenwertes ist ein mehrstufiger und komplexer Prozess.[829] Zunächst wird in den zurückliegenden fünf Jahren die durchschnittliche Häufigkeit berechnet, mit der die Patente eines Unternehmens in allen Patenten des Patentsystems der aktuellen Periode referiert werden. Im nächsten Schritt werden diese Werte in Relation zum Durchschnittswert aller Patente der jeweiligen Periode gesetzt, so dass die Bezugseinheit das gesamte Patentsystem ist und dahingehend eine Normalisierung vorgenommen wird. Danach werden die auf Jahresbasis gewonnenen Angaben mit der Anzahl der Patente des Unternehmens in den korrespondierenden Perioden gewichtet und zu einem Wert verdichtet. Schließlich wird durch Division mit der Gesamtmenge der Patente des Unternehmens in den zurückliegenden fünf Jahren der Durchschnitt gebildet.

Durch die Standardisierung mit dem Mittelwert aller Patente wird der Erwartungswert der Kennzahl gleich eins gesetzt. Werte größer als eins kennzeichnen ein Patentportfolio, das überdurchschnittlich oft zitiert wird und dem eine höhere technologische Stärke beigemessen werden kann.[830] Für Werte kleiner als eins gilt entsprechend, dass die Zitierhäufigkeit der betreffenden Patente unterdurchschnittlich ist und daher auf eine geringere technologische Bedeutung geschlossen werden kann. In Def. 6c wird die Definition der Kennzahl Einflussstärke verbal zusammengefasst.[831]

Definition 6c (Einflussstärke) *Die Kennzahl Einflussstärke (CII) gibt die durchschnittliche, mit der Patentanzahl gewichtete und auf den patentsystemweiten Durchschnittswert normalisierte Anzahl der Verweise in der Gesamtheit aller Patente j der Periode τ im Europäischen Patentsystem an, die auf die Patente des i-ten Unternehmens der Perioden $\tau - 1$ bis $\tau - 5$ entfallen.*

Der Fokus auf einen relativ kurzen historischen Zeithorizont von fünf Jahren lässt auf Unternehmensebene bereits frühzeitig Entwicklungstendenzen hinsichtlich Forschungsleistung und Qualität des Patentportfolios erkennen und ermöglicht

---

828 Vgl. *Narin* (2000), S. 184 f.

829 Siehe *Narin* (2000), S. 184 f. oder auch *Ernst* (1996), S. 58 für eine beispielhafte Darstellung der Vorgehensweise. Die folgenden Ausführungen basieren in erster Line auf *Narin*, da diese Quelle die offizielle Definition des Datenproviders CHI Research angibt.

830 Vgl. *Narin* (2000), S. 184 ff.

831 Die für das Verständnis der Definition der Kennzahl Einflussstärke elementaren Eigenschaften Durchschnittsbildung, Gewichtung und Normalisierung sind in Gl. (5.6) als Bestandteile der formalen Darstellung hervorgehoben.

es, sie relativ zu Wettbewerbern einzuordnen.[832] Die Kennzahl gibt Aufschluss darüber, wie sich aktuelle Forschungsentwicklungen in die Erfindungen eines Unternehmens einbetten und auf den dort erreichten Erkenntnissen aufbauen. Prinzipiell wird also die Stärke des Einflusses betrieblicher Forschung auf die aktuelle technologische Entwicklung ausgedrückt. Der in die Berechnung der Kennzahl einfließende Zeitraum ist auf die jeweils unmittelbar zurückliegenden fünf Jahre limitiert, so dass ausschließlich zeitnahe Erfindungen in die Berechnung einbezogen werden. Damit werden Verschiebungen zum patentsystemweiten Durchschnitt früh erkennbar und Veränderungen des Einflusses des Patentportfolios eines Unternehmens auf neue Erfindungen angezeigt.

Bevor die Definition der Kennzahl Einflussstärke in einem Gleichungssystem ausgedrückt wird, sollen zum besseren Verständnis die ersten vier Schritte des Ermittlungsschemas beispielhaft erläutert werden.[833] Eine entsprechende Darstellung findet sich in Tab. 5.7 auf der nächsten Seite. Bestimmt wird die Kennzahl für das Unternehmen i und den Zeitraum τ, also $CII_{i,\tau}$:

1. Zunächst ist es erforderlich, separat die Anzahl der Patente auf Unternehmensebene i ($NOP_{i,\tau-\theta}$) und im gesamten Patentsystem j ($NOP_{j,\tau-\theta}$) für die relevanten Perioden $\tau - 1$ bis $\tau - 5$ zu ermitteln.

2. Im zweiten Schritt wird dann zusätzlich für jeden Zeitraum $\tau - 1$ bis $\tau - 5$ die Anzahl der Verweise in der Gesamtmenge der Patente j der Periode τ bestimmt, die auf die Patente des Unternehmens i und auf alle Patente des Systems j entfallen. Es resultieren die Zitierhäufigkeiten $CITE_{i,\tau-\theta}^{j,\tau}$ (Unternehmen i) respektive $CITE_{j,\tau-\theta}^{j,\tau}$ (Patentsystem j).[834]

3. Im dritten Schritt wird für jede Periode auf Unternehmensbasis und patentsystemweit das Verhältnis aus der Zitierhäufigkeit ($CITE_{i,\tau-\theta}^{j,\tau}$ bzw. $CITE_{j,\tau-\theta}^{j,\tau}$) und der Patentanzahl ($NOP_{i,\tau-\theta}$ bzw. $NOP_{j,\tau-\theta}$) gebildet, also die mittlere

832 Vgl. *Narin* (2000), S. 186.

833 Die Beispielrechnung geht auf *Narin* (2000), S. 184 f. zurück. A. a. O. werden jedoch konkrete Zahlen für die Ermittlung verwendet, so dass die Überführung in ein Gleichungssystem im Rahmen dieser Arbeit erfolgt.

834 Die Zitierhäufigkeit weicht hier geringfügig von ihrer Definition bei der Bestimmung der Kennzahl Anzahl der Zitate ab. Sie wird um eine Dimension erweitert, was sich in der Einführung der hochgestellten Indizes zeigt. Der Unterschied ist auf eine alternative Blickrichtung bei der Ermittlung der Menge der Verweise zurückzuführen, die in die Berechnung der Kennzahlen Zitate pro Patent und Einflussstärke einfließt. So erfolgt im Fall der Zitate pro Patent eine kumulative Messung der Anzahl der Verweise, die in der Gesamtmenge der Patente *aller* nachfolgenden Perioden (bis zu einem nahezu beliebig festlegbaren Bestimmungszeitpunkt) auf die Patente eines Unternehmens einer zurückliegenden Periode entfallen. Der Standpunkt liegt demzufolge auf den Patenten, deren Zitierhäufigkeit ermittelt wird, so dass die Blickrichtung zeitlich nach vorne gerichtet ist. Die Zitierhäufigkeit im Rahmen der Einflussstärke hingegen berücksichtigt ausschließlich die Verweise, die in der Gesamtmenge der Patente *einer* nachgelagerten Periode auf die Patente eines Unternehmens einer zurückliegenden Periode entfallen. Damit kehrt sich die Blickrichtung um. Diese Differenzierung wird u. a. eingangs dieses Abschnitts auf S. 177 in Bezug auf die Kennzahlen Einflussstärke und Zitate pro Patent erläutert.

Tabelle 5.7.: Ermittlungsschema Einflussstärke $CII_{i,\tau}$ (Auszug)

	$\tau-1$	$\tau-2$	$\tau-3$	$\tau-4$	$\tau-5$
Schritt 1					
Unternehmen	$NOP_{i,\tau-1}$	$NOP_{i,\tau-2}$	$NOP_{i,\tau-3}$	$NOP_{i,\tau-4}$	$NOP_{i,\tau-5}$
Patentsystem	$NOP_{j,\tau-1}$	$NOP_{j,\tau-2}$	$NOP_{j,\tau-3}$	$NOP_{j,\tau-4}$	$NOP_{j,\tau-5}$
Schritt 2					
Unternehmen	$CITE_{i,\tau-1}^{j,\tau}$	$CITE_{i,\tau-2}^{j,\tau}$	$CITE_{i,\tau-3}^{j,\tau}$	$CITE_{i,\tau-4}^{j,\tau}$	$CITE_{i,\tau-5}^{j,\tau}$
Patentsystem	$CITE_{j,\tau-1}^{j,\tau}$	$CITE_{j,\tau-2}^{j,\tau}$	$CITE_{j,\tau-3}^{j,\tau}$	$CITE_{j,\tau-4}^{j,\tau}$	$CITE_{j,\tau-5}^{j,\tau}$
Schritt 3					
Unternehmen	$\frac{CITE_{i,\tau-1}^{j,\tau}}{NOP_{i,\tau-1}}$	$\frac{CITE_{i,\tau-2}^{j,\tau}}{NOP_{i,\tau-2}}$	$\frac{CITE_{i,\tau-3}^{j,\tau}}{NOP_{i,\tau-3}}$	$\frac{CITE_{i,\tau-4}^{j,\tau}}{NOP_{i,\tau-4}}$	$\frac{CITE_{i,\tau-5}^{j,\tau}}{NOP_{i,\tau-5}}$
Patentsystem	$\frac{CITE_{j,\tau-1}^{j,\tau}}{NOP_{j,\tau-1}}$	$\frac{CITE_{j,\tau-2}^{j,\tau}}{NOP_{j,\tau-2}}$	$\frac{CITE_{j,\tau-3}^{j,\tau}}{NOP_{j,\tau-3}}$	$\frac{CITE_{j,\tau-4}^{j,\tau}}{NOP_{j,\tau-4}}$	$\frac{CITE_{j,\tau-5}^{j,\tau}}{NOP_{j,\tau-5}}$
Schritt 4†					
Unternehmen	$\frac{CITER_{i,\tau-1}^{j,\tau}}{CITER_{j,\tau-1}^{j,\tau}}$	$\frac{CITER_{i,\tau-2}^{j,\tau}}{CITER_{j,\tau-2}^{j,\tau}}$	$\frac{CITER_{i,\tau-3}^{j,\tau}}{CITER_{j,\tau-3}^{j,\tau}}$	$\frac{CITER_{i,\tau-4}^{j,\tau}}{CITER_{j,\tau-4}^{j,\tau}}$	$\frac{CITER_{i,\tau-5}^{j,\tau}}{CITER_{j,\tau-5}^{j,\tau}}$

† Definition in Gl. (5.8) und (5.9)

Anzahl der Verweise pro Patent und Periode berechnet. Dieser Durchschnittswert wird als Zitierquote (*CITER*) bezeichnet.[835]

4. Im vierten Schritt wird in jeder Periode $\tau-1$ bis $\tau-5$ die Zitierquote des Unternehmens *i* ($CITER_{i,\tau-\theta}^{j,\tau}$) in Relation zu der des Patentsystems *j* ($CITER_{j,\tau-\theta}^{j,\tau}$) gesetzt und damit die relative Zitierquote $\frac{CITER_{i,\tau-\theta}^{j,\tau}}{CITER_{j,\tau-\theta}^{j,\tau}}$ gebildet.

Der Wert der Kennzahl Einflussstärke für das Patentportfolio des *i*ten Unternehmens und den Zeitraum τ ($CII_{i,\tau}$) ergibt sich schließlich durch die Summenbildung über die mit der Anzahl der Patente einer Periode gewichteten Werte der relativen Zitierhäufigkeiten und die nachfolgende Division durch die Gesamtmenge der Patente des Unternehmens in den einbezogenen Zeiträumen. Die beiden letzten Berechnungsschritte werden in Gl. (5.6) und (5.7) abgebildet. Die drei wesentlichen Eigenschaften bzw. Bestandteile bei der Bildung der Einflussstärke sind die Normalisierung, die Gewichtung und die Durchschnittsbildung. Sie sind zum besseren Verständnis in Gl. (5.6) hervorgehoben.[836]

835 Die Indizes wurden hier einfachheitshalber fallengelassen, sind aber in Tab. 5.7 aufgeführt. Eine formale Definition zeigen Gl. (5.8) und (5.9). Die Zitierquote unterscheidet sich von der Kennzahl Zitate pro Patent durch den zeitlichen Betrachtungswinkel.

836 Die verwendete Notation wird beim erstmaligen Gebrauch in den Kap. 5.4.4.2 bis 5.4.4.4 auf S. 174–182 definitorisch eingeführt und nachfolgend auf eine wiederholte Aufführung verzichtet.

$$CII_{i,\tau} = \frac{\sum_{\theta=1}^{5} \overbrace{\frac{CITE_{i,\tau-\theta}^{j,\tau}}{NOP_{i,\tau-\theta}}}^{\text{Ausgangspunkt}} \cdot \overbrace{\frac{NOP_{j,\tau-\theta}}{CITE_{j,\tau-\theta}^{j,\tau}}}^{\text{Normalisierung}} \cdot \overbrace{NOP_{i,\tau-\theta}}^{\text{Gewichtung}}}{\underbrace{\sum_{\theta=1}^{5} NOP_{i,\tau-\theta}}_{\text{Durchschnittsbildung}}} \tag{5.6}$$

$$\Leftrightarrow \quad CII_{i,\tau} = \frac{\sum_{\theta=1}^{5} \frac{CITER_{i,\tau-\theta}^{j,\tau}}{CITER_{j,\tau-\theta}^{j,\tau}} \cdot NOP_{i,\tau-\theta}}{\sum_{\theta=1}^{5} NOP_{i,\tau-\theta}} \qquad \mid \text{aus 5.8, 5.9} \tag{5.7}$$

mit:

$$CITER_{i,\tau-\theta}^{j,\tau} = \frac{CITE_{i,\tau-\theta}^{j,\tau}}{NOP_{i,\tau-\theta}} \tag{5.8}$$

$$CITER_{j,\tau-\theta}^{j,\tau} = \frac{CITE_{j,\tau-\theta}^{j,\tau}}{NOP_{j,\tau-\theta}} \tag{5.9}$$

es gilt:

$CITE_{i,\tau-\theta}^{j,\tau}$	=	Zitierhäufigkeit der Patente des i-ten Unternehmens der Periode $\tau - \theta$ in der Gesamtheit aller Patente j im Europäischen Patentsystem der Periode τ
$NOP_{i,\tau-\theta}$	=	Anzahl der Patente des i-ten Unternehmens der Periode $\tau - \theta$
$CITER$	=	Zitierquote

Technologiestärke Während die Kennzahl Einflussstärke vornehmlich auf die Abbildung der technologischen Qualität eines Patentportfolios zielt, beinhaltet die Technologiestärke neben diesem eher qualitativen auch einen quantitativen Aspekt.[837] Rechnerisch leitet sich die Messgröße Technologiestärke unmittelbar aus den Kennzahlen Anzahl der Patente und Einflussstärke ab und verbindet so Elemente einer Aktivitäts- und Qualitätskennzahl. Die Verknüpfung ist multiplikativ, wobei sich die Einflussstärke als Gewichtungsfaktor für die Anzahl der Patente eines Unternehmens in der betrachteten Periode interpretieren lässt.[838] Ein hoher Wert dieser Messgröße kennzeichnet i. d. R. Unternehmen, die eine technologisch starke Position innehalten. In Verbindung mit der Anzahl der Patente

837 Vgl. *Narin* (2000), S. 188.
838 Vgl. hierzu und im Folgenden *Ernst* (1996), S. 59 f.

und der Einflussstärke bildet die Technologiestärke die Bestandteile des sog. Patentscoreboards, in dem die Patentpositionen von Unternehmen zusammengefasst dargestellt werden.

Wie im vorausgehenden Abschnitt erläutert, stellt die Einflussstärke einen auf das gesamte Patentsystem normalisierten Wert für die durchschnittliche Anzahl der Zitate pro Periode dar, die auf die Patente der vergangenen fünf Perioden eines Unternehmens entfallen. Zusätzlich erfolgt bei der Mittelwertbildung eine Gewichtung der einzelnen Perioden mit der jeweiligen Anzahl der Patente des betreffenden Unternehmens. Als eine multiplikative Verknüpfung der Kennzahlen Einflussstärke und Anzahl der Patente basiert die Technologiestärke demnach auf der Annahme, dass Patente der aktuellen Periode, für die die Kennzahl ermittelt wird, eine mit dem Durchschnitt der zurückliegenden fünf Jahre identische Anzahl an Verweisen auf sich vereinen.[839] Dieser Zusammenhang wird in Def. 6d verbal festgehalten und darüber hinaus in Gl. (5.10) formal beschrieben. In den Gl. (5.11) und (5.12) wird die Kennzahl in ausführlicher Form dargestellt.[840]

Definition 6d (Technologiestärke) *Die Kennzahl Technologiestärke (TS) gibt ausgehend vom Wert der Einflussstärke die Anzahl der Verweise an, die auf die Patente (NOP) des i-ten Unternehmens der Periode τ entfallen.*

$$TS_{i,\tau} = NOP_{i,\tau} \cdot CII_{i,\tau} \tag{5.10}$$

$$\Leftrightarrow \quad TS_{i,\tau} = NOP_{i,\tau} \cdot \frac{\sum_{\theta=1}^{5} \frac{CITER_{i,\tau-\theta}^{j,\tau}}{CITER_{j,\tau-\theta}^{j,\tau}} \cdot NOP_{i,\tau-\theta}}{\sum_{\theta=1}^{5} NOP_{i,\tau-\theta}} \qquad | \text{ aus 5.7} \tag{5.11}$$

$$\Leftrightarrow \quad TS_{i,\tau} = NOP_{i,\tau} \cdot \frac{\sum_{\theta=1}^{5} \frac{CITE_{i,\tau-\theta}^{j,\tau}}{NOP_{i,\tau-\theta}} \cdot \frac{NOP_{j,\tau-\theta}}{CITE_{j,\tau-\theta}^{j,\tau}} \cdot NOP_{i,\tau-\theta}}{\sum_{\theta=1}^{5} NOP_{i,\tau-\theta}} \qquad | \text{ aus 5.6} \tag{5.12}$$

5.4.4.4. Verbindungskennzahlen

Wiederum ausgehend von einer eingehenden Analyse der Patentzitate beschreiben Verbindungskennzahlen u. a. auf Unternehmensebene strukturelle Verbindungen zwischen Patenten auf der einen und beispielsweise Technologie und Wissenschaftsumfeld auf der anderen Seite.[841] Ein primärer Anwendungsbereich von Verbindungskennzahlen des betrieblichen Patentierverhaltens ist eine Evaluierung

839 Vgl. *Narin* (2000), S. 188.

840 Die verwendete Notation wird beim erstmaligen Gebrauch in den Kap. 5.4.4.2 bis 5.4.4.4 auf S. 174–182 definitorisch eingeführt und nachfolgend auf eine wiederholte Aufführung verzichtet.

841 Vgl. *Ernst* (1996), S. 68 ff. oder auch *Narin/Olivastro* (1988), S. 497 f.

der Positionierung in bestimmten Technologiebereichen sowie der Technologiestrategie eines Unternehmens, wodurch bei der Patentanalyse eine sinnvolle Ergänzung zu Aktivitäts- und Qualitätskennzahlen gebildet wird.[842]

Technologiezyklusdauer Bislang zielen die in den vorausgehenden Abschnitten eingeführten Kennzahlen vornehmlich darauf ab, die technologische Qualität der Patente eines Unternehmens abzubilden. Die Kennzahl Technologiezyklusdauer beschreibt hingegen die Geschwindigkeit des technologischen Fortschritts und misst die zeitliche Länge eines Technologiezyklus.[843] Somit werden zeitliche Beziehungen zwischen Patentzitaten abgebildet, aus denen schließlich auf die Innovationsgeschwindigkeit geschlossen werden kann.[844]

Die Kennzahl ist mitunter abhängig von der betrachteten Branche, da die Geschwindigkeit, mit der neue Erfindungen Patentreife erreichen, in verschiedenen Forschungsbereichen u. U. stark variieren kann.[845] Die Kennzahl Technologiezyklusdauer erlaubt, neben einer Einschätzung der Geschwindigkeit, mit der ein Unternehmen neue technologische Erkenntnisse und Wissen in Patente umsetzt, in Verbindung mit der prozentualen Wachstumsrate Rückschlüsse auf Forschungsschwerpunkte.[846]

Die im Rahmen dieser Studie zur Verfügung stehende Kennzahl Technologiezyklusdauer gibt den Median des Alters der Patente in Jahren an, auf die in den Patenten einer Bezugseinheit und eines Jahres verwiesen wird.[847] Ein niedriger Wert weist folglich auf eine hohe Innovationsgeschwindigkeit und einen kurzen Technologiezyklus hin. Daraus leitet sich ab, dass ein Unternehmen an der Spitze der Technologischen Entwicklung anzusiedeln ist und in kurzen zeitlichen Abständen neue Erkenntnisse und Wissen zur Patentreife führt. Def. 6e führt die Kennzahl ein und Gl. 5.13 stellt den Sachverhalt in mathematischer Form dar.

Definition 6e (Technologiezyklusdauer) *Die Kennzahl Technologiezyklusdauer (TCT) gibt den Median des Alters der Patente j im Europäischen Patentsystem an, auf die Patente des i-ten Unternehmens der Periode τ verweisen.*

$$TCT_{i,\tau} = median\left\{age\left[PAT_j | CITE_j^{i,\tau}\right]\right\} \tag{5.13}$$

[842] Vgl. *Ernst* (1996), S. 84. Siehe *Ernst* (1996), S. 68 ff. oder auch *Narin/Olivastro* (1988), S. 497 f. für eine weiterführende Beschreibung von Merkmalen und Einsatzbereichen von Verbindungskennzahlen.

[843] Vgl. *Narin* (2000), S. 188.

[844] Vgl. *Ernst* (1996), S. 73.

[845] Als Beispiele für Branchen mit kurzen Produktlebenszyklen und einer dementsprechend hohen Innovationsrate dienen die Elektronik-, Telekommunikations- oder auch Computerindustrie, während sich die Situation für die Maschinenbau- und Chemische- bzw. Pharmaindustrie genau umgekehrt darstellt. Siehe *Narin* (2000), S. 188 ff. oder auch *Ernst* (1996), S. 73 f.

[846] Vgl. *Narin* (2000), S. 189.

[847] Vgl. *Ernst* (1996), S. 73.

Wissenschaftsbindung Die vorgestellten und auf Patentzitaten basierenden Kennzahlen beziehen sich bislang ausschließlich auf Zitate einzelner Patente untereinander.Darüber hinaus bietet die Analyse einer Vernetzung von betrieblichen Forschungstätigkeiten mit Grundlagenforschung anderer Institutionen die Möglichkeit, eine weiterführende Charakterisierung industrieller Forschung vorzunehmen.

Während betriebliche Forschung prinzipiell unter der Prämisse einer Umsetzbarkeit der Erkenntnisse in Form marktfähiger Produkte und demnach mit einer Gewinnerzielungsabsicht erfolgt, unterscheidet sich die Grundlagenforschung in diesem Punkt signifikant.[848] So steht dort die Erforschung elementarer Grundlagen im Fokus, weshalb eine ökonomische Umsetzbarkeit der Erkenntnisse i. d. R. nicht unmittelbar gegeben ist.[849] Grundsätzlich kann der Entschluss, Rechte an erworbenem Wissen durch eine Patentierung zu sichern, als primärer Indikator für den Erfolg betrieblicher Forschung angesehen werden, da die mit einer Patentanmeldung einhergehenden Kosten unter der Prämisse der Wirtschaftlichkeit einem erwarteten Nutzen entgegenstehen. Hingegen sind für die Beurteilung der Güte von Grundlagenforschung entsprechend der o. g. Definition eher wissenschaftliche Publikationen als Ausgangspunkt relevant, da diese üblicherweise nicht unmittelbar anwendungsorientiert sind und folglich nicht zwingend in einer Anmeldung der Erkenntnisse zum Patent münden. Durch eine Analyse der Einbettung betrieblicher in die wissenschaftliche Forschung schlägt die Kennzahl Wissenschaftsbindung eine Brücke zwischen Grundlagen- und unmittelbar anwendungsorientierter Forschung. Die Wissenschaftsbindung gibt die durchschnittliche Häufigkeit wieder, mit der in Patenten eines Unternehmens auf wissenschaftliche Beiträge in einschlägigen Fachzeitschriften verwiesen wird.

Eine hohe Ausprägung dieser Kennzahl weist auf Unternehmen hin, die eine offensive Technologiestrategie verfolgen und eine technologische Führungsposition anstreben oder diese bereits innehalten, da die Forschungstätigkeit verstärkt auf Erkenntnissen der Grundlagenforschung aufbaut.[850] In Def. 6f ist die formelle Beschreibung der Kennzahl niedergelegt, während der Zusammenhang in Gl. (5.14) in mathematischer Form angegeben wird.

Definition 6f (Wissenschaftsbindung) *Die Kennzahl Wissenschaftsbindung (SL) gibt die durchschnittliche Anzahl der Verweise auf wissenschaftliche Publikationen (SCIPUB) in den Patenten (NOP) des i-ten Unternehmens der Periode τ an.*

$$SL_{i,\tau} = \frac{COUNT\left\{CITE^{i,\tau}_{SCIPUB}\right\}}{NOP_{i,\tau}} \tag{5.14}$$

es gilt:

$$SCIPUB = \text{Wissenschaftliche Publikation}$$

848 Siehe Kap. 2.3.1 zur Unterscheidung zwischen betrieblicher und Grundlagenforschung.

849 Vgl. hierzu und im Folgenden *Ernst* (1996), S. 75.

850 Vgl. *Narin* (2000), S. 191.

Wissenschaftsstärke Ähnlich der Technologie- baut auch die Wissenschaftsstärke auf einer Kennzahl auf, welche die relative Ausprägung eines Merkmales des Patentportfolios eines Unternehmens beschreibt, und gibt die kumulierte absolute Ausprägung des Merkmales für das Patentportfolio an.[851] Während die Wissenschaftsbindung die Einbettung der betrieblichen in die wissenschaftliche Forschung anhand der durchschnittlichen Verweise auf wissenschaftliche Abhandlungen in Patentschriften eines Unternehmens charakterisiert, misst die Wissenschaftsstärke die Gesamtzahl der zitierten wissenschaftlichen Publikationen und erlaubt so eine Einschätzung der Bedeutung der Grundlagenforschung als Basis für die betrieblichen Forschungsaktivitäten.[852]

Charakterisiert wird somit die Abhängigkeit von Fortschritten in der wissenschaftlichen Grundlagenforschung wie auch die verfolgte technologische Strategie. Ein hoher Wert würde demnach eher, ähnlich der Wissenschaftsbindung, auf eine aggressive Technologiestrategie hindeuten, und eine hohe Innovationsleistung und schnelle Einbringung neuer Erkenntnisse der Grundlagenforschung in marktfähige Konzepte suggerieren. Anderseits würde ein niedriger Wert auf eine konservative Technologiestrategie hinweisen. Analog der Wissenschaftsbindung sind hier ebenfalls Unterschiede in der Ausprägung der Branchen sowie zwischen den einzelnen Technologiefeldern zu erwarten. Relativiert werden diese Effekte allerdings durch die Größe des Patentportfolios.

Formell definiert sich die Wissenschaftsstärke, wie in Def. 6g dargelegt, als Anzahl der Verweise auf wissenschaftliche Beiträge in der Fachliteratur der Patente eines Unternehmens. Dieser Zusammenhang wird in Gl. (5.15) mathematisch verdeutlicht und in Gl. (5.16) unter Einbeziehung der Definitionen der verwendeten Kennzahlen in ausführlicher Form dargelegt.

Definition 6g (Wissenschaftsstärke) *Die Kennzahl Wissenschaftsstärke (SS) gibt ausgehend von der Kennzahl Wissenschaftsbindung (SL) die Anzahl der Verweise auf wissenschaftliche Publikationen in den Patenten des i-ten Unternehmens (NOP) der Periode τ an.*

$$SS_{i,\tau} = SL_{i,\tau} \cdot NOP_{i,\tau} \tag{5.15}$$

$$\Rightarrow \quad SS_{i,\tau} = \frac{COUNT\left\{CITE^{i,\tau}_{SCIPUB}\right\}}{NOP_{i,\tau}} \qquad \mid \text{aus } 5.14 \tag{5.16}$$

5.4.5. Zusammenfassung der erhobenen empirischen Daten

Tab. 5.8 auf S. 187 fasst die für die empirische Untersuchung im Framework des *Feltham-Ohlson*-Modells (1995) benötigten und in den vorausgehenden drei Abschnitten dieses Kapitels ausführlich beschriebenen Kennzahlen zusammen. Für

[851] Vgl. Abs 5.4.4.3 auf S. 181.
[852] Vgl. *Narin* (2000), S. 195.

jede erhobene Messgröße wird die Bezeichnung, die in der Arbeit verwendete Notation und eine Definition (verbal und formal) angegeben. Neben der abgeleiteten deutschen findet sich auch die Originalbezeichnung des Datenproviders, auf die sich die verwandte Notation gründet.

Tabelle 5.8.: Zusammenfassung der erhobenen empirischen Daten

Bezeichnung	Notation	Definition	Formel
Marktwert/-kapitalisierung (Market Value/Capitalisation)	*MV*	Der Marktwert des Eigenkapitals (MV) des i-ten Unternehmens zum Zeitpunkt t definiert sich als Summe des Produktes aus Aktienkurs (P) und -Anzahl (NOS) für alle am Kapitalmarkt gehandelten Aktiengattungen (k). (Def. 4a auf S. 164)	$MV_{i,t} = \sum_k NOSH_{i,k,t} \cdot P_{i,k,t}$ (Gl. 5.2 auf S. 164)
Buchwert Eigenkapital (Common Equity)	*CEQ*	Als Messgröße Eigenkapitalbuchwert (CEQ) wird die Position Common Equity mit der Identifikationsnummer 06501 in der Worldscope-Datenbank verwendet. (Def. 5a auf S. 167)	
Operatives Vermögen (Operating Assets)	*OA*	Die Messgröße operatives Vermögen (OA) leitet sich aus der Position Total Assets mit der Identifikationsnummer 02999 in der Worldscope-Datenbank ab und wird basierend auf dem bei *Coenenberg* (1997) entwickelten Schema ermittelt. (Def. 5b auf S. 169)	
Operativer Gewinn (Operating Income)	*OI*	Als Messgröße operativer Gewinn (OI) wird die Position Operating Income mit der Identifikationsnummer 01250 in der Worldscope-Datenbank verwendet. (Def. 5c auf S. 171)	
Anzahl der Patente (Number of Patents)	*NOP*	Die Kennzahl Anzahl der Patente (NOP) gibt die Menge der Patente an, die dem i-ten Unternehmen in der Periode τ seitens des Europäischen Patentamtes erteilt wurden. (Def. 6a auf S. 175)	$NOP_{i,\tau} = COUNT_\tau \left\{ PAT_{i,\tau} \right\}$ (Gl. 5.3 auf S. 175)
Zitate pro Patent (Cites per Patent)	*CPP*	Die Kennzahl Zitate pro Patent (CPP) gibt die durchschnittliche Menge der Verweise in der Gesamtheit aller Patente j im Europäischen Patentsystem an, die bis zum Bestimmungszeitpunkt der Kennzahl auf die Patente des i-ten Unternehmens der Periode τ entfallen. (Def. 6b auf S. 177)	$CPP_{i,\tau} = \frac{CITE^j_{i,\tau}}{NOP_{i,\tau}}$ (Gl. 5.5 auf S. 177)
Einflussstärke (Current Impact Index)	*CII*	Die Kennzahl Einflussstärke (CII) gibt die durchschnittliche, mit der Patentanzahl gewichtete und auf den patentsystemweiten Durchschnittswert normalisierte Anzahl der Verweise in der Gesamtheit aller Patente j der Periode τ im Europäischen Patentsystem an, die auf die Patente des i-ten Unternehmens der Perioden $\tau - 1$ bis $\tau - 5$ entfallen. (Def. 6c auf S. 178)	$CII_{i,\tau} = \frac{\sum_{\theta=1}^{5} \frac{CITER^{j,\tau}_{i,\tau-\theta}}{CITER^{j,\tau}_{j,\tau-\theta}} \cdot NOP_{i,\tau-\theta}}{\sum_{\theta=1}^{5} NOP_{i,\tau-\theta}}$ (Gl. 5.7 auf S. 181)
Technologiestärke (Technology Strength)	*TS*	Die Kennzahl Technologiestärke (TS) gibt ausgehend vom Wert der Einflussstärke die Anzahl der Verweise an, die auf die Patente (NOP) des i-ten Unternehmens der Periode τ entfallen. (Def. 6d auf S. 182)	$TS_{i,\tau} = NOP_{i,\tau} \cdot CII_{i,\tau}$ (Gl. 5.10 auf S. 182)

Fortsetzung auf der nächsten Seite

Tab. 5.8: *(Fortsetzung)*

Bezeichnung	Notation	Definition	Formel
Technologiezyklusdauer (Technology Cycle Time)	*TCT*	Die Kennzahl Technologiezyklusdauer (TCT) gibt das mediane Alter der Patente j im Europäischen Patentsystem an, auf die Patente des i-ten Unternehmens der Periode τ verweisen. (Def. 6e auf S. 183)	$TCT_{i,\tau} = median\left\{age\left[PAT_j \vert CITE_j^{i,\tau}\right]\right\}$ (Gl. 5.13 auf S. 183)
Wissenschaftsbindung (Science Linkage)	*SL*	Die Kennzahl Wissenschaftsbindung (SL) gibt die durchschnittliche Anzahl der Verweise auf wissenschaftliche Publikationen (SCIPUB) in den Patenten (NOP) des i-ten Unternehmens der Periode τ an. (Def. 6f auf S. 184)	$SL_{i,\tau} = \frac{COUNT\left\{CITE_{SCIPUB}^{i,\tau}\right\}}{NOP_{i,\tau}}$ (Gl. 5.14 auf S. 184)
Wissenschaftsstärke (Science Strength)	*SS*	Die Kennzahl Wissenschaftsstärke (SS) gibt ausgehend von der Kennzahl Wissenschaftsbindung (SL) die Anzahl der Verweise auf wissenschaftliche Publikationen in den Patenten des i-ten Unternehmens (NOP) der Periode τ an. (Def. 6g auf S. 185)	$SS_{i,\tau} = SL_{i,\tau} \cdot NOP_{i,\tau}$ (Gl. 5.15 auf S. 185)

Quelle: Eigene Darstellung

6. Analyse von Entwicklungstendenzen im Beobachtungszeitraum mit Fokus auf Marktwerte, Rechnungslegungsgrößen und Patentportfolio der Stichprobenunternehmen

Das sechste Kapitel widmet sich einer deskriptiven Analyse richtungsweisender Entwicklungen über den Beobachtungszeitraum mit Bezug auf den deutschen Kapitalmarkt und die Stichprobenunternehmen.[853] Es gliedert sich in vier Teile, wie in Abb. 6.1 auf der nächsten Seite gezeigt wird. Zunächst werden Entwicklungen aufgezeigt, die den Börsenhandel und die volkswirtschaftliche Bedeutung des Kapitalmarktes charakterisieren. Im zweiten Teil schließt sich eine detaillierte Beschreibung der Stichprobe und wichtiger Merkmale der einbezogenen Unternehmen an. Der dritte Teil analysiert das Bewertungsniveau am Kapitalmarkt und stellt es dem in der Stichprobe gegenüber. Das Kapitel schließt mit einer tiefschürfenden Analyse des Patentportfolios inklusive der Darstellung der Patent-Scorecard der Stichprobenunternehmen.

6.1. Bedeutungszuwachs des Kapitalmarktes in Deutschland

6.1.1. Einflussfaktoren und Wertentwicklung des Marktportfolios

Die Bedeutung des Kapitalmarktes hat in Deutschland insbesondere in der letzten Dekade deutlich zugenommen.[854] Mitverantwortlich für diesen Trend ist ein Paradigmenwechsel in der Unternehmensfinanzierung, der zur Ausbildung einer Aktienmarktkultur nach angelsächsischem Vorbild beiträgt. In diesem Zusammenhang identifiziert die Europäische Zentralbank (EZB) hauptsächlich drei Faktoren, die für eine verstärkte Nachfrage nach Aktien u. ä. Kapitalmarktprodukten verantwortlich sind und somit zu einem Bedeutungswachstum der Wertpapierbörse in Deutschland beitragen:[855]

---

853 Auf die hinsichtlich der Unternehmenspublizität relevanten gesetzlichen Bestimmungen sowie die privatrechtlichen Vereinbarungen für notierte Aktiengesellschaften mit der Deutschen Börse als Voraussetzung für ein Listing und eine Aufnahme in ein Börsensegment wird nicht explizit eingegangen und diskutiert.

854 Die Aussagen zum Kapitalmarkt beziehen sich dem Schwerpunkt der Arbeit entsprechend und soweit nicht anders angegeben grundsätzlich auf den Aktienmarkt. Darüber hinaus beschränkt sich die Betrachtung hier auf eine rein quantitative Beschreibung. Auf qualitative Veränderungen insbesondere der gesetzlichen und institutionellen Rahmenbedingungen wird hier nicht eingegangen.

855 Vgl. *Europäische Zentralbank* (2001), S. 8. An dieser Stelle wird auf diese qualitativen Einflussfaktoren nicht weiter eingegangen, da in diesem Abschnitt die quantitativen Merkmale im Vordergrund stehen.

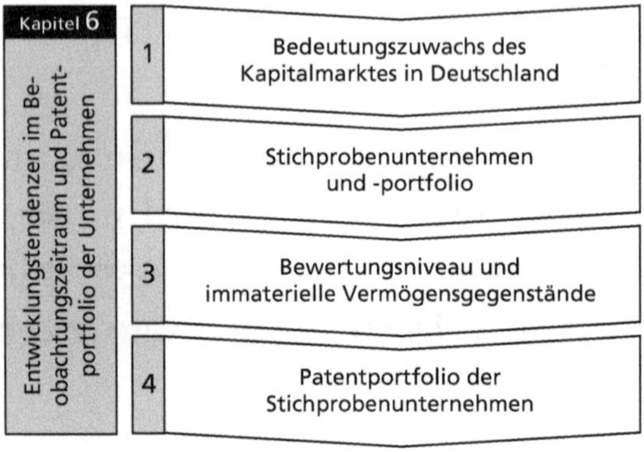

Abbildung 6.1.: Aufbau und Struktur des Kapitels

- Globalisierung und Umstrukturierungsmaßnahmen auf Unternehmensebene
- Private Investitionen am Aktienmarkt
- Altersvorsorgebedürfnis und niedriges Zinsniveau

Anhand einiger quantitativer Merkmale lässt sich dies nachhaltig unterstreichen, insbesondere ist hier der Verlauf der Indizes von Interesse. Indizes üben heutzutage eine wichtige Funktion an den Börsen aus und stellen wesentliche Bezugspunkte für Investoren dar, insbesondere Fondsmanager, die häufig mit einem Portfolio ein bestimmtes Marktsegment abbilden.[856] Unter diesen kommt dem CDAX[857] eine wichtige Stellung zu, weil er die Entwicklung des gesamten deutschen Aktienmarktes angibt und demzufolge bei Analysen überlicherweise als Proxy für das Marktportfolio verwendet wird.[858]

In Abb. 6.2 auf der anderen Seite ist der Verlauf des CDAX für den Zeitraum von Dezember 1988 bis 2001 dargestellt.[859] Insgesamt ist bis Ende 2001 eine Steigerung des Indexwertes auf 316 zu verzeichnen. Von 1988 bis 1996 pendelt der Wert zunächst zwischen 100 und 200, während sich ab 1996 ein steiler Anstieg abzeichnet. Nach einem Zwischenhoch im Juni 1998 bei 377 erreicht der Index seinen größten

---

856 Siehe *Richard* (1990, 1992) zu Aktienindizes der Frankfurter Wertpapierbörse.

857 Der CDAX umfasst alle an der Frankfurter Wertpapierbörse amtlich notierten Stamm- und Vorzugsaktien im Inland ansässiger Aktiengesellschaften. Nach Umstellung der Aktienindizes der Deutsche Börse AG zum 24. März 2003 bezieht sich diese Definition nunmehr auf alle deutschen Werte der Börsensegmente des Prime und General Standard.

858 Vgl. *Deutsche Börse AG* (2004), S. 8.

859 Der Indexwert wurde auf den 31. Dezember 1988 rebasiert. Dieses Vorgehen bildet ein Investment in das Marktportfolio zu Beginn des Beobachtungszeitraumes nach und gewährleistet so eine Vergleichbarkeit mit der Wertentwicklung des Stichprobenportfolios in Kap. 6.2.2 auf S. 199. Grundlage für die Berechnung ist der Performance Index (Total Return) des CDAX mit der Datastream Kennung CDAXGEN(RI).

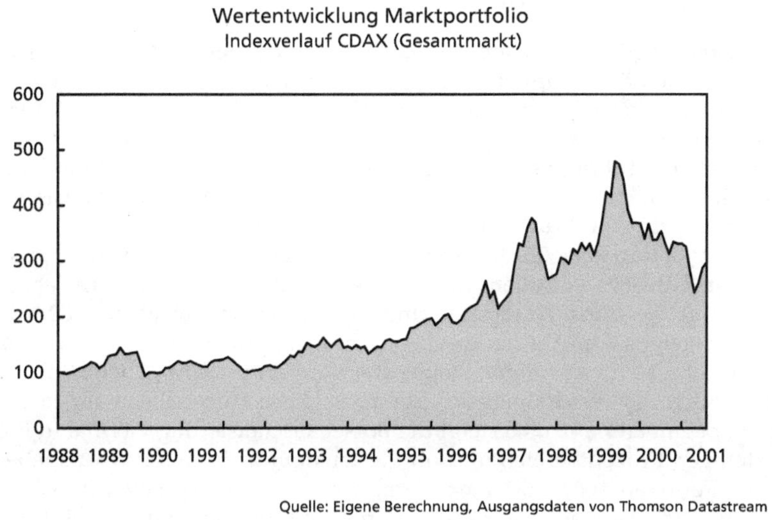

Abbildung 6.2.: Wertentwicklung Marktportfolio

Wert von 486 schließlich Ende Februar 2000. Danach fällt er bis Dezember 2001 wieder auf ein Niveau von ca. 300 zurück, was in etwa dem von 1997 gleicht. Der Beobachtungszeitraum umspannt 156 Perioden, was in Verbindung mit der beobachteten Wertsteigerung von 216 % einem mittleren monatlichen Zuwachs von 0,74 % und einer jährlichen Wachstumsrate von 9,25 % entspricht.[860]

Die gezeigten Entwicklungen werden aber durch zwei Faktoren relativiert, so dass der beobachtete Anstieg vor allem zum Ende des betrachteten Zeitraumes weit weniger dramatisch ist. Zum einen ist der Indexwert nicht inflationsbereinigt. Zum anderen ist der deutliche Zuwachs in den Jahren 1999 und 2000 maßgeblich auf die Blasenbildung und den Internetboom zurückzuführen, während der Rückgang danach als Folge der einsetzenden Korrekturphase zu werten ist. Nichtsdestotrotz bleibt aber festzuhalten, dass der Kapitalmarkt in Deutschland – hier repräsentiert durch den CDAX – im Zeitraum der Untersuchung von 1988 bis 2001 eine signifikante Steigerung des Indexwertes erfahren hat. Dies lässt u. a. auf ein Bedeutungswachstum aus volkswirtschaftlicher Sicht schließen.[861]

860 Abb. B.2 auf S. 318 verdeutlicht die monatlichen Veränderungen, während Abb. B.1 auf S. 317 eine Häufigkeitsverteilung der monatlichen Rendite für den Zeitraum von Dezember 1987 bis 2001 wiedergibt. Da die Beschreibung des Indexverlaufes im Vordergrund steht, wird auf eine Bewertung des mit der jährlichen Steigerung einhergehenden Risikos verzichtet.

861 Eine Entwicklung, die mit der des Stichprobenportfolios korrespondiert. Siehe Kap. 6.2.2 auf S. 199.

6.1.2. Börsenkapitalisierung

Ein weiterer möglicher Indikator für eine Beurteilung der Bedeutung eines Kapitalmarktes ist die Börsenkapitalisierung, da diese den Marktwert aller gehandelten Aktien bzw. Unternehmen wiedergibt. Nachfolgend wird auf den Verlauf dieser Größe eingegangen, eine grafische Darstellung des Zusammenhangs findet sich in Abb. 6.3 auf der gegenüberliegenden Seite.[862] Darüber hinaus findet sich in der Grafik auch eine Darstellung der Relation von Marktkapitalisierung der Wertpapierbörse zum Bruttoinlandsprodukt (BIP).[863]

Für den betrachteten Zeitraum von 1988 bis einschließlich 2001 zeigt sich ein deutlicher Zuwachs vor allem in der zweiten Hälfte der Neunzigerjahre. Ende 1988 beträgt die Börsenkapitalisierung in Deutschland in etwa 228 Mrd. Euro. Insgesamt steigt sie im Verlauf des Beobachtungszeitraumes bis auf ca. 1.204 Mrd. Euro im Jahr 2001, was einer Steigerung von über 500 % gleichkommt.[864] Bis einschließlich 1995 verdoppelt sich der anfängliche Wert nahezu auf ca. 423 Mrd. Euro.[865] Beginnend mit 1996 steigt die Börsenkapitalisierung viermal in Folge im zweistelligen Prozentbereich und mindestens um 25 % an. Hervorzuheben sind hier die Perioden 1997 und 1999, denn dort erreicht der Zuwachs Werte über 40 % bzw. 50 %. Den höchsten Wert nimmt die Börsenkapitalisierung Ende 1999 mit 1.429 Mrd. Euro an, bevor 2000 ein leichter Rückgang auf 1.371 und 2001 auf 1.204 eintritt. Die Entwicklung der Börsenkapitalisierung im Allgemeinen, insbesondere die sprunghaften Anstiege in den Jahren 1989, 1993 sowie 1996 bis 1999, korrespondiert mit dem in Abb. 6.2 auf der vorigen Seite veranschaulichten Verlauf des Marktindex.

Weiterhin wird diese Aussage durch Bezugnahme auf das Bruttoinlandsprodukt untermauert, so ist ein deutlicher Anstieg dieser Relation zu beobachten. Während zu Beginn des Betrachtungshorizontes die Börsenkapitalisierung lediglich knapp 20 % des Bruttoinlandsproduktes entspricht, ist ein deutlich positiver Trend zu erkennen, der sich insbesondere ab 1996 verstärkt. Der Wert pendelt bis einschließlich 1995 zunächst zwischen ca. 17,8 % und 27,1 %, wohingegen ab 1996 ein deutlicher Anstieg bis auf den Hochpunkt von 72,2 % Ende 1999 zu verzeichnen ist.[866] Zum Ende des Untersuchungszeitraumes fällt der prozentuale Anteil der Börsenkapitalisierung wieder bis auf etwa 58 % zurück, was im Vergleich zu dem Wert von 1988 einem Anstieg von 178,8 % entspricht.

Es bleibt festzuhalten, dass sich sowohl aus der Kapitalisierung der Börse als auch aus der Relation dieser Größe zum Bruttoinlandsprodukt insgesamt eine steigende Bedeutung des Kapitalmarktes für die Volkswirtschaft ableiten lässt.

---

862 Werte sowie jährliche Steigerungsraten finden sich in Tab. B.1 auf S. 319.

863 Der relative Anteil der Börsenkapitalisierung an der gesamtwirtschaftlichen Leistung wird als guter Indikator der Bedeutung eines Kapitalmarktes für die Volkswirtschaft angesehen. Vgl. *Europäische Zentralbank* (2001), S. 10.

864 Über die 13 Perioden des Beobachtungszeitraumes gesehen entspricht das einer mittleren jährlichen Steigerungsrate von ungefähr 13,7 % oder einer monatlichen von rund 1,1 %.

865 Während sich insbesondere die Perioden 1989 und 1993 durch eine hohe Steigerungsrate von ungefähr 40 % auszeichnen, ist in den restlichen Perioden z. T. sogar ein geringer Rückgang zu beobachten.

866 Der niedrigste Wert wird 1992 mit etwa 17,1 % erreicht.

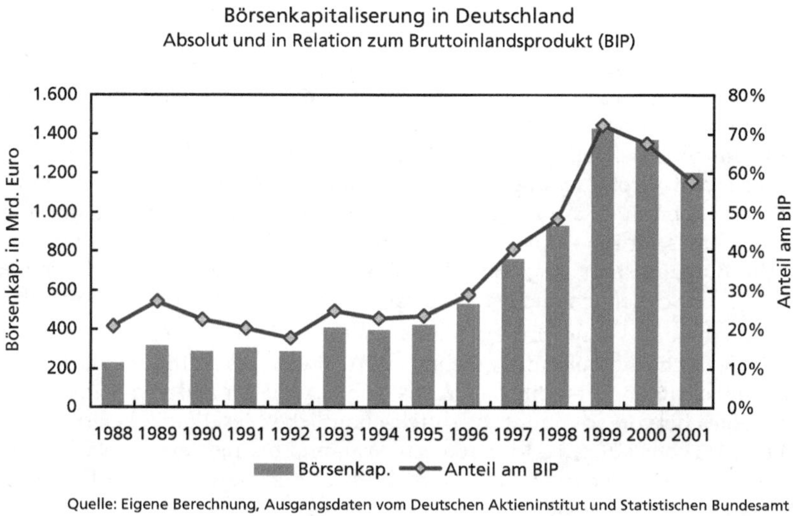

Abbildung 6.3.: Börsenkapitalisierung in Deutschland

Relativiert wird diese Aussage allerdings durch die Entwicklungen zum Ende des Beobachtungszeitraumes, die dem Einfluss der Blasenbildung während der Phase des Internetbooms und der nachfolgend einsetzenden Konsolidierung unterliegen.

6.1.3. Anzahl börsennotierter Unternehmen

Neben der Kapitalisierung der Wertpapierbörse stellt auch die Anzahl der börsennotierten Unternehmen einen grundlegenden Indikator für eine Beurteilung der Bedeutung eines Kapitalmarktes dar. In Abb. 6.4 auf S. 195 wird diese Entwicklung über den Zeitraum der Untersuchung veranschaulicht.[867] Zusätzlich ist a. a. O. auch der Verlauf der mittleren Marktkapitalisierung pro Unternehmen ersichtlich.

In dem betrachteten Zeithorizont steigt die Menge der börsennotierten Aktiengesellschaften von 706 im Jahr 1988 bis auf 1.075 gegen Ende 2001, was einer Steigerung von ca. 52,2 % entspricht.[868] Es ist fast durchweg ein kontinuierlicher Anstieg zu verzeichnen, eine Ausnahme bilden hier lediglich die Jahre 1992 und

867 Die Darstellung basiert auf einer Erhebung des Deutschen Aktieninstitutes (DAI). Diese beschränkt sich auf inländische Unternehmen und berücksichtigt neben dem geregelten Markt auch den Freiverkehr. Werte und jährliche Steigerungsraten finden sich in Tab. B.1 auf S. 319.

868 Über die 13 Perioden des Beobachtungszeitraumes gesehen kommt das einer mittleren jährlichen Steigerungsrate von etwa 3,3 % gleich.

1996, in denen ein leichter Rückgang eintritt. Der mit 14 % größte Zuwachs ist 2000 zu beobachten, dort steigt der Wert von 931 auf 1.065.[869]

In zunehmendem Ausmaß nutzen demnach inländische Unternehmen den Kapitalmarkt, um ihren Finanzierungsbedarf zu decken.[870] Dies unterstreicht die gestiegene Bedeutung der Börse aus Unternehmenssicht und damit einhergehend eine zunehmende Beliebtheit der Rechtsform der Aktiengesellschaft.[871] Neben den regulatorischen Vereinfachungen bei der Gründung ist der Anstieg börsennotierter Unternehmen auch auf die Einführung des Neuen Marktes und somit eines Marktsegmentes für innovative und wachstumsorientierte Unternehmen durch die Deutsche Börse im Jahr 1997 zurückzuführen. Hier werden in den Jahren 1998, 1999 und 2000 schließlich auch vergleichsweise hohe Steigerungsraten erzielt.

Da zunehmend kleine Unternehmen den Gang an die Börse vollziehen, wäre über den Betrachtungszeitraum gesehen ein Absinken der mittleren Marktkapitalisierung zu vermuten. Tatsächlich geht aus Abb. 6.4 auf der anderen Seite allerdings Gegenteiliges hervor. So nimmt die durchschnittliche Marktkapitalisierung von ca. 323 Mio. Euro 1988 auf 1,120 Mrd 2001 zu. Während bis 1995 ein schwach positiver Trend zu beobachten ist, nimmt der Wert ab 1996 stark zu, was mit der Entwicklung des Marktindex korrespondiert.[872] Der Hochpunkt wird analog zum Indexverlauf mit 1,535 Mrd. Euro Ende 1999 erreicht. Ursächlich sind zwei gegenläufige Effekte, die auf die Ausprägung der mittleren Marktkapitalisierung wirken und diese beeinflussen. Zum einen ist es die Tatsache, dass zunehmend kleine Unternehmen, insbesondere seit Einführung der kleinen Aktiengesellschaft und des Neuen Marktes, die Möglichkeit nutzen, ihren Kapitalbedarf an der Börse zu decken. Hierdurch wird ein negativer Effekt auf die durchschnittliche Marktkapitalisierung ausgeübt. Zum anderen ist es die allgemeine Marktsituation und das hohe Bewertungsniveau, welches insbesondere gegen Ende der Neunzigerjahre im Zuge der Blasenbildung einen positiven Einfluss ausübt. Aus den Beobachtungen geht eindeutig hervor, dass die allgemeine Stimmungslage an den Börsen den durch die zunehmende Anzahl an Börsengängen verursachten Effekt dominiert.

Zunehmend nutzen diesen Beobachtungen zufolge Unternehmen in Deutschland die Möglichkeit der Kapitalbeschaffung an der Börse. Damit untermauert eine kontinuierlich steigende Anzahl börsennotierter Unternehmen nachhaltig eine wachsende Bedeutung des Kapitalmarktes aus volkswirtschaftlicher Sicht.

---

869 Die außergewöhnlich hohe Anzahl an Börsengängen ist u. a. auf die Einführung des Neuen Marktes durch die Deutsche Börse 1997 zurückzuführen. Hierdurch wurde ein Marktsegment für wachstumsorientierte Unternehmen nach Vorbild der US-amerikanischen NASDAQ geschaffen. Siehe *Francioni* (1997), S. 90 f. für weiterführende Überlegungen zur ursprünglichen Konzeption und Funktion des Neuen Marktes.

870 Zudem deutet sich ein Wandel in der Unternehmensfinanzierung an. Das traditionelle und durch Hausbanken geprägte System in Deutschland nähert sich, auch im Zuge des Abkommens Basel 2, zunehmend dem angelsächsischen eher kapitalmarktorientierten System an.

871 Als mitverantwortlich für diese Entwicklung ist u. a. die Einführung der Rechtsform der kleinen Aktiengesellschaft 1994 zu sehen, wodurch der bürokratische Aufwand einer Gründung substantiell reduziert wurde.

872 Siehe Kap. 6.1.1 auf S. 189 und 6.1.2 auf S. 192.

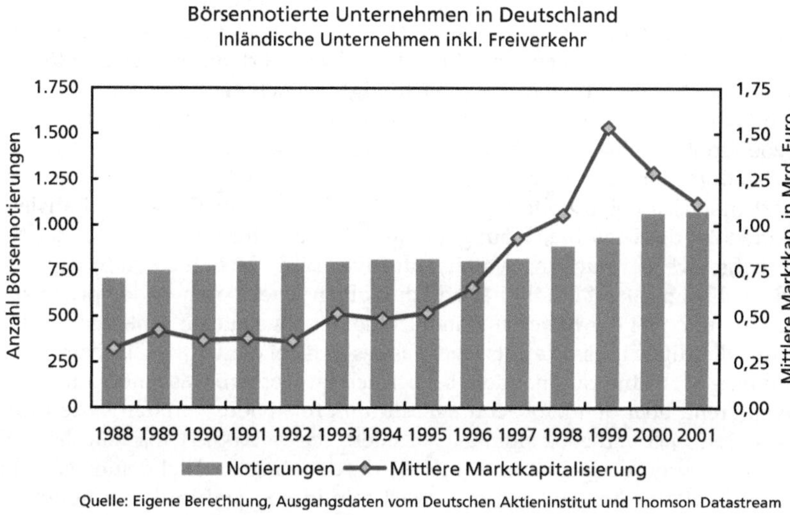

Abbildung 6.4.: Börsennotierte Unternehmen in Deutschland

6.1.4. Jährliches Handelsvolumen

Neben den bereits in den vorausgehenden Absätzen diskutierten Indikatoren für die Bedeutung eines Börsenplatzes, nämlich Marktkapitalisierung und Anzahl notierter Unternehmen, stellt auch das Handelsvolumen einen wesentlichen Bestandteil bei dieser Einschätzung dar.[873] So lässt sich hieraus unmittelbar die Umschlagshäufigkeit der Börsenkapitalisierung ableiten, was einen Anhaltspunkt auf den Grad der Liquidität im Markt darstellt.[874] In Abb. 6.5 auf S. 197 werden diese Kenngrößen für den deutschen Kapitalmarkt und den Beobachtungshorizont der Studie veranschaulicht.

Es zeigt sich ein deutlicher Anstieg des Handelsvolumens von 334 Mrd. Euro 1988 auf 3.208 Mrd. Euro 2001. Somit verzehnfacht sich das Handelsvolumen bei einem Anstieg von ungefähr 960 % nahezu.[875] Betrachtet man die jährlichen Veränderungsraten, so fällt auf, dass diese hohen Schwankungen unterliegen. Trotz einiger Schwankungen zu Beginn des Betrachtungshorizontes bleibt das Niveau

---

873 Gemessen wird das Handelsvolumen in Geldeinheiten. Auf eine Betrachtung des gehandelten Stückvolumens wird verzichtet, da bei Analyse dieser Größe aufgrund heterogener Nennbeträge Verzerrungen in der Aussage nicht auszuschließen sind.

874 Üblicherweise wird die Liquidität durch die Geld-Brief-Spanne (Bid-Ask-Spread) approximiert und auf Basis einzelner Finanzinstrumente bestimmt. Es zeigt sich eine positive Korrelation zwischen Marktgröße, d. h. Handelsvolumen, und Liquidität bzw. Geld-Brief-Spanne. Siehe *Detken/Hartmann* (2000), S 77 f.

875 Dies entspricht einer mittleren jährlichen Steigerungsrate von ca. 19 %.

bis 1995 in etwa konstant. Erst nach 1995 setzt eine stärkere Niveauverschiebung ein. Nach fünf Wachstumsperioden gipfelt das Handelsvolumen schließlich im Jahr 2000 bei einem Wert von 4.529 Mrd. Euro, worauf dann wieder ein Rückgang von knapp 30 % einsetzt. Es bestätigt sich folglich auch hier, dass vor allem in der zweiten Hälfte der Neunzigerjahre ein sprunghafter Anstieg zu beobachten ist, der nach 2000 in einer Phase der Konsolidierung mündet. Eine Entwicklung, die als Folge des Börsenbooms zu sehen ist.

Setzt man das gehandelte Volumen ins Verhältnis zur Börsenkapitalisierung und betrachtet die Umschlagshäufigkeit als Näherung für die Liquidität des Marktes, so zeigt sich ein zunächst wenig intuitives Bild, da sich diese in der letzten Dekade nicht signifikant erhöht hat und dies einen scheinbaren Widerspruch zu der vermuteten und aus der höheren Handelstätigkeit abgeleiteten größeren Liquidität darstellt. Allerdings muss die Tatsache, dass es sich bei der Größe Umschlagshäufigkeit um eine Verhältniszahl handelt, berücksichtigt werden, was einen nur schwach positiven Trend über den Beobachtungszeitraum relativiert. Von den Extremwerten in den Jahren 1998 und 2000 einmal abstrahiert, schwankt die Umschlagshäufigkeit zwischen zwei und drei, d. h., im Mittel wird jeder einzelne Titel dementsprechend oft gehandelt bzw. die Unternehmen wechseln ihre Eigentümer. Auffallend sind darüber hinaus noch die Werte für die Jahre 1990, 1999 und 2001. Während die Größe 1990 im Vergleich zur Vorperiode deutlich ansteigt, kehrt sich dies in den anderen Perioden um.

Als Kernaussage dieser Analyse stützt ein anwachsendes jährliches Handelsvolumen bei schwach steigender Umschlagshäufigkeit eine über den Zeitraum der Untersuchung vermutete zunehmende Bedeutung des Kapitalmarktes.

6.1.5. Historische 30-Tage-Volatilität

Die bisherigen Betrachtungen zeigen ein z. T. deutliches Wachstum des Kapitalmarktes in Deutschland in den analysierten Merkmalen. Ergänzend zur Analyse von Handelsvolumen und Indexverlauf des Marktportfolios wird an dieser Stelle die Schwankungsbreite des Marktindex anhand der historischen Volatilität untersucht.[876] Durch Abbildung der Schwankungsintensität der Aktienkurse misst die Volatilität näherungsweise die Unsicherheit im Marktumfeld, was nicht zuletzt einen wichtigen Parameter für diese Studie darstellt. Da unter zunehmend unsicheren Umweltbedingungen verlässliche, standardisierte und relevante Informationen als eine notwendige Bedingung für die erfolgreiche Evaluierung von Investitionsmöglichkeiten erscheinen, steigt die Bedeutung der Identifikation wertrelevanter Faktoren.

In Abb. 6.6 auf S. 198 wird die historische 30-Tage-Volatilität des Deutschen Aktienmarktes, angenähert durch den Wert für den Marktindex (CDAX), für den

[876] Die Volatilität eines Finanzinstrumentes kann als Standardabweichung der Preisveränderungen innerhalb eines beliebigen Zeitfensters definiert werden und misst die mit einer Investition einhergehende Unsicherheit. Unterschieden wird weiterhin zwischen der historischen Volatilität, d. h. den empirisch beobachtbaren Schwankungen der Rendite oder der Preise, und der impliziten Volatilität, die Erwartungen über die Unsicherheit zukünftiger Renditen ausdrückt. Vgl. *Hull* (2000), S. 229 u. 241 ff.

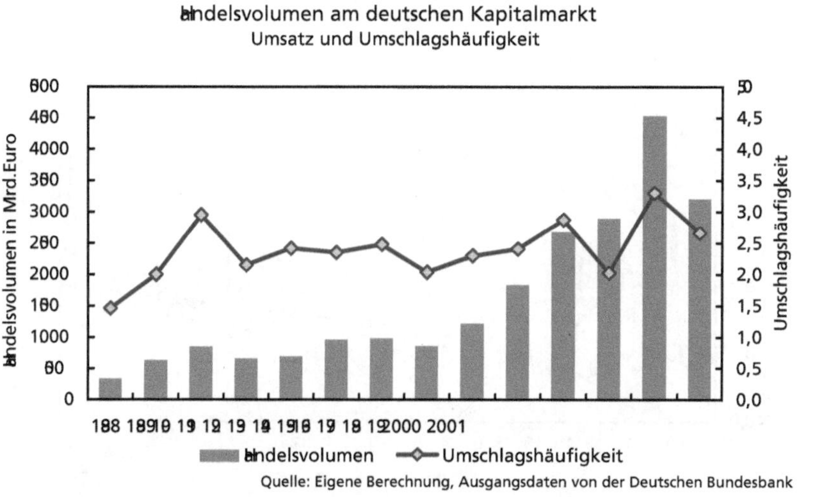

Abbildung 6.5.: Handelsvolumen am deutschen Kapitalmarkt

Zeitraum von 1988 bis 2001 gezeigt.[877] Zusätzlich ist in der Grafik ein linearer Trend eingezeichnet, der einen Anstieg der Volatilität über den Betrachtungshorizont dokumentiert. Zu erkennen sind deutliche Ausschläge nach oben in den Jahren 1989 bis 1991 und ab 1997. Insbesondere in den letzten fünf Jahren des Beobachtungszeitraumes zeigen sich die Aktienkurse hoch volatil und unterliegen einer extremen Schwankungsbreite, was sich aus der Niveauverschiebung der Volatilität ableiten lässt. Gestützt wird diese Aussage durch den Verlauf des Volatilitätsindex VDAX, der die vom Terminmarkt erwartete Schwankungsbreite des DAX ausdrückt, die als Volatilität interpretiert werden kann.[878] Neben den historischen Kursschwankungen zeigt so auch die Analyse der impliziten Volatilität eine z. T. noch deutlicher ausgeprägte Niveauverschiebung in der zweiten Hälfte des Beobachtungsfensters. D. h., die Marktteilnehmer haben zu der Zeit mit zunehmend extremen Kursausschlägen gerechnet. Diese Beobachtung korrespondiert mit dem Verlauf des Marktindex, dargestellt in Abb. 6.2 auf S. 191. Dort ist zunächst ein steiler Anstieg des Kursniveaus ersichtlich, gefolgt von einer starken Phase der Konsolidierung.

877 Die Zeitreihe wurde von Thomson Datastream bezogen. Die auf den CDAX angewandte Funktion zur Berechnung der Volatilität hat die Kennung (840E), die im System hinterlegte Formel basiert auf dem Black-Scholes Options-Preis-Modell und ist ein anerkanntes Standardmodell, wobei die Werte als prozentuale Änderungsraten in dem festgelegten Zeitfenster zu interpretieren sind.

878 Die implizite 45-Tage-Volatilität, gemessen durch den DAX-Volatilitätsindex (VDAX), ist in Abb. B.3 auf S. 318 veranschaulicht und drückt die vom Kapitalmarkt erwartete prozentuale Kursschwankung des Marktindex in einem Zeitfenster von 45 Tagen aus.

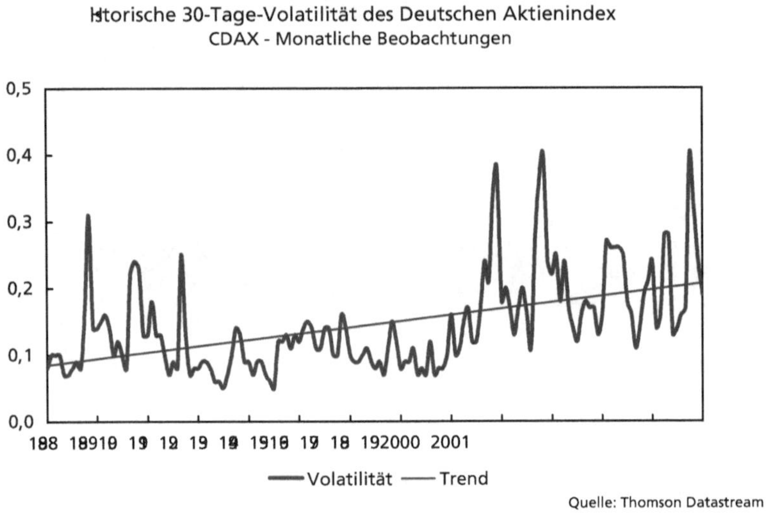

Abbildung 6.6.: Historische 30-Tage-Volatilität Deutscher Aktienindex

Zusammenfassend ist also besonders in der zweiten Hälfte der Neunzigerjahre eine zunehmende Schwankungsbreite der Aktienkurse erkennbar, was auf ein zunehmendes Maß an Volatilität und ein deutlich unsichereres Marktumfeld schließen lässt. Ein direkter Einfluss auf diese Entwicklungstendenzen kommt wiederum der Blasenbildung und nachfolgenden Konsolidierungsphase zu, die gegen Ende der Neunzigerjahre und Anfang des 21. Jahrhunderts für deutliche Kursbewegungen verantwortlich gemacht werden können.

6.2. Stichprobenunternehmen und -portfolio

6.2.1. Anzahl der berücksichtigten Firmenjahre

Der Begriff des Firmenjahres stellvertretend für den Datenpunkt eines Unternehmens und eines Jahres wurde bereits eingeführt und wird im Folgenden wieder aufgegriffen.[879] Da in der empirischen Analyse Paneldaten verwendet werden, wird die Größe der Datenmenge für die statistische Untersuchung durch die Anzahl aller zur Verfügung stehenden Firmenjahre determiniert. Unter Berücksichtigung der Kapitalmarktnotierung als notwendiger Bedingung für die Einbeziehung eines Unternehmens in die Stichprobe umspannt der Beobachtungszeitraum originär

879 Siehe hierzu Kap. 5.1.1 auf S. 143.

insgesamt 500 Firmenjahre.[880] Hieraus leitet sich bei insgesamt 46 berücksichtigten Unternehmen eine mittlere Anzahl von 11 Beobachtungen pro Unternehmen oder bei 13 Perioden durchschnittlich 38 Unternehmen über den betrachteten Zeithorizont ab.[881]

Abb. 6.7 auf der nächsten Seite fasst die Verteilung der zur Verfügung stehenden Firmenjahre über den Beobachtungszeitraum untergliedert nach angewandtem Rechnungslegungsstandard zusammen.[882] Die Grafik zeigt, dass ab 1996 die Anzahl der nach internationalen Rechnungslegungsstandards bilanzierenden Unternehmen deutlich zu- und folgerichtig die der HGB Abschlüsse in der Stichprobe abnimmt.[883] Erfolgt wie in der vorliegenden Arbeit eine ausschließliche Fokussierung auf Jahresabschlüsse nach HGB, reduziert sich die Anzahl der Datenpunkte im Beobachtungszeitraum von 500 auf 443.[884]

Ausgehend von der potenziell zur Verfügung stehenden Datenbasis, determiniert sich die konkrete Anzahl aber letztendlich durch die empirische Verfügbarkeit der Messgrößen.[885] So wird die Anzahl der bei der Modellierung berücksichtigten Beobachtungen durch die Schnittmenge aller verfügbaren Informationen der modellimmanenten Messgrößen bestimmt.[886] Diese Vorgehensweise wird in der Literatur als fallweiser Ausschluss fehlender Beobachtungen bezeichnet und zählt zu den üblichen Eliminierungsverfahren bei der Behandlung fehlender oder unvollständiger Datensätze.[887] Insgesamt steht aber eine hinreichend große Datenmenge zur Verfügung, die es erlaubt, komplexe statistische Analyseverfahren anzuwenden und statistisch robuste Ergebnisse erwarten lässt.

6.2.2. Wertentwicklung Stichprobenportfolio

In Kap. 6.1.1 auf S. 189 wird anhand einiger wesentlicher Merkmale die Börsenentwicklung im Beobachtungszeitraum aufgezeigt und u. a. auf die Wertentwicklung des Marktindex bzw. portfolios eingegangen. [888] An dieser Stelle wird nunmehr ein Aktienportfolio bestehend aus Wertpapieren der Stichprobenunternehmen betrachtet und die historische Performance einer solchen Investition analysiert und der

[880] Diese Anzahl leitet sich unmittelbar aus den Daten einer Erstnotiz am Kapitalmarkt und eines eventuellen Delisting ab.

[881] Abb. B.12 auf S. 329 zeigt die Häufigkeitsverteilung der für die empirische Untersuchung relevanten und verfügbaren Beobachtungen auf Unternehmensbasis.

[882] Bei den dargestellen Werten handelt es sich um eine theoretische Anzahl zur Verfügung stehender Datenpunkte. Daher kann dieser Wert für einzelne Messgrößen aus Gründen unterschiedlicher Datenverfügbarkeit noch abweichen.

[883] Siehe Kap. 6.2.3 auf S. 204 zum Rechnungslegungsstandard.

[884] Tab. B.6 auf S. 328 gibt die Anzahl der Firmenjahre in tabellarischer Form wieder, während Abb. B.12 auf S. 329 zeigt, wie viele Firmenjahre pro Unternehmen erwartet werden.

[885] Eine im Zuge der Schätzung der empirischen Modelle durchgeführte Bereinigung von Outliern führt i. d. R. nicht mehr zu einer signifikanten Reduktion.

[886] Dies bezieht sich gleichermaßen auf die Menge der erklärenden wie auch der abhängigen Variablen.

[887] Siehe *Runte* (1999), S. 9 ff ausführlich zu verschiedenen gebräuchlichen Ansätzen.

[888] Das Marktportfolio repräsentiert den Gesamtmarkt und wird durch den CDAX approximiert, da dieser alle an der Frankfurter Wertpapierbörse amtlich notierten Stamm- und Vorzugsaktien im Inland ansässiger Aktiengesellschaften umfasst. Vgl. *Deutsche Börse AG* (2004), S. 8.

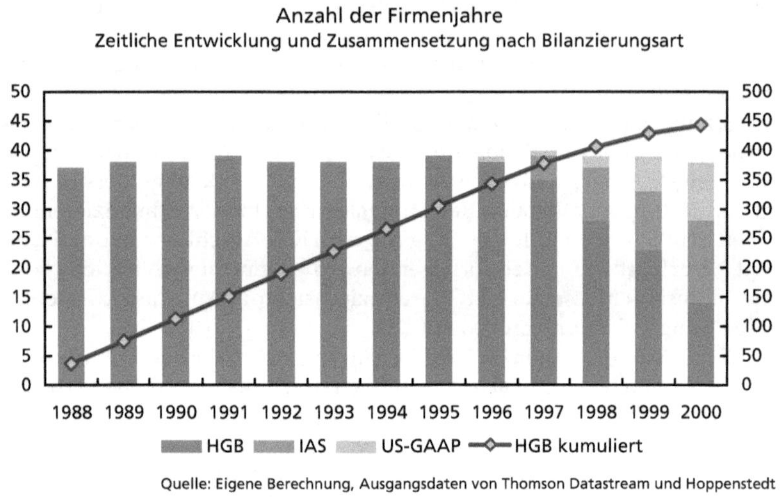

Abbildung 6.7.: Anzahl der Firmenjahre

des Gesamtmarktes gegenübergestellt. Hierzu wird ex post ein virtuelles Portfolio gebildet, welches die Stichprobe in ihrer Zusammensetzung exakt nachbildet.[889] Eine auf Marktwerten basierende Gewichtung determiniert die Anzahl der Aktien eines Unternehmens, die unter Berücksichtigung einer Liquiditätsbeschränkung anteilig in das Portfolio eingehen.[890]

Veränderungen in der Zusammensetzung der Stichprobe führen damit zu einer Umschichtung des Portfolios. In diesem Prozess muss Wertneutralität zwingend gewährleistet sein, d. h., der Portfoliowert wird durch die Umschichtung nicht beeinflusst.[891] Eine zugrunde liegende virtuelle Handelsstrategie würde demnach den Verkauf der Anteile eines ausscheidenden Unternehmens in der unmittelbar vor Eintritt dieses Ereignisses liegenden Periode erfordern.[892] Die so gewonnene

---

889 Bei der Konstruktion des Portfolios ist zu beachten, dass an einigen Stellen vereinfachende Annahmen getroffen werden. So werden z. B. keine Transaktionskosten oder Steuern in der Modellierung berücksichtigt sowie eine vollständige Teilbarkeit von Wertpapieren unterstellt. Diese Annahmen werden u. a. dadurch gerechtfertigt, dass es sich um ein virtuelles Portfolio und eine rein theoretische Betrachtung der historischen Wertentwicklung handelt.

890 Damit folgt diese Arbeit dem Vorgehen der Deutschen Börse, die ihre Indizes ebenfalls kapitalgewichtet. Vgl. *Deutsche Börse AG* (2004), S. 9 f.

891 Eine Wertneutralität wird beispielsweise durch eine vollständige Reinvestition des Verkaufserlöses erreicht. In diesem Kontext kommt die vereinfachende Annahme zum Tragen, dass keine Reibungsverluste in Form von Transaktionskosten modelliert werden.

892 Ein Unternehmen scheidet u. a. genau dann aus der Stichprobe aus, wenn es die notwendige Bedingung einer Notierung am Kapitalmarkt nicht mehr erfüllt. Da in diesem Fall die Aktien nicht mehr börslich gehandelt werden und keine Preise mehr verfügbar sind, erfolgt die notwendige Umschichtung des Portfolios bereits eine Periode vor Eintritt dieses Ereignisses.

Liquidität würde sodann umgehend, gemäß einer der aktualisierten Zusammensetzung entsprechenden Gewichtung, anteilig in Aktien der in der Stichprobe verbleibenden Unternehmen reinvestiert. Für den Fall der Aufnahme eines Unternehmens in die Stichprobe würde ebenfalls eine wertneutrale Umschichtung des Portfolios erfolgen, um weiterhin die Stichprobe exakt abzubilden. Auch hier würden die Gewichtungen den geänderten Bedingungen angepasst und dementsprechend anteilig Wertpapiere aller Unternehmen verkauft werden, um Liquidität für den Erwerb einer der auf der aktuellen Zusammensetzung basierenden Gewichtung entsprechenden Anzahl Aktien des neu aufgenommenen Unternehmens freizusetzen. Im Folgenden wird auf diesen Prämissen aufbauend die Konstruktion des Portfolios beschrieben.

Zu Beginn des Beobachtungszeitraumes wird in $t = 0$ ein beliebiger Betrag I anteilig in Aktien der Stichprobenunternehmen investiert. Die Stückzahl der Aktien q eines Unternehmens i, die in einer Periode beginnend in t gehalten werden, wird in Gl. (6.2) formal angegeben und durch den Gewichtungsfaktor w, den Aktienpreis p und die Höhe des anfänglich festgelegten Anlagebetrags I bestimmt. Die Anzahl der im Portfolio enthaltenen Aktien eines Unternehmens wird demzufolge maßgeblich durch den Gewichtungsfaktor w determiniert. Formal drückt sich die Berechnung wie in Gl. (6.3) dargestellt aus. Der Bildung des Portfolios liegt eine Kapitalgewichtung zugrunde. Somit ist die Gewichtung eines Unternehmens abhängig von seiner anteiligen Marktkapitalisierung aller im Portfolio enthaltenen Werte.[893] Der Korrekturfaktor cf^{smpl} wird benötigt, um Verschiebungen in der Zusammensetzung zu berücksichtigen. Es erfolgt eine kontinuierliche Umschichtung des Portfolios entsprechend den aktuellen Marktwerten einer Periode.[894] Gl. (6.4) zeigt die Berechnung dieses Faktors.[895] Der Portfoliowert V errechnet sich schließlich, wie in Gl. (6.1) angegeben, aus der Summe der Produkte aus Stückzahl q und Kurswert p der Aktien, korrigiert um einen Dividendenfaktor cf^{div}.[896] Die Bestimmung des Portfoliowertes V genügt in jeder Periode der Bedingung, dass eine den aktuellen Marktwerten entsprechende Umschichtung, d. h. $q_{i,t-1} \neq q_{i,t}$ des Portfolios wertneutral erfolgt, V also nicht beeinflusst wird.[897]

---

893 Einem Unternehmen mit einem hohen Marktwert wird eine entsprechend größere Gewichtung im Portfolio zuteil.

894 Die Gewichtungsfaktoren werden hier monatlich, also in jeder betrachteten Periode an die Marktwerte angepasst. Dies ist notwendig, um die Anzahl der monatlichen Daten möglichst groß zu halten. Die Gewichtung im CDAX wird hingegen lediglich vierteljährlich neu berechnet. Vgl. *Deutsche Börse AG* (2004), S. 10.

895 Die Fallunterscheidung weist dem Faktor genau dann einen Wert von eins zu, wenn ein Unternehmen i in t und $t+1$ in der Stichprobe berücksichtigt, also Element aus S ist. In allen anderen Fällen nimmt der Faktor den Wert null an.

896 Für die Bestimmung des Aktienkurses wird die jeweils liquideste Aktiengattung eines Unternehmens verwendet. Der Dividenden-Korrekturfaktor wird benötigt, da die Bildung des Portfolios unter der Annahme einer Reinvestition der Dividendenzahlungen erfolgt. Wie in Gl. (6.5) ersichtlich, wird dieser aus Return- und Preisindex von Thomson Datastream errechnet. Eine Definition findet sich in Tab. E.1 auf S. 405.

897 D. h., das Summenprodukt aus neuen Preisen und alter Stückzahl der alten Zusammensetzung ist identisch mit dem Summenprodukt aus neuen Preisen und neuer Stückzahl der neuen Zusammensetzung.

$$V_t = \sum_{i=1}^{N} q_{i,t-1} \cdot p_{i,t} \cdot cf_{i,t}^{div} = \sum_{i=1}^{N} q_{i,t} \cdot p_{i,t} \cdot cf_{i,t}^{div} \tag{6.1}$$

mit:

$$q_{i,t} = I \cdot \frac{w_{i,t}}{p_{i,t}} \tag{6.2}$$

$$w_{i,t} = \frac{MV_{i,t} \cdot cf_{i,t}^{smpl}}{\sum_{i=1}^{N} MV_{i,t} \cdot cf_{i,t}^{smpl}} \tag{6.3}$$

$$cf_{i,t}^{smpl} = \begin{cases} 1 & \text{falls in t und t+1 gilt: Unternehmen } i \in \text{S} \\ 0 & \text{sonst} \end{cases} \tag{6.4}$$

$$cf_{i,t}^{div} = \frac{RI_{i,t}}{PI_{i,t}} \cdot \frac{PI_{i,t-1}}{RI_{i,t-1}} \tag{6.5}$$

es gilt:

V = Wert des Portfolios
p = Aktienkurs
q = Aktienanzahl
w = Gewicht
MV = Marktwert/-kapitalisierung
N = Anzahl der Unternehmen in der Stichprobe
I = Investitionsbetrag
S = Menge der Stichprobenunternehmen
PI = Preisindex
RI = Returnindex
cf^{div} = Dividenden-Korrekturfaktor
cf^{smpl} = Umschichtungs-Korrekturfaktor

Der Portfoliobildung folgt schließlich die Berechnung des Indexwertes.[898] Durch die annahmegemäße Reinvestition von Dividendenzahlungen handelt es sich um einen Performance Index. Dies spiegelt die Vorgehensweise der Deutsche Börse AG bei der Berechnung der Indizes der verschiedenen Marktsegmente wider und ermöglicht eine vergleichende Analyse. In Abb. 6.8 auf S. 204 ist die Wertentwicklung

[898] Dies geschieht nach der Formel von Laspeyres. Siehe hierzu *Schulze* (1998), S. 295 ff. Einen vergleichbaren Ansatz verfolgt die Deutsche Börse AG bei der Berechnung der Indizes des deutschen Aktienmarktes. Vgl. *Deutsche Börse AG* (2004), S. 21.

des Portfolios der Stichprobenunternehmen dargestellt. Der gewählte Zeitraum korrespondiert mit dem Beobachtungszeitraum, wobei der 31. Dezember 1988 als Basisperiode für den dargestellten Sachverhalt gewählt und auf 100 gesetzt wurde.

Während über den gesamten Zeitraum ein Wachstum des Portfoliowertes zu beobachten ist, nimmt dessen Intensität mit Beginn von 1996 merklich zu. Nach Erreichen eines Tiefpunktes von 94 im September 1990 pendelt der Wert bis einschließlich 1995 zwischen 100 und 200. Nach 1996 wird der Zuwachs stärker und der Index erreicht 1998 und 2000 zwei Hochpunkte mit einem Wert von 377 im Juni 1998 und 480 im Februar 2000. Danach fällt der Portfoliowert bis Ende 2001 kontinuierlich auf ein mit 1997 vergleichbares Niveau von etwa 300 zurück. Folglich hat sich der Wert eines Investments über den betrachteten Zeitraum insgesamt ungefähr verdreifacht.[899] Daraus ergibt sich eine durchschnittliche jährliche Steigerungsrate von 8,76 %, was einem mittleren monatlichen Zuwachs von 0,70 % entspricht.[900] Demgegenüber steht für den CDAX und den bezogenen Zeitraum ein mittlerer monatlicher Zuwachs von 0,74 % und eine durchschnittliche jährliche Wachstumsrate von 9,25 %.[901]

Insgesamt weist die Wertentwicklung des Stichprobenportfolios deutliche Parallelen zu der des Gesamtmarktes auf.[902] Daraus lässt sich ableiten, dass das Portfolio auf den ersten Blick einen zumindest nach den Kriterien der Wertentwicklung repräsentativen Durchschnitt des Marktportfolios abbildet. Vergleicht man weiterhin die Indexverläufe von CDAX und Stichprobenportfolio, dann fällt eine geringe Abweichung auf, die in Abb. 6.9 auf S. 205 als prozentuale Differenz der Portfoliowerte gezeigt wird. Negative Abweichungen weisen darauf hin, dass bei einer ex-post-Evaluierung der beiden Investitionen der Gesamtmarkt das Stichprobenportfolio schlägt bzw. eine höhere Rendite erwirtschaftet hat.[903] Mit zwei Ausnahmen 1996 und 1998 übertrifft der Wert des Marktportfolios den des Stichprobenportfolios, wobei die Differenz um eine mittlere Abweichung von sieben Prozent schwankt. Ursächlich für diese Beobachtung könnte die Zusammensetzung der Stichprobe sein, die zwar Technologie-Unternehmen beinhaltet, jedoch keine Unternehmen der New Economy und des Neuen Marktes umfasst. Die größte negative Abweichung wird im September 2000 erreicht, wenn der CDAX den Portfoliowert um 20 % übertrifft, während sich dieser Sachverhalt im April 1996 umgekehrt zeigt und der

899 Die Rendite der Investition entspricht rund 198 %.

900 Die monatlichen Änderungsraten werden in Abb. B.15 auf S. 332 grafisch wiedergegeben. Eine Häufigkeitsverteilung der monatlichen (Log-) Renditen der Stichprobenunternehmen für den betrachteten Zeitraum ist in Abb. B.14 auf S. 331 dargestellt. Die Berechnung basiert ausschließlich auf dem von Thomson Datastream zur Verfügung gestellten Return Index und kann daher minimale Abweichungen zu der hier vorgestellten und auf dem Index basierenden Berechnung der Portfoliorendite aufweisen.

901 Siehe Kap. 6.1.1 auf S. 189 zur Wertentwicklung des Marktportfolios.

902 Ein ex-post-Vergleich der erzielten absoluten Renditen abstrahiert von dem mit der Investition verbundenen Risiko und blendet die ex-ante-Einschätzungen und -Erwartungen an Risiko und Rendite aus. Eine Berücksichtigung des Risikos, etwa im Rahmen des Capital Asset Pricing Modells (CAPM), und eine Bestimmung der erzielten Überrenditen sprengt den Rahmen dieser Arbeit.

903 Angegeben wird die prozentuale Abweichung der beiden Investments. Das Delta ist die Differenz aus dem Wert der Stichprobe und des Gesamtmarktes.

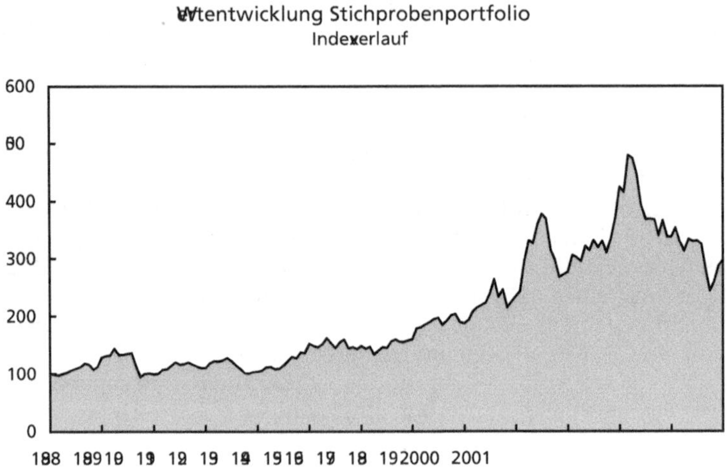

Quelle: Eigene Berechnung, Ausgangsdaten von Thomson Datastream

Abbildung 6.8.: Wertentwicklung Stichprobenportfolio

Wert des Stichproben- den des Marktportfolios um neun Prozent übersteigt.[904] Insgesamt ist aber ein deutlicher Wertzuwachs des Stichprobenportfolios zu verzeichnen, der die Frage nach wertrelevanten Faktoren aufwirft und die Relevanz der Fragestellung nachhaltig unterstreicht.

6.2.3. Angewandte Rechnungslegungsstandards

Über den Untersuchungszeitraum ist zu beobachten, dass nicht alle betrachteten Unternehmen ausschließlich nach den Richtlinien des deutschen HGB bilanzieren.[905] Vielmehr ist eine Verschiebung in Richtung einer Anwendung von internationalen Rechnungslegungsstandards – IAS/IFRS und US-GAAP – zu verzeichnen. Die Gründe hierfür sind in einer durch die Globalisierung bedingten zunehmenden internationalen Ausrichtung der Unternehmen, vor allem aber in der Einführung des § 292a HGB 1998 zu sehen, der mit befreiender Wirkung Abschlüsse nach internationalen Rechnungslegungsstandards zulässt. Zudem sind ab 2005 kapital-

904 In diesem Zusammenhang ist eine fehlende Inflationsbereinigung der Werte sowie eine durch die Internetblase gegen Ende des Beobachtungszeitraumes hervorgerufene Verzerrung relevant. Beides relativiert die Aussagen der beschriebenen Entwicklungen zumindest teilweise.

905 Eine Auflistung der Bilanzierungsstandards der Stichprobenunternehmen findet sich in Tab. A.2 auf S. 312, während in Tab. A.3 auf S. 314 der Bilanzstichtag angegeben wird.

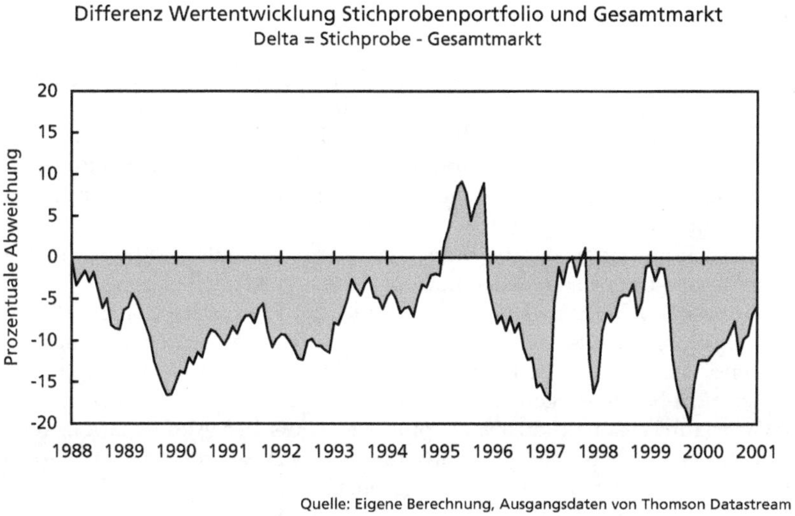

Abbildung 6.9.: Differenz Wertentwicklung Stichprobenportfolio und Gesamtmarkt

marktorientierte Unternehmen in der EU zur Aufstellung eines Konzernabschlusses nach IAS/IFRS verpflichtet (Verordnung (EG) 1606/2002). [906]

Während bis einschließlich 1995 alle einbezogenen Jahresabschlüsse den Grundsätzen und Richtlinien des HGBs entsprechen, ist ab 1996 vermehrt eine Umstellung der Bilanzierungsart auf IAS/IFRS oder US-GAAP zu beobachten. Die Anzahl der nach international anerkannten Rechnungslegungsstandards bilanzierenden Unternehmen in der Stichprobe nimmt in der Folge stetig zu. 2000 bilanzieren jeweils 14 Unternehmen nach HGB und IAS/IFRS, wohingegen 10 den Jahresabschluss nach den Richtlinien von US-GAAP aufstellen.[907] In Abb. 6.7 auf S. 200 ist diese Entwicklung ersichtlich und die Verteilung der Rechnungslegungssysteme in der Stichprobe über den Beobachtungszeitraum dargestellt. Im Rahmen der empirischen Untersuchung wird für eine Anwendung unterschiedlicher Rechnungslegungssysteme kontrolliert und eine Bereinigung internationaler Abschlüsse durchgeführt.

---

906 Siehe *Weißenberger* et al. (2003) für eine Diskussion der Konsequenzen für die deutsche Rechnungslegung. Vertiefend siehe auch *Weißenberger/Stahl/Vorstius* (2004) oder *Stahl* (2004) zum Prozess der Rechnungslegungsumstellung deutscher Unternehmen von den Richtlinien des HGBs auf IAS/IFRS. In diesem Kontext untersuchen *Pellens/Tomaszewski* (1999) empirisch Kapitalmarktreaktionen auf eine Umstellung.

907 Tab. B.6 auf S. 328 zeigt die Anzahl der potenziell für eine Analyse zur Verfügung stehenden Firmenjahre nach Jahr und Bilanzierungsstandard.

6.2.4. Branchenzugehörigkeit

Die in der Stichprobe berücksichtigten Unternehmen differieren nach Zugehörigkeit zu unterschiedlichen Industriesektoren. Eine Branchenbetrachtung ist grundsätzlich in Abhängigkeit des Klassifikationssystems und des bei der Zuordnung angewandten Kriterienkataloges zu sehen, wobei eine Einteilung üblicherweise nach Maßgabe des Umsatzschwerpunktes vorgenommen wird. Weitere Unterschiede bestehen hauptsächlich in der Gliederungstiefe und den damit verbundenen Feinheiten bei Definition und Abgrenzung der einzelnen Industriegruppen.

Für diese Studie ist primär das Branchensystem der Deutschen Börse von Bedeutung, das für den Deutschen Aktienindex und die unterschiedlichen Marktsegmente Gültigkeit besitzt. Alternativ kann auch das Standard Industrial Classification (SIC) System angeführt werden. Dieses findet aber überwiegend im internationalen Umfeld und insbesondere dem US-amerikanischen Markt Verwendung und wird daher hier nicht herangezogen. Für die Stichprobe sind aufgrund des Fokus auf das hiesige Marktumfeld die Industriegruppen des deutschen Aktienmarktes relevant und dort im Besonderen die Einteilung für das Marktsegment des DAX100, weil alle Unternehmen Bestandteil dieses Segments sind.

Eine Brancheneinteilung kann grundsätzlich auch anhand anderer Kriterien als dem Schwerpunkt der Geschäftstätigkeit erfolgen. Beispielhaft wäre das Internationale Patent Classification (IPC), auf dessen Grundlage der Provider der Patentinformationen, CHI Research, eine Brancheneinteilung der in den relevanten Datenbanken berücksichtigten Unternehmen vornimmt. Letzteres zeichnet sich durch eine sehr feine Abgrenzung der Gruppen aus und basiert auf dem Schwerpunkt der Patentiertätigkeit eines Unternehmens. Für eine Branchenbetrachtung eignet sich dieses System unter den in dieser Studie vorherrschenden Rahmenbedingungen aufgrund mangelnden Stichprobenumfanges aber nur unzureichend.

Während sich die Beschreibung der Branchenzugehörigkeit primär am DAX100 und der dort festgelegten Zuordnung orientiert, komplementieren deskriptive Ausführungen zu den Tech-Line-Industriegruppen die Darlegung.[908]

6.2.4.1. Industriesektoren des Deutschen Aktienindex

Die Deutsche Börse unterscheidet für das Marktsegment DAX100 insgesamt neun Industriesektoren, auf deren Grundlage Branchenindizes aufgesetzt werden.[909] Die dargestellte Einteilung richtet sich nach dem Stichtag der Untersuchung

[908] Die Branchenverteilung in der Stichprobe gemäß der Definitionen der Industriesektoren des CDAX, DAX100 und Tech-Line wird in Tab. B2 auf S. 320 im Anhang differenziert nach Anzahl der Unternehmen und Firmenjahren zusammenfassend dargestellt.

[909] Der DAX100 kombiniert die Werte des DAX und MDAX. Zum 24. März 2003 erfolgte seitens der Deutschen Börse AG eine vollständige Um- und Neustrukturierung aller Marktsegmente und damit verbunden auch der Branchenindizes. Der DAX100 ist in den HDAX übergegangen und umfasst nunmehr die Segmente DAX, MDAX sowie TechDAX. Der CDAX setzt sich jetzt aus Prime und General Standard zusammen und repräsentiert die gesamte Breite des deutschen Aktienmarktes. Eine Unterteilung in Branchen existiert heute auf Basis des Prime Standards und umfasst insgesamt 18 Industriegruppen. Siehe *Deutsche Börse AG* (2004) ausführlich zu Marktsegmenten und Aktienindizes.

(31.12.2001), so dass die zu diesem Datum gültige Zusammensetzung übernommen wird.[910] Ausgangspunkt für die Zuordnung der Unternehmen zu den einzelnen Branchen ist nach Auskunft der Deutschen Börse der Umsatzschwerpunkt bzw. der Schwerpunkt der Geschäftstätigkeit.[911]

Insgesamt beinhaltet die Stichprobe Unternehmen aus sechs Branchen.[912] Es handelt sich hierbei um:

- Automobile & Transportation
- Chemicals & Pharma
- Machinery & Industrials
- Retail & Consumer
- Software & Technology
- Utilities & Telecommunication

Da in dieser Studie technologielastige Unternehmen im Mittelpunkt der Betrachtung stehen, finden die Branchen Banks & Financial Services, Construction sowie Insurance keine Berücksichtigung.[913] Die in der Stichprobe vertretenen Sektoren weisen deutliche Unterschiede in der Anzahl zugehöriger Unternehmen auf. So entfallen allein auf die beiden am stärksten repräsentierten Branchen Machinery & Industrials sowie Chemicals & Pharma mit 17 respektive 13 bereits 30 von 46, also 65 % aller Stichprobenunternehmen. Die Branchen Automobile & Transportation sowie Utilities & Technology sind hingegen mit sieben und sechs Unternehmen deutlich schwächer in der Stichprobe vertreten. Das Schlusslicht bilden in dieser Hinsicht die Branchen Software & Technology sowie Retail & Consumer mit zwei respektive einer Instanz. In Abb. 6.10 auf der nächsten Seite wird dieser Sachverhalt veranschaulicht.[914]

---

[910] Die angesprochene Umstellung findet hier jedoch keine Berücksichtigung, da sich die Studie auf einen historischen Zeitraum bezieht und folglich die zum Untersuchungsstichtag offizielle Einteilung maßgeblich ist.

[911] Ein konkreter Kriterienkatalog mit Hinweisen zur Anwendung und Verweisen zu Trennschärfe der Gruppen ist in diesem Zusammenhang aber nicht in Erfahrung zu bringen.

[912] Die Bestimmung der Branchenzugehörigkeit kann bei global agierenden Konzerngesellschaften, wie denen der Stichprobe, deren Geschäftstätigkeiten mehrere Marktsegmente umspannen, nur eine eingeschränkte Trennschärfe aufweisen. Eine Zuordnung stellt demzufolge zwangsläufig einen Kompromiss dar, den es bei der Analyse zu berücksichtigen gilt. Auch ist anzumerken, dass die Zuordnung zu einer Branche nicht notwendigerweise als statisch angesehen werden kann. Vielmehr sind Verschiebungen im Zeitablauf denkbar, die etwa durch Änderungen des Schwerpunktes der Geschäftstätigkeit hervorgerufen werden. Eine historische Betrachtung der Branchenzugehörigkeit und für den Zeitraum der Untersuchung kann im Rahmen dieser Arbeit aufgrund unzureichender Verfügbarkeit von Informationen nicht geleistet werden. Die Sektorzugehörigkeit wird daher für den Beobachtungszeitraum als konstant angenommen.

[913] Hier weisen insbesondere die Gruppen Banks & Financial Services sowie Insurance im Vergleich zu Industrieunternehmen z. T. deutliche Abweichungen in der Bilanzstruktur auf und sind demnach für die Untersuchung ungeeignet.

[914] Zusätzlich zur absoluten Anzahl der Unternehmen in einer Branche, wird auch die kumulierte Anzahl angegeben. Die vier größten Branchen repräsentieren demnach bereits mehr als 90 % der bezogenen Unternehmen.

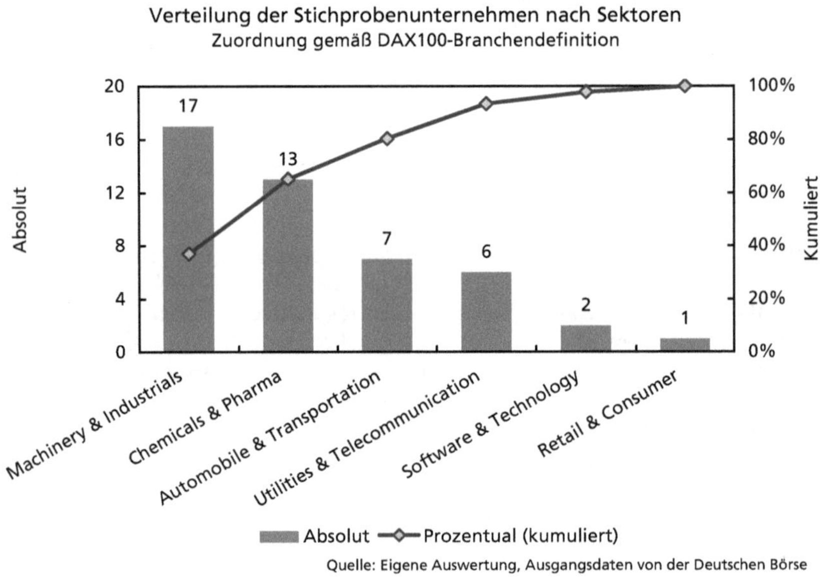

Abbildung 6.10.: Verteilung der Stichprobenunternehmen nach Sektoren im DAX100

6.2.4.2. Tech-Line-Industriegruppen

Die Tech-Line-Industriegruppen werden vom Datenprovider der Patentinformationen, CHI Research, aufgelegt und heben sich deutlich in Detaillierungsgrad und zugrunde liegender Zuordnungsregel von den Sektoren im DAX ab. So erfolgt die Definition der Branchen bei CHI Research i. A. a. das Schema der International Patent Classification (IPC). Die Zuordnung basiert dort auf dem Schwerpunkt der von den Unternehmen gehaltenen Patente im IPC, anders als bei der Deutschen Börse, die die Industriegruppen in Abhängigkeit des Segmentumsatzes differenziert. Insbesondere für technologielastige Unternehmen wird so eine feinere Unterscheidung erreicht.[915] Wie in Abb. 6.11 auf der nächsten Seite ersichtlich, gliedern sich die 46 Unternehmen der Stichprobe bei Verwendung dieser Brancheneinteilung in nunmehr 13 anstatt bislang 6 Gruppen.[916] Die größte Branche im Tech-Line-System ist Chemicals, die 14 Unternehmen umfasst, gefolgt von Machinery mit 8 und Automotive mit 7. Diese drei Gruppen decken bereits 60 % aller Unternehmen ab, während die nächsten 5 Branchen zusätzlich rund 30 % repräsentieren.

Im Vergleich zu der Branchenverteilung der Stichprobe nach Maßgabe des DAX100 fällt auf, dass die am stärksten vertretenen Branchen durchaus Ähnlichkeiten aufweisen. Nimmt man eine Konsolidierung vor, indem beispielsweise Chemicals, Health Care, Pharmaceuticals zusammengefasst betrachtet werden, so entspricht dies in etwa der Kategorie Chemicals & Pharma des DAX100. Eine überschneidungsfreie Zuordnung und eindeutige Übertragung der Branchen eines Systems in das jeweils andere erweist sich in der Praxis aber als nicht trivial und daher als nicht ohne weiteres darstellbar. Als Grund hierfür sind u. a. die unterschiedlich definierten Kategorien und Schwerpunkte in den Zuordnungsregeln zu sehen. Interessant wäre in diesem Kontext folglich eine vergleichende Analyse der Zugehörigkeit der Stichprobenunternehmen zu den Sektoren beider Systeme. Eine solche ist im Anhang dargestellt.[917] Dort wird für die Stichprobe angegeben, welcher Industriegruppe des Tech-Line-Systems Unternehmen einer bestimmten DAX100-Branche zugehörig sind.[918]

Eine Überführung der Industriegruppen beider System ineinander ist nicht trivial und erweist sich aufgrund seiner Komplexität als im Rahmen dieser Studie nicht darstellbar. Dies begründet sich primär in mangelnder Transparenz sowie Datenverfügbarkeit essentieller historischer und nach Segmenten gegliederter Angaben zu Geschäftstätigkeiten der großen Konzerngesellschaften.[919] Eine erste Prüfung bestätigt vielmehr die Vermutung, dass ein genauer Abgleich der unterschiedlich definierten und aufgrund abweichender Zuordnungsregeln abgegrenzten Branchen

---

915 Siehe hierzu auch Kap. 5.3.2.2 auf S. 160.

916 Die Zuordnung der Unternehmen zu DAX100-Branchen und Tech-Line-Industriegruppen ist in Tab. A.1 auf S. 310 dargestellt.

917 Siehe Abb. B.5 bis B.10 auf S. 324–326 ersichtlich. In Tab. B.5 auf S. 322 ist dieser Zusammenhang in tabellarischer Form erfasst.

918 In Abb. B.4 auf S. 323 wird dieser Zusammenhang umgekehrt dargestellt, d. h., es wird gegenübergestellt, welcher DAX100-Branche sich Unternehmen einer bestimmten Tech-Line-Industriegruppe zuordnen.

919 Diese Fragestellung birgt daher weiteren Forschungsbedarf.

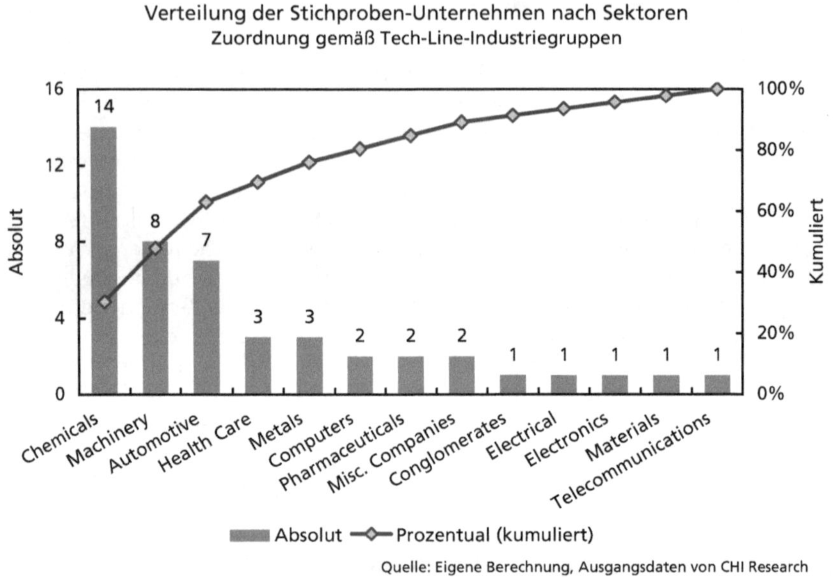

Abbildung 6.11.: Branchenzugehörigkeit Tech-Line-Industriegruppen

nicht überschneidungsfrei und eindeutig zu leisten ist. Deutlich wird zudem, dass vor allem bei den Gruppen Automotive, Chemicals, Computers, Health Care und Machinery eine eindeutige Zuordnung nicht gegeben ist.

6.3. Bewertungsniveau und immaterielle Vermögensgegenstände

6.3.1. Kurs-Gewinn-Verhältnis

Anhand des Kurs-Gewinn-Verhältnisses (KGV) können Rückschlüsse hinsichtlich des am Kapitalmarkt herrschenden Bewertungsniveaus gezogen werden. Die Kennzahl setzt den Kurswert und den Gewinn-pro-Aktie in Relation und erlaubt so u. a. eine Einschätzung der relativen Über- oder Unterbewertung einer Aktie im Vergleich zum markt- und/oder branchenweiten Durchschnitt.[920]

Neben einer Beurteilung des Preisniveaus eines Wertpapiers lässt sich das KGV aber auch als Faktor interpretieren, mit dem der Kapitalmarkt den aktuellen

920 Vgl. *Möller/Hüfner* (2002), S. 434. Siehe exemplarisch *Barker* (2001), S. 53 ff. für einen Überblick zum KGV.

Gewinn-pro-Aktie eines Unternehmens kapitalisiert.[921] Der Kehrwert dieses Verhältnisses drückt schließlich zum einen die erwartete jährliche Rendite einer Aktie aus und kann zum anderen als Zinsfuß gewertet werden, mit dem der Kapitalmarkt implizit die mit einem Unternehmensanteil verbundenen Transferzahlungen einer nachschüssigen ewigen Rente diskontiert.[922] Damit nimmt das KGV einen wesentlichen Bestandteil bei der fundamentalen Aktienanalyse ein und findet darüber hinaus bei der Unternehmensbewertung Anwendung.[923] Weiterhin bildet die Kennzahl eine gebräuchliche Ergänzung zu den aus der Bilanzanalyse abgeleiteten Aussagen.

An dieser Stelle ist neben einer Einzelbetrachtung speziell ein Vergleich des KGVs des Stichprobenportfolios vis-à-vis des Gesamtmarktes von Interesse. Es ist zu beachten, dass es sich hierbei um ein gewichtetes KGV handelt und nicht der Durchschnittswert aller Unternehmen angegeben wird.[924] In Abb. 6.12 auf S. 213 wird über den Zeitraum von Dezember 1988 bis 2001 der Verlauf des KGVs auf Ebene des Stichproben- und des Marktportfolios gegenübergestellt.[925]

Mit Ausnahme des Jahres 1989 steigt der Wert für die Stichprobe in den ersten sechs Perioden kontinuierlich von ursprünglich knapp 11,4 in 1988 auf ca. 18,5 in

921 Vgl. *White/Sondhi/Fried* (1998), S. 180 oder auch *Barker* (2001), S. 55. Das KGV drückt zudem aus, nach wie vielen Perioden die Zahlungsströme aus einer Aktieninvestition erwartungsgemäß den Kapitalabfluss zu Beginn decken (Rückzahlungsperiode). Vgl. *Möller/Hüfner* (2002), S. 479.

922 Vgl. *Möller/Schmidt* (1998b), S. 416. Der Kehrwert des Kurs-Gewinn-Verhältnisses impliziert also die Kapitalkosten. Vgl. *Barker* (2001), S. 55.

923 Siehe *White/Sondhi/Fried* (1998), S. 1054 ff. oder auch *Palepu/Healy/Bernard* (2000), S. 111 ff.

924 Bei der Bestimmung des KGVs für eine gesamte Stichprobe oder einen Index spielt die Unterscheidung zwischen dem mittleren KGV aller einbezogenen Einheiten und dem KGV des mittleren Unternehmens eine entscheidende Rolle. Bei einer einfachen Durchschnittsbildung (arithmetisches Mittel) über die KGVs aller Merkmalsträger ist die absolute Höhe des Gewinns unerheblich. Ob beispielsweise ein Unternehmen bei einem Gewinn von 100 Tsd. oder 100 Mio. Euro ein KGV von 10 aufweist, bleibt unberücksichtigt. Da dies bei der Mittelwertbildung aber in eine Verzerrung münden und den Wert verfälschen würde, erfordert die Berechnung des KGVs sowohl für den Marktindex als auch für die Stichprobe eine Gewichtung auf Basis des Gewinns. Grundlage für die Bestimmung des KGVs nach diesem Muster bildet das Price-Earnings-Ratio (PER) von Thomson Datastream mit der Kennung PE und dort das Vorgehen für Indizes. Die Definition des KGVs, wie sie in dieser Studie der Bestimmung des Wertes für die Stichprobe zugrunde liegt, kann Tab. B.7 auf S. 333 entnommen werden. Für den Kapitalmarkt wird der von Thomson Datastream berechnete Total Market Index für Deutschland mit der Kennung TOTMKBD und dort das PER mit der Kennung PE verwendet. Dieser deckt ca. 85 % der Marktkapitalisierung und bietet als Näherung für den Gesamtmarkt gegenüber der Verwendung des CDAX eine erweiterte Verfügbarkeit von Angaben. So wird eine konsistente Vorgehensweise gewählt, da die Bestimmung der Variablen Kurs-Gewinn- und Markt-Buchwert-Verhältnis sowie der Anteil immateriellen Vermögens am Gesamtvermögen nunmehr auf einer identischen Grundgesamtheit basiert. Siehe Kap. 6.3.2 bis 6.3.3 auf S. 213–215. Die relevanten Definitionen sind in den Tab. E.1 auf S. 405 dargestellt.

925 Der Datensatz wurde pauschal am oberen und unteren Ende um 5% der Beobachtungen bereinigt, um etwaige Outlier zu eliminieren. Aus Konsistenzgründen werden bei der Beschreibung der Stichprobe wie bislang auch alle Unternehmen einbezogen. Folglich sind in der Grafik neben Unternehmen, die nach den Richtlinien des HGBs bilanzieren, auch Angaben zu denjenigen enthalten, die nach IAS/IFRS oder US-GAAP Rechnung legen. Auswirkungen der unterschiedlichen Rechnungslegungssysteme auf die quantitative Ausprägung der Kennzahl KGV können zwar nicht per se ausgeschlossen werden, an dieser Stelle ist jedoch eine Sensitivitätsanalyse nicht angebracht, da die Werte für den Index ebenfalls alle Unternehmen, unabhängig von der Art der Bilanzierung, einbeziehen und die konsistente Berechnung der Werte eine Vergleichbarkeit sicherstellt.

1993.[926] In den darauffolgenden zwei Jahren fällt das KGV bis auf etwa 13,7 im Jahr 1995. Ein sich anschließender Anstieg auf ungefähr 16,5 in 1997, wird 1998 durch einen Rückgang des Wertes auf 14,6 durchbrochen. In den Folgeperioden ist aber wieder ein Zuwachs auf 16,5 im Jahr 2001 zu verzeichnen. Insgesamt schwankt das KGV der Stichprobe über den Zeitraum der Betrachtung um einen Mittelwert von ca. 15,4.

Der Verlauf des KGVs des Marktportfolios ähnelt insgesamt stark dem der Stichprobe, mit der Einschränkung, dass das Niveau durchgehend höher ist, was u. a. auf eine relative Überbewertung des Kapitalmarktes im Verhältnis zur Stichprobe hindeutet.[927] Ausgehend von einem KGV von 14,3 in 1988 steigt der Wert zwar zunächst an, erreicht dann aber 1990 einen Tiefpunkt von 13,5. In den folgenden drei Perioden steigt der Wert bis 1993 auf 22,8, bevor er wieder auf ein Level von ungefähr 18 abfällt. Nach einem sprunghaften Anstieg auf den Maximalwert von rund 26,0 im Jahr 1999, wo gleichzeitig die größte Differenz zur Stichprobe erreicht wird, sinkt das kapitalmarktweite KGV bis 2001 auf etwa 18,1.

Es bleibt festzuhalten, dass über den Betrachtungszeitraum für die Stichprobe durchschnittlich ein niedrigeres Bewertungsniveau als für den Kapitalmarkt dokumentiert wird. Während das KGV des Stichprobenportfolios über den gesamten Zeithorizont einen Durchschnittswert von 15,4 aufweist, beträgt das des Marktindex 18,2 und ist damit um insgesamt 2,8 Punkte höher. Folglich werden Gewinne der Stichprobenunternehmen implizit mit einem niedrigeren Faktor kapitalisiert, als dies kapitalmarktweit der Fall ist, so dass umgekehrt zukünftig erwartete Gewinne mit einem entsprechend höheren Zinssatz diskontiert werden. Dies kann letztlich als Indiz für eine höhere Unsicherheit und somit ein höheres Risiko in der Stichprobe gewertet werden. Vor allem die alleinige Fokussierung auf Technologie-Unternehmen in der Stichprobe und eine damit im Vergleich zum Gesamtmarkt eingeschränkte Diversifikation stützt diese Vermutung.[928]

---

926 Die Werte können Tab. B.10 auf S. 334 entnommen werden.

927 Ursächlich hierfür könnten u. a. abweichende Schwerpunkte in der Zusammensetzung der Stichprobe im Vergleich zum Gesamtmarkt sein. Der Fokus der Stichprobe liegt auf forschungslastigen Unternehmen, während der Marktindex darüber hinaus alle Unternehmen abdeckt und daher auch solche, deren Gewinne mit einem höheren Faktor kapitalisiert werden. Letztendlich ist es aber schwierig, eine genaue Aussage zu treffen, da allein aus der Größe KGV keine eindeutigen Rückschlüsse hinsichtlich der Ausprägung von Kursen und Gewinnen abgeleitet werden können. Ein steigendes KGV kann so z. B. in Abhängigkeit von der Entwicklung der Gewinne mit steigenden, sinkenden oder konstanten Kursen einhergehen. Um hier valide Hinweise zu erhalten, bedarf es einer weiterführenden Prüfung, auf die aber verzichtet wird, da sie nicht zielführend für Erkenntnisse dieser Studie ist.

928 Die hohen Werte für 1999 dürften eine unmittelbare Folge der Blasenbildung Ende der Neunzigerjahre sein. Da für die Bestimmung des KGVs das Ende der jeweiligen Periode maßgeblich ist, ist der Wert für 2000 für beide Instanzen aufgrund der bereits einsetzenden massiven Konsolidierung an den Börsen weltweit deutlich geringer als noch für 1999. Auffällig ist in diesem Kontext, dass der Wert für die Stichprobe trotz eines kontinuierlichen Anstiegs keinen Scheitelpunkt 1999 aufweist, was darauf schließen lässt, dass die Unternehmen der Stichprobe in der betreffenden Periode Ende der Neunzigerjahre verhältnismäßig weniger überbewertet sind als der Gesamtmarkt.

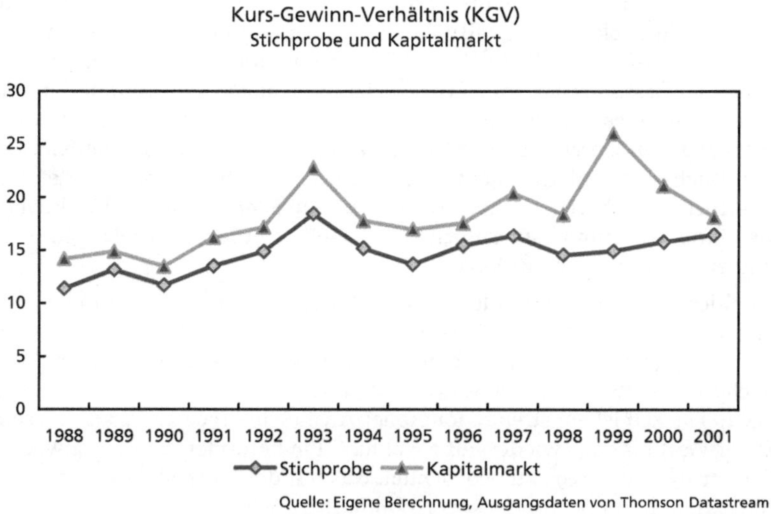

Abbildung 6.12.: Kurs-Gewinn-Verhältnis (KGV)

6.3.2. Markt-Buchwert-Verhältnis

Das Markt-Buchwert-Verhältnis (MBV) beschreibt eine Relation von Buchwerten zu an der Börse erzielten Marktpreisen und drückt so die Differenz zwischen dem bilanzierten Vermögenswert und der Bewertung am Kapitalmarkt aus.[929] Mit Einschränkungen lassen sich aus dieser Verhältniszahl die nicht bilanzierungsfähigen immateriellen Vermögenswerte[930] ableiten.

Eine Analyse der Beziehung zwischen Markt- und Buchwerten nimmt insbesondere im Zuge einer wachsenden Verbreitung des *Feltham-Ohlson*-Modells (1995) einen zentralen Bereich in der empirischen Bilanzforschung ein.[931] Beginnend in den Neunzigerjahren und insbesondere in der zweiten Hälfte deterioriert dieses Verhältnis und es ist eine anwachsende Wertlücke zu beobachten.[932] In diesem Kontext ist eine Differenz zwischen Markt- und Buchwerten von besonderer Relevanz für die Thematik der vorliegenden Arbeit, da diese zumindest teilweise durch nicht in der Bilanz abgebildete Vermögenswerte erklärt werden kann.

929 Ausschlaggebend für die Höhe einer solchen Abweichung und ursächlich für ihr Entstehen sind Ansatz- und Bewertungsvorschriften.

930 Abzüglich der nichtbilanzierungsfähigen stillen Lasten.

931 Vgl. *Palepu/Healy/Bernard* (2000), S. 111 ff. Für eine Einführung zum *Feltham-Ohlson*-Modell (1995) siehe Kap. 4.2 auf S. 105. Für einen Überblick der empirischen Bilanzforschung siehe Kap. 3.3.3 auf S. 66.

932 Vgl. *Leiter*, McKinsey & Company, Inc., ein Vortrag zu dem Thema: *„New Economy – Modernisierungswelle der Wirtschaft"* im Rahmen des Private Equity Venture Capital Kongress am 27. Juni 2000 in München.

In Abb. 6.13 auf der gegenüberliegenden Seite erfolgt eine Darstellung der historischen Entwicklung des MBVs über den Zeitraum der Untersuchung. Gegenübergestellt werden die Werte für die Stichprobe und den Gesamtmarkt.[933] Wie schon bei der Bestimmung des KGVs, bezieht sich auch das MBV auf den Wert für ein fiktives mittleres Unternehmen und eben nicht auf den Durchschnittswert über alle einbezogenen Unternehmen, so dass das gewählte Vorgehen einer Gewichtung mit den Buchwerten gleichkommt. Der Wert für die Stichprobe und den Gesamtmarkt errechnet sich demzufolge aus der Summe aller relevanten Marktwerte, die ins Verhältnis zur Summe aller Buchwerte gesetzt werden, und folgt grundsätzlich demselben Muster wie beim KGV.[934]

Die Stichprobe weist über den für die Studie relevanten Zeitraum von 1988 bis 2000 ein durchschnittliches MBV von etwa 2,6 auf.[935] Demgegenüber steht mit 2,7 ein geringfügig höherer Wert für den gesamten deutschen Kapitalmarkt. Das MBV der Stichprobe schwankt in den ersten fünf Jahren zunächst zwischen 1,9 (1989) und 1,5 (1992). Danach ist ein streng monotoner Anstieg bis 1999 auf 3,8 zu verzeichnen, bevor der Wert bis 2001 wieder auf 2,6 abfällt. Ein besonders großer Zuwachs ist in den Jahren 1997 und 1999 zu beobachten, was mit der Wertentwicklung des Markt- und des Stichprobenportfolios korrespondiert.[936]

Das MBV des Marktportfolios nimmt einen vergleichbaren Verlauf, jedoch zeigt sich eine, wenn auch nur geringfügig, kleinere Schwankungsbreite.[937] Dementsprechend liegt mit Ausnahme der ersten Periode das Niveau für den Gesamtmarkt bis einschließlich 1994 über dem der Stichprobe. Ab dem Jahr 1995 kehrt sich dieses Verhältnis dann um, bevor in den letzten beiden Perioden wieder das MBV des Gesamtmarktes das des Stichprobenportfolios übersteigt. Wie bei der Stichprobe ist auch hier zunächst ein Zuwachs zu verzeichnen, bevor der Wert wieder geringer wird. So steigt das MBV 1989 auf ca. 2,2 an und fällt bis 1992 wieder auf 1,8 zurück. Der für die Stichprobe zu beobachtende kontinuierliche Anstieg bis 1999 ist auch für den Gesamtmarkt zu beobachten, wird aber 1993 durch ein Zwischenhoch von 2,4 durchbrochen. In den darauffolgenden zwei Perioden sind kleinere Werte zu beobachten, bevor 1999 schließlich ein sprunghafter Anstieg bis auf ein MBV von 3,8 erfolgt. Zum Ende des Betrachtungszeitraumes nimmt das Verhältnis wieder einen Wert von etwa 2,7 an.

---

933 Als Proxy für den Gesamtmarkt, sprich den Kapitalmarkt oder das Marktportfolio, dient wieder Total Market Index von Thomson Datastream. Dieser umfasst ca. 85 % der Marktkapitalisierung und bietet gegenüber dem CDAX eine erweiterte Verfügbarkeit von Angaben. Siehe Tab. E.1 auf S. 405 für eine Definition.

934 Grundlage für die Herleitung des MBVs bildet die Definition von Thomson Datastream in Tab. E.1 auf S. 405, während Tab. B.8 auf S. 333 die hier angewandte Formel angibt.

935 Die Berechnung des MBVs erfolgt zum jeweiligen Jahresende. Die konkreten Werte werden in Tab. B.10 auf S. 334 angegeben. Um eventuelle Ausreißer zu eliminieren, wurden während der Berechnung am oberen wie auch unteren Ende des Datensatzes pauschal 5% der Beobachtungen bereinigt.

936 Siehe Kap. 6.1.1 auf S. 189 und 6.2.2 auf S. 199.

937 Die Ursache hierfür dürfte in der Fokussierung der Stichprobe liegen. Im Vergleich zu der stärker diversifizierten Gesamtheit führt dies zu einer größeren Schwankungsbreite.

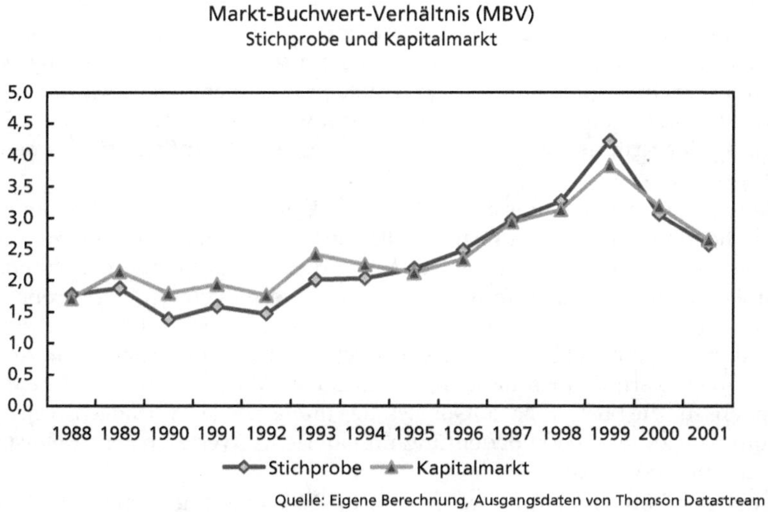

Abbildung 6.13.: Markt-Buchwert-Verhältnis (MBV)

Die Analyse des MBVs auf Ebene der Stichprobe und des Kapitalmarktes zeigt eine deutliche Zunahme des Verhältnisses insbesondere in der zweiten Hälfte der Neunzigerjahre.[938] Dadurch wird die Existenz einer zunehmenden Wertlücke zwischen bilanzierten Vermögensgegenständen und der Bewertung an der Börse unterstrichen. Als eine mögliche Erklärung dienen selbsterstellte immaterielle Vermögensgegenstände wie beispielsweise Patente, die aufgrund vorsichtiger und restriktiver Ansatz- und Bewertungsvorschriften der Rechnungslegung insbesondere nach den Vorschriften des deutschen HGB nicht bilanziert werden dürfen.[939] Als Konsequenz leitet sich unmittelbar eine Relevanz der untersuchten Fragestellung ab, weil sich gerade in Phasen starken Wachstums die Frage nach wertrelevanten Faktoren stellt.

6.3.3. Immaterielle Vermögensgegenstände

Die Analyse des Markt-Buchwert-Verhältnisses (MBV) der Stichprobe im Vergleich zum Kapitalmarkt zeigt insbesondere in der zweiten Hälfte des betrachteten Zeitraumes – also gegen Ende der Neunzigerjahre – einen deutlichen Anstieg.[940] Ein

---

938 Mitverantwortlich für einen Anstieg des Wertes zum Ende der Neunzigerjahre ist sicherlich auch die Blasenbildung an den Börsen.

939 Für nicht entgeltlich erworbene immaterielle Vermögensgegenstände darf ein Aktivposten nicht angesetzt werden. Für die gesetzliche Verankerung siehe § 248 Abs. 2 HGB.

940 Siehe Kap. 6.3.2 auf S. 213.

möglicher Interpretationsansatz ist, wie bereits angedeutet, eine zunehmende Bedeutung nicht entgeltlich erworbener immaterieller Vermögensgegenstände, für die insbesondere nach Maßgabe des HGBs ein Verbot der Bilanzierung besteht. Neben den nicht bilanzierungsfähigen immateriellen Vermögensgegenständen gewährt der Gesetzgeber jedoch unter bestimmten Voraussetzungen, nämlich die Erfüllung der Kriterien Entgelt und Erwerb, eine Ansatzpflicht für immaterielle Vermögenswerte.[941]

Bedingt durch den Fokus auf Technologie-Unternehmen liegt aber die Vermutung nahe, dass auch in den Bilanzen der Stichprobenunternehmen immaterielle Vermögensgegenstände enthalten sind. Um diese Aussage zu überprüfen, wird nachfolgend das anteilige immaterielle Anlagevermögen der Stichprobenunternehmen dem des Kapitalmarktes vergleichend gegenübergestellt. Eine grafische Darstellung der Entwicklung über den Betrachtungshorizont findet sich in Abb. 6.14 auf S. 218.[942] Kern der Beschreibung ist zu zeigen, dass sich dieses Verhältnis insbesondere für die Stichprobe zu Gunsten des immateriellen Vermögens verschoben hat, um eine zunehmende Bedeutung immaterieller Werte und die Relevanz der Fragestellung herauszustellen.

Über den betrachteten Zeitraum von 1988 bis einschließlich 2000 ist für das Stichprobenportfolio ein kontinuierlicher Anstieg des Anteiles immaterieller Vermögensgegenstände am Anlagevermögen zu verzeichnen.[943] So steigt der Wert streng monoton von anfänglich 1,8 % auf 28,0 % gegen Ende 2000, wobei der Durchschnitt über alle einbezogenen Perioden in etwa 13,9 % beträgt. Zunächst spielen die bilanzierten immateriellen Werte demnach eine eher untergeordnete Rolle. Erst 1996 wird die 10 %-Marke übersprungen, umgekehrt unterschreitet damit der Anteil des materiellen Vermögens in der Stichprobe erstmals den Wert von 90 %. Bis 1998 steigt der Anteil des immateriellen Vermögens auf etwa 15,1 %, bevor ein sprunghafter Zuwachs auf ca. 23,7 % zu beobachten ist.

Einen ähnlichen Verlauf nimmt der Anteil immaterieller Werte am bilanzierten Anlagevermögen bezogen auf den Gesamtmarkt. Hier ist ebenfalls ein positiver Trend zu erkennen, der jedoch in den Jahren 1992 und 1993 durchbrochen wird; insgesamt wächst der Anteil in dem Betrachtungshorizont von anfänglich 0,9 % auf

---

941 Siehe § 248 Abs. 2 HGB und § 253 Abs 1 HGB in Verbindung mit § 255 Abs 1 HGB für eine gesetzliche Verankerung.

942 Grundlage für die Berechnung bilden die Größen Book Value per Share mit der Kennung (05476), Tangible Book Value per Share (05486) sowie Common Shares Outstanding (05301) in der Worldscope-Datenbank von Thomson Datastream. Eine Definition findet sich in Tab. E.2 auf S. 407. Daraus leitet sich rechnerisch der relative Anteil immaterieller Vermögenswerte her, wie in Tab. B.9 auf S. 334 dargestellt. Zu beachten ist, dass hier, analog zu dem Vorgehen beim Kurs-Gewinn- sowie Markt-Buchwert-Verhältnis, nicht das arithmetische Mittel der Werte für die einzelnen Unternehmen gebildet wird, sondern eine Gewichtung nach Buchwerten erfolgt, d. h. der Wert für ein fiktives mittleres Unternehmen verwendet wird. Siehe Kap. 6.3.1 bis 6.3.2 auf S. 210–213. Als Näherung für den Kapitalmarkt wird, wie in den angesprochenen Analysen zuvor auch, auf den von Thomson Datastream aufgelegten Total Market Index für Deutschland zurückgegriffen.

943 Einbezogen werden alle verfügbaren Beobachtungen unabhängig vom angewendeten Bilanzierungsstandard, was mit dem Vorgehen bei der Analyse des Kurs-Gewinn- und Markt-Buchwert-Verhältnis konsistent ist. Eine Sensitivitätsbetrachtung mit alleinigem Fokus auf HGB-Bilanzierer ergab lediglich geringfügige negative Abweichungen in einzelnen Perioden, mit Ausnahme des Jahres 2000.

24 % im Jahr 2000, bei einem mittleren Wert von ca. 12,3 %. Im Jahr 1988 beträgt das anteilige immaterielle Vermögen 0,9 %, steigt dann in den folgenden drei Jahren bis 1991 auf 4,3 %, bevor es 1993 wieder geringfügig auf 3,8 % absinkt. In den Folgeperioden ist ein kontinuierlicher Anstieg zu verzeichnen, bis der Wert 1998 schließlich die 10 %-Hürde überschreitet. In der darauffolgenden Periode schnellt der Wert dann bis auf 20,6 % hoch, was einer Verdoppelung gleichkommt, bevor er weiter auf 24 % ansteigt.

Verglichen mit der Entwicklung der Stichprobe fällt auf, dass der Wert für den Kapitalmarkt über den gesamten Zeitraum um 1,6 % niedriger ist. Während der absolute Unterschied zunächst gering ist und bis einschließlich 1991 weniger als einen Prozentpunkt beträgt, weisen die restlichen Perioden eine größere Differenz auf. Die größte Abweichung wird 1998 erreicht und beträgt knapp 5 %.

Die Entwicklung des anteiligen immateriellen Vermögens auf Stichproben- und Kapitalmarktebene weist weitgehende Parallelen auf. Dies könnte ein Indiz dafür sein, dass die ursächlichen Einflüsse gleichermaßen auf alle Unternehmen wirken, was auf Veränderungen in den Rahmenbedingungen hindeuten könnte. Der stärkere Wirkungsgrad auf die Unternehmen der Stichprobe impliziert wiederum eine ausgeprägtere Sensitivität von Technologie-Unternehmen auf die in Frage kommenden Entwicklungen. Ein möglicher Erklärungsansatz könnten die zahlreichen Unternehmenskäufe und Fusionen gegen Ende der Neunzigerjahre sein. Aufgrund eines hohen Bewertungsniveaus an den Wertpapierbörsen wurden bei den Transaktionen erhebliche und z. T. überhöhte Kaufpreise erzielt, die in Folge als Geschäfts- oder Firmenwerte in Bilanzen eingingen.[944] Darüber hinaus könnten auch durch die Millennium-Problematik bedingte Investitionen in Informationstechnologie sowie Vergabe der UMTS-Lizenzen ursächlich für den deutlichen Anstieg bilanzierungsfähiger immaterieller Vermögensgegenstände in den Bilanzen sein.

6.4. Patentportfolio der Stichprobenunternehmen

6.4.1. Aktivitätsbetrachtung

Als ein Hauptbestandteil der empirischen Untersuchung nehmen Patente eine zentrale Stellung ein. Daher wird im Folgenden vergleichend auf die Entwicklung der Patentanzahl im Europäischen Patentsystem sowie der Stichprobenunternehmen eingegangen.[945] Abb. 6.15 auf S. 220 beschreibt den Verlauf der Kennzahl Anzahl der Patente differenziert nach Stichprobe und gesamtem Patentsystem.[946]

---

944 In nachfolgenden Perioden führte dies z. T. zu extrem hohen Abschreibungsbeträgen und infolgedessen zum Ausweis astromonischer Verluste. Beispielhaft wäre hier der Merger von AOL und Time-Warner im Jahr 2000 zu nennen.

945 Für die Stichprobe wird eine ganzheitliche Sichtweise eingenommen, d. h., es erfolgt ähnlich der Ausführungen in Kap. 6.2.2 auf S. 199 und 6.3 auf S. 210 eine Betrachtung als Portfolio.

946 Siehe Def. 6a auf S. 175 für eine Definition der Kennzahl. Die Werte für die Stichprobe und das Patentsystem können Tab. B.11 auf S. 336 entnommen werden. Eine disaggregierte Sicht bietet auch Tab. C.1 auf S. 370. Auf Unternehmensebene werden dort Kennzahl sowie korrespondierender Rang

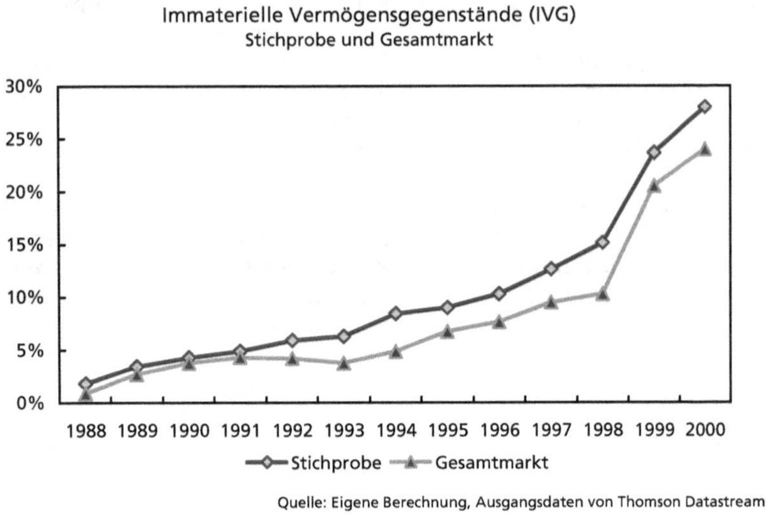

Abbildung 6.14.: Anteil (im-) materielles Vermögen am Anlagevermögen

Im Beobachtungszeitraum beläuft sich die Menge der insgesamt vom Europäischen Patentamt erteilten Patente auf rund 424 Tsd. Die Anzahl steigt um rund 39 % von knapp 20 Tsd. 1988 auf 28 Tsd im Jahr 2000.[947] Bei dem Verlauf der Patentanzahl lassen sich zwei Phasen unterschiedlicher Entwicklung identifizieren. So steigt die Zahl der vom Europäischen Patentamt erteilten Patente zunächst bis einschließlich 1994 streng monoton und erreicht mit 42 Tsd. den höchsten Wert im Beobachtungszeitraum. Mit Ausnahme der Jahre 1990 und 1991 liegen die Wachstumsraten hierbei im zweistelligen Prozentbereich. In einer zweiten Phase kehrt sich dieser Trend um und mündet in einen kontinuierlichen Rückgang bis auf rund 28 Tsd. im Jahr 2000. In diesem Jahr ist der Abfall mit einem Minus von 28,5 % besonders prägnant. Von diesem Wert abgesehen, liegen die Veränderungsraten im Bereich von unter zehn Prozent.

Über den Zeithorizont der Untersuchung steigt die Anzahl der Patente, die den Unternehmen der Stichprobe zugeschrieben werden, um gut 51 % von ca. 4,1 auf 6,3 Tsd. und damit deutlich stärker als im systemweiten Durchschnitt.[948] Zusätzlich weicht der Verlauf der Entwicklung fundamental von dem der systemweiten Betrachtung ab. Zwar ist auch hier grundsätzlich eine Einteilung in zwei Abschnitte möglich, jedoch weicht die Richtung der Entwicklung grundlegend ab. Während

innerhalb der Stichprobe über insgesamt drei Zeitabschnitte angegeben. In Tab. B.14 auf S. 339 finden sich weitere beschreibende Statistiken der Kennzahl auf Unternehmensebene.

947 Die mittlere jährliche Steigerungsrate beträgt rund 3 %.

948 Dies entspricht einem mittleren jährlichen Wachstum von ungefähr 3,6 %.

die Patentanzahl bis 1995 in einem Korridor von 4 Tsd. bis 4,5 schwankt, tritt ab 1996 eine Niveauverschiebung und ein beständiges Wachstum auf über 6 Tsd. ein.[949] Hervorzuheben sind insbesondere die Jahre 1990, 1996 und 1999, in denen ein zweistelliges Wachstum erreicht wird, während die anderen Perioden Werte unter zehn Prozent aufweisen. Der Verlauf der Patentanzahl in der Stichprobe geht demnach mit einer gegenläufigen Entwicklung im gesamten Patentsystem einher. Besonders ausgeprägt ist dieser Sachverhalt im Zeitraum von 1995 bis 2000, wo einem Wachstum der Patente der Stichprobenunternehmen ein Rückgang im gesamten System gegenübersteht.

Diese Beobachtung überträgt sich auf den relativen Anteil der auf die Unternehmen der Stichprobe entfallenden Patente im Europäischen Patentsystem.[950] So beschreibt der Verlauf des prozentualen Anteiles von 1988 bis 2000 eine u-förmige Kurve, die 1995 ihren Tiefpunkt erreicht. Zu Beginn des Beobachtungszeitraumes belaufen sich die Patente der Stichprobenunternehmen auf ca. 21 % der Gesamtanzahl. Dieser Wert fällt schließlich bis 1995 unter zehn Prozent, bevor er 2000 wieder auf etwa 23 % in ansteigt. Insgesamt entfallen im Durchschnitt aller Perioden von den ca. 424 Tsd. Patenten mit gut 61 Tsd. ungefähr 14,5 % auf die Unternehmen der Stichprobe. Damit vereinen diese Unternehmen besonders zu Beginn und gegen Ende des Beobachtungszeitraumes einen bedeutenden Anteil der Patente im Europäischen Patentsystem auf sich, was eine Technologieorientierung und hohe Forschungsleistung der betrachteten Unternehmen nachhaltig unterstreicht.

6.4.2. Qualitätsbetrachtung

Die Analyse im vorausgehenden Abschnitt hat gezeigt, dass ein signifikanter Anteil der Patente im Europäischen Patentsystem den Unternehmen der Stichprobe zugeschrieben werden kann. Wie bereits diskutiert, handelt es sich bei der Patentanzahl um einen Aktivitätsindikator für die Forschungstätigkeit, der i. d. R. keine Rückschlüsse auf Qualität und/oder Stärke eines Patentportfolios zulässt.[951] Daher soll nun mit der Einflussstärke und Technologiestärke auf zwei Qualitätsindikatoren eingegangen werden, anhand derer näherungsweise eine Einschätzung der Stärke des Patentportfolios erfolgen kann.[952] Die ausschließliche Fokussierung auf diese beiden Kennzahlen erscheint vor allem deshalb sinnvoll, weil sich aus ihrer Konzeption ein unmittelbarer Bezug auf den Durchschnittswert im Patentsystem ergibt und der Wert für die Stichprobe vergleichend interpretiert werden kann.[953] Darüber

---

949 1990 tritt vorübergehend ein sprunghafter Anstieg auf, der sich jedoch in den Folgeperioden relativiert.

950 Dieser Sachverhalt ist in Abb. B.16 auf S. 335 verdeutlicht.

951 Für eine Unterscheidung von Aktivitäts- und Qualitätskennzahlen siehe Kap. 5.4.4.2 bis 5.4.4.3 auf S. 174–176.

952 Siehe Def. 6c auf S. 178 und 6d auf S. 182 für eine Definition der Kennzahlen.

953 Die Einflussstärke ist als relative Kennzahl zu interpretieren. Ein Wert größer als eins deutet darauf hin, dass die Patente eines Portfolios in nachfolgenden Patentschriften überdurchschnittlich als Stand der Technik referiert werden. Ähnlich gestaltet sich der Zusammenhang bei der Technologiestärke, die eine multiplikative Verknüpfung der Kennzahlen Anzahl der Patente und Einflussstärke darstellt. Hier lassen sich aus dem absoluten Wert vergleichende Aussagen generieren.

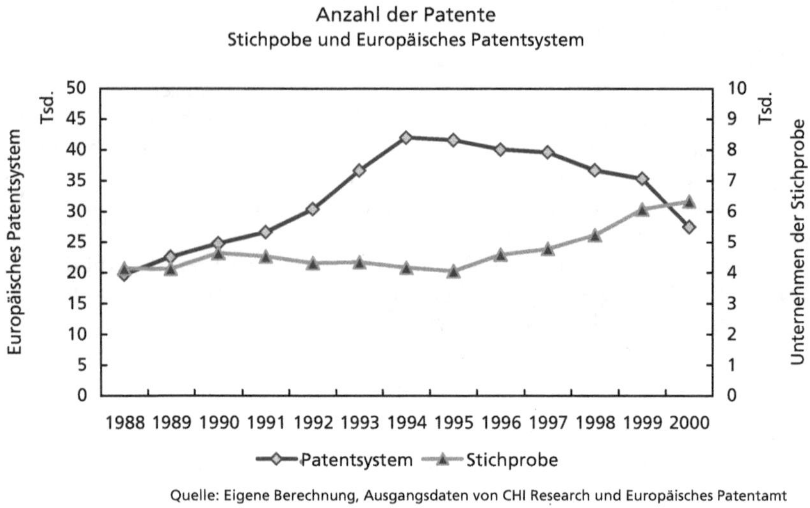

Abbildung 6.15.: Anzahl der Patente im Europäischen Patentsystem und der Stichprobe

hinaus ergänzen sich beide Messgrößen insofern, als die Qualität eines Patentportfolios zum einen durch die Einflussstärke relativ, d h. größenunabhängig, und zum anderen mittels der Technologiestärke absolut, also unter Berücksichtigung der Größe, beschrieben wird.[954]

Analog zum bisherigen Vorgehen wird eine ganzheitliche Sicht eingenommen und das Portfolio der Patente aller Stichprobenunternehmen aggregiert betrachtet, wobei der direkte Bezug der Kennzahl Einflussstärke auf die Patentanzahl die Bildung eines gewichteten Mittelwertes über alle einbezogenen Unternehmen erfordert.[955] Der Verlauf beider Kennzahlen wird in Abb. 6.16 auf S. 222 wiedergegeben.[956]

954 Die Größe eines Patentportfolios bezieht sich hier auf die Menge der darin enthaltenen Patente.

955 Infolge der heterogenen Patentanzahl auf Unternehmensebene wird also der Wert für das mittlere Patent verwendet und nicht der Durchschnitt. Siehe auch die Überlegungen in Kap. 6.3 auf S. 210. Da die Technologiestärke definitionsgemäß bereits die Patentanzahl einbezieht, kann eine einfache Addition zur Ermittlung des Wertes für den Querschnitt der Stichprobe herangezogen werden.

956 Angaben für das Patentsystem sind nicht aufgeführt. Per Definition beträgt der Wert für die Einflussstärke eins. Dementsprechend ist die Technologiestärke identisch mit der Patentanzahl eines Jahres. Auf eine Darstellung kann daher verzichtet werden. Eine disaggregierte Sicht bieten Tab. C.3 auf S. 372 und C.4 auf S. 373. Auf Unternehmensebene werden dort Kennzahl sowie korrespondierender Rang innerhalb der Stichprobe über insgesamt drei Zeitabschnitte angegeben. In Tab. B.15 auf S. 340 und B.13 auf S. 338 finden sich weiter beschreibende Statistiken der Kennzahlen auf Unternehmensebene.

Für beide Größen ist ein deutlich negativer Trend erkennbar. Die Einflussstärke verringert sich über den betrachteten Zeitraum um 0,222 von 0,377 1988 auf 0,155 im Jahr 2000, was einem Rückgang von insgesamt 58,8 % entspricht.[957] Mit Ausnahme des Jahres 1990, in dem sich die Entwicklung kurzfristig umkehrt und ein Anstieg des Wertes im Vergleich zur Vorperiode zu beobachten ist, erfolgt die Entwicklung streng monoton. Diese Niveauverschiebung erstreckt sich auf die Perioden 1990 und 1991, die allgemeine Richtung deutet aber an, dass das mittlere Patent in der Stichprobe zunehmend weniger als Stand der Technik in aktuellen Erfindungen angeführt wird und somit von einer Schwächung des aggregierten Patentportfolios im Verhältnis zum Durchschnitt auszugehen wäre.

Der Verlauf der Technologiestärke stützt diese Beobachtung. Der Wert verringert sich um insgesamt 576 Einheiten von zunächst 1.559 1988 auf 983 im Jahr 2000. Damit fällt der prozentuale Rückgang von knapp 36,9 % deutlich geringer aus, als dies für die Einflussstärke der Fall ist.[958] Der Grund hierfür liegt in der Zusammensetzung der Kennzahl, die sich aus der Einflussstärke und der Patentanzahl zusammensetzt. Letztere steigt vor allem zum Ende des Betrachtungshorizontes an und kann zumindest zeitweise den Rückgang überkompensieren. Ein weiterer Unterschied besteht in der Schwankungsbreite: Während die Extremwerte in der Einflussstärke jeweils zu Anfang und Ende des betrachteten Zeitraumes auftreten, verhält sich dies bei der Technologiestärke anders. Die nach diesem Kriterium höchste Qualität des Patentportfolios wird 1990 bei 1.691, die niedrigste 1998 bei 939 erreicht. Der über den Zeithorizont von 1988 bis 2000 dominante negative Trend in dieser Größe wird in mehreren Perioden kurzfristig durchbrochen, in denen eine Niveauverschiebung nach oben einsetzt. Insbesondere betrifft dies die Jahre 1990 und 1991 sowie 1996. Von 1998 bis 2000 steigt der Wert sogar kontinuierlich, was auf einen Anstieg der absoluten Stärke des Patentportfolios hindeuten würde.

Zusammenfassend bleibt für den Beobachtungszeitraum festzuhalten, dass der Verlauf der Einflussstärke und Technologiestärke eine abnehmende technologische Stärke des Patentportfolios der gesamten Stichprobe andeutet. Diese Entwicklung geht mit einem qualitativen Anstieg der Patentanzahl einher.

6.4.3. Patent-Scorecard

Die Technology Review Patent-Scorecard zeigt nach Maßgabe der Qualität eines Patentportfolios eine nach Industriesektoren differenzierte Rangfolge der weltweit 150 technologisch stärksten Unternehmen. Sie wird von CHI Research in Kooperation mit der Zeitschrift Technology Review erstellt und jährlich publiziert. Die Grundlage für die Ermittlung der in die Bewertung der technologischen Stärke einfließenden Kennzahlen bildet das US-amerikanische Patentsystem und die dort erteilten Patente. In diesem Punkt grenzt sich die im Rahmen dieser Untersuchung berechnete und im Folgenden beschriebene Patent-Scorecard klar ab. Indem der

957 Durchschnittlich sinkt der Wert jährlich um knapp 4 %.

958 Pro Jahr nimmt der Wert um ca. 2,7 % ab.

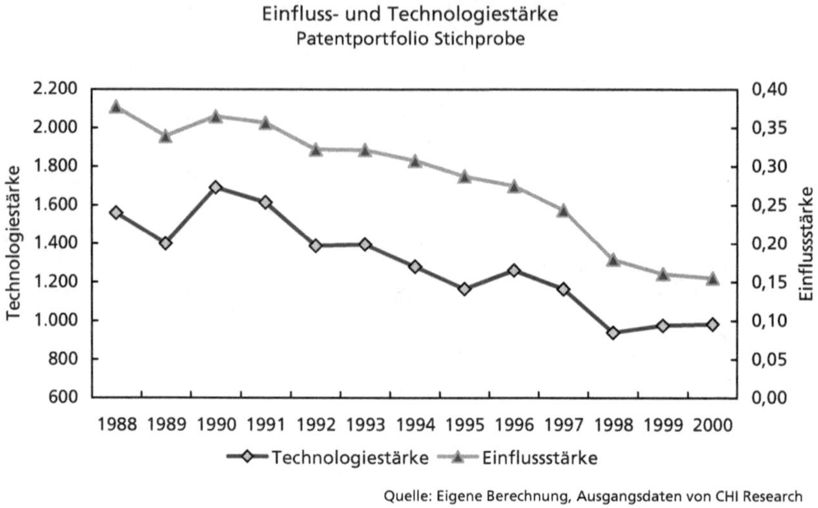

Abbildung 6.16.: Einflussstärke und Technologiestärke Patentportfolio der Stichprobe

Fokus hier ausschließlich auf deutsche Technologieunternehmen und das Europäische Patentsystem gelegt wird, kann mit der Auswertung ein signifikanter Erkenntnisfortschritt erzielt werden.[959]

Basis für die Aufstellung des Rankings ist das von CHI Research entwickelte System analytischer Patentkennzahlen, die in dieser Studie ebenfalls Gegenstand der Untersuchung sind. Als zentrale Größe und Grundlage für das nach Industriesektoren Ranking von forschungslastigen Unternehmen wird die Technologiestärke herangezogen.[960] Zusätzlich sind noch weitere vier Kennzahlen Element der Patent-Scorecard, die Angaben zu den folgenden fünf Größen zusammenfasst:[961]

- Technologiestärke
- Anzahl der Patente
- Einflussstärke

959 Die Ausgangsdaten für die Erstellung der Patent-Scorecard im Rahmen der eigenen Analyse stammen von CHI Research und wurden nach den individuellen Anforderungen dieser Studie (Europäische Unternehmen und Patente sowie historische Konzernstrukturen) generiert. Für eine ausführliche Definition der Datengrundlage siehe Kap. 5.4.4 auf S. 171 und für eine Vorstellung des Datenproviders siehe Kap. 5.3.2 auf S. 157.

960 Die Technologiestärke vereint sowohl Aspekte einer Aktivitäts- wie auch Qualitätsbetrachtung und erlaubt so ein umfassendes Bild.

961 Für eine ausführliche Definition der verwendeten Kennzahlen siehe Kap. 5.4.4 auf S. 171.

- Wissenschaftsbindung
- Technologiezyklusdauer

Die Bedeutung der Patent-Scorecard liegt insbesondere in einer Evaluierung der relativen Stärke von Patentportfolios auf Unternehmensebene, wodurch sich Rückschlüsse auf technologische Führerschaft sowie strategische Positionierung der Unternehmen ableiten lassen. In Tab. 6.1 auf der nächsten Seite wird i. A. a. den Aufbau der Patent-Scorecard für jede der oben aufgelisteten Kennzahlen mit Bezug auf den Untersuchungszeitraum eine Rangliste der Stichprobenunternehmen aufgestellt, von denen jeweils die ersten fünf vorgestellt werden.[962] Neben der Betrachtung des mittleren Wertes über den gesamten Zeithorizont der Untersuchung, erfolgt auch eine Analyse Durchschnittswerte in den Teilabschnitten von 1988 bis 1995 und 1996 bis 2000.[963]

6.4.3.1. Technologiestärke

Die Technologiestärke definiert sich als multiplikative Verknüpfung der Kennzahlen Anzahl der Patente und Einflussstärke und erweitert so eine rein quantitative Betrachtung um einen qualitativen Aspekt.[964] Der durch die Einflussstärke abgebildete unmittelbare Bezug auf den patentsystemweiten Durchschnittswert ermöglicht eine näherungsweise Einschätzung der Qualität eines Patentportfolio. Diese lässt sich auch als technologische Stärke des Portfolios interpretieren.

Nach diesem Kriterium beurteilt, erweist sich das Patentportfolio von Bayer als das in der Stichprobe qualitativ hochwertigste.[965] Im Zeitfenster der Untersuchung von 1988 bis einschließlich 2000 weist das Unternehmen demnach mit 247 den durchschnittlich höchsten Wert auf. Es folgen Hoechst mit 234, Siemens mit 214, BASF mit 175 und schließlich E. ON mit 51.[966]

Erstreckt sich die Betrachtung auch auf die Teilabschnitte 1988 bis 1995 und 1996 bis 2000, so lassen sich dynamische Tendenzen in der Rangfolge ausmachen. Während Bayer und Siemens ihre Position verbessern und respektive von zwei auf eins sowie drei auf zwei vorrücken, behauptet BASF seinen vierten Platz. Demge-

962 Auf eine Differenzierung nach Branchen, wie sie in der Patent-Scorecard üblicherweise erfolgt, wird an dieser Stelle verzichtet, weil dies die Bildung von Untergruppen erfordert und hier aus Gründen der Konsistenz eine Betrachtung der gesamten Stichprobe im Vordergrund steht. Angaben zu den Branchen finden sich aber in Tab. C.8 auf S. 378. Diese Darstellung entspricht weitestgehend dem Originalformat der Technologie Review Patent-Scorecard. Einzige Ausnahme bildet die abweichende zeitliche Betrachtung, die ausnahmslos zeitraum- und nicht zeitpunktbezogen erfolgt.

963 Der Fokus auf die letzten fünf Jahre orientiert sich an einem identisch gewählten Zeitraum für die Patent-Scorecard und spiegelt so vor allem aktuelle Entwicklungstendenzen wider.

964 Siehe Kap. 5.4.4.3 auf S. 181, insbesondere Def. 6d auf S. 182.

965 Die Werte sind in Tab. 6.1 auf der nächsten Seite zu finden.

966 Der Zusammensetzung der Stichprobe entsprechend, werden in dieser Aufstellung auch Unternehmen berücksichtigt, die zum heutigen Zeitpunkt nicht mehr existent oder erst im Verlauf des Betrachtungshorizontes entstanden sind. Die Gründe sind dabei unerheblich für die Analysen in dieser Studie und werden daher nicht diskutiert.

Tabelle 6.1.: Patent-Scorecard Top-Five

Unternehmen	1988–2000		1988–1995		1996–2000		Tendenz
	Wert	Rang	Wert	Rang	Wert	Rang	
Technologiestärke							
Bayer	247	1	271	2	209	1	↗
Hoechst	234	2	282	1	139	3	↘
Siemens	214	3	241	3	172	2	↗
BASF	175	4	215	4	111	4	→
E.ON	51	5			51	7	↗
Anzahl der Patente							
Siemens	1058	1	869	1	1361	1	→
Bayer	622	2	612	3	640	2	↗
BASF	590	3	560	4	640	3	↗
Hoechst	559	4	650	2	377	4	↘
E.ON	285	5			285	5	↘
Einflussstärke							
Hoechst	0,404	1	0,431	2	0,350	3	↘
Bayer	0,392	2	0,442	1	0,313	4	↘
Altana	0,379	3	0,429	3	0,179	18	↘
Porsche	0,329	4	0,248	24	0,459	1	↗
AEG	0,325	5	0,363	5	0,224	10	↘
Technologiezyklusdauer							
TA Triumpf-Adler	4,96	1	4,96	1			
Deutsche Telekom	5,70	2	5,06	2	5,95	2	→
Hoechst	5,89	3	5,32	3	7,03	10	↘
Siemens	6,43	4	6,12	10	6,95	9	↗
Degussa	6,48	5	5,81	6	7,54	13	↘
Wissenschaftsbindung							
TA Triumpf-Adler	1,50	1	1,50	1			
Kali-Chemie	1,19	2	1,19	2			
FAG Kugelfischer	1,00	3	1,00	3			
Altana	0,53	4	0,53	5			
Draegerwerk	0,51	5	0,70	4	0,13	7	↘

Quelle: Eigene Berechnung, Ausgangsdaten von CHI Research
(Leere Felder kennzeichnen nicht verfügbare Angaben)

genüber verliert Hoechst zwei Positionen und rutscht von eins auf drei ab.[967] Im Gegensatz dazu wird E. ON erstmals in dem Zeitraum 1996 bis 2000 berücksichtigt und belegt in dieser Periode den siebten, insgesamt sogar den fünften Platz.[968] Es ist ferner zu beobachten, dass die Technologiestärke im Vergleich der beiden Teilperioden 1988 bis 1995 sowie 1996 bis 2000 rücklaufend ist, was die Erkenntnisse aus der Analyse dieser Größe auf Ebene der Stichprobe unterstreicht.[969]

6.4.3.2. Anzahl der Patente

Die Kennzahl Anzahl der Patente ist quantitativer Natur und beschreibt für eine festgelegte Bezugseinheit die Menge der Patente eines Kalenderjahres.[970] Eine quantitative Betrachtung der Patentportfolios der Stichprobenunternehmen ergibt nachstehende Rangfolge.

Die meisten Patente im Jahresdurchschnitt des Beobachtungszeitraumes entfallen bei einer Anzahl von 1 058 auf Siemens.[971] An zweiter Stelle in dieser Wertung rangiert Bayer mit durchschnittlich 622 Patenten, gefolgt von BASF (590), Hoechst (559) sowie E. ON (285) auf den weiteren Plätzen.[972] Damit sind auf den vorderen Positionen dieser Rangliste, wenn auch in abweichender Folge, ausschließlich Unternehmen zu finden, die auch bei der Betrachtung der Technologiestärke in der Stichprobe außerordentlich gut abschneiden.[973]

Eine differenziertere Analyse der beiden Zeitabschnitte 1988 bis 1995 sowie 1996 bis 2000 zeigt, dass Bayer und BASF ihre Position ausbauen und Plätze gutmachen. E. ON hingegen taucht in der Wertung erst in der Periode 1996 bis 2000 auf und belegt den fünften Platz. Siemens behauptet seinen Spitzenplatz und führt in beiden Unterabschnitten ebenfalls die Wertung an. Einzig Hoechst verliert an Boden und rutscht von zwei auf vier.[974] Grundsätzlich ist auffällig, dass, mit Ausnahme von Hoechst, für alle Unternehmen die mittlere Anzahl der Patente in den fünf Jahren von 1996 bis 2000 im Vergleich zu 1988 bis 1995 ansteigt. Diese Aussage unterstützt die Beobachtungen für die Gesamtanzahl der Patente in der Stichprobe, welche zum Ende des Beobachtungszeitraumes anwächst.[975]

---

967 Aufgrund der Fusion von Hoechst und Rhone-Poulenc stehen nach 1999 keine Patentdaten mehr zur Verfügung, wodurch sich das Absinken erklären lässt. Das in der Folge entstandene Unternehmen Aventis ist nicht Bestandteil der Stichprobe.

968 Das Unternehmen ist 1999 durch Fusion von Veba und Viag entstanden. Die Patente beider Unternehmen werden ab diesem Zeitpunkt konsolidiert betrachtet. Der im Vergleich zu 1996 bis 2000 abweichende und geringere Wert für die Periode 1988 bis 2000 lässt sich durch die Mittelwertbildung erklären. Da nur Perioden einbezogen werden, für die auch Angaben verfügbar sind, werden so die hohen Werte der im Zeitraum von 1996 bis 2000 vor E. ON platzierten Unternehmen durch kleinere Werte in den Vorperioden überkompensiert.

969 Vgl. Kap. 6.4.2 auf S. 219.

970 Siehe Def. 6a auf S. 175 für eine Definition der Kennzahl.

971 Die Werte sind in Tab. 6.1 auf der anderen Seite enthalten.

972 Es werden unabhängig von ihrem Status alle Unternehmen der Stichprobe berücksichtigt.

973 Diese Beobachtung ist teilweise durch die Verbindung der beiden Kennzahlen zu erklären.

974 Hoechst scheidet mit Ablauf der Periode 1999 aus der Stichprobe aus.

975 Siehe Kap. 6.4.1 auf S. 217.

6.4.3.3. Einflussstärke

Die Kennzahl Einflussstärke ist ein Qualitätsindikator der Patentanalyse und beschreibt die Häufigkeit, mit der Patente der zurückliegenden fünf Jahre einer Bezugseinheit in allen Patenten der aktuellen Periode und relativ zum systemweiten Durchschnitt als Stand der Technik angegeben werden.[976] Wie bereits erläutert, stellt diese Größe zusammen mit der Patentanzahl die Grundlage für die Bestimmung der Technologiestärke dar und erweitert so das rein quantitative Element der Patentanzahl um einen qualitativen Aspekt.

Für den Betrachtungshorizont der Untersuchung erzielt Hoechst[977] in diesem Bereich den höchsten Durchschnittswert in der Stichprobe, dicht gefolgt von Bayer mit 0,392.[978] Sowohl Hoechst als auch Bayer tauchen schon bei der Technologiestärke und der Patentanzahl auf den vorderen Rängen in der Stichprobe auf. Die Beobachtung ist nicht weiter erstaunlich, handelt es sich doch um große Konzerngesellschaften, die jährlich eine Vielzahl an Patenten anmelden. Auch führt schon die multiplikative Verknüpfung der Kennzahlen Einflussstärke und Anzahl der Patente bei hohen Werten in beiden Bereichen zwingend zu einem hohen Wert in der Technologiestärke. Bemerkenswert ist vielmehr, dass mit Altana (0,379), Porsche (0,329) und AEG (0,325) auf den weiteren Plätzen erstmals Unternehmen in der Rangfolge oben zu finden sind, die nicht zu den größten Patentanmeldern in der Stichprobe gehören. Der hohe Wert in der Einflussstärke deutet darauf hin, dass die Patente dieser Firmen Erfindungen von technologisch hohem Stellenwert schützen. Hier wird der Unterschied zwischen einer Aktivitäts- einerseits und einer Qualitätsbetrachtung andererseits deutlich.[979]

Eine Unterteilung des Zeithorizontes in die Perioden von 1988 bis 1995 sowie 1996 bis 2000 zeigt, dass bis auf Porsche die angesprochenen Unternehmen – gemessen am Mittelwert in beiden Abschnitten – z. T. deutlich an Boden verlieren. Porsche hingegen kann sich signifikant von Rang 24 auf eins verbessern. Daraus lässt sich schließen, dass die Forschung bei Porsche vor allem gegen Ende der Neunzigerjahre Erfindungen hervorbringt, die in technologischer Hinsicht zunehmend bedeutsam sind. Bezogen auf den in der Stichprobe vorherrschenden Abwärtstrend in diesem Bereich, stellt dies eine gegenläufige Entwicklung dar.[980]

6.4.3.4. Technologiezyklusdauer

Der Kategorie der Verbindungskennzahlen zugehörig, bildet die Technologiezyklusdauer einen Indikator für Innovationsgeschwindigkeit.[981] Angegeben wird der Median des Alters der Patente, die in Erfindungen eines Unternehmens als

976 Siehe Def. 6c auf S. 178 für eine Definition der Kennzahl.
977 Hoechst scheidet mit Ablauf der Periode 1999 aus der Stichprobe aus.
978 Die Werte sind in Tab. 6.1 auf S. 224 zu finden.
979 Dies unterstreicht die Notwendigkeit einer kombinierten Betrachtung bei der Patentanalyse, um valide Aussagen zu generieren.
980 Siehe hierzu auch Kap. 6.4.2 auf S. 219.
981 Siehe Def. 6e auf S. 183 für eine Definition der Kennzahl.

Stand der Technik referiert werden.[982] Entsprechend weist eine niedrige Technologiezyklusdauer auf Forschungsaktivitäten in Technologien hin, die sich durch hohe Innovationsdichte und schnellen Wandel oder Fortschritt charakterisieren.[983]

Unter den Stichprobenunternehmen zeichnet sich insbesondere Triumpf-Adler in dieser Wertung mit einem mittleren Wert von 4,96 über den Beobachtungszeitraum aus.[984] D. h., durchschnittlich beträgt Median des Alters der Patente, in denen Erkenntnisse verbrieft sind, auf die sich Erfindungen dieses Unternehmens im Wesentlichen stützen, knapp 5 Jahre. Dies zeugt von einer Spitzenposition in den einschlägigen Technologiefeldern. Die Deutsche Telekom ist mit einem Wert von 5,7 ebenfalls führend in dieser Kategorie, dicht gefolgt von Hoechst mit 5,89. Weiterhin schließen sich Siemens (6,43) und Degussa (6,48) an. Diese Aufzählung enthält mit Hoechst und Siemens Unternehmen, die bereits in den anderen Kategorien eine Führungsposition innehaben und demnach in der Forschung auf breiter Front stark positioniert sind.

Während die Deutsche Telekom bei einer Betrachtung von Positionsverschiebungen in den Unterabschnitten 1988 bis 1995 sowie 1996 bis 2000 einen zweiten Platz in der Rangfolge halten kann, verlieren Hoechst und Degussa jeweils Positionen, Siemens hingegen rückt vor. Es ist jedoch zu beobachten, dass alle genannten Unternehmen in der Periode 1996 bis 2000 einen höheren Wert und damit Einbußen bei der Innovationsgeschwindigkeit aufweisen.

6.4.3.5. Wissenschaftsbindung

Die Kennzahl Wissenschaftsbindung ist ein Indikator für den Grad der Vernetzung betrieblicher Forschung mit der Grundlagenforschung anderer Institutionen wie beispielsweise Universitäten.[985] Gemessen wird die Menge der referierten wissenschaftlichen Publikationen in den Patentschriften einer Bezugseinheit.[986] Ein hoher Wert weist entsprechend auf Unternehmen hin, die eine offensive Strategie in der Forschung verfolgen, eine technologische Führerschaft anstreben oder diese bereits innehaben.

In diesem Bereich schneiden mit Ausnahme von Draegerwerk vornehmlich Unternehmen im stichprobeninternen Vergleich gut ab, für die sich die Beobachtungen auf die frühen Neunzigerjahre beschränken.[987] Wie schon bei der Technologiezyklusdauer, ist Triumpf-Adler in dieser Wertung vorn. Im Mittel wird auf 1,5 wissenschaftliche Artikel in den Patentschriften dieses Unternehmens verwiesen. Mit einer durchschnittlichen Anzahl von 1,19 respektive 1,0 Verweisen auf wissenschaftliche Publikationen folgen mit Kali-Chemie und FAG Kugelfischer zwei

[982] Ein niedriger Wert in der Kennzahl weist auf eine hohe Innovationsgeschwindigkeit hin und stützt die Aussage, dass ein Unternehmen Forschung an der Spitze der technologischen Entwicklung betreibt.

[983] Die Werte sind in Tab. 6.1 auf S. 224 enthalten.

[984] Für Triumpf-Adler sind nur Angaben in der Periode von 1988 bis 1995 berücksichtigt.

[985] Siehe Kap. 2.3.1 auf S. 28 für eine Definition von Grundlagenforschung vis-a-vis der industriellen Forschung.

[986] Siehe Def. 6f auf S. 184 für eine Definition der Kennzahl.

[987] Siehe Tab. 6.1 auf S. 224.

Unternehmen, die in den anderen betrachteten Bereichen nicht mit herausragenden Werten aufwarten. Altana und Draegerwerk bilden den Abschluss der Top-Five mit einer in etwa vergleichbaren Anzahl durchschnittlich zitierter wissenschaftlicher Arbeiten von etwa 0,5.

Diese Werte deuten an, dass heutzutage eher eine schwache Vernetzung der betrieblichen Forschung mit wissenschaftlicher Grundlagenforschung festzustellen ist, die Unternehmen ihre Forschung also nicht überwiegend auf wissenschaftlicher Grundlagenforschung fundieren.

7. Empirische Befunde zur Wertrelevanz von Rechnungslegungs- und Patentinformationen und Diskussion der erzielten Ergebnisse

Im siebten Kapitel stehen die empirischen Ergebnisse im Mittelpunkt, die mit den zur Überprüfung der Forschungshypothesen eingesetzten statistischen Messmodellen generiert werden. Das Kapitel gliedert sich, wie in Abb. 7.1 auf der folgenden Seite veranschaulicht, in vier Teile: Ausgehend von beschreibenden Statistiken der analysierten Datengrundlage, entwickelt sich der Fokus über eine detaillierte Vorstellung der empirischen Resultate aus den statistischen Wertrelevanzmessungen bis hin zu einer Diskussion der Befunde zu den aufgestellten Wertrelevanzhypothesen und der Ableitung von Implikationen. Abschließend wird im Rahmen einer Sensitivitätsanalyse die Robustheit der erzielten Ergebnisse hinsichtlich der Branchenzugehörigkeit untersucht.

7.1. Deskriptive Statistiken der Datengrundlage

7.1.1. Kapitalmarktinformationen

Grundlage für die Berechnung der deskriptiven Statistiken in Kap. 7.1 bildet die originär erhobene Datenmenge. So wird von einer ökonomischen Interpretierbarkeit der Kennzahlen auf Unternehmensebene abstrahiert, da etwaige Veränderungen in der Zusammensetzung der Stichprobe unberücksichtigt bleiben und die Datenmenge über alle Jahre des Beobachtungszeitraumes aggregiert analysiert wird. Die Daten werden auch vor etwaigen Schritten der Bereinigung betrachtet, die beispielsweise bei der Herausstellung wesentlicher Entwicklungstendenzen über den Beobachtungszeitraum in Kap. 6 auf S. 189 berücksichtigt sind. Die für Analysezwecke zur Verfügung stehenden Daten werden in Tab. 7.1 auf S. 232 anhand allgemein gebräuchlicher statistischer Kennzahlen charakterisiert.

Insgesamt stehen für die Gruppe der Marktwerte im Zeitraum von 1988 bis 2001 543 Beobachtungen für eine weiterführende statistische Untersuchung zur Verfügung.[988] Die mittlere Marktkapitalisierung zum Jahresende beträgt in etwa 6,8 Mrd. Euro, bei einem Minimum von ca. 18 Mio. und einem Maximum von ca. 214 Mrd. Auffällig ist die erhebliche Bandbreite der Werte, was auf eine große Streuung schließen lässt. Gestützt wird diese Beobachtung durch die Parameter Standardabweichung und Variationskoeffizient, die ebenfalls auf eine große Varianz

---

988 Für eine Definition der verwendeten Marktinformationen siehe Kap. 5.4.2 auf S. 162.

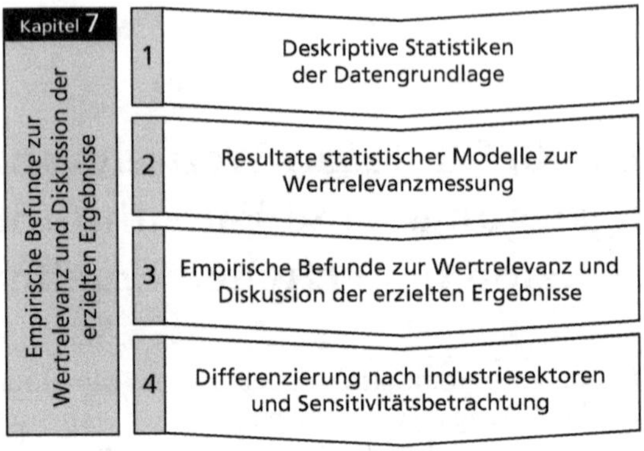

Abbildung 7.1.: Aufbau und Struktur des Kapitels

hinweisen. Die vorliegende Verteilung weist eine Schiefe von ungefähr 6,5 auf und ist damit linkssteil. Dementsprechend entfallen bereits 50 % der Beobachtungen auf den Wertebereich bis ca. 1,5 Mrd. Euro. Insgesamt liegen 75 % der Marktwerte innerhalb einer Größenordnung von 6 Mrd., während 25 % kleiner als 0,4 Mrd. Euro sind. Aus dieser Eigenschaft der Verteilung lassen sich jedoch nicht unmittelbar Rückschlüsse auf etwaige Outlier oder einflussreiche Beobachtungen ableiten, die eventuell verzerrend auf die empirischen Ergebnisse wirken können.[989]

Aus der bisherigen Beschreibung der Datenmenge lassen sich jedoch keine Aussagen über die Entwicklung im Zeitablauf generieren. Weiterführende Angaben finden sich im Anhang in Abb. B.18 auf S. 347, wo Januar und Dezember als Eröffnungs- bzw. Schlusskurs eines Jahres in Verbindung mit den jeweiligen Höchst- und Tiefstständen gezeigt werden.[990]

7.1.2. Rechnungslegungsinformationen

Die Beschreibung konzentriert sich an dieser Stelle auf die erhobene Datenmenge, und stützt sich folglich auf Paneldaten, die den gesamten Zeitraum der Untersuchung abdecken.[991] In Tab. 7.1 auf S. 232 werden für die erhobenen Rechnungslegungsinformationen elementare statistische Kennzahlen dargestellt.[992]

989 Eine dahingehende Analyse und Bereinigung erfolgt im Rahmen der statistischen Analyse und der Modellschätzung mittels Cooks-Distanzen.

990 In Abb. B.17 auf S. 345 ist die Verteilung der mittleren Marktkapitalisierung der Stichprobenunternehmen jeweils zum Ende des betrachteten Monats über den gesamten Untersuchungszeitraum dargestellt. In Abb. B.19 auf S. 348 werden die Anzahl der Beobachtungen, der Mittelwert und der Median der Marktkapitalisierung über den Beobachtungszeitraum angegeben. In Tab. B.20 auf S. 346 werden deskriptive Statistiken für jedes Jahr zusammengefasst.

991 An dieser Stelle erfolgt keine Bildung von Untergruppen gemäß Bilanzierungsstandard, beschrieben wird die vollständige für Analysezwecke verfügbare Datenmenge.

992 Für eine Definition der verwendeten Rechnungslegungsinformationen siehe Kap. 5.4.3 auf S. 165.

Über den Beobachtungszeitraum stehen 520, 522 und 505 Beobachtungen in den Variablen Eigenkapitalbuchwert, operatives Vermögen und operativer Gewinn für Analysezwecke zur Verfügung. Das durchschnittliche Eigenkapital beträgt 3,523 Mrd. Euro, demgegenüber steht ein mittleres operatives Vermögen von 11,085 Mrd. Euro, bei einem operativen Gewinn von 278 Mio. Euro. Der Wertebereich aller drei Messgrößen unterliegt z. T. deutlichen Schwankungen. So variieren die Buchwerte des Eigenkapitals beispielsweise zwischen ca. 6 Mio. und 42,409 Mrd. Euro und die Werte für das operative Vermögen zwischen ca. 46 Mio. und 171,9 Mrd. Euro. Weniger deutlich fallen die Abweichungen beim operativen Gewinn aus, der in der Bandbreite von −3,454 und 8,497 Mrd. Euro liegt. Für die betrachteten Variablen fällt weiterhin eine Schiefe der Verteilung auf, d. h., die Merkmalsausprägungen sind nicht symmetrisch um den Mittelwert gruppiert, sondern für alle Variablen linkssteil.[993] Folglich häufen sich die Werte überwiegend am linken Rand der Verteilung und extreme Beobachtungen auf der rechten Seite treten nur vereinzelt auf. Für den Eigenkapitalbuchwert fallen z. B. bereits 50 % der Beobachtungen in die Größenordnung von ca. 215 Mio. bis 4,653 Mrd. Euro. Für das operative Vermögen und den operativen Gewinn entfallen 50 % der Beobachtungen auf die Wertebereiche von ca. 777 Mio. bis 14,894 Mrd. Euro respektive etwa −4,4 bis 231 Mio. Euro. Abstrahiert von der Bandbreite der Beobachtungen ist augenscheinlich, dass die Varianz der beiden Bilanzposten Eigenkapitalbuchwert bzw. operatives Vermögen in etwa vergleichbar und deutlich geringer ausfällt als bei der aus der Gewinn-und-Verlust-Rechnung stammenden Größe operativer Gewinn.[994]

Angaben zur Entwicklung der Mittelwerte aller drei Messgrößen über den Zeitraum der Untersuchung werden im Anhang in Abb. B.20 auf S. 352 dargestellt.[995]

993 Angegeben wird dies durch den Parameter Schiefe, der für alle Variablen positive Werte annimmt.

994 Zur vergleichenden Beurteilung der Varianz in den Verteilungen der Messgrößen wird auf einen standardisierten Wert zurückgegriffen, nämlich den Variationskoeffizienten, der die Standardabweichung pro Mittelwerteinheit misst.

995 Eine detaillierte Darstellung der jährlichen Entwicklung findet sich in Abb. B.21 bis B.23 auf S. 353–354 und Tab. B.21 bis B.23 auf S. 349–351. Abb. B.24 auf S. 354 zeigt die Variationskoeffizienten.

Tabelle 7.1.: Deskriptive Statistiken der zu Analysezwecken verfügbaren Datengrundlage

Variable	n	M.-wert[a]	Std.-abw.[b]	Var.-ko.[c]	Min.	Max.	1. Qrt.[d]	4. Qrt.[e]	Median	Schiefe
MV[f]	543	6,756	15,950	2,361	0,018	213,842	0,437	6,149	1,539	6,485
CEQ[g]	520	3,523	6,014	1,707	0,006	42,409	0,215	4,653	0,734	3,008
OA[h]	522	11,085	19,958	1,800	0,046	171,900	0,777	14,894	2,666	3,581
OI[i]	505	0,278	1,232	4,429	-3,454	8,497	−0,044	0,231	0,031	3,293
NOP[j]	524	117	222	1,893	1	1762	13	105	35	3,490
CPP[k]	486	1,397	1,080	0,773	0,006	8,867	0,560	1,963	1,263	1,621
CII[l]	509	0,256	0,164	0,640	0,016	1,206	0,143	0,329	0,222	1,860
TS[m]	491	34,247	68,730	2,007	0,058	385,165	2,834	24,448	8,048	2,922
TCT[n]	514	8,288	3,382	0,408	2,550	45,500	6,391	9,358	7,500	3,755
SL[o]	264	0,239	0,300	1,259	0,002	2,667	0,076	0,294	0,147	4,060
SS[p]	264	37,038	84,832	2,290	0,998	494,997	3,000	17,500	6,000	3,069

Quelle: Eigene Berechnung, Ausgangsdaten von Thomson Datastream
Angaben für MV, CEQ, OA und OI in Mrd. Euro

[a] Mittelwert [b] Standardabweichung [c] Variationskoeffizient [d] 1. Quartil [e] 4. Quartil [f] Marktwert/-kapitalisierung
[g] Eigenkapitalbuchwert [h] Operatives Vermögen [i] Operativer Gewinn [j] Anzahl der Patente [k] Patentzitate [l] Einflussstärke
[m] Technologiestärke [n] Technologiezyklusdauer [o] Wissenschaftsbindung [p] Wissenschaftsstärke

7.1.3. Patentinformationen

Im Folgenden werden die erhobenen Patentinformationen mittels allgemein üblicher statistischer Kennzahlen beschrieben.[996] Wie schon in den vorausgehenden Abschnitten beschränkt sich der Fokus auch hier auf die Vorstellung der Datenmenge, wie sie letztendlich in die Modellierung der betrachteten Zusammenhänge im Rahmen des *Feltham-Ohlson*-Modells (1995) einfließt, also als Paneldaten den gesamten Zeithorizont umfassend. Durch die aggregierte Sichtweise wird von Entwicklungen im Zeitablauf abstrahiert, bevor sich eine Analyse auf Basis der einzelnen Perioden anschließt.[997]

7.1.3.1. Aktivitätskennzahlen

Über den betrachteten Zeithorizont steht für die Kennzahl Anzahl der Patente eine Datenmenge von insgesamt 524 Beobachtungen oder Firmenjahre für Analysezwecke zur Verfügung.[998] Der Mittelwert über alle Perioden und alle Unternehmen beträgt in etwa 117 Patente, bei einer Standardabweichung von 222.[999] Auffällig ist die große Schwankungsbreite dieser Werte zwischen einem Minimum von 1 und einem Maximum von 1.762 Patenten. Der Median ist mit einem Wert von 35 Patenten deutlich kleiner als der Mittelwert, was auf eine asymmetrische Verteilung hindeutet. Dies schlägt sich im Wert des Parameters Schiefe von ca. 3,5 nieder. Es ist also weitestgehend von einer linkssteilen bzw. rechtsschiefen Verteilung auszugehen, so dass ungefähr 75 % der Beobachtungen bereits in den Wertebereich von 1 bis 105 fallen.

Da sowohl die Längs- als auch die Querschnittsdimension in die Betrachtung einbezogen ist, lassen die Statistiken keine eindeutigen Rückschlüsse auf den Ursprung von Variationen zu. Weiterführende statistische Auswertungen sind aus Abb. B.25 auf S. 362 im Anhang ersichtlich. Dort wird die Entwicklung des Mittelwertes der Größe Anzahl der Patente auf Jahresbasis zusammengefasst.[1000]

7.1.3.2. Qualitätskennzahlen

Über den Zeithorizont der Untersuchung stehen für die Kennzahlen Zitate pro Patent, Einflussstärke sowie Technologiestärke 486, 509 bzw. 491 Datenpunkte (Firmenjahre) für eine Analyse zur Verfügung.[1001] Aggregiert über Längs- und Querschnitt vereint das mittlere Patent etwa 1,4 Verweise anderer Patentschriften auf sich, wobei die Variation in dieser Größe bei einer Standardabweichung von ungefähr 1,1 und einem Variationskoeffizienten von 0,8 auf eine erhebliche

---

[996] Für eine Definition der verwendeten Patentinformationen siehe Kap. 5.4.4 auf S. 171.

[997] Eine aggregierte Sicht als Portfolio wird in Kap. 6.4 auf S. 217 eingenommen.

[998] Die Werte können Tab. 7.1 auf der gegenüberliegenden Seite entnommen werden.

[999] Der Variationskoeffizient beträgt ca. 1,9.

[1000] Eine detaillierte Übersicht der statistischen Kennzahlen auf der Basis einzelner Perioden ist aus Tab. B.24 auf S. 355 ersichtlich, während Abb. B.28 auf S. 364 Mittelwert, Median und die Anzahl der Datenpunkte zusammenfasst.

[1001] Die Werte sind in Tab. 7.1 auf der gegenüberliegenden Seite enthalten.

Schwankungsbreite der Beobachtungen hinweist. So steht einem Minimalwert von ungefähr null ein Maximum von knapp 8,9 gegenüber.

Es ist weiterhin ein verhältnismäßig geringer Unterschied zwischen Median (1,3) und Mittelwert (1,4) festzustellen, was auf eine schwach asymmetrische Verteilung dieser Größe deutet.[1002] Für die Einflussstärke beträgt der durchschnittliche Wert ca. 0,3 bei einer Standardabweichung von etwa 0,2, woraus ein Variationskoeffizient von ungefähr 0,6 resultiert. Der Grad der Variation in den Variablen Einflussstärke und Patentzitate besitzt folglich ein vergleichbares Ausmaß. Die dadurch angedeutete große Bandbreite der Werte spiegelt sich in einem Minimum nahe null und einem Maximum von ca. 1,2 wider. Da der Median von rund 0,2 auch in diesem Fall kleiner als der Mittelwert sowie die Schiefe größer als null ist, ist von einer rechtsschiefen Verteilung der Einflussstärke auszugehen.[1003]

Für die Technologiestärke, ein Produkt der Größen Anzahl der Patente und Einflussstärke, zeigt sich ein ähnliches Bild. Einem Durchschnittswert über alle Unternehmen und Perioden von etwa 34,2 steht eine Standardabweichung von ca. 68,7 gegenüber. Dem Variationskoeffizienten von gut 2,0 nach zu urteilen, ist die Varianz in dieser Größe die höchste unter den Qualitätskennzahlen und auf einem Niveau mit der für die Kennzahl Anzahl der Patente. Gestützt wird diese Aussage durch eine große Differenz der Extremwerte, so geht der Wert am unteren Ende gegen null und erreicht auf der anderen Seite bei rund 385 sein Maximum. Wie schon bei allen vorher betrachteten Variablen, so sind auch diese Daten nicht symmetrisch verteilt, sondern rechtsschief.[1004]

Eine Betrachtung des mittleren Wertes über den Zeithorizont der Untersuchung für alle drei Messgrößen ist in Abb. B.26 auf S. 363 im Anhang dargestellt.[1005]

7.1.3.3. Verbindungskennzahlen

Über den Untersuchungszeitraum stehen für die Kennzahlen Technologiezyklusdauer 514 sowie Wissenschaftsbindung und Wissenschaftsstärke je 264 Datenpunkte für eine weiterführende Analyse zur Verfügung.[1006] Unter Berücksichtigung aller Daten, sowohl im Quer- wie auch im Längsschnitt, beträgt der Durchschnittswert für die Technologiezyklusdauer etwa 8,3 Jahre, bei einer Standardabweichung von ca. 3,4 Jahren. Dem Variationskoeffizienten von rund 0,4 nach zu urteilen, fällt die Variation in dieser Messgröße im Vergleich zu den anderen betrachteten Größen geringer aus. Nichtsdestoweniger ist ein erheblicher Unterschied zwischen den

---

1002 Gestützt wird diese Beobachtung durch den Parameter Schiefe, der mit ca. 1,6 einen positiven Wert annimmt und somit von einer rechtsschiefen Verteilung auszugehen ist. Entsprechend entfallen ca. 75 % der Werte auf das Intervall von null bis 2,0.

1003 Rund 75 % der Beobachtungen liegen innerhalb der Grenzen null und 0,3.

1004 Grundlage der Aussage bilden die Schiefe, welche einen Wert von knapp 3 hat, sowie die Abweichung in den Lageparametern Mittelwert (34,2) und Median (8,0). Als Folge der linkssteilen Verteilung sind 75 % der Werte kleiner als 24.

1005 Eine ausführliche Zusammenfassung der statistischen Kennzahlen auf der Basis einzelner Perioden ist aus Tab. B.25 bis B.27 auf S. 356–358 ersichtlich, während Abb. B.29 bis B.31 auf S. 365–366 Mittelwert, Median und die Anzahl der Datenpunkte zusammenfasst.

1006 Die Werte sind in Tab. 7.1 auf S. 232 aufgeführt.

Extremwerten feststellbar. Während der kleinste Wert etwa 2,6 beträgt, wird auf der anderen Seite des Spektrums ungefähr 45,6 erreicht.

Des Weiteren sind die Daten asymmetrisch verteilt, was aus dem Verhältnis von Mittelwert (8,3) zu Median (7,5) sowie der Schiefe (3,8) hervorgeht.[1007] Die Kennzahl Wissenschaftsbindung hat im Mittel über alle Perioden und Unternehmen einen Wert von ca. 0,2. Die Standardabweichung von nahe 0,3 lässt einen mäßigen Variationsgrad in den Merkmalsausprägungen vermuten, was durch einen Variationskoeffizienten von rund 1,3 bestätigt wird. Entsprechend liegt die Schwankungsbreite der Werte im Bereich zwischen null und knapp 2,7. Aufgrund des Parameters Schiefe (4,0) sowie den abweichenden Lageparametern Mittelwert und Median, ist weiterhin von einer rechtsschiefen Verteilung der Beobachtungen auszugehen.[1008] Die Messgröße Wissenschaftsstärke beläuft sich durchschnittlich auf ca. 37. Die Standardabweichung beträgt etwa 85, was zu einem Variationskoeffizienten von rund 2,3 führt und auf ein erhebliches Maß an Variationen in der Variablen schließen lässt. So bewegen sich die Beobachtungen auch innerhalb einer Bandbreite von ca. 1 bis 495, wobei allerdings ungefähr 75 % in den Wertebereich von 1 bis 18 fallen. Diese Beobachtungen sind charakteristisch für eine rechtsschiefe Verteilung der Daten, welche sich dann bei einer Betrachtung der Parameter Schiefe (3,1) und der Beziehung von Mittelwert und Median bestätigt.

Die Analyse des mittleren Wertes der Größen im Längsschnitt der Untersuchung gibt zusätzlich Aufschluss über die zeitliche Entwicklung. Der weiterführende Zusammenhang wird in Abb. B.27 auf S. 364 im Anhang dargestellt.[1009]

7.2. Resultate statistischer Modelle zur Wertrelevanzmessung

7.2.1. Einleitende Überlegungen zur Evaluierung

Zur Beantwortung der eingangs der Arbeit formulierten drei erkenntnisleitenden Forschungsfragen F 1 und F 2 und der darauf zurückgehenden Hypothesen findet das statistische Instrumentarium der linearen Regressionsanalyse Anwendung. Bei der empirischen Überprüfung der vermuteten Zusammenhänge werden verschiedene Regressionsmodelle mit dem Verfahren der Weighted Least Squares (WLS) bzw. der gewichteten Kleinstquadrate geschätzt. Die in die Gleichungen einfließende Datenmenge genügt drei grundlegenden Filterbedingungen. Es werden ausschließlich Rechnungslegungsinformationen nach deutschem HGB berücksichtigt, und zudem für Eigenkapitalbuchwert und operatives Vermögen jeweils die Restriktion einer Nicht-Negativitäts-Bedingung auferlegt.[1010]

1007 Die Verteilung ist rechtsschief und es fallen insgesamt ungefähr 50 % der Beobachtungen in den Wertebereich von 6,4 bis 9,4.

1008 Bereits ca. 75 % der Beobachtungen entfallen auf den Wertebereich von null bis 0,3.

1009 Eine ausführliche Zusammenfassung der statistischen Kennzahlen auf der Basis einzelner Perioden ist aus Tab. B.28 bis B.30 auf S. 359–361 ersichtlich, während Abb. B.32 bis B.34 auf S. 366–367 Mittelwert, Median und die Anzahl der Datenpunkte zusammenfasst.

1010 Letztere Bedingung trägt vor allem ökonomischen Gesichtspunkten Rechnung, da beide Situationen Sonderfälle darstellen, die in der Untersuchung ausgeklammert werden.

Um eine größtmögliche Validität der abgeleiteten Aussagen sicherzustellen, bildet eine Vielzahl ausgewählter Modellschätzungen die Grundlage für die Generierung von Erkenntnissen zur Wertrelevanz von Patentinformationen und Fundamentaldaten der Rechnungslegung. Als Hilfsmittel zur Beurteilung der Zusammenhänge werden zwei unterschiedliche Arten von Messmodellen implementiert. Zum einen univariate Modelle, die ausschließlich ad hoc, d. h. nicht unmittelbar theoriegeleitet, aufgestellt werden, und zum anderen multivariate Modelle, deren Aufstellung weitgehend durch den Rahmen des *Feltham-Ohlson*-Modells (1995) vorgegeben ist. Die univariaten Gleichungen dienen dabei ausschließlich der Gewinnung erster Anhaltspunkte für eine Überprüfung der aufgestellten Thesen zur Beziehung der betrachteten Größen mit dem Marktwert und geben so bereits Tendenzen für ein Gesamtbild an. Entscheidendes Gewicht kommt aber der multivariaten Modellspezifikation zu, die auf der Wertrelation im *Feltham-Ohlson*-Framework beruht und daher theoretisch untermauert ist.[1011] Die multivariaten Ergebnisse werden, unterstützt durch Erkenntnisse aus den univariaten Modellen, zur Überprüfung der globalen Hypothesen H 1 und H 2 sowie aller Teil- und Subhypothesen herangezogen und sind hierbei letztlich auch richtungsweisend.

Bevor i. S. d. zentralen Fragestellung der vorliegenden Arbeit Rückschlüsse auf eine Wertrelevanz von Rechnungslegungs- und Patentinformationen gezogen werden können, bedarf es zunächst einer einzelaspektbezogenen Betrachtung der Teilhypothesen H 1a bis H 1c sowie der Subhypothesen H 2a.1 bis H 2c.3. Danach können die Forschungsfragen F 1 und F 2, die die Wertrelevanz von Rechnungslegungs- respektive Patentinformationen thematisieren, abschließend beantwortet werden, bevor auf F 3 eingegangen wird und Implikationen für Wissenschaft und Praxis generiert werden können.

Die tabellarischen Übersichten zu den statistischen Ergebnissen folgen weitgehend einer konsistenten Struktur, leichte Abweichungen ergeben sich nur in Abhängigkeit der uni- und multivariaten Modelle. Aufbau und Inhalt werden an dieser Stelle kurz erläutert. Neben der Modellbezeichnung wird als ein erster inhaltlicher Parameter die Anzahl der Datenpunkte oder Firmenjahre dargestellt, die nach Bereinigung von Ausreißern insgesamt in die Modellschätzung eingehen.[1012] Ferner werden die Koeffizienten der erklärenden Variablen in standardisierter Form dargestellt, weil dies eine vergleichende Analyse untereinander ermöglicht und daher im Besonderen für multivariate Modelle von Bedeutung ist.[1013] Während Regressionskoeffizienten normalerweise die Auswirkung einer Änderung um genau eine Einheit in der erklärenden auf die abhängige Variable angeben, ermöglicht eine Standardisierung hingegen eine Beurteilung der relativen Bedeutung der

---

1011 Siehe Kap. 4.2.4 auf S. 116 für eine Darstellung einer empirisch testbaren Form der Wertrelationsgleichung.

1012 Die Identifikation sog. einflussreicher Beobachtungen erfolgt unter Anwendung des Verfahrens der Cooks-Distanzen. Es werden grundsätzlich Datenpunkte eliminiert, die einen Wert größer als 0,8 aufweisen. Siehe hierzu Kap. 4.3.3 auf S. 126.

1013 Vgl. *Pindyck/Rubinfeld* (1993), S. 85.

Koeffizienten für die im Modell erklärte Varianz.[1014] Unter Berücksichtigung der Freiheitsgrade wird des Weiteren der *t*-Wert der Koeffizienten in Verbindung mit seinem Signifikanzniveau angegeben.[1015] Zur Gütebeurteilung werden schließlich der korrigierte Determinationskoeffizient R^2 sowie der *F*- und *p*-Wert des Gesamtmodells dargestellt.[1016] Es wird zusätzlich die Teststatistik des partiellen *F*-Testes angegeben, die Rückschlüsse auf einen marginalen Erklärungsgehalt der in den Informationsvariablen des *Feltham-Ohlson*-Modells (1995) operationalisierten Messgrößen für Marktwerte erlaubt.[1017] Für die Modellschätzung wird das Verfahren der gewichteten Kleinstquadrate (Weighted Least Squares) angewandt.[1018] Alle Modelle werden zwar mit Konstante geschätzt, da diese aber für die Beantwortung der Fragestellung nicht relevant ist, findet sie in den Ergebnisübersichten entsprechend keine Erwähnung.

Für die Beurteilung der Wertrelevanz einer Messgröße werden in Abhängigkeit der im Fokus stehenden Fragestellung unterschiedliche Regressionsstatistiken evaluiert. Im Rahmen dieser Arbeit steht die Frage im Vordergrund, ob einer Messgröße generell Wertrelevanz beigemessen werden kann. Das Vorgehensmodell zur Beantwortung der Fragestellung wählt einen inkrementellen Ansatz und prüft prinzipiell unter den gegebenen Voraussetzungen die Wertrelevanz einer spezifischen Messgröße.[1019] Für eine Beurteilung der Wertrelevanz werden also, gemäß Verständnis und Vorgehensmodell zur Beantwortung der Forschungsfragen in der vorliegenden Arbeit, vornehmlich die Regressionskoeffizienten herangezogen und diskutiert.[1020] Dem Determinationskoeffizienten kommt aus diesem Grund eine ergänzende Bedeutung zu.

1014 Wichtig ist in diesem Zusammenhang anzumerken, dass eine Regression prinzipiell nur Korrelationen zwischen erklärenden und abhängigen Variablen misst und daher auch keine Kausalität der Größen untereinander unterstellt werden darf.

1015 Anhand des *t*-Testes wird die Hypothese überprüft, dass der Koeffizient gleich null ist, also kein Zusammenhang zwischen Regressor und Regressand existiert. Wird die Hypothese verworfen, kann also davon ausgegangen werden, dass der Koeffizient auf dem angegeben Niveau signifikant von null verschieden ist und damit zu der im Modell erklärten Varianz beiträgt. Das Signifikanzniveau leitet sich aus dem Wert für die t-Statistik oder, sofern angegeben, dem *p*-Wert ab.

1016 Der korrigierte Determinationskoeffizient ist ein Maß dafür, wie gut das Modell den Daten angepasst ist bzw. welcher Anteil der ursprünglichen Varianz oder Variationen in der abhängigen durch die im Modell enthaltenen unabhängigen Variablen, erklärt wird. Ähnlich dem *t*-Test für einzelne Koeffizienten überprüft der *F*-Test die Hypothese, dass mindestens eine der im Modell enthaltenen Variablen signifikant von null verschieden ist. Der *p*-Wert gibt schließlich das Signifikanzniveau des *F*-Testes an. Siehe *Gujarati* (1995), S. 242 ff. ausführlich zu t- und *F*-Test.

1017 Zur Methodik des partiellen *F*-Testes siehe *Kvanli/Guynes/Pavur* (1996), S. 659 ff. oder auch *Gujarati* (1995), S. 250 ff.

1018 Auf diese Weise werden insbesondere Verzerrungen durch Größeneffekte und Heteroskedastizität aufgefangen und reduziert. Siehe Kap. 4.3 auf S. 119 zu Spezifikation und ökonometrischer Fundierung der Messmodelle.

1019 In der Literatur findet in diesem Zusammenhang auch der Begriff einer inkrementellen Assoziationsstudie Verwendung. Abweichend kann auch die Wertrelevanz zweier oder mehrerer Kennzahlen vergleichend analysiert werden. Methodisch wären Fragestellung und Ansatz dann dem Untersuchungsdesign einer relativen Assoziationsstudie zuzurechnen. Siehe Kap. 3.4.3 auf S. 86 ausführlich für eine Unterscheidung.

1020 Anhand des partiellen *F*-Testes kann zudem geprüft werden, ob für die operationalisierten Patentinformationen ein Erklärungsgehalt für Marktwerte nachgewiesen werden kann, der über den des Grundmodells bestehend aus Rechnungslegungsinformationen hinausgeht.

7.2.2. Schätzergebnisse univariater Messmodelle

Anhand der in Tab. 7.2 auf der gegenüberliegenden Seite zusammengefassten Auswahl an univariaten Regressionsmodellen deuten sich im Hinblick auf die in Kap. 4.4.2 auf S. 128 formulierten Hypothesen erste Hinweise auf eine Wertrelevanz der getesteten Rechnungslegungsinformationen an.[1021] Der Fokus liegt an dieser Stelle ausschließlich auf einer Beschreibung der Regressionsstatistiken der Modelle M 1a bis M 1d.[1022] Auch für die in Kap. 4.4.3 entwickelten Hypothesen zur Wertrelevanz von Patentinformationen zeigen sich erste Tendenzen in univariaten Schätzmodellen.[1023] Grundlage für eine Beurteilung bilden die in Tab. 7.3 auf S. 243 zusammengefassten Regressionen univariater und ad hoc spezifizierter Modelle.[1024] Im Mittelpunkt steht die Beschreibung der Regressionsstatistiken der Modelle M 2a bis M 2g.

Die einzelaspektbezogene Analyse hinsichtlich der Erklärungskraft für den Marktwert generiert Hinweise auf Stärke und Richtung einer möglichen Beziehung und dokumentiert Anzeichen hinsichtlich einer Wertrelevanz auf der Ebene einzelner Messgrößen. Ansätze zur Interpretation und erste Tendenzaussagen mit Blick auf eine Wertrelevanz von Rechnungslegungs- und Patentinformationen werden nachfolgend in der zusammenfassenden Wertung der Ergebnisse aus den univariat spezifizierten Modellen in Kap. 7.2.2.3 auf S. 244 diskutiert.

1021 Eine Korrelationsmatrix aller operationalisierten Variablen findet sich in Tab. D.1 auf S. 393 im Anhang. A. a. O. sind zusätzlich exakte Gleichungen der dargestellten Modelle aufgeführt.

1022 Aus Tab. 7.2 auf der anderen Seite geht hervor, dass auch Forschungs- und Entwicklungsaufwendungen auf Wertrelevanz geprüft werden. Als Investition in die Generierung von Wissen verstanden, wird der heutige Gewinn zu Gunsten zukünftiger Erträge gemindert. Diesem Verständnis nach können Patente als Rendite bzw. Output dieser Investition interpretiert werden. Der skizzierte Gedankengang greift inhaltlichen Ausführungen zur Wertrelevanz von Patentinformationen im nächsten Gliederungspunkt in Kap. 7.2.3.3 auf S. 255 vor. Dort wird insbesondere eine direkte Verbindung von Investitionen in die Generierung von Wissen und dessen Output hergestellt.

1023 Eine Korrelationsmatrix aller operationalisierten Variablen findet sich in Tab. D.1 auf S. 393 im Anhang. A. a. O. sind zudem auch exakte Gleichungen der dargestellten Modelle aufgeführt.

1024 Siehe auch Tab. D.2 auf S. 395 für Ergebnisse multivariater Ad-hoc-Modelle mit der Anzahl der Patente und einer weiteren Patentkennzahl.

Tabelle 7.2.: Ergebnisse univariater Regressionsschätzungen mit Rechnungslegungsinformationen

Bez.[†]	n	Koeffizient[‡] CEQ[a]	OA[b]	OI[c]	RND[d]	Güte (Goodness of Fit) korr. R^2	F-Wert	p-Wert
Erw. Vorzeichen		+	+	+	+			
M1a	419	+0,788 (26,173)***				0,621	685,0	0,000
M1b	419		+0,675 (18,660)***			0,454	348,2	0,000
M1c	401			+0,107 (2,144)**		0,009	4,6	0,033
M1d	267				+0,643 (13,665)***	0,411	186,8	0,000

Modellspezifikation (Bsp.): $MV_{it} = \beta_0 + \beta_1 CEQ_{it} + \varepsilon_t$
Lineare Regression, WLS-Schätzverfahren (Weighted Least Squares)
Filterkriterien: HGB-Abschlüsse, CEQ,OA>0
*** signifikant auf 1 %-Niveau, ** signifikant auf 5 %-Niveau, * signifikant auf 10 %-Niveau

[†] Modellbezeichnung [‡] Koeffizient (standardisiert) und, in Klammern, t-Wert [a] Eigenkapitalbuchwert
[b] Operatives Vermögen [c] Operativer Gewinn [d] Forschungs- und Entwicklungskosten

7.2.2.1. Rechnungslegungsinformationen

Eigenkapitalbuchwert Modell M 1a beschreibt einen linearen Zusammenhang zwischen Marktwert und Eigenkapitalbuchwert (CEQ).[1025] Nach Eliminierung von einflussreichen Beobachtungen gehen insgesamt 419 Datenpunkte in die Modellschätzung ein. Für den Eigenkapitalbuchwert ergibt sich ein Koeffizient von 0,788, der mit einem *t*-Wert von über 26 auf einem 1 %-Niveau signifikant ist. Das Modell erklärt bei einem adjustierten R^2 von 0,621 ca. 62 % der ursprünglichen Varianz im Marktwert. Dokumentiert wird dadurch eine positive Beziehung der untersuchten Größen, d. h., eine größere Eigenkapitalbasis ist mit einem größeren Marktwert assoziiert.

Operatives Vermögen Regression M 1b setzt den Marktwert des Eigenkapitals in einen Zusammenhang mit dem operativen Vermögen (OA).[1026] Nach Bereinigung von Ausreißern werden ebenfalls 419 Beobachtungen für die Schätzung der Gleichung herangezogen. Für das operative Vermögen ergibt sich ein Koeffizient von 0,675, der mit einem *t*-Wert von über 18 auf einem 1 %-Niveau signifikant ist. Ungefähr 45 % der Variation im Marktwert werden im Regressionsmodell durch das operative Vermögen erklärt. Es wird demnach ein positiver Zusammenhang zwischen unabhängiger (operatives Vermögen) und abhängiger (Marktwert) Variable belegt.

Operativer Gewinn In der Regressionsgleichung M 1c wird eine lineare Beziehung zwischen dem Marktwert und dem operativen Gewinn (OI) modelliert.[1027] Die Schätzung des Zusammenhangs berücksichtigt nach Identifikation und Ausklammerung von einflussreichen Beobachtungen insgesamt 401 Firmenjahre. Der Koeffizient des operativen Gewinns beträgt 0,107 und ist auf einem 5 %-Niveau signifikant, wodurch eine positive Beziehung mit dem Marktwert angedeutet wird. Bei einem korrigierten R^2 von 0,009 kann aber nur rund ein Prozent der ursprünglichen Varianz des Marktwertes durch die Regressionsgerade erklärt werden, d. h., es verbleibt nahezu die komplette Variation als nicht erklärte Restvarianz. Trotz eines nachgewiesenen positiven Zusammenhangs bleibt also einschränkend die Tatsache, dass die Erklärungskraft des Modells im Ganzen als sehr niedrig eingestuft werden muss.

Forschungs- und Entwicklungsaufwendungen Regressionsmodell M 1d stellt einen linearen Zusammenhang von Forschungs- und Entwicklungskosten (RND) mit dem Marktwert dar.[1028] Nach Bereinigung von Ausreißern werden insgesamt 267 Beobachtungen in der Schätzung berücksichtigt. Der Koeffizient für Forschungs- und Entwicklungskosten beträgt 0,643 und dokumentiert damit einen positiven

[1025] Siehe Modell M 1a auf S. 381 im Anhang für eine Darstellung der Regressionsgleichung.
[1026] Siehe Modell M 1b auf S. 381 im Anhang für eine Darstellung der Regressionsgleichung.
[1027] Siehe Modell M 1c auf S. 381 im Anhang für eine Darstellung der Regressionsgleichung.
[1028] Siehe Modell M 1d auf S. 381 im Anhang für eine Darstellung der Regressionsgleichung.

Zusammenhang mit dem Marktwert. Bei einem *t*-Wert von über 13 entspricht das einem Signifikanzniveau von 1 %. Insgesamt erklärt die Regressionsgerade mit einem Bestimmtheitsmaß von 0,411 ca. 41 % der Ausgangsvarianz im Marktwert. Es wird demzufolge ein signifikant positiver Zusammenhang mit dem Marktwert dokumentiert.

7.2.2.2. Patentinformationen

Anzahl der Patente Modell M 2a schätzt eine lineare Beziehung zwischen der Anzahl der Patente (NOP) eines Unternehmens und seinem Marktwert.[1029] Nach Bereinigung von Ausreißern gehen 400 Beobachtungen oder Firmenjahre in die Rechnung ein. Mit einem Koeffizienten von 0,427 wird ein positiver Zusammenhang zwischen der Anzahl der Patente eines Unternehmens und dem Marktwert des Eigenkapitals dokumentiert. Das Signifikanzniveau des Koeffizienten beträgt 1 % und mit einem korrigierten Bestimmtheitsmaß R^2 erklärt das Modell ca. 18 % der Variation in der abhängigen Variable. Demnach wird ein größeres Patentportfolio mit einer höheren Marktbewertung in Verbindung gebracht.

Zitate pro Patent In Modell M 2b werden Variationen im Marktwert durch die Anzahl der Verweise (CPP) erklärt, die die Patente eines Unternehmens durchschnittlich auf sich vereinen.[1030] Insgesamt gehen 375 Datenpunkte in die Schätzung ein, wobei einflussreiche Beobachtungen nach dem bekannten Schema identifiziert und ausgeschlossen werden. Der Koeffizient beträgt 0,093 und ist auf einem 10 %-Niveau signifikant. Somit wird ein schwacher Zusammenhang beider Variablen untereinander dokumentiert. Das Modell erklärt aber weniger als 1 % der ursprünglichen Varianz. Während der signifikant positive Zusammenhang suggeriert, dass Unternehmen, deren Patente mehr Zitate auf sich vereinen, entsprechend höher bewertet sind, wird die Aussage durch das niedrige R^2 stark relativiert.

Einflussstärke Gleichung M 2c modelliert einen linearen Zusammenhang zwischen den Variablen Einflussstärke (CII) und Marktwert.[1031] Nach Ausschluss von Ausreißern sind 382 Beobachtungen Element der Schätzung. Der Koeffizient für die Einflussstärke hat einen Wert von 0,234 und ist auf einem 1 %-Niveau signifikant, was einen positiven Zusammenhang andeutet. Es besteht also die Tendenz, dass Unternehmen, deren Patentportfolio einen stärkeren Einfluss auf aktuelle Forschung ausübt, auch einen höheren Marktwert besitzen. Insgesamt können durch das Modell aber nur ca. 5 % der Variation im Marktwert erklärt werden, so dass wie schon bei der Anzahl der Patentzitate ein signifikant positiver Zusammenhang mit einer niedrigen Erklärungskraft des Modells einhergeht und so die Aussagekraft einschränkt.

1029 Siehe Modell M 2a auf S. 381 im Anhang für eine Darstellung der Regressionsgleichung.
1030 Siehe Modell M 2b auf S. 382 im Anhang für eine Darstellung der Regressionsgleichung.
1031 Siehe Modell M 2c auf S. 382 im Anhang für eine Darstellung der Regressionsgleichung.

Technologiestärke Eine lineare Beziehung der absoluten Stärke eines Patentportfolios, approximiert durch die Kennzahl Technologiestärke (TS) mit der Marktbewertung, wird in Modell M 2d beschrieben.[1032] Nach Bereinigung von Ausreißern berücksichtigt die Regression 379 Firmenjahre. Der Koeffizient hat einen Wert von 0,450 und ist hoch signifikant von null verschieden. Damit bestätigt sich ein positiver Zusammenhang zwischen beiden Variablen. Mit einem adjustierten R^2 von etwa 20 % wird ein beachtlicher Anteil der ursprünglichen Varianz im Modell erklärt. Den Ergebnissen der Regression nach zu urteilen, besteht also die Tendenz, dass Unternehmen mit einem aus technologischer Sicht starken Patentportfolio auch einen hohen Marktwert besitzen.

[1032] Siehe Modell M 2d auf S. 382 im Anhang für eine Darstellung der Regressionsgleichung.

Tabelle 7.3.: Ergebnisse univariater Regressionsschätzungen mit Patentinformationen

Bez.[†]	n	Koeffizient[‡] Aktivitäts-	Qualitäts-			Verbindungskennzahl			Güte (Goodness of Fit)		
		NOP[a]	CPP[b]	CII[c]	TS[d]	TCT[e]	SL[f]	SS[g]	korr. R^2	F-Wert	p-Wert
Erw. Vorzeichen		+	+	+	+	−	+	+			
M2a	400	+0,427 (9,433)***							0,181	89,0	0,000
M2b	375		+0,093 (1,810)*						0,006	3,3	0,071
M2c	382			+0,234 (4,687)***					0,052	22,0	0,000
M2d	379				+0,450 (9,790)***				0,201	95,8	0,000
M2e	394					−0,092 (−1,832)*			0,006	3,4	0,068
M2f	220						−0,104 (−1,543)		0,006	2,4	0,124
M2g	219							+0,504 (8,589)***	0,250	73,8	0,000

Modellspezifikation (Bsp.): $MV_{it} = \beta_0 + \beta_1 NOP_{it} + \varepsilon_t$
Lineare Regression, WLS-Schätzverfahren (Weighted Least Squares)
Filterkriterien: HGB-Abschlüsse, CEQ>0, OA>0
*** signifikant auf 1 %-Niveau, ** signifikant auf 5 %-Niveau, * signifikant auf 10 %-Niveau

[†] Modellbezeichnung [‡] Koeffizient (standardisiert) und, in Klammern, t-Wert [a] Anzahl der Patente [b] Zitate pro Patent [c] Einflussstärke [d] Technologiestärke [e] Technologiezyklusdauer [f] Wissenschaftsbindung [g] Wissenschaftsstärke

Technologiezyklusdauer Im Modell M 2e wird ein linearer Zusammenhang zwischen der Dauer eines Technologiezyklus (TCT) und dem Marktwert aufgestellt.[1033] Nach Eliminierung einflussreicher Beobachtungen werden 394 Firmenjahre in die Regressionsschätzung einbezogen. Der Koeffizient für die Technologiezyklusdauer beziffert sich auf −1,832 und ist auf einem 10 %-Niveau signifikant. Die Angaben deuten auf einen negativen Zusammenhang zwischen der Länge eines Technologiezyklus und dem Marktwert hin. Allerdings liegt das korrigierte R^2 deutlich unter 1 %, so dass dem Modell praktisch kein Erklärungsgehalt beigemessen werden kann. Dementsprechend wird die Gültigkeit der Aussage, dass Unternehmen mit einer hohen Innovationsgeschwindigkeit tendenziell eine hohe Marktbewertung aufweisen, stark eingeschränkt.

Wissenschaftsbindung Regressionsmodell M 2f setzt den Marktwert in einen linearen Zusammenhang mit der Wissenschaftsbindung (SL).[1034] Die Kennzahl misst den Grad der Einbindung betrieblicher in die wissenschaftliche Grundlagenforschung. Nach Bereinigung stehen 220 Beobachtungen für Analysezwecke zur Verfügung. Der Koeffizient des Faktors Wissenschaftsbindung ist bei einem Wert von −0,104 kleiner als null, so dass ein negativer Zusammenhang mit dem Marktwert dokumentiert wird. Da dieses Ergebnis aber keine statistische Signifikanz besitzt, kann keine Beziehung beider Variablen angenommen werden. Zusätzlich weist das Modell mit einem korrigierten R^2 von unter eins nahezu keinen Erklärungsgehalt für die Varianz im Marktwert auf.

Wissenschaftsstärke Regressionsmodell M 2g setzt den Marktwert in Beziehung zur Kennzahl Wissenschaftsstärke (SS).[1035] Damit wird eine Verbindung der Qualität des Patentportfolios eines Stichprobenunternehmens mit dem Marktwert hergestellt und empirisch untersucht. Korrigiert um etwaige Ausreißer fließen 219 Datenpunkte in die Regressionsschätzung ein. Der Koeffizient für die Wissenschaftsstärke ist bei einem Wert von 0,504 auf einem 1 %-Niveau signifikant. Das Modell erklärt ca. 25 % der Varianz im Marktwert durch die Wissenschaftsstärke und weist einen positiven Zusammenhang beider Variablen nach.

7.2.2.3. Zusammenfassende Wertung der erzielten Ergebnisse und Tendenzaussagen

Auf Basis der in den vorausgehenden zwei Abschnitten dargestellten Ergebnisse univariater Messmodelle zur Wertrelevanz von Rechnungslegungs- und Patentinformationen lassen sich bereits erste Tendenzen mit Blick auf Prüfung der zentralen Hypothesen H 1 und H 2 erkennen. Eine abschließende und umfassende Evaluierung ist aber erst nach Begutachtung der theoretisch fundierten und auf das

---

1033 Siehe Modell M 2e auf S. 382 im Anhang für eine Darstellung der Regressionsgleichung.
1034 Siehe Modell M 2f auf S. 382 im Anhang für eine Darstellung der Regressionsgleichung.
1035 Siehe Modell M 2g auf S. 382 im Anhang für eine Darstellung der Regressionsgleichung.

Feltham-Ohlson-Modell (1995) zurückgehenden Messmodelle in Kap. 7.2.3 auf der nächsten Seite möglich, die einen Zusammenhang zwischen Patentinformationen im Verbund mit Rechnungslegungsdaten und dem Marktwert abbilden.[1036]

Mit Bezug auf die Rechnungslegungsdaten und die einzelaspektbezogenen Subhypothesen H 1a bis H 1c liefert die empirische Untersuchung bereits in den univariaten Messmodellen weitgehend Unterstützung für die dort aufgestellten Wertrelevanzvermutungen. Während die Größen Eigenkapitalbuchwert und operatives Vermögen als wertrelevant bezeichnet werden können, offenbart die Analyse für den operativen Gewinn uneinheitliche Tendenzen. Grundsätzlich finden sich aber für alle oben aufgeführten Hypothesen positive Anzeichen, so dass eine Wertrelevanz der betrachteten Größen auf Basis der statistischen Resultate nicht entkräftet wird. Die These einer Wertrelevanz der Variablen Eigenkapitalbuchwert, operatives Vermögen sowie operativer Gewinn wird damit untermauert.

Die dargestellten Ergebnisse univariater Ad-hoc-Modelle gewähren Einblicke und generieren erste Anhaltspunkte zur Wertrelevanz von Patentinformationen. Konkret dokumentieren die Modellschätzungen einen statistisch signifikant positiven Zusammenhang zwischen den Kennzahlen Anzahl der Patente (Aktivitätskennzahl), Einflussstärke und Technologiestärke (Qualitätskennzahl) sowie Wissenschaftsstärke (Verbindungskennzahl) und dem Marktwert. Damit können die korrespondierenden Subhypothesen H 2a.1, H 2b.2, H 2b.3 und H 2c.3 nicht falsifiziert werden. Für die Wissenschaftsbindung (Verbindungskennzahl) kann hingegen keine Beziehung mit dem Marktwert nachgewiesen werden. Uneinheitliche Tendenzen werden für die Messgrößen Zitate pro Patent (Qualitätskennzahl) sowie Technologiezyklusdauer (Verbindungskennzahl) verzeichnet. Unsicherheit besteht damit hinsichtlich der Subhypothesen H 2b.1 (Zitate pro Patent) und H 2c.1 (Technologiezyklusdauer), da ein signifikantes Vorzeichen zwar auf eine Wertrelevanz hindeutet, dies aber durch eine geringe Erklärungsgüte des Modells relativiert wird. Mit Ausnahme der Wissenschaftsbindung ergeben sich bislang aber überwiegend Anzeichen für eine Wertrelevanz der analysierten Kennzahlen. Die Technologiezyklusdauer ist die einzige Kennzahl, für die sich ein signifikant negativer Zusammenhang mit dem Marktwert offenbart. Demzufolge liefern die empirischen Messmodelle Unterstützung für die Teilhypothesen H 2a, H 2b und H 2c, die mit einer Einteilung der Patentkennzahlen in die Kategorien Aktivität, Qualität und Verbindung korrespondieren.

Insgesamt stellt sich heraus, dass neben Aktivitäts- auch den Qualitätskennzahlen eine große Bedeutung für eine Erklärung von Marktwerten beigemessen werden kann und die gewonnenen statistischen Resultate dahingehend eine im Vorfeld hergeleitete Wertrelevanzvermutung bekräftigen. Eine untergeordnete Wichtigkeit kommt zunächst den Verbindungskennzahlen zu. Zusammenfassend gilt, dass bereits zu diesem Zeitpunkt erste Anhaltspunkte hinsichtlich einer Wertrelevanz von Patentinformationen existieren, so dass Hypothese H 2 nicht per se verworfen werden kann.

1036 Dies ist vor allem deshalb notwendig, um die empirischen Ergebnisse auf ein solides theoretisches Fundament zu stellen, auf dem diese interpretiert werden können.

Nach einer ersten empirische Prüfung der untersuchten Fragestellungen verdichten sich die Anzeichen dafür, dass mit Patentinformationen neben Rechnungslegungsdaten verstärkt auch Faktoren aus Sicht des Kapitalmarktes wertrelevant sind bzw. einen signifikanten Anteil der Marktpreise erklären, die nicht integraler Bestandteil gesetzlicher Bestimmungen zur Unternehmensberichterstattung sind. Eine endgültige Validierung der betrachteten Beziehungen erfordert jedoch eine weiterführende Analyse unter besonderer Berücksichtigung der Ergebnisse aus den multivariaten Messmodellen.

7.2.3. Schätzergebnisse multivariater Messmodelle

Nachdem basierend auf einer Analyse univariater und ad hoc spezifizierter Modelle bereits erste empirische Ergebnisse hinsichtlich der aufgestellten Forschungshypothesen erzielt und Tendenzaussagen getroffen wurden, verlagert sich der Fokus nunmehr auf eine Erweiterung und theoretische Fundierung der bisherigen Resultate. Anhand einer vertiefenden Analyse unter Anwendung multivariater Messmodelle wird über eine empirische Validierung der Wertrelevanz von Patentinformationen im Kontext des Feltham-Ohlson-Frameworks ein Erkenntniszugewinn angestrebt.[1037] Dieses Vorgehen stellt zugleich den Schwerpunkt der empirischen Untersuchung und damit den Kernbereich der Hypothesenprüfung dar, die zur Beantwortung der Forschungsfragen führt.

Eingesetzt wird hierzu zunächst ein Grundmodell, das nur Rechnungslegungsdaten enthält. Anhand dieses Modells können die Hypothesen H 1 sowie die Teilhypothesen H 1a bis H 1c in einem theoretischen Verbund geprüft werden, so dass Forschungsfrage F 1 im Mittelpunkt der Betrachtung steht.[1038] Darauf aufbauend werden zwei weiterführende Spezifikationen I und II im Rahmen der Wertrelationsgleichung des *Feltham-Ohlson*-Modells (1995) implementiert. [1039] Diese legen den Fokus auf geringfügig unterschiedliche Aspekte und nehmen dadurch eine spezielle Perspektive ein, mit dem Ziel ein umfassendes Bild der untersuchten Zusammenhänge zu zeichnen. Das Hauptunterscheidungsmerkmal besteht dabei in der Art der Umsetzung der freien Informationsvariablen. Während sich die Grundkomponenten mit Rechnungslegungsbezug unverändert aus den Variablen Eigenkapitalbuchwert (CEQ), operatives Vermögen (OA) sowie operativer Gewinn (OI) zusammensetzen, werden diese in Abhängigkeit der implementierten Variante durch unterschiedliche Faktoren ergänzt. Durch den inkrementellen Charakter kann unter Bezugnahme auf das Grundmodell geprüft werden, ob die zusätzlich in die Gleichungen integrierten Messgrößen einen signifikanten Beitrag zur Erklärung der Marktwerte liefern, der über den der Rechnungslegung hinausgeht. Die erreichten Ergebnisse werden zur abschließenden Evaluierung von Hypothese H 2

1037 Ergänzend werden in Tab. D.5 auf S. 399 im Anhang multivariate Ad-hoc-Modelle dargestellt, die keine unmittelbare theoretische Fundierung aufweisen. Auf diese Art kann die Vermittlung eines umfassenden Bildes der untersuchten Sachzusammenhänge erreicht werden.

1038 Mit M 3b erfolgt eine zusätzliche Analyse der Größe Forschungs- und Entwicklungsaufwendungen.

1039 Zusätzlich finden sich hier nicht besprochene Modellvarianten im Anhang. Siehe Tab. D.3 bis D.4 auf S. 397–398 für Übersichten zu den Ergebnissen.

sowie der Teilhypothesen H 2a bis H 2c und der Subhypothesen H 2a.1 bis H 2c.3 herangezogen und dienen letztlich dazu, Forschungsfrage F 2 zu beantworten.

Während an dieser Stelle wieder eine reine Beschreibung der statistischen Resultate aus den Schätzmodellen im Vordergrund steht, findet eine zusammenfassende Wertung der Ergebnisse in Kap. 7.2.3.4 auf S. 262 statt. Eine ausführliche Diskussion der wesentlichen empirischen Erkenntnisse und eine darauf aufbauende Hypothesenprüfung sowie Beantwortung der Forschungsfragen erfolgt unter Bezugnahme auf die Ergebnisse der univariaten Modelle im nachfolgenden Kapitelteil.[1040] Die im Rahmen des theoretischen Konstruktes des *Feltham-Ohlson*-Modells (1995) validierten Aussagen bilden dann die Basis für eine weiterführende Generierung von Implikationen.

[1040] Siehe Kap. 7.3.1 auf S. 267 zu Hypothesenprüfung und 7.3.2 auf S. 277 zu Implikationen.

Tabelle 7.4.: Ergebnisse der Regressionsschätzungen mit Rechnungslegungsinformationen, Grundform des multivariaten Messmodells

Bez.†	n	Koeffizient‡ CEQ[a]	OA[b]	OI[c]	RND[d]	Güte (Goodness of Fit) korr. R^2	F-Wert	p-Wert
Erw. Vorzeichen		+	+	+	+			
M 3a	402	+0,641 (12,953)***	+0,177 (3,596)***	+0,110 (3,652)***		0,645	243,9	0,000
M 3b	265	+0,614 (10,159)***	+0,274 (4,070)***	+0,081 (2,425)**	−0,027 (−0,498)	0,714	165,7	0,000

Modellspezifikation (Bsp.): $MV_{it} = \beta_0 + \beta_1 CEQ_{it} + \beta_2 OA_{it} + \beta_3 OI_{it} + \varepsilon_t$
Lineare Regression, WLS-Schätzverfahren (Weighted Least Squares)
Filterkriterien: HGB-Abschlüsse, CEQ,OA>0
*** signifikant auf 1 %-Niveau, ** signifikant auf 5 %-Niveau, * signifikant auf 10 %-Niveau

† Modellbezeichnung ‡ Koeffizient (standardisiert) und, in Klammern, t-Wert [a] Eigenkapitalbuchwert
[b] Operatives Vermögen [c] Operativer Gewinn [d] Forschungs- und Entwicklungskosten

7.2.3.1. Grundform der multivariaten Spezifikation

Modell M 3a In einer multivariaten Spezifikation setzt Regressionsmodell M 3a die im Rahmen des *Feltham-Ohlson*-Modells (1995) operationalisierten Rechnungslegungsinformationen ins Verhältnis zum Marktwert.[1041] Es fließen Angaben zu Eigenkapitalbuchwert (CEQ), operativem Vermögen (OA) und Gewinn (OI) in die Schätzung ein, wobei gemäß dem zugrunde liegenden theoretisch geschlossenen Bewertungsmodells eine lineare Beziehung zwischen Rechnungslegungsgrößen und Marktwert unterstellt wird. Nach Identifikation und Eliminierung einflussreicher Beobachtungen finden insgesamt 402 Firmenjahre in der Regression Berücksichtigung. Alle drei Koeffizienten für Eigenkapitalbuchwert, operatives Vermögen und operativer Gewinn sind positiv und einheitlich auf einem 1 %-Niveau signifikant. Die Werte der standardisierten Koeffizienten betragen im Einzelnen 0,641, 0,177 und 0,110. Gemessen am adjustierten Bestimmtheitsmaß R^2 wird mit der Regressionsgeraden und damit durch die Finanzgrößen Eigenkapitalbuchwert, operatives Vermögen und operativer Gewinn etwa 65 % der Variation im Marktwert erklärt.

Auf Basis des Signifikanzniveaus von 1 % und des positiven Vorzeichens aller Koeffizienten wird ein statistisch signifikanter, positiver Zusammenhang der getesteten Variablen mit dem Marktwert nachgewiesen. Damit wird die in den korrespondierenden Hypothesen niedergelegte Wertrelevanzvermutung gestützt.

Modell M 3b Zusätzlich zu den in Regressionsgleichung M 3a bereits berücksichtigten Größen aus der Rechnungslegung werden in M 3b Forschungs- und Entwicklungsaufwendungen (RND) erweiternd als eine Informationsvariable des Ohlson- bzw. Feltham-Ohlson-Frameworks aufgenommen.[1042] Hierbei ist entscheidend, dass durch das *Feltham-Ohlson*-Modell (1995) auch für diese Spezifikation ein theoretischer Unterbau bereitgestellt wird. Insgesamt werden nach Bereinigung von Ausreißern 265 Beobachtungen in der Modellschätzung berücksichtigt. Mit Ausnahme der Variable Forschungs- und Entwicklungskosten sind die Koeffizienten für Eigenkapitalbuchwert, operatives Vermögen und operativen Gewinn alle positiv. Während für Forschungs- und Entwicklungskosten keine Signifikanz festgestellt werden kann, sind die Koeffizienten der drei letztgenannten Größen mindestens auf einem 5 %-, im Falle von Eigenkapitalbuchwert und operativem Vermögen sogar auf einem 1 %-Niveau signifikant von null verschieden. Die Regressionsgleichung weist ein korrigiertes R^2 von 0,714 auf, so dass die nicht durch die modellimmanenten Variablen erklärte Restvarianz unter dreißig Prozent beträgt.

Für die Messgrößen Eigenkapitalbuchwert, operatives Vermögen und operativer Gewinn gilt ein positives Vorzeichen, demgegenüber steht ein negatives bei den Forschungs- und Entwicklungsaufwendungen. Es resultiert eine negative Beziehung mit dem Marktwert für die letztgenannte Variable und eine positive für die anderen Größen. In Verbindung mit dem Signifikanzniveau des Koeffizienten wird für die Variablen Eigenkapitalbuchwert, operatives Vermögen und operativer

---

[1041] Siehe Modell M 3a auf S. 382 im Anhang für eine Darstellung der Regressionsgleichung.
[1042] Siehe Modell M 3b auf S. 382 im Anhang für eine Darstellung der Regressionsgleichung.

Gewinn wiederum eine Wertrelevanz unterstrichen. Im Gegensatz dazu lässt sich diese Schlussfolgerung nicht auf Forschungs- und Entwicklungskosten übertragen, weil der Wert des Koeffizienten nicht signifikant von null verschieden ist.

7.2.3.2. Variante I der multivariaten Spezifikation

In der ersten Spezifikationsvariante des multivariaten Messmodells wird die Anzahl der Patente und eine weitere Patentkennzahl in den „anderen" Informationsparametern des *Feltham-Ohlson*-Modells (1995) operationalisiert. Hintergrund dieses Vorgehens bildet die ökonomische Intuition, die quantitative Dimension des Patentportfolios um eine qualitative und schließlich auch eine Verbindungsperspektive zu ergänzen, um diese in einem theoretisch fundierten Verbund mit Daten der Rechnungslegung auf Wertrelevanz zu prüfen. Im Mittelpunkt der Betrachtungen stehen demzufolge Forschungsleistung und technologisches Potenzial der Unternehmen, was beides einen nicht unerheblichen Indikator für zukünftige Wertschöpfungspotenziale darstellt und sich deshalb – so die Hypothese – im Marktwert widerspiegelt.

Die Analyse geht damit der Frage nach, ob die Größe des Patentportfolios ergänzt durch einen Qualitäts- respektive Verbindungsindikator und in Kombination mit Daten der Rechnungslegung einen signifikanten Erklärungsgehalt für Marktwerte aufweist. Zusätzlich wird der inkrementelle oder marginale Erklärungsgehalt der betrachteten Patentinformationen gemessen, der über den der Grundbausteine des *Feltham-Ohlson*-Modells (1995) aus der Rechnungslegung hinausgeht. [1043]

In Gleichung (7.1) wird das Messmodell formal dargestellt, wobei *PI* als Platzhalter für die einzusetzenden Informationsvariablen fungiert. Sukzessive werden dort derivative, analytische Kennzahlen des betrieblichen Patentierverhaltens substituiert. Kombiniert werden also vergangenheitsbezogene Daten der Rechnungslegung mit Angaben zu Stärke und Qualität des Patentportfolios.

$$MV_{it} = \beta_0 + \beta_1 CEQ_{it} + \beta_2 OI_{it} + \beta_3 OA_{it} + \beta_4 NOP_{it} + \beta_5 PI_{it} + \varepsilon_t \qquad (7.1)$$

es gilt:

$$\begin{aligned} MV &= \text{Marktwert} \\ CEQ &= \text{Eigenkapitalbuchwert} \\ OI &= \text{Operativer Gewinn} \\ OA &= \text{Operatives Vermögen} \\ NOP &= \text{Anzahl der Patente} \\ PI &= \text{Patentkennzahl} \end{aligned}$$

1043 Eine Signifikanz wird durch die Teststatistik des partiellen *F*-Testes angezeigt.

Tabelle 7.5.: Ergebnisse der Regressionsschätzungen mit Rechnungslegungs- und Patentinformationen, Variante I der multivariaten Spezifikation des Messmodells

Bez.†	n	Koeffizient‡ Rechnungslegung			Aktivitäts-§	Qualitäts-§			Verbindungskennzahl§			Goodness of Fit			
		CEQ[1]	OA[2]	OI[3]	NOP[a]	CPP[b]	CII[c]	TS[d]	TCT[e]	SL[f]	SS[g]	korr. R^2	F-Wert	p-Wert	Part. F-Test♮
Erw. Vorzeichen		+	+	+	+	+	+	+	−	+	+				
M 4a	360	+0,571 (9,696)***	+0,314 (5,728)***	+0,093 (3,017)***	−0,089 (−2,512)**	+0,089 (2,876)***						0,670	146,7	0,000	13,3***
M 4b	361	+0,625 (11,494)***	+0,266 (5,334)***	+0,092 (3,110)***	−0,107 (−3,147)***		+0,193 (6,627)***					0,704	172,4	0,000	35,5***
M 4c	362	+0,584 (10,139)***	+0,262 (5,077)***	+0,116 (3,744)***	−0,212 (−4,434)***			+0,204 (4,149)***				0,680	154,4	0,000	19,4***
M 4d	378	+0,662 (12,106)***	+0,229 (4,525)***	+0,114 (3,809)***	−0,083 (−2,449)**				−0,164 (−5,388)***			0,682	162,6	0,000	21,6***
M 4e	207	+0,578 (6,528)***	+0,365 (4,712)***	+0,052 (1,494)	−0,053 (−1,088)					−0,050 (−1,363)		0,793	159,1	0,000	72,1***
M 4f	208	+0,526 (5,876)***	+0,365 (4,683)***	+0,038 (1,094)	−0,022 (−0,487)						+0,077 (1,870)*	0,784	151,2	0,000	64,9***

Modellspezifikation (Bsp.): $MV_{it} = \beta_0 + \beta_1 CEQ_{it} + \beta_2 OA_{it} + \beta_3 OI_{it} + \beta_4 NOP_{it} + \beta_5 CPP_{it} + \epsilon_t$
Lineare Regression, WLS-Schätzverfahren (Weighted Least Squares)
Filterkriterien: HGB-Abschlüsse, CEQ>0, OA>0
*** signifikant auf 1 %-Niveau, ** signifikant auf 5 %-Niveau, * signifikant auf 10 %-Niveau

† Modellbezeichnung ‡ Koeffizient (standardisiert) und, in Klammern, t-Wert § Patentinformation ♮ Teststatistik Partieller F-Test und Signifikanzniveau [1] Eigenkapitalbuchwert [2] Operatives Vermögen
[3] Operativer Gewinn [a] Anzahl der Patente [b] Zitate pro Patent [c] Einflussstärke [d] Technologiestärke [e] Technologiezyklusdauer [f] Wissenschaftsbindung [g] Wissenschaftsstärke

Modell M 4a In einer multivariaten Regression stellt Modell M 4a einen linearen Zusammenhang zwischen Rechnungslegungs- und Patentinformationen einerseits und dem Marktwert andererseits her.[1044] Operationalisiert werden Eigenkapitalbuchwert (CEQ), operatives Vermögen (OA) und operativer Gewinn (OI) sowie die Kennzahlen Anzahl der Patente (NOP) und Zitate pro Patent (CPP). Das Regressionsmodell beinhaltet nach Bereinigung insgesamt 360 Beobachtungen und erklärt ca. 67 % der ursprünglichen Varianz in Marktpreisen. Die Koeffizienten für die Rechnungslegungsdaten wie auch für die Kennzahl Zitate pro Patent sind positiv und auf einem 1 %-Niveau signifikant. Einzig der Koeffizient der Anzahl der Patente deutet auf eine negative Beziehung mit dem Marktwert hin und ist auf einem 5 %-Niveau signifikant. Anhand des Wertes für den partiellen *F*-Test kann gefolgert werden, dass die Aufnahme der beiden Patentkennzahlen in die Gleichung zu einem zusätzlichen Erklärungsgehalt führt, der über den der Rechnungslegungsgrößen hinausgeht. Eine Interpretation führt zu der Aussage, dass der Kapitalmarkt Unternehmen, die höhere Werte in den Variablen Eigenkapitalbuchwert, operatives Vermögen und operativer Gewinn aufweisen, tendenziell höher bewertet. Ein hoher Marktwert geht weiter mit einer großen Anzahl an Zitaten pro Patent einher, die eine Indikatorfunktion für die Qualität der Patente besitzen. Hingegen wird die Menge der Patente eines Unternehmens eher mit niedrigeren Marktpreisen in Verbindung gebracht. Gemäß dem Untersuchungskonzept weisen die statistischen Merkmale der Schätzung auf eine Wertrelevanz aller getesteten Variablen hin, wobei Unterschiede in der Richtung der gemessenen Zusammenhänge existieren. Hier ist insbesondere auffällig, dass für die quantitative Kennzahl Anzahl der Patente, die der Größe des Patentportfolios gleichkommt, eine negative Beziehung mit dem Marktwert dokumentiert wird.[1045]

Modell M 4b Neben den Standardkomponenten aus der Rechnungslegung werden in Regressionsmodell M 4b die Patentkennzahlen der Anzahl der Patente (NOP) und Einflussstärke (CII) auf Wertrelevanz überprüft.[1046] Nach Eliminierung einflussreicher Beobachtungen gehen 361 Datenpunkte in die Schätzung der Regressionsgleichung ein. Bei einem korrigierten R^2 von etwa 0,7 erklärt das Modell anhand der berücksichtigten Variablen einen Großteil der Variation in den Marktpreisen. Alle Koeffizienten der Schätzung zeigen sich auf einem 1 %-Niveau signifikant. Es sind jedoch Abweichungen in der Richtung einer dokumentierten Beziehungen zu verzeichnen. Während die Vorzeichen der Faktoren Eigenkapitalbuchwert, operatives Vermögen und operativer Gewinn sowie Einflussstärke positiv sind, offenbart sich für die Anzahl der Patente wieder eine reziproke Beziehung mit dem Marktwert. Insgesamt wird ein zusätzlicher Erklärungsgehalt der Patentinformationen für den Marktwert über den der Rechnungslegungsdaten hin-

---

1044 Siehe Modell M 4a auf S. 383 im Anhang für eine Darstellung der Regressionsgleichung.

1045 In der hier diskutierten Modellvariante ergibt sich in allen geschätzten Modellen ein negativer Zusammenhang zwischen der Anzahl der Patente und dem Marktwert. Weiter unten wird zusammenfassend auf diese Beobachtung eingegangen. Siehe Kap. 7.2.3.4 auf S. 264.

1046 Siehe Modell M 4a auf S. 383 im Anhang für eine Darstellung der Regressionsgleichung.

aus durch den partiellen F-Wert untermauert. Aus den statistischen Eigenschaften der Schätzung ergeben sich folglich Anzeichen dafür, dass höhere Werte in den betrachteten Finanzzahlen und eine relativ stärkere technologische Position eines Unternehmens gleichermaßen mit entsprechend höheren Preisen an der Börse assoziiert sind. Im Gegensatz dazu besteht die Tendenz, die Größe des Patentportfolios negativ zu werten. Sieht man von der Richtung der dokumentierten Zusammenhänge einmal ab, wird aufgrund der statistischen Signifikanz der Koeffizienten eine Wertrelevanzvermutung aller analysierten Variablen gestützt.

Modell M 4c Über die bekannten Größen der Rechnungslegung hinaus berücksichtigt Regressionsmodell M 4c die Patentkennzahlen Anzahl der Patente (NOP) und Technologiestärke (TS).[1047] Korrigiert um Ausreißer werden insgesamt 362 Firmenjahre in der Schätzung verarbeitet. Auf Basis des korrigierten Determinationskoeffizienten erklärt das Modell ca. 68 % der ursprünglichen Variation in der abhängigen Variable. Die Koeffizienten sind für alle drei Finanzzahlen sowie die Technologiestärke größer als null und weisen folglich auf einen positiven Zusammenhang mit dem Marktwert hin. Einzig für die Anzahl der Patente ergibt sich wiederholt ein negativer Koeffizient, der entsprechend eine reziproke Beziehung mit dem Marktwert repräsentiert. Es zeigen sich ferner alle Koeffizienten auf einem 1 %-Niveau signifikant. Zudem kann mittels des partiellen F-Testes ein zusätzlicher Erklärungsgehalt der Patentinformationen über den der Rechnungslegungsdaten hinaus nachgewiesen werden. Mit Bezug auf die Unternehmen der Stichprobe schlagen sich demzufolge hohe Werte für Eigenkapitalbuchwert, operatives Vermögen und operativen Gewinn vom Kapitalmarkt genauso in hohen Kurswerte nieder wie ein aus technologischer Hinsicht starkes Patentportfolio gemessen mit der Kennzahl Technologiestärke. Eine große Anzahl an Patenten wird hingegen negativ vom Markt aufgenommen. Nichtsdestoweniger weisen die statistischen Merkmale der Schätzung insgesamt auf eine Wertrelevanz aller betrachteten Größen hin, da die Koeffizienten durchweg signifikant von null verschieden sind und daher allen Regressoren Erklärungskraft für den Marktwert zukommt.

Modell M 4d Zusätzlich zu den bekannten Finanzzahlen werden in Regressionsmodell M 4d die Anzahl der Patente (NOP) sowie die Innovationsgeschwindigkeit, gemessen durch die Technologiezyklusdauer (TCT), berücksichtigt.[1048] Nach Bereinigung von Outliern werden 378 Datensätze in der Schätzung verarbeitet. Das Modell erklärt ca. 68 % der Variation in Marktwerten durch die unabhängigen Variablen. Alle Regressoren mit Rechnungslegungsbezug stehen dabei in einem positiven Verhältnis zum Marktwert und sind hoch signifikant. Für die einbezogenen Patentinformationen ergibt sich ein anderes Bild. Sowohl für die Anzahl der Patente als auch die Technologiezyklusdauer wird ein negativer Zusammenhang mit dem Marktpreis dokumentiert. Beide Koeffizienten sind signifikant von null verschieden,

---

[1047] Siehe Modell M 4a auf S. 383 im Anhang für eine Darstellung der Regressionsgleichung.

[1048] Siehe Modell M 4d auf S. 383 im Anhang für eine Darstellung der Regressionsgleichung.

für die Patentanzahl auf einem 5 %- und die Technologiezyklusdauer auf einem 1 %-Niveau. Der partielle *F*-Test dokumentiert zudem einen inkrementellen Erklärungsgehalt der Patentkennzahlen über den der Rechnungslegungsdaten hinaus. Wie zuvor sind hohe Werte in den Rechnungslegungsdaten mit hohen Marktwerten assoziiert. Die Schätzstatistiken lassen ferner den Schluss zu, dass Unternehmen mit geringen Werten für die Technologiezyklusdauer, was einer großen Innovationsgeschwindigkeit bzw. kurzen Forschungszyklen gleichkommt, tendenziell hoch bewertet werden, wohingegen die Anzahl der Patente wieder negativ eingepreist wird. Aufgrund eines statistisch signifikanten Zusammenhangs mit dem Marktwert bekräftigt die Modellschätzung schließlich die Wertrelevanzvermutung aller getesteten Messgrößen.

Modell M 4e In Regressionsmodell M 4e sind neben den Bestandteilen aus der Rechnungslegung die Patentkennzahlen Anzahl der Patente (NOP) und Wissenschaftsbindung (SL) enthalten.[1049] Unter Berücksichtigung von Ausreißern werden insgesamt 207 Beobachtungen einbezogen. Mit einem korrigierten R^2 von ungefähr 0,79 verbleibt lediglich eine nicht durch das Modell erklärte Restvarianz von rund 20 %. In Bezug auf die Koeffizienten lässt sich festhalten, dass die Informationen der Rechnungslegung ein positives Vorzeichen aufweisen, während die der Patentkennzahlen jeweils kleiner als null sind. Allerdings sind die Werte größtenteils nicht signifikant und einzig der Eigenkapitalbuchwert und das operative Vermögen bilden eine Ausnahme. Aus dieser Modellschätzung lassen sich demnach, abgesehen von Eigenkapitalbuchwert und operativem Vermögen, nicht unmittelbar Anhaltspunkte für eine Wertrelevanz der betrachteten Größen ableiten.

Modell M 4f In Regressionsmodell M 4f sind die Standardgrößen der Rechnungslegung und aus der Gruppe der Patentkennzahlen die Anzahl der Patente (NOP) sowie die Wissenschaftsstärke (SS) enthalten.[1050] Nach Bereinigung verbleiben insgesamt 208 Beobachtungen in der Schätzung. Das Modell erklärt gut 78 % der Varianz im Marktwert anhand der operationalisierten Variablen. Die Daten der Rechnungslegung weisen positive Koeffizienten auf, wobei das Signifikanzniveau für Eigenkapitalbuchwert und operatives Vermögen ein Prozent beträgt, während keine Signifikanz für den operativen Gewinn verzeichnet wird. Bei den Patentkennzahlen offenbart sich wiederholt ein negativer Zusammenhang zwischen der Anzahl der Patente und dem Marktwert. Der Koeffizient ist allerdings nicht signifikant, weshalb der Sachverhalt an dieser Stelle vernachlässigt werden kann. Für die Wissenschaftsstärke wird ein positiver Beitrag zur Erklärung der Marktwerte gemessen, der zudem auf einem 10 %-Niveau signifikant ist. Es deutet sich damit eine Wertrelevanz eines Indikators für den Grad der Fundierung betrieblicher Forschung auf der wissenschaftlichen Forschung an, was sich positiv in Marktpreisen niederschlägt. Zusammenfassend stützt das Modell, den statistischen Merkmalen

1049 Siehe Modell M 4e auf S. 383 im Anhang für eine Darstellung der Regressionsgleichung.
1050 Siehe Modell M 4f auf S. 383 im Anhang für eine Darstellung der Regressionsgleichung.

nach zu urteilen, eine Wertrelevanz der Parameter Eigenkapitalbuchwert, operatives Vermögen sowie Wissenschaftsstärke.

7.2.3.3. Variante II der multivariaten Spezifikation

Die beschriebenen Resultate der ersten Variante der multivariaten Spezifikation des Messmodells zeigen in allen Instanzen konsistent ein negatives und zudem wiederholt signifikantes Vorzeichen für die Kennzahl Anzahl der Patente. Wenngleich dieses Ergebnis auch an anderer Stelle in der Literatur[1051] dokumentiert ist und sich durch spezielle Rahmenbedingungen im Marktumfeld plausibel erklären lässt, widerspricht ein reziproker Zusammenhang zwischen der quantitativen Größe eines Patentportfolios und dem Marktwert doch der ökonomischen Intuition.[1052]

Aus diesen Überlegungen leitet sich die Vermutung ab, dass möglicherweise ein mit der Patentanzahl verbundener Aspekt im implementierten Messmodell unberücksichtigt bleibt und das Ergebnis so eine kontextspezifische Besonderheit darstellt. Die isolierte Betrachtung der Kennzahl könnte damit die Wirkung auf den Marktwert überlagern und möglicherweise wie beobachtet sogar umkehren. Eine alternative Spezifikation des Messmodells könnte den Betrachtungswinkel durch Berücksichtigung dieses Sachverhaltes um eine Dimension erweitern und so Rückschlüsse auch aus einer anderen Perspektive zulassen.

Unternehmen betreiben grundsätzlich Forschung mit dem Ziel, technologische Erfindungen in marktfähige Produkte umzusetzen und damit Gewinne zu erwirtschaften.[1053] Vor diesem Hintergrund lassen sich betriebliche Aufwendungen für Forschung und Entwicklung als Investitionen in die Generierung von Wissen und Patente als Output interpretieren. Dabei kann angenommen werden, dass das geleistete Investitionsvolumen möglicherweise mit der wirtschaftlichen Bedeutung für das Unternehmen selbst verknüpft ist. Demnach würde tendenziell gelten: Je substantieller die mit der Forschungstätigkeit verbundenen Zahlungsausgänge zu Beginn sind, desto wichtiger ist die Absicherung von Pioniergewinnen für das langfristige Überleben eines Unternehmens.

In diesem Kontext bezeichnet *Appropriability* die Ausschließlichkeit der Wissensnutzung, die letztlich durch ein Patent über ein künstliches und zeitlich begrenztes Monopol gewährleistet wird, und *Appropriability Conditions* die Fähigkeit, sich Erträge aus der Forschungstätigkeit anzueignen.[1054] Vor diesem Hintergrund kann die Patentierneigung eines Unternehmens als Indikator für Schwierigkeiten bei der Absicherung von Erträgen aus der Forschung interpretiert werden, so dass genau dann verstärkt auf den gewerblichen Rechtsschutz zurückgegriffen wird, wenn keine natürlichen Markteintrittsbarrieren existieren. In diesem Denkmodell

---

[1051] Siehe *Toivanen/Stoneman/Bosworth* (2002), S. 56 f. oder auch *Hirschey/Richardson/Scholz* (2001), S. 231.

[1052] Siehe vertiefend Kap. 7.2.3.4 auf S. 264 zu Interpretationsansatz und Erklärung des negativen Vorzeichens bei der Kennzahl Anzahl der Patente.

[1053] Die Gewinnerzielungsabsicht grenzt industrielle Forschung von Grundlagenforschung ab. Siehe hierzu auch Kap. 2.3.1 auf S. 28.

[1054] Siehe hierzu auch Fn. 155 auf S. 29.

würde eine hohe Patentanzahl also auf ein dynamisches Marktumfeld hinweisen, das u. a. durch eine gesteigerte Unsicherheit zukünftiger Cashflows geprägt ist. Unter diesen Bedingungen würde demzufolge das Risiko mit dem getätigten Investitionsvolumen korrelieren, da ein Unternehmen genau dann verstärkt auf Rückzahlungen angewiesen wäre, um Anfangsverluste auszugleichen und weiter solide wirtschaftlich aufgestellt zu sein.

In diesem Fall ist eine rein additive Verknüpfung möglicherweise nicht geeignet, die Beziehung zwischen der Anzahl der Patente und dem Marktwert abzubilden, und führt zu Ineffizienzen, weil eine weitere Größe beeinflussend wirkt. Interaktionsterme werden in Regressionsgleichungen dann eingesetzt, wenn der Zusammenhang zwischen abhängiger und erklärender Variable potenziell von einer oder mehreren anderen Größen abhängt.[1055]

Die gewählte Vorgehensweise berücksichtigt also eine Abhängigkeit der Beziehung zwischen Patentanzahl und Marktwert von den in Forschung und Entwicklung getätigten Investitionen. Durch die Gewichtung der Patentanzahl mit den Aufwendungen für Forschung und Entwicklung wird eine Interaktion[1056] beider Variablen berücksichtigt und versucht, den beschriebenen Effekt auszugleichen. Ebenso wird damit modelliert, dass eine Investition in (eigene) Forschungstätigkeiten notwendige Voraussetzung für (selbsterstellte) Patente ist. Durch eine Verknüpfung beider Variablen wird diese Abhängigkeit im Modell berücksichtigt.

Die zweite Variante der multivariaten Spezifikation des Messmodells zur Überprüfung der vermuteten Zusammenhänge ist ebenfalls im *Feltham-Ohlson*-Modell (1995) verankert und berücksichtigt über die üblichen Komponenten aus der Rechnungslegung hinaus zwei weiterführende Faktoren in den „anderen" Informationsvariablen. Zum einen handelt es sich um den Interaktionsterm aus Forschungs- und Entwicklungsaufwendungen (RND) und Patentanzahl (NOP), zum anderen um eine Kennzahl aus der Gruppe der Patentinformationen (PI). Während der Interaktionsterm in allen Modellen dieser Variante konstant gehalten wird, wird die Patentkennzahl sukzessive ausgetauscht. Die in Forschung und Entwicklung getätigten Investitionen fließen in die Aufstellung des Modells und werden bei der Wertrelevanzprüfung der operationalisierten Kennzahlen berücksichtigt. Eine ähnliche Perspektive und Spezifikation des Messmodells findet sich bei *Hirschey/Richardson/Scholz* (2001).[1057]

In Gleichung (7.2) wird das implementierte Messmodell formal zusammengefasst, wobei *PI* als Platzhalter für die einzusetzenden Patentinformationen verwendet wird. Sukzessive werden dort derivative, analytische Kennzahlen des

---

1055 Ausführlich zu Interaktionstermen siehe *Chatterjee/Hadi/Price* (2000), S. 128; *Greene* (2002), S. 123 f. oder auch *Pindyck/Rubinfeld* (1993), S. 103 f. und *Bernhardt/Jung* (1979) zur Interpretation in Regressionsmodellen.

1056 Siehe *Gujarati* (1995), S. 516 f.; *Kvanli/Guynes/Pavur* (1996), S. 688 f. oder auch *Kennedy* (1998), S. 255 einführend zu Interaktionstermen. Eine simple Interaktion ist beispielsweise die Einführung einer Dummy-Variable.

1057 Siehe *Hirschey/Richardson/Scholz* (2001), S. 226 f. für eine Herleitung des Modells. Eine Berücksichtigung von Interaktionstermen in Regressionsmodellen ist in der Literatur nicht unüblich. So wenden beispielsweise auch *Toivanen/Stoneman/Bosworth* (2002), S. 57 das Konzept an.

betrieblichen Patentierverhaltens substituiert. Für eine Erklärung von Marktwerten verknüpft das Modell, unter besonderer Berücksichtigung einer Interaktion von Forschungs- und Entwicklungskosten mit der Anzahl der Patente, vergangenheitsbezogene Daten der Rechnungslegung mit zukunftsorientierten Angaben zu spezifischen Charakteristika des Patentportfolios.

$$MV_{it} = \beta_0 + \beta_1 CEQ_{it} + \beta_2 OA_{it} + \beta_3 OI_{it} + \beta_4 (RND_{it} \cdot NOP_{it}) + \beta_5 PI_{it} + \varepsilon_t \quad (7.2)$$

es gilt:

$$\begin{aligned} MV &= \text{Marktwert} \\ CEQ &= \text{Eigenkapitalbuchwert} \\ OI &= \text{Operativer Gewinn} \\ OA &= \text{Operatives Vermögen} \\ RND &= \text{Forschungs- und Entwicklungsaufwendungen} \\ NOP &= \text{Anzahl der Patente} \\ RND \cdot NOP &= \text{Interaktionsterm} \\ PI &= \text{Patentkennzahl} \end{aligned}$$

Tabelle 7.6.: Ergebnisse der Regressionsschätzungen mit Rechnungslegungs- und Patentinformationen, Variante II der multivariaten Spezifikation des Messmodells

Bez.†	n	Koeffizient‡ Rechnungslegung				Aktivitäts-§	Qualitäts-§			Verbindungskennzahl§			Goodness of Fit			
		CEQ[1]	OA[2]	OI[3]	RNDxNOP[4]	NOP[a]	CPP[b]	CII[c]	TS[d]	TCT[e]	SL[f]	SS[g]	korr. R^2	F-Wert	p-Wert	Part. F-Test♮
Erw. Vorzeichen		+	+	+	+	+	+	+	+	–	+	+				
M5a	257	+0,571 (7,360)***	+0,269 (4,224)***	+0,071 (2,094)**	+0,058 (1,367)	+0,001 (0,029)							0,719	132,2	0,000	33,2***
M5b	239	+0,466 (6,526)***	+0,379 (5,901)***	+0,100 (2,960)***	+0,055 (1,316)		+0,048 (1,441)						0,734	135,4	0,000	38,7***
M5c	248	+0,554 (8,946)***	+0,286 (5,100)***	+0,114 (3,481)***	+0,042 (1,054)			+0,158 (4,871)***					0,751	150,2	0,000	51,6***
M5d	243	+0,555 (7,557)***	+0,290 (4,778)***	+0,073 (2,209)**	+0,043 (0,989)				+0,026 (0,547)				0,734	137,9	0,000	39,7***
M5e	252	+0,539 (8,715)***	+0,380 (6,593)***	+0,080 (2,607)***	+0,030 (0,789)					−0,221 (−6,755)***			0,768	167,0	0,000	65,1***
M5f	145	+0,408 (3,621)***	+0,478 (4,619)***	+0,113 (2,648)***	+0,051 (1,018)						+0,094 (2,555)**		0,807	121,5	0,000	58,4***
M5g	146	+0,393 (3,441)***	+0,500 (4,878)***	+0,141 (3,422)***	+0,054 (0,790)							−0,024 (−0,356)	0,823	135,6	0,000	70,2***

Modellspezifikation (Bsp.): $MV_{it} = \beta_0 + \beta_1 CEQ_{it} + \beta_2 OA_{it} + \beta_3 OI_{it} + \beta_4 \left(RND_{it} \cdot NOP_{it}\right) + \beta_5 PI_{it} + \varepsilon_t$
Lineare Regression, WLS-Schätzverfahren (Weighted Least Squares)
Filterkriterien: HGB-Abschlüsse, CEQ>0, OA>0
*** signifikant auf 1 %-Niveau, ** signifikant auf 5 %-Niveau, * signifikant auf 10 %-Niveau

† Modellbezeichnung ‡ Koeffizient (standardisiert) und, in Klammern, t-Wert § Patentinformation ♮ Teststatistik Partieller F-Test und Signifikanzniveau [1] Eigenkapitalbuchwert [2] Operatives Vermögen [3] Operativer Gewinn [4] Interaktionsterm, Anzahl der Patente und Aufwendungen für Forschung und Entwicklung (Gewichtung) [a] Anzahl der Patente [b] Zitate pro Patent [c] Einflussstärke [d] Technologiestärke [e] Technologiezyklusdauer [f] Wissenschaftsbindung [g] Wissenschaftsstärke

Modell M 5a Regressionsmodell M 5a erklärt Variationen in Marktwerten durch die Komponenten Eigenkapitalbuchwert (CEQ), operatives Vermögen (OA) und operativer Gewinn (OI) aus der Rechnungslegung sowie die Patentkennzahl Anzahl der Patente (NOP).[1058] Nach Ausschluss einflussreicher Beobachtungen fließen insgesamt 257 Datenpunkte in die Schätzung ein. Mit einem korrigierten R^2 von 0,719 werden etwa 72 % der ursprünglichen Varianz in der abhängigen Größe durch die Regressoren erklärt. Alle Koeffizienten sind größer als null, wobei die Rechnungslegungsgrößen mindestens auf einem 5 %-, im Falle von Eigenkapitalbuchwert und operativem Vermögen sogar auf einem 1 %-Niveau signifikant sind. Somit wird eine statistisch signifikante, positive Assoziation mit dem Marktwert nachgewiesen. Dem Untersuchungsdesign entsprechend weisen diese Erkenntnisse auf eine Wertrelevanz aller drei betrachteten Rechnungslegungsdaten hin. Zwar hat die Kennzahl Anzahl der Patente ebenfalls einen positiven Koeffizienten, der eine entsprechende Beziehung mit dem Marktwert suggerieren würde, jedoch ist dieser nicht signifikant, so dass hier die These einer Wertrelevanz nicht gestützt wird. Ähnliches gilt auch für den Interaktionsterm, der daher vernachlässigt werden kann.

Modell M 5b In Regressionsmodell M 5b wird über die Standardbestandteile des *Feltham-Ohlson*-Modells (1995) hinaus die Patentkennzahl Zitate pro Patent operationalisiert.[1059] Es werden nach Ausschluss von Ausreißern insgesamt 239 Firmenjahre berücksichtigt. Das korrigierte Bestimmtheitsmaß beläuft sich auf 0,734, d. h., insgesamt gut 73 % der ursprünglichen Varianz kann durch die modellimmanenten Größen erklärt werden. Für die Rechnungslegungsdaten Eigenkapitalbuchwert, operatives Vermögen und operativer Gewinn ergeben sich positive Koeffizienten, deren Signifikanzniveau 1 % beträgt. Damit wird ein positiver Zusammenhang mit dem Marktwert dokumentiert, der eine Wertrelevanz der Rechnungslegungsdaten bestätigt. Die Koeffizienten der restlichen Variablen sind ebenfalls größer als null, allerdings nicht signifikant. Daher spielen diese bei der Erklärung des Marktwertes eine untergeordnete Rolle, die keine Rückschlüsse auf eine Wertrelevanz zulässt. So offenbaren die empirischen Ergebnisse dieser Regressionsschätzung keine Anzeichen für eine Relevanz der Qualitätskennzahl Zitate pro Patent aus Sicht kapitalmarktorientierter Investoren. Genauso wenig kommt der Interaktion aus Patentanzahl und Forschungs- und Entwicklungsaufwendungen eine Bedeutung zu.

[1058] Zusätzlich ist wie eingangs erläutert die Interaktion aus Patentanzahl und Forschungs- und Entwicklungskosten Bestandteil dieser Variante des Messmodells. Siehe Modell M 5a auf S. 383 im Anhang für eine Darstellung der Regressionsgleichung.

[1059] Zusätzlich ist wie eingangs erläutert die Interaktion aus Patentanzahl und Forschungs- und Entwicklungskosten Bestandteil dieser Variante des Messmodells. Siehe Modell M 5b auf S. 383 im Anhang für eine Darstellung der Regressionsgleichung.

Modell M 5c Regressionsmodell Modell M 5c beinhaltet neben den üblichen Finanzkomponenten die Einflussstärke als Patentkennzahl.[1060] Nach Bereinigung von Ausreißern fließen 248 Beobachtungen in die Schätzung der Regressionsgeraden ein. Bei einem korrigierten R^2 von 0,751 beziffert sich die unerklärte Restvarianz des Modells auf unter 25 %. Alle Rechnungslegungsgrößen weisen einen positiven Koeffizienten auf, der auf einem 1 %-Niveau signifikant von null verschieden ist. Damit wird ein statistisch signifikanter, positiver Zusammenhang dieser Größen mit dem Marktwert suggeriert, der dem Untersuchungskonzept entsprechend als Wertrelevanz interpretiert werden kann. Ferner stellt sich für die Kennzahl Einflussstärke ein positiver Zusammenhang mit dem Marktwert heraus, der zudem hoch signifikant ist. Diesen Erkenntnissen zufolge, bestätigt sich eine Wertrelevanz für die Einflussstärke, die als Indikator der relativen Stärke eines Patentportfolios gilt und damit den Qualitätskennzahlen des betrieblichen Patentierverhaltens zugehörig ist. Anhand des Wertes für den partiellen *F*-Test kann zudem gefolgert werden, dass die Aufnahme der Patentkennzahl in die Gleichung zu einem zusätzlichen Erklärungsgehalt führt, der über den der Rechnungslegungsgrößen hinausgeht. Während der Interaktionsterm zwar ebenfalls einen positiven Wert besitzt, kann dieser aufgrund fehlender Signifikanz bei weiterführenden Analyseschritten aber ausgeblendet werden.

Modell M 5d Regressionsmodell M 5d erklärt Variationen in der abhängigen Variable mit den Standardgrößen aus der Rechnungslegung, ergänzt durch die Technologiestärke (TS) als Indikator für die technologische Kompetenz eines Unternehmens.[1061] Korrigiert um Ausreißer sind insgesamt 243 Datensätze Bestandteil des Modells. Das korrigierte R^2 beträgt 0,734, so dass gut 73 % der Varianz in der abhängigen durch die unabhängigen Variablen erklärt werden. Für die Finanzdaten ergeben sich positive Koeffizienten, die mindestens auf einem 5 %- und im Falle von Eigenkapitalbuchwert und operativem Vermögen sogar auf einem 1 %-Niveau signifikant sind. Aus der dokumentierten Erklärungskraft für den Marktwert lässt sich auf Wertrelevanz dieser Informationen schließen. Als Indikator für die technologische Stärke des Patentportfolios eines Unternehmens kommt der betreffenden Patentkennzahl ebenfalls ein positiver Koeffizient zu. Da die Assoziation mit dem Marktwert aber keine statistische Signifikanz besitzt, leiten sich keinerlei Anhaltspunkte ab, die auf eine Wertrelevanz deuten würden. Keine Rolle spielt ferner die Wechselwirkung zwischen Forschung und Entwicklung und der Patentanzahl, da auch hier keine Signifikanz erreicht wird.

1060 Zusätzlich ist wie eingangs erläutert die Interaktion aus Patentanzahl und Forschungs- und Entwicklungskosten Bestandteil dieser Variante des Messmodells. Siehe Modell M 5c auf S. 383 im Anhang für eine Darstellung der Regressionsgleichung.

1061 Zusätzlich ist wie eingangs erläutert die Interaktion aus Patentanzahl und Forschungs- und Entwicklungskosten Bestandteil dieser Variante des Messmodells. Siehe Modell M 5d auf S. 384 im Anhang für eine Darstellung der Regressionsgleichung.

Modell M 5e Regressionsmodell M 5e beinhaltet neben den Standardgrößen aus der Rechnungslegung die Patentkennzahl Technologiezyklusdauer (TCT), die eine Näherung für die Innovationsgeschwindigkeit darstellt.[1062] Die Modellschätzung beinhaltet nach Schritten der Bereinigung insgesamt 252 Beobachtungen. Das korrigierte Bestimmtheitsmaß von 0,768 weist auf einen hohen Erklärungsgrad des Modells hin, so dass lediglich eine Restvarianz von deutlich unter 25 % verbleibt. Die Koeffizienten der Rechnungslegungsgrößen sind allesamt positiv und signifikant auf einem 1 %-Niveau. Durch den statistisch signifikanten, positiven Zusammenhang mit dem Marktwert wird eine Wertrelevanz dokumentiert. Im Falle der getesteten Patentkennzahl Technologiezyklusdauer zeigt sich ein ähnliches Bild. Einziger Unterschied besteht im Vorzeichen der Beziehung, das hier negativ ist und so für einen reziproken Einfluss auf den Marktwert steht. Dokumentiert wird folglich ein hoch signifikanter Erklärungsgehalt, der dem Forschungskonzept nach unmittelbar auf eine Wertrelevanz schließen lässt. Der partielle *F*-Test unterstreicht weiter, dass die Patentkennzahlen einen zusätzlichen Erklärungsgehalt aufweisen, der über den der Rechnungslegungsgrößen hinausgeht. Der verbleibende Parameter der Schätzung kann aufgrund fehlender Signifikanz ausgeblendet werden.

Modell M 5f Regressionsmodell M 5f stellt eine lineare Beziehung zwischen den üblichen Rechnungslegungsdaten und der Patentkennzahl Wissenschaftsbindung (SL) einerseits und dem Marktwert andererseits auf.[1063] Das Messmodell bezieht nach Elimination von Ausreißern insgesamt 145 Datensätze in die Schätzung ein. Mit einem korrigierten R^2 von 0,807 werden über 80 % der ursprünglichen Varianz in der abhängigen Variable im Modell erklärt, so dass die verbleibende Restvarianz weniger als 20 % beträgt. Die Koeffizienten der Größen aus der Rechnungslegung sind allesamt größer als null, bei einem einheitlichen Signifikanzniveau von 1 %. Aus diesen Angaben lässt sich, dem Untersuchungskonzept entsprechend, eine Wertrelevanz dieser Variablen folgern. Ein weiterer Bestandteil des Modells ist die Wissenschaftsbindung, welche Hinweise auf die relative Einbettung der betrieblichen in die wissenschaftliche Grundlagenforschung erlaubt. Das Schätzergebnis der Regressionsgleichung dokumentiert einen statistisch signifikanten, positiven Zusammenhang mit dem Marktwert. Allen Anzeichen nach wird eine Ausrichtung und Orientierung der Forschungstätigkeiten eines Unternehmens an der Wissenschaft positiv vom Markt aufgefasst. Eine Wertrelevanz dieser Patentinformation wird durch die Modellschätzung bestätigt. Der partielle *F*-Test bestätigt weiter eine zusätzliche Bedeutung der Patentinformationen über den der Rechnungslegungsdaten hinaus. Die Wechselwirkung zwischen Forschungsaufwendungen

---

[1062] Zusätzlich ist wie eingangs erläutert die Interaktion aus Patentanzahl und Forschungs- und Entwicklungskosten Bestandteil dieser Variante des Messmodells. Siehe Modell M 5e auf S. 384 im Anhang für eine Darstellung der Regressionsgleichung.

[1063] Zusätzlich ist wie eingangs erläutert die Interaktion aus Patentanzahl und Forschungs- und Entwicklungskosten Bestandteil dieser Variante des Messmodells. Siehe Modell M 5f auf S. 384 im Anhang für eine Darstellung der Regressionsgleichung.

und Patentanzahl zeigt keine Signifikanz, weshalb auf eine nähere Betrachtung verzichtet werden kann.

Modell M 5g In Regressionsmodell M 5g wird ein Zusammenhang zwischen den Standardkomponenten der Rechnungslegung und der Patentkennzahl Wissenschaftsstärke einerseits und dem Marktwert andererseits aufgestellt.[1064] In die Schätzung der Regressionsgleichung gehen insgesamt 146 Beobachtungen ein. Das Modell erklärt bei einem korrigierten Determinationskoeffizienten von 0,823 gut 82 % der Variationen in der abhängigen Variable durch die modellimmanenten Größen. Während der Erklärungsgehalt folglich als hoch einzustufen ist, zeigen sich ausschließlich die Koeffizienten der Rechnungslegungsinformationen Eigenkapitalbuchwert, operatives Vermögen und operativer Gewinn auf einem 1 %-Niveau signifikant. Der so nachgewiesene positive Einfluss auf den Marktwert deutet auf Wertrelevanz hin. Im Falle der überprüften Verbindungskennzahl Wissenschaftsstärke, die einen absoluten Wert für die Verankerung der betrieblichen in die wissenschaftliche Grundlagenforschung angibt, finden sich keine Hinweise auf eine signifikante Erklärungskraft für den Marktwert. Vielmehr können keinerlei Anhaltspunkte für eine Wertrelevanz dieser Größe gewonnen werden. Bedeutungslos ist wiederum aufgrund fehlender Signifikanz die multiplikative Verknüpfung aus Patentanzahl und Forschungs- und Entwicklungsaufwendungen.

7.2.3.4. Zusammenfassende Wertung der erzielten Ergebnisse und Interpretationsansätze

An dieser Stelle werden die im Vorfeld beschriebenen empirischen Resultate der multivariaten Modelle I und II zur Wertrelevanzmessung einer zusammenfassenden Wertung unterzogen und erste Interpretationsansätze werden vorgestellt, die nachfolgend in Kap. 7.3 auf S. 267 weiter vertieft werden.[1065]

Die in Tab. 7.4 bis Tab. 7.6 präsentierten Regressionsmodelle M 3a, M 4a bis M 4f und M 5a bis M 5g gehen auf das *Feltham-Ohlson*-Modell (1995) zurück. Operationalisiert werden zum einen aus der Gruppe der Finanzinformationen der Rechnungslegung Eigenkapitalbuchwert, operatives Vermögen und operativer Gewinn.[1066] Zum anderen werden in den Informationsvariablen des Modells Patentkennzahlen in zwei Dimensionen aufgenommen, wobei die erste fix und die zweite variabel gestaltet ist.[1067]

1064 Zusätzlich ist, wie eingangs erläutert, die Interaktion aus Patentanzahl und Forschungs- und Entwicklungskosten Bestandteil dieser Variante des Messmodells. Siehe Modell M 5g auf S. 384 im Anhang für eine Darstellung der Regressionsgleichung.

1065 Dort wird auch einzelfallbezogen auf die Prüfung der Hypothesen eingegangen und es werden die erkenntnisleitenden Forschungsfragen beantwortet, bevor Implikationen für Wissenschaft und Praxis abgeleitet werden.

1066 Das Grundmodell setzt sich ausschließlich aus den Rechnungslegungsinformationen zusammen.

1067 Siehe Gl. 7.1 auf S. 250 respektive Gl. 7.2 auf S. 257 für eine formale Beschreibung der Modellspezifikation.

In Modell I wird die Aktivitätskennzahl Anzahl der Patente jeweils durch eine weitere Patentkennzahl ergänzt und die Perspektive entsprechend erweitert. Modell II weist eine Besonderheit auf, da eine der beiden Informationsvariablen des Modells einen Interaktionsterm aufnimmt, der eine Rechnungslegungs- mit einer Patentinformation verknüpft.[1068] Ziel dieses Vorgehens ist es, eine mögliche Abhängigkeit zwischen Aufwendungen für Forschung und Entwicklung und der Patentanzahl zu erfassen, die gegebenenfalls auf den Zusammenhang zwischen Patentanzahl und Marktwert wirkt. Als eine zusätzliche Variable wird in der zweiten Dimension der „anderen" Informationen sukzessive eine weitere Patentkennzahl eingesetzt. Beide Modelle erlauben Rückschlüsse auf eine Wertrelevanz einzelner Messgrößen im spezifischen Kontext, d. h. in Kombination aller berücksichtigten Parameter.[1069]

Die erzielten Ergebnisse dokumentieren insgesamt einen positiven Zusammenhang der untersuchten Rechnungslegungsdaten mit dem Marktwert. Mit zwei Ausnahmen, das operative Vermögen betreffend, sind die Koeffizienten stets auf einem 1 %-Niveau signifikant. Hohe Werte bei den besagten Merkmalen sind tendenziell auch mit einer entsprechend hohen Marktbewertung assoziiert. Die Ergebnisse zeigen damit deutliche Anhaltspunkte für eine Wertrelevanz der Größen Eigenkapitalbuchwert, operatives Vermögen und operativer Gewinn.[1070] Die dahingehend formulierten Hypothesen H 1 sowie H 1a bis H 1c können folglich aufgrund der gewonnenen statistischen Resultate nicht verworfen werden.[1071]

Insgesamt stützen die Ergebnisse beider Modellvarianten weiter Hypothese 2, so dass für Patentinformationen über Rechnungslegungsdaten hinaus ein signifikanter Erklärungsgehalt für Marktwerte nachgewiesen wird und diese damit aus Sicht kapitalmarktorientierter Investoren Wertrelevanz besitzen.[1072] Leichte Unterschiede offenbaren sich allerdings auf Ebene einzelner Kennzahlen, die mit der abweichenden Ausrichtung der Modelle erklärt werden können. Die Unterschiede werden bei der nachfolgenden Diskussion der Hypothesen und Beantwortung der Forschungsfragen in Kap. 7.3 erneut aufgegriffen.

[1068] Zur Begründung des Ansatzes siehe Kap. 7.2.3.3.

[1069] Der partielle *F*-Test prüft ferner den marginalen Erklärungsgehalt der Patentkennzahlen über jenen der Rechnungslegungsinformationen hinaus.

[1070] Der operative Gewinn, der in der univariaten Modellgleichung noch ein zweideutiges Ergebnis produziert, besitzt in der multivariaten Spezifikation nach *Feltham-Ohlson* hingegen signifikante Wertrelevanz. Es scheint sich also um eine Information zu handeln, die vor allem im Verbund mit anderen Angaben aus der Rechnungslegung werthaltig interpretiert werden kann.

[1071] Uneinheitliche Tendenzen liefert die supplementäre Analyse einer Wertrelevanz von Aufwendungen für Forschung und Entwicklung. Verstanden als Investition in die Generierung von Wissen müssten diese schon rein intuitiv wertrelevant sein. Die Untersuchung offenbart jedoch keine zwingenden Indizien für eine Wertrelevanz. Während in einem univariaten Rahmen noch eine schwache Wertrelevanz nachgewiesen werden kann, mehren sich im Verbund mit den anderen Größen der Rechnungslegung Hinweise, dass Informationen über Investitionen, die ein Unternehmen in Forschung und Entwicklung tätigt, nicht in Marktpreisen reflektiert werden. Vielmehr legen die Anhaltspunkte nahe, dass den Aufwendungen für Forschung und Entwicklung aus Sicht kapitalmarktorientierter Investoren eine untergeordnete Bedeutung zukommt und eine Wertrelevanz keine Unterstützung mehr findet.

[1072] Der konsistent hoch signifikante Wert des partiellen *F*-Testes belegt zudem einen zusätzlichen Erklärungsgehalt der Patentkennzahlen für Marktwerte, der jenen der Rechnungslegungsgrößen übersteigt.

Spezifikationsvariante I des Messmodells Während die Ergebnisse für die Rechnungslegungsdaten die intuitiven Vermutungen bestätigen, weisen die Schätzungen im Fall der Kennzahl Anzahl der Patente eine Besonderheit auf. So finden sich in allen hier dargestellten Modellen statistische Belege für einen reziproken Zusammenhang zwischen dem quantitativen Umfang eines Patentportfolios und dem Marktwert. In vier von sechs Instanzen ist diese Beziehung mindestens auf einem 5 %-, zweimal sogar auf einem 1 %-Niveau signifikant. Vereinfacht ausgedrückt gilt demnach: Je größer das Patentportfolio eines Unternehmens, desto größer der Wertabschlag am Kapitalmarkt.

Ein vergleichbares Resultat erzielen *Toivanen/Stoneman/Bosworth* (2002) und *Stoneman/Bosworth* (1994), die in einer Studie für den angelsächsischen Raum ebenfalls ein negatives Vorzeichen für die Messgröße Anzahl der Patente nachweisen.[1073] Die dokumentierte negative Beziehung der Patentanzahl mit dem Marktwert ist zunächst überraschend, weil kontra-intuitiv. Allgemein wird Patenten nämlich schon allein theoretisch eine Werthaltigkeit zugestanden, die sich hauptsächlich in der Indikatorfunktion für zukünftige Wertschöpfungspotenziale begründet, und sich über den Mechanismus effizienter Märkte auch in heutigen Marktpreisen widerspiegeln müsste. Es können drei Erklärungsansätze angeführt werden, die zumindest teilweise dazu beitragen, den beobachteten negativen Zusammenhang zwischen Patentanzahl und Marktwert zu plausibilisieren:[1074]

1. Das Ergebnis könnte als ein Indiz dafür gewertet werden, dass sich durch eine wachsende Portfoliogröße die Schwierigkeit überproportional erhöht, eine exakte Beurteilung der technologischen wie ökonomischen Bedeutung und damit verbundener zukünftiger Zahlungsströme vorzunehmen.[1075] Hintergrund dieser Überlegung ist, dass eine exakte Evaluierung der Werthaltigkeit eines Patentes in beiden Bereichen nicht trivial ist.[1076] Aus Sicht externer Anspruchsgruppen könnte aus diesem Umstand eine Unsicherheit hinsichtlich der Einschätzung und Bewertung zukünftiger Umweltzustände resultieren. Dieser Sachverhalt könnte wiederum zu einem Risikoabschlag am Kapitalmarkt führen.

2. Eine weitere Argumentation folgt der Überlegung, dass eine große Menge an Patenten und ein umfangreicheres Patentportfolio möglicherweise als Anzei-

---

[1073] Ein negativer, wenngleich nicht statistisch signifikanter Koeffizient für die Anzahl der Patente wird auch von *Hirschey/Richardson/Scholz* (2001) dokumentiert. Allerdings handelt es sich dort um eine mit Ausgaben für Forschung und Entwicklung gewichtete Größe, was eine Vergleichbarkeit deutlich einschränkt.

[1074] Eine weitere Möglichkeit wäre, die Beobachtung mit irrationalem Verhalten von Investoren zu erklären. Bei angenommener Markteffizienz wäre dies allerdings per definitionem ausgeschlossen.

[1075] Eine entscheidende Rolle spielt hier sicherlich die Tatsache, dass ein überschaubares Patentportfolio für externe Dritte einfacher zu analysieren ist als eine heterogene Ansammlung einer Vielzahl an Patenten.

[1076] Letztlich führt diese Erkenntnis dazu, bei der Patentanalyse über Aktivitätskennzahlen des betrieblichen Patentierverhaltens hinaus weiter führende qualitäts- oder auch verbindungsorientierte Kennzahlen einzusetzen mit dem Ziel, die Validität zu stärken. Eine reine Aktivitätsbetrachtung ist demzufolge für die Generierung solider Rückschlüsse unzureichend. Siehe *Breitzman/Mogee* (2002), S. 199 ff. oder auch *Ernst* (1996), S. 36 u. 89 ff. ausführlich zur Patentanalyse.

chen für technologisch wie auch wirtschaftlich eher unbedeutende Patente interpretiert werden. Umgekehrt würde dann die Tatsache, dass ein Unternehmen vergleichsweise wenige Patente hält, die Existenz ökonomisch und technologisch verhältnismäßig bedeutender Erfindungen suggerieren.[1077]

3. Ein dritter möglicher Erklärungsansatz findet sich in der Literatur. So begründen *Toivanen/Stoneman/Bosworth* (2002) wie auch *Stoneman/Bosworth* (1994) einen in ihren empirischen Untersuchungen dokumentierten reziproken Zusammenhang zwischen der Anzahl der Patente und dem Marktwert mit einer Indikatorfunktion der Patentanzahl für (ungünstige) *Appropriability Conditions*.[1078] Eine auf spezielle Umweltbedingungen zurückgehende Interpretation des negativen Vorzeichens argumentiert wie folgt:[1079] Bestehen Schwierigkeiten, die Ausschließlichkeit einer Wissensnutzung sicherzustellen, führe dies einerseits zu einem geringen Einfluss der Innovationserzielung selbst auf den Marktwert und wirke andererseits positiv auf das Aktivitätsniveau des betrieblichen Patentierverhaltens. Herrscht also ein Marktumfeld vor, in dem z. B. keine natürlichen Eintrittsbarrieren zum Schutz vor Nachahmern existieren, nehme die Fähigkeit ab, sich Pioniergewinne aus der Forschungstätigkeit anzueignen. Demzufolge werde die Patentierneigung positiv beeinflusst. Aus diesem Grund kann das Aktivitätsniveau des betrieblichen Patentierverhaltens bzw. die Patentanzahl auch als Indikator für die Existenz dieser ungünstigen Umweltbedingungen gewertet werden. Die Bedeutung von Innovationen wäre unter solchen Rahmenbedingungen geringer einzustufen, weil eine hohe Unsicherheit mit der Forschungsleistung verbunden wäre, die über einen Risikoabschlag einen negativen Zusammenhang mit dem Marktwert erklären könnte.

Die empirischen Erkenntnisse aus der Modellvariante I stärken die These, dass die untersuchten Patentkennzahlen Wertrelevanz aufweisen. Insgesamt lassen sich folgende Aussagen festhalten:

- Für die Aktivitätskennzahl Anzahl der Patente wird überwiegend eine signifikant negative Assoziation mit dem Marktwert dokumentiert.
- Für die Qualitätskennzahlen Zitate pro Patent, Einflussstärke und Technologiestärke wird ein signifikant positiver Zusammenhang mit dem Marktwert nachgewiesen.

1077 Der Effekt, der sich hier in Grundzügen andeutet, erinnert an ein anderes in der Empirie beobachtbares Phänomen: den Conglomerate Discount. Empirischen Erkenntnissen zufolge kann eine Diversifikation auf Unternehmensebene dazu führen, dass der auf Basis aller Konzernteile ermittelte Wert den des Ganzen übersteigt. Will man diesen Effekt auf die hier diskutierte Situation übertragen, ist von der Annahme auszugehen, dass ein beliebiges Patent als ein unabhängiger Teil der Gesamtheit aller Patente gesehen werden kann und zudem einzeln verkehrsfähig und bewertbar ist. Siehe *Berger/Ofek* (1995) ausführlich zum Diversifikationsabschlag.

1078 Siehe *Toivanen/Stoneman/Bosworth* (2002), S. 57 und *Wyatt/Matolcsy* (2004), S. 9 ff. zu *Appropriability Conditions*. Ergänzend sei auf die Definition in Fn. 155 auf S. 29 verwiesen.

1079 Vgl. hierzu und im Folgenden *Toivanen/Stoneman/Bosworth* (2002), S. 57.

- Für die überprüften Verbindungskennzahlen zeigt sich hingegen ein uneinheitliches Bild. Im Fall der Technologiezyklusdauer wird eine hoch signifikante negative Beziehung mit Marktpreisen belegt, wohingegen sich für die Wissenschaftsstärke ein schwach positiver Einfluss ergibt.[1080]

Für diese Größen wird in Modell I ein statistisch signifikanter Erklärungsgehalt für Marktwerte nachgewiesen und demzufolge die These einer Wertrelevanz gefestigt. Die statistischen Resultate dieser Modellvariante stützen demnach die Hypothesen H 2a, H 2b und H 2c, so dass die aufgestellten Wertrelevanzvermutungen auf Grundlage der bisher erzielten empirischen Erkenntnisse nicht verworfen werden können. In Bezug auf die einzelaspektbezogenen Subhypothesen gilt Entsprechendes, mit Ausnahme von H 2c.2 und eingeschränkt für H 2c.3.

Spezifikationsvariante II des Messmodells Die Besonderheit des hier diskutierten Regressionsmodells besteht in der Integration eines Interaktionsterms. Insgesamt wird der Blickwinkel der ersten Modellvariante verlagert, indem von einer isolierten Betrachtung der quantitativen Dimension eines Patentportfolios abstrahiert wird. Wird unterstellt, dass in Modell I die Anzahl der Patente als Indikator für *Appropriability Conditions* die Ergebnisse verzerrt und einen durch spezielle Umweltbedingungen induzierten Sonderfall berücksichtigt, wird die Perspektive in Modell II auch auf andere Zustände ausgedehnt und es findet eine entsprechende Verallgemeinerung statt.[1081]

In keinem der Einzelmodelle, die dieser Spezifikation genügen, zeigt sich jedoch ein signifikanter Zusammenhang zwischen Interaktion und Marktwert. Bei einer Erklärung der ursprünglichen Varianz, kommt dem Term also keinerlei Bedeutung zu. Auf eine Interpretation aus statistischer wie ökonomischer Sicht kann demnach verzichtet werden. Die Analyse dokumentiert für drei der sieben überprüften Patentkennzahlen einen statistisch signifikanten Zusammenhang mit dem Marktwert. Im Einzelnen lassen sich folgende Aussagen festhalten:

- Für die Qualitätskennzahl Einflussstärke wird eine signifikant positive Assoziation mit dem Marktwert dokumentiert.
- Für die Verbindungskennzahl Technologiezyklusdauer wird ein signifikant negativer Zusammenhang mit dem Marktwert nachgewiesen.
- Für die Verbindungskennzahl Wissenschaftsbindung wird eine signifikant positive Beziehung zum Marktwert gemessen.

Die Signifikanz der Koeffizienten liefert einen deutlichen Anhaltspunkt dafür, dass die angesprochenen Kennzahlen wertrelevant sind, wobei diese Einschätzung

---

1080 Für die Wissenschaftsbindung kann hingegen kein statistisch signifikanter Zusammenhang mit dem Marktwert aufgedeckt werden.

1081 Anderseits ist i. d. R. eine (eigene) Forschungstätigkeit notwendige Voraussetzung für den Besitz (selbst-erstellter) Patente. Durch eine Verknüpfung beider Variablen wird auch diese Abhängigkeit im Modell berücksichtigt.

unabhängig von der dokumentierten Wirkungsrichtung zu sehen ist. Damit sind die auf Basis von Modell II gewonnenen empirischen Erkenntnisse nicht hinreichend, um die Wertrelevanzvermutung zu verwerfen, wie sie in den Subhypothesen H 2b.2, H 2c.1 und H 2c.2 niedergelegt ist. Umgekehrt liefern die Schätzmodelle dieses Typs keine Anzeichen für eine Wertrelevanz der Kennzahlen Anzahl der Patente, Zitate pro Patent, Technologie- und Wissenschaftsstärke. Es folgt daraus, dass keine Unterstützung der Subhypothesen H 2a.1, H 2b.1, H 2b.3 und H 2c.3 abgeleitet werden kann.

Zusammenfassend findet sich keine eindeutige Bestätigung für eine Wertrelevanz von Aktivitätskennzahlen, wie sie in H 2a vermutet wird. Wohl aber manifestieren sich schwache Anhaltspunkte für eine Wertrelevanz von Qualitäts- (H 2b) sowie solide Anzeichen für eine Wertrelevanz von Verbindungskennzahlen (H 2c). Es kann demzufolge festgehalten werden, dass eine Gültigkeit der globalen Hypothese H 2 nicht per se abgelehnt werden kann.

7.3. Zentrale Befunde zur Wertrelevanz und Generierung von Implikationen

7.3.1. Überprüfung der Forschungshypothesen und Beantwortung der Forschungsfragen

Das gewählte Forschungsvorgehen greift bei der Beurteilung einer Wertrelevanz in erster Linie auf eine Analyse der Koeffizienten zurück. Für die Prüfung der Forschungshypothese sind also vorrangig Vorzeichen sowie Signifikanzniveau des Koeffizienten entscheidend, wobei Letzteres prinzipiell bereits ausreicht, um dem angewandten Forschungskonzept entsprechend die Hypothesen zu evaluieren.[1082]

Im Folgenden wird zunächst für eine Bestimmung der Richtung des Zusammenhangs das Vorzeichen betrachtet, um dann in Abhängigkeit einer Signifikanz des Koeffizienten auf Wertrelevanz zu schließen. Tab. 7.7 auf der nächsten Seite fasst die Ergebnisse der zur Überprüfung der Forschungshypothesen implementierten statistischen Modelle überblicksartig zusammen.[1083] Angegeben werden Einflussrichtung der gemessenen statistischen Assoziation sowie das erreichte Signifikanzniveau.[1084]

7.3.1.1. Hypothese H 1 zur Wertrelevanz von Rechnungslegungsinformationen

Eigenkapitalbuchwert (H 1a) Subhypothese H 1a postuliert einen signifikant positiven Zusammenhang zwischen Markt- und Buchwerten des Eigenkapitals

1082 Zusätzlich dient der partielle *F*-Test dazu, einen signifikanten Erklärungsgehalt über die im Grundmodell der multivariaten Spezifikation enthaltenen Rechnungslegungsdaten hinaus aufzudecken.

1083 Siehe Kap. 7.2 auf S. 235 für eine ausführliche Vorstellung und Diskussion der Regressionsmodelle.

1084 Ergänzend werden Einzelfälle gekennzeichnet, bei denen das korrigierte Bestimmtheitsmaß unter 5 % fällt, weil ein geringer Erklärungsgehalt des Modells Auswirkungen auf die Interpretation i. S. d. Fragestellung nach sich zieht.

Tabelle 7.7.: Ergebnisübersicht der Modelle zur Wertrelevanzmessung und Überprüfung der Forschungshypothesen

Modell	Hypothese H1[†]			Hypothese H2[‡]						
				H2a	H2b			H2c		
	H1a^{+}	H1b^{+}	H1c^{+}	H2a.1^{+}	H2b.1^{+}	H2b.2^{+}	H2b.3^{+}	H2c.1^{-}	H2c.2^{+}	H2c.3^{+}
	CEQ[1]	OA[2]	OI[3]	NOP[a]	CPP[b]	CII[c]	TS[d]	TCT[e]	SL[f]	SS[g]
M 1a	+***									
M 1b		+***								
M 1c			(+**)							
M 2a				+***						
M 2b					(+*)					
M 2c						+***				
M 2d							+***			
M 2e								(−*)		
M 2f									(−)	
M 2g										+***
M 3a	+***	+***	+***							
M 3b	+***	+***	+**							
M 4a	+***	+***	+***	−**	+***					
M 4b	+***	+***	+***	−***		+***				
M 4c	+***	+***	+***	−***			+***			
M 4d	+***	+***	+***	−**				−***		
M 4e	+***	+***	+	−					−	
M 4f	+***	+***	+	−						+*
M 5a	+***	+***	+**	+						
M 5b	+***	+***	+***		+					
M 5c	+***	+***	+***			+***				
M 5d	+***	+***	+**				+			
M 5e	+***	+***	+***					−***		
M 5f	+***	+***	+***						+**	
M 5g	+***	+***	+***							−
Erg.[§]	•	•	•	•/○	•	•	•	•	•/○	•/○

Quelle: Eigene Darstellung
Angegeben sind Vorzeichen und Signifikanzniveau des Zusammenhangs mit Marktwerten
*** signifikant auf 1 %-Niveau, ** signifikant auf 5 %-Niveau, * signifikant auf 10 %-Niveau
Angaben in Klammern kennzeichnen ein korrigiertes R^2 unter 5 %
• Hypothese wird bestätigt, ○ Hypothese wird nicht bestätigt, •/○ Ergebnis uneinheitlich

[†] Rechnungslegungsinformationen [‡] Patentinformationen [§] Gesamtergebnis der Hypothesenüberprüfung
[1] Eigenkapitalbuchwert [2] Operatives Vermögen [3] Operativer Gewinn [a] Anzahl der Patente [b] Zitate pro Patent
[c] Einflussstärke [d] Technologiestärke [e] Technologiezyklusdauer [f] Wissenschaftsbindung [g] Wissenschaftsstärke

und weist dem Eigenkapitalbuchwert eine Wertrelevanz zu.[1085] Alle geschätzten Regressionsmodelle, univariate wie auch dem *Feltham-Ohlson*-Modell (1995) folgende, messen ausnahmslos einen positiven Einfluss des Eigenkapitalbuchwertes auf den Marktwert, der zudem durchweg auf einem 1 %-Niveau signifikant ist.[1086] Das bedeutet, dass eine größere Eigenkapitalbasis generell mit einem größeren Marktwert assoziiert ist. Im Sinne einer inkrementellen Wertrelevanzstudie deuten demzufolge die Regressionsstatistiken zweifelsfrei auf eine Wertrelevanz der untersuchten Größe hin. Die in der empirischen Untersuchung erreichten statistischen Merkmale sind demnach nicht hinreichend, um Hypothese H 1a zu verwerfen. Mit Blick auf die Formulierung von Hypothese H 1a lässt sich zusammenfassend festhalten, dass der Eigenkapitalbuchwert (CEQ) signifikante Erklärungskraft für den am Kapitalmarkt erzielten Marktwert des Eigenkapitals besitzt und daher als wertrelevant zu bezeichnen ist.

Operatives Vermögen (H 1b) Subhypothese H 1b nimmt einen positiven Zusammenhang zwischen dem operativen Vermögen und dem Marktwert an und folgert daraus eine Wertrelevanz der betrachteten Größe.[1087] Die geschätzten statistischen Regressionsmodelle dokumentieren einheitlich einen positiven Einfluss auf den Marktwert.[1088] Der Wert des Koeffizienten ist in allen Fällen auf einem 1 %-Niveau signifikant von null verschieden. Eine Interpretation der Beobachtung legt nahe, dass tendenziell gilt: Je höher sich das operative Vermögen eines Unternehmens beläuft, desto größer ist der Marktwert. Es ergeben sich im Gegenteil keinerlei statistische Anhaltspunkte, die eine Ablehnung der in Hypothese H 1b getroffenen Aussage nahe legen würden. Daher kann analog zur ursprünglichen Formulierung der Hypothese darauf geschlossen werden, dass das operative Vermögen (OA) signifikante Erklärungskraft für den am Kapitalmarkt erzielten Marktwert des Eigenkapitals besitzt und daher als wertrelevant zu bezeichnen ist.

Operativer Gewinn (H 1c) In Subhypothese H 1c wird eine positive Beziehung zwischen operativem Gewinn und Marktwert aufgestellt und entsprechend eine Wertrelevanz angenommen.[1089] Mit Ausnahme von zwei Modellschätzungen bestätigt sich ein signifikanter, positiver Zusammenhang beider Messgrößen.[1090] Abgesehen von den beiden erwähnten Instanzen beträgt das Signifikanzniveau mindestens 5 %, meist sogar 1 %. Die Beobachtung weist auf die vermutete Tendenz hin, dass ein höherer Gewinn im operativen Geschäft mit einem höheren Marktwert assoziiert ist. Insgesamt zeigt die Analyse, dass Hypothese H 1c auf Basis der

[1085] Vgl. Hypothese H 1a auf S. 132.

[1086] Im Detail sind dies die Modelle M 1a, M 3a, M (3b) sowie M 4a bis einschließlich M 5g.

[1087] Vgl. Hypothese H 1b auf S. 132.

[1088] Im Einzelnen sind dies die Modelle M 1b, M 3a, M 3b, sowie M 4a bis einschließlich M 5g.

[1089] Vgl. Hypothese H 1c auf S. 132.

[1090] Einzig M 4e und M 4f zeigen keine Signifikanz. Regression M 1c hingegen liefert einen signifikanten Koeffizienten, jedoch ist der Erklärungsgehalt des Modells insgesamt als sehr niedrig einzustufen, so dass eine Wertrelevanz nicht zweifelsfrei belegt wird.

statistischen Anzeichen nicht verworfen werden kann. Die Indizien untermauern im Gegenteil eine Wertrelevanz des operativen Gewinns. Im Einklang mit der Hypothese wird demzufolge festgestellt, dass der operative Gewinn (OI) signifikante Erklärungskraft für den am Kapitalmarkt erzielten Marktwert des Eigenkapitals besitzt und daher als wertrelevant zu bezeichnen ist.

Rechnungslegungsinformationen (H 1) Nach Beurteilung der einzelaspektbezogenen Subhypothesen H 1a bis H 1c wird der Fokus nun auf eine aggregierte Ebene angehoben, um abschließend die global formulierte Hypothese H 1 zur Wertrelevanz von Daten der Rechnungslegung zu bewerten.[1091] Grundlage bilden hierzu die bezüglich der Subhypothesen bereits gewonnenen Erkenntnisse. Diese weisen für die getesteten Rechnungslegungsinformationen Eigenkapitalbuchwert, operatives Vermögen und operativer Gewinn Wertrelevanz nach. Aufgrund der auf breiter Front dokumentierten hohen empirischen Erklärungskraft für Marktwerte lässt sich zusammenfassend festhalten, dass keine statistischen Hinweise existieren, um die in Hypothese H 1 niedergelegte Wertrelevanzvermutung in Frage zu stellen oder gar zu entkräften. Die getroffene Aussage kann demnach nicht revidiert werden. Es gilt vielmehr, dass Rechnungslegungsdaten in Marktpreisen reflektiert werden und demnach im Umkehrschluss zwingend eine wertvolle Informationsquelle für kapitalmarktorientierte Investoren darstellen.

7.3.1.2. Hypothese H 2 zur Wertrelevanz von Patentinformationen

Anzahl der Patente (H 2a.1) In Forschungshypothese H 2a.1 wird ein Zusammenhang zwischen der Anzahl der Patente eines Unternehmens und dem Marktwert vermutet, so dass der Kennzahl entsprechend Wertrelevanz zugeschrieben wird.[1092]

Die in den empirischen Modellen gemessenen statistischen Zusammenhänge unterscheiden sich in Abhängigkeit von der implementierten Spezifikation hinsichtlich Vorzeichen und Signifikanzniveau, so dass die erzielten Ergebnisse uneinheitliche und teilweise gegenläufige Tendenzen offenbaren. Während im univariaten Modell M 2a ein signifikanter, positiver Zusammenhang dokumentiert wird, dessen Richtung, nicht jedoch Signifikanz, im multivariaten Modell M 5a Bestätigung findet, zeigt sich in M 4a bis M 4f ein negativer Zusammenhang, der überwiegend statistische Signifikanz aufweist.[1093]

Die Ambivalenz der Indizien legt nahe, dass die Anzahl der Patente isoliert betrachtet noch keine eindeutige Aussagekraft besitzt. Eine Analyse des Einflusses auf den Marktwert erfordert vielmehr, dass die Sicht weiter gefasst wird, da ein Informationswert insbesondere in Verbindung mit zusätzlichen, weiterführenden Angaben zu sehen ist.[1094] Ein relevanter Aspekt dürfte also in der Schwierigkeit

---

1091 Vgl. Hypothese H 1 auf S. 132.

1092 Vgl. Hypothese H 2a.1 auf S. 137.

1093 In vier von sechs Modellen beläuft sich das Signifikanzniveau mindestens auf 5 %, in zwei auf 1 %.

1094 Bei der Patentanalyse bedarf es der Hinzunahme weiterer analytischer Kennzahlen, um ein informatives und vollständiges Bild zu generieren.

einer technologisch wie ökonomisch exakten Bewertung einzelner Patente begründet sein. Eine Rolle spielt aber auch der spezifische Kontext des Marktumfeldes, weil sich ein negatives Vorzeichen u. a. durch eine Indikatorfunktion der Patentanzahl für *Appropriability Conditions* erklären lässt.[1095] In Modell II der multivariaten Spezifikation wird ein Einfluss des in Forschung und Entwicklung getätigten Investitionsvolumens auf den Zusammenhang von Patentanzahl und Marktwert berücksichtigt, der möglicherweise die angedeutete Indikatorfunktion abschwächt oder ausschaltet, so dass sich die Richtung des Zusammenhangs umdreht.

Für eine reine Beurteilung der Wertrelevanz der betrachteten Variablen sind in erster Linie Vorzeichen und Signifikanzniveau des Koeffizienten entscheidend, die Richtung des Zusammenhangs spielt zunächst nur eine untergeordnete Rolle und kann streng genommen ausgeblendet werden. Die Kennzahl Anzahl der Patente (NOP) besitzt, den empirischen Ergebnissen nach zu urteilen, signifikante Erklärungskraft für den am Kapitalmarkt erzielten Marktwert des Eigenkapitals. Sie ist daher dem Verständnis dieser Studie folgend als wertrelevant zu bezeichnen, wenngleich die Art des Einflusses auf das Marktgeschehen, wie an der Veränderung des Vorzeichens zu erkennen ist, schwankt. Damit bestätigt sich die in Subhypothese H 2a.1 niedergelegte Wertrelevanzvermutung.

Weil die Anhaltspunkte einen ursprünglich angenommenen positiven Zusammenhang zwischen Patentanzahl und Marktwert aber nicht zweifelsfrei stützen und auch das Gegenteil nicht zwingend gefolgert werden kann, sind die empirischen Beweise insgesamt nicht hinreichend, um die Hypothese eindeutig zu widerlegen. Unter Vorbehalt und angesichts einer Konzentration auf die Wertrelevanzvermutung kann Hypothese H 2a.1 also nicht gänzlich verworfen werden.[1096]

Zitate pro Patent (H 2b.1) Forschungshypothese H 2b.1 thematisiert einen Zusammenhang zwischen der Anzahl der Zitate, die die Patente eines Unternehmens durchschnittlich auf sich vereinen, und dem an der Börse erzielten Marktwert.[1097] Für diese Qualitätskennzahl des betrieblichen Patentierverhaltens wird eine Wertrelevanz und eine positive Assoziation erwartet.

Die Ergebnisse der Messmodelle zeigen durchweg einen positiven Zusammenhang mit dem Marktwert. Es ergeben sich allerdings Unterschiede in der Signifikanz der gemessenen Beziehung. In den nach Maßgabe des *Feltham-Ohlson*-Modells (1995) spezifizierten Messmodellen wird in M 4a ein signifikant positiver Zusammenhang dokumentiert, während sich in M 5b zwar die Richtung der Bezie-

---

1095 Siehe Kap. 7.2.3.4 auf S. 264 ausführlich zu möglichen Ursachen eines negativen Zusammenhangs von Patenten und Marktwerten.

1096 Offen bleibt jedoch die Frage nach der Richtung eines Einflusses, die den Erkenntnissen der vorliegenden Untersuchung zufolge in Abhängigkeit der Rahmenbedingungen zu sehen ist, so dass hier Forschungsbedarf verbleibt. Im Besonderen könnte eine weiterführende Analyse Ausschluss darüber geben, ob beispielsweise die Zugehörigkeit zu einem bestimmten Industriesektor die Ergebnisse verzerrt. Für einen Robustheitscheck der Ergebnisse im Rahmen einer Sensitivitätsanalyse der Branchenzugehörigkeit siehe Kap. 7.4 auf S. 289.

1097 Vgl. Hypothese H 2b.1 auf S. 139.

hung bestätigt, nicht aber die Signifikanz.[1098] Trotz leicht abweichender Anzeichen können die empirischen Erkenntnisse prinzipiell als Unterstützung für die Aussage gewertet werden, dass Unternehmen, deren Patente vergleichsweise viele Verweise in anderen Patenten erhalten, auch eine hohe Marktbepreisung erfahren.

Grundsätzlich kann Subhypothese H 2b.1 und damit eine Wertrelevanz der Patentinformation aufgrund der erreichten empirischen Anhaltspunkte nicht widerlegt werden. Analog zur Formulierung der Hypothese kommt der Kennzahl Zitate pro Patent (CPP) eine signifikante Erklärungskraft für den Marktwert zu, so dass sie als wertrelevant zu bezeichnen ist.

Einflussstärke (H 2b.2) Forschungshypothese H 2b.2 bezieht sich auf einen Zusammenhang zwischen der Messgröße Einflussstärke und dem Marktwert und stellt dahingehend eine Wertrelevanzvermutung auf.[1099] Die Variable ist den Qualitätskennzahlen des betrieblichen Patentierverhaltens zugehörig und wird herangezogen, um die Stärke eines Patentportfolios anhand des Einflusses auf jüngere Patentschriften zu approximieren.[1100] Es wird ein positiver Zusammenhang zwischen Einflussstärke und Marktwert vermutet.

Es bestätigt sich in allen Messmodellen und über alle Spezifikationsvarianten hinweg eine positive, statistisch signifikante Beziehung zwischen Einflussstärke und Marktwert.[1101] Damit unterstützt die Empirie die Aussage, dass Unternehmen, deren Patentportfolio gemessen am patentsystemweiten Durchschnittswert qualitativ hochwertig einzustufen sind, tendenziell eine höhere Marktbewertung aufweisen.

Insgesamt sprechen also starke Anzeichen für eine Wertrelevanz der betrachteten Patentkennzahl, so dass Hypothese H 2b.2 nicht falsifiziert werden kann. Im Einklang mit ihrer Formulierung kann festgehalten werden: Die Einflussstärke (CII) gilt aufgrund ihrer signifikanten Erklärungskraft für den Marktwert als wertrelevant.

Technologiestärke (H 2b.3) In Forschungshypothese H 2b.3 wird ein positiver Zusammenhang zwischen der Kennzahl Technologiestärke und dem Marktwert vermutet. Der Messgröße wird entsprechend Wertrelevanz beigemessen.[1102] Als Qualitätskennzahl des betrieblichen Patentierverhaltens drückt die Technologiestärke näherungsweise die absolute technologische Kompetenz eines Unternehmens aus, so dass eine positive Assoziation mit Marktpreisen erwartet wird.

Alle Modellspezifikationen zeigen einen positiven Einfluss der Kennzahl auf den Marktwert, wohingegen die Ergebnisse hinsichtlich des erreichten Signifikanz-

---

1098 Das univariate Modell M 2b zeigt für einen positiven Koeffizienten ebenso Signifikanz und stützt die Erkenntnisse der multivariaten Messmodelle. Allerdings ist der Erklärungsgehalt sehr niedrig, was das Ergebnis abschwächt.

1099 Vgl. Hypothese H 2b.2 auf S. 139.

1100 Durch die Bezugnahme auf den Mittelwert im Patentsystem wird die Aussage unternehmensübergreifend vergleichbar gemacht.

1101 Siehe Modelle M 2c, M 4b sowie M 5c.

1102 Vgl. Hypothese H 2b.3 auf S. 139.

niveaus leicht divergieren. Während in den Modellen M 2d und M 4c eine hoch signifikante, positive Beziehung gemessen wird, stellt sich in M 5d, bei gleicher Richtung des Zusammenhangs, keine Signifikanz ein. Obwohl für die Beziehung nicht einheitlich Signifikanz dokumentiert wird, weisen die Anhaltspunkte doch tendenziell auf eine Relevanz der Kennzahl aus Sicht des Kapitalmarktes hin. Unternehmen mit einer aus technologischer Sicht starken Positionierung werden demzufolge entsprechend hoch an der Börse bewertet.

Weil Indizien überwiegen, die für eine Wertrelevanz sprechen, kann Hypothese H 2b.3 nicht verworfen werden. Vielmehr untermauern die empirischen Indizien eine Wertrelevanz der Patentkennzahl Technologiestärke. Im Einklang mit der Hypothese kann somit festgehalten werden, dass die Technologiestärke (TS) signifikante Erklärungskraft für den am Kapitalmarkt erzielten Marktwert des Eigenkapitals besitzt und daher als wertrelevant bezeichnet werden kann.

Technologiezyklusdauer (H 2c.1) Die in Forschungshypothese H 2c.1 postulierte Wertrelevanz der Patentkennzahl Technologiestärke leitet sich aus einer vermuteten negativen Beziehung zwischen der Messgröße und dem Marktwert ab.[1103] Der angenommene negative Zusammenhang begründet sich in einem reziproken Verhältnis zwischen der Dauer eines Technologiezyklus und der Innovationsgeschwindigkeit. Alle empirischen Messmodelle, in denen die betreffende Größe auf Wertrelevanz geprüft wird, zeigen den bereits erwarteten negativen Zusammenhang zwischen Marktwert und Technologiezyklusdauer.

Während in beiden auf den theoretischen Rahmen des *Feltham-Ohlson*-Modells (1995) zurückgehenden Spezifikationen des Messmodells M 4d und M 5e eine hoch signifikante negative Assoziation gemessen wird, bestätigt sich das Ergebnis in der univariaten Schätzung M 2e bei etwas geringerer Signifikanz.[1104] Insgesamt stützen die erzielten Erkenntnisse die Ausgangshypothese. Es offenbart sich demzufolge die Tendenz, dass Unternehmen, deren Innovation schnell fortschreitet, eine höhere Bewertung am Kapitalmarkt zukommt.

Subhypothese H 2c.1 kann aufgrund der gesammelten empirischen Beweise nicht verworfen werden. Vielmehr ist davon auszugehen, dass die Technologiestärke (TCT) signifikante Erklärungskraft für den Marktwert besitzt und sich demnach als wertrelevante Größe qualifiziert.

Wissenschaftsbindung (H 2c.2) Die Forschungshypothese H 2c.2 geht davon aus, dass die Patentkennzahl Wissenschaftsbindung, welche die Intensität der Einbettung betrieblicher in die wissenschaftliche Grundlagenforschung erfasst, positiv mit Marktwerten assoziiert ist.[1105] Die Richtung einer Assoziation wird dabei als positiv angenommen.

1103 Vgl. Hypothese H 2c.1 auf S. 141.

1104 Das Modell erklärt jedoch lediglich einen geringen Anteil der Varianz im Marktwert.

1105 Vgl. Hypothese H 2c.2 auf S. 141.

Die zur Überprüfung eingesetzten empirischen Messmodelle liefern jedoch von dieser Annahme abweichende und teilweise gegensätzliche Ergebnisse. Während sich in Modell M 4e ein signifikant positiver Zusammenhang manifestiert, liegt ein vergleichbares Ergebnis in M 5f nicht vor. Dort wird vielmehr eine reziproke Beziehung festgestellt, die allerdings keine statistische Signifikanz aufweist.[1106] Die Indizien der multivariaten Messmodelle widersprechen sich also in ihrer Aussage hinsichtlich der Wertrelevanz der betrachteten Messgröße. Auf Basis einer Auswertung der empirischen Resultate kann die Ausgangshypothese demzufolge nicht eindeutig verworfen werden. Dennoch sind die Erkenntnisse auch nicht hinreichend, um das Gegenteil schlüssig zu folgern.

Dies kann als Hinweis gedeutet werden, dass bei einer Analyse der Wertrelevanz in Einzelfällen der Betrachtungskontext wichtige zusätzliche Erkenntnisse liefern kann, Informationen also vermehrt in ihrem spezifischen Umfeld zu sehen und zu interpretieren sind. Generell kann die in Subhypothese H 2c.2 verankerte Wertrelevanzvermutung nicht zweifelsfrei verworfen werden. Die uneinheitlichen Anhaltspunkte weisen eher auf eine Wertrelevanz der Patentkennzahl Wissenschaftsbindung (SL) unter Beachtung der speziellen Kontextfaktoren hin.[1107]

Wissenschaftsstärke (H 2c.3) In Forschungshypothese H 2c.3 wird ein positiver Zusammenhang zwischen Wissenschaftsstärke und Marktwert angenommen und entsprechend eine Wertrelevanz unterstellt.[1108] Zudem wird eine positive Verbindung beider Größen vermutet.

Wie schon bei der Messgröße Wissenschaftsbindung offenbart die empirische Überprüfung dieser Beziehung uneinheitliche Tendenzen. In Modell M 4e wird eine positive Assoziation gemessen, die auf einem 10 %-Niveau signifikant ist, wohingegen sich in M 5f eine negative Beziehung manifestiert, die keine Signifikanz aufweist. Damit bestätigen sich die Erkenntnisse aus den auf das *Feltham-Ohlson*-Modell (1995) zurückgehenden Regressionsmodellen nicht, sondern sind vielmehr in ihrer Aussage widersprüchlich. Das univariate Modell M 2g stützt hingegen die Vermutung eines positiven Einflusses der Patentkennzahl Wissenschaftsstärke auf den Marktwert. Die in Subhypothese H 2c.3 geäußerte Wertrelevanzvermutung kann damit nicht eindeutig widerlegt werden.

Die Tatsache, dass ein Unternehmen seine Forschungstätigkeit an der Wissenschaft ausrichtet, wird tendenziell eher als ein positives Signal gewertet und entsprechend eingepreist. Allerdings gilt auch hier einschränkend, dass die Information möglicherweise kontextabhängig ist und erst im Verbund mit anderen Angaben aus Sicht des Kapitalmarktes wertrelevante Aspekte offeriert. Die in Subhypothese H 2c.3 niedergelegte Wertrelevanzvermutung kann trotzdem nicht

1106 Auch die univariate Modellschätzung zeigt einen negativen Zusammenhang, der aber weder signifikant ist noch einen hohen Erklärungsgehalt birgt.

1107 Weitere Untersuchungen könnten letztlich Aufschluss geben, so dass hier Forschungsbedarf besteht. Wie schon bei der Kennzahl Anzahl der Patente könnte beispielsweise die Zugehörigkeit zu einer Industriegruppe die Ergebnisse überlagern. Für einen Robustheitscheck der Ergebnisse im Rahmen einer Sensitivitätsanalyse der Branchenzugehörigkeit siehe Kap. 7.4 auf S. 289.

1108 Vgl. Hypothese H 2c.3 auf S. 141.

vollständig zurückgewiesen werden. Die uneinheitlichen Anhaltspunkte können eher als Anzeichen für eine Wertrelevanz der Patentkennzahl Wissenschaftsbindung (SS) gewertet werden.[1109]

Patentinformationen (H 2, und H 2a bis H 2c) Über eine Prüfung der Teilhypothesen H 2a bis H 2c, die zwischen den drei Kennzahlengruppen des betrieblichen Patentierverhaltens Aktivität, Qualität sowie Verbindung differenzieren, können letztlich Hinweise auf die in H 2 verankerte Vermutung hinsichtlich einer generellen Relevanz von Patentinformationen aus Sicht des Kapitalmarktes generiert werden. Die Ausführungen zu den einzelaspektbezogenen Subhypothesen in den vorausgehenden Abschnitten werden nun zusammenfassend für eine Evaluierung der noch verbleibenden Hypothesen herangezogen, wobei eine aggregierte Sicht eingenommen wird.

Die breit angelegte Überprüfung der Subhypothesen H 2a.1 bis H 2c.3 bestätigt weitgehend die dort verankerten Vermutungen hinsichtlich einer Wertrelevanz. Uneinheitliche, gar teilweise widersprüchliche Ergebnisse manifestieren sich lediglich für die Kennzahlen Patentanzahl sowie Wissenschaftsbindung und Wissenschaftsstärke. Tendenziell kann aber eine Wertrelevanz angenommen werden, sofern die Besonderheiten in den dokumentierten Beziehungen berücksichtigt werden. In Bezug auf die Teilhypothesen H 2a bis H 2c führt diese Erkenntnis zu einer Annahme der aufgestellten Vermutungen, da stets mindestens eine der unter dem Oberbegriff subsumierten Kennzahlen Signifikanz für den Marktwert und somit Wertrelevanz aufweist.

Diese Tatsache führt auch zu einer Annahme der globalen Hypothese H 2, die Patenten und derivativen, analytischen Kennzahlen des betrieblichen Patentierverhaltens, in der vorliegenden Arbeit kurz Patentinformationen genannt, Wertrelevanz zuschreibt. Einschränkend gilt hier allerdings, dass die empirischen Ergebnisse eine Kontextabhängigkeit der Wertrelevanz nicht gänzlich ausschließen, wofür sich insbesondere für die Variable Anzahl der Patente, Wissenschaftsbindung und Wissenschaftsstärke Hinweise finden.[1110] Bei einer Bewertung der Relevanz aus Sicht kapitalmarktorientierter Investoren ist demzufolge der Kontext, in den die Informationen gestellt werden, ein wesentlicher Faktor, d. h., eine isolierte Betrachtung verursacht möglicherweise eine Reduktion der Relevanz oder eine Umkehr des Zusammenhangs.

[1109] Auch an dieser Stelle können weiterführende Untersuchungen Aufschluss darüber geben, ob beispielsweise eine Branchenabhängigkeit der Ergebnisse besteht und letztlich zu den ambivalenten Ergebnissen in den unterschiedlichen Messmodellen führt. Für einen Robustheitscheck der Ergebnisse im Rahmen einer Sensitivitätsanalyse der Branchenzugehörigkeit siehe Kap. 7.4 auf S. 289.

[1110] Im Besonderen bezieht sich dies auf das Marktumfeld und die ökonomischen Rahmenbedingungen. Denkbar ist aber auch eine Branchenabhängigkeit der Ergebnisse, die in Kap. 7.4 auf S. 289 im Rahmen einer Sensitivitätsanalyse geprüft wird.

7.3.1.3. Beantwortung der erkenntnisleitenden Forschungsfragen

Die Erkenntnisse aus der empirischen Überprüfung der Hypothesen dienen primär dem Zweck der Beantwortung der erkenntnisleitenden Forschungsfragen F 1 und F 2 hinsichtlich einer Wertrelevanz von Patentinformationen und Daten der Rechnungslegung. Forschungsfrage F 3 zielt dann auf eine Konsolidierung der gewonnenen Resultate ab und diskutiert auf dieser Basis, ob sie generell auf weiterführende Entwicklungen des Berichtswesens anwendbar sind und prinzipiell in erweiterten Publizitätsvorschriften umgesetzt werden können.

Die Prüfung der Hypothese H 1 erlaubt folgenden Schluss: Eine notwendige Bedingung, um das Ziel der Bereitstellung relevanter Informationen – das sich aus der Informationsfunktion der Rechnungslegung ableitet – zu erreichen, ist zumindest partiell erfüllt. Demnach kann Forschungsfrage F 1, die inhaltlich auf diesen Zusammenhang verweist, positiv beantwortet werden. Als ein wesentliches Ergebnis wird daher festgehalten, dass die Rechnungslegung externe Anspruchs- bzw. Interessengruppen eines Unternehmens mit Informationen versorgt, die in Marktpreisen reflektiert werden, also dem Verständnis der vorliegenden Arbeit folgend als wertrelevant zu bezeichnen sind. Bei einer vorausgesetzten Gültigkeit der Markteffizienzhypothese in der semi-strengen Form kann nun geschlossen werden, dass diese Informationen für Investoren von gesteigerter Relevanz sind.

Ob eine Versorgung i. S. d. Informationsfunktion mit relevanten Angaben jedoch auch in hinreichendem Umfang erfolgt, kann erst nach Prüfung von H 2 beurteilt werden, also nach Evaluierung einer Wertrelevanz von Patentinformationen. Auch in diesem Aspekt kommt die empirische Untersuchung zu einem positiven Schluss. Die Auswertung der statistischen Analysen und Messmodelle zur Wertrelevanz dokumentiert stichhaltige Anhaltspunkte dafür, dass sowohl Finanzgrößen der Rechnungslegung als auch Patentinformationen einen signifikanten Beitrag zur Erklärung von Kurswerten am Kapitalmarkt leisten können. Dem Verständnis des angewandten Forschungskonzeptes folgend, weist diese Tatsache im Umkehrschluss auf eine Wertrelevanz der betrachteten Messgrößen hin. Zusammenfassend gilt:

- Rechnungslegungsdaten werden substantiell in Marktwerten reflektiert. Daraus folgt, dass sie dem angewandten Wertrelevanzverständnis folgend nachweislich wertrelevant sind und *Forschungsfrage F 1* auf dieser Grundlage eindeutig positiv zu beantworten ist.

- Patentinformationen werden in Marktwerten reflektiert und liefern einen Erklärungsgehalt, der deutlich über den von Rechnungslegungsdaten hinausgeht. Es folgt analog zum obigen Vorgehen, dass derivative Kennzahlen des betrieblichen Patentierverhaltens nachweislich wertrelevant sind und *Forschungsfrage F 2* ebenfalls positiv zu beantworten ist.

- *Forschungsfrage F 3* thematisiert nachgelagerte Implikationen und Konsequenzen aus den im Vorfeld gewonnenen Erkenntnissen. Im Einklang mit der offenen Formulierung der Frage, liegt der Fokus nicht in einer konkreten Beantwortung nach dem Beispiel von F 1 und F 2, sondern vielmehr in einem Aufzeigen von Möglichkeiten in Richtung einer Fortentwicklung der Rechnungslegung.[1111]

7.3.2. Implikationen der gewonnenen Erkenntnisse

7.3.2.1. Kernaussagen und Ansätze zur Interpretation

Die empirische Studie der vorliegenden Arbeit zeigt, dass fundamentalen Angaben zur Vermögens-, Finanz- und Ertragslage von Unternehmen wesentliche Bedeutung bei der Erklärung von Marktpreisen zukommt. Dem angewandten Wertrelevanzverständnis folgend sind Eigenkapitalbuchwert, operatives Vermögen und operativer Gewinn als wertrelevant zu bezeichnen. Dies unterstreicht einen Nutzwert für kapitalmarktorientierte Investoren.

Als Grundlage für die Beantwortung von Forschungsfrage F 1 bestätigt diese Erkenntnis, dass Normen und Regelwerke der handelsrechtlichen Unternehmensberichterstattung bis zu einem bestimmten Grad die Übermittlung relevanter und entscheidungsnützlicher Informationen gewährleisten. Die aufgedeckten Anhaltspunkte erlauben zunächst die Folgerung, dass die Rechnungslegung ihrer in der Informationsfunktion verankerten Aufgabe einer Informationsversorgung diverser Anspruchsgruppen weitgehend nachkommt und insoweit den an sie gestellten Anforderungen gerecht wird.[1112] Ob aber letztendlich der überwiegend auf Finanzgrößen ausgerichtete Schwerpunkt und der Umfang aktueller Publikationsvorschriften zur Unternehmensberichterstattung bereits ausreichen, um Investoren auf standardisierte, verlässliche und transparente Weise mit gleichermaßen entscheidungsnützlichen wie relevanten Informationen zu versorgen, die ein möglichst realitätsgetreues Bild der wirtschaftlichen Lage eines Unternehmens zeichnen, ist eine weiterführende Frage, die vorerst offen bleibt.

Genau dieser Aspekt wird durch Forschungsfrage F 2 wieder aufgegriffen und thematisiert. Indem die Frage nach einer Wertrelevanz von Faktoren aufgeworfen wird, die nicht integraler Bestandteil standardisierter und gesetzlich verpflichtender Bestimmungen zur Unternehmenspublizität sind, wird der Betrachtungshorizont erweitert und der aufgespannte Bezugsrahmen vergrößert. Beispielhaft werden in der vorliegenden Arbeit aus dieser Gruppe Patentkennzahlen beleuchtet und auf Wertrelevanz geprüft. Schon bei der Herleitung der Forschungshypothesen wird deutlich, dass bereits theoriegeleitete Argumente verstärkt für eine Wertrelevanz dieser Größen sprechen. So bietet der gewerbliche Rechtsschutz mit dem Patentwesen einen institutionellen Rahmen, der effektive künstliche, wenngleich

---

[1111] Die Diskussion wird in Kap. 7.3.2 geführt.

[1112] Wenngleich Jahresabschlüsse wegen fehlender Zeitnähe der Offenlegung nicht zwingend entscheidungsrelevant sind, so kommt ihnen doch eine bestätigende Funktion zu. In diesem Zusammenhang wird auch von einer „Hygienefunktion" des Jahresabschlusses gesprochen, da eine unterjährige Berichterstattung Informationen deutlich zeitnäher veröffentlicht und so maßgeblich zur Steigerung der Transparenz beitragen kann. Vgl. *Coenenberg* (2003), S. 1203, 1205, 1208 f. u. 1215.

zeitlich begrenzte Eintrittsbarrieren für Konkurrenten schafft und auf diese Art Erfindungen und technologische Neuerungen schützt. Nach erfolgreicher Umsetzung einer Erfindung in marktfähige Produkte sichert dies zukünftige Zahlungsströme temporär ab, so dass ursprünglich geleistete Investitionsvolumina abgeschirmt werden.

Die empirische Überprüfung der Hypothesen dokumentiert eine Relevanz von Patenten und derivativen, analytischen Kennzahlen des betrieblichen Patentierverhaltens für die Erklärung von Marktpreisen, was zu einer positiven Beantwortung von Forschungsfrage F 2 führt. Informationen zum Patentportfolio eines Unternehmens können folglich größtenteils als wertrelevante Parameter eingestuft werden, die mit der Marktbepreisung von Unternehmensanteilen korrelieren. Ergänzend lassen die empirischen Befunde den Rückschluss zu, dass den getesteten Patentinformationen eine marginale Erklärungskraft für Marktwerte zukommt, werden die Fundamentaldaten der Rechnungslegung als gegeben angesehen bzw. als bekannt vorausgesetzt. Das bedeutet, dass aus Sicht der Akteure am Markt diesen Angaben ein Informationswert zukommt, der deutlich über den von Rechnungslegungsdaten hinausgeht.[1113]

Die erzielten Ergebnisse bestätigen, dass die technologische Positionierung und Kompetenz eines Unternehmens, näherungsweise gemessen durch die Qualitätskennzahlen Zitate pro Patent, Einflussstärke und Technologiestärke, positiv vom Markt interpretiert und entsprechend in Marktpreisen verarbeitet werden. Zudem zeigt sich, dass eine Analyse der Forschungsintensität, erfasst durch die Aktivitätskennzahl Anzahl der Patente[1114], ein gemischtes Ergebnis hervorbringt, was eine Kontextabhängigkeit dieser Information andeutet. Eine Tatsache, die aller Voraussicht nach auf Schwierigkeiten bei einer quantitativen Einzelbetrachtung und technologischen Bewertung der Patentanzahl zurückzuführen ist. Des Weiteren erlauben die getesteten Informationen Rückschlüsse auf technologische Alleinstellungsmerkmale von Unternehmen und weisen auf die Existenz wirksamer Eintrittsbarrieren hin, die die eigene Technologie abschirmen. Insbesondere die in der vorliegenden Arbeit analysierten Verbindungskennzahlen Technologiezyklusdauer sowie Wissenschaftsbindung und Wissenschaftsstärke können hier hinzugerechnet werden, weil neben der Innovationsgeschwindigkeit der Grad angegeben wird, zu dem die betriebliche Forschung auf Fortschritte in der Wissenschaft zurückgreift, und dieser Sachverhalt auf eine in technologischer Hinsicht komplexe Struktur der Forschung deutet. In diesem Kontext spielen auch *Appropriability Conditions*[1115], also die Fähigkeit einer Aneignung von Erträgen aus Forschung und Entwicklung, eine Rolle, da dies essentiell für das langfristige Überleben ist.

Zusammenfassend definiert sich der Erkenntniszugewinn der vorliegenden Arbeit über die Identifikation und im Besonderen die nachfolgende empirische Validierung wertrelevanter Parameter, deren Offenlegung über die aktuell gültigen

1113 Die Ergebnisse des partiellen *F*-Testes stützen diese Aussage.

1114 Auch und besonders in Verbindung mit Aufwendungen für Forschung und Entwicklung.

1115 Siehe Fn. 155 auf S. 29 für eine Definition.

gesetzlichen Bestimmungen zur Unternehmenspublizität deutlich hinausgehen würde.

Wenn aber, wie in dieser Arbeit gezeigt, wertrelevante Informationen identifiziert und empirisch validiert werden können, deren Kenntnis aus Sicht kapitalmarktorientierter Investoren offenkundig einen Nutzen stiftet, dann führt dies zwingend zu der Frage, wie eine solche Situation vor dem Hintergrund der Informationsfunktion und des Informationsniveaus von Rechnungslegung und regulierter Berichterstattung zu bewerten ist und welche Konsequenzen sich hieraus ergeben. In der Literatur wird mitunter die Forderung laut, wertrelevante Informationen, für die keine offiziellen Publizitätsbestimmungen existieren, verpflichtend in die Berichterstattung zu integrieren, selbst wenn sie keinen unmittelbaren finanziellen Bezug aufweisen.[1116]

7.3.2.2. Praktische Bedeutung und Überlegungen zu Gestaltungsmöglichkeiten

Bei einer praxisorientierten Betrachtung der empirischen Forschungsergebnisse der vorliegenden Arbeit spielen neben den Adressaten der Rechnungslegung und den Unternehmen auch der Gesetzgeber bzw. Standardsetter eine wichtige Rolle.[1117]

Während Unternehmen als Produzenten des Gutes Information verstanden werden können, lassen sich Investoren als Konsumenten bezeichnen. Dem Standardsetter hingegen kann eine intermediäre Funktion zugeschrieben werden, so dass die beteiligten Parteien in einer Dreiecksbeziehung zueinander stehen. In diesem Konstrukt ist der Standardsetter auf einer höheren Ebene zu sehen, weil erst durch ihn Framework und Instrumentarium für eine standardisierte Kommunikation der beiden anderen Akteure definiert und ausgestaltet werden. Normenstiftende Institutionen definieren mit der Rechnungslegung den Kanal und mit den einzelnen Bestandteilen des Jahresabschlusses das Trägermedium für einen Informationsaustausch zwischen Unternehmen und seinen diversen Anspruchsgruppen. Nicht zuletzt kann die Rechnungslegung oder die Berichterstattung allgemein auch als wesentlicher Kanal für die Gestaltung eines Beziehungsmanagements der Unternehmen mit Kapitalgebern an der Börse instrumentalisiert werden.[1118]

Insgesamt sprechen die Erkenntnisse der vorliegenden Arbeit für eine tendenziell unzureichende Ausgestaltung der Regelwerke der Rechnungslegung, da nachgewiesen werden konnte, dass Patentinformationen zwar Wertrelevanz besitzen, sie aber kein verpflichtender Bestandteil der Publizitätsbestimmungen sind und deshalb nicht in standardisierter Form offengelegt werden müssen.[1119] Der

---

1116 Vgl. hierzu exemplarisch *Amir/Lev* (1996), S. 26.

1117 Das Verhalten kapitalmarktorientierter Investoren wird bereits über die Marktpreise in den empirischen Messmodellen abgebildet und dient dort als Benchmark für die Beurteilung einer Wertrelevanz. Damit können de facto keine Rückschlüsse für diese Gruppe gezogen werden.

1118 Vgl. *Hax* (1988), S. 200.

1119 Die Aussage besitzt Gültigkeit, obwohl die betrachteten Informationen bereits in Marktpreisen enthalten und damit Teil der öffentlichen Informationsmenge sind und eine Publikation aus diesem Grund eventuell nicht zwingend notwendig erscheint. So kann nämlich aus der Markteffizienzhypothese nicht abgeleitet werden, dass die Veröffentlichung von Rechnungslegungsdaten oder anderen Informationen in einem informationseffizienten Marktumfeld wert- bzw. nutzlos wäre. Vielmehr

Umfang der regulierten Unternehmensberichterstattung kann so streng genommen genau dann als nicht hinreichend eingestuft werden, wenn wie hier eine kapitalmarktorientierte Perspektive zugrunde gelegt wird.[1120] Aus Sicht externer Anspruchsgruppen ist eine Erfüllung der Informationsfunktion der Rechnungslegung demzufolge nicht vollständig gegeben. Vielmehr greifen diese Gruppen verstärkt auf alternative Informationsquellen zurück, um ihre Informationsbedürfnisse zu decken.[1121] Weil aber ceteris paribus der relative Anteil der Rechnungslegungsinformationen bei einer Ausweitung der Gesamtmenge an relevanten Informationen abnimmt, wird die Bedeutung von Jahres- bzw. Konzernabschluss zurückgedrängt und die Informationsfunktion ausgehöhlt. Auch wenn sich die geprüften Finanzzahlen in hohem Maße als wertrelevant erweisen, so sind dennoch offenkundige Defizite zu verzeichnen, die in letzter Konsequenz zwingend zu einer kritischen Hinterfragung des Status quo führen. Das erreichte Informationsniveau des handelsrechtlichen Jahresabschlusses, genauer des Konzernabschlusses, kann insgesamt als verbesserungswürdig bewertet werden.

Diese Tendenz deutet im Umkehrschluss bereits an, dass zukünftige Entwicklungen der Unternehmensberichterstattung eventuell weiter gefasst, gleichzeitig den Erkenntnissen der vorliegenden Arbeit entsprechend aber auch kontextabhängig gestaltet werden sollten. Einen Rahmen zu schaffen, in dem beispielsweise eine technologieorientierte Berichterstattung entwickelt werden kann, ist aber dem Zuständigkeitsbereich von normengebenden Institutionen – Standardsettern oder Gesetzgebern – zuzurechnen und übersteigt generell das Erkenntnisinteresse von Wertrelevanzstudien.[1122] Wenngleich die wissenschaftliche Konzeption eine Erarbeitung detaillierter Vorschläge und konkreter Handlungsempfehlungen für die Ausgestaltung der Offenlegungspflichten im Vorgehensmodell nicht explizit vorsieht, sollen im Folgenden Vorschläge skizziert werden, die von den Verantwortungsträgern als Diskussionsgrundlage für eine Fortentwicklung der Unternehmenspublizität aufgegriffen werden können.

Bestrebungen, bestehende Regelungen und Vorschriften dahingehend zu erweitern, dass Relevanz und Transparenz der Berichterstattung gestärkt werden, stellen einen validen Ansatz zur Verbesserung des Anlegerschutzes dar. Ein solches Vorgehen ist auch im Zusammenhang mit einer internationalen Harmonisierung der Rechnungslegung zu sehen, da hierbei nationale Erfahrungen wertbringend

---

kann argumentiert werden, dass erst die Einbeziehung eben dieser Informationen zur Markteffizienz beiträgt. Vgl. *Beaver* (1973), S. 55. Selbst wenn der Offenlegung nur eine bestätigende Funktion zukommt, kann Unsicherheit reduziert und damit ein Informationswert unterstellt werden. Vgl. *Busse von Colbe* (1993), S. 13.

1120 Zudem stellt eine Reihe von empirischen Studien in der letzten Dekade ein Absinken der Wertrelevanz fest, so dass insbesondere die Informationsbedürfnisse kapitalmarktorientierter Investoren immer weniger abgedeckt werden. Beispielhaft für den deutschen Raum stützt die Arbeit von *Vorstius* (2004) diese Aussage.

1121 Vgl. *Rimerman* (1990), S. 79.

1122 In diesem Zusammenhang spielen auch Überlegungen zu veränderten Herausforderungen an die Berichterstattung über Forschung und Entwicklung eine Rolle. Siehe hierzu *Brockhoff* (2001).

hinzugezogen werden können.[1123] Die Möglichkeiten einer Umsetzung sollten daher eingehend von den zuständigen Institutionen geprüft, möglicherweise sogar als Standardprozess definiert werden. Die Identifikation von wertrelevanten Faktoren im Rahmen einer wissenschaftlichen Untersuchung mit empirischer Forschungsstrategie wirft drei Kernfragen auf:[1124]

1. Ist es sinnvoll, eine wertrelevante Information in der Berichterstattung zu erfassen?
2. In welchem Rahmen kann eine Offenlegung nutzbringend erfolgen?[1125]
3. Wie kann eine Abbildung in konkreter Form ausgestaltet werden?[1126]

Werden nun die Erkenntnisse dieser Untersuchung als Grundlage für eine praktische Bewertung herangezogen, ist die standardisierte Publizität von Angaben zu Patenten und technologischer Kompetenz eines Unternehmens vor allem deshalb als sinnvoll einzustufen, weil diese Informationen nachweislich wertrelevant sind, aber seitens der Unternehmen bisher noch keine gesetzliche Verpflichtung zur Offenlegung besteht. Zwar sind Datenbanken der Patentämter öffentlich zugänglich, so dass grundsätzlich alle benötigten und relevanten Informationen zur Verfügung stehen und damit beispielsweise auch die in der vorliegenden Arbeit verwendeten Patentinformationen prinzipiell generierbar wären. Für den Einzelnen würden aber durch eine eigenständige Informationsbeschaffung und aufbereitung nicht unerhebliche Such- und Prozesskosten oder – im Falle des Erwerbs der Daten von externen Dritten – nicht unerhebliche Transaktionskosten entstehen. Nicht nur in dieser Hinsicht könnte eine technologieorientierte Berichterstattung im Rahmen der gesetzlichen Publizitätsbestimmungen einen Beitrag zur Effizienzsteigerung leisten; auch könnten Transparenz und Relevanz nachhaltig gestärkt werden.

Es ist beispielsweise die Einführung einer Art Technologiespiegel denkbar, der ähnlich dem Anlagespiegel[1127] die Aufgabe einer Übermittlung ergänzender Informationen wahrnehmen könnte.[1128] Verzerrungen bei der Beurteilung künftiger Wertschöpfungspotenziale, die durch vergangenheitsorientierte und nach

[1123] Ab dem Jahr 2005 sind kapitalmarktorientierte Unternehmen in der EU zur Aufstellung eines Konzernabschlusses nach IAS/IFRS verpflichtet (Verordnung (EG) 1606/2002). Für eine Diskussion der Konsequenzen für die deutsche Rechnungslegung siehe *Weißenberger* et al. (2003). Siehe ferner *Weißenberger/Stahl/Vorstius* (2004) oder auch *Stahl* (2004) zu Zielen, Prozess und Erfahrungen bei einer Umstellung der Berichterstattung deutscher Unternehmen von HGB auf IAS/IFRS.

[1124] Vgl. *Schipper* (1994), S. 62. In diesem Zusammenhang spielen auch Faktoren eine Rolle, die *Busse von Colbe* als Kriterien für die Eignung von Abschlüssen als Informationsinstrument festmacht. So stellt sich seinem Verständnis nach die Frage, wer (Adressaten), wozu (Zweck), worüber (Berichtsgegenstand), wie und wann informiert werden soll. Vgl. *Busse von Colbe* (1993), S. 17.

[1125] Überlegungen zu diesem Punkt finden auf einer Metaebene statt. Das heißt, diese betreffen Art der Offenlegung (freiwillig oder verpflichtend), Veröffentlichungszeitpunkt und -häufigkeit, Möglichkeiten zur Einordnung in bestehende Regelwerke und Kriterien zu Anwendbarkeit.

[1126] Unter diesem Dach werden die auf der Metaebene erreichten Ergebnisse weiter hinsichtlich Umfang und Form konkretisiert werden.

[1127] Der Anlagespiegel ist nach § 268 Abs. 2 HGB aufzustellen.

[1128] Einen vergleichbaren Vorschlag machen *Maul/Menninger* (2000) oder auch *Haller/Dietrich* (2001) mit dem *Intellectual Property Statement* respektive *Intellectual Capital Bericht*.

Maßgabe der GoB aufgestellte Finanzdaten der Bilanz und der Gewinn-und-Verlust-Rechnung verursacht werden, könnten durch ein zusätzliches Element im Konzernabschluss aufgefangen und abgebaut werden. Über eine Integration wertrelevanter Angaben in einen Technologiespiegel könnte bereits eine sinnvolle Lösung zur Steigerung des Informationsgehaltes des Jahresabschlusses aus Sicht kapitalmarktorientierter Investoren erreicht werden. Untergliedert nach Segmenten, z. B. in Technologiebereiche nach dem Muster der internationalen Patentkategorien, könnte eine verpflichtende Aufnahme in den Jahresabschluss dazu beitragen, der impliziten Forderung nach einer Versorgung mit solchen Informationen nachzukommen, die sowohl technologische Kompetenz wie Potenzial abbilden und damit künftige Wertschöpfung aufzeigen. Ein solches Vorgehen könnte das Informationsniveau merklich erhöhen und so den Informationswert des Jahresabschlusses stärken.[1129] Als Ausgangspunkt für mögliche Inhalte eines Technologiespiegels könnten beispielhaft die in der vorliegenden Arbeit getesteten analytischen Kennzahlen des betrieblichen Patentierverhaltens verwendet werden. Die umrissene Form einer Technologieberichterstattung könnte auch den Gedanken der Informations-GoB wieder aufleben lassen und nach deren richtungsweisenden Vorgaben erfolgen.[1130] Diese finden in Deutschland bislang zwar wenig Beachtung, stellen aber dennoch einen sinnvollen und praxisorientierten Ansatz dar, der als Richtschnur für zukünftige Entwicklungen in der Konzernrechnungslegung dienen kann.[1131] Alternativ könnten erweiternde Angaben auch im Rahmen bestehender Regelungen über eine ausgeweitete Lageberichterstattung i. S. d. Regelungen des DRS 15 erfasst werden.

Die an dieser Stelle vorgebrachten Überlegungen können u. a. in Verbindung mit einem Beitrag von *Böcking* (1998) gesehen werden, an den sie auf inhaltlich-konzeptioneller Ebene anknüpfen. *Böcking* bezeichnet die regulierte Rechnungslegung als *Financial Reporting*, während er eine kapitalmarktinduzierte Publizität *Business Reporting* nennt.[1132] Diese Zweiteilung kann in direktem Zusammenhang mit der Abkopplungsthese von *Moxter*[1133] gesehen werden, die eine Grenzlinie zwischen gesetzlich regulierter auf der einen und kapitalmarktinduzierter Berichterstattung auf der anderen Seite zieht.[1134] Zusätzliche Publikationsinstrumente, wie auch Lagebericht und Anhang, wären demzufolge einem *Business Reporting* zuzuordnen und beschreiben in erster Linie mehrwertige Inhalte, die verstärkt auch zukunftsorientierte, quantitative wie qualitative Elemente umfassen. Wird dieses Verständnis zugrunde gelegt, gehen die hier diskutierten Implikationen und Vorschläge in genau diese Richtung. So könnte ein, auf Grundlage der Prämis-

1129 In diesem Zusammenhang kann der Berichterstattung genau dann ein Informationswert zugeschrieben werden, wenn sie geeignet ist, Unsicherheiten über zukünftige Umweltzustände zu reduzieren. Vgl. *Busse von Colbe* (1993), S. 13.

1130 Überlegungen zu Informations-GoB gehen auf *Moxter* (1976); *Leffson* (1987) oder auch *Baetge/Fischer/Paskert* (1989) zurück.

1131 Vgl. *Ballwieser* (2002b), S. 115.

1132 Vgl. *Böcking* (1998), S. 19.

1133 Siehe hierzu *Moxter* (1986), S. 67 f.

1134 Vgl. hierzu und im Folgenden *Böcking* (1998), S. 29 f.

sen des Wertrelevanzkonzeptes als unzureichend eingestuftes, *Financial Reporting* letztlich auf sinnvolle Art und Weise ergänzt und substantiell erweitert werden.[1135]

Eine über bestehende gesetzliche Bestimmungen hinausgehende Berichterstattung mit dem Ziel einer Steigerung des Informationswertes, wird in der wissenschaftlichen Literatur auch auf internationaler Ebene thematisiert. Als wichtige Beispiele könnten hier etwa die Studien von *Upton* (2001)[1136], vor allem aber auch *Jenkins* (1994), angeführt werden. Während sich erstere Quelle mit einer Ausweitung der Berichterstattung in drei wesentlichen Dimensionen, i. e. nichtmonetäre Kennzahlen, zukunftsorientierte Informationen und immaterielle Vermögenswerte, befasst, greift der Beitrag von *Jenkins* explizit den Nutzerfokus der Berichterstattung auf und diskutiert die Möglichkeiten einer zielgerichteten Fortentwicklung der Unternehmenspublizität in dem hier skizzierten Kontext.

Wie genau die erforderlichen Angaben zu generieren wären, ist ein weiterer wichtiger Punkt, der zur Diskussion steht. Eventuell wäre es sinnvoll, unabhängige Provider mit Erhebung und Generierung der Kennzahlen zu betrauen, da dieser Vorgang ein erhebliches Maß an Expertise erfordert. Zusätzlich könnte der Prozess unter die Kontrolle einer unabhängigen Institution gestellt werden. Notwendige Grundvoraussetzung hierzu ist die Erarbeitung strenger Vorgaben im Einklang mit allgemein anerkannten Definitionen für die in Betracht gezogenen Kennzahlen. Diese müssten nicht nur auf Wertrelevanz, sondern auch wiederholt auf Verlässlichkeit geprüft werden. Wieder könnte die Beauftragung unabhängiger Institutionen, wie z. B. von Wirtschaftsprüfern, hier vermutlich einen sinnvollen Lösungsansatz bieten. Die Frage nach einer Verlässlichkeit der untersuchten Informationen, der zweiten Prämisse des Konzepts einer Entscheidungsnützlichkeit, bleibt zunächst unbeantwortet, bedarf aber im Endeffekt auch einer Sicherstellung, sollen die betreffenden Messgrößen in noch festzulegendem Umfang und Form in die Berichterstattung integriert werden. In diesem Zusammenhang ist ein hoher Grad an Standardisierung in Verbindung mit einer allgemein anerkannten Definition unabdingbar, um letztlich über eine Verlässlichkeit der Informationen eine unternehmensübergreifende Vergleichbarkeit zu gewährleisten.

Neben einer Relevanz für Unternehmensexterne könnten die untersuchten Informationsparameter durchaus auch unternehmensintern einen wesentlichen Nutzen stiften. So ist es beispielsweise vor dem Hintergrund einer Konvergenz von internem und externem Rechnungswesen denkbar, diese Parameter zusätzlich sowohl zur strategischen Unternehmensentwicklung bzw. steuerung als auch zur

---

1135 Ob die eigentliche Offenlegung von Informationen, wie hier vorgeschlagen, auf freiwilliger Basis erfolgt oder zu einem verpflichtenden Bestandteil der Publizität gemacht werden soll, ist eine Entscheidung, die in den Verantwortungs- und Zuständigkeitsbereich von Institutionen wie Standardsetter und Gesetzgeber fällt. Daher wird in dieser Arbeit diesbezüglich keine Diskussion geführt.

1136 Der *Special Report* steht in direktem Zusammenhang mit dem *Business Reporting Research Project* des FASB. Der Bericht greift die in der Literatur geführte Diskussion der Anforderungen einer Berichterstattung für die New Economy auf und stellt eine Zusammenfassung der wesentlichen Eckpunkte heraus. Die behandelte Kernfrage dabei ist, ob und – wenn ja– wie die Berichterstattung verändert werden muss.

tief gehenden Analyse der eigenen Wettbewerbsposition einzusetzen.[1137] Eine weiterführende Diskussion dieser Möglichkeit sprengt den Rahmen der vorliegenden Arbeit, so dass die Frage einer internen Nutzbarkeit der validierten Technologieindikatoren an dieser Stelle lediglich auf weiteren Forschungsbedarf hinweist.

Mit dem auf Patente ausgerichteten zentralen Untersuchungsfokus tangieren die Forschungsergebnisse darüber hinaus noch den Themenkomplex der Bilanzierung und Bewertung von immateriellen Vermögenswerten.[1138] In diesem Zusammenhang sei der *Arbeitskreis „Immaterielle Werte im Rechnungswesen" der Schmalenbach-Gesellschaft für Betriebswirtschaft e. V.* erwähnt, da sich dieser u. a. mit der Thematik befasst.[1139] Insgesamt werden vom Arbeitskreis sieben Kategorien immaterieller Vermögenswerte unterschieden. Im Einzelnen sind dies: Innovation, Human, Customer, Supplier, Investor, Process und Location Capital. Im Besonderen ist hier das Innovation Capital hervorzuheben, weil dort ausdrücklich auf die Bedeutung von Patenten eingegangen wird.[1140]

In die gleiche Richtung geht auch eine *Task Force* der *Securities and Exchange Commission (SEC)*, die sich für den US-amerikanischen Raum mit der Fragestellung beschäftigt, ob den Investoren die für ihre Zwecke benötigten Informationen zur Verfügung stehen. Die Analyse kommt zu dem Schluss, dass vor allem zwei Ansatzpunkte für Verbesserungen bestehen. Zum einen sollte der Aufbau einer Berichterstattung für immaterielle Werte und alternative Leistungskennzahlen vorangetrieben werden, zum anderen ergänzend Rahmenbedingungen und Anreize für eine Ausweitung der Offenlegung geschaffen werden.[1141]

7.3.2.3. Wissenschaftliche Wertung und Forschungsbeitrag

Insbesondere in der vergangenen Dekade haben Studien zur Wertrelevanz deutlich an Bedeutung und Relevanz hinzugewonnen. Angesichts eines beschleunigten Wandels der ökonomischen Rahmenbedingungen und einer damit einhergehenden Veränderung des Anforderungsprofils der Unternehmensberichterstattung entstand im Kontext der Diskussionen über eine Fortentwicklung der Rechnungslegung ein breites Interesse an den empirischen Forschungsergebnissen. So sind Wertrelevanzstudien potenziell für eine Vielzahl verschiedener Gruppen interessant, darunter für die Wissenschaft, für die Standardsetter sowie für Unternehmen aber auch

---

1137 Siehe beispielhaft *Horváth/Arnaout* (1997) zur Konvergenz von internem und externem Rechnungswesen.

1138 Siehe *Lev* (2001) oder auch *Hand/Lev* (2003) für eine umfassende Übersicht zu der Thematik.

1139 Siehe hierzu *Arbeitskreis „Immaterielle Werte im Rechnungswesen" der Schmalenbach-Gesellschaft für Betriebswirtschaft e. V.* (2001a,b, 2003).

1140 Die Zweckmäßigkeit einer Berücksichtigung empirischer Ergebnisse bei einer Validierung wertrelevanter Parameter zur Charakterisierung immaterieller Vermögenswerte wurde u. a. in einer Sitzung des Arbeitskreises im Rahmen des 56. Deutschen Betriebswirtschafter-Tages 2002 in Frankfurt a. M. thematisiert. In diesem Zusammenhang wurde die Integration empirischer Erkenntnisse als valide Vorgehensweise anerkannt und ferner auf ein Forschungsdefizit in diesem Bereich hingewiesen.

1141 Vgl. *SEC-Inspired Task Force* (2001), S. 3 ff.

Investoren.[1142] Das Konzept der Wertrelevanzforschung setzt auf der Informationsfunktion der Rechnungslegung auf und ermöglicht so eine Evaluierung von Zielvorgaben hinsichtlich deren Erreichung in der Praxis.[1143] Weil Eigenkapitalgeber aber nicht die alleinigen Adressaten der Rechnungslegung sind, folgt im Umkehrschluss nicht, dass eine Wertrelevanz der Berichterstattung einziges Kriterium und Richtschnur für das Handeln von Standardsettern oder Gesetzgebern sein sollte, so dass vor allem dahingehend Grenzen für eine Interpretierbarkeit der Forschungserkenntnisse gesetzt sind.

Als eine wesentliche Aufgabe kapitalmarktorientierter Rechnungslegung kann die Versorgung diverser Anspruchsgruppen eines Unternehmens mit entscheidungsnützlichen Informationen verstanden werden. Aus Investorensicht führt genau dies zum Abbau der mit einer Abschätzung zukünftiger Transferzahlungen zwischen Unternehmen und Anteilseignern verbundenen Unsicherheit. Dies wirkt sich wiederum positiv auf die Effizienz des Entscheidungsfindungsprozesses sowie die Güte der getroffenen Investitionsentscheidung aus. So leistet eine weitgehend lückenlose Umsetzung der Forderung nach Informationsbereitstellung einen wichtigen Beitrag zur Sicherstellung und Aufrechterhaltung informationseffizienter Märkte.

Eine Entscheidungsnützlichkeit von Informationen vereint insbesondere zwei Kriterien, die als wesentliche Eigenschaften zu nennen sind und die Eckpfeiler der Ausgestaltung der Unternehmensberichterstattung ausmachen.[1144] Zum einen die Entscheidungserheblichkeit oder Relevance und zum anderen die Verlässlichkeit oder Reliability. Untersuchungen zur Wertrelevanz stellen auf wissenschaftlich-konzeptioneller Ebene ein Instrumentarium zur Verfügung, mit dem das Kriterium der Relevanz operationalisiert werden kann. In der Literatur existiert eine Vielzahl wissenschaftlicher Beiträge, die Messgrößen auf Wertrelevanz prüfen – nicht um letztlich konkrete Handlungsempfehlungen abzuleiten, sondern um Hinweise u. a. für das Standardsetting zu generieren.[1145] Es steht demnach eine Anregung zur Diskussion erkannter Entwicklungstendenzen im Vordergrund. Diese münden aber ausdrücklich nicht in der Erarbeitung konkreter Gestaltungsmöglichkeiten.

Die vorliegende Arbeit knüpft inhaltlich an Studien zur Wertrelevanz von Finanzdaten der Rechnungslegung an, die überwiegend eine Abschwächung des Wertes im Zeitablauf dokumentieren. Von dieser Erkenntnis ausgehend, orientiert sich die Studie im Besonderen an Fragestellungen zur Wertrelevanz industriespezifischer, nichtmonetärer Messgrößen und trägt in diesem Kontext zur Erweiterung des Kenntnisstandes bei. Ein wichtiger Aspekt ist in diesem Bereich die Kapitalmarktrelevanz von Tätigkeiten im Bereich der Forschung und Entwicklung, mit der sich eine Reihe von einschlägigen Untersuchungen befasst.

1142 Vgl. *Barth/Beaver/Landsman* (2001), S. 86 und mit direktem Bezug auf das Standardsetting *Schipper* (1994), S. 73.

1143 Vgl. *Barth/Beaver/Landsman* (2001), S. 80.

1144 Vgl. *Busse von Colbe* (1993), S. 20.

1145 Siehe Kap. 3.4.4 auf S. 89 für eine Diskussion der Bedeutung der Wertrelevanzforschung für das Standardsetting.

Die erzielten Erkenntniszugewinne liegen in einer empirischen Validierung der Identifikation wertrelevanter Kennzahlen des betrieblichen Patentierverhaltens (Patentinformationen) auf der einen, sowie der Finanzberichterstattung (Rechnungslegungsinformationen) auf der anderen Seite. Diese Arbeit liefert valide und bis dato fehlende empirische Ergebnisse, die die eingangs identifizierte Forschungslücke partiell schließen können. Im Besonderen mit Bezug auf den deutschsprachigen Raum kann so ein Beitrag zu einem profunden Verständnis der untersuchten Zusammenhänge erbracht werden. Der *Arbeitskreis Immaterielle Werte im Rechnungswesen* der Schmalenbach-Gesellschaft für Betriebswirtschaft e. V. bemängelte in der Vergangenheit das Fehlen von Arbeiten auf diesem Gebiet und begrüßte neue empirische Erkenntnisse. Die Daten der vorliegenden Arbeit sind in diesem Zusammenhang als Ausgangspunkt für weiterführende Überlegungen zu verstehen.

Auch mit Blick auf die Internationalisierungs- und Harmonisierungsbestrebungen der Rechnungslegung sind die Ergebnisse bedeutsam. Mit den Entwicklungskosten sind nach IAS/IFRS bereits immaterielle Werte bilanzierungspflichtig, die mit der Forschungsleistung in Verbindung stehen.[1146] Ergänzend könnten die hier validierten wertrelevanten Faktoren für zukünftige Erweiterungen in diesem Bereich herangezogen werden.

Ein weiterer Beitrag der vorliegenden Arbeit liegt in der Ableitung von Implikationen für Wissenschaft und Praxis, die sich unmittelbar aus der Überprüfung der Hypothesen und der Beantwortung der Forschungsfragen ergeben. Die Generierung von Implikationen ist dabei durch den inhaltlichen Rahmen des Vorgehensmodells der Forschungsrichtung begrenzt, weil weder Prognose- noch Bewertungsmodelle aufgestellt oder kalibriert werden sollen, und demnach keine Vorhersagen, Bewertungen oder kausale Aussagen möglich sind. Vielmehr steht eine ex-post-Validierung von Zusammenhängen und eine Erklärung von Marktwerten gemäß der Wertrelation im Zentrum der Betrachtungen. So lassen sich Anhaltspunkte gewinnen, die als Richtschnur für eine zukünftige Fortentwicklung der Rechnungslegung dienen können. Grundsätzlich können Bestimmung und Steigerung des Informationsgehaltes der Rechnungslegung als wesentliche Herausforderungen der Bilanzforschung angesehen werden.[1147] In dieser Arbeit werden mit einer Bestimmung der Wertrelevanz empirische Erkenntnisse bezüglich des Informationsgehaltes der Rechnungslegung respektive des Konzernabschlusses erzielt.[1148] Die zweite, ergänzende Fragestellung ist normativer Natur und fällt in den Zuständigkeitsbereich von Standardsettern. Diese können sich die Ergebnisse empirischer Studien zu Nutze machen, indem sie validierte Zusammenhänge aufgreifen und weiterführende Überlegungen sowie Handlungen daran ausrichten. Vielleicht liegt sogar ein Schlüssel für die Ausgestaltung einer auf die Informationsbedürfnisse kapitalmarktorientierter Investoren ausgerichteten Rechnungslegung in einer

1146 Siehe hierzu IAS/IFRS 38 *Immaterielle Vermögenswerte.*

1147 Vgl. *Coenenberg* (2003), S. 1186 oder auch *Schmidt* (1982), S. 730.

1148 Siehe Kap. 3.4 auf S. 75 für eine Definition des Wertrelevanzkonzeptes und seine Verbindung mit dem Begriff Informationsgehalt.

empirischen Feedbackschleife, die durch die Wertrelevanzforschung verfügbar gemacht wird.

In diesem Fall gilt einschränkend, dass eine Übertragung der Ergebnisse kontextabhängig ist, d. h., es werden Umweltbedingungen verlangt, die den untersuchten ähneln. Damit sind die Ergebnisse insbesondere für Technologieunternehmen sowie für Kapitalmarkt und Rechnungslegung in Deutschland relevant. Es ergeben sich dadurch leichte Einschränkungen der Aussagen, so dass eine Allgemeingültigkeit nicht notwendigerweise gestützt wird. Diese Punkte müssen bei einer Interpretation und Diskussion der Ergebnisse berücksichtigt werden.[1149]

7.3.3. Einordnung in Erkenntnisse bisheriger Forschungsbeiträge

Die in dieser Arbeit gewonnenen empirischen Erkenntnisse werden nun ins Verhältnis zu Resultaten wesentlicher Beiträge in der einschlägigen Literatur gesetzt. Schon die Ausführungen zum Stand der Wertrelevanzforschung in Kap. 3.1.3 auf S. 37 gingen auf eine Auswahl an relevanten Studien mit unmittelbarem Bezug auf den Zusammenhang zwischen Patentinformationen und Marktwerten ein.

Hier können insbesondere die Untersuchungen von *Hirschey/Richardson/Scholz* (2001) und *Wyatt/Matolcsy* (2004) hervorgehoben werden. Da nicht nur deren Fragestellung inhaltlich eng verwandt, sondern auch die Datenquelle für die untersuchten Patentinformationen identisch ist, wird im Folgenden ausführlicher auf die Ergebnisse eingegangen und diese werden den in der vorliegenden Arbeit gewonnen Erkenntnissen vergleichend gegenübergestellt.[1150]

Grundsätzlich stützen aber alle in Kap. 3.1.3 aufgeführten Untersuchungen einen positiven Einfluss von Patenten auf den Kapitalmarkt.[1151] Eine weit reichende Vergleichbarkeit hinsichtlich Forschungsvorgehen und implementierter Methodik ist jedoch in erster Linie für die erwähnten beiden Arbeiten gegeben. Daher werden die Ergebnisse der ergänzend aufgeführten Studien nicht detailliert besprochen, sondern lediglich zur Unterstreichung der Tendenz herangezogen, dass eine Relevanz und ein Einfluss von Forschungstätigkeiten, Innovationen und Patenten auf den Kapitalmarkt generell bestätigt werden.

Hirschey/Richardson/Scholz (2001) untersuchen für das US-amerikanische Marktumfeld die Wertrelevanz von Patentinformationen in Verbindung mit Daten der Rechnungslegung. Zur empirischen Messung der betrachteten Zusammenhänge wird ein auf das *Ohlson*-Framework zurückgehendes Modell implementiert.

[1149] Neben diesen Einschränkungen gilt ferner, dass die empirischen Messmodelle aufgrund der spezifischen statistischen Eigenschaften der Datengrundlage und darauf zurückgehend möglicher Annahmeverletzungen in den Regressionsschätzungen keine starken Interpretationen zulassen, sondern in erster Linie Tendenzaussagen signifikant stützen. Dies liegt ursächlich sowohl in der Forschungsmethodik als auch der statistischen Analyse von Kapitalmarkt- in Verbindung mit Finanzdaten begründet und ist, ohne die ökonomische Interpretierbarkeit zu verletzen, nicht umzukehren.

[1150] Diese Studien operationalisieren ebenfalls die von CHI Research generierten Technologieindikatoren aus der Tech-Line-Datenbank, weichen allerdings in Bezug auf das untersuchte Marktumfeld ab. Während der Fokus aber auf dem US-amerikanischen Patentsystem liegt, steht in dieser Arbeit das europäische im Vordergrund.

[1151] In Tab. 3.1 auf S. 40 wird ein Auszug der Kernaussagen in einer tabellarischen Übersicht dargestellt.

Operationalisiert werden die Kennzahlen Anzahl der Patente, Einflussstärke, Wissenschaftsbindung und Technologiezyklusdauer. Zudem werden als Rechnungslegungsdaten die Größen Gewinn sowie Forschungs- und Entwicklungskosten betrachtet, wobei den Technologieindikatoren eindeutig größeres Gewicht beizumessen ist. Die Resultate der statistischen Modellschätzung offenbaren einen starken, positiven Einfluss der getesteten Finanzinformationen auf den Marktwert und stehen damit im Einklang mit den in der vorliegenden Arbeit dokumentierten Ergebnissen.[1152] Für die Patentkennzahl Anzahl der Patente ergibt sich ein negativer Zusammenhang mit dem Marktwert, der aber keinerlei statistische Signifikanz besitzt. Daher ist die Beweislage insgesamt als nicht hinreichend einzustufen, um auf eine Wertrelevanz zu schließen – ein Ergebnis, das sich in den uneinheitlichen Tendenzen in dieser Untersuchung widerspiegelt. So wird nochmals die Schwierigkeit der Ableitung von nutzbaren Informationen, im Hinblick auf wissenschaftliche wie ökonomische Bedeutung und eine mögliche Indikatorfunktion für künftige wirtschaftliche Erfolge eines Unternehmens, aus der rein quantitativen Größe Patentanzahl unterstrichen. Ein statistisch signifikant positiver Zusammenhang wird hingegen für die Qualitätskennzahl Einflussstärke nachgewiesen. Somit kommen *Hirschey/Richardson/Scholz* analog zu dieser Arbeit zu dem Schluss, dass die Qualität von Patenten positiv vom Markt aufgenommen wird. Eine uneinheitliche Tendenz offenbart sich bei der Analyse der Wertrelevanz der Kennzahl Wissenschaftsbindung, die sich mit der vorliegenden Untersuchung deckt. Übereinstimmung in den empirischen Resultaten ergibt sich für die Technologiezyklusdauer, die in beiden Studien als wertrelevant klassifiziert wird. Die Verfasser kommen analog zu dieser Arbeit zu dem Schluss, dass Finanzinformationen der Rechnungslegung zwar aus Sicht kapitalmarktorientierter Investoren eindeutig einen Nutzen stiften, aber zugleich auch nur eingeschränkt Rückschlüsse auf zukünftige Gewinnerzielungspotenziale zulassen.[1153]

Wyatt/Matolcsy (2004) betrachten ebenfalls empirisch eine Wechselwirkung zwischen Kapitalmarkt und Innovation auf Unternehmensebene. Im Einzelnen gehen die Autoren einer Verbindung von insgesamt drei Innovationszuständen mit dem Marktwert nach. Auf Wertrelevanz werden untersucht das technologische Potenzial, *Appropriability Conditions*[1154] sowie die Innovationsdichte.[1155] Das zur Validierung der vermuteten Zusammenhänge eingesetzte empirische Messmodell geht auf das *Ohlson*-Framework zurück. Als Näherung für das technologische Potenzial eines Unternehmens wird die Qualitätskennzahl Einflussstärke verwendet, wohingegen die Verbindungskennzahlen Wissenschaftsstärke und Technologiezyklusdauer als

[1152] Diese Aussage schließt Aufwendungen für Forschung und Entwicklung mit ein.

[1153] Diese Erkenntnis birgt nach Meinung der Autoren zwei mögliche Konsequenzen für die Berichterstattung, die sich diametral gegenüberstehen. Zum einen ließe sich, wie in dieser Arbeit, die Offenlegung ergänzender Angaben im Jahresabschluss fordern, zum anderen bestehe kein unmittelbarer Handlungsbedarf, sofern die erforderlichen Daten auch weiterhin durch unabhängige Provider öffentlich zugänglich seien.

[1154] Siehe hierzu *Wyatt/Matolcsy* (2004), S. 9 ff.

[1155] Die Innovationsdichte wird nicht durch eine Patentkennzahl approximiert dargestellt, sondern durch das Verhältnis von Forschung- und Entwicklungsaufwendungen zum Umsatz.

Indikator für *Appropriability Conditions* herangezogen werden.[1156] In den Analysen zeigen die getesteten Finanzzahlen gemischte Ergebnisse, so dass in der Schätzung des Gesamtmodells lediglich den Gewinnen signifikanter Erklärungsgehalt für Marktwerte zukommt, eine Wertrelevanz von Buchwerten des Eigenkapitals hingegen nicht gestützt wird.[1157] Als Näherung für das technologische Potenzial eines Unternehmens wird ein positiver Zusammenhang von Technologiestärke und Marktwert dokumentiert, was die Kennzahl als wertrelevant einstuft.[1158] Ein ähnliches Bild zeichnet sich für die Kennzahlen Wissenschaftsstärke und Technologiezyklusdauer ab, denen ebenfalls eine statistische Signifikanz bei der Erklärung der Marktwerte zukommt und demzufolge eine Wertrelevanz zugeschrieben werden kann, wobei sich die Vorzeichen der gemessenen Beziehungen unterscheiden. Während sich für die Wissenschaftsstärke ein positiver Einfluss offenbart, steht die Technologiezyklusdauer in einem reziproken Verhältnis zum Marktwert. Mit Ausnahme der Wissenschaftsbindung, für die uneinheitliche Einflussrichtungen auf den Marktwert gemessen werden, sind die gewonnenen empirischen Ergebnisse weitgehend deckungsgleich mit den im Rahmen dieser Arbeit erreichten. Insgesamt zeigt sich also eine wechselseitige Bestätigung der validierten Zusammenhänge.

7.4. Differenzierung nach Industriesektoren und Sensitivitätsbetrachtung

7.4.1. Auswirkungen branchenspezifischer Unterschiede

Kontextfaktoren und technologische Rahmenbedingungen können für einzelne Branchen nicht zwingend als konstant angenommen werden.[1159] Vielmehr können durchaus industriespezifische Unterschiede auftreten, beispielsweise bei Innovationsgeschwindigkeit, Phasen der Umsetzung neuer Erkenntnisse in marktfähige Produkte sowie individuellen Produktlebenszyklen.[1160] Auch hinsichtlich von

---

1156 *Appropriability Conditions* bezeichnen, wie bereits an anderer Stelle erläutert, die Fähigkeit, sich Erträge aus der industriellen Forschung und Entwicklung anzueignen. Die Existenz von natürlichen Eintrittsbarrieren in bestimmten Forschungsbereichen begünstigt eine ausschließliche Nutzung des Wissens und sichert somit Pioniergewinne. Hier weisen große Werte in den genannten Kennzahlen beispielsweise auf hohe Anforderungen an Vorwissen und Forschungsgeschwindigkeit hin und können deshalb als Näherung für, aus Sicht von etablierten Unternehmen, günstige *Appropriability Conditions* herangezogen werden.

1157 In den Schätzungen auf Jahresbasis sind die Koeffizienten für Gewinne und Eigenkapitalbuchwerte jeweils in zwei Drittel der Modelle (in acht von zwölf Instanzen) signifikant, was auf eine Wertrelevanz schließen lassen würde. Beim Vergleich mit den Ergebnissen dieser Arbeit sind aber die Schätzungen der vollständigen Stichprobe maßgeblich. Ähnliches gilt für die Patentinformationen.

1158 In den Schätzungen auf Jahresbasis wird in Abhängigkeit der implementierten Spezifikation eine Relevanz in zwölf/zwölf respektive acht/zehn Fällen von insgesamt zwölf Modellen erreicht.

1159 Damit ergeben sich potenziell Auswirkungen für die empirische Forschung im Allgemeinen. Siehe exemplarisch *Krishnan/Press* (2003) zur Bedeutung des North American Industry Classification System für die empirische Bilanzforschung.

1160 Als Beispiele für Branchen mit kurzen Produktlebenszyklen und einer dementsprechend hohen Innovationsrate dienen die Elektronik-, Telekommunikations- oder Computerindustrie, während sich die Situation für die Maschinenbau- und die chemische bzw. pharmazeutische Industrie genau umgekehrt darstellt. Siehe *Narin* (2000), S. 188 ff. oder auch *Ernst* (1996), S. 73 f.

Appropriability Conditions kann eine Dynamik in Abhängigkeit des spezifischen Marktumfeldes unterstellt werden.

Die Unterschiede wirken sich insgesamt auf die Bedeutung des Patentschutzes in den einzelnen Branchen aus, woraus sich Konsequenzen für die von Unternehmen verfolgte Technologiestrategie ableiten. Insbesondere bei der Patentpolitik sind verschiedene Richtungen und Ansätze dokumentiert, die sich unmittelbar in der Patentierneigung niederschlagen und in Abhängigkeit des Industriezweiges und der damit verbundenen Bedeutsamkeit des gewerblichen Rechtsschutzes variieren.[1161] Empirische Bestätigung findet diese Aussage u. a. in einer Studie von *Mansfield* (1986), die den Anteil der patentierfähigen Erfindungen analysiert, die auch tatsächlich patentiert wurden. Es zeigt sich, dass vor allem in den Branchen Pharmaceuticals, Chemicals oder Machinery eine Patentierneigung von über 80 % besteht, während diese für Automobile oder Primary Metals mit 65 % respektive 50 % deutlich geringer ausfällt.[1162]

Damit könnte die Sektorzugehörigkeit auch für die empirische Analyse dieser Arbeit eine Rolle spielen, weil zu vermuten ist, dass die operationalisierten Kennzahlen in Abhängigkeit von der Branche ebenfalls unterschiedlich ausgeprägt sind. Die Patentierneigung beeinflusst die Kennzahl Anzahl der Patente direkt. Darüber hinaus besteht eine Wechselwirkung zwischen der Anzahl der Zitate und dem betrachteten Industriezweig.[1163] Es ergeben sich ceteris paribus Konsequenzen für alle Kennzahlen, die auf einer Analyse der Querverweise im Patentsystem basieren. Zu nennen ist hier zunächst die Einflussstärke, die sich auf die Patente der jeweils fünf aktuellsten Perioden eines Unternehmens bezieht.[1164] Demzufolge besitzt sie für jene Branchen nur eingeschränkte Aussagekraft, die durch ein großes Timelag zwischen Patent und Produkt gekennzeichnet sind, wie z. B. Pharmaceuticals.[1165] Ebenso ist der Wert für die Technologiezyklusdauer abhängig von der betrachteten Branche, da die Geschwindigkeit, mit der neue Erfindungen Patentreife erreichen, in unterschiedlichen Forschungsbereichen u. U. stark variiert.[1166] Auch für die Kennzahl Wissenschaftsbindung ergeben sich Unterschiede, die mit der Affinität des Forschungsbereiches zur wissenschaftlichen Grundlagenforschung verknüpft sind.[1167]

Die empirische Untersuchung zur Wertrelevanz von Rechnungslegungs- und Patentinformationen differenziert bislang nicht nach Branchenzugehörigkeit der betrachteten Unternehmen, womit implizit eine Homogenität der Stichprobe in diesem Merkmal unterstellt wird. Eine deskriptive Analyse der enthaltenen In-

---

1161 Vgl. *Ernst* (1996), S. 152.

1162 Vgl. *Mansfield* (1986), S. 176 f.

1163 Vgl. *Narin* (2000), S. 183.

1164 Damit ist aufgrund der multiplikativen Verknüpfung zwischen Patentanzahl und Anzahl der Zitate auch die Technologiestärke betroffen.

1165 Vgl. *Narin* (2000), S. 186.

1166 Siehe *Ernst* (1996), S. 59 oder auch *Narin* (2000), S. 188 ff.

1167 Ein hoher Integrationsgrad wird für die Branchen Biotechnology, Pharmaceuticals, Chemicals oder auch Medical Electronics nachgewiesen. Vgl. *Narin* (2000), S. 192 ff. Analog der Technologiestärke ist per definitionem der Berechnung auch die Wissenschaftsstärke betroffen.

dustriesektoren zeigt aber eine heterogene Ausprägung.[1168] So entfallen gemäß der Einteilung im CDAX insgesamt 17, 13 bzw. 7 Unternehmen auf die drei am stärksten vertretenen Branchen Machinery & Industrials, Chemicals & Pharma und Automobile & Transportation, die damit bereits über 80 % aller vertretenen Unternehmen abdecken. Diese Verteilung schlägt sich erwartungsgemäß in der Anzahl der zu Analysezwecken zur Verfügung stehenden Firmenjahre nieder, die sich auf 189, 156 respektive 71 Beobachtungen belaufen.[1169]

Die oben beschriebenen Anhaltspunkte werfen demnach die Frage auf, ob die erzielten empirischen Ergebnisse robust gegenüber der Branchenzugehörigkeit der Stichprobenunternehmen sind, zumal sich bei der Analyse gezeigt hat, dass eine Kontextabhängigkeit nicht ausgeschlossen werden kann. Es ist vielmehr zu vermuten, dass auch branchentypische Besonderheiten zu den leichten Abweichungen in den Ergebnissen führen können, die in Abhängigkeit des implementierten Messmodells im Rahmen der empirischen Untersuchung dokumentiert wurden. Eine Sensitivitätsanalyse der empirischen Ergebnisse hinsichtlich einer Branchenzugehörigkeit der Stichprobenunternehmen erscheint aus den dargelegten Gründen generell sinnvoll. Allerdings sind mit der Umsetzung einer umfassenden Prüfung teilweise erhebliche konzeptionelle und empirische Schwierigkeiten verbunden. Die für eine Einteilung in die Sektoren des DAX100 verwendeten Zuordnungsregeln der Deutschen Börse orientieren sich primär am Schwerpunkt der Geschäftstätigkeit.[1170] Bei den großen deutschen Unternehmen des DAX handelt es sich i. d. R. um Konzerngesellschaften mit mehr als einer Sparte. Diese Tatsache wirkt sich negativ auf die Trennschärfe einer Brancheneinteilung unter Verwendung der angesprochenen Zuordnungsregeln aus, da an einigen Stellen zwangsläufig Kompromisse eingegangen werden müssen. Zudem ist bei der Sektorzugehörigkeit eines Unternehmens nicht unbedingt Konstanz über den Zeitraum der Untersuchung gegeben. Vielmehr sind Verschiebungen aufgrund einer Verlagerung des Schwerpunktes der Geschäftstätigkeiten wahrscheinlich.[1171] Insgesamt wird der Wert einer solchen Untersuchung aus den genannten Gründen relativiert und begrenzt deren Aussagekraft.

7.4.2. Robustheitsprüfung der erzielten empirischen Ergebnisse

Für die Durchführung der Sensitivitätsanalyse erfolgt eine Beschränkung auf die drei am stärksten in der Stichprobe vertretenen Branchen des DAX100, um eine hinreichend große Datengrundlage für eine statistische Analyse sicherzustellen.[1172] Damit wird ein Vergleich für die folgenden Sektoren möglich:

1168 Siehe hierzu Kap. 6.2.4 auf S. 206.

1169 Die genauen Werte können Tab. B.2 auf S. 320 im Anhang entnommen werden.

1170 Diese sind aber im konkreten Einzelfall nicht transparent und auch auf Nachfrage nicht zu erfahren.

1171 Diese Tatsache kann in einer Analyse nicht berücksichtigt werden, weil i. d. R. keine historischen Angaben zur Verfügung stehen.

1172 Für die Analysen wird die Einteilung des DAX100 herangezogen, weil die Größe der Stichprobe eine feinere Unterscheidung nicht zulässt. Die Kategorien des CDAX oder auch die Tech-Line-Industriegruppen müssten konsolidiert werden, um valide Ergebnisse zu gewährleisten.

- Machinery & Industrials
- Chemicals & Pharma
- Automobile & Transportation

Bei der Modellierung der Zusammenhänge wird auf das multiple lineare Regressionsverfahren unter Berücksichtigung von Dummyvariablen zurückgegriffen.[1173] Den genannten drei Branchen wird je ein Industriedummy (IND 1 bis IND 3) zugewiesen, so dass eine Aufspaltung der Stichprobe in vier Gruppen erfolgt.[1174] Auf diese Weise kann u. a. getestet werden, ob das qualitative Merkmal der Branchenzugehörigkeit eines Stichprobenunternehmens Erklärungsgehalt für Marktwerte aufweist, bzw. ob es auf die Wertrelevanz der analysierten Größen aus der Rechnungslegung und der Patentinformationen wirkt.

Das Vorgehen ist zweistufig angelegt: Implementiert werden zwei Modelle IND.A und IND.B, die jeweils auf die Messmodelle I (IND.AI/IND.BI) und II (IND.AII/IND.BII) aus der Wertrelevanzuntersuchung angewandt werden.[1175] Spezifikation IND.A erweitert die ursprünglichen Modelle um die Industriedummies und nimmt sie als zusätzliche erklärende Variablen in die Gleichung auf. Auf diese Art kann anhand des Modells evaluiert werden, ob die Wertigkeit von Patenten und Patentkennzahlen in den einzelnen Branchen unterschiedlich stark ausgeprägt ist.[1176] Ergeben sich bei dieser ersten Analyse Anhaltspunkte in Form von signifikanten Koeffizienten der Branchendummies, die auf eine Relevanz der Kategorien schließen lassen, erfolgt in einem zweiten Schritt eine vertiefende Prüfung des Sachverhaltes mittels eines weiterführenden Messmodells. Modell IND.B zielt dann sowohl auf die Identifikation einer vertikalen Verschiebung der Regressionsgeraden als auch auf Veränderungen in der Steigung bzw. der Koeffizienten ab.[1177] Aus statistischer Sicht kommt dieses Vorgehen prinzipiell einer Unterteilung der Stichprobe in Subsamples und einer Durchführung separater Regressionen gleich.[1178] Der verfolgte Ansatz bietet aber den entscheidenden Vorteil eines größeren Stichprobenumfanges und damit mehr Freiheitsgrade.[1179]

1173 Siehe *Kennedy* (1998), S. 221 ff.; *Kvanli/Guynes/Pavur* (1996), S. 674 ff. oder auch *Gujarati* (1995), S. 499 ff. ausführlich zur Methodik von Regressionsmodellen mit Dummyvariablen.

1174 Siehe Tab. B.4 auf S. 321 im Anhang zur Zuordnung der Dummies.

1175 Die Regressionen sind für Messmodell IND.A in M 9a bis 9f auf S. 386–387 respektive M 10a bis 10g auf S. 387–388 im Anhang dargestellt. A. a. O. finden sich auch die Gleichungen für Messmodell IND.B in M 11a bis 11f auf S. 389–390 bzw. M 12a bis 12e auf S. 391–392.

1176 Geprüft wird, ob die vorgenommene Kategorisierung einen signifikanten Einfluss auf die Marktkapitalisierung hat. In diesem Fall würde eine Veränderung der Konstanten eine vertikale Verschiebung der Regressionsgeraden auslösen. Vgl. *Kennedy* (1998), S. 225.

1177 Die Gleichung enthält zusätzlich einen Interaktionsterm der erklärenden Variablen mit den Branchendummies.

1178 Vgl. *Kennedy* (1998), S. 225.

1179 Das alternative Vorgehen einer Bildung von Untergruppen in der Stichprobe nach dem Kriterium der Branchenzugehörigkeit würde zu einer signifikanten Reduktion des Umfanges in den resultierenden Teilmengen führen, so dass die Freiheitsgrade im Verhältnis zur Anzahl der erklärenden Variablen kritische Werte annehmen würden. Daher wird dieser Ansatz verworfen. Zudem bietet das gewählte Vorgehen den Vorteil, dass eine Gruppenunterscheidung als signifikant oder nichtsignifikant angegeben wird, ohne dass weitere statistische Tests erforderlich sind.

Die Resultate der Schätzungen von Modell IND.AI werden in Tab. D.6 auf S. 400 im Anhang präsentiert.[1180] Die Regressionsstatistiken zeigen für die Mehrheit der Gleichungen einen signifikant positiven Koeffizienten der Industriedummies, womit eine unterschiedlich hohe Marktbewertung in den einzelnen Branchen suggeriert wird. Ausnahmen bilden lediglich die Modelle IND.AI.e und IND.AI.f, in denen der Koeffizient für den Sektor Automobile & Transportation keine Signifikanz aufweist. In Bezug auf die Spezifikation IND.AII des Modells stellt sich eine ähnliche Situation dar. Die Ergebnisse sind in Tab. D.8 auf S. 402 ebenfalls im Anhang zusammengefasst.[1181] Auch hier wird für die Mehrzahl der Koeffizienten der Branchendummies ein positiver und hoch signifikanter Koeffizient erreicht. Nur die Modelle IND.BI.f und IND.BI.g weisen für keinen der betrachteten Sektoren eine Signifikanz auf, während – mit Ausnahme der Modelle IND.BI.a und IND.B1.b – die Industriegruppe Automobile & Transportation wiederholt nicht relevant scheint.

Grundsätzlich deuten die empirischen Ergebnisse zunächst auf Unterschiede in der Marktbewertung der Stichprobenunternehmen in Abhängigkeit der Branchenzugehörigkeit hin.[1182] Unterschiede in der Wertrelevanz wirken sich in erster Linie auf die Koeffizienten der Schätzungen aus. Um die ersten Hinweise vertiefend zu analysieren und ggf. Unterschiede in der Wertrelevanz aufzudecken, ist es erforderlich, ergänzend die Modellvarianten IND.BI und IND.BII heranzuziehen. Die Ergebnisse sind in den Tabellen Tab. D.8 bis D.9 auf S. 402–403 im Anhang dargestellt.[1183] Während die zuvor erzielten Resultate teilweise aufschlussreiche Ergebnisse hinsichtlich branchenspezifischer Unterschiede in der Marktbewertung generieren und Rückschlüsse auf eine potenzielle Relevanz der Industriesektoren zulassen, liefern die erweiterten Modelle nur noch stark eingeschränkt verwertbare Ergebnisse. Insgesamt zeigen sich diese eher uneinheitlich und sind daher nur schwer systematisch interpretierbar, so dass in dieser Form keine fundierten Erkenntnisse mehr abgeleitet werden können.[1184] Eine signifikante Wirkung der Branchenzugehörigkeit auf den Erklärungsgehalt der operationalisierten Messgrößen aus der Rechnungslegung und der Patentkennzahlen kann nicht zweifelsfrei bestätigt werden.

Mit Blick auf die Erkenntnisse ausgewählter bisheriger Forschungsbeiträge ergibt sich ein ähnliches Bild. So identifizieren *Hirschey/Richardson/Scholz* zwar

---

1180 Die originären Ergebnisse, d. h. vor Einbeziehung der Dummyvariablen, können vergleichend in Tab. 7.5 auf S. 251 eingesehen werden.

1181 Die Resultate vor Berücksichtigung der Dummyvariablen können vergleichend in Tab. 7.6 auf S. 258 eingesehen werden.

1182 Die modellimmanenten Rechnungslegungs- und Patentinformationen sind größtenteils signifikant und bestätigen damit die im Vorfeld erzielten Ergebnisse.

1183 Aufgrund der großen Anzahl an erklärenden Variablen bei Einschränkungen in der Datenverfügbarkeit der Variablen Wissenschaftsbindung und Wissenschaftsstärke, sind für beide Instanzen keine Modellschätzungen möglich.

1184 Ein maßgeblicher Faktor für die unzureichende Möglichkeit einer Prüfung auf branchenspezifische Unterschiede in der Wertrelevanz ist in der eingeschränkten Datenverfügbarkeit begründet. Sie wirkt sich aufgrund des limitierten Stichprobenumfanges negativ auf die Robustheit der erzielbaren empirischen Ergebnisse aus.

statistisch signifikante Auswirkungen einer Sektorzugehörigkeit bei der Wertrelevanzmessung von Patentinformationen, stellen aber gleichzeitig fest, dass diesen im Vergleich mit den Modellen ohne Berücksichtigung von fixed-industry-effects lediglich eine marginale Relevanz beigemessen werden kann.[1185] Hingegen wird der Aspekt bei *Wyatt/Matolcsy* im Rahmen einer Sensitivitätsanalyse geprüft. Die Autoren kommen zu dem Schluss, dass keine nennenswerten Unterschiede in der Wertrelevanz in Abhängigkeit der Branche nachweisbar sind.[1186] Bei *Vorstius* wird explizit der Einfluss der Branchenzugehörigkeit auf die Wertrelevanz von Jahresabschlussdaten im Rahmen einer Forschungshypothese überprüft. Die Ergebnisse dokumentieren zwar Unterschiede, lassen aber nur sehr eingeschränkt Aussagen über das Ausmaß zu und erlauben demnach kaum starke Interpretationen.[1187]

Als Fazit der Untersuchungen zum Einfluss der Branchenzugehörigkeit auf die in der zentralen Analyse zur Wertrelevanzmessung gewonnenen Erkenntnisse bleibt festzuhalten, dass eine Wirkung auf die Ergebnisse nicht gänzlich ausgeschlossen werden kann und aufgrund der zu Beginn dieses Kapitelteiles geführten Überlegungen sogar als wahrscheinlich angesehen werden muss. Die Auswirkungen lassen sich mit dem zur Verfügung stehenden Datensatz aufgrund der Einschränkungen in der Stichprobengröße aber nur unzureichend prüfen, so dass sich trotz bestehender Anhaltspunkte für eine Relevanz der Sektoren bei der Wertrelevanzmessung keine definitiven Rückschlüsse auf spezifische Unterschiede der Wertrelevanz in den einzelnen Industriebereichen generieren lassen. Doch dürfen die im Rahmen der Robustheitsprüfung erreichten Anzeichen auch nicht dahingehend überbewertet werden, dass die für die gesamte Stichprobe erzielten empirischen Resultate deshalb in Frage gestellt werden. Vielmehr gilt es bei der durchgeführten Sensitivitätsanalyse eine Reihe wesentlicher Einschränkungen zu berücksichtigen, die potenziell verzerrenden Einfluss ausüben könnten. So sind in erster Linie Trennschärfe und Konstanz der zugrunde liegenden Kategorisierung wichtige Faktoren, deren Sicherstellung über den Beobachtungszeitraum zumindest fraglich erscheint. Eine abschließende Prüfung kann im Rahmen dieser Arbeit aufgrund der z. T. massiven und auf die Datengrundlage zurückgehenden Restriktionen nicht geleistet werden, so dass sich in diesem Punkt weiterer Forschungsbedarf manifestiert.

In diesem Zusammenhang wird zudem die Frage aufgeworfen, ob eine Zuordnung auf Basis von Branchen gemäß der von der Börse vorgenommenen Einteilung überhaupt ein sinnvoller Ansatz zur Differenzierung ist oder ob eine Clusterung unter Anwendung alternativer Kriterien nicht zu einem besseren Ergebnis führt.[1188]

1185 Vgl. *Hirschey/Richardson/Scholz* (2001), S. 231.

1186 Vgl. *Wyatt/Matolcsy* (2004), S. 26.

1187 Vgl. *Vorstius* (2004), S. 225 ff.

1188 Die Sichtweise, dass die Branche ein fraglicher Ansatz zur Abgrenzung und Kategorisierung von Unternehmen ist, wird an einigen Stellen in der Literatur vertreten. Siehe hierzu exemplarisch *Hauschildt* (1993). Kann die angewandte Differenzierung aber als nicht optimal angenommen werden, wird dadurch eine branchenübergreifende Analyse gestützt. Die Bedeutung von Branchen wird in einer Reihe von Arbeiten betrachtet. Empirisch behandelte Aspekte sind u. a. die Bedeutung der Branche für die Erwirtschaftung von Überrenditen *Rumelt* (1991), der Erklärungsgehalt der

Denkbar wäre etwa eine Aufteilung nach Forschungsschwerpunkten auf Basis der Patentanzahl eines Unternehmens in den Klassen des International Patent Classification Systems. Trotzdem müsste hierbei zusätzlich das Problem dynamischer Forschungsschwerpunkte gelöst werden. Die Fragestellung ist eine interessante Aufgabe für künftige Forschungsprojekte, deren Realisierung jedoch maßgeblich von der Datenverfügbarkeit abhängt. Entsprechende Informationen sind zwar im Prinzip verfügbar, doch müssten auch die Finanz- und Marktdaten entsprechend aufgespalten werden, um eine Verzerrung auf beiden Seiten der Modellgleichung zu vermeiden.[1189] Erst mit der verpflichtenden Einführung der IAS/IFRS ab dem Geschäftsjahr 2005 für alle kapitalmarktorientierten Unternehmen steht durch eine Segmentberichterstattung nach IAS 14[1190] in Zukunft möglicherweise eine ausreichende Datengrundlage für großzahlige empirische Untersuchungen zur Verfügung.[1191]

Sektorzugehörigkeit für Variationen in der Unternehmensperformance (Ertragskraft) *Powell* (1996) und der Rentabilität *McGahan/Porter* (1997).

1189 In diesem Kontext könnten Spartenaktien, sog. Tracking Stocks, in Kombination mit einer erweiterten Segmentberichterstattung neue Perspektiven bieten und so eine genauere Analyse ermöglichen. Siehe *Loebig* (2005) ausführlich zum Tracking-Stock-Konzept.

1190 Spätestens aber eigentlich schon mit Anwendung des DRS 3.

1191 Die im HGB verankerte Regelung zur Segmentberichterstattung nach § 285 Abs. 4 ist hingegen rudimentär und erstreckt sich nur auf eine Aufgliederung der Umsatzerlöse nach Tätigkeitsbereich und geographischer Bestimmung.

8. Schlussbemerkungen und Ausblick

8.1. Zusammenfassung der Kernaussagen und zentralen Erkenntnisse

Die vorliegende Arbeit analysiert die Wertrelevanz von Patentinformationen im Kontext von Fundamentaldaten der Rechnungslegung und einer kapitalmarktorientierten Unternehmensberichterstattung. Im Zentrum steht eine empirische Bestimmung der Wertrelevanz von Patentkennzahlen, die näherungsweise die technologische Kompetenz und Forschungsleistung auf Unternehmensebene erfassen. Beides sind Indikatoren für Wertschöpfungspotenziale und beeinflussen die zukünftige Ertragslage eines Unternehmens nachhaltig.

Das implementierte Forschungsmodell zieht die von Gesetzgeber und Standardsetter an die Rechnungslegung gerichteten Anforderungen in der Praxis als Benchmark für eine empirische Evaluierung heran, so dass in genau diesem Aspekt eine Bewertung des Zielerreichungsgrades möglich ist. Mit dem gewählten Vorgehensmodell kann aus einer Kapitalmarktperspektive geprüft werden, inwiefern die Berichterstattung ihrer Aufgabe der Vermittlung entscheidungsnützlicher Informationen gerecht wird. So setzt die Wertrelevanzforschung konzeptionell auf der Informationsfunktion der Rechnungslegung auf.

Insbesondere mit Blick auf ein Absinken der Wertrelevanz von Rechnungslegungsinformationen im Zeitablauf, wie es in empirischen Studien speziell für die letzte Dekade nachgewiesen wird, erscheint die hier erörterte Fragestellung sehr aktuell. Angesichts einer zunehmenden Differenz zwischen Markt- und Buchwerten wird die Frage aufgeworfen, ob die entstehende Wertlücke eventuell durch andere Informationsparameter erklärt werden kann. Unter Relevanzgesichtspunkten bedeutet das, dass im Informationsset von Investoren Finanzgrößen durch andere Informationen zumindest teilweise substituiert und damit in ihrer Bedeutung zurückgedrängt werden könnten. Die in diese Richtung erzielbaren Erkenntniszugewinne begründen die potenziell hohe Relevanz der Forschungsrichtung für eine Vielzahl unterschiedlicher Anspruchs- und Interessengruppen aus Wissenschaft und Praxis.

Aus den dargelegten Überlegungen lassen sich drei zentrale Forschungsfragen ableiten, die, unterteilt in zwei primäre Fragestellungen und eine sekundäre, inhaltlich ineinandergreifen:

1. Forschungsfrage F 1 thematisiert die Zielerreichung der Rechnungslegung im Hinblick auf die Erfüllung der mit der Informationsfunktion an sie gerichteten Anforderungen.

2. Forschungsfrage F 2 spannt den Bogen weiter und fragt anhand von Patentinformationen nach der Wertrelevanz von Parametern, die kein integraler Bestandteil der regulierten Unternehmensberichterstattung sind.

3. Forschungsfrage F 3 baut schließlich auf den gewonnenen Erkenntnissen auf und initiiert weiterführende Diskussionen zu Offenlegungspflichten. Die Überlegungen gehen dem Aspekt nach, ob und, wenn ja, wie die Informationsfunktion aus Investorensicht gestärkt werden könnte und ob bestehende Regelungen unter den gegebenen Umständen noch ausreichen, um die aktuellen Informationsbedürfnisse kapitalmarktorientierter Adressaten zu befriedigen. So können Ansatzpunkte für eine Richtung der Fortentwicklung der Rechnungslegung aufgezeigt und Denkanstöße für mögliche Gestaltungsalternativen gegeben werden.

Im Zentrum des Forschungsinteresses steht die Frage, ob neben den Rechnungslegungsdaten auch jenen Angaben, die über die gesetzlichen Bestimmungen zur Unternehmensberichterstattung hinausgehen, nämlich Informationen über Innovationsfähigkeit und technologischem Potenzial eines Unternehmens, signifikante Erklärungskraft für Marktwerte zukommt. Daraus ergibt sich die Frage, ob diese aus Sicht kapitalmarktorientierter Investoren als wertrelevant eingestuft werden können. Durch den Nachweis einer Wertrelevanz von Fundamentaldaten der Rechnungslegung einerseits und nichtmonetärer (oft industriespezifischer) Parameter andererseits können letztlich stichhaltige Anhaltspunkte für eine mögliche Stärkung von Informationsgehalt und Nutzwert der Berichterstattung aus Sicht einer wichtigen Adressatengruppe gewonnen werden.

Zur Beantwortung der erkenntnisleitenden Forschungsfragen wird eine empirische Forschungsstrategie verfolgt und zur Prüfung der theoriegeleitet aufgestellten Hypothesen ein großzahlig konfirmatorisches Vorgehen gewählt. Für die Analyse der Beziehung zwischen Rechnungslegung und Kapitalmarkt dient der Modellrahmen von *Ohlson* bzw. *Feltham/Ohlson* (1995) als Bezugspunkt, weil der Zusammenhang dort in theoretisch geschlossener Form beschrieben wird und gleichzeitig ein Freiraum für die Operationalisierung von zwei Informationsvariablen existiert. Mittels statistischer Messmodelle, die im *Feltham-Ohlson*-Framework theoretisch verankert sind, wird die Wertrelevanz von Rechnungslegungs- und Patentinformationen ergründet und darauf basierend die hergeleiteten Forschungshypothesen beurteilt. Angewandt wird das statistische Instrumentarium der multiplen linearen Regressionsanalyse.

Die Stichprobe umfasst insgesamt 46 börsennotierte (inländische) Kapitalgesellschaften. Der Untersuchungszeitraum umspannt die Geschäftsjahre 1988 bis 2000.[1192] In der empirischen Untersuchung werden die auf Basis der Forschungsfragen aufgestellten Hypothesen zur Wertrelevanz von Rechnungslegungs- und

[1192] Als Datenprovider fungieren zum einen Thomson Datastream (Worldscope-Datenbank) für Angaben zu Marktwerten und Rechnungslegungsdaten und zum anderen CHI Research (Tech-Line-Datenbank) zu Patenten. Insgesamt stehen unter Berücksichtigung von Beschränkungen in der Datenverfügbarkeit 500 Firmenjahre für Analysezwecke bereit.

Patentinformationen evaluiert. In der Gruppe der Rechnungslegungsinformationen beziehen sich diese auf wichtige Angaben zur Vermögenslage (Eigenkapitalbuchwert und operatives Vermögen) und zur Ertragskraft (operativer Gewinn). Unter den Patentinformationen sind derivative Kennzahlen zu Aktivität, Qualität und Verbindung des betrieblichen Patentierverhaltens zusammengefasst. Im Einzelnen umfasst dies die Kennzahlen Anzahl der Patente (Aktivität), Zitate pro Patent, Einflussstärke und Technologiestärke (Qualität) sowie Technologiezyklusdauer, Wissenschaftsbindung und Wissenschaftsstärke (Verbindung). In Kombination erlauben die betrachteten Patentinformationen eine approximative Einschätzung von Innovationsfähigkeit und technologischem Potenzial eines Unternehmens. So können wichtige Hinweise auf zukünftige Wertschöpfungspotenziale und Ertragsquellen generiert werden, die letztlich u. a. dazu beitragen, Unsicherheiten bei der Erwartungsbildung über künftige Transferzahlungen zwischen Anteilseignern und Unternehmen zu reduzieren.

Für alle hier präsentierten Kennzahlen aus den Bereichen Rechnungslegung und Patente wird eine Wertrelevanzvermutung aufgestellt. Die Übersicht in Tab. 8.1 auf der folgenden Seite listet die Hypothesen und die vermutete Einflussrichtung auf den Marktwert auf. Zusätzlich wird an gleicher Stelle das Gesamtergebnis der Überprüfung der Hypothesen angegeben.[1193]

Die empirischen Ergebnisse zeigen eine signifikante Erklärungskraft der Rechnungslegungsinformationen für Marktwerte, wobei die getesteten Variablen in einem signifikant positiven Zusammenhang mit der Marktkapitalisierung stehen. Demzufolge können Eigenkapitalbuchwert (CEQ), operatives Vermögen (OA) und operativer Gewinn (OI) als wertrelevant validiert und entsprechend die korrespondierenden Teilhypothesen (H 1a bis H 1c) nicht falsifiziert werden. Es lässt sich festhalten, dass keinerlei Anhaltspunkte existieren, um die in Hypothese H 1 niedergelegte Wertrelevanzvermutung von Rechnungslegungsdaten zu entkräften. Die Rechnungslegung ist demnach eine wertvolle und nützliche Informationsquelle für kapitalmarktorientierte Investoren.

In der Gruppe der Patentinformationen offenbaren sich hingegen gemischte und z. T. uneinheitliche Tendenzen. Im Besonderen trifft diese Aussage für die Resultate zur Aktivitätskennzahl Anzahl der Patente (NOP) und dort speziell für die Richtung der Assoziation zum Marktwert zu. Während in der ersten Modellspezifikation ein signifikant negatives Verhältnis mit dem Marktwert nachgewiesen wird, deuten die Statistiken in der zweiten Modellvariante auf einen positiven Zusammenhang hin, der allerdings statistisch nicht signifikant ist und deshalb nicht als Anzeichen für Wertrelevanz gewertet werden kann.

Der Grund für die Abweichung geht auf Unterschiede in der Spezifikation beider Messmodelle zurück. Während die erste Variante die Beziehung zwischen der Patentanzahl und dem Marktwert isoliert betrachtet, erweitert der zweite Ansatz die Perspektive und berücksichtigt zusätzlich den Einfluss des in die

1193 Deutlich wird hier die Struktur der Hypothesen, die von einer globalen Sichtweise auf eine detaillierte Ebene spezifiziert werden, und sich so ergänzend Teil- und Subhypothesen verzweigen, die im Einzelnen mit den Kennzahlen korrespondieren.

Tabelle 8.1.: Ergebnisübersicht zur Überprüfung der Forschungshypothesen

Area	Kennzahl	Hypothese†	Ergebnis‡
Rechnungslegungsinformationen		H 1	•
Vermögenslage	CEQ[1]	H 1a+	•
	OA[2]	H 1b+	•
Ertragslage	OI[3]	H 1c+	•
Patentinformationen		H 2	•
Aktivität		H 2a	•/○
	NOP[a]	H 2a.1+	•/○
Qualität		H 2b	•
	CPP[b]	H 2b.1+	•
	CII[c]	H 2b.2+	•
	TS[d]	H 2b.3+	•
Verbindung		H 2c	•/○
	TCT[e]	H 2c.1−	•
	SL[f]	H 2c.2+	•/○
	SS[g]	H 2c.3+	•/○

Hypothese wird bestätigt •, nicht bestätigt ○, Ergebnis uneinheitlich •/○

† Global-/Teil-/Subhypothese ‡ Gesamtergebnis der Hypothesenüberprüfung
[1] Eigenkapitalbuchwert [2] Operatives Vermögen [3] Operativer Gewinn
[a] Anzahl der Patente [b] Zitate pro Patent [c] Einflussstärke [d] Technologiestärke
[e] Technologiezyklusdauer [f] Wissenschaftsbindung [g] Wissenschaftsstärke

Forschung getätigten Investitionsvolumens auf eben diese Beziehung.[1194] Eine Wertrelevanz kann trotz der gegenläufigen Aussagen nicht gänzlich ausgeschlossen werden, weil sie prinzipiell unabhängig von der Richtung einer dokumentierten Beziehung zu sehen ist, so dass Hypothese H 2a.1 nicht widerlegt werden kann.[1195]

Im Falle der Qualitätskennzahlen Zitate pro Patent (CPP), Einflussstärke (CII) und Technologiestärke (TS) zeigt sich ein einheitliches Bild über beide Modellspezifikationen hinweg, so dass im Einklang mit den Hypothesen H 2b.1 bis H 2b.3 von einem statistisch signifikanten Zusammenhang mit dem Marktwert ausgegangen und auf eine Wertrelevanz geschlossen werden kann.

In der Kategorie der Verbindungskennzahlen wird ausschließlich für die Technologiezyklusdauer (TCT) ein signifikant positiver Zusammenhang mit dem Marktwert und daraus abgeleitet eine Wertrelevanz belegt. Für die Kennzahlen Wissenschaftsbindung (SL) und Wissenschaftsstärke (SS) sind die Ergebnisse wieder in Abhängigkeit der Modellvariante gemischt, so dass die Hypothesen H 2b.1 bis H 2b.3 nicht abgelehnt werden können.

Bezüglich der Teilhypothesen H 2a bis H 2c führen die beschriebenen Resultate zu einer Annahme der aufgestellten Wertrelevanzvermutungen. Weil stets mindes-

1194 Siehe Kap. 7.2.3.3 auf S. 255 für eine Erklärung des zweiten Messmodells und Kap. 7.2.3.4 auf S. 264 für eine Interpretation des negativen Vorzeichens der Kennzahl Anzahl der Patente.

1195 Die unterschiedlichen Ergebnisse können u. a. auch auf Schwierigkeiten bei der Beurteilung der technologischen wie ökonomischen Werthaltigkeit durch eine reine Aktivitätsbetrachtung zurückgeführt werden.

tens eine der unter dem Oberbegriff subsumierten Kennzahlen in Marktwerten reflektiert wird und demzufolge Wertrelevanz aufweist, können die Hypothesen nicht widerlegt werden. Dieser Sachverhalt führt ceteris paribus auch zu einer Annahme der globalen Hypothese H 2, die übergeordnet Patentinformationen Wertrelevanz zuschreibt.

Einschränkend gilt hier allerdings, dass eine Kontextabhängigkeit der Wertrelevanz nicht gänzlich ausgeschlossen werden kann. Insbesondere für die Variablen Anzahl der Patente, Wissenschaftsbindung und Wissenschaftsstärke gibt es entsprechende Hinweise, weil die Ergebnisse aus den verschiedenen Messmodellen ambivalent sind. Möglicherweise wirkt auch die Branchenzugehörigkeit auf Richtung und Stärke der gemessenen Zusammenhänge. Eine Sensitivitätsanalyse offenbart zwar Anzeichen, die diese Vermutung stützen würden, sie sind aber insgesamt als zu schwach einzustufen, um valide Rückschlüsse ziehen zu können.[1196]

In der empirischen Analyse zeigen sich insgesamt stichhaltige Anhaltspunkte dafür, dass sowohl finanzielle Größen aus der Rechnungslegung als auch nichtfinanzielle Informationen über das Patentportfolio eines Unternehmens einen signifikanten Beitrag zur Erklärung von Marktwerten leisten. Damit bestätigen sich mit den hier dokumentierten Ergebnissen zur Wertrelevanz von Rechnungslegungs- und Patentinformationen weitgehend die Resultate der vorwiegend internationalen Vergleichsstudien in der einschlägigen wissenschaftlichen Literatur. Insbesondere auf einer aggregierten Ebene zeigen sich diese deckungsgleich.

Die Erkenntnisse aus der Überprüfung der Hypothesen dienen zunächst dem Zweck einer Beantwortung der eingangs der Arbeit formulierten Forschungsfragen F 1 und F 2. Zusammenfassend lassen sich folgende Aussagen festhalten:

- Forschungsfrage F 1 thematisiert die Wertrelevanz von Rechnungslegungsinformationen und strebt in diesem Aspekt eine Evaluierung der Informationsfunktion der Rechnungslegung an. Den Untersuchungsergebnissen zufolge wird sie positiv beantwortet.

- Forschungsfrage F 2 geht mit der Frage nach einer Wertrelevanz von Patentinformationen dem Aspekt nach, ob jenen Angaben, die explizit kein integraler Bestandteil der regulierten Unternehmensberichterstattung sind, aus Sicht kapitalmarktorientierter Investoren Bedeutung zukommt. Im Rahmen der empirischen Untersuchung der vorliegenden Arbeit gelingt der Nachweis einer Wertrelevanz von Faktoren, die Innovationsfähigkeit und technologisches Potenzial annähern. Die Forschungsfrage wird damit ebenfalls positiv beantwortet.

- Die empirischen Erkenntnisse, die die Grundlage für die zu F 2 getroffenen Aussagen sind, führen zu einer Neubewertung von F 1 und hinterfragen angesichts der veränderten Sachlage erneut eine Zielerreichung der Rechnungslegung mit Blick auf die Informationsfunktion. Zwar kommt die Rechnungslegung durch eine Vermittlung wertrelevanter Angaben weitgehend

[1196] Hier erscheinen demzufolge weitere Untersuchungen notwendig.

dieser Anforderung nach, doch offenbaren sich auch Lücken in der regulierten Berichterstattung, da aus Adressatensicht relevante Größen zum Teil unberücksichtigt bleiben. Forschungsfrage F 3 thematisiert auf dieser Erkenntnis aufbauend Implikationen und schlägt so den Bogen zu einer praktischen Bedeutung der Untersuchungsergebnisse.

Mit Patentinformationen werden Kennzahlen als wertrelevant validiert, die kein Bestandteil der regulierten Unternehmensberichterstattung sind. Zwar werden die geprüften Rechnungslegungsinformationen ebenso als wertrelevant eingestuft, wodurch eine Erfüllung der Informationsfunktion der Rechnungslegung in diesem Punkt bestätigt wird. Dennoch mehren sich stichhaltige empirische Anzeichen dafür, dass Faktoren, denen aus Sicht des Kapitalmarktes eine gesteigerte Bedeutung beigemessen wird, in geltenden Publizitätsvorschriften eben (noch) keine Berücksichtigung finden. Weil sich aber – wie gezeigt – Informationen über Innovationsfähigkeit und technologisches Potenzial substantiell in Marktpreisen widerspiegeln, bestätigt sich ein eindeutiger Nutzen für kapitalmarktorientierte Investoren. Dadurch erscheint eine Erweiterung bestehender Regelwerke und Normen um Angaben zu Qualität und technologischer Stärke des Patentportfolios eines Unternehmens durchaus sinnvoll.

Das Informationsniveau herrschender Offenlegungspflichten kann demnach zumindest als verbesserungsfähig eingestuft werden, so dass die Erkenntnisse eine Argumentation stützen, die zur Diskussion über die Fortentwicklung der Rechnungslegung und der regulierten Berichterstattung beitragen kann. Insgesamt leiten sich aufgrund des zusätzlichen und über den der Rechnungslegung hinausgehenden Informationswertes Ansprüche an die Rechnungslegung und die Standardsetter ab, eine Aufnahme dieser Größen in die regulierte Berichterstattung zu erwägen und Gestaltungsalternativen zur Offenlegung in standardisierter Form zu erörtern. Auch wenn konkrete Überlegungen in diese Richtung wie auch Vorschläge für eine Umsetzung in den Kompetenzbereich der Standardsetter fallen, werden zusammenfassend einige Ansätze und mögliche Einsatzbereiche aufgezeigt:

- Es ist beispielsweise die Integration eines Technologiespiegels in den Jahresabschluss denkbar, der nach Vorbild des Anlagespiegels aufgestellt werden könnte und zusätzlich Informationen zum Patentportfolio und somit zum technologischen Potenzial bereithalten würde.[1197] Inwiefern eine Veröffentlichung verpflichtend gestaltet werden sollte oder aber auf freiwilliger Basis erfolgen kann, steht zwar zur Diskussion, ist aber dem Verantwortungsbereich normengebender Gremien zuzuordnen, so dass dieser Aspekt hier ausgeklammert wird.

- Auch vor dem Hintergrund einer über die gesetzlichen Bestimmungen hinausgehenden Berichterstattung könnten kapitalmarktinduziert wertrelevante Faktoren aufgenommen werden. Durch diesen weiter gefassten Blickwinkel

1197 Eine Alternative wäre die Aufnahme nichtmonetärer Größen in den Lagebericht, dessen Inhalte im Rahmen des DRS 15 (Lageberichterstattung) neu geregelt werden.

wird eine Diskussion berührt, die sich i. w. S. mit einer Entwicklung vom *Financial* in Richtung eines *Business Reporting* befasst.

- Zudem zeigen sich die Ergebnisse bedeutsam für eine mögliche Umstrukturierung und Neuordnung der Bilanzierung und Bewertung immaterieller Vermögenswerte, wie sie u. a. vom *Arbeitskreis „Immaterielle Werte im Rechnungswesen" der Schmalenbach-Gesellschaft für Betriebswirtschaft e. V.* verfolgt wird. In diesem Zusammenhang sind als wertrelevant validierte Parameter hilfreich, weil sie prinzipiell als objektive Kriterien zur Charakterisierung von immateriellen Vermögensgegenständen herangezogen werden können.[1198]
- Nicht zuletzt könnten sich die Erkenntnisse auch für den Zweck interner Steuerungsprozesse als interessant erweisen, weil auf Grundlage der Patentkennzahlen eine Bewertung der eigenen Forschungsleistung in Verbindung mit einer wettbewerbsbezogenen Positionierung vorgenommen werden kann. Auf dieser Basis können dann Folgerungen hinsichtlich einer strategischen Unternehmensentwicklung abgeleitet werden.[1199]

Damit bietet die vorliegende Arbeit eine Reihe interessanter und unterstützender Ansatzpunkte, die im Rahmen der dynamischen Diskussion zur Fortentwicklung der Rechnungslegung und der regulierten Unternehmensberichterstattung aufgegriffen werden können.[1200]

8.2. Kritische Würdigung und künftiger Forschungsbedarf

Am Beispiel von Patentinformationen und am deutschen Kapitalmarkt notierten Unternehmen leistet die Arbeit einen Beitrag zur Identifikation und Validierung wertrelevanter Parameter, die kein integraler Bestandteil der regulierten Unternehmensberichterstattung sind. So wird eine Bewertung der Informationsfunktion der (handelsrechtlichen) Rechnungslegung (Konzernabschluss) in diesem speziellen Kontext gestattet.

Auch angesichts zunehmender Internationalisierungs- und Harmonisierungsbestrebungen der Rechnungslegung und der Tatsache, dass bereits ab 2005 kapitalmarktorientierte Unternehmen in der EU zur Aufstellung eines Konzernabschlusses nach IAS/IFRS verpflichtet sind, bleiben die erzielten Ergebnisse relevant, weil generell eine Fortentwicklung begünstigt wird und entsprechende Impulse gegeben werden. Dies betrifft die Punkte der Offenlegung von nichtmonetären, industriespezifischen Kennzahlen wie auch Fragestellungen der Bilanzierung und Bewertung

[1198] Das weitläufige Feld der immateriellen Vermögensgegenstände wird in dieser Arbeit nur kurz aufgegriffen und auf eine vertiefende Diskussion verzichtet. Stattdessen stellt dies eine weiterführende Fragestellung dar und birgt Forschungsbedarf.

[1199] Zusätzlich wird in diesem Zusammenhang auch die Thematik des Technologie-Managements und des Innovations-Controllings berührt.

[1200] Vielleicht liegt sogar ein Schlüssel für die Gestaltung einer an den Informationsbedürfnissen kapitalmarktorientierter Investoren ausgerichteten Rechnungslegung im empirischen Feedback, das durch die Wertrelevanzforschung geleistet wird.

von immateriellem Vermögen. Es werden also wichtige Bereiche tangiert, für die auch im internationalen Raum akuter Handlungsbedarf besteht, der sich durchaus an den Ergebnissen der vorliegenden Arbeit orientieren könnte.

Bei einer weltweiten Harmonisierung der Rechnungslegung sollte zudem als Leitsystem ein Regelwerk ausgestaltet oder gewählt werden, das den festgeschriebenen Zweck am besten erfüllt.[1201] Akzeptiert man diese Prämisse, dann sind empirische Studien in unterschiedlichen Systemen und Rahmenbedingungen nötig, um ein umfassendes Bild zu generieren. So können von den bestehenden Normen und Gestaltungsalternativen diejenigen in Betracht gezogen werden, die aus Informationsgesichtspunkten am effizientesten sind.

Die generelle Aufnahme wertrelevanter Parameter in die Berichterstattung ist zweifelsfrei zweckmäßig und sinnvoll. Doch stößt die Untersuchung an ihre im Forschungskonzept begründeten Grenzen, wenn die Aussagekraft und die Tragweite der Implikationen bestimmt werden sollen. Daher sollen ausdrücklich keine konkreten Handlungsempfehlungen erarbeitet oder detaillierte Gestaltungsalternativen aufgezeigt werden. Vielmehr können die wissenschaftlichen Erkenntnisse für die Praxis als Richtschnur dienen, indem Denkanstöße gegeben sowie mögliche Entwicklungsrichtungen angedeutet werden. Weiterführende Aufgaben fallen, ebenso wie die Prüfung einer praktischen Umsetzbarkeit, in erster Linie in den Kompetenz- und Verantwortungsbereich von Standardsettern und Gesetzgebern.

Diese Arbeit liefert primär, und das ist elementar wichtig, stichhaltige Erkenntnisse, die von den am normengebenden Prozess beteiligten Institutionen als Diskussionsgrundlage herangezogen werden können. Auf diese Art können die verschiedenen Gremien und Organe mit nützlichen Informationen versorgt und ihre Tätigkeiten unterstützt werden. Es ist aber erforderlich, auf inhaltlich-konzeptioneller Ebene einen Möglichkeitsraum abzustecken und einen Standardprozess für ein geeignetes Vorgehensmodell zur Umsetzung der Erkenntnisse in der Praxis zu definieren. Hier sind im Besonderen die Bereiche einer Erweiterung der Publizitätsbestimmungen und einer Fortentwicklung in Richtung eines *Business Reporting* zu nennen. Zusätzlich spielen auch Ansätze zur Umstrukturierung und zur Neugestaltung der Behandlung von immateriellen Vermögenswerten eine Rolle. Diese können von den Erkenntnissen dahingehend profitieren, dass Bestrebungen hinsichtlich einer verlässlicheren Abbildung im Rahmen der Rechnungslegung unterstützt werden.

Eine Übertragbarkeit der empirischen Resultate ist aufgrund der Kontextabhängigkeit nicht uneingeschränkt gewährleistet, so dass vielmehr die Ableitung allgemeingültiger und inhaltlich starker Forderungen nicht durchführbar erscheinen.[1202]

1201 Vgl. *Streim* (2000), S. 111.

1202 Es offenbaren sich im Gegenteil leichte Tendenzen, dass eine Wertrelevanz der Informationen speziell im Verbund mit anderen Angaben zu sehen ist. Insbesondere bei der Kennzahl Anzahl der Patente scheint dies relevant zu sein. Hier sind zudem Verzerrungen in der Aussagekraft denkbar, die z. B. durch Scheinpatente ausgelöst werden können. D. h., Unternehmen melden Patente in Bereichen an, die nicht zum kritischen Schwerpunkt ihrer Forschungsaktivitäten gehören, um Konkurrenten über ihre wahren Ziele im Ungewissen zu lassen. In diesem Zusammenhang ist auch die Geheimhaltung

Einschränkungen sind darüber hinaus bei einer Interpretation der Ergebnisse der statistischen Modellschätzungen im Rahmen der Regressionsanalyse geboten.[1203] So werden ausdrücklich keine Bewertungsmodelle kalibriert. Eine Übertragung der Ergebnisse und ein Einsatz in der Unternehmensbewertung oder etwa für Prognosen zukünftiger Entwicklungen sind nicht ohne weiteres zulässig. Rückschlüsse für die strategische Unternehmensführung in Richtung direkter Empfehlungen zur Maximierung des Shareholdervalues ergeben sich ebenfalls nicht aus den Erkenntnissen. Auch erlaubt das Forschungsmodell keine Aussagen hinsichtlich einer relativen Wertrelevanz einzelner Faktoren untereinander.[1204] Hier zeigen sich bereits erste Ansatzpunkte für weiterführende Fragestellungen, die im Rahmen künftiger Forschungsprojekte umgesetzt werden könnten.

Ein wichtiger Punkt, der noch offen bleibt, ist die Frage nach dem Einfluss der Branchenzugehörigkeit auf die in der Analyse zur Wertrelevanzmessung gewonnenen Erkenntnisse, weil eine Wirkung auf die Ergebnisse nicht vollständig ausgeschlossen werden kann. Aufgrund der auf die Datengrundlage zurückgehenden Restriktionen ist eine abschließende Prüfung im Rahmen der vorliegenden Arbeit aber nicht realisierbar, so dass sich im Besonderen in diesem Punkt weiterer Forschungsbedarf manifestiert. In diesem Zusammenhang stellt sich die Frage, ob eine Zuordnung auf Basis der Brancheneinteilung an der Börse überhaupt ein sinnvoller Ansatz ist oder ob vielmehr eine alternative Vorgehensweise unter Anwendung besser geeigneter Kriterien nicht zu valideren Erkenntnissen führen würde. Denkbar wäre etwa eine Aufteilung nach Forschungsschwerpunkten. Branchenspezifische Unterschiede in der Wertrelevanz der untersuchten Patentinformationen eröffnen daher eine umfangreiche und spannende Fragestellung für künftige Forschungsvorhaben.[1205]

Ausgeklammert wird in der Betrachtung die Entwicklung der Wertrelevanz von Patentinformationen im Zeitablauf. Dieser interessante Aspekt könnte ebenfalls im Mittelpunkt künftiger Untersuchungen stehen.

Dem Forschungsmodell der Wertrelevanz entsprechend spielt die Zeitnähe der Publikation der untersuchten Informationen ausdrücklich keine Rolle und wird vernachlässigt. Vielmehr wird der Berichterstattung zunehmend ein bestätigender Charakter im Sinne einer „Hygienefunktion“ des Jahresabschlusses zugeschrieben.[1206] Aufgrund einer unterstellten Verlässlichkeit der im Rahmen der regulierten

---

von Erkenntnissen nicht unüblich, so dass erst gar keine Patentanmeldungen erfolgen. Da keinerlei Angaben zu diesen Phänomenen verfügbar sind, können diese in der empirischen Untersuchung nicht berücksichtigt werden.

1203 Nicht zuletzt liegt dies auch in den statistischen Besonderheiten begründet, die bei der Analyse von Rechnungslegungs- und Marktdaten auftreten können. Die Wahl geeigneter empirischer Messmodelle, die auf Basis einer theoretisch geführten Diskussion in der Fachliteratur erfolgt, berücksichtigt bereits die wesentlichen Aspekte. Zwar können so die problematischen Punkte weitgehend ausgeschaltet werden, jedoch verbleiben teilweise Annahmeverletzungen, die, ohne die ökonomische Interpretierbarkeit zu gefährden, auch nicht vollständig abwendbar sind.

1204 Prinzipiell wäre dies zwar möglich, würde jedoch einen anders ausgerichteten Forschungsansatz und weitere spezialisierte Tests erfordern.

1205 Eine Realisierbarkeit wird allerdings maßgeblich durch eine umfassende Datenverfügbarkeit bestimmt.

1206 Vgl. *Coenenberg* (2003), S. 1203, 1205 u. 1215.

Berichterstattung vermittelten Informationen steht zu vermuten, dass durch die Veröffentlichung des Jahresabschlusses Unsicherheiten bei der Einschätzung der Vermögens- und Ertragslage über eine Risikoreduktion abgeschwächt werden. Weitere Untersuchungen könnten hierzu Aufschluss geben.

Nicht zuletzt ergeben sich Ansätze für Fragestellungen, die sich außerhalb der Wertrelevanzforschung befinden. So ist beispielsweise die Analyse der Wirkung der untersuchten Patentinformationen auf Umsatz und Gewinn in nachfolgenden Perioden ein interessanter Aspekt, der zudem eine zeitliche Dimension aufweist. Gemessen werden könnte so der Zusammenhang zwischen dem technologischen Potenzial und der Innovationsfähigkeit einerseits und dem zukünftigen ökonomischen Erfolg eines Unternehmens andererseits.[1207]

[1207] Für die Maschinenbauindustrie und den Zeitraum von 1984 bis 1992 behandelt eine Studie von *Ernst* (1999, 2001) eine vergleichbare Fragestellung.

Anhang

Anhang A.

Unternehmen der Stichprobe

Tabelle A.1.: Basisinformationen

Nr.	Name	Firmensitz	Branchenzugehörigkeit DAX100	Tech-Line	Berücksichtigt von	bis	FJ	ID	ISIN	Ticker	WKN
1	AEG Hausgeräte	Frankfurt	DAX1XMA	TLCOM	1988	1995	8	905071			
2	AGIV Real Estate AG	Frankfurt	DAX1XMA	TLMSC	1988	2000	13	922399	DE0005028203	AFI	502820
3	Altana AG	Bad Homburg	DAX1XCH	TLCNG	1988	2000	13	951477	DE0007600801	ALT	760080
4	Barmag AG	Remscheid	DAX1XMA	TLMCH	1991	2000	10	307093	DE0005165906	BRG	516590
5	BASF AG	Ludwigshafen	DAX1XCH	TLCHM	1988	2000	13	904881	DE0005151005	BAS	515100
6	Bayer AG	Leverkusen	DAX1XCH	TLCHM	1988	2000	13	905243	DE0005752000	BAY	575200
7	Beiersdorf AG	Hamburg	DAX1XCH	TLHLT	1988	2000	13	929048	DE0005200000	BEI	520000
8	BMW AG*	München	DAX1XAU	TLAUT	1988	2000	13	923537	DE0005190003	BMW	519000
9	Celanese AG	Kronberg	DAX1XCH	TLCHM	1999	2000	2	276363	DE0005753008	CZZ	575300
10	Continental AG	Hannover	DAX1XAU	TLCHM	1988	2000	13	929030	DE0005439004	CON	543900
11	Daimler-Benz AG	Stuttgart	DAX1XAU	TLAUT	1988	1998	10	912977			
12	DaimlerChrysler AG	Stuttgart	DAX1XAU	TLAUT	1998	2000	3	688700	DE0007100000	DCX	710000
13	Degussa AG	Düsseldorf	DAX1XCH	TLCHM	1988	2000	13	923744	DE0005421903	DGX	542190
14	Deutsche Telekom AG	Bonn	DAX1XUT	TLTEL	1996	2000	5	882362	DE0005557508	DTE	555750
15	Deutz AG	Köln	DAX1XMA	TLMCH	1988	2000	13	916181	DE0006305006	DEZ	630500
16	Didier Werke AG	Wiesbaden	DAX1XMA	TLMAT	1988	2000	13	929028	DE0005537005	DID	553700
17	Drägerwerk AG	Lübeck	DAX1XEL	TLHLT	1988	2000	13	998222	DE0005550636	DRW3	555063
18	E. ON AG	Düsseldorf	DAX1XUT	TLCHM	2000	2000	1	916235	DE0007614406	EOA	761440
19	FAG Kugelfischer AG	Schweinfurt	DAX1XMA	TLMCH	1988	2000	13	702699	DE0005754709	FAG	575470
20	Fresenius AG*	Bad Homburg	DAX1XCH	TLPHA	1988	2000	13	741619	DE0005785638	FRE3	578563
21	Gea AG*	Bochum	DAX1XMA	TLELC	1989	2000	12	775668	DE0005857031	GEA3	585703
22	Goldschmidt AG	Essen	DAX1XCH	TLCHM	1988	2000	13	929032	DE0005893002	GOL	589300
23	Heidelberger Druck. AG	Heidelberg	DAX1XMA	TLMCH	1997	2000	4	671294	DE0007314007	HDD	731400
24	Henkel KGaA*	Düsseldorf	DAX1XRT	TLCHM	1988	2000	13	702812	DE0006048432	HEN3	604843
25	Hoechst AG	Frankfurt	DAX1XCH	TLCHM	1988	1998	11	912318	DE0005758007	HOE	575800
26	Jagenberg AG	Neuss	DAX1XMA	TLMCH	1988	2000	13	755530	DE0006212038	JAG3	621203
27	Kali-Chemie AG	Hannover	DAX1XCH	TLCHM	1988	2000	13	929033	DE0006350002	KCH	635000
28	Kiekert AG	Heiligenhaus	DAX1XAU	TLAUT	1995	2000	6	143796	DE0006286206	KIE	628620
29	Koenig	Würzburg	DAX1XMA	TLMCH	1988	2000	13	992562	DE0007193500	SKB	719350
30	Linde AG	Wiesbaden	DAX1XMA	TLCHM	1988	2000	13	923551	DE0006483001	LIN	648300
31	MAN AG*	München	DAX1XMA	TLAUT	1988	2000	13	929560	DE0005937007	MAN	593700
32	Mannesmann AG	Köln	DAX1XUT	TLMCH	1988	1998	11	923256			
33	MG Technologies AG	Frankfurt	DAX1XMA	TLMET	1988	2000	13	929057	DE0006602006	MGT	660200
34	Nixdorf Computer AG	Paderborn	DAX1XUT	TLCOM	1988	1991	4	999503			

Fortsetzung auf der nächsten Seite

Tab. A.1: *(Fortsetzung)*

Nr.	Name	Firmensitz	Branchenzugehörigkeit DAX100	Tech-Line	Berücksichtigt von	bis	FJ	ID	ISIN	Ticker	WKN
35	Porsche AG	Stuttgart	DAX1XAU	TLAUT	1988	2000	13	946281	DE0006937733	POR3	693773
36	Rheinmetall AG*	Düsseldorf	DAX1XMA	TLMCH	1988	2000	13	922415	DE0007030033	RHM3	703003
37	Rütgers AG	Essen	DAX1XCH	TLCHM	1988	2000	13	916776	DE0007072001	RUE	707200
38	Schering AG	Berlin	DAX1XCH	TLPHA	1988	2000	13	902193	DE0007172009	SCH	717200
39	Siemens AG	München	DAX1XEL	TLELT	1988	2000	13	902192	DE0007236101	SIE	723610
40	TA Triumph-Adler AG	Nürnberg	DAX1XMA	TLMSC	1988	2000	13	775165	DE0007495004	TWN	749500
41	Thyssen AG	Düsseldorf	DAX1XMA	TLMET	1988	1997	10	916825			
42	ThyssenKrupp AG	Düsseldorf	DAX1XMA	TLMET	1999	2000	2	929097	DE0007500001	TKA	750000
43	Veba AG	Düsseldorf	DAX1XUT	TLCHM	1988	1999	12	916235			
44	Viag AG	Bonn	DAX1XUT	TLCHM	1988	1999	12	729407			
45	Volkswagen AG*	Wolfsburg	DAX1XAU	TLAUT	1988	2000	13	905009	DE0007664005	VOW	766400
46	Wella AG*	Darmstadt	DAX1XCH	TLHLT	1988	2000	13	944835	DE0007765638	WAD3	776563

Quelle: Hoppenstedt, Deutsche Börse und Thomson Datastream; (Leere Felder kennzeichnen nicht verfügbare Angaben)

Angegeben wird die Branchenzuordnung der Stichprobenunternehmen wie sie von der Deutschen Börse AG im DAX100 und von CHI Research in seiner Tech-Line-Datenbank verwendet wird. Für eine Definition der verwendeten Branchenschlüssel siehe Tab. B.3. Angegeben wird hier die jeweils liquideste Aktiengattung und deren Kennung am Aktienmarkt. Bei der empirischen Untersuchung werden alle gehandelten Aktiengattungen eines Unternehmens berücksichtigt. Unternehmen, die mit mehr als einer Aktiengattungen am Kapitalmarkt vertreten sind – gewöhnlich sind dies Stamm- und Vorzugsaktien – sind mit * gekennzeichnet.
Legende:
FJ = Anzahl der berücksichtigten Firmenjahre, ID = Datastream Identification Number, ISIN = International Security Identification Number, WKN = Wertpapierkennnummer

Tabelle A.2.: Bilanzierungsstandard

Nr.	Name	1988	1989	1990	1991	1992	1993	1994	1995	1996	1997	1998	1999	2000
1	AEG Hausgeräte	HGB	HGB	HGB	HGB	HGB	HGB	HGB	HGB					
2	AGIV Real Estate AG	HGB	HGB	HGB	HGB	HGB	HGB	HGB	HGB	HGB	HGB	HGB	HGB	HGB
3	Altana AG	HGB	HGB	HGB	HGB	HGB	HGB	HGB	HGB	HGB	IAS	IAS	IAS	IAS
4	Barmag AG				HGB	HGB	HGB	HGB	HGB	HGB	HGB	HGB	HGB	IAS
5	BASF AG	HGB	HGB	HGB	HGB	HGB	HGB	HGB	HGB	HGB	HGB	HGB	HGB	HGB
6	Bayer AG	HGB	HGB	HGB	HGB	HGB	HGB	HGB	HGB	HGB	IAS	IAS	IAS	IAS
7	Beiersdorf AG	HGB	HGB	HGB	HGB	HGB	HGB	HGB	HGB	HGB	HGB	IAS	IAS	IAS
8	BMW AG	HGB	HGB	HGB	HGB	HGB	HGB	HGB	HGB	HGB	HGB	HGB	HGB	IAS
9	Celanese AG												USG	USG
10	Continental AG	HGB	HGB	HGB	HGB	HGB	HGB	HGB	HGB	HGB	HGB	USG	USG	USG
11	Daimler-Benz AG	HGB	HGB	HGB	HGB	HGB	HGB	HGB	HGB	USG	USG			
12	DaimlerChrysler AG											USG	USG	USG
13	Degussa AG	HGB	HGB	HGB	HGB	HGB	HGB	HGB	HGB	HGB	HGB	HGB	HGB	USG
14	Deutsche Telekom AG									HGB	HGB	HGB	HGB	HGB
15	Deutz AG	HGB	HGB	HGB	HGB	HGB	HGB	HGB	HGB	HGB	HGB	HGB	HGB	HGB
16	Didier Werke AG	HGB	HGB	HGB	HGB	HGB	HGB	HGB	HGB	HGB	HGB	HGB	HGB	HGB
17	Drägerwerk AG	HGB	HGB	HGB	HGB	HGB	HGB	HGB	HGB	HGB	HGB	HGB	HGB	HGB
18	E.ON AG													USG
19	FAG Kugelfischer AG	HGB	HGB	HGB	HGB	HGB	HGB	HGB	HGB	HGB	HGB	HGB	HGB	HGB
20	Fresenius AG	HGB	HGB	HGB	HGB	HGB	HGB	HGB	HGB	HGB	HGB	HGB	HGB	HGB
21	Gea AG		HGB	HGB	HGB	HGB	HGB	HGB	HGB	HGB	HGB	HGB	USG	USG
22	Goldschmidt AG	HGB	HGB	HGB	HGB	HGB	HGB	HGB	HGB	HGB	HGB	IAS	IAS	USG
23	Heidelberger Druck. AG										HGB	IAS	IAS	IAS
24	Henkel KGaA	HGB	HGB	HGB	HGB	HGB	HGB	HGB	HGB	HGB	IAS	IAS	IAS	IAS
25	Hoechst AG	HGB	HGB	HGB	HGB	HGB	HGB	HGB	HGB	HGB	IAS	IAS		
26	Jagenberg AG	HGB	HGB	HGB	HGB	HGB	HGB	HGB	HGB	HGB	HGB	HGB	HGB	IAS
27	Kali-Chemie AG	HGB	HGB	HGB	HGB	HGB	HGB	HGB	HGB	HGB	HGB	HGB	HGB	HGB
28	Kiekert AG								HGB	HGB	HGB	HGB	HGB	HGB
29	Koenig	HGB	HGB	HGB	HGB	HGB	HGB	HGB	HGB	HGB	HGB	HGB	HGB	HGB
30	Linde AG	HGB	HGB	HGB	HGB	HGB	HGB	HGB	HGB	HGB	HGB	HGB	HGB	HGB
31	MAN AG	HGB	HGB	HGB	HGB	HGB	HGB	HGB	HGB	HGB	HGB	IAS	IAS	IAS
32	Mannesmann AG	HGB	HGB	HGB	HGB	HGB	HGB	HGB	HGB	HGB	HGB	HGB		
33	MG Technologies AG	HGB	HGB	HGB	HGB	HGB	HGB	HGB	HGB	HGB	HGB	HGB	USG	USG
34	Nixdorf Computer AG	HGB	HGB	HGB	HGB									
35	Porsche AG	HGB	HGB	HGB	HGB	HGB	HGB	HGB	HGB	HGB	HGB	HGB	HGB	HGB

Fortsetzung auf der nächsten Seite

Tab. A.2: *(Fortsetzung)*

Nr.	Name	1988	1989	1990	1991	1992	1993	1994	1995	1996	1997	1998	1999	2000
36	Rheinmetall AG	HGB	HGB	HGB	HGB	HGB	HGB	HGB	HGB	HGB	HGB	HGB	HGB	IAS
37	Rütgers AG	HGB	HGB	HGB	HGB	HGB	HGB	HGB	HGB	HGB	HGB	HGB	HGB	HGB
38	Schering AG	HGB	HGB	HGB	HGB	HGB	HGB	HGB	HGB	HGB	HGB	IAS	IAS	IAS
39	Siemens AG	HGB	HGB	HGB	HGB	HGB	HGB	HGB	HGB	HGB	HGB	HGB	HGB	USG
40	TA Triumph-Adler AG	HGB	HGB	HGB	HGB	HGB	HGB	HGB	HGB	HGB	HGB	HGB	IAS	IAS
41	Thyssen AG	HGB	HGB	HGB	HGB	HGB	HGB	HGB	HGB	HGB	HGB			
42	ThyssenKrupp AG												USG	USG
43	Veba AG	HGB	HGB	HGB	HGB	HGB	HGB	HGB	HGB	HGB	HGB	HGB	HGB	
44	Viag AG	HGB	HGB	HGB	HGB	HGB	HGB	HGB	HGB	HGB	HGB	HGB	HGB	
45	Volkswagen AG	HGB	HGB	HGB	HGB	HGB	HGB	HGB	HGB	HGB	HGB	HGB	HGB	IAS
46	Wella AG	HGB	HGB	HGB	HGB	HGB	HGB	HGB	HGB	HGB	HGB	HGB	IAS	IAS

Quelle: Hoppenstedt und Thomson Datastream; (Leere Felder kennzeichnen nicht verfügbare Angaben)

Legende:
HBG = Handelsgesetzbuch, IAS = IAS/IFRS Internationale Accounting Standards, USG = US-amerikanische Generally Accepted Accounting Principles

Tabelle A.3.: Geschäftsjahresende

Nr.	Name	1988	1989	1990	1991	1992	1993	1994	1995	1996	1997	1998	1999	2000
1	AEG Hausgeräte	31.12	31.12	31.12	31.12	31.12	31.12	31.12	31.12					
2	AGIV Real Estate AG	31.12	31.12	31.12	31.12	31.12	31.12	31.12	31.12	31.12	31.12	31.12	31.12	31.12
3	Altana AG	31.12	31.12	31.12	31.12	31.12	31.12	31.12	31.12	31.12	31.12	31.12	31.12	31.12
4	Barmag AG				31.12	31.12	31.12	31.12	31.12	31.12	31.12	31.12	31.12	31.12
5	BASF AG	31.12	31.12	31.12	31.12	31.12	31.12	31.12	31.12	31.12	31.12	31.12	31.12	31.12
6	Bayer AG	31.12	31.12	31.12	31.12	31.12	31.12	31.12	31.12	31.12	31.12	31.12	31.12	31.12
7	Beiersdorf AG	31.12	31.12	31.12	31.12	31.12	31.12	31.12	31.12	31.12	31.12	31.12	31.12	31.12
8	BMW AG	31.12	31.12	31.12	31.12	31.12	31.12	31.12	31.12	31.12	31.12	31.12	31.12	31.12
9	Celanese AG												31.12	31.12
10	Continental AG	31.12	31.12	31.12	31.12	31.12	31.12	31.12	31.12	31.12	31.12	31.12	31.12	31.12
11	Daimler-Benz AG	31.12	31.12	31.12	31.12	31.12	31.12	31.12	31.12	31.12	31.12			
12	DaimlerChrysler AG											31.12	31.12	31.12
13	Degussa AG	31.12	31.12	31.12	31.12	31.12	31.12	31.12	31.12	31.12	31.12	31.12	31.12	31.12
14	Deutsche Telekom AG									31.12	31.12	31.12	31.12	31.12
15	Deutz AG	31.12	31.12	31.12	31.12	31.12	31.12	31.12	31.12	31.12	31.12	31.12	31.12	31.12
16	Didier Werke AG	31.12	31.12	31.12	31.12	31.12	31.12	31.12	31.12	31.12	31.12	31.12	31.12	31.12
17	Drägerwerk AG	31.12	31.12	31.12	31.12	31.12	31.12	31.12	31.12	31.12	31.12	31.12	31.12	31.12
18	E.ON AG													31.12
19	FAG Kugelfischer AG	31.12	31.12	31.12	31.12	31.12	31.12	31.12	31.12	31.12	31.12	31.12	31.12	31.12
20	Fresenius AG	31.12	31.12	31.12	31.12	31.12	31.12	31.12	31.12	31.12	31.12	31.12	31.12	31.12
21	Gea AG		31.12	31.12	31.12	31.12	31.12	31.12	31.12	31.12	31.12	31.12	30.09	30.09
22	Goldschmidt AG	31.12	31.12	31.12	31.12	31.12	31.12	31.12	31.12	31.12	31.12	31.12	31.12	31.12
23	Heidelberger Druck. AG										31.03	31.03	31.03	31.03
24	Henkel KGaA	31.12	31.12	31.12	31.12	31.12	31.12	31.12	31.12	31.12	31.12	31.12	31.12	31.12
25	Hoechst AG	31.12	31.12	31.12	31.12	31.12	31.12	31.12	31.12	31.12	31.12	31.12		
26	Jagenberg AG	31.12	31.12	31.12	31.12	31.12	31.12	31.12	31.12	31.12	31.12	31.12	31.12	31.12
27	Kali-Chemie AG	31.12	31.12	31.12	31.12	31.12	31.12	31.12	31.12	31.12	31.12	31.12	31.12	31.12
28	Kiekert AG								31.12	31.12	31.12	31.12	31.12	31.12
29	Koenig	31.12	31.12	31.12	31.12	31.12	31.12	31.12	31.12	31.12	31.12	31.12	31.12	31.12
30	Linde AG	31.12	31.12	31.12	31.12	31.12	31.12	31.12	31.12	31.12	31.12	31.12	31.12	31.12
31	MAN AG	30.06	30.06	30.06	30.06	30.06	30.06	30.06	30.06	30.06	30.06	30.06	30.06	31.12
32	Mannesmann AG	31.12	31.12	31.12	31.12	31.12	31.12	31.12	31.12	31.12	31.12	31.12		
33	MG Technologies AG	30.09	30.09	30.09	30.09	30.09	30.09	30.09	30.09	30.09	30.09	30.09	30.09	30.09
34	Nixdorf Computer AG	31.12	31.12	30.09	30.09									
35	Porsche AG	31.07	31.07	31.07	31.07	31.07	31.07	31.07	31.07	31.07	31.07	31.07	31.07	31.07

Fortsetzung auf der nächsten Seite

Tab. A.3: *(Fortsetzung)*

Nr.	Name	1988	1989	1990	1991	1992	1993	1994	1995	1996	1997	1998	1999	2000
36	Rheinmetall AG	31.12	31.12	31.12	31.12	31.12	31.12	31.12	31.12	31.12	31.12	31.12	31.12	31.12
37	Rütgers AG	31.12	31.12	31.12	31.12	31.12	31.12	31.12	31.12	31.12	31.12	31.12	31.12	31.12
38	Schering AG	31.12	31.12	31.12	31.12	31.12	31.12	31.12	31.12	31.12	31.12	31.12	31.12	31.12
39	Siemens AG	30.09	30.09	30.09	30.09	30.09	30.09	30.09	30.09	30.09	30.09	30.09	30.09	30.09
40	TA Triumph-Adler AG	31.12	31.12	31.12	31.12	31.12	31.12	31.12	31.12	31.12	31.12	31.12	31.12	31.12
41	Thyssen AG	30.09	30.09	30.09	30.09	30.09	30.09	30.09	30.09	30.09	30.09			
42	ThyssenKrupp AG												30.09	30.09
43	Veba AG	31.12	31.12	31.12	31.12	31.12	31.12	31.12	31.12	31.12	31.12	31.12	31.12	
44	Viag AG	31.12	31.12	31.12	31.12	31.12	31.12	31.12	31.12	31.12	31.12	31.12	31.12	
45	Volkswagen AG	31.12	31.12	31.12	31.12	31.12	31.12	31.12	31.12	31.12	31.12	31.12	31.12	31.12
46	Wella AG	31.12	31.12	31.12	31.12	31.12	31.12	31.12	31.12	31.12	31.12	31.12	31.12	31.12

Quelle: Hoppenstedt und Thomson Datastream (Leere Felder kennzeichnen nicht verfügbare Angaben)

Anhang B.

Wesentliche Merkmale und deskriptive Statistiken

B.1. Kapitalmarkt in Deutschland

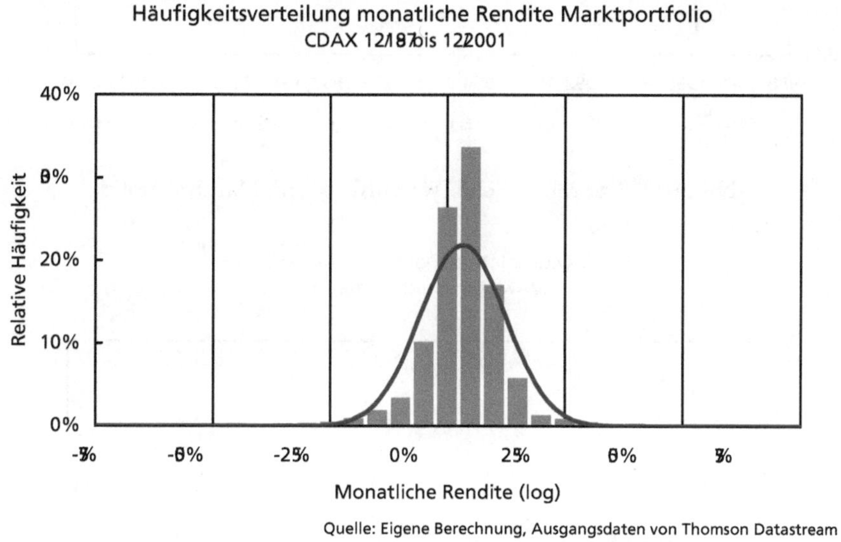

Abbildung B.1.: Häufigkeitsverteilung monatliche Rendite Marktportfolio

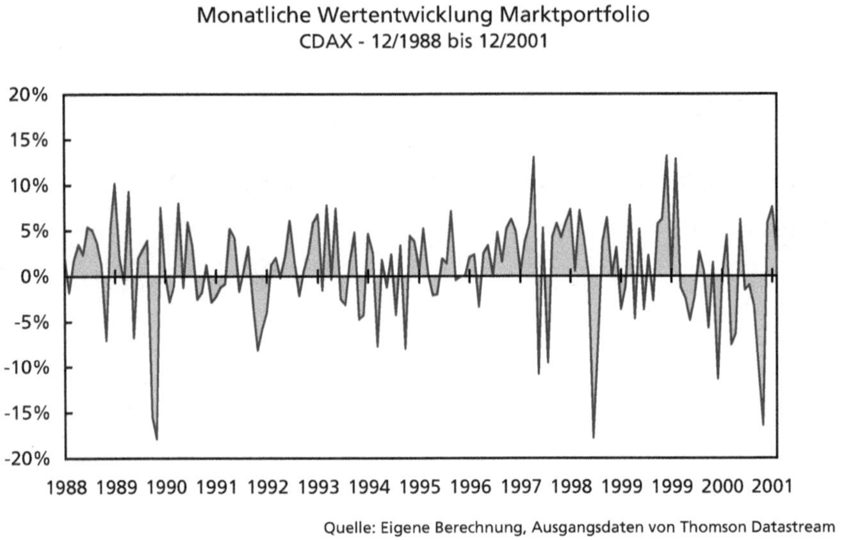

Abbildung B.2.: Monatliche Wertentwicklung Marktportfolio

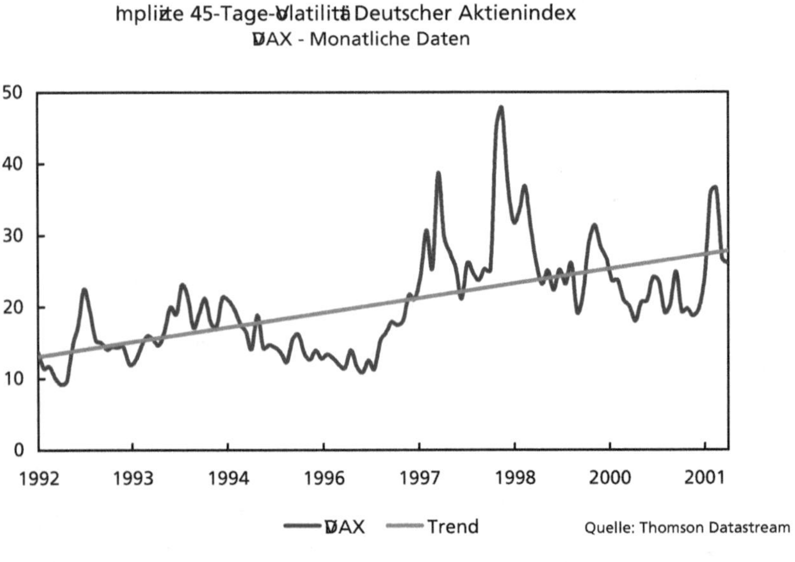

Abbildung B.3.: Implizite 45-Tage-Volatilität Deutscher Aktienindex

Tabelle B.1.: Entwicklungen an der deutschen Wertpapierbörse

Jahr	Börsenkap.[a]			Notierungen[b]			Handelsvolumen[c]		
	abs	delta	BIP[d]	abs	delta	M.-kap.[e]	abs	delta	Um.-H.[f]
1988	228		20,8 %	706		0,323	334		1,464
1989	317	39 %	27,1 %	749	6 %	0,423	635	90 %	2,003
1990	287	-9 %	22,5 %	776	4 %	0,370	847	33 %	2,951
1991	305	6 %	20,3 %	799	3 %	0,382	658	-22 %	2,156
1992	287	-6 %	17,8 %	790	-1 %	0,364	695	6 %	2,419
1993	409	42 %	24,7 %	796	1 %	0,514	962	38 %	2,352
1994	396	-3 %	22,8 %	810	2 %	0,488	981	2 %	2,479
1995	423	7 %	23,5 %	812	0 %	0,520	861	-12 %	2,037
1996	529	25 %	28,8 %	802	-1 %	0,659	1.216	41 %	2,300
1997	759	43 %	40,5 %	817	2 %	0,929	1.827	50 %	2,409
1998	932	23 %	48,3 %	883	8 %	1,055	2.678	47 %	2,875
1999	1.429	53 %	72,2 %	931	5 %	1,535	2.896	8 %	2,027
2000	1.371	-4 %	67,6 %	1.065	14 %	1,288	4.529	56 %	3,303
2001	1.204	-12 %	58,0 %	1.075	1 %	1,120	3.208	-29 %	2,665

Quelle: Deutsches Aktieninstitut (DAI), Statistisches Bundesamt (SBA), Deutsche Bundesbank (DBB)

[a] Börsenkapitalisierung in Mrd. Euro, Quelle: DAI

[b] Anzahl börsennotierter inländischer Unternehmen (inkl. Freiverkehr), Quelle: DAI

[c] Handelsvolumen in Mrd. Euro, Quelle: DBB [d] In Relation zum Bruttoinlandsprodukt, Quelle: SBA

[e] Mittlere Marktkapitalisierung in Mrd. Euro [f] Umschlagshäufigkeit

B.2. Stichprobenunternehmen und -Portfolio

Tabelle B.2.: Branchenzugehörigkeit der Stichprobenunternehmen

	Anzahl			Firmenjahre		
	abs†	rel‡	kum♯	abs†	rel‡	kum♯
	DAX100					
Machinery & Industrials	17	37,0%	37,0%	189	37,8%	37,8%
Chemicals & Pharma	13	28,3%	65,2%	156	31,2%	69,0%
Automobile & Transportation	7	15,2%	80,4%	71	14,2%	83,2%
Utilities & Telecommunication	6	13,0%	93,5%	45	9,0%	92,2%
Software & Technology	2	4,3%	97,8%	26	5,2%	97,4%
Retail & Consumer	1	2,2%	100,0%	13	2,6%	100,0%
Σ§	46			500		
	CDAX					
Machinery	12	26,1%	26,1%	138	27,6%	27,6%
Automobile	7	15,2%	41,3%	71	14,2%	41,8%
Chemicals	7	15,2%	56,5%	80	16,0%	57,8%
Pharma & Healthcare	6	13,0%	69,6%	76	15,2%	73,0%
Utilities	4	8,7%	78,3%	36	7,2%	80,2%
Basic Resources	3	6,5%	84,8%	25	5,0%	85,2%
Industrial	2	4,3%	89,1%	26	5,2%	90,4%
Technology	2	4,3%	93,5%	26	5,2%	95,6%
Telecommunication	2	4,3%	97,8%	9	1,8%	97,4%
Retail	1	2,2%	100,0%	13	2,6%	100,0%
Σ§	46			500		
	Tech-Line					
Chemicals	14	30,4%	30,4%	155	31,0%	31,0%
Machinery	8	17,4%	47,8%	90	18,0%	49,0%
Automotive	7	15,2%	63,0%	71	14,2%	63,2%
Health Care	3	6,5%	69,6%	39	7,8%	71,0%
Metals	3	6,5%	76,1%	25	5,0%	76,0%
Computers	2	4,3%	80,4%	12	2,4%	78,4%
Pharmaceuticals	2	4,3%	84,8%	26	5,2%	83,6%
Misc. Companies	2	4,3%	89,1%	26	5,2%	88,8%
Conglomerates	1	2,2%	91,3%	13	2,6%	91,4%
Electrical	1	2,2%	93,5%	12	2,4%	93,8%
Electronics	1	2,2%	95,7%	13	2,6%	96,4%
Materials	1	2,2%	97,8%	13	2,6%	99,0%
Telecommunications	1	2,2%	100,0%	5	1,0%	100,0%
Σ§	46			500		

Quelle: Eigene Auswertung, Ausgangsdaten von Thomson Datastream, CHI Research

† Absoluter Anzahl ‡ Relativer Anteil ♯ Kumulierte Anzahl § Summe

Tabelle B.3.: Verwendete Branchenschlüssel

DAX 100		Tech-Line-Datenbank	
DAX1XAU	Automobile & Transportation	TLCHM	Chemicals
DAX1XCH	Chemicals & Pharma	TLCOM	Computers
DAX1XMA	Machinery & Industrials	TLCNG	Conglomerates
DAX1XRT	Retail & Consumer	TLELC	Electrical
DAX1XEL	Software & Technology	TLELT	Electronics
DAX1XUT	Utilities & Telecommunication	TLHLT	Health Care
		TLMCH	Machinery
		TLMAT	Materials
		TLMET	Metals
		TLMSC	Misc. Companies
		TLPHA	Pharmaceuticals
		TLTEL	Telecommunications

Quelle: Deutsche Börse, CHI Research

Tabelle B.4.: Einführung Dummyvariablen für die Industriesektoren DAX100

Branche Code	Branche	Dummywert IND 1	IND 2	IND 3
DAX1XAU	Automobile & Transportation	1	0	0
DAX1XCH	Chemicals & Pharma	0	1	0
DAX1XMA	Machinery & Industrials	0	0	1
DAX1XRT	Retail & Consumer	0	0	0
DAX1XEL	Software & Technology	0	0	0
DAX1XUT	Utilities & Telecommunication	0	0	0

Tabelle B.5.: Vergleich der Branchenverteilung DAX100 und Tech-Line-Industriegruppen

Tech-Line	DAX100						$\Sigma^{\dagger}$
	Automobile & Transportation	Chemicals & Pharma	Machinery & Industrials	Retail & Consumer	Software & Technology	Utilities & Telecommunication	
Automotive	6		1				7
Chemicals	1	8	1	1		3	14
Computers			1			1	2
Conglomerates		1					1
Electrical			1				1
Electronics					1		1
Health Care		2			1		3
Machinery			7			1	8
Materials			1				1
Metals			3				3
Misc. Companies			2				2
Pharmaceuticals		2					2
Telecommunications						1	1
$\Sigma^{\dagger}$	7	13	17	1	2	6	46

Quelle: Eigene Auswertung, Ausgangsdaten von Thomson Datastream, CHI Research

a Summe

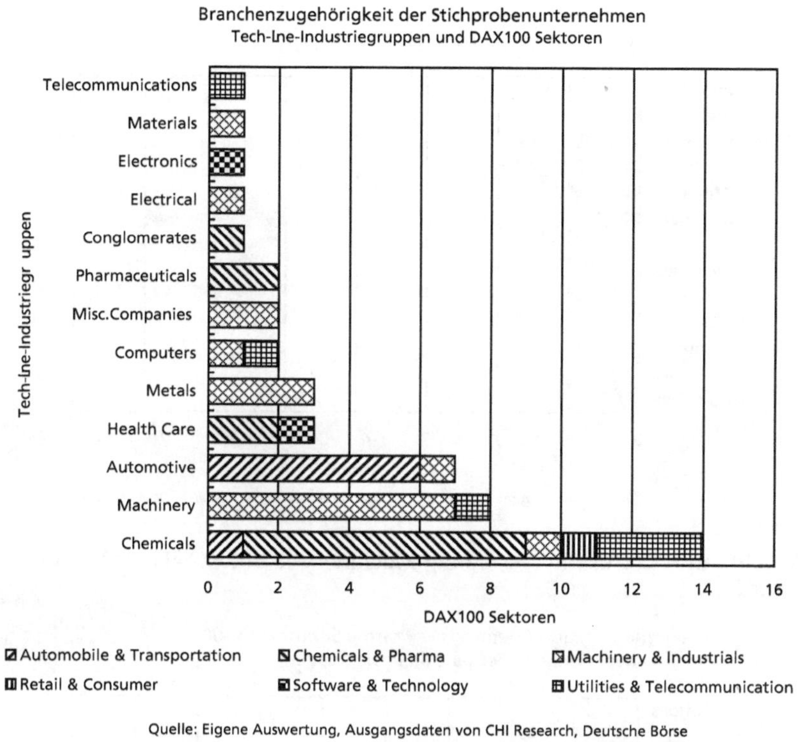

Abbildung B.4.: Branchenzugehörigkeit der Stichprobenunternehmen gemäß DAX100 und Tech-Line-Industriegruppen

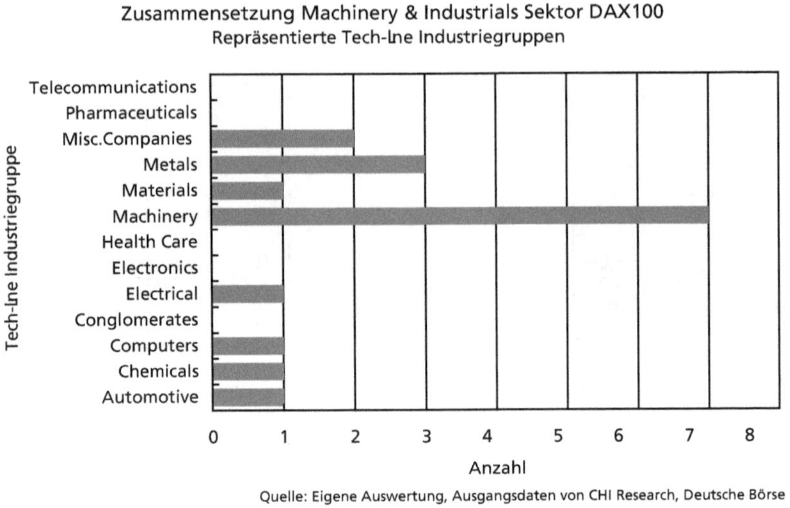

Abbildung B.5.: Zusammensetzung Machinery & Industrials DAX100

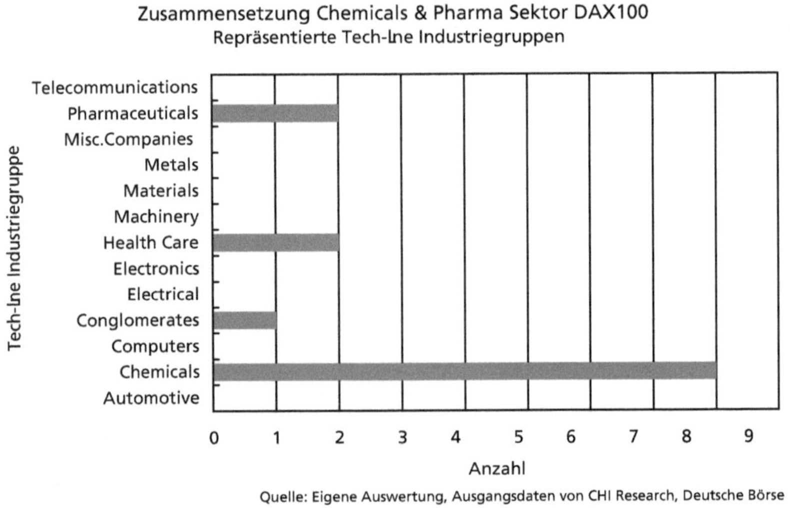

Abbildung B.6.: Zusammensetzung Chemicals & Pharma DAX100

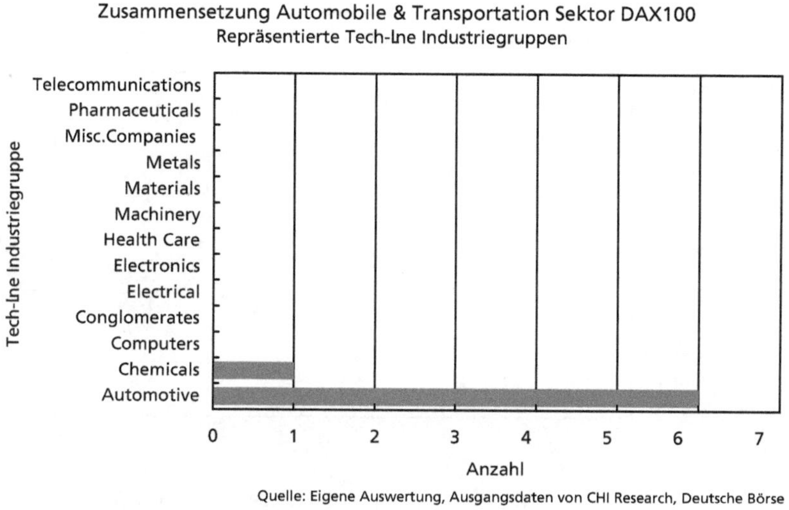

Abbildung B.7.: Zusammensetzung Automobile & Transportation DAX100

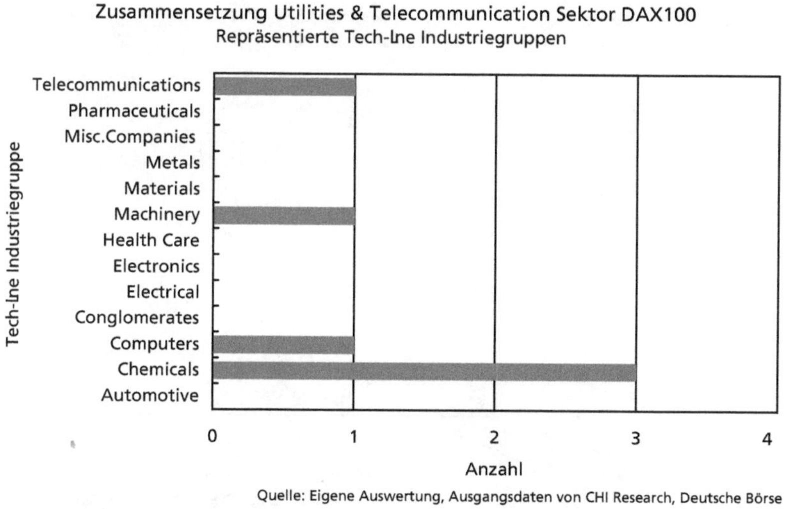

Abbildung B.8.: Zusammensetzung Utilities & Telecommunication DAX100

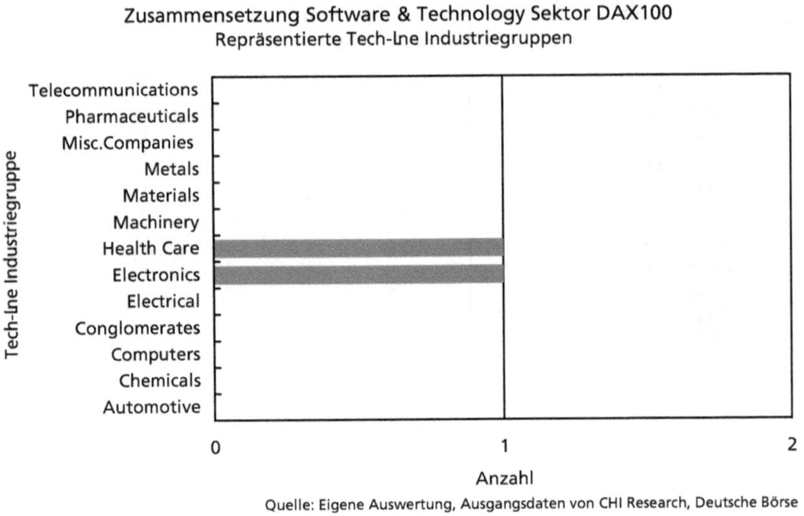

Abbildung B.9.: Zusammensetzung Software & Technology DAX100

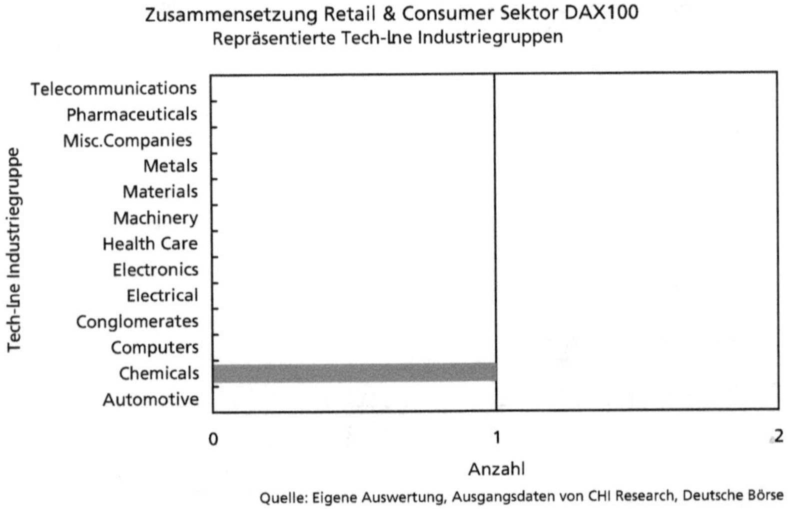

Abbildung B.10.: Zusammensetzung Retail & Consumer DAX100

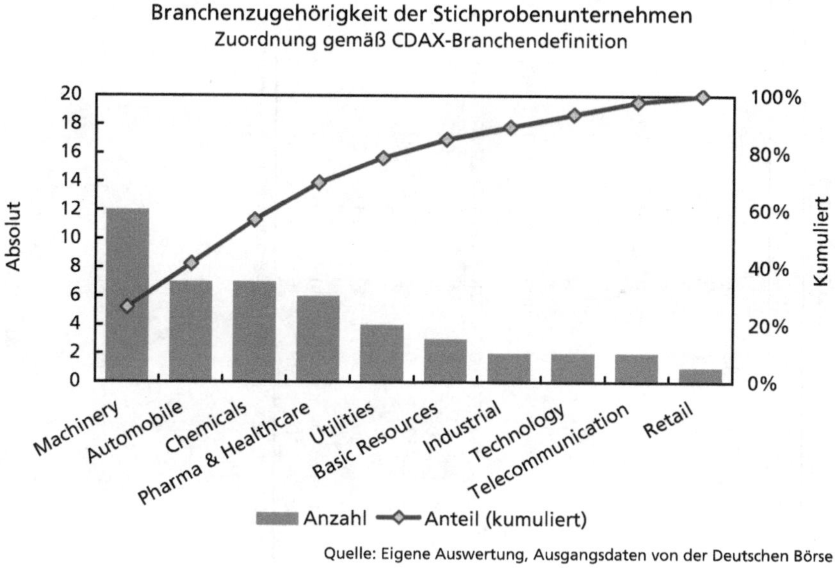

Abbildung B.11.: Branchenzugehörigkeit der Stichprobenunternehmen gemäß CDAX

Tabelle B.6.: Anzahl der Firmenjahre

Jahr	1988	1989	1990	1991	1992	1993	1994	1995	1996	1997	1998	1999	2000
absolut													
HGB	37	38	38	39	38	38	38	39	38	35	28	23	14
IAS	0	0	0	0	0	0	0	0	0	4	9	10	14
US-GAAP	0	0	0	0	0	0	0	0	1	1	2	6	10
Σ^a	37	38	38	39	38	38	38	39	39	40	39	39	38
Δ^b	0	1	0	1	-1	0	0	1	0	1	-1	0	-1
in %													
HGB	100	100	100	100	100	100	100	100	97	88	72	59	37
IAS	0	0	0	0	0	0	0	0	0	10	23	26	37
US-GAAP	0	0	0	0	0	0	0	0	3	3	5	15	26
Σ^a	100	100	100	100	100	100	100	100	100	100	100	100	100
kumuliert													
HGB	37	75	113	152	190	228	266	305	343	378	406	429	443
IAS	0	0	0	0	0	0	0	0	0	4	13	23	37
US-GAAP	0	0	0	0	0	0	0	0	1	2	4	10	20
Σ^d	37	75	113	152	190	228	266	305	344	384	423	462	500
in %													
HGB	7	15	23	30	38	46	53	61	69	76	81	86	87
IAS	0	0	0	0	0	0	0	0	0	1	3	5	7
US-GAAP	0	0	0	0	0	0	0	0	0	0	1	2	4
Σ^d	7	15	23	30	38	46	53	61	69	77	85	92	100

Quelle: Eigene Auswertung, Ausgangsdaten von Thomson Datastream, Hoppenstedt

a Summe
b Differenz

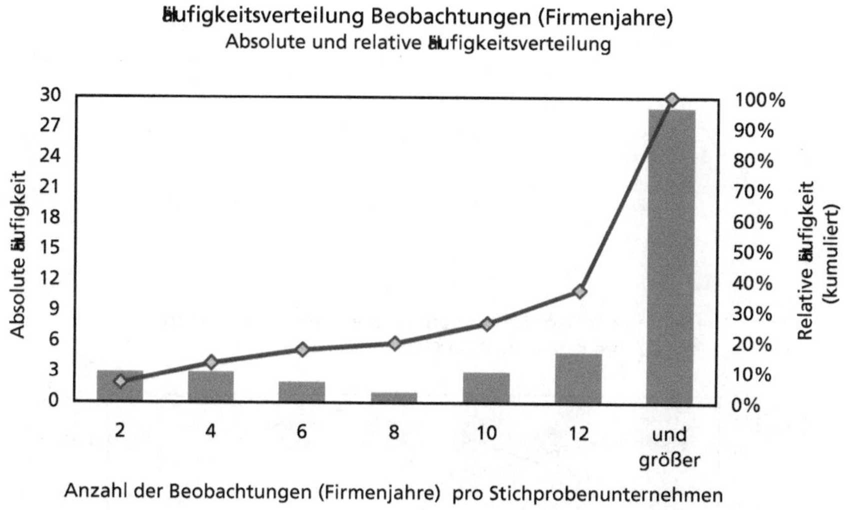

Abbildung B.12.: Häufigkeitsverteilung der Beobachtungen (Firmenjahre)

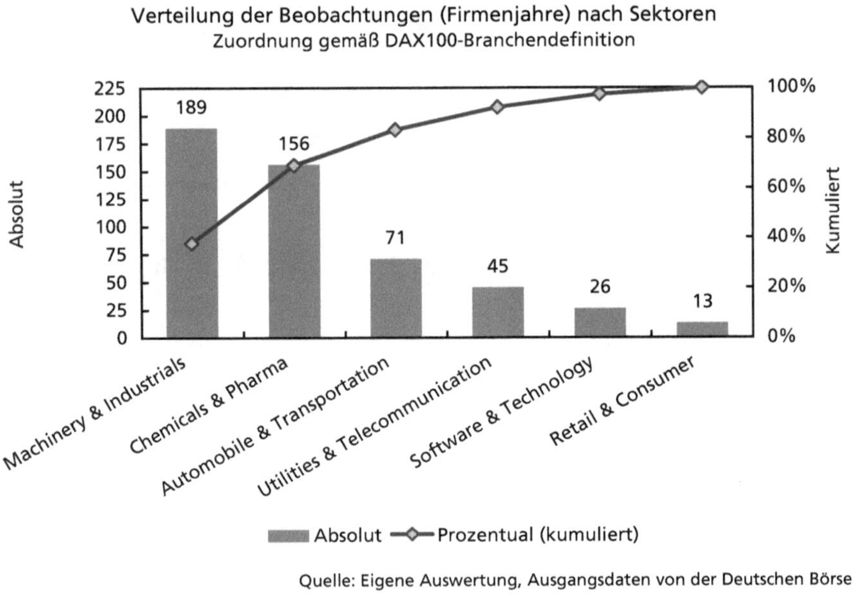

Abbildung B.13.: Verteilung der Beobachtungen (Firmenjahre) nach Sektoren

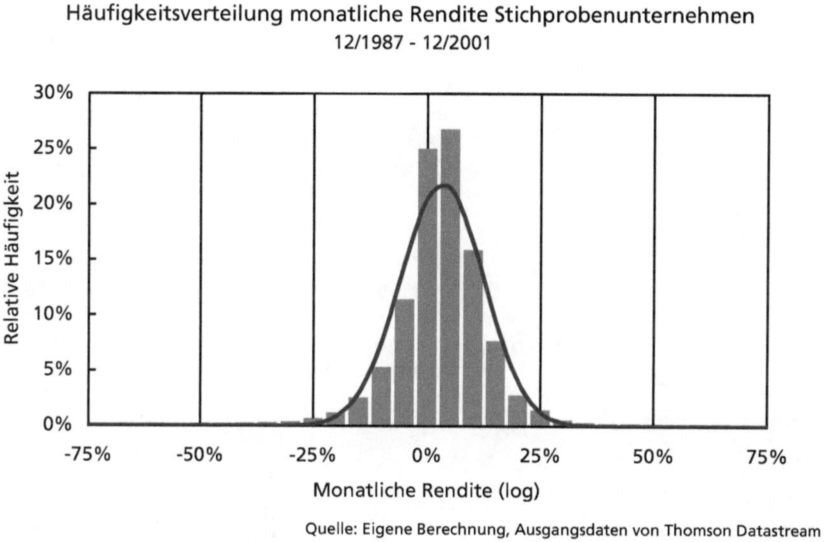

Abbildung B.14.: Häufigkeitsverteilung monatliche Rendite Stichprobenunternehmen

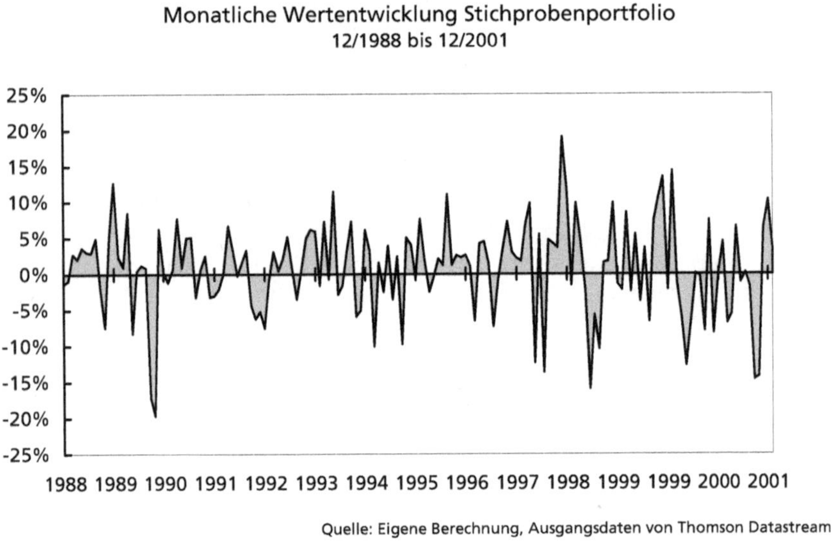

Abbildung B.15.: Monatliche Wertentwicklung Stichprobenportfolio

Tabelle B.7.: Definition Kurs-Gewinn-Verhältnis Stichprobe

Herleitung Kurs-Gewinn-Verhältnis für die Stichprobe

Es folgt aus den Definitionen in Tab. E.1:

$$KGV_t = \frac{\sum_{i=1}^{N} P_{i,t} \cdot NOSH_{i,t}}{\sum_{i=1}^{N} EPS_{i,t} \cdot NOSH_{i,t}}$$

Mit:

KGV	=	Kurs-Gewinn-Verhältnis
t	=	Zeitpunkt der Betrachtung
i	=	i-tes Unternehmen
N	=	Anzahl der Unternehmen in der Stichprobe
P	=	Aktienkurs
$NOSH$	=	Anzahl der Aktien
EPS	=	Gewinn-pro-Aktie

Folglich berechnet sich das Kurs-Gewinn-Verhältnis (KGV) der Stichprobe nicht als Durchschnitt der einzelnen KGVs der betrachteten Unternehmen, sondern als KGV des durchschnittlichen Unternehmens in der Stichprobe. Der Wert ist also nach Gewinnen gewichtet und entspricht damit der in Tab.E.1 beschriebenen Definition von Datastream für das KGV von Indizes und garantiert folglich eine Vergleichbarkeit der Werte.

Tabelle B.8.: Definition Markt-Buchwert-Verhältnis

Herleitung Markt-Buchwert-Verhältnis für Stichprobe und Gesamtmarkt

Es folgt aus den Definitionen in Tab. E.1:

$$MBV_t = \frac{\sum_{i=1}^{N} MV_{i,t}}{\sum_{i=1}^{N} NTA_{i,t}}$$

Mit:

MBV	=	Markt-Buchwert-Verhältnis
t	=	Zeitpunkt der Betrachtung
i	=	i-tes Unternehmen
N	=	Anzahl der Unternehmen in der Stichprobe
MV	=	Marktwert
NTA	=	Net Tangible Assets

Folglich berechnet sich das Markt-Buchwert-Verhältnis (MBV) der Stichprobe nicht als Durchschnitt der einzelnen MBVs der betrachteten Unternehmen, sondern als MBV des durchschnittlichen Unternehmens in der Stichprobe. Der Wert ist also nach Buchwerten gewichtet und garantiert folglich eine Vergleichbarkeit.

Tabelle B.9.: Definition Vermögensstruktur

Herleitung des anteiligen materiellen und immateriellen Vermögens

Es folgt aus den Definitionen in Tab. E.2:

$$TBV_t = \frac{\sum_{i=1}^{N} TBVPS_{i,t} \cdot NOSH_{i,t}}{\sum_{i=1}^{N} BVPS_{i,t} \cdot NOSH_{i,t}}$$

$$ITBV_t = 1 - TBV_t$$

Mit:

TBV = Tangible Book Value
t = Zeitpunkt der Betrachtung
i = i-tes Unternehmen
N = Anzahl der Unternehmen in der Stichprobe
$TBVPS$ = Tangible Book Value per Share
$BVPS$ = Book Value per Share
$TBVPS$ = Common Shares Outstanding

Folglich berechnet sich das anteilige materielle Vermögen der Stichprobe nicht als Durchschnitt der einzelnen Werte der betrachteten Unternehmen, sondern als Anteil des durchschnittlichen Unternehmens in der Stichprobe. Der Wert ist also nach Buchwerten gewichtet und garantiert folglich eine Vergleichbarkeit.

Tabelle B.10.: Kurs-Gewinn-, Markt-Buchwert-Verhältnis und Vermögensgegenstände der Stichprobenunternehmen

Jahr	KGV[a]			MBV[b]			IVG[c]		
	KM[d]	SP[e]	Delta[f]	KM[d]	SP[e]	Delta[f]	KM[d]	SP[e]	Delta[f]
1988	11,4	14,2	-2,8	1,78	1,72	0,06	0,9	1,8	-0,9
1989	13,2	14,9	-1,7	1,88	2,15	-0,27	2,7	3,4	-0,7
1990	11,7	13,5	-1,8	1,38	1,80	-0,41	3,8	4,3	-0,5
1991	13,5	16,2	-2,7	1,59	1,94	-0,35	4,3	4,9	-0,6
1992	14,9	17,2	-2,3	1,47	1,77	-0,30	4,2	6,0	-1,7
1993	18,5	22,8	-4,3	2,01	2,42	-0,40	3,8	6,3	-2,5
1994	15,2	17,8	-2,6	2,04	2,26	-0,22	4,9	8,5	-3,6
1995	13,7	17,0	-3,3	2,19	2,12	0,06	6,8	9,0	-2,3
1996	15,5	17,6	-2,1	2,48	2,34	0,14	7,7	10,3	-2,6
1997	16,4	20,4	-4,0	2,97	2,93	0,04	9,5	12,6	-3,1
1998	14,6	18,4	-3,8	3,27	3,14	0,13	10,3	15,1	-4,8
1999	14,9	26,0	-11,1	4,23	3,84	0,38	20,6	23,7	-3,1
2000	15,8	21,1	-5,3	3,06	3,19	-0,13	24,0	28,0	-4,0
2001	16,5	18,2	-1,7	2,57	2,65	-0,08			
Mittelwert	18,2	15,4	-2,8	2,71	2,60	-0,11	12,3	13,9	-1,6

Quelle: Eigene Berechnung, Ausgangsdaten von Thomson Datastream

[a] Kurs-Gewinn-Verhältnis [b] Markt-Buchwert-Verhältnis
[c] Immaterielles Vermögen in Prozent des Gesamtvermögens [d] Kapitalmarkt [e] Stichprobe
[f] Differenz Kapitalmarkt/Stichprobe

B.3. Betriebliches Patentierverhalten und Patentportfolio

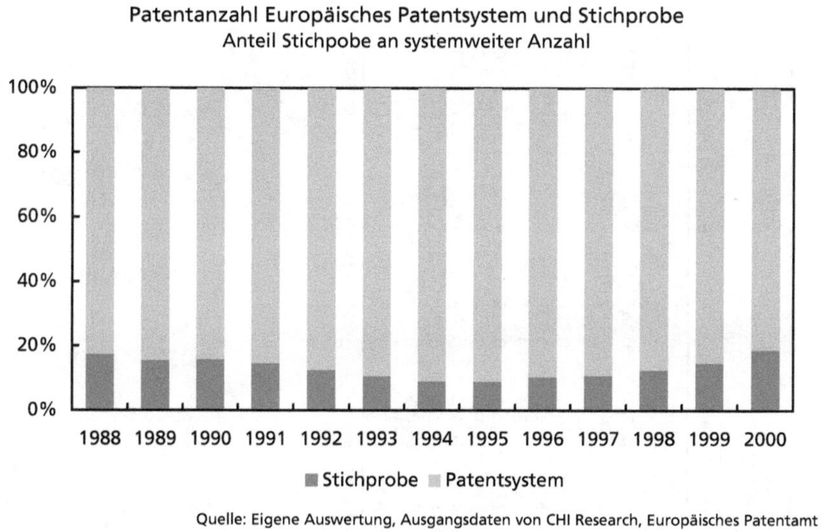

Abbildung B.16.: Anzahl der Patente Europäisches Patentsystem und Stichprobe

Tabelle B.11.: Patentportfolio Stichprobe und Europäisches Patentsystem

Jahr	Patentanzahl					CII[a]		TS[b]	
	Patentsystem		Stichprobe						
	Absolut	Delta	Absolut	Delta	Anteil	Absolut	Delta	Absolut	Delta
1988	19.749		4.137		20,9 %	0,377		1.559	
1989	22.558	12,5 %	4.130	–0,2 %	18,3 %	0,339	–10,1 %	1.399	–10,3 %
1990	24.756	8,9 %	4.637	12,3 %	18,7 %	0,365	7,6 %	1.691	20,8 %
1991	26.642	7,1 %	4.530	–2,3 %	17,0 %	0,356	–2,3 %	1.614	–4,5 %
1992	30.409	12,4 %	4.314	–4,8 %	14,2 %	0,322	–9,7 %	1.388	–14,0 %
1993	36.664	17,1 %	4.343	0,7 %	11,8 %	0,321	–0,2 %	1.395	0,5 %
1994	42.000	12,7 %	4.167	–4,1 %	9,9 %	0,307	–4,3 %	1.280	–8,2 %
1995	41.607	–0,9 %	4.056	–2,7 %	9,7 %	0,287	–6,5 %	1.165	–9,0 %
1996	40.069	–3,8 %	4.591	13,2 %	11,5 %	0,275	–4,4 %	1.261	8,2 %
1997	39.646	–1,1 %	4.778	4,1 %	12,1 %	0,244	–11,3 %	1.164	–7,7 %
1998	36.717	–8,0 %	5.234	9,5 %	14,3 %	0,179	–26,3 %	939	–19,3 %
1999	35.357	–3,8 %	6.076	16,1 %	17,2 %	0,161	–10,5 %	976	3,9 %
2000	27.522	–28,5 %	6.332	4,2 %	23,0 %	0,155	–3,3 %	983	0,8 %
Total	423.696	39,4%	61.325	51,3%	14,5%	–0,222	–58,8 %	–576	–36,9 %

Quelle: Eigene Berechnung, Ausgangsdaten von CHI Research, Europäisches Patentamt

[a] Einflussstärke
[b] Technologiestärke

Tabelle B.12.: Formel Einflussstärke Patentportfolio Stichprobenebene

es folgt aus Gl. 5.6 auf S. 181:

$$CII_{SP,\tau} = \frac{\sum_{i=1}^{N} NOP_{i,\tau} \cdot CII_{i,\tau}}{\sum_{i=1}^{N} NOP_{i,\tau}}$$

mit:

CII	=	Einflussstärke
N	=	Anzahl der Unternehmen in der Stichprobe
NOP	=	Anzahl der Patente

Die Einflussstärke (CII) des Patentportfolios auf Stichprobenebene berechnet sich nicht als Durchschnitt der Werte auf Unternehmensebene, sondern als CII des mittleren Patentes in der Stichprobe und stellt also einen mit der Patentanzahl gewichteten Mittelwert über alle einbezogenen Unternehmen dar.

Tabelle B.13.: Technologiestärke

Unternehmen	n[a]	M.-wert[b]	Std.Abw.[c]	Var.-ko.[d]	Rang
AEG Hausgeräte	11	3,625	3,512	0,969	33
AGIV Real Estate	12	6,812	2,660	0,391	24
Altana	10	3,556	3,149	0,886	34
Barmag	13	2,946	1,298	0,440	36
BASF	13	175,169	67,879	0,388	4
Bayer	13	247,390	75,670	0,306	1
Beiersdorf	13	9,011	7,104	0,788	22
BMW	13	33,685	29,720	0,882	9
Celanese	2	5,854	1,490	0,255	29
Continental	13	13,953	7,147	0,512	16
Daimler-Benz	13	42,508	17,864	0,420	8
DaimlerChrysler	13	43,648	17,361	0,398	7
Degussa	13	22,430	11,415	0,509	13
Deutsche Telekom	5	8,304	6,732	0,811	23
Deutz	13	2,091	1,553	0,743	37
Didier Werke	12	4,361	4,339	0,995	30
Drägerwerk	7	0,633	0,834	1,318	43
E.ON	1	51,149			5
FAG Kugelfischer					
Fresenius	13	4,094	3,122	0,763	32
Gea	13	1,570	0,950	0,605	40
Goldschmidt	13	6,663	3,894	0,584	25
Heidelberger Druck.	13	9,980	5,080	0,509	19
Henkel KGaA	13	46,328	33,110	0,715	6
Hoechst	12	233,974	90,616	0,387	2
Jagenberg	13	0,955	0,751	0,787	41
Kali-Chemie	12	1,844	1,746	0,947	38
Kiekert					
Koenig	12	3,026	2,771	0,916	35
Linde	13	6,646	3,151	0,474	26
MAN	13	23,572	7,563	0,321	12
Mannesmann	13	24,424	6,757	0,277	11
MG Technologies	13	13,064	5,518	0,422	17
Nixdorf Computer	3	0,635	0,353	0,557	42
Porsche	13	21,781	13,096	0,601	14
Rheinmetall	13	4,157	2,808	0,675	31
Rütgers	13	1,586	1,943	1,225	39
Schering	13	9,582	6,412	0,669	20
Siemens	13	214,314	52,493	0,245	3
TA Triumph-Adler					
Thyssen	13	6,417	2,876	0,448	27
ThyssenKrupp	2	9,283	2,347	0,253	21
Veba	13	26,116	14,112	0,540	10
Viag	13	11,251	8,171	0,726	18
Volkswagen	13	15,502	17,246	1,112	15
Wella	13	6,127	3,054	0,499	28
Stichprobe	491	34,247	68,730	2,007	

Quelle: Eigene Berechnung, Ausgangsdaten von CHI Research
(Leere Felder kennzeichnen nicht verfügbare Angaben)

[a] Berücksichtigte Jahre im Beobachtungszeitraum

[b] Mittelwert

[c] Standardabweichung

[d] Variationskoeffizient

Tabelle B.14.: Anzahl der Patente

Unternehmen	n[a]	M.-wert[b]	Std.-abw.[c]	Var.-ko.[d]	Rang
AEG Hausgeräte	13	10	7,476	0,771	38
AGIV Real Estate	12	31	7,581	0,243	27
Altana	13	12	4,786	0,396	36
Barmag	13	14	3,401	0,248	33
BASF	13	590	79,442	0,135	3
Bayer	13	622	77,919	0,125	2
Beiersdorf	13	42	39,164	0,936	23
BMW	13	111	78,540	0,708	12
Celanese	2	55	20,506	0,376	19
Continental	13	57	42,447	0,740	17
Daimler-Benz	13	170	40,260	0,237	7
DaimlerChrysler	13	164	49,574	0,303	8
Degussa	13	75	23,893	0,317	15
Deutsche Telekom	7	54	45,083	0,837	21
Deutz	13	15	7,932	0,516	32
Didier Werke	13	13	6,346	0,471	35
Drägerwerk	10	5	4,761	0,952	42
E.ON	1	285			5
FAG Kugelfischer	8	3	2,188	0,673	43
Fresenius	13	14	4,977	0,368	34
Gea	13	11	4,274	0,373	37
Goldschmidt	13	22	5,531	0,247	31
Heidelberger Druck.	13	55	27,259	0,498	18
Henkel KGaA	13	223	28,247	0,127	6
Hoechst	12	559	158,703	0,284	4
Jagenberg	13	9	5,023	0,578	40
Kali-Chemie	13	8	5,250	0,683	41
Kiekert	4	2	1,500	0,857	45
Koenig	13	26	27,762	1,081	29
Linde	13	39	11,140	0,288	25
MAN	13	126	29,915	0,237	10
Mannesmann	13	152	45,534	0,300	9
MG Technologies	13	54	14,927	0,276	20
Nixdorf Computer	3	3	0,577	0,217	44
Porsche	13	63	13,721	0,219	16
Rheinmetall	13	28	17,433	0,624	28
Rütgers	13	9	8,200	0,903	39
Schering	13	45	18,941	0,422	22
Siemens	13	1.058	340,730	0,322	1
TA Triumph-Adler	8	1	0,518	0,376	46
Thyssen	13	32	12,885	0,400	26
ThyssenKrupp	2	116	7,071	0,061	11
Veba	13	77	33,140	0,433	14
Viag	13	39	12,520	0,322	24
Volkswagen	13	79	101,443	1,292	13
Wella	13	24	12,011	0,493	30
Stichprobe	524	117	221,524	1,893	

Quelle: Eigene Berechnung, Ausgangsdaten von CHI Research
(Leere Felder kennzeichnen nicht verfügbare Angaben)

[a] Berücksichtigte Jahre im Beobachtungszeitraum

[b] Mittelwert

[c] Standardabweichung

[d] Variationskoeffizient

Tabelle B.15.: Einflussstärke

Unternehmen	n[a]	M.-wert[b]	Std.Abw.[c]	Var.-ko.[d]	Rang
AEG Hausgeräte	10	0,379	0,381	1,006	3
AGIV Real Estate	11	0,325	0,128	0,393	5
Altana	13	0,214	0,079	0,370	26
Barmag	13	0,225	0,088	0,393	23
BASF	13	0,304	0,117	0,385	7
Bayer	13	0,392	0,094	0,241	2
Beiersdorf	13	0,275	0,117	0,426	13
BMW	13	0,297	0,064	0,214	10
Celanese	2	0,110	0,014	0,128	43
Continental	13	0,267	0,105	0,394	15
Daimler-Benz	13	0,246	0,073	0,297	20
DaimlerChrysler	13	0,283	0,136	0,479	12
Degussa	13	0,298	0,088	0,296	9
Deutsche Telekom	5	0,133	0,134	1,004	40
Deutz	13	0,131	0,053	0,405	41
Didier Werke	12	0,253	0,159	0,628	18
Drägerwerk	7	0,136	0,069	0,506	39
E.ON	1	0,179			31
FAG Kugelfischer	2	0,156	0,090	0,579	36
Fresenius	13	0,264	0,135	0,510	16
Gea	13	0,158	0,114	0,721	35
Goldschmidt	13	0,299	0,148	0,495	8
Heidelberger Druck.	13	0,187	0,053	0,281	30
Henkel KGaA	13	0,220	0,163	0,741	25
Hoechst	12	0,404	0,074	0,184	1
Jagenberg	13	0,110	0,063	0,573	42
Kali-Chemie	12	0,202	0,090	0,444	28
Kiekert					
Koenig	12	0,146	0,084	0,576	37
Linde	13	0,178	0,093	0,519	32
MAN	13	0,189	0,049	0,259	29
Mannesmann	13	0,166	0,041	0,249	34
MG Technologies	13	0,245	0,095	0,386	21
Nixdorf Computer	6	0,241	0,086	0,357	22
Porsche	13	0,329	0,140	0,425	4
Rheinmetall	13	0,145	0,021	0,146	38
Rütgers	13	0,166	0,101	0,610	33
Schering	13	0,248	0,150	0,604	19
Siemens	13	0,222	0,085	0,382	24
TA Triumph-Adler					
Thyssen	13	0,213	0,101	0,473	27
ThyssenKrupp	2	0,080	0,015	0,193	44
Veba	13	0,323	0,085	0,262	6
Viag	13	0,263	0,098	0,374	17
Volkswagen	13	0,288	0,181	0,629	11
Wella	13	0,273	0,115	0,423	14
Stichprobe	497	0,241	0,133	0,553	

Quelle: Eigene Berechnung, Ausgangsdaten von CHI Research
(Leere Felder kennzeichnen nicht verfügbare Angaben)

[a] Berücksichtigte Jahre im Beobachtungszeitraum
[b] Mittelwert
[c] Standardabweichung
[d] Variationskoeffizient

Tabelle B.16.: Wissenschaftsbindung

Unternehmen	n[a]	M.-wert[b]	Std.Abw.[c]	Var.-ko.[d]	Rang
AEG Hausgeräte	6	0,329	0,157	0,478	11
AGIV Real Estate	9	0,182	0,130	0,715	22
Altana	4	0,527	0,378	0,718	4
Barmag	3	0,110	0,078	0,713	31
BASF	10	0,197	0,110	0,560	14
Bayer	11	0,196	0,124	0,635	16
Beiersdorf	4	0,191	0,138	0,722	17
BMW	8	0,050	0,024	0,476	40
Celanese					
Continental	5	0,064	0,042	0,666	38
Daimler-Benz	10	0,182	0,092	0,507	21
DaimlerChrysler	9	0,185	0,097	0,526	20
Degussa	9	0,316	0,095	0,302	12
Deutsche Telekom	2	0,196	0,076	0,386	15
Deutz	4	0,177	0,135	0,767	24
Didier Werke	6	0,111	0,057	0,516	30
Drägerwerk	3	0,507	0,716	1,413	5
E.ON					
FAG Kugelfischer	1	1,000			3
Fresenius	7	0,281	0,215	0,763	13
Gea	3	0,158	0,096	0,605	26
Goldschmidt	8	0,191	0,090	0,473	18
Heidelberger Druck.	5	0,128	0,162	1,268	28
Henkel KGaA	9	0,064	0,057	0,896	37
Hoechst	11	0,382	0,189	0,495	8
Jagenberg					
Kali-Chemie	8	1,193	0,838	0,702	2
Kiekert					
Koenig	1	0,067			36
Linde	8	0,097	0,046	0,471	32
MAN	8	0,060	0,031	0,513	39
Mannesmann	9	0,093	0,024	0,262	33
MG Technologies	8	0,148	0,090	0,607	27
Nixdorf Computer	2	0,333	0,000	0,000	10
Porsche	8	0,069	0,035	0,502	35
Rheinmetall	3	0,021	0,003	0,140	41
Rütgers	9	0,370	0,325	0,879	9
Schering	9	0,439	0,306	0,697	6
Siemens	8	0,410	0,110	0,269	7
TA Triumph-Adler	1	1,500			1
Thyssen	7	0,179	0,097	0,542	23
ThyssenKrupp					
Veba	9	0,120	0,055	0,457	29
Viag	9	0,162	0,080	0,492	25
Volkswagen	5	0,071	0,048	0,669	34
Wella	5	0,189	0,091	0,482	19
Stichprobe	264	0,239	0,300	1,259	

Quelle: Eigene Berechnung, Ausgangsdaten von CHI Research
(Leere Felder kennzeichnen nicht verfügbare Angaben)

[a] Berücksichtigte Jahre im Beobachtungszeitraum
[b] Mittelwert
[c] Standardabweichung
[d] Variationskoeffizient

Tabelle B.17.: Technologiezyklusdauer

Unternehmen	n[a]	M.-wert[b]	Std.Abw.[c]	Var.-ko.[d]	Rang
AEG Hausgeräte	12	6,728	2,810	0,418	10
AGIV Real Estate	12	9,328	1,540	0,165	34
Altana	13	7,251	2,308	0,318	16
Barmag	13	9,096	2,904	0,319	33
BASF	13	7,070	1,446	0,205	15
Bayer	13	6,547	1,303	0,199	7
Beiersdorf	13	8,173	3,568	0,437	24
BMW	13	6,900	0,517	0,075	13
Celanese	2	7,963	0,124	0,016	20
Continental	13	7,369	1,118	0,152	17
Daimler-Benz	13	6,878	0,851	0,124	12
DaimlerChrysler	13	6,833	0,933	0,137	11
Degussa	13	6,476	1,127	0,174	5
Deutsche Telekom	7	5,700	0,772	0,135	2
Deutz	13	9,344	2,987	0,320	35
Didier Werke	13	9,505	4,222	0,444	36
Drägerwerk	10	11,200	3,706	0,331	43
E.ON	1	8,435			27
FAG Kugelfischer	7	8,857	4,460	0,504	31
Fresenius	13	8,226	3,075	0,374	25
Gea	13	13,702	4,444	0,324	45
Goldschmidt	13	6,601	1,167	0,177	8
Heidelberger Druck.	13	8,869	1,596	0,180	32
Henkel KGaA	13	8,647	1,285	0,149	30
Hoechst	12	5,891	0,917	0,156	3
Jagenberg	12	9,854	3,931	0,399	38
Kali-Chemie	12	9,890	6,178	0,625	39
Kiekert	2	7,000	3,536	0,505	14
Koenig	13	10,634	3,713	0,349	42
Linde	13	9,573	1,734	0,181	37
MAN	13	8,440	0,894	0,106	28
Mannesmann	13	8,108	0,960	0,118	23
MG Technologies	13	8,564	1,293	0,151	29
Nixdorf Computer	3	15,167	4,041	0,266	46
Porsche	13	7,702	2,222	0,288	18
Rheinmetall	13	10,224	2,541	0,248	40
Rütgers	11	11,510	12,097	1,051	44
Schering	13	6,695	1,246	0,186	9
Siemens	13	6,435	0,475	0,074	4
TA Triumph-Adler	6	4,958	1,735	0,350	1
Thyssen	13	8,100	2,140	0,264	22
ThyssenKrupp	2	10,365	1,016	0,098	41
Veba	13	6,539	0,533	0,081	6
Viag	13	8,419	3,217	0,382	26
Volkswagen	13	7,806	1,397	0,179	19
Wella	13	7,963	1,883	0,237	21
Stichprobe	514	8,288	3,382	0,408	

Quelle: Eigene Berechnung, Ausgangsdaten von CHI Research
(Leere Felder kennzeichnen nicht verfügbare Angaben)

[a] Berücksichtigte Jahre im Beobachtungszeitraum
[b] Mittelwert
[c] Standardabweichung
[d] Variationskoeffizient

Tabelle B.18.: Zitate pro Patent

Unternehmen	n[a]	M.-wert[b]	Std.Abw.[c]	Var.-ko.[d]	Rang
AEG Hausgeräte	10	1,491	1,033	0,693	18
AGIV Real Estate	12	1,088	0,613	0,564	32
Altana	11	1,342	1,608	1,198	25
Barmag	12	1,410	1,009	0,716	21
BASF	13	1,445	1,011	0,699	20
Bayer	13	1,812	0,988	0,545	9
Beiersdorf	13	1,820	1,416	0,778	8
BMW	13	1,900	0,853	0,449	6
Celanese	2	0,281	0,274	0,976	44
Continental	13	1,515	1,140	0,753	15
Daimler-Benz	13	1,600	0,276	0,173	12
DaimlerChrysler	13	1,565	0,299	0,191	13
Degussa	13	1,949	1,113	0,571	4
Deutsche Telekom	7	0,983	1,122	1,142	38
Deutz	12	0,774	0,503	0,650	42
Didier Werke	11	1,030	0,760	0,738	35
Drägerwerk	8	1,168	1,050	0,899	29
E.ON	1	0,151			45
FAG Kugelfischer	4	0,592	0,606	1,023	43
Fresenius	13	1,505	1,371	0,911	16
Gea	11	1,357	1,031	0,760	23
Goldschmidt	13	1,640	0,976	0,595	11
Heidelberger Druck.	13	1,020	0,644	0,631	36
Henkel KGaA	13	1,018	1,421	1,396	37
Hoechst	12	2,191	0,948	0,433	3
Jagenberg	9	0,935	0,561	0,599	39
Kali-Chemie	8	1,554	0,644	0,415	14
Kiekert	2	1,500	0,707	0,471	17
Koenig	12	1,077	0,917	0,851	33
Linde	13	0,910	0,542	0,596	40
MAN	13	1,112	0,674	0,606	31
Mannesmann	13	0,875	0,424	0,484	41
MG Technologies	13	1,205	0,826	0,686	27
Nixdorf Computer	3	1,778	1,924	1,082	10
Porsche	13	1,823	0,637	0,350	7
Rheinmetall	11	1,146	0,725	0,633	30
Rütgers	9	1,388	0,874	0,629	22
Schering	13	1,343	1,526	1,136	24
Siemens	13	1,058	0,712	0,673	34
TA Triumph-Adler	6	2,500	2,793	1,117	1
Thyssen	13	1,219	1,076	0,883	26
ThyssenKrupp	2	0,051	0,033	0,658	46
Veba	12	1,934	0,748	0,387	5
Viag	13	2,266	2,229	0,984	2
Volkswagen	13	1,193	0,779	0,653	28
Wella	13	1,478	1,149	0,777	19
Stichprobe	486	1,397	1,080	0,773	

Quelle: Eigene Berechnung, Ausgangsdaten von CHI Research
(Leere Felder kennzeichnen nicht verfügbare Angaben)

[a] Berücksichtigte Jahre im Beobachtungszeitraum

[b] Mittelwert

[c] Standardabweichung

[d] Variationskoeffizient

Tabelle B.19.: Wissenschaftsstärke

Unternehmen	n[a]	M.-wert[b]	Std.Abw.[c]	Var.-ko.[d]	Rang
AEG Hausgeräte	6	5,500	3,564	0,648	16
AGIV Real Estate	9	5,333	3,674	0,689	18
Altana	4	5,500	4,041	0,735	17
Barmag	3	1,333	0,577	0,433	38
BASF	10	111,400	65,816	0,591	4
Bayer	11	119,272	75,384	0,632	3
Beiersdorf	4	2,500	0,577	0,231	30
BMW	8	3,125	2,232	0,714	27
Celanese					
Continental	5	2,400	1,517	0,632	31
Daimler-Benz	10	28,100	14,138	0,503	6
DaimlerChrysler	9	28,667	14,874	0,519	5
Degussa	9	21,667	11,554	0,533	7
Deutsche Telekom	2	1,500	0,707	0,471	37
Deutz	4	3,750	3,202	0,854	24
Didier Werke	6	1,833	0,983	0,536	34
Drägerwerk	3	2,000	1,732	0,866	33
E.ON					
FAG Kugelfischer	1	2,000			32
Fresenius	7	4,714	3,251	0,690	20
Gea	3	1,667	1,155	0,693	35
Goldschmidt	8	4,500	3,024	0,672	21
Heidelberger Druck.	5	3,000	3,464	1,155	29
Henkel KGaA	9	13,777	12,843	0,932	9
Hoechst	11	240,455	126,160	0,525	2
Jagenberg					
Kali-Chemie	8	8,375	3,462	0,413	12
Kiekert	0				
Koenig	1	1,000			39
Linde	8	3,500	1,195	0,342	26
MAN	8	6,750	3,151	0,467	15
Mannesmann	9	12,889	4,226	0,328	10
MG Technologies	8	8,125	4,016	0,494	13
Nixdorf Computer	2	1,000	0,000	0,000	41
Porsche	8	3,750	2,252	0,601	23
Rheinmetall	3	1,000	0,000	0,000	40
Rütgers	9	3,556	2,833	0,797	25
Schering	9	15,333	11,391	0,743	8
Siemens	8	352,500	85,714	0,243	1
TA Triumph-Adler	1	3,000			28
Thyssen	7	5,143	2,193	0,426	19
ThyssenKrupp					
Veba	9	9,111	6,173	0,678	11
Viag	9	7,222	4,522	0,626	14
Volkswagen	5	1,600	0,894	0,559	36
Wella	5	3,800	2,168	0,571	22
Stichprobe	264	37,038	84,832	2,290	

Quelle: Eigene Berechnung, Ausgangsdaten von CHI Research
(Leere Felder kennzeichnen nicht verfügbare Angaben)

[a] Berücksichtigte Jahre im Beobachtungszeitraum
[b] Mittelwert
[c] Standardabweichung
[d] Variationskoeffizient

B.4. Datengrundlage der empirischen Untersuchung

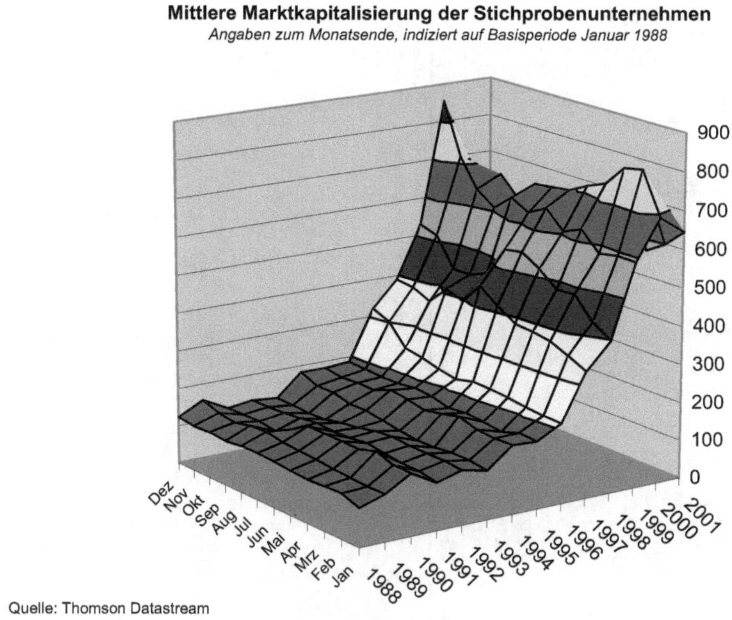

Abbildung B.17.: Mittlere Marktkapitalisierung der Stichprobenunternehmen

Tabelle B.20.: Beschreibende Statistiken Marktkapitalisierung

Jahr	n	M.-wert[a]	Std.-abw.[b]	Var.-ko.[c]	Min.	Max.	1. Qrt.[d]	3. Qrt.[e]	Med.[f]	Schiefe
1988	37	2.553	3.845	1,506	61	15.984	433	1.874	1.014	2,211
1989	38	3.251	4.697	1,445	75	19.713	509	2.915	1.332	2,320
1990	38	2.543	3.418	1,344	61	14.901	417	2.949	1.077	2,291
1991	39	2.735	4.116	1,505	62	17.676	338	2.946	962	2,511
1992	38	2.581	3.707	1,436	43	15.854	284	3.023	881	2,155
1993	38	3.792	5.509	1,453	65	22.813	391	4.919	1.244	2,113
1994	38	3.772	5.226	1,386	74	19.986	496	4.599	1.265	1,806
1995	39	3.882	5.627	1,450	52	22.099	322	4.751	1.143	1,866
1996	39	6.674	10.081	1,511	47	44.029	444	9.407	1.982	1,998
1997	40	8.088	11.608	1,435	52	47.486	598	13.179	2.314	1,779
1998	40	10.995	19.072	1,735	42	84.253	602	14.107	2.535	2,705
1999	41	17.775	39.697	2,233	19	213.842	718	15.563	2.652	3,717
2000	39	12.808	22.360	1,746	18	97.250	453	10.750	3.036	2,538
2001	39	11.754	19.218	1,635	22	81.436	632	11.320	3.446	2,263
Total	543	6.756	15.950	2,361	18	213.842	437	6.149	1.539	6,485

Quelle: Eigene Berechnung, Ausgangsdaten von Thomson Datastream
Durchschnittliche Marktkapitalisierung zum Jahresende
Angaben in Mrd. Euro

a Mittelwert
b Standardabweichung
c Variationskoeffizient
d 25 % Quantil
e 75 % Quantil
f Median

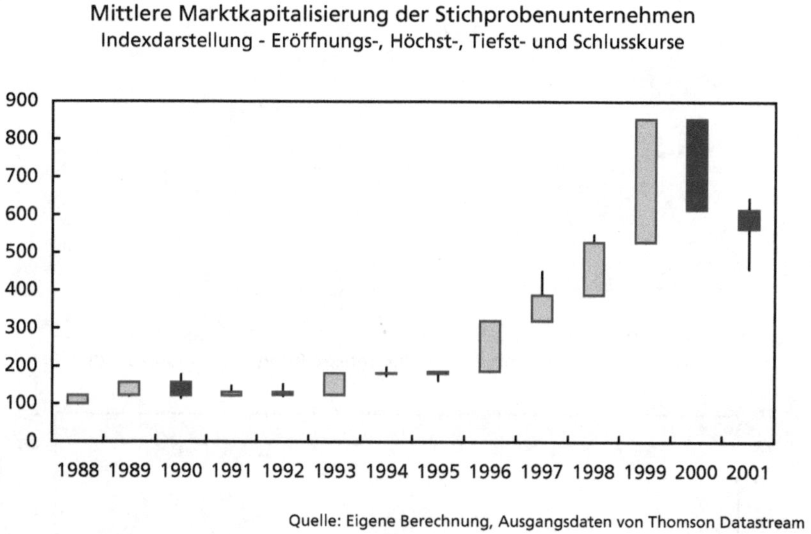

Abbildung B.18.: Mittlere Marktkapitalisierung der Stichprobenunternehmen Indexdarstellung im Zeitablauf

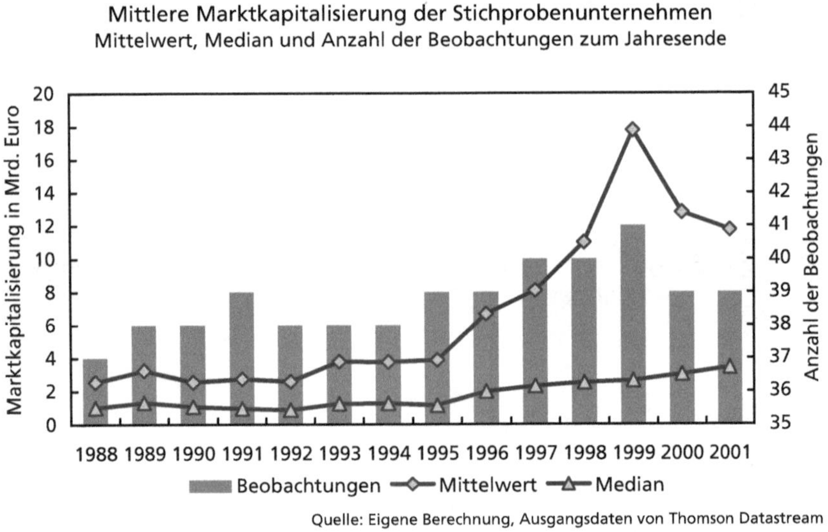

Abbildung B.19.: Mittlere Marktkapitalisierung der Stichprobenunternehmen deskriptive Statistiken im Zeitablauf

Tabelle B.21.: Beschreibende Statistiken Eigenkapitalbuchwert

Jahr	n	M.-wert[a]	Std.-abw.[b]	Var.-ko.[c]	Min.	Max.	1. Qrt.[d]	3. Qrt.[e]	Med.[f]	Schiefe
1988	38	1.735	2.444	1,408	76	8.617	169	1.696	516	1,553
1989	38	1.995	2.795	1,401	85	9.122	170	2.202	622	1,460
1990	39	2.049	2.834	1,383	74	8.632	185	2.317	536	1,406
1991	39	2.609	3.909	1,498	99	18.206	222	3.083	646	2,170
1992	39	3.009	4.447	1,478	84	18.415	226	4.721	597	1,893
1993	38	3.036	4.329	1,426	79	17.310	240	5.165	594	1,743
1994	40	3.127	4.700	1,503	38	18.335	207	4.395	698	1,979
1995	41	2.963	3.979	1,343	6	14.631	210	4.128	759	1,464
1996	42	3.746	5.791	1,546	55	23.215	203	4.479	707	2,071
1997	43	4.253	6.668	1,568	84	28.413	295	5.119	862	2,128
1998	41	4.391	6.808	1,551	85	30.367	357	5.885	993	2,261
1999	41	5.498	8.830	1,606	85	36.060	304	7.105	1.267	2,243
2000	41	6.912	11.363	1,644	80	42.409	335	5.875	1.844	1,952
Total	520	3.523	6.014	1,707	6	42.409	215	4.653	734	3,008

Quelle: Eigene Berechnung, Ausgangsdaten von Thomson Datastream
Angaben in Mio. Euro

a Mittelwert
b Standardabweichung
c Variationskoeffizient
d 25 % Quantil
e 75 % Quantil
f Median

Tabelle B.22.: Beschreibende Statistiken operatives Vermögen

Jahr	n	M.-wert[a]	Std.-abw.[b]	Var.-ko.[c]	Min.	Max.	1. Qrt.[d]	3. Qrt.[e]	Med.[f]	Schiefe
1988	38	4.915	6.553	1,333	100	23.166	443	5.484	1.971	1,514
1989	38	5.821	7.706	1,324	134	26.508	598	8.387	2.111	1,486
1990	39	6.145	8.200	1,335	137	29.154	597	8.733	2.331	1,581
1991	39	8.320	12.929	1,554	279	66.019	801	11.152	2.872	2,825
1992	39	10.979	18.332	1,670	273	80.515	763	14.078	2.919	2,685
1993	39	11.511	19.515	1,695	223	87.194	777	15.375	2.918	2,725
1994	41	11.395	19.906	1,747	145	90.242	836	16.487	2.568	2,824
1995	42	11.665	19.054	1,633	146	87.817	924	17.546	3.024	2,660
1996	41	13.087	21.718	1,660	184	100.231	1.141	18.091	2.912	2,673
1997	43	13.275	21.739	1,638	46	104.704	1.098	18.190	3.175	2,614
1998	41	12.658	21.646	1,710	50	110.966	923	16.511	2.720	2,978
1999	41	14.594	27.268	1,868	105	152.978	911	18.246	2.978	3,675
2000	41	18.429	32.666	1,773	84	171.900	1.035	26.841	3.447	3,018
Total	522	11.086	19.958	1,800	46	171.900	777	14.894	2.666	3,581

Quelle: Eigene Berechnung, Ausgangsdaten von Thomson Datastream
Angaben in Mio. Euro

a Mittelwert
b Standardabweichung
c Variationskoeffizient
d 25 % Quantil
e 75 % Quantil
f Median

Tabelle B.23.: Beschreibende Statistiken Operativer Gewinn

Jahr	n	M.-wert[a]	Std.-abw.[b]	Var.-ko.[c]	Min.	Max.	1. Qrt.[d]	3. Qrt.[e]	Med.[f]	Schiefe
1988	36	159	595	3,746	-1.192	2.212	-44	125	22	2,130
1989	36	219	779	3,560	-1.433	3.385	-5	156	29	2,414
1990	37	-14	555	39,989	-1.764	1.624	-33	94	23	-0,838
1991	38	83	1.028	12,348	-1.726	5.718	-67	72	8	4,498
1992	38	30	1.142	38,230	-2.023	6.132	-100	71	-10	4,048
1993	38	-180	1.156	6,419	-3.454	4.199	-295	32	-48	0,380
1994	40	166	1.362	8,207	-2.841	6.788	-165	93	6	3,203
1995	41	141	1.541	10,901	-3.397	7.934	-71	156	-1	2,967
1996	40	467	1.264	2,708	-1.151	5.795	-21	267	42	3,040
1997	41	615	1.349	2,195	-365	6.658	0	422	120	3,289
1998	39	691	1.626	2,355	-301	7.383	6	559	162	3,459
1999	40	645	1.606	2,491	-227	8.497	9	399	144	3,947
2000	41	509	1.031	2,025	-1.444	3.541	-21	497	185	1,973
Total	505	278	1.232	4,429	-3.454	8.497	-44	231	31	3,000

Quelle: Eigene Berechnung, Ausgangsdaten von Thomson Datastream
Angaben in Mio. Euro

a Mittelwert
b Standardabweichung
c Variationskoeffizient
d 25 % Quantil
e 75 % Quantil
f Median

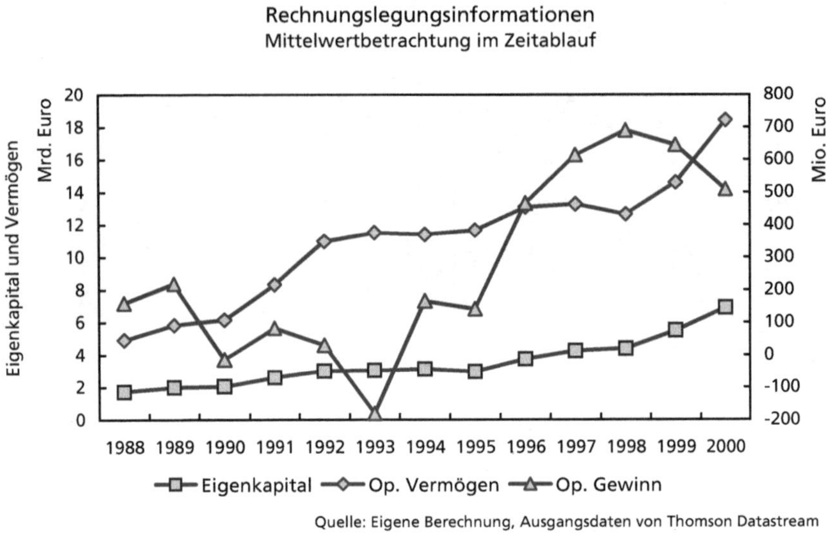

Abbildung B.20.: Rechnungslegungsinformationen Mittelwertbetrachtung im Zeitablauf

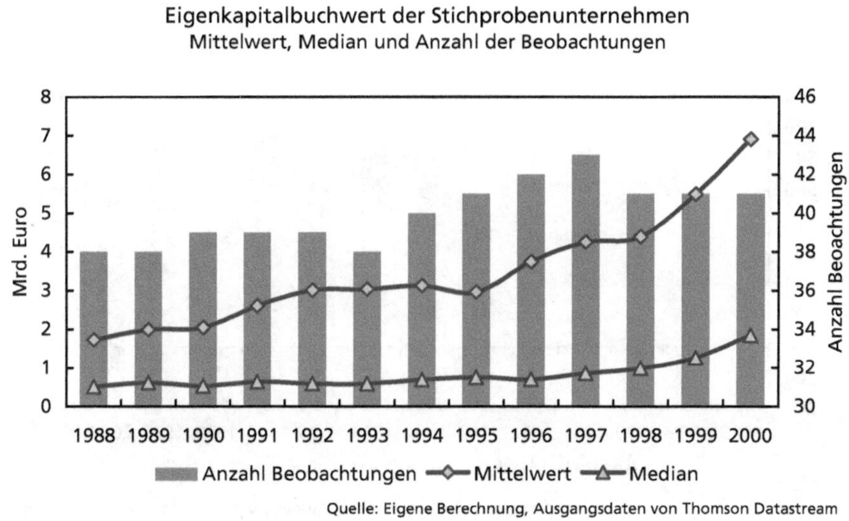

Abbildung B.21.: Durchschnittlicher Eigenkapitalbuchwert der Stichprobenunternehmen

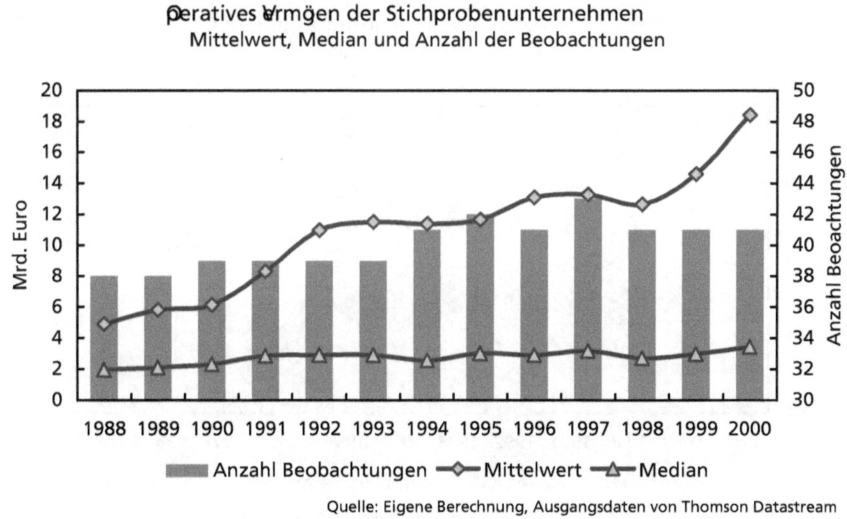

Abbildung B.22.: Durchschnittliches operatives Vermögen der Stichprobenunternehmen

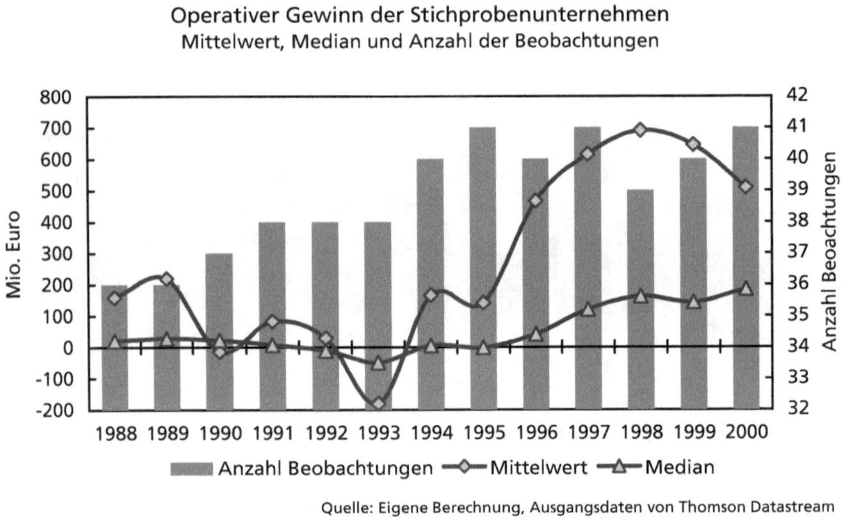

Abbildung B.23.: Durchschnittlicher operativer Gewinn der Stichprobenunternehmen

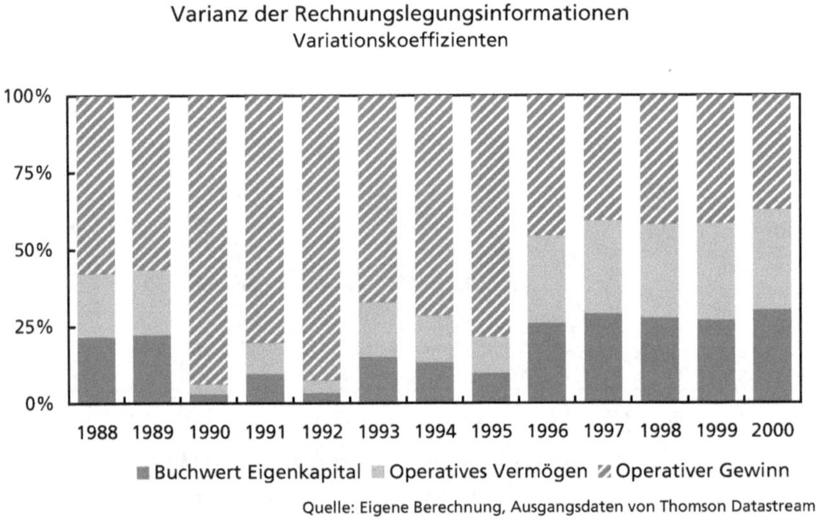

Abbildung B.24.: Varianz der Rechnungslegungsinformationen

Tabelle B.24.: Beschreibende Statistiken Anzahl der Patente

Jahr	n	M.-wert[a]	Std.-abw.[b]	Var.-ko.[c]	Min.	Max.	1. Qrt.[d]	3. Qrt.[e]	Med.[f]	Schiefe
1988	39	106	200	1,881	1	723	10	72	21	2,498
1989	41	101	195	1,934	1	775	12	59	25	2,619
1990	40	116	227	1,955	1	982	15	58	29	2,742
1991	40	113	209	1,849	2	861	17	76	32	2,647
1992	41	105	199	1,889	1	952	15	76	29	2,977
1993	40	109	200	1,846	2	877	14	86	35	2,715
1994	40	104	191	1,829	1	874	11	101	33	2,801
1995	40	101	188	1,859	1	909	8	78	35	2,947
1996	40	115	206	1,792	1	900	12	101	35	2,776
1997	40	119	219	1,832	1	1076	13	109	35	3,076
1998	39	134	249	1,853	2	1333	14	128	53	3,548
1999	42	145	291	2,013	1	1762	18	127	57	4,593
2000	42	151	292	1,936	1	1736	15	150	70	4,318
Total	524	117	222	1,893	1	1762	13	105	35	3,490

Quelle: Eigene Berechnung, Ausgangsdaten von CHI Research

a Mittelwert
b Standardabweichung
c Variationskoeffizient
d 25 % Quantil
e 75 % Quantil
f Median

Tabelle B.25.: Beschreibende Statistiken Patentzitate

Jahr	n	M.-wert[a]	Std.-abw.[b]	Var.-ko.[c]	Min.	Max.	1. Qrt.[d]	3. Qrt.[e]	Med.[f]	Schiefe
1988	38	2,152	0,903	0,420	0,571	4,190	1,407	2,745	2,034	0,419
1989	39	2,568	1,644	0,640	1,013	8,867	1,556	2,971	2,100	2,510
1990	39	2,169	0,930	0,429	0,667	4,273	1,477	2,776	1,824	0,698
1991	39	1,849	0,840	0,455	0,500	4,186	1,250	2,443	1,765	0,608
1992	40	1,838	0,896	0,487	0,200	4,333	1,226	2,456	1,707	0,404
1993	40	1,464	0,793	0,542	0,188	3,545	0,963	1,917	1,325	0,499
1994	39	1,374	0,717	0,521	0,183	3,143	0,826	1,985	1,293	0,205
1995	38	1,065	0,645	0,605	0,091	2,640	0,633	1,383	0,978	0,618
1996	36	1,000	0,667	0,668	0,071	2,600	0,441	1,444	0,862	0,535
1997	32	0,959	0,650	0,679	0,147	3,000	0,609	1,091	0,834	1,570
1998	38	0,656	0,534	0,814	0,030	2,500	0,280	0,778	0,500	1,801
1999	36	0,406	0,508	1,252	0,035	1,925	0,093	0,405	0,222	2,161
2000	32	0,243	0,375	1,540	0,006	1,774	0,051	0,237	0,122	2,996
Total	486	1,397	1,080	0,773	0,006	8,867	0,560	1,963	1,263	1,621

Quelle: Eigene Berechnung, Ausgangsdaten von CHI Research

a Mittelwert
b Standardabweichung
c Variationskoeffizient
d 25 % Quantil
e 75 % Quantil
f Median

Tabelle B.26.: Beschreibende Statistiken Einflussstärke

Jahr	n	M.-wert[a]	Std.-abw.[b]	Var.-ko.[c]	Min.	Max.	1. Qrt.[d]	3. Qrt.[e]	Med.[f]	Schiefe
1988	38	0,319	0,177	0,553	0,131	1,206	0,232	0,360	0,287	3,527
1989	37	0,294	0,153	0,519	0,066	0,787	0,172	0,375	0,293	1,042
1990	38	0,289	0,135	0,466	0,049	0,666	0,196	0,352	0,275	0,755
1991	38	0,287	0,135	0,470	0,041	0,602	0,187	0,356	0,274	0,680
1992	38	0,267	0,096	0,359	0,118	0,504	0,187	0,328	0,260	0,536
1993	38	0,265	0,105	0,394	0,067	0,453	0,201	0,362	0,236	–0,040
1994	39	0,276	0,123	0,445	0,082	0,483	0,176	0,379	0,266	0,020
1995	39	0,238	0,098	0,410	0,094	0,428	0,156	0,318	0,219	0,330
1996	39	0,225	0,103	0,461	0,049	0,448	0,152	0,290	0,227	0,346
1997	39	0,195	0,100	0,515	0,035	0,414	0,130	0,240	0,157	0,907
1998	38	0,160	0,109	0,683	0,018	0,523	0,073	0,214	0,146	1,109
1999	38	0,156	0,103	0,661	0,016	0,546	0,105	0,194	0,123	1,939
2000	38	0,165	0,141	0,858	0,022	0,667	0,097	0,180	0,120	2,407
Total	497	0,241	0,133	0,553	0,016	1,206	0,141	0,324	0,219	1,359

Quelle: Eigene Berechnung, Ausgangsdaten von CHI Research

a Mittelwert
b Standardabweichung
c Variationskoeffizient
d 25 % Quantil
e 75 % Quantil
f Median

Tabelle B.27.: Beschreibende Statistiken Technologiestärke

Jahr	n	M.-wert[a]	Std.-abw.[b]	Var.-ko.[c]	Min.	Max.	1. Qrt.[d]	3. Qrt.[e]	Med.[f]	Schiefe
1988	38	41,033	86,008	2,096	0,839	298,937	3,058	23,020	6,689	2,546
1989	37	37,820	77,764	2,056	0,227	294,918	3,412	16,615	9,244	2,563
1990	38	44,497	95,901	2,155	0,640	347,392	4,429	18,619	9,880	2,629
1991	37	43,623	89,795	2,058	0,651	385,165	3,777	22,197	11,430	2,792
1992	37	37,521	73,461	1,958	0,980	267,921	3,783	26,333	7,436	2,567
1993	37	37,704	74,524	1,977	0,263	283,913	3,707	28,596	7,900	2,595
1994	38	33,694	61,881	1,837	0,178	240,184	2,533	25,237	10,469	2,540
1995	38	30,667	58,626	1,912	0,160	223,758	1,236	27,373	7,921	2,579
1996	39	32,332	70,285	2,174	0,109	354,574	2,266	21,391	7,462	3,407
1997	39	29,846	60,366	2,023	0,131	286,307	1,703	20,228	7,092	2,998
1998	38	24,713	41,572	1,682	0,058	158,399	1,495	19,015	5,003	2,219
1999	38	25,676	39,713	1,547	0,087	189,715	2,764	32,094	6,576	2,482
2000	37	26,572	41,182	1,550	0,069	184,224	1,903	27,098	7,667	2,424
Total	491	34,247	68,730	2,007	0,058	385,165	2,834	24,448	8,048	2,922

Quelle: Eigene Berechnung, Ausgangsdaten von CHI Research

a Mittelwert
b Standardabweichung
c Variationskoeffizient
d 25 % Quantil
e 75 % Quantil
f Median

Tabelle B.28.: Beschreibende Statistiken Technologiezyklusdauer

Jahr	n	M.-wert[a]	Std.-abw.[b]	Var.-ko.[c]	Min.	Max.	1. Qrt.[d]	3. Qrt.[e]	Med.[f]	Schiefe
1988	38	8,577	4,348	0,507	3,700	22,000	5,670	9,594	6,883	1,662
1989	40	7,724	3,772	0,488	2,550	24,500	5,652	9,000	7,208	2,369
1990	39	8,301	3,883	0,468	3,700	22,000	5,644	9,583	7,317	1,760
1991	40	8,024	3,116	0,388	5,229	21,500	6,120	9,021	6,803	2,491
1992	40	8,491	6,453	0,760	4,000	45,500	5,741	8,600	7,138	5,091
1993	40	7,292	1,746	0,239	3,750	12,000	6,031	8,271	7,208	0,949
1994	40	7,462	1,903	0,255	3,750	11,500	5,943	8,671	7,083	0,374
1995	39	8,115	2,647	0,326	3,950	17,500	6,500	8,792	7,346	1,539
1996	39	8,204	2,847	0,347	5,500	20,000	6,728	8,614	7,267	2,827
1997	38	8,474	2,406	0,284	4,808	16,500	6,960	9,031	7,993	1,829
1998	39	9,026	2,749	0,305	3,500	16,000	7,211	10,536	8,250	0,902
1999	41	8,765	1,953	0,223	5,776	13,900	7,289	9,600	8,500	0,735
2000	41	9,289	3,114	0,335	3,500	16,333	7,075	11,083	8,708	0,446
Total	514	8,288	3,382	0,408	2,550	45,500	6,391	9,358	7,500	3,755

Quelle: Eigene Berechnung, Ausgangsdaten von CHI Research

a Mittelwert
b Standardabweichung
c Variationskoeffizient
d 25 % Quantil
e 75 % Quantil
f Median

Tabelle B.29.: Beschreibende Statistiken Wissenschaftsbindung

Jahr	n	M.-wert[a]	Std.-abw.[b]	Var.-ko.[c]	Min.	Max.	1. Qrt.[d]	3. Qrt.[e]	Med.[f]	Schiefe
1988	34	0,259	0,323	1,244	0,021	1,857	0,108	0,290	0,156	3,967
1989	31	0,273	0,258	0,947	0,018	1,000	0,103	0,308	0,194	1,723
1990	36	0,282	0,347	1,229	0,022	1,857	0,099	0,333	0,158	3,110
1991	29	0,291	0,346	1,187	0,027	1,500	0,100	0,424	0,174	2,593
1992	29	0,185	0,118	0,640	0,019	0,461	0,086	0,241	0,182	0,520
1993	29	0,179	0,133	0,743	0,025	0,512	0,071	0,237	0,143	1,160
1994	28	0,220	0,221	1,002	0,017	1,000	0,072	0,318	0,127	1,978
1995	25	0,301	0,536	1,780	0,005	2,667	0,059	0,314	0,134	3,940
1996	13	0,211	0,224	1,059	0,010	0,800	0,041	0,313	0,147	1,665
1997	2	0,016	0,002	0,100	0,015	0,017	0,016	0,017	0,016	
1998	1	0,002			0,002	0,002	0,002	0,002	0,002	
1999	4	0,008	0,006	0,739	0,002	0,015	0,004	0,012	0,008	0,104
2000	3	0,017	0,019	1,099	0,004	0,039	0,006	0,024	0,009	1,584
Total	264	0,239	0,300	1,259	0,002	2,667	0,076	0,294	0,147	4,060

Quelle: Eigene Berechnung, Ausgangsdaten von CHI Research

a Mittelwert
b Standardabweichung
c Variationskoeffizient
d 25 % Quantil
e 75 % Quantil
f Median

Tabelle B.30.: Beschreibende Statistiken Wissenschaftsstärke

Jahr	n	M.-wert[a]	Std.-abw.[b]	Var.-ko.[c]	Min.	Max.	1. Qrt.[d]	3. Qrt.[e]	Med.[f]	Schiefe
1988	34	38,029	91,578	2,408	1,000	406,998	2,000	13,750	5,000	3,116
1989	31	42,678	99,293	2,327	1,000	390,003	3,000	16,000	6,000	2,997
1990	36	38,528	98,998	2,570	1,000	494,997	2,750	15,250	5,000	3,663
1991	29	44,104	98,343	2,230	1,000	388,001	4,000	19,000	6,000	2,829
1992	29	39,069	86,138	2,205	1,000	354,001	2,000	16,000	7,000	2,844
1993	29	37,310	78,741	2,110	1,000	285,002	2,000	19,000	5,001	2,545
1994	28	37,786	77,248	2,044	1,000	288,999	2,750	21,750	5,000	2,579
1995	25	35,760	68,385	1,912	1,000	238,003	3,000	22,001	6,000	2,431
1996	13	23,077	53,770	2,330	1,000	200,000	4,000	11,000	5,000	3,468
1997	2	4,500	2,122	0,472	3,000	6,001	3,750	5,251	4,500	
1998	1	1,002			1,002	1,002	1,002	1,002	1,002	
1999	4	2,500	1,001	0,401	0,998	3,001	2,499	3,000	3,000	-2,000
2000	3	3,000	1,999	0,666	1,001	4,999	2,000	4,000	3,000	0,000
Total	264	37,038	84,832	2,290	0,998	494,997	3,000	17,500	6,000	3,069

Quelle: Eigene Berechnung, Ausgangsdaten von CHI Research

a Mittelwert
b Standardabweichung
c Variationskoeffizient
d 25 % Quantil
e 75 % Quantil
f Median

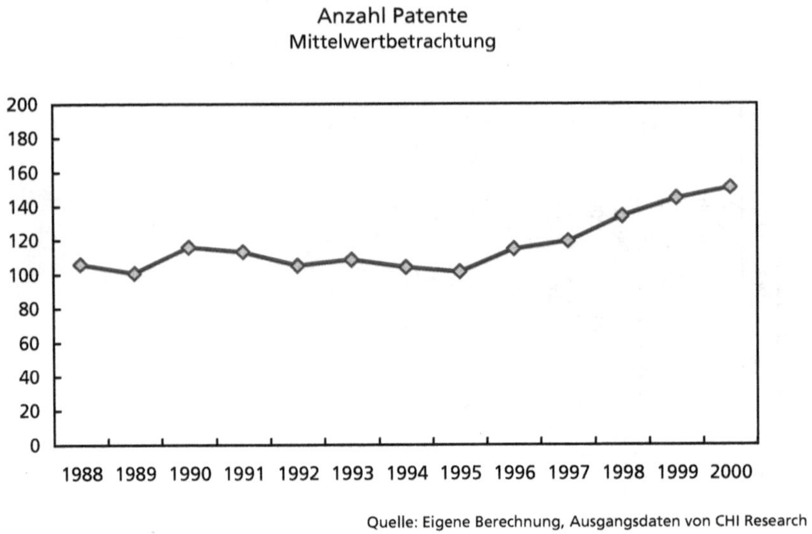

Abbildung B.25.: Mittelwertbetrachtung im Zeitablauf – Anzahl der Patente

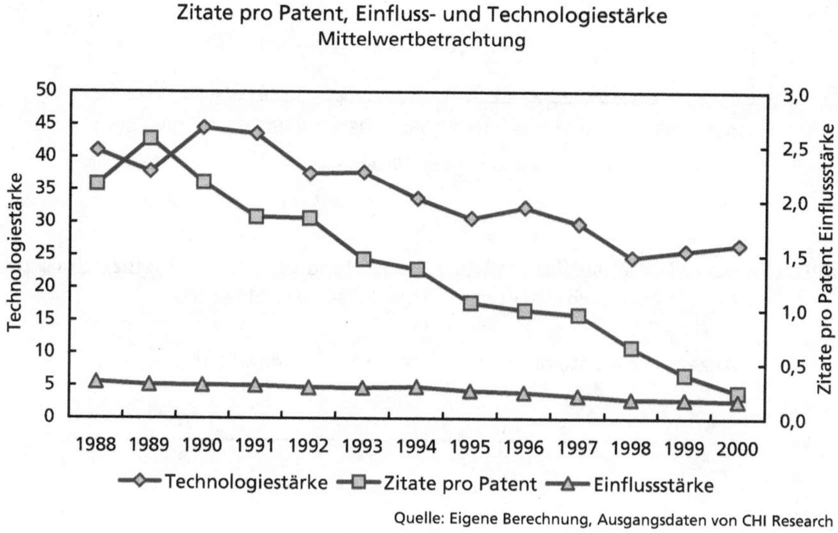

Abbildung B.26.: Mittelwertbetrachtung im Zeitablauf – Zitate pro Patent, Einflussstärke und Technologiestärke

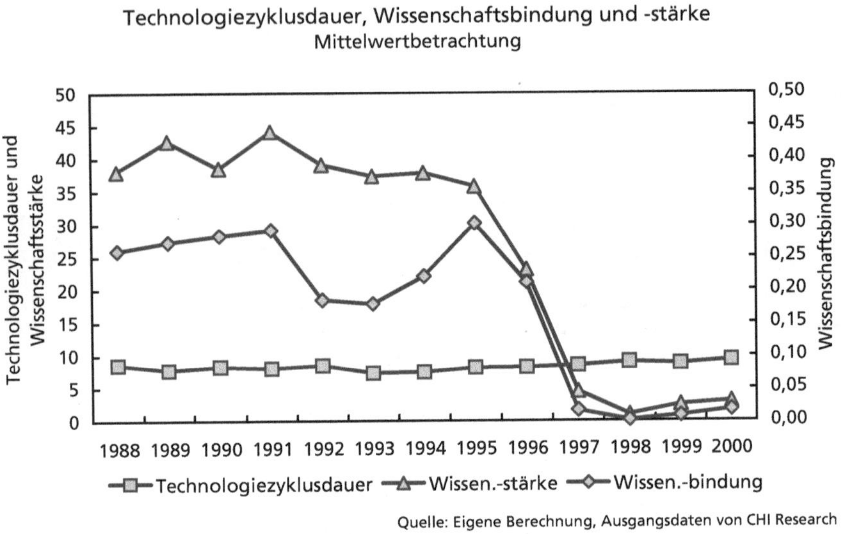

Abbildung B.27.: Mittelwertbetrachtung im Zeitablauf – Technologiezyklusdauer, Wissenschaftsbindung und Wissenschaftsstärke

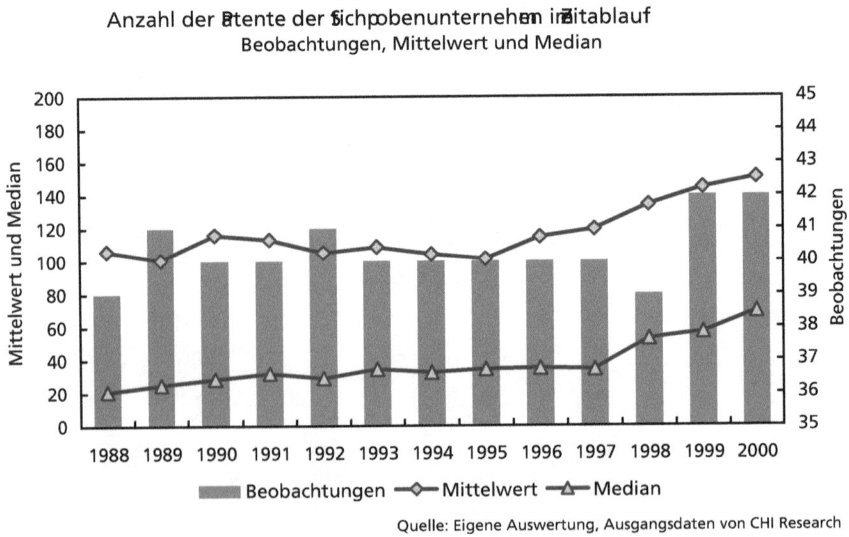

Abbildung B.28.: Anzahl der Patente der Stichprobenunternehmen im Zeitablauf

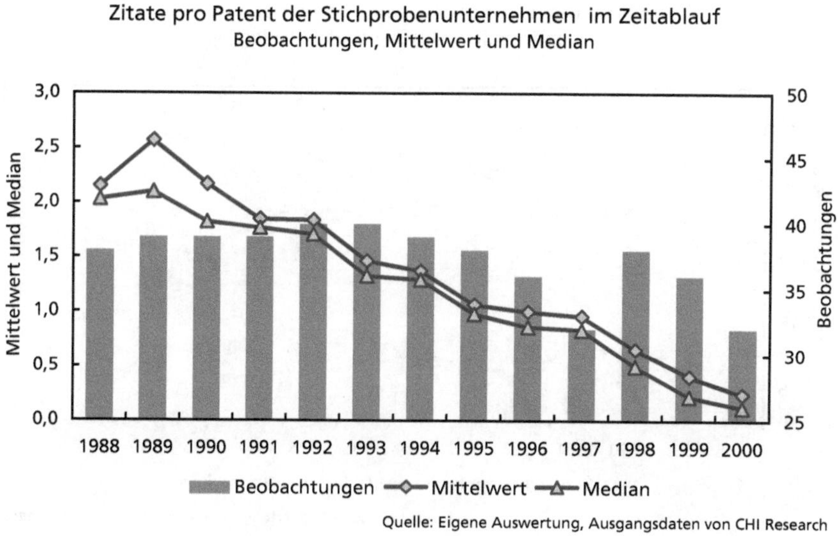

Abbildung B.29.: Zitate pro Patent der Stichprobenunternehmen im Zeitablauf

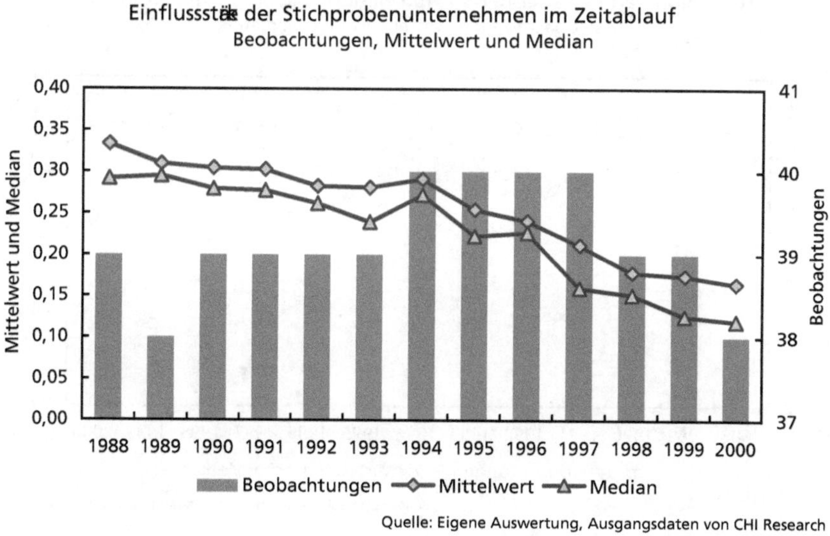

Abbildung B.30.: Einflussstärke der Stichprobenunternehmen im Zeitablauf

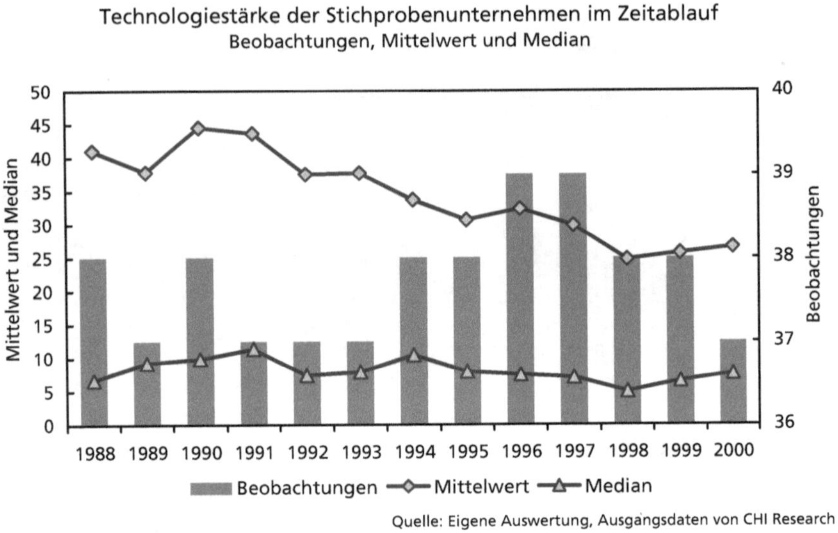

Abbildung B.31.: Technologiestärke der Stichprobenunternehmen im Zeitablauf

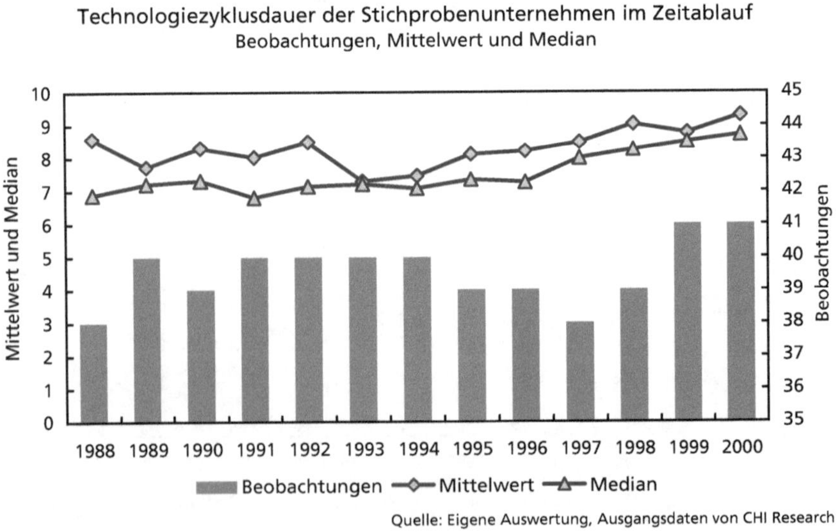

Abbildung B.32.: Technologiezyklusdauer der Stichprobenunternehmen im Zeitablauf

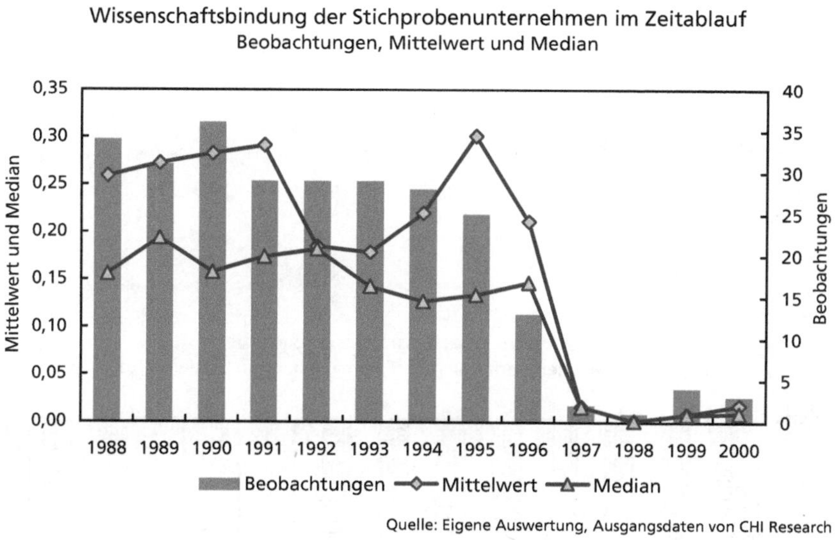

Abbildung B.33.: Wissenschaftsbindung der Stichprobenunternehmen im Zeitablauf

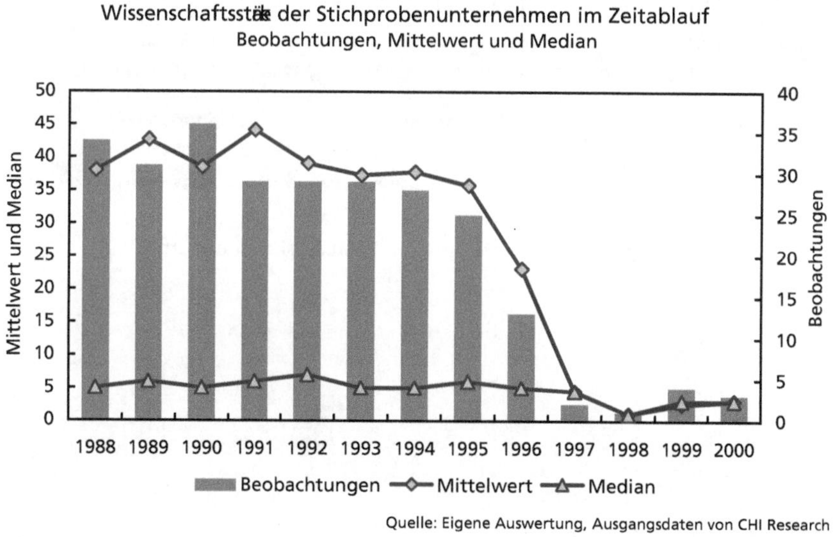

Abbildung B.34.: Wissenschaftsstärke der Stichprobenunternehmen im Zeitablauf

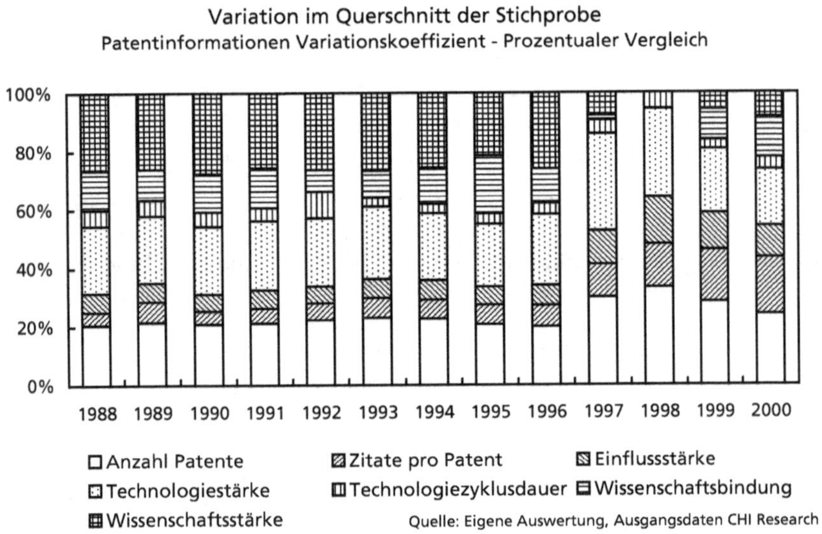

Abbildung B.35.: Patentinformationen Variationskoeffizient

Anhang C.

Patent-Scorecard der Stichprobenunternehmen

C.1. Scorecard auf Basis der untersuchten Patentinformationen

Tabelle C.1.: Patent-Scorecard Anzahl der Patente

Unternehmen	Branche[a]	1988–2000		1988–1995		1996–2000	
		M.-wert[b]	Rang	M.-wert[b]	Rang	M.-wert[b]	Rang
Automobile & Transportation							
BMW	Automotive	111	12	59	12	194	7
Continental	Chemicals	57	17	37	18	90	14
Daimler-Benz	Automotive	170	7	155	7	194	7
DaimlerChrysler	Automotive	164	8	155	6	177	9
Kiekert	Automotive	2	45	1	43	3	44
Porsche	Automotive	63	16	55	14	75	19
Volkswagen	Automotive	79	13	26	23	163	11
Chemicals & Pharma							
Altana	Conglomerates	12	36	10	33	15	32
BASF	Chemicals	590	3	560	4	640	3
Bayer	Chemicals	622	2	612	3	640	2
Beiersdorf	Health Care	42	23	16	28	83	16
Celanese	Chemicals	55	19			55	23
Degussa	Chemicals	75	15	67	11	88	15
Fresenius	Pharmaceuticals	14	34	16	29	10	36
Goldschmidt	Chemicals	22	31	22	24	24	30
Hoechst	Chemicals	559	4	650	2	377	4
Kali-Chemie	Chemicals	8	41	10	36	4	39
Rütgers	Chemicals	9	39	13	31	3	43
Schering	Pharmaceuticals	45	22	35	19	61	21
Wella	Health Care	24	30	18	26	35	27
Machinery & Industrials							
AEG Hausgeräte	Computers	10	38	13	31	4	40
AGIV Real Estate	Misc. Companies	31	27	31	21	33	28
Barmag	Machinery	14	33	14	30	14	33
Deutz	Machinery	15	32	18	25	11	35
Didier Werke	Materials	13	35	17	27	8	37
FAG Kugelfischer	Machinery	3	43	3	40	4	41
Gea	Electrical	11	37	10	33	14	33
Heidelberger Druck.	Machinery	55	18	38	16	82	18
Jagenberg	Machinery	9	40	10	33	7	38
Koenig	Machinery	26	29	8	37	55	22
Linde	Chemicals	39	25	38	17	40	25
MAN	Automotive	126	10	115	9	145	12
MG Technologies	Metals	54	20	58	13	49	24
Rheinmetall	Machinery	28	28	31	20	23	31
TA Triumph-Adler	Misc. Companies	1	46	1	42		
Thyssen	Metals	32	26	29	22	37	26
ThyssenKrupp	Metals	116	11			116	13
Retail & Consumer							
Henkel KGaA	Chemicals	223	6	209	5	245	6
Software & Technology							
Drägerwerk	Health Care	5	42	7	39	3	42
Siemens	Electronics	1.058	1	869	1	1361	1
Utilities & Telecommunication							
Deutsche Telekom	Telecommunications	54	21	8	38	72	20
E.ON	Chemicals	285	5			285	5
Mannesmann	Machinery	152	9	142	8	168	10
Nixdorf Computer	Computers	3	44	3	41		
Veba	Chemicals	77	14	73	10	82	17
Viag	Chemicals	39	24	45	15	30	29
Stichprobe		117		107		133	

Quelle: Eigene Berechnung, Ausgangsdaten CHI Research
(Leere Felder kennzeichnen nicht verfügbare Angaben)

[a] Branchenschlüssel Tech-Line
[b] Mittelwert

Tabelle C.2.: Patent-Scorecard Zitate pro Patent

Unternehmen	Branche[a]	1988–2000		1988–1995		1996–2000	
		M.-wert[b]	Rang	M.-wert[b]	Rang	M.-wert[b]	Rang
Automobile & Transportation							
BMW	Automotive	1,900	6	2,415	8	1,075	8
Continental	Chemicals	1,515	15	2,118	12	0,552	18
Daimler-Benz	Automotive	1,600	12	1,456	30	1,830	3
DaimlerChrysler	Automotive	1,565	13	1,454	31	1,743	4
Kiekert	Automotive	1,500	17	1,000	41	2,000	1
Porsche	Automotive	1,823	7	1,968	16	1,591	5
Volkswagen	Automotive	1,193	28	1,409	33	0,846	12
Chemicals & Pharma							
Altana	Conglomerates	1,342	25	2,016	15	0,163	39
BASF	Chemicals	1,445	20	2,112	13	0,378	28
Bayer	Chemicals	1,812	9	2,500	6	0,712	14
Beiersdorf	Health Care	1,820	8	2,577	4	0,610	16
Celanese	Chemicals	0,281	44			0,281	36
Degussa	Chemicals	1,949	4	2,591	3	0,921	10
Fresenius	Pharmaceuticals	1,505	16	2,099	14	0,555	17
Goldschmidt	Chemicals	1,640	11	2,251	10	0,662	15
Hoechst	Chemicals	2,191	3	2,807	2	0,959	9
Kali-Chemie	Chemicals	1,554	14	1,554	25		
Rütgers	Chemicals	1,388	22	1,530	28	0,250	37
Schering	Pharmaceuticals	1,343	24	2,127	11	0,089	42
Wella	Health Care	1,478	19	1,951	17	0,723	13
Machinery & Industrials							
AEG Hausgeräte	Computers	1,491	18	1,739	22	0,500	20
AGIV Real Estate	Misc. Companies	1,088	32	1,389	34	0,485	21
Barmag	Machinery	1,410	21	1,846	18	0,539	19
Deutz	Machinery	0,774	42	1,095	39	0,134	41
Didier Werke	Materials	1,030	35	1,294	35	0,326	33
FAG Kugelfischer	Machinery	0,592	43	0,893	42	0,292	35
Gea	Electrical	1,357	23	1,696	23	0,454	22
Heidelberger Druck.	Machinery	1,020	36	1,421	32	0,379	27
Jagenberg	Machinery	0,935	39	1,094	40	0,379	26
Koenig	Machinery	1,077	33	1,631	24	0,301	34
Linde	Chemicals	0,910	40	1,271	36	0,333	32
MAN	Automotive	1,112	31	1,551	26	0,409	24
MG Technologies	Metals	1,205	27	1,748	20	0,336	31
Rheinmetall	Machinery	1,146	30	1,163	37	1,101	7
TA Triumph-Adler	Misc. Companies	2,500	1	2,500	5		
Thyssen	Metals	1,219	26	1,747	21	0,375	29
ThyssenKrupp	Metals	0,051	46			0,051	43
Retail & Consumer							
Henkel KGaA	Chemicals	1,018	37	1,543	27	0,179	38
Software & Technology							
Drägerwerk	Health Care	1,168	29	0,694	43	1,958	2
Siemens	Electronics	1,058	34	1,504	29	0,345	30
Utilities & Telecommunication							
Deutsche Telekom	Telecommunications	0,983	38	2,447	7	0,397	25
E. ON	Chemicals	0,151	45			0,151	40
Mannesmann	Machinery	0,875	41	1,149	38	0,437	23
Nixdorf Computer	Computers	1,778	10	1,778	19		
Veba	Chemicals	1,934	5	2,321	9	1,161	6
Viag	Chemicals	2,266	2	3,130	1	0,884	11
Stichprobe		1,397		1,810		0,655	

Quelle: Eigene Berechnung, Ausgangsdaten CHI Research
(Leere Felder kennzeichnen nicht verfügbare Angaben)

[a] Branchenschlüssel Tech-Line
[b] Mittelwert

Tabelle C.3.: Patent-Scorecard Einflussstärke

Unternehmen	Branche[a]	1988–2000		1988–1995		1996–2000	
		M.-wert[b]	Rang	M.-wert[b]	Rang	M.-wert[b]	Rang
Automobile & Transportation							
BMW	Automotive	0,297	10	0,298	17	0,296	5
Continental	Chemicals	0,267	15	0,277	21	0,251	8
Daimler-Benz	Automotive	0,246	20	0,238	28	0,260	7
DaimlerChrysler	Automotive	0,283	12	0,240	27	0,351	2
Kiekert	Automotive						
Porsche	Automotive	0,329	4	0,248	24	0,459	1
Volkswagen	Automotive	0,288	11	0,350	7	0,189	13
Chemicals & Pharma							
Altana	Conglomerates	0,379	3	0,429	3	0,179	18
BASF	Chemicals	0,304	7	0,381	4	0,182	16
Bayer	Chemicals	0,392	2	0,442	1	0,313	4
Beiersdorf	Health Care	0,275	13	0,326	13	0,195	12
Celanese	Chemicals	0,110	43			0,110	34
Degussa	Chemicals	0,298	9	0,353	6	0,210	11
Fresenius	Pharmaceuticals	0,264	16	0,320	14	0,175	19
Goldschmidt	Chemicals	0,299	8	0,335	12	0,241	9
Hoechst	Chemicals	0,404	1	0,431	2	0,350	3
Kali-Chemie	Chemicals	0,202	28	0,245	25	0,116	33
Rütgers	Chemicals	0,166	33	0,179	35	0,145	26
Schering	Pharmaceuticals	0,248	19	0,335	11	0,109	35
Wella	Health Care	0,273	14	0,343	9	0,161	23
Machinery & Industrials							
AEG Hausgeräte	Computers	0,325	5	0,363	5	0,224	10
AGIV Real Estate	Misc. Companies	0,214	26	0,253	23	0,151	24
Barmag	Machinery	0,225	23	0,257	22	0,172	20
Deutz	Machinery	0,131	41	0,147	38	0,105	36
Didier Werke	Materials	0,253	18	0,314	15	0,132	29
FAG Kugelfischer	Machinery	0,156	36	0,156	37		
Gea	Electrical	0,158	35	0,202	31	0,087	39
Heidelberger Druck.	Machinery	0,187	30	0,202	32	0,163	22
Jagenberg	Machinery	0,110	42	0,134	40	0,072	41
Koenig	Machinery	0,146	37	0,184	34	0,092	38
Linde	Chemicals	0,178	32	0,216	29	0,118	32
MAN	Automotive	0,189	29	0,202	30	0,167	21
MG Technologies	Metals	0,245	21	0,281	19	0,187	14
Rheinmetall	Machinery	0,145	38	0,143	39	0,150	25
TA Triumph-Adler	Misc. Companies						
Thyssen	Metals	0,213	27	0,282	18	0,104	37
ThyssenKrupp	Metals	0,080	44			0,080	40
Retail & Consumer							
Henkel KGaA	Chemicals	0,220	25	0,335	10	0,035	42
Software & Technology							
Drägerwerk	Health Care	0,136	39	0,172	36	0,121	31
Siemens	Electronics	0,222	24	0,277	20	0,134	27
Utilities & Telecommunication							
Deutsche Telekom	Telecommunications	0,133	40			0,133	28
E.ON	Chemicals	0,179	31			0,179	17
Mannesmann	Machinery	0,166	34	0,190	33	0,126	30
Nixdorf Computer	Computers	0,241	22	0,241	26		
Veba	Chemicals	0,323	6	0,349	8	0,283	6
Viag	Chemicals	0,263	17	0,311	16	0,186	15
Stichprobe		0,241		0,279		0,180	

Quelle: Eigene Berechnung, Ausgangsdaten CHI Research
(Leere Felder kennzeichnen nicht verfügbare Angaben)

[a] Branchenschlüssel Tech-Line
[b] Mittelwert

Tabelle C.4.: Patent-Scorecard Technologiestärke

Unternehmen	Branche[a]	1988–2000		1988–1995		1996–2000	
		M.-wert[b]	Rang	M.-wert[b]	Rang	M.-wert[b]	Rang
Automobile & Transportation							
BMW	Automotive	34	9	17	12	60	5
Continental	Chemicals	14	16	11	17	19	14
Daimler-Benz	Automotive	43	8	37	7	51	8
DaimlerChrysler	Automotive	44	7	38	6	53	6
Kiekert	Automotive						
Porsche	Automotive	22	14	14	15	35	9
Volkswagen	Automotive	16	15	7	22	28	10
Chemicals & Pharma							
Altana	Conglomerates	4	34	4	30	3	32
BASF	Chemicals	175	4	215	4	111	4
Bayer	Chemicals	247	1	271	2	209	1
Beiersdorf	Health Care	9	22	5	27	16	16
Celanese	Chemicals	6	29			6	23
Degussa	Chemicals	22	13	25	10	19	15
Fresenius	Pharmaceuticals	4	32	5	26	2	34
Goldschmidt	Chemicals	7	25	7	23	6	26
Hoechst	Chemicals	234	2	282	1	139	3
Kali-Chemie	Chemicals	2	38	2	33	1	40
Rütgers	Chemicals	2	39	2	34	0	41
Schering	Pharmaceuticals	10	20	12	16	6	22
Wella	Health Care	6	28	6	24	6	24
Machinery & Industrials							
AEG Hausgeräte	Computers	4	33	5	28	1	39
AGIV Real Estate	Misc. Companies	7	24	8	21	5	28
Barmag	Machinery	3	36	3	31	2	33
Deutz	Machinery	2	37	3	32	1	37
Didier Werke	Materials	4	30	6	25	1	35
FAG Kugelfischer	Machinery						
Gea	Electrical	2	40	2	35	1	36
Heidelberger Druck.	Machinery	10	19	8	19	13	17
Jagenberg	Machinery	1	41	1	38	1	38
Koenig	Machinery	3	35	1	36	5	27
Linde	Chemicals	7	26	8	20	4	29
MAN	Automotive	24	12	23	11	24	12
MG Technologies	Metals	13	17	16	13	8	20
Rheinmetall	Machinery	4	31	5	29	4	31
TA Triumph-Adler	Misc. Companies						
Thyssen	Metals	6	27	8	18	4	30
ThyssenKrupp	Metals	9	21			9	18
Retail & Consumer							
Henkel KGaA	Chemicals	46	6	70	5	9	19
Software & Technology							
Drägerwerk	Health Care	1	43	1	37	0	42
Siemens	Electronics	214	3	241	3	172	2
Utilities & Telecommunication							
Deutsche Telekom	Telecommunications	8	23			8	21
E.ON	Chemicals	51	5			51	7
Mannesmann	Machinery	24	11	27	8	21	13
Nixdorf Computer	Computers	1	42	1	39		
Veba	Chemicals	26	10	26	9	26	11
Viag	Chemicals	11	18	15	14	6	25
Stichprobe		34		38		28	

Quelle: Eigene Berechnung, Ausgangsdaten CHI Research
(Leere Felder kennzeichnen nicht verfügbare Angaben)

[a] Branchenschlüssel Tech-Line
[b] Mittelwert

Tabelle C.5.: Patent-Scorecard Technologiezyklusdauer

Unternehmen	Branche[a]	1988–2000		1988–1995		1996–2000	
		M.-wert[b]	Rang	M.-wert[b]	Rang	M.-wert[b]	Rang
Automobile & Transportation							
BMW	Automotive	6,900	13	6,805	14	7,053	11
Continental	Chemicals	7,369	17	7,066	16	7,854	15
Daimler-Benz	Automotive	6,878	12	6,985	15	6,705	7
DaimlerChrysler	Automotive	6,833	11	7,153	17	6,321	3
Kiekert	Automotive	7,000	14	9,500	34	4,500	1
Porsche	Automotive	7,702	18	8,446	28	6,512	4
Volkswagen	Automotive	7,806	19	8,194	26	7,186	12
Chemicals & Pharma							
Altana	Conglomerates	7,251	16	5,804	5	9,567	31
BASF	Chemicals	7,070	15	6,066	9	8,678	24
Bayer	Chemicals	6,547	7	5,616	4	8,036	17
Beiersdorf	Health Care	8,173	24	9,152	31	6,607	5
Celanese	Chemicals	7,963	20			7,963	16
Degussa	Chemicals	6,476	5	5,812	6	7,538	13
Fresenius	Pharmaceuticals	8,226	25	6,648	12	10,750	41
Goldschmidt	Chemicals	6,601	8	5,963	8	7,623	14
Hoechst	Chemicals	5,891	3	5,319	3	7,035	10
Kali-Chemie	Chemicals	9,890	39	10,397	39	8,875	26
Rütgers	Chemicals	11,510	44	12,639	41	8,500	23
Schering	Pharmaceuticals	6,695	9	5,822	7	8,092	18
Wella	Health Care	7,963	21	7,641	20	8,478	22
Machinery & Industrials							
AEG Hausgeräte	Computers	6,728	10	6,779	13	6,625	6
AGIV Real Estate	Misc. Companies	9,328	34	9,179	32	9,625	32
Barmag	Machinery	9,096	33	8,365	27	10,267	36
Deutz	Machinery	9,344	35	9,923	35	8,417	19
Didier Werke	Materials	9,505	36	7,852	23	12,150	42
FAG Kugelfischer	Machinery	8,857	31	8,813	30	8,917	27
Gea	Electrical	13,702	45	12,781	42	15,175	44
Heidelberger Druck.	Machinery	8,869	32	8,581	29	9,330	30
Jagenberg	Machinery	9,854	38	9,452	33	10,417	39
Koenig	Machinery	10,634	42	10,781	40	10,399	38
Linde	Chemicals	9,573	37	10,292	38	8,422	20
MAN	Automotive	8,440	28	8,140	25	8,919	28
MG Technologies	Metals	8,564	29	7,753	22	9,863	34
Rheinmetall	Machinery	10,224	40	10,000	36	10,583	40
TA Triumph-Adler	Misc. Companies	4,958	1	4,958	1		
Thyssen	Metals	8,100	22	7,560	19	8,965	29
ThyssenKrupp	Metals	10,365	41			10,365	37
Retail & Consumer							
Henkel KGaA	Chemicals	8,647	30	7,894	24	9,851	33
Software & Technology							
Drägerwerk	Health Care	11,200	43	10,000	36	12,400	43
Siemens	Electronics	6,435	4	6,116	10	6,945	9
Utilities & Telecommunication							
Deutsche Telekom	Telecommunications	5,700	2	5,063	2	5,955	2
E.ON	Chemicals	8,435	27			8,435	21
Mannesmann	Machinery	8,108	23	7,735	21	8,705	25
Nixdorf Computer	Computers	15,167	46	15,167	43		
Veba	Chemicals	6,539	6	6,324	11	6,883	8
Viag	Chemicals	8,419	26	7,367	18	10,103	35
Stichprobe		8,288		7,993		8,759	

Quelle: Eigene Berechnung, Ausgangsdaten CHI Research
(Leere Felder kennzeichnen nicht verfügbare Angaben)

[a] Branchenschlüssel Tech-Line
[b] Mittelwert

Tabelle C.6.: Patent-Scorecard Wissenschaftsbindung

Unternehmen	Branche[a]	1988–2000		1988–1995		1996–2000	
		M.-wert[b]	Rang	M.-wert[b]	Rang	M.-wert[b]	Rang
Automobile & Transportation							
BMW	Automotive	0,329	11	0,329	10		
Continental	Chemicals	0,182	22	0,181	22	0,194	4
Daimler-Benz	Automotive	0,527	4	0,527	5		
DaimlerChrysler	Automotive	0,110	31	0,110	31		
Kiekert	Automotive	0,197	14	0,244	15	0,007	15
Porsche	Automotive	0,196	16	0,268	14	0,004	16
Volkswagen	Automotive	0,191	17	0,191	20		
Chemicals & Pharma							
Altana	Conglomerates	0,050	40	0,050	40		
BASF	Chemicals						
Bayer	Chemicals	0,064	38	0,064	38		
Beiersdorf	Health Care	0,182	21	0,207	16	0,082	9
Celanese	Chemicals	0,185	20	0,206	17	0,017	13
Degussa	Chemicals	0,316	12	0,305	12	0,400	2
Fresenius	Pharmaceuticals	0,196	15	0,196	18		
Goldschmidt	Chemicals	0,177	24	0,177	24		
Hoechst	Chemicals	0,111	30	0,111	30		
Kali-Chemie	Chemicals	0,507	5	0,698	4	0,125	7
Rütgers	Chemicals						
Schering	Pharmaceuticals	1,000	3	1,000	3		
Wella	Health Care	0,281	13	0,281	13		
Machinery & Industrials							
AEG Hausgeräte	Computers	0,158	26	0,158	25		
AGIV Real Estate	Misc. Companies	0,191	18	0,192	19	0,185	5
Barmag	Machinery	0,128	28	0,128	29		
Deutz	Machinery	0,064	37	0,080	35	0,009	14
Didier Werke	Materials	0,382	8	0,471	7	0,144	6
FAG Kugelfischer	Machinery						
Gea	Electrical	1,193	2	1,193	2		
Heidelberger Druck.	Machinery						
Jagenberg	Machinery	0,067	36	0,067	37		
Koenig	Machinery	0,097	32	0,097	32		
Linde	Chemicals	0,060	39	0,060	39		
MAN	Automotive	0,093	33	0,094	33	0,083	8
MG Technologies	Metals	0,148	27	0,148	26		
Rheinmetall	Machinery	0,333	10	0,333	9		
TA Triumph-Adler	Misc. Companies	0,069	35	0,069	36		
Thyssen	Metals	0,021	41	0,021	41		
ThyssenKrupp	Metals	0,370	9	0,316	11	0,800	1
Retail & Consumer							
Henkel KGaA	Chemicals	0,439	6	0,489	6	0,039	11
Software & Technology							
Drägerwerk	Health Care	0,410	7	0,410	8		
Siemens	Electronics	1,500	1	1,500	1		
Utilities & Telecommunication							
Deutsche Telekom	Telecommunications						
E.ON	Chemicals						
Mannesmann	Machinery	0,120	29	0,130	28	0,041	10
Nixdorf Computer	Computers	0,162	25	0,143	27	0,313	3
Veba	Chemicals	0,071	34	0,082	34	0,026	12
Viag	Chemicals	0,189	19	0,189	21		
Stichprobe		0,239		0,249		0,125	

Quelle: Eigene Berechnung, Ausgangsdaten CHI Research
(Leere Felder kennzeichnen nicht verfügbare Angaben)

[a] Branchenschlüssel Tech-Line
[b] Mittelwert

Tabelle C.7.: Patent-Scorecard Wissenschaftsstärke

Unternehmen	Branche[a]	1988–2000		1988–1995		1996–2000	
		M.-wert[b]	Rang	M.-wert[b]	Rang	M.-wert[b]	Rang
Automobile & Transportation							
BMW	Automotive	3,125	28	3,125	28		
Continental	Chemicals	2,400	32	2,400	33		
Daimler-Benz	Automotive	28,100	6	32,000	5	12,500	6
DaimlerChrysler	Automotive	28,667	5	31,875	6	3,000	14
Kiekert	Automotive						
Porsche	Automotive	3,750	24	3,750	24		
Volkswagen	Automotive	1,600	37	1,750	36	1,000	17
Chemicals & Pharma							
Altana	Conglomerates	12,077	12	10,000	12	15,400	4
BASF	Chemicals	590,308	1	559,500	1	639,600	1
Bayer	Chemicals	119,272	4	163,124	4	2,333	15
Beiersdorf	Health Care	2,500	31	2,500	32		
Celanese	Chemicals						
Degussa	Chemicals	21,667	7	20,875	7	28,000	3
Fresenius	Pharmaceuticals	4,714	21	4,714	21		
Goldschmidt	Chemicals	4,500	22	4,429	22	5,000	10
Hoechst	Chemicals	240,455	3	304,501	3	69,667	2
Kali-Chemie	Chemicals	8,375	14	8,375	14		
Rütgers	Chemicals	3,556	26	3,500	26	4,000	12
Schering	Pharmaceuticals	15,333	8	16,875	9	3,000	13
Wella	Health Care	3,800	23	3,800	23		
Machinery & Industrials							
AEG Hausgeräte	Computers	5,500	18	5,500	18		
AGIV Real Estate	Misc. Companies	5,333	19	5,250	19	6,000	9
Barmag	Machinery	13,692	10	13,625	10	13,800	5
Deutz	Machinery	3,750	25	3,750	25		
Didier Werke	Materials	1,833	35	1,833	35		
FAG Kugelfischer	Machinery	2,000	33	2,000	34		
Gea	Electrical	1,667	36	1,667	37		
Heidelberger Druck.	Machinery	3,000	30	3,000	30		
Jagenberg	Machinery						
Koenig	Machinery	1,000	39	1,000	39		
Linde	Chemicals	3,500	27	3,500	27		
MAN	Automotive	6,750	17	6,750	17		
MG Technologies	Metals	8,125	15	8,125	15		
Rheinmetall	Machinery	1,000	40	1,000	40		
TA Triumph-Adler	Misc. Companies	3,000	29	3,000	29		
Thyssen	Metals	5,143	20	5,143	20		
ThyssenKrupp	Metals						
Retail & Consumer							
Henkel KGaA	Chemicals	13,777	9	17,142	8	2,000	16
Software & Technology							
Drägerwerk	Health Care	2,000	34	2,500	31	1,000	18
Siemens	Electronics	352,500	2	352,500	2		
Utilities & Telecommunication							
Deutsche Telekom	Telecommunications	1,500	38	1,500	38		
E.ON	Chemicals						
Mannesmann	Machinery	12,889	11	13,125	11	11,000	7
Nixdorf Computer	Computers	1,000	41	1,000	41		
Veba	Chemicals	9,111	13	9,750	13	4,000	11
Viag	Chemicals	7,222	16	6,875	16	10,000	8
Stichprobe		37,038		39,207		14,304	

Quelle: Eigene Berechnung, Ausgangsdaten CHI Research
(Leere Felder kennzeichnen nicht verfügbare Angaben)

[a] Branchenschlüssel Tech-Line
[b] Mittelwert

C.2. Patent-Scorecard nach Maßgabe der Darstellung im Technology Review

Tabelle C.8.: Technology Review Patent-Scorecard

Unternehmen	TS/Rang			NOP/Rang			CII/Rang			TCT/Rang			SL/Rang		
	1988 bis 2000	1988 bis 1995	1996 bis 2000	1988 bis 2000	1988 bis 1995	1996 bis 2000	1988 bis 2000	1988 bis 1995	1996 bis 2000	1988 bis 1988	1988 bis 1988	1996 bis 1996	1988 bis 1988	1988 bis 1988	1996 bis 1996
Automobile & Transportation															
BMW	34/9	17/12	60/5	111/12	59/12	194/7	0,3/10	0,3/17	0,3/5	6,9/13	6,8/14	7,1/11	0,05/40	0,05/40	
Continental	14/16	11/17	19/14	57/17	37/18	90/14	0,27/15	0,28/21	0,25/8	7,4/17	7,1/16	7,9/15	0,06/38	0,06/38	
Daimler-Benz	43/8	37/7	51/8	170/7	155/7	194/7	0,25/20	0,24/28	0,26/7	6,9/12	7/15	6,7/7	0,18/21	0,21/16	0,08/9
DaimlerChrysler	44/7	38/6	53/6	164/8	155/6	177/9	0,28/12	0,24/27	0,35/2	6,8/11	7,2/17	6,3/3	0,19/20	0,21/17	0,02/13
Kiekert				2/45	1/43	3/44				7/14	9,5/34	4,5/1			
Porsche	22/14	14/15	35/9	63/16	55/14	75/19	0,33/4	0,25/24	0,46/1	7,7/18	8,4/28	6,5/4	0,07/35	0,07/36	
Volkswagen	16/15	7/22	28/10	79/13	26/23	163/11	0,29/11	0,35/7	0,19/13	7,8/19	8,2/26	7,2/12	0,07/34	0,08/34	0,03/12
Chemicals & Pharma															
Altana	4/34	4/30	3/32	12/36	10/33	15/32	0,38/3	0,43/3	0,18/18	7,3/16	5,8/5	9,6/31	0,53/4	0,53/5	
BASF	175/4	215/4	111/4	590/3	560/4	640/3	0,3/7	0,38/4	0,18/16	7,1/15	6,1/9	8,7/24	0,2/14	0,24/15	0,01/15
Bayer	247/1	271/2	209/1	622/2	612/3	640/2	0,39/2	0,44/1	0,31/4	6,5/7	5,6/4	8/17	0,2/16	0,27/14	0/16
Beiersdorf	9/22	5/27	16/16	42/23	16/28	83/16	0,28/13	0,33/13	0,2/12	8,2/24	9,2/31	6,6/5	0,19/17	0,19/20	
Celanese	6/29		6/23	55/19		55/23	0,11/43		0,11/34	8/20		8/16			
Degussa	22/13	25/10	19/15	75/15	67/11	88/15	0,3/9	0,35/6	0,21/11	6,5/5	5,8/6	7,5/13	0,32/12	0,31/12	0,4/2
Fresenius	4/32	5/26	2/34	14/34	16/29	10/36	0,26/16	0,32/14	0,18/19	8,2/25	6,6/12	10,8/41	0,28/13	0,28/13	
Goldschmidt	7/25	7/23	6/26	22/31	22/24	24/30	0,3/8	0,34/12	0,24/9	6,6/8	6/8	7,6/14	0,19/18	0,19/19	0,19/5
Hoechst	234/2	282/1	139/3	559/4	650/2	377/4	0,4/1	0,43/2	0,35/3	5,9/3	5,3/3	7/10	0,38/8	0,47/7	0,14/6
Kali-Chemie	2/38	2/33	1/40	8/41	10/36	4/39	0,2/28	0,25/25	0,12/33	9,9/39	10,4/39	8,9/26	1,19/2	1,19/2	
Rütgers	2/39	2/34	0/41	9/39	13/31	3/43	0,17/33	0,18/35	0,14/26	11,5/44	12,6/41	8,5/23	0,37/9	0,32/11	0,8/1
Schering	10/20	12/16	6/22	45/22	35/19	61/21	0,25/19	0,34/11	0,11/35	6,7/9	5,8/7	8,1/18	0,44/6	0,49/6	0,04/11
Wella	6/28	6/24	6/24	24/30	18/26	35/27	0,27/14	0,34/9	0,16/23	8/21	7,6/20	8,5/22	0,19/19	0,19/21	
Machinery & Industrials															
AEG Hausgeräte	4/33	5/28	1/39	10/38	13/31	4/40	0,33/5	0,36/5	0,22/10	6,7/10	6,8/13	6,6/6	0,33/11	0,33/10	
AGIV Real Estate	7/24	8/21	5/28	31/27	31/21	33/28	0,21/26	0,25/23	0,15/24	9,3/34	9,2/32	9,6/32	0,18/22	0,18/22	0,19/4
Barmag	3/36	3/31	2/33	14/33	14/30	14/33	0,22/23	0,26/22	0,17/20	9,1/33	8,4/27	10,3/36	0,11/31	0,11/31	
Deutz	2/37	3/32	1/37	15/32	18/25	11/35	0,13/41	0,15/38	0,11/36	9,3/35	9,9/35	8,4/19	0,18/24	0,18/24	
Didier Werke	4/30	6/25	1/35	13/35	17/27	8/37	0,25/18	0,31/15	0,13/29	9,5/36	7,9/23	12,2/42	0,11/30	0,11/30	
FAG Kugelfischer				3/43	3/40	4/41	0,16/36	0,16/37		8,9/31	8,8/30	8,9/27	1/3	1/3	
Gea	2/40	2/35	1/36	11/37	10/33	14/33	0,16/35	0,2/31	0,09/39	13,7/45	12,8/42	15,2/44	0,16/26	0,16/25	
Heidelberger Druck.	10/19	8/19	13/17	55/18	38/16	82/18	0,19/30	0,2/32	0,16/22	8,9/32	8,6/29	9,3/30	0,13/28	0,13/29	
Jagenberg	1/41	1/38	1/38	9/40	10/33	7/38	0,11/42	0,13/40	0,07/41	9,9/38	9,5/33	10,4/39			
Koenig	3/35	1/36	5/27	26/29	8/37	55/22	0,15/37	0,18/34	0,09/38	10,6/42	10,8/40	10,4/38	0,07/36	0,07/37	
Linde	7/26	8/20	4/29	39/25	38/17	40/25	0,18/32	0,22/29	0,12/32	9,6/37	10,3/38	8,4/20	0,1/32	0,1/32	
MAN	24/12	23/11	24/12	126/10	115/9	145/12	0,19/29	0,2/30	0,17/21	8,4/28	8,1/25	8,9/28	0,06/39	0,06/39	
MG Technologies	13/17	16/13	8/20	54/20	58/13	49/24	0,24/21	0,28/19	0,19/14	8,6/29	7,8/22	9,9/34	0,15/27	0,15/26	
Rheinmetall	4/31	5/29	4/31	28/28	31/20	23/31	0,15/38	0,14/39	0,15/25	10,2/40	10/36	10,6/40	0,02/41	0,02/41	

Fortsetzung auf der nächsten Seite

Tab. C.8: *(Fortsetzung)*

Unternehmen	TS/Rang			NOP/Rang			CII/Rang			TCT/Rang			SL/Rang		
	1988 bis 2000	1988 bis 1995	1996 bis 2000	1988 bis 2000	1988 bis 1995	1996 bis 2000	1988 bis 2000	1988 bis 1995	1996 bis 2000	1988 bis 1988	1988 bis 1988	1996 bis 1996	1988 bis 1988	1988 bis 1988	1996 bis 1996
TA Triumph-Adler				1/46	1/42					5/1	5/1	0/	1,5/1	1,5/1	
Thyssen	6/27	8/18	4/30	32/26	29/22	37/26	0,21/27	0,28/18	0,1/37	8,1/22	7,6/19	9/29	0,18/23	0,18/23	
ThyssenKrupp	9/21		9/18	116/11		116/13	0,08/44		0,08/40	10,4/41		10,4/37			
Retail & Consumer															
Henkel KGaA	46/6	70/5	9/19	223/6	209/5	245/6	0,22/25	0,34/10	0,03/42	8,6/30	7,9/24	9,9/33	0,06/37	0,08/35	0,01/14
Software & Technology															
Drägerwerk	1/43	1/37	0/42	5/42	7/39	3/42	0,14/39	0,17/36	0,12/31	11,2/43	10/36	12,4/43	0,51/5	0,7/4	0,13/7
Siemens	214/3	241/3	172/2	1058/1	869/1	1361/1	0,22/24	0,28/20	0,13/27	6,4/4	6,1/10	6,9/9	0,41/7	0,41/8	
Utilities & Telecommunication															
Deutsche Telekom	8/23		8/21	54/21	8/38	72/20	0,13/40		0,13/28	5,7/2	5,1/2	6/2	0,2/15	0,2/18	
E. ON	51/5		51/7	285/5		285/5	0,18/31		0,18/17	8,4/27		8,4/21			
Mannesmann	24/11	27/8	21/13	152/9	142/8	168/10	0,17/34	0,19/33	0,13/30	8,1/23	7,7/21	8,7/25	0,09/33	0,09/33	0,08/8
Nixdorf Computer	1/42	1/39		3/44	3/41		0,24/22	0,24/26		15,2/46	15,2/43	0/	0,33/10	0,33/9	
Veba	26/10	26/9	26/11	77/14	73/10	82/17	0,32/6	0,35/8	0,28/6	6,5/6	6,3/11	6,9/8	0,12/29	0,13/28	0,04/10
Viag	11/18	15/14	6/25	39/24	45/15	30/29	0,26/17	0,31/16	0,19/15	8,4/26	7,4/18	10,1/35	0,16/25	0,14/27	0,31/3

Quelle: Eigene Berechnung, Ausgangsdaten CHI Research (Leere Felder kennzeichnen nicht verfügbare Angaben)

Legende:
TS = Technologiestärke, NOP = Anzahl der Patente, CII = Einflussstärke, SL = Wissenschaftsbindung, TCT = Technologiezyklusdauer

Anhang D.

Empirische Messmodelle und statistische Resultate

D.1. Gleichungen der Regressionsmodelle

D.1.1. Univariate Messmodelle

D.1.1.1. Rechnungslegungsinformationen

Regressionsmodell 1 (Rechnungslegungsinformationen, univariat)

$$MV_{it} = \beta_0 + \beta_1 \cdot RI_{it} + \varepsilon_t \tag{1}$$

Regressionsmodell 1a (Eigenkapitalbuchwert)

$$MV_{it} = \beta_0 + \beta_1 CEQ_{it} + \varepsilon_t \tag{1a}$$

Regressionsmodell 1b (Operatives Vermögen)

$$MV_{it} = \beta_0 + \beta_1 OA_{it} + \varepsilon_t \tag{1b}$$

Regressionsmodell 1c (Operativer Gewinn)

$$MV_{it} = \beta_0 + \beta_1 CEQ_{it} + \varepsilon_t \tag{1c}$$

Regressionsmodell 1d (Forschungs- und Entwicklungskosten)

$$MV_{it} = \beta_0 + \beta_1 RND_{it} + \varepsilon_t \tag{1d}$$

D.1.1.2. Patentinformationen

Regressionsmodell 2 (Patentinformationen, univariat)

$$MV_{it} = \beta_0 + \beta_1 PI_{it} + \varepsilon_t \tag{2}$$

Regressionsmodell 2a (Anzahl der Patente)

$$MV_{it} = \beta_0 + \beta_1 NOP_{it} + \varepsilon_t \tag{2a}$$

Regressionsmodell 2b (Zitate pro Patent)

$$MV_{it} = \beta_0 + \beta_1 CPP_{it} + \varepsilon_t \tag{2b}$$

Regressionsmodell 2c (Einflussstärke)

$$MV_{it} = \beta_0 + \beta_1 CEQ_{it} + \varepsilon_t \tag{2c}$$

Regressionsmodell 2d (Technologiestärke)

$$MV_{it} = \beta_0 + \beta_1 TS_{it} + \varepsilon_t \tag{2d}$$

Regressionsmodell 2e (Technologiezyklusdauer)

$$MV_{it} = \beta_0 + \beta_1 TCT_{it} + \varepsilon_t \tag{2e}$$

Regressionsmodell 2f (Wissenschaftsbindung)

$$MV_{it} = \beta_0 + \beta_1 SL_{it} + \varepsilon_t \tag{2f}$$

Regressionsmodell 2g (Wissenschaftsstärke)

$$MV_{it} = \beta_0 + \beta_1 SS_{it} + \varepsilon_t \tag{2g}$$

D.1.2. Multivariate Messmodelle

D.1.2.1. Grundform der multivariaten Spezifikation des Messmodells

Regressionsmodell 3

$$MV_{it} = \beta_0 + \beta_n RI_{nit} + \varepsilon_t \tag{3}$$

Regressionsmodell 3a

$$MV_{it} = \beta_0 + \beta_1 CEQ_{it} + \beta_2 OA_{it} + \beta_3 OI_{it} + \varepsilon_t \tag{3a}$$

Regressionsmodell 3b

$$MV_{it} = \beta_0 + \beta_1 CEQ_{it} + \beta_2 OA_{it} + \beta_3 OI_{it} + \beta_4 RND_{it} + \varepsilon_t \tag{3b}$$

D.1.2.2. Variante I der multivariaten Spezifikation des Messmodells

Regressionsmodell 4

$$MV_{it} = \beta_0 + \beta_1 CEQ_{it} + \beta_2 OA_{it} + \beta_3 OI_{it} + \beta_4 NOP + \beta_5 PI_{it} + \varepsilon_t \tag{4}$$

Regressionsmodell 4a

$$MV_{it} = \beta_0 + \beta_1 CEQ_{it} + \beta_2 OA_{it} + \beta_3 OI_{it} + \beta_4 NOP_{it} + \beta_5 CPP_{it} + \varepsilon_t \quad (4a)$$

Regressionsmodell 4b

$$MV_{it} = \beta_0 + \beta_1 CEQ_{it} + \beta_2 OA_{it} + \beta_3 OI_{it} + \beta_4 NOP_{it} + \beta_5 CII_{it} + \varepsilon_t \quad (4b)$$

Regressionsmodell 4c

$$MV_{it} = \beta_0 + \beta_1 CEQ_{it} + \beta_2 OA_{it} + \beta_3 OI_{it} + \beta_4 NOP_{it} + \beta_5 TS_{it} + \varepsilon_t \quad (4c)$$

Regressionsmodell 4d

$$MV_{it} = \beta_0 + \beta_1 CEQ_{it} + \beta_2 OA_{it} + \beta_3 OI_{it} + \beta_4 NOP_{it} + \beta_5 TCT_{it} + \varepsilon_t \quad (4d)$$

Regressionsmodell 4e

$$MV_{it} = \beta_0 + \beta_1 CEQ_{it} + \beta_2 OA_{it} + \beta_3 OI_{it} + \beta_4 NOP_{it} + \beta_5 SL_{it} + \varepsilon_t \quad (4e)$$

Regressionsmodell 4f

$$MV_{it} = \beta_0 + \beta_1 CEQ_{it} + \beta_2 OA_{it} + \beta_3 OI_{it} + \beta_4 NOP_{it} + \beta_5 CPP_{it} + \varepsilon_t \quad (4f)$$

D.1.2.3. Variante II der multivariaten Spezifikation des Messmodells

Regressionsmodell 5

$$MV_{it} = \beta_0 + \beta_1 CEQ_{it} + \beta_2 OA_{it} + \beta_3 OI_{it} + \beta_4 (RND \cdot NOP) + \beta_5 PI_{it} + \varepsilon_t \quad (5)$$

Regressionsmodell 5a

$$MV_{it} = \beta_0 + \beta_1 CEQ_{it} + \beta_2 OA_{it} + \beta_3 OI_{it} + \beta_4 (RND \cdot NOP_{it}) + \beta_5 NOP_{it} + \varepsilon_t \quad (5a)$$

Regressionsmodell 5b

$$MV_{it} = \beta_0 + \beta_1 CEQ_{it} + \beta_2 OA_{it} + \beta_3 OI_{it} + \beta_4 (RND \cdot NOP_{it}) + \beta_5 CPP_{it} + \varepsilon_t \quad (5b)$$

Regressionsmodell 5c

$$MV_{it} = \beta_0 + \beta_1 CEQ_{it} + \beta_2 OA_{it} + \beta_3 OI_{it} + \beta_4 (RND \cdot NOP_{it}) + \beta_5 CII_{it} + \varepsilon_t \quad (5c)$$

Regressionsmodell 5d

$$MV_{it} = \beta_0 + \beta_1 CEQ_{it} + \beta_2 OA_{it} + \beta_3 OI_{it} + \beta_4 (RND \cdot NOP_{it}) + \beta_5 TS_{it} + \varepsilon_t \quad (5d)$$

Regressionsmodell 5e

$$MV_{it} = \beta_0 + \beta_1 CEQ_{it} + \beta_2 OA_{it} + \beta_3 OI_{it} + \beta_4 (RND \cdot NOP_{it}) + \beta_5 TCT_{it} + \varepsilon_t \quad (5e)$$

Regressionsmodell 5f

$$MV_{it} = \beta_0 + \beta_1 CEQ_{it} + \beta_2 OA_{it} + \beta_3 OI_{it} + \beta_4 (RND \cdot NOP_{it}) + \beta_5 SL_{it} + \varepsilon_t \quad (5f)$$

Regressionsmodell 5g

$$MV_{it} = \beta_0 + \beta_1 CEQ_{it} + \beta_2 OA_{it} + \beta_3 OI_{it} + \beta_4 (RND \cdot NOP_{it}) + \beta_5 CPP_{it} + \varepsilon_t \quad (5g)$$

D.1.3. Zusätzliche Messmodelle

D.1.3.1. Multivariate Spezifikation des Messmodells, Patentinformationen

Regressionsmodell 6

$$MV_{it} = \beta_0 + \beta_1 NOP + \beta_2 \cdot PI_{it} + \varepsilon_t \quad (6)$$

Regressionsmodell 6a

$$MV_{it} = \beta_0 + \beta_1 NOP_{it} + \beta_2 CPP_{it} + \varepsilon_t \quad (6a)$$

Regressionsmodell 6b

$$MV_{it} = \beta_0 + \beta_1 NOP_{it} + \beta_2 CII_{it} + \varepsilon_t \quad (6b)$$

Regressionsmodell 6c

$$MV_{it} = \beta_0 + \beta_1 NOP_{it} + \beta_2 TS_{it} + \varepsilon_t \quad (6c)$$

Regressionsmodell 6d

$$MV_{it} = \beta_0 + \beta_1 NOP_{it} + \beta_2 TCT_{it} + \varepsilon_t \quad (6d)$$

Regressionsmodell 6e

$$MV_{it} = \beta_0 + \beta_1 NOP_{it} + \beta_2 SS_{it} + \varepsilon_t \quad (6e)$$

Regressionsmodell 6f

$$MV_{it} = \beta_0 + \beta_1 NOP_{it} + \beta_2 SL_{it} + \varepsilon_t \quad (6f)$$

D.1.3.2. Variante III der multivariaten Spezifikation des Messmodells

Regressionsmodell 7

$$MV_{it} = \beta_0 + \beta_1 CEQ_{it} + \beta_2 OA_{it} + \beta_3 OI_{it} + \beta_4 \cdot PI_{it} + \varepsilon_t \quad (7)$$

Regressionsmodell 7a (Anzahl der Patente)

$$MV_{it} = \beta_0 + \beta_1 CEQ_{it} + \beta_2 OA_{it} + \beta_3 OI_{it} + \beta_4 NOP_{it} + \varepsilon_t \quad (7a)$$

Regressionsmodell 7b (Zitate pro Patent)

$$MV_{it} = \beta_0 + \beta_1 CEQ_{it} + \beta_2 OA_{it} + \beta_3 OI_{it} + \beta_4 CPP_{it} + \varepsilon_t \quad (7b)$$

Regressionsmodell 7c (Einflussstärke)

$$MV_{it} = \beta_0 + \beta_1 CEQ_{it} + \beta_2 OA_{it} + \beta_3 OI_{it} + \beta_4 CEQ_{it} + \varepsilon_t \quad (7c)$$

Regressionsmodell 7d (Technologiestärke)

$$MV_{it} = \beta_0 + \beta_1 CEQ_{it} + \beta_2 OA_{it} + \beta_3 OI_{it} + \beta_4 TS_{it} + \varepsilon_t \quad (7d)$$

Regressionsmodell 7e (Technologiezyklusdauer)

$$MV_{it} = \beta_0 + \beta_1 CEQ_{it} + \beta_2 OA_{it} + \beta_3 OI_{it} + \beta_4 TCT_{it} + \varepsilon_t \quad (7e)$$

Regressionsmodell 7f (Wissenschaftsbindung)

$$MV_{it} = \beta_0 + \beta_1 CEQ_{it} + \beta_2 OA_{it} + \beta_3 OI_{it} + \beta_4 SS_{it} + \varepsilon_t \quad (7f)$$

Regressionsmodell 7g (Wissenschaftsstärke)

$$MV_{it} = \beta_0 + \beta_1 CEQ_{it} + \beta_2 OA_{it} + \beta_3 OI_{it} + \beta_4 SL_{it} + \varepsilon_t \quad (7g)$$

D.1.3.3. Variante IV der multivariaten Spezifikation des Messmodells

Regressionsmodell 8

$$MV_{it} = \beta_0 + \beta_1 CEQ_{it} + \beta_2 OA_{it} + \beta_3 OI_{it} + \beta_4 RND_{it} + \beta_5 PI_{it} + \varepsilon_t \quad (8)$$

Regressionsmodell 8a

$$MV_{it} = \beta_0 + \beta_1 CEQ_{it} + \beta_2 OA_{it} + \beta_3 OI_{it} + \beta_4 RND_{it} + \beta_5 NOP_{it} + \varepsilon_t \tag{8a}$$

Regressionsmodell 8b

$$MV_{it} = \beta_0 + \beta_1 CEQ_{it} + \beta_2 OA_{it} + \beta_3 OI_{it} + \beta_4 RND_{it} + \beta_5 CPP_{it} + \varepsilon_t \tag{8b}$$

Regressionsmodell 8c

$$MV_{it} = \beta_0 + \beta_1 CEQ_{it} + \beta_2 OA_{it} + \beta_3 OI_{it} + \beta_4 RND_{it} + \beta_5 CII_{it} + \varepsilon_t \tag{8c}$$

Regressionsmodell 8d

$$MV_{it} = \beta_0 + \beta_1 CEQ_{it} + \beta_2 OA_{it} + \beta_3 OI_{it} + \beta_4 RND_{it} + \beta_5 TS_{it} + \varepsilon_t \tag{8d}$$

Regressionsmodell 8e

$$MV_{it} = \beta_0 + \beta_1 CEQ_{it} + \beta_2 OA_{it} + \beta_3 OI_{it} + \beta_4 RND_{it} + \beta_5 TCT_{it} + \varepsilon_t \tag{8e}$$

Regressionsmodell 8f

$$MV_{it} = \beta_0 + \beta_1 CEQ_{it} + \beta_2 OA_{it} + \beta_3 OI_{it} + \beta_4 RND_{it} + \beta_5 SL_{it} + \varepsilon_t \tag{8f}$$

Regressionsmodell 8g

$$MV_{it} = \beta_0 + \beta_1 CEQ_{it} + \beta_2 OA_{it} + \beta_3 OI_{it} + \beta_4 RND_{it} + \beta_5 CPP_{it} + \varepsilon_t \tag{8g}$$

D.1.4. Messmodelle mit Industriedummies

D.1.4.1. Modellvariante IND.AI

Regressionsmodell 9 (IND.AI)

$$\begin{aligned} MV_{it} = \beta_0 + \beta_1 CEQ_{it} + \beta_2 OA_{it} + \beta_3 OI_{it} + \beta_4 NOP_{it} + \beta_5 PI_{it} \\ + \beta_6 IND1_{it} + \beta_7 IND2_{it} + \beta_8 IND3_{it} + \varepsilon_t \end{aligned} \tag{9}$$

Regressionsmodell 9a (IND.AI.a)

$$\begin{aligned} MV_{it} = \beta_0 + \beta_1 CEQ_{it} + \beta_2 OA_{it} + \beta_3 OI_{it} + \beta_4 NOP_{it} + \beta_5 CPP_{it} \\ + \beta_6 IND1_{it} + \beta_7 IND2_{it} + \beta_8 IND3_{it} + \varepsilon_t \end{aligned} \tag{9a}$$

Regressionsmodell 9b (IND.AI.b)

$$MV_{it} = \beta_0 + \beta_1 CEQ_{it} + \beta_2 OA_{it} + \beta_3 OI_{it} + \beta_4 NOP_{it} + \beta_5 CII_{it} + \beta_6 IND1_{it} + \beta_7 IND2_{it} + \beta_8 IND3_{it} + \varepsilon_t \quad (9b)$$

Regressionsmodell 9c (IND.AI.c)

$$MV_{it} = \beta_0 + \beta_1 CEQ_{it} + \beta_2 OA_{it} + \beta_3 OI_{it} + \beta_4 NOP_{it} + \beta_5 TS_{it} + \beta_6 IND1_{it} + \beta_7 IND2_{it} + \beta_8 IND3_{it} + \varepsilon_t \quad (9c)$$

Regressionsmodell 9d (IND.AI.d)

$$MV_{it} = \beta_0 + \beta_1 CEQ_{it} + \beta_2 OA_{it} + \beta_3 OI_{it} + \beta_4 NOP_{it} + \beta_5 TCT_{it} + \beta_6 IND1_{it} + \beta_7 IND2_{it} + \beta_8 IND3_{it} + \varepsilon_t \quad (9d)$$

Regressionsmodell 9e (IND.AI.e)

$$MV_{it} = \beta_0 + \beta_1 CEQ_{it} + \beta_2 OA_{it} + \beta_3 OI_{it} + \beta_4 NOP_{it} + \beta_5 SL_{it} + \beta_6 IND1_{it} + \beta_7 IND2_{it} + \beta_8 IND3_{it} + \varepsilon_t \quad (9e)$$

Regressionsmodell 9f (IND.AI.f)

$$MV_{it} = \beta_0 + \beta_1 CEQ_{it} + \beta_2 OA_{it} + \beta_3 OI_{it} + \beta_4 NOP_{it} + \beta_5 SS_{it} + \beta_6 IND1_{it} + \beta_7 IND2_{it} + \beta_8 IND3_{it} + \varepsilon_t \quad (9f)$$

D.1.4.2. Modellvariante IND.AII

Regressionsmodell 10 (IND.AII)

$$MV_{it} = \beta_0 + \beta_1 CEQ_{it} + \beta_2 OA_{it} + \beta_3 OI_{it} + \beta_4 (RND \cdot NOP)_{it} + \beta_5 PI_{it} + \beta_6 IND1_{it} + \beta_7 IND2_{it} + \beta_8 IND3_{it} + \varepsilon_t \quad (10)$$

Regressionsmodell 10a (IND.AII.a)

$$MV_{it} = \beta_0 + \beta_1 CEQ_{it} + \beta_2 OA_{it} + \beta_3 OI_{it} + \beta_4 (RND \cdot NOP)_{it} + \beta_5 NOP_{it} + \beta_6 IND1_{it} + \beta_7 IND2_{it} + \beta_8 IND3_{it} + \varepsilon_t \quad (10a)$$

Regressionsmodell 10b (IND.AII.b)

$$MV_{it} = \beta_0 + \beta_1 CEQ_{it} + \beta_2 OA_{it} + \beta_3 OI_{it} + \beta_4 (RND \cdot NOP)_{it} + \beta_5 CPP_{it} + \beta_6 IND1_{it} + \beta_7 IND2_{it} + \beta_8 IND3_{it} + \varepsilon_t \quad (10b)$$

Regressionsmodell 10c (IND.AII.c)

$$MV_{it} = \beta_0 + \beta_1 CEQ_{it} + \beta_2 OA_{it} + \beta_3 OI_{it} + \beta_4 (RND \cdot NOP)_{it} + \beta_5 CII_{it} + \beta_6 IND1_{it} + \beta_7 IND2_{it} + \beta_8 IND3_{it} + \varepsilon_t \quad (10c)$$

Regressionsmodell 10d (IND.AII.d)

$$MV_{it} = \beta_0 + \beta_1 CEQ_{it} + \beta_2 OA_{it} + \beta_3 OI_{it} + \beta_4 (RND \cdot NOP)_{it} + \beta_5 TS_{it} + \beta_6 IND1_{it} + \beta_7 IND2_{it} + \beta_8 IND3_{it} + \varepsilon_t \quad (10d)$$

Regressionsmodell 10e (IND.AII.e)

$$MV_{it} = \beta_0 + \beta_1 CEQ_{it} + \beta_2 OA_{it} + \beta_3 OI_{it} + \beta_4 (RND \cdot NOP)_{it} + \beta_5 TCT_{it} + \beta_6 IND1_{it} + \beta_7 IND2_{it} + \beta_8 IND3_{it} + \varepsilon_t \quad (10e)$$

Regressionsmodell 10f (IND.AII.f)

$$MV_{it} = \beta_0 + \beta_1 CEQ_{it} + \beta_2 OA_{it} + \beta_3 OI_{it} + \beta_4 (RND \cdot NOP)_{it} + \beta_5 SL_{it} + \beta_6 IND1_{it} + \beta_7 IND2_{it} + \beta_8 IND3_{it} + \varepsilon_t \quad (10f)$$

Regressionsmodell 10g (IND.AII.g)

$$MV_{it} = \beta_0 + \beta_1 CEQ_{it} + \beta_2 OA_{it} + \beta_3 OI_{it} + \beta_4 (RND \cdot NOP)_{it} + \beta_5 SS_{it} + \beta_6 IND1_{it} + \beta_7 IND2_{it} + \beta_8 IND3_{it} + \varepsilon_t \quad (10g)$$

D.1.4.3. Modellvariante IND.BI

Regressionsmodell 11 (IND.BI)

$$\begin{aligned} MV_{it} = {} & \beta_0 + \beta_1 CEQ_{it} + \beta_2 OA_{it} + \beta_3 OI_{it} + \beta_4 NOP_{it} + \beta_5 PI_{it} \\ & + \beta_6 (CEQ_{it} \cdot IND1) + \beta_7 (OA_{it} \cdot IND1) + \beta_8 (OI_{it} \cdot IND1) \\ & + \beta_9 (NOP_{it} \cdot IND1) + \beta_{10} (PI_{it} \cdot IND1) \\ & + \beta_{11} (CEQ_{it} \cdot IND2) + \beta_{12} (OA_{it} \cdot IND2) + \beta_{13} (OI_{it} \cdot IND2) \\ & + \beta_{14} (NOP_{it} \cdot IND2) + \beta_{15} (PI_{it} \cdot IND2) \\ & + \beta_{16} (CEQ_{it} \cdot IND3) + \beta_{17} (OA_{it} \cdot IND3) + \beta_{18} (OI_{it} \cdot IND3) \\ & + \beta_{19} (NOP_{it} \cdot IND3) + \beta_{20} (PI_{it} \cdot IND3) \\ & + \beta_{21} IND1_{it} + \beta_{22} IND2_{it} + \beta_{23} IND3_{it} + \varepsilon_t \end{aligned} \quad (11)$$

Regressionsmodell 11a (IND.BI.a)

$$\begin{aligned}MV_{it} = {} & \beta_0 + \beta_1 CEQ_{it} + \beta_2 OA_{it} + \beta_3 OI_{it} + \beta_4 NOP_{it} + \beta_5 CPP_{it}\\ & + \beta_6 (CEQ_{it} \cdot IND1) + \beta_7 (OA_{it} \cdot IND1) + \beta_8 (OI_{it} \cdot IND1)\\ & + \beta_9 (NOP_{it} \cdot IND1) + \beta_{10} (CPP_{it} \cdot IND1)\\ & + \beta_{11} (CEQ_{it} \cdot IND2) + \beta_{12} (OA_{it} \cdot IND2) + \beta_{13} (OI_{it} \cdot IND2)\\ & + \beta_{14} (NOP_{it} \cdot IND2) + \beta_{15} (CPP_{it} \cdot IND2)\\ & + \beta_{16} (CEQ_{it} \cdot IND3) + \beta_{17} (OA_{it} \cdot IND3) + \beta_{18} (OI_{it} \cdot IND3)\\ & + \beta_{19} (NOP_{it} \cdot IND3) + \beta_{20} (CPP_{it} \cdot IND3)\\ & + \beta_{21} IND1_{it} + \beta_{22} IND2_{it} + \beta_{23} IND3_{it} + \varepsilon_t \qquad (11a)\end{aligned}$$

Regressionsmodell 11b (IND.BI.b)

$$\begin{aligned}MV_{it} = {} & \beta_0 + \beta_1 CEQ_{it} + \beta_2 OA_{it} + \beta_3 OI_{it} + \beta_4 NOP_{it} + \beta_5 CII_{it}\\ & + \beta_6 (CEQ_{it} \cdot IND1) + \beta_7 (OA_{it} \cdot IND1) + \beta_8 (OI_{it} \cdot IND1)\\ & + \beta_9 (NOP_{it} \cdot IND1) + \beta_{10} (CII_{it} \cdot IND1)\\ & + \beta_{11} (CEQ_{it} \cdot IND2) + \beta_{12} (OA_{it} \cdot IND2) + \beta_{13} (OI_{it} \cdot IND2)\\ & + \beta_{14} (NOP_{it} \cdot IND2) + \beta_{15} (CII_{it} \cdot IND2)\\ & + \beta_{16} (CEQ_{it} \cdot IND3) + \beta_{17} (OA_{it} \cdot IND3) + \beta_{18} (OI_{it} \cdot IND3)\\ & + \beta_{19} (NOP_{it} \cdot IND3) + \beta_{20} (CII_{it} \cdot IND3)\\ & + \beta_{21} IND1_{it} + \beta_{22} IND2_{it} + \beta_{23} IND3_{it} + \varepsilon_t \qquad (11b)\end{aligned}$$

Regressionsmodell 11c (IND.BI.c)

$$\begin{aligned}MV_{it} = {} & \beta_0 + \beta_1 CEQ_{it} + \beta_2 OA_{it} + \beta_3 OI_{it} + \beta_4 NOP_{it} + \beta_5 TS_{it}\\ & + \beta_6 (CEQ_{it} \cdot IND1) + \beta_7 (OA_{it} \cdot IND1) + \beta_8 (OI_{it} \cdot IND1)\\ & + \beta_9 (NOP_{it} \cdot IND1) + \beta_{10} (TS_{it} \cdot IND1)\\ & + \beta_{11} (CEQ_{it} \cdot IND2) + \beta_{12} (OA_{it} \cdot IND2) + \beta_{13} (OI_{it} \cdot IND2)\\ & + \beta_{14} (NOP_{it} \cdot IND2) + \beta_{15} (TS_{it} \cdot IND2)\\ & + \beta_{16} (CEQ_{it} \cdot IND3) + \beta_{17} (OA_{it} \cdot IND3) + \beta_{18} (OI_{it} \cdot IND3)\\ & + \beta_{19} (NOP_{it} \cdot IND3) + \beta_{20} (TS_{it} \cdot IND3)\\ & + \beta_{21} IND1_{it} + \beta_{22} IND2_{it} + \beta_{23} IND3_{it} + \varepsilon_t \qquad (11c)\end{aligned}$$

Regressionsmodell 11d (IND.BI.d)

$$\begin{aligned}
MV_{it} = {} & \beta_0 + \beta_1 CEQ_{it} + \beta_2 OA_{it} + \beta_3 OI_{it} + \beta_4 NOP_{it} + \beta_5 TCT_{it} \\
& + \beta_6 (CEQ_{it} \cdot IND1) + \beta_7 (OA_{it} \cdot IND1) + \beta_8 (OI_{it} \cdot IND1) \\
& + \beta_9 (NOP_{it} \cdot IND1) + \beta_{10} (TCT_{it} \cdot IND1) \\
& + \beta_{11} (CEQ_{it} \cdot IND2) + \beta_{12} (OA_{it} \cdot IND2) + \beta_{13} (OI_{it} \cdot IND2) \\
& + \beta_{14} (NOP_{it} \cdot IND2) + \beta_{15} (TCT_{it} \cdot IND2) \\
& + \beta_{16} (CEQ_{it} \cdot IND3) + \beta_{17} (OA_{it} \cdot IND3) + \beta_{18} (OI_{it} \cdot IND3) \\
& + \beta_{19} (NOP_{it} \cdot IND3) + \beta_{20} (TCT_{it} \cdot IND3) \\
& + \beta_{21} IND1_{it} + \beta_{22} IND2_{it} + \beta_{23} IND3_{it} + \varepsilon_t \qquad (11d)
\end{aligned}$$

Regressionsmodell 11e (IND.BI.e)

$$\begin{aligned}
MV_{it} = {} & \beta_0 + \beta_1 CEQ_{it} + \beta_2 OA_{it} + \beta_3 OI_{it} + \beta_4 NOP_{it} + \beta_5 SL_{it} \\
& + \beta_6 (CEQ_{it} \cdot IND1) + \beta_7 (OA_{it} \cdot IND1) + \beta_8 (OI_{it} \cdot IND1) \\
& + \beta_9 (NOP_{it} \cdot IND1) + \beta_{10} (SL_{it} \cdot IND1) \\
& + \beta_{11} (CEQ_{it} \cdot IND2) + \beta_{12} (OA_{it} \cdot IND2) + \beta_{13} (OI_{it} \cdot IND2) \\
& + \beta_{14} (NOP_{it} \cdot IND2) + \beta_{15} (SL_{it} \cdot IND2) \\
& + \beta_{16} (CEQ_{it} \cdot IND3) + \beta_{17} (OA_{it} \cdot IND3) + \beta_{18} (OI_{it} \cdot IND3) \\
& + \beta_{19} (NOP_{it} \cdot IND3) + \beta_{20} (SL_{it} \cdot IND3) \\
& + \beta_{21} IND1_{it} + \beta_{22} IND2_{it} + \beta_{23} IND3_{it} + \varepsilon_t \qquad (11e)
\end{aligned}$$

Regressionsmodell 11f (IND.BI.f)

$$\begin{aligned}
MV_{it} = {} & \beta_0 + \beta_1 CEQ_{it} + \beta_2 OA_{it} + \beta_3 OI_{it} + \beta_4 NOP_{it} + \beta_5 SS_{it} \\
& + \beta_6 (CEQ_{it} \cdot IND1) + \beta_7 (OA_{it} \cdot IND1) + \beta_8 (OI_{it} \cdot IND1) \\
& + \beta_9 (NOP_{it} \cdot IND1) + \beta_{10} (SS_{it} \cdot IND1) \\
& + \beta_{11} (CEQ_{it} \cdot IND2) + \beta_{12} (OA_{it} \cdot IND2) + \beta_{13} (OI_{it} \cdot IND2) \\
& + \beta_{14} (NOP_{it} \cdot IND2) + \beta_{15} (SS_{it} \cdot IND2) \\
& + \beta_{16} (CEQ_{it} \cdot IND3) + \beta_{17} (OA_{it} \cdot IND3) + \beta_{18} (OI_{it} \cdot IND3) \\
& + \beta_{19} (NOP_{it} \cdot IND3) + \beta_{20} (SS_{it} \cdot IND3) \\
& + \beta_{21} IND1_{it} + \beta_{22} IND2_{it} + \beta_{23} IND3_{it} + \varepsilon_t \qquad (11f)
\end{aligned}$$

D.1.4.4. Modellvariante IND.BII

Regressionsmodell 12 (IND.BII)

$$\begin{aligned}MV_{it} = \beta_0 + \beta_1 CEQ_{it} + \beta_2 OA_{it} + \beta_3 OI_{it} + \beta_4 (RND \cdot NOP)_{it} + \beta_5 PI_{it} \\ + \beta_6 (CEQ_{it} \cdot IND1) + \beta_7 (OA_{it} \cdot IND1) + \beta_8 (OI_{it} \cdot IND1) \\ + \beta_9 (RND \cdot NOP \cdot IND1) + \beta_{10} (PI_{it} \cdot IND1) \\ + \beta_{11} (CEQ_{it} \cdot IND2) + \beta_{12} (OA_{it} \cdot IND2) + \beta_{13} (OI_{it} \cdot IND2) \\ + \beta_{14} (RND \cdot NOP \cdot IND2) + \beta_{15} (PI_{it} \cdot IND2) \\ + \beta_{16} (CEQ_{it} \cdot IND3) + \beta_{17} (OA_{it} \cdot IND3) + \beta_{18} (OI_{it} \cdot IND3) \\ + \beta_{19} (RND \cdot NOP \cdot IND3) + \beta_{20} (PI_{it} \cdot IND3) \\ + \beta_{21} IND1_{it} + \beta_{22} IND2_{it} + \beta_{23} IND3_{it} + \varepsilon_t \quad (12)\end{aligned}$$

Regressionsmodell 12a (IND.BII.a)

$$\begin{aligned}MV_{it} = \beta_0 + \beta_1 CEQ_{it} + \beta_2 OA_{it} + \beta_3 OI_{it} + \beta_4 (RND \cdot NOP)_{it} + \beta_5 NOP_{it} \\ + \beta_6 (CEQ_{it} \cdot IND1) + \beta_7 (OA_{it} \cdot IND1) + \beta_8 (OI_{it} \cdot IND1) \\ + \beta_9 (RND \cdot NOP \cdot IND1) + \beta_{10} (NOP_{it} \cdot IND1) \\ + \beta_{11} (CEQ_{it} \cdot IND2) + \beta_{12} (OA_{it} \cdot IND2) + \beta_{13} (OI_{it} \cdot IND2) \\ + \beta_{14} (RND \cdot NOP \cdot IND2) + \beta_{15} (NOP_{it} \cdot IND2) \\ + \beta_{16} (CEQ_{it} \cdot IND3) + \beta_{17} (OA_{it} \cdot IND3) + \beta_{18} (OI_{it} \cdot IND3) \\ + \beta_{19} (RND \cdot NOP \cdot IND3) + \beta_{20} (NOP_{it} \cdot IND3) \\ + \beta_{21} IND1_{it} + \beta_{22} IND2_{it} + \beta_{23} IND3_{it} + \varepsilon_t \quad (12a)\end{aligned}$$

Regressionsmodell 12b (IND.BII.b)

$$\begin{aligned}MV_{it} = \beta_0 + \beta_1 CEQ_{it} + \beta_2 OA_{it} + \beta_3 OI_{it} + \beta_4 (RND \cdot NOP)_{it} + \beta_5 CPP_{it} \\ + \beta_6 (CEQ_{it} \cdot IND1) + \beta_7 (OA_{it} \cdot IND1) + \beta_8 (OI_{it} \cdot IND1) \\ + \beta_9 (RND \cdot NOP \cdot IND1) + \beta_{10} (CPP_{it} \cdot IND1) \\ + \beta_{11} (CEQ_{it} \cdot IND2) + \beta_{12} (OA_{it} \cdot IND2) + \beta_{13} (OI_{it} \cdot IND2) \\ + \beta_{14} (RND \cdot NOP \cdot IND2) + \beta_{15} (CPP_{it} \cdot IND2) \\ + \beta_{16} (CEQ_{it} \cdot IND3) + \beta_{17} (OA_{it} \cdot IND3) + \beta_{18} (OI_{it} \cdot IND3) \\ + \beta_{19} (RND \cdot NOP \cdot IND3) + \beta_{20} (CPP_{it} \cdot IND3) \\ + \beta_{21} IND1_{it} + \beta_{22} IND2_{it} + \beta_{23} IND3_{it} + \varepsilon_t \quad (12b)\end{aligned}$$

Regressionsmodell 12c (IND.BII.c)

$$\begin{aligned}MV_{it} = \beta_0 + \beta_1 CEQ_{it} + \beta_2 OA_{it} + \beta_3 OI_{it} + \beta_4 (RND \cdot NOP)_{it} + \beta_5 CII_{it} \\ + \beta_6 (CEQ_{it} \cdot IND1) + \beta_7 (OA_{it} \cdot IND1) + \beta_8 (OI_{it} \cdot IND1) \\ + \beta_9 (RND \cdot NOP \cdot IND1) + \beta_{10} (CII_{it} \cdot IND1) \\ + \beta_{11} (CEQ_{it} \cdot IND2) + \beta_{12} (OA_{it} \cdot IND2) + \beta_{13} (OI_{it} \cdot IND2) \\ + \beta_{14} (RND \cdot NOP \cdot IND2) + \beta_{15} (CII_{it} \cdot IND2) \\ + \beta_{16} (CEQ_{it} \cdot IND3) + \beta_{17} (OA_{it} \cdot IND3) + \beta_{18} (OI_{it} \cdot IND3) \\ + \beta_{19} (RND \cdot NOP \cdot IND3) + \beta_{20} (CII_{it} \cdot IND3) \\ + \beta_{21} IND1_{it} + \beta_{22} IND2_{it} + \beta_{23} IND3_{it} + \varepsilon_t \end{aligned} \quad (12c)$$

Regressionsmodell 12d (IND.BII.d)

$$\begin{aligned}MV_{it} = \beta_0 + \beta_1 CEQ_{it} + \beta_2 OA_{it} + \beta_3 OI_{it} + \beta_4 (RND \cdot NOP)_{it} + \beta_5 TS_{it} \\ + \beta_6 (CEQ_{it} \cdot IND1) + \beta_7 (OA_{it} \cdot IND1) + \beta_8 (OI_{it} \cdot IND1) \\ + \beta_9 (RND \cdot NOP \cdot IND1) + \beta_{10} (TS_{it} \cdot IND1) \\ + \beta_{11} (CEQ_{it} \cdot IND2) + \beta_{12} (OA_{it} \cdot IND2) + \beta_{13} (OI_{it} \cdot IND2) \\ + \beta_{14} (RND \cdot NOP \cdot IND2) + \beta_{15} (TS_{it} \cdot IND2) \\ + \beta_{16} (CEQ_{it} \cdot IND3) + \beta_{17} (OA_{it} \cdot IND3) + \beta_{18} (OI_{it} \cdot IND3) \\ + \beta_{19} (RND \cdot NOP \cdot IND3) + \beta_{20} (TS_{it} \cdot IND3) \\ + \beta_{21} IND1_{it} + \beta_{22} IND2_{it} + \beta_{23} IND3_{it} + \varepsilon_t \end{aligned} \quad (12d)$$

Regressionsmodell 12e (IND.BII.e)

$$\begin{aligned}MV_{it} = \beta_0 + \beta_1 CEQ_{it} + \beta_2 OA_{it} + \beta_3 OI_{it} + \beta_4 (RND \cdot NOP)_{it} + \beta_5 TCT_{it} \\ + \beta_6 (CEQ_{it} \cdot IND1) + \beta_7 (OA_{it} \cdot IND1) + \beta_8 (OI_{it} \cdot IND1) \\ + \beta_9 (RND \cdot NOP \cdot IND1) + \beta_{10} (TCT_{it} \cdot IND1) \\ + \beta_{11} (CEQ_{it} \cdot IND2) + \beta_{12} (OA_{it} \cdot IND2) + \beta_{13} (OI_{it} \cdot IND2) \\ + \beta_{14} (RND \cdot NOP \cdot IND2) + \beta_{15} (TCT_{it} \cdot IND2) \\ + \beta_{16} (CEQ_{it} \cdot IND3) + \beta_{17} (OA_{it} \cdot IND3) + \beta_{18} (OI_{it} \cdot IND3) \\ + \beta_{19} (RND \cdot NOP \cdot IND3) + \beta_{20} (TCT_{it} \cdot IND3) \\ + \beta_{21} IND1_{it} + \beta_{22} IND2_{it} + \beta_{23} IND3_{it} + \varepsilon_t \end{aligned} \quad (12e)$$

D.2. Korrelationsmatrix

Tabelle D.1.: Korrelationsmatrix

	MV[a]	CEQ[b]	OA[c]	OI[d]	RND[e]	NOP[f]	CPP[g]	CII[h]	TS[i]	TCT[j]	SL[k]	SS[l]
MV	1,000											
CEQ	0,850*	1,000										
OA	0,749*	0,928*	1,000									
OI	0,495*	0,457*	0,346*	1,000								
RND	0,625*	0,822*	0,899*	0,303*	1,000							
NOP	0,322*	0,558*	0,524*	0,237*	0,554*	1,000						
CPP	−0,150*	−0,088	−0,088	−0,061	−0,081	0,040	1,000					
CII	−0,056	0,050	0,036	0,013	0,000	0,162*	0,406	1,000				
TS	0,205*	0,451*	0,393*	0,228*	0,415*	0,881*	0,183	0,341	1,000			
TCT	−0,132*	−0,206*	−0,214*	−0,072	−0,265*	−0,207*	−0,236	−0,286	−0,248	1,000		
SL	−0,022	−0,030	−0,054	0,042	0,118	0,103	0,078*	0,204	0,189	0,121*	1,000	
SS	0,515*	0,608*	0,524*	0,142	0,593*	0,910*	0,135*	0,226	0,905	−0,210	0,238	1,000

Pearson Korrelationskoeffizient
paarweiser Ausschluss fehlender Datenpunkte, Filterkriterien: HGB-Abschlüsse, CEQ > 0, OA > 0
* signifikant auf 1 %-Niveau

[a] Marktwert [b] Eigenkapitalbuchwert [c] Operatives Vermögen [d] Operativer Gewinn [e] Forschungs- und Entwicklungskosten [f] Anzahl der Patente
[g] Zitate pro Patent [h] Einflussstärke [i] Technologiestärke [j] Technologiezyklusdauer [k] Wissenschaftsbindung [l] Wissenschaftsstärke

D.3. Ergebnisse der Schätzungen der Regressionsmodelle

D.3.1. Patentinformationen

Tabelle D.2.: Ergebnisse multivariate Regressionsschätzungen mit Patentinformationen

Bez.†	n	Koeffizient‡ Aktivität	Qualität			Verbindungskennzahl			Güte (Goodness of Fit)		
		NOP[a]	CPP[b]	CII[c]	TS[d]	TCT[e]	SL[f]	SS[g]	korr. R^2	F-Wert	p-Wert
Erw. Vorzeichen		+	+	+	+	−	+	+			
M6a	375	+0,426 (9,090)***	+0,047 (1,010)						0,179	41,7	0,000
M6b	378	+0,425 (9,006)***		+0,088 (1,853)*					0,201	48,4	0,000
M6c	378	+0,177 (2,294)**			+0,330 (4,271)***				0,231	57,6	0,000
M6d	393	+0,426 (9,297)***				−0,052 (−1,128)			0,184	45,2	0,000
M6f	220	+0,551 (8,837)***					+0,101 (1,627)		0,266	40,7	0,000
M6e	220	+0,374 (5,528)***						+0,255 (3,768)***	0,303	48,5	0,000

Modellspezifikation (Bsp.): $MV_{it} = \beta_0 + \beta_1 NOP_{it} + \beta_2 CII_{it} + \varepsilon_t$
Lineare Regression, WLS-Schätzverfahren (Weighted Least Squares)
Filterkriterien: HGB-Abschlüsse, CEQ>0, OA>0
*** signifikant auf 1 %-Niveau, ** signifikant auf 5 %-Niveau, * signifikant auf 10 %-Niveau

† Modellbezeichnung ‡ standardisierter Koeffizient und, in Klammern, t-Wert [a] Anzahl der Patente [b] Zitate pro Patent [c] Einflussstärke [d] Technologiestärke [e] Technologiezyklusdauer [f] Wissenschaftsbindung [g] Wissenschaftsstärke

D.3.2. Rechnungslegungs- und Patentinformationen

Tabelle D.3.: Ergebnisse der Regressionsschätzungen mit Rechnungslegungs- und Patentinformationen, Variante III der multivariaten Spezifikation des Messmodells

Bez.[†]	n	Koeffizient[‡] Rechnungslegung			Aktivität[§]	Qualität[§]			Verbindung[§]			Goodness of Fit			
		CEQ[1]	OA[2]	OI[3]	NOP[a]	CPP[b]	CII[c]	TS[d]	TCT[e]	SL[f]	SS[g]	korr. R^2	F-Wert	p-Wert	Part. F-Wert
Erw. Vorzeichen		+	+	+	+	+	+	+	−	+	+				
M 7a	385	+0,695 (12,309)***	+0,161 (3,144)***	+0,097 (3,143)***	−0,076 (−2,172)**							0,654	182,5	0,000	4,9***
M 7b	360	+0,514 (9,384)***	+0,329 (5,990)***	+0,092 (2,943)***		+0,100 (3,265)***						0,665	179,1	0,000	10,5***
M 7c	365	+0,550 (11,248)***	+0,294 (5,977)***	+0,093 (3,137)***			+0,179 (6,182)***					0,698	210,9	0,000	31,2***
M 7d	363	+0,568 (9,690)***	+0,248 (4,750)***	+0,103 (3,358)***				+0,052 (1,415)				0,676	189,5	0,000	16,9***
M 7e	378	+0,603 (12,190)***	+0,251 (5,005)***	+0,117 (3,891)***					−0,158 (−5,175)***			0,678	199,1	0,000	18,9***
M 7f	208	+0,572 (7,811)***	+0,340 (4,583)***	+0,045 (1,278)						−0,007 (−0,221)		0,781	185,9	0,000	62,9***
M 7g	208	+0,507 (6,289)***	+0,373 (4,944)***	+0,041 (1,196)							+0,070 (1,813)*	0,785	189,6	0,000	65,5***

Modellspezifikation (Bsp.): $MV_{it} = \beta_0 + \beta_1 NOP_{it} + \beta_2 CII_{it} + \varepsilon_t$
Lineare Regression, WLS-Schätzverfahren (Weighted Least Squares)
Filterkriterien: HGB-Abschlüsse, CEQ>0, OA>0
*** signifikant auf 1 %-Niveau, ** signifikant auf 5 %-Niveau, * signifikant auf 10 %-Niveau

[†] Modellbezeichnung [‡] standardisierter Koeffizient und, in Klammern, t-Wert [§] Patentinformation [♮] Teststatistik Partieller F-Test und Signifikanzniveau [1] Eigenkapitalbuchwert [2] Operatives Vermögen [3] Operativer Gewinn [a] Anzahl der Patente [b] Zitate pro Patent [c] Einflussstärke [d] Technologiestärke [e] Technologiezyklusdauer [f] Wissenschaftsbindung [g] Wissenschaftsstärke

Tabelle D.4.: Ergebnisse der Regressionsschätzungen mit Rechnungslegungs- und Patentinformationen, Variante IV der multivariaten Spezifikation des Messmodells

Bez.†	n	Koeffizient‡ Rechnungslegung				Aktivitäts-§	Qualitäts-§			Verbindungskennzahl§			Goodness of Fit			
		CEQ[1]	OA[2]	OI[3]	RND[4]	NOP[a]	CPP[b]	CII[c]	TS[d]	TCT[e]	SL[f]	SS[g]	korr. R^2	F-Wert	p-Wert	Part. F-Test♮
Erw. Vorzeichen		+	+	+	+	+	+	+	+	−	+	+				
M8a	257	+0,597 (7,915)***	+0,295 (3,918)***	+0,077 (2,245)**	−0,043 (−0,750)	+0,026 (0,568)							0,718	131,2	0,000	32,4***
M8b	245	+0,504 (7,573)***	+0,362 (5,236)***	+0,102 (2,978)***	+0,013 (0,242)		+0,045 (1,324)						0,732	134,1	0,000	38,6***
M8c	251	+0,599 (10,758)***	+0,350 (5,590)***	+0,121 (3,765)***	−0,105 (−2,040)**			+0,170 (5,214)***					0,755	155,2	0,000	55,1***
M8d	249	+0,570 (7,958)***	+0,338 (4,628)***	+0,077 (2,311)**	−0,072 (−1,241)				+0,060 (1,302)				0,735	138,3	0,000	41,1***
M8e	252	+0,553 (9,702)***	+0,358 (5,616)***	+0,079 (2,557)**	+0,032 (0,615)					−0,228 (−6,850)***			0,768	166,8	0,000	64,9***
M8f	145	+0,477 (4,129)***	+0,452 (4,411)***	+0,110 (2,480)**	−0,018 (−0,298)						+0,091 (2,385)**		0,806	120,5	0,000	57,5***
M8g	145	+0,477 (3,905)***	+0,464 (4,383)***	+0,101 (2,193)**	−0,063 (−1,055)							+0,038 (0,754)	0,799	115,2	0,000	53,0***

Modellspezifikation (Bsp.): $MV_{it} = \beta_0 + \beta_1 CEQ_{it} + \beta_2 OA_{it} + \beta_3 OI_{it} + \beta_4 RND_{it} + \beta_5 NOP_{it} + \varepsilon_t$
Lineare Regression, WLS-Schätzverfahren (Weighted Least Squares)
Filterkriterien: HGB-Abschlüsse, CEQ>0, OA>0
*** signifikant auf 1 %-Niveau, ** signifikant auf 5 %-Niveau, * signifikant auf 10 %-Niveau

† Modellbezeichnung ‡ standardisierter Koeffizient und, in Klammern, t-Wert § Patentinformation ♮ Teststatistik Partieller F-Test und Signifikanzniveau [1] Eigenkapitalbuchwert
[2] Operatives Vermögen [3] Operativer Gewinn [a] Anzahl der Patente [b] Zitate pro Patent [c] Einflussstärke [d] Technologiestärke [e] Technologiezyklusdauer [f] Wissenschaftsbindung
[g] Wissenschaftsstärke

Tabelle D.5.: Ergebnisse der Regressionsschätzungen mit Rechnungslegungs- und Patentinformationen, multivariate Ad-hoc-Modelle

Bez.[†]	n	Koeffizient[‡] Rechnungslegung			Aktivitäts-[§]		Qualitäts-[§]			Verbindungskennzahl[§]			korr. R^2
		CEQ[1]	OA[2]	OI[3]	NOP[a]	PG[%]	CPP[b]	CII[c]	TS[d]	TCT[e]	SL[f]	SS[g]	
Erw. Vorzeichen		+	+	+	+	+	+	+	+	−	+	+	
Model A1	126	+0,638 (5,370)***	+0,285 (2,662)***	+0,159 (3,610)***	+0,552 (3,522)***	+0,165 (4,277)***	−0,036 (−0,764)	+0,279 (3,145)***	−0,811 (−4,024)***	−0,010 (−0,203)	+0,007 (0,122)	+0,193 (2,452)**	0,833
Model A2	127	+0,616 (5,541)***	+0,300 (2,957)***	+0,159 (3,676)***	+0,559 (3,639)***	+0,164 (4,375)***		+0,271 (3,654)***	−0,809 (−4,397)***			+0,198 (3,186)***	0,836
Model A3	215	+0,532 (7,204)***	+0,381 (5,068)***	+0,065 (1,889)*			+0,020 (0,553)			−0,006 (−0,178)	−0,021 (−0,614)		+0,787
Model A4	132				+0,840 (3,021)***	+0,182 (2,437)**	+0,044 (0,478)	+0,120 (0,742)	−0,652 (−1,810)*	+0,020 (0,208)	+0,126 (1,235)	+0,360 (2,344)**	0,310
Model A5	133				+0,550 (3,563)***	+0,175 (2,401)**			−0,403 (−2,303)**			+0,408 (3,823)***	0,312
Model A6	222						−0,047 (−0,612)	−0,067 (−0,889)		+0,013 (0,175)	+0,153 (2,218)**		0,012
Model A7	128	+0,582 (4,927)***	+0,350 (3,259)***	+0,120 (2,717)***	+0,102 (1,103)	+0,126 (3,189)***			−0,187 (−1,965)*			+0,051 (0,940)	0,816
Model A8	210	+0,476 (6,699)***	+0,459 (6,309)***	+0,095 (2,839)***			+0,004 (0,126)	+0,043 (1,290)		−0,001 (-0,020)	+0,036 (1,090)		0,806

Lineare Regression, WLS-Schätzverfahren (Weighted Least Squares)
Filterkriterien: HGB-Abschlüsse, CEQ>0, OA>0
*** signifikant auf 1 %-Niveau, ** signifikant auf 5 %-Niveau, * signifikant auf 10 %-Niveau

[†] Modellbezeichnung [‡] standardisierter Koeffizient und, in Klammern, t-Wert [§] Patentinformation [1] Eigenkapitalbuchwert [2] Operatives Vermögen [3] Operativer Gewinn [a] Anzahl der Patente [%] Wachstumsrate Anzahl der Patente [b] Zitate pro Patent [c] Einflussstärke [d] Technologiestärke [e] Technologiezyklusdauer [f] Wissenschaftsbindung [g] Wissenschaftsstärke

D.4. Sensitivitätsanalyse der Branchenzugehörigkeit

Tabelle D.6.: Sensitivitätsanalyse der Branchenzugehörigkeit Modell IND.AI

Bez.[†]	IND.AI.a	IND.AI.b	IND.AI.c	IND.AI.d	IND.AI.e	IND.AI.f
n	362	361	362	378	208	208
CEQ[1]	0,550***	0,552***	0,518***	0,604***	0,558***	0,523***
OA[2]	0,367***	0,385***	0,379***	0,303***	0,377***	0,401***
OI[3]	0,153***	0,141***	0,154***	0,140***	0,064	0,069*
NOP[a]	−0,175***	−0,177***	−0,224***	−0,138***	−0,022	−0,046
CPP[b]	−0,079**					
CII[c]		0,172***				
TS[d]			0,121**			
TCT[e]				−0,115***		
SL[f]					−0,011	
SS[g]						0,052
IND 1[α]	0,178***	0,229***	0,199***	0,161***	0,199***	0,199***
IND 2[β]	0,246***	0,163***	0,219***	0,179***	0,192***	0,187***
IND 3[γ]	0,162***	0,125***	0,122***	0,113***	0,069	0,087
korr. R^2	0,714	0,736	0,714	0,707	0,811	0,812
F-Wert	113,5	126,7	113,6	114,7	112,0	113,0
p-Wert	0,000	0,000	0,000	0,000	0,000	0,000

Lineare Regression, WLS-Schätzverfahren (Weighted Least Squares)
Filterkriterien: HGB-Abschlüsse, CEQ,OA>0
*** signifikant auf 1 %-Niveau, ** signifikant auf 5 %-Niveau, * signifikant auf 10 %-Niveau

[†] Modellbezeichnung [1] Eigenkapitalbuchwert [2] Operatives Vermögen [3] Operativer Gewinn
[a] Anzahl der Patente [b] Zitate pro Patent [c] Einflussstärke [d] Technologiestärke [e] Technologiezyklusdauer
[f] Wissenschaftsbindung [g] Wissenschaftsstärke [α] Industriegruppe DAX1XMA (Machinery & Industrials)
[β] Industriegruppe DAX1XCH (Chemicals & Pharma) [γ] Industriegruppe DAX1XAU (Automobile & Transportation)

Tabelle D.7.: Sensitivitätsanalyse der Branchenzugehörigkeit Modell IND.AII

Bez.†	IND.BI.a	IND.BI.b	IND.BI.c	IND.BI.d	IND.BI.e	IND.BI.f	IND.BI.g
n	257	246	249	249	253	145	145
CEQ[1]	0,417***	0,348***	0,399***	0,398***	0,404***	0,569***	0,570***
OA[2]	0,465***	0,487***	0,480***	0,484***	0,482***	0,340***	0,341***
OI[3]	0,125***	0,141***	0,172***	0,135***	0,125***	0,065	0,070
RNDxNOP[4]	0,086**	0,065*	0,051	0,065	0,053	0,034	0,062
NOP[a]	−0,074*						
CPP[b]		0,016					
CII[c]			0,160***				
TS[d]				−0,019			
TCT[e]					−0,121***		
SL[f]						0,001	
SS[g]							−0,037
IND 1[α]	0,251***	0,169***	0,287***	0,234***	0,178***	0,113	0,104
IND 2[β]	0,232***	0,226***	0,169***	0,230***	0,213***	0,181	0,177
IND 3[γ]	0,097***	0,064**	0,013	0,046	0,027	−0,020	−0,026
korr. R^2	0,791	0,799	0,820	0,802	0,805	0,825	0,825
F-Wert	122,1	122,6	142,3	126,7	131,2	85,6	85,9
p-Wert	0,000	0,000	0,000	0,000	0,000	0,000	0,000

Lineare Regression, WLS-Schätzverfahren (Weighted Least Squares)
Filterkriterien: HGB-Abschlüsse, CEQ,OA>0
*** signifikant auf 1 %-Niveau, ** signifikant auf 5 %-Niveau, * signifikant auf 10 %-Niveau

† Modellbezeichnung [1] Eigenkapitalbuchwert [2] Operatives Vermögen [3] Operativer Gewinn
[4] Interaktionsterm, Anzahl der Patente und Aufwendungen für Forschung und Entwicklung (Gewichtung) [a] Anzahl der Patente
[b] Zitate pro Patent [c] Einflussstärke [d] Technologiestärke [e] Technologiezyklusdauer [f] Wissenschaftsbindung
[g] Wissenschaftsstärke [α] Industriegruppe DAX1XMA (Machinery & Industrials) [β] Industriegruppe DAX1XCH (Chemicals & Pharma)
[γ] Industriegruppe DAX1XAU (Automobile & Transportation)

Tabelle D.8.: Sensitivitätsanalyse der Branchenzugehörigkeit Modell IND.BI

Bez.[†]	IND.BI.a	IND.BI.b	IND.BI.c	IND.BI.d	IND.BI.e	IND.BI.f
n	362	362	363	378	204	207
CEQ[1]	0,556**	0,839***	0,809***	0,793***	0,304	0,402*
OA[2]	0,603**	0,212	0,222	0,285	0,787***	0,672***
OI[3]	−0,087	−0,112	−0,122	−0,148	−0,063	−0,134
NOP[a]	−0,162	−0,180	0,452	−0,154	−0,033	−0,045
CPP[b]	−0,036					
CII[c]		0,030				
TS[d]			−0,447**			
TCT[e]				−0,129		
SL[f]					0,797	
SS[g]						0,024
CEQxIND 1	−0,163	−0,332**	−0,286*	−0,277	0,355**	0,161
OAxIND 1	−0,159	0,160	0,094	0,045	−0,441**	−0,348*
OIxIND 1	0,175	0,153*	0,195**	0,240**	0,043	0,100
NOPxIND 1	0,015	0,041	−0,614**	0,042	−0,091	0,081
CPPxIND 1	−0,031					
CIIxIND 1		0,144				
TSxIND 1			0,402***			
TCTxIND 1				0,014		
SLxIND 1					−0,177	
SSxIND 1						0,074
CEQxIND 2	0,126	−0,026	−0,036	−0,017	0,281	0,245
OAxIND 2	−0,100	0,017	0,026	0,041	−0,212	−0,176
OIxIND 2	0,134***	0,150***	0,153***	0,149***	0,117*	0,139**
NOPxIND 2	−0,137	−0,135**	−0,232	−0,154	−0,131	−0,199*
CPPxIND 2	0,002					
CIIxIND 2		−0,027				
TSxIND 2			0,163			
TCTxIND 2				0,028		
SLxIND 2					−0,882	
SSxIND 2						0,041
CEQxIND 3	−0,662***	−0,805***	−0,786***	−0,770***	−0,615**	−0,650**
OAxIND 3	0,411*	0,594***	0,588***	0,561***	0,333	0,401
OIxIND 3	0,185***	0,189***	0,191***	0,210***	0,198**	0,260***
NOPxIND 3	0,134	0,166	−0,186	0,118	0,078	0,174
CPPxIND 3	0,011					
CIIxIND 3		0,035				
TSxIND 3			0,295			
TCTxIND 3				−0,048		
SLxIND 3					−0,184	
SSxIND 3						0,161
IND 1[α]	0,391***	0,267**	0,367***	0,333***	0,487	0,162**
IND 2[β]	0,298***	0,295***	0,282***	0,210**	0,561	0,279***
IND 3[γ]	0,278*	0,194	0,240	0,309**	0,607**	0,084
korr. R^2	0,741	0,776	0,756	0,734	0,851	0,837
F-Wert	45,9	55,2	49,8	46,3	51,4	46,9
p-Wert	0,000	0,000	0,000	0,000	0,000	0,000

Lineare Regression, WLS-Schätzverfahren (Weighted Least Squares)
Filterkriterien: HGB-Abschlüsse, CEQ,OA>0
*** signifikant auf 1 %-Niveau, ** signifikant auf 5 %-Niveau, * signifikant auf 10 %-Niveau

[†] Modellbezeichnung [1] Eigenkapitalbuchwert [2] Operatives Vermögen [3] Operativer Gewinn
[a] Anzahl der Patente [b] Zitate pro Patent [c] Einflussstärke [d] Technologiestärke [e] Technologiezyklusdauer
[f] Wissenschaftsbindung [g] Wissenschaftsstärke [α] Industriegruppe DAX1XMA (Machinery & Industrials)
[β] Industriegruppe DAX1XCH (Chemicals & Pharma) [γ] Industriegruppe DAX1XAU (Automobile & Transportation)

Tabelle D.9.: Sensitivitätsanalyse der Branchenzugehörigkeit Modell IND.BII

Bez.†	IND.BII.a	IND.BII.b	IND.BII.c	IND.BII.d	IND.BII.e
n	257	246	248	249	253
CEQ[1]	0,991***	0,459**	0,820***	1,006***	0,691***
OA[2]	0,009	0,604**	0,090	0,001	0,291
OI[3]	−0,133	−0,138	−0,155**	−0,132	−0,172*
RNDxNOP[4]	0,078*	0,025	0,053	0,070*	0,041
NOP[a]	−0,167*				
CPP[b]		−0,024			
CII[c]			−0,024		
TS[d]				−0,179***	
TCT[e]					−0,122
CEQxIND 1	−0,441***	−0,158	−0,178*	−0,446***	−0,196
OAxIND 1	0,366**	−0,058	0,376**	0,422***	0,160
OIxIND 1	0,185**	0,188**	0,351***	0,241***	0,243***
RNDxNOPxIND 1	0,018	0,012	−0,101**	−0,114***	−0,016
NOPxIND 1	0,065				
CPPxIND 1		0,069			
CIIxIND 1			0,288***		
TSxIND 1				0,229***	
TCTxIND 1					−0,005
CEQxIND 2	0,146	0,370*	0,239	0,099	0,267
OAxIND 2	−0,164	−0,284	−0,206	−0,139	−0,161
OIxIND 2	0,200***	0,196***	0,212***	0,212***	0,192***
RNDxNOPxIND 1	−0,235**	−0,249***	−0,258***	−0,177*	−0,280***
NOPxIND 2	0,025				
CPPxIND 2		−0,057			
CIIxIND 2			−0,005		
TSxIND 2				0,006	
TCTxIND 2					−0,050
CEQxIND 3	−0,743***	−0,524**	−0,649***	−0,749***	−0,559***
OAxIND 3	0,569***	0,307	0,530***	0,585***	0,415**
OIxIND 3	0,163***	0,183***	0,182***	0,172***	0,182***
RNDxNOPxIND 1	0,087*	0,082**	0,090**	0,080**	0,089**
NOPxIND 3	0,038				
CPPxIND 3		0,008			
CIIxIND 3			0,014		
TSxIND 3				0,117	
TCTxIND 3					0,061
IND 1[α]	0,267***	0,269***	−0,036	0,206**	0,231*
IND 2[β]	0,173***	0,221***	0,182***	0,194***	0,177***
IND 3[γ]	0,184***	0,175	0,095	0,084	0,047
korr. R^2	0,831	0,839	0,868	0,861	0,841
F-Wert	55,8	56,3	71,9	67,5	59,1
p-Wert	0,000	0,000	0,000	0,000	0,000

Lineare Regression, WLS-Schätzverfahren (Weighted Least Squares)
Filterkriterien: HGB-Abschlüsse, CEQ,OA>0
*** signifikant auf 1 %-Niveau, ** signifikant auf 5 %-Niveau, * signifikant auf 10 %-Niveau

† Modellbezeichnung [1] Eigenkapitalbuchwert [2] Operatives Vermögen [3] Operativer Gewinn
[4] Interaktionsterm, Anzahl der Patente und Aufwendungen für Forschung und Entwicklung (Gewichtung)
[a] Anzahl der Patente [b] Zitate pro Patent [c] Einflussstärke [d] Technologiestärke
[e] Technologiezyklusdauer [f] Wissenschaftsbindung [g] Wissenschaftsstärke
[α] Industriegruppe DAX1XMA (Machinery & Industrials) [β] Industriegruppe DAX1XCH (Chemicals & Pharma)
[γ] Industriegruppe DAX1XAU (Automobile & Transportation)

Anhang E.

Definitionen der empirischen Daten

E.1. Thomson Datastream Standard-Datenbank

Tabelle E.1.: Definitionen der Thomson Datastream Standard-Datenbank

Bezeichnung	Code	Definition
Market value/capitalisation	datatype (MV)	Marktwert/Marktkapitalisierung Market value on Datastream is the share price multiplied by the number of ordinary shares in issue. The amount in issue is updated whenever new tranches of stock are issued or after a capital change. For companies with more than one class of equity capital, the market value is expressed according to the individual issue. Market value is displayed in millions of units of local currency.
Price, closing	datatype (P)	Aktienkurs (adjusted) This is the default datatype for all equities. The 'current' price on Datastream's equity programs is the latest price available to us from the appropriate market in primary units of currency (except in the case of the UK where price is given in pence). It is the previous day's closing price from the default exchange except where more recent or real-time prices are available, as listed in the Data sources & updating procedures section of this help system. (Note that real-time data is not used in the International Search, Graphics and Time Series Analysis programs and Data Channel.) The 'current' prices taken at the close of market are stored each day. These stored prices are adjusted for subsequent capital actions, and this adjusted figure then becomes the default price offered on all Research programs. The actual historical prices can be accessed using the unadjusted price datatype (UP). Prices are generally based on 'last trade' or an official price fixing. For stocks which are listed on more than one exchange within a country, default prices are taken from the primary exchange of that country (note that this is not necessarily the 'home' exchange of the stock). For Japan and Canada, prices from the secondary markets can be obtained by qualifying the price datatype with an exchange code (see below for details). Germany: Default closing prices are taken from the Frankfurt continuous market. For shares not traded continuously, the midday Kassa price is used.

Fortsetzung auf der nächsten Seite

Tab. E.1: *(Fortsetzung)*

Bezeichnung	Code	Definition
Number of shares in issue	datatype (NOSH)	Anzahl ausgegebene Aktien This is the total number of ordinary shares that represent the capital of the company at the current date (that is, no history is stored). The datatype is expressed in thousands. For shares with more than one class of equity issue, (NOSH) is held separately for each issue. The amount is updated whenever new tranches of stock are issued or after capital changes. Note: Because of the constant updating of this data, it should not be used to calculate shareholder declaration levels.
Price index	datatype (PI)	Preisindex The price index expresses the price of an equity as a percentage of its value on the base date, adjusted for capital changes.
Return index	datatype (RI)	Returnindex A return index (RI) is available for individual equities and unit trusts. This shows a theoretical growth in value of a share holding over a specified period, assuming that dividends are re-invested to purchase additional units of an equity or unit trust at the closing price applicable on the ex-dividend date. For unit trusts, the closing bid price is used.[...]
Datastream Global Index Germany	TOTMKBD	Marktindex Datastream Global Equity Indices draw on the wealth of the Thomson Datastream database to provide a range of equity indices across 49 countries, 27 regions and 249 sectors worldwide. They form a comprehensive, independent standard for equity research and benchmarking. For each market, a representative sample of stocks covering a minimum 75–80% of total market capitalisation enables total market indices to be calculated. By aggregating market indices for regional groupings, regional and world indices are produced. Within each market, stocks are allocated to industrial sectors using the standard FTSE Global Classification System and sector indices are then calculated. Across the range of Datastream Global Equity Indices, daily data is available for a minimum of five years wherever possible, and from 1973 for the major markets. Datastream Global Equity Indices provide: A standard for equity analysis and comparison that draws on the breadth and depth of the Thomson Datastream database. Good depth of data for each index, including total returns, price-earnings, dividend yield, market value and more. Full integration with other data available through Datastream, enabling detailed comparison with other market or user created indices, rates, economic indicators, and any of the huge universe of tradeable securities held on the database. You can select appropriate charting and reporting tools from Datastream's functionally rich set. Quarterly review to ensure that the indices continue to represent the top stocks by market capitalisation and reflect investment trends as new markets and sectors rise to prominence.
Price/earnings ratio (PER)	datatype (PE)	Kurs-Gewinn-Verhältnis This is the price divided by the earnings rate per share at the required date. For full details of the price and earnings figures used in any particular case, see the Price and Earnings per share topics. See also Price/earnings ratio for indices.[...]

Fortsetzung auf der nächsten Seite

Tab. E.1: *(Fortsetzung)*

Bezeichnung	Code	Definition
Price/earnings ratio (PER) Index	datatype (PE)	Kurs-Gewinn-Verhältnis Datastream Global Index For Datastream sectors, the PER is derived by dividing total market value by the total earnings, thus providing an earnings-weighted average of the PERs of the constituents.[...]
Earnings per share, current rate	datatype (EPS)	Gewinn-pro-Aktie This is the latest annualised rate that may reflect the last financial year or be derived from an aggregation of interim period earnings. For certain countries listed below, for which interim announcements are irregular or lacking in detail, the current earnings per share (EPS) may be a forecast provided by local sources.[...]
Market value to book value	datatype (MTBV)	Markt-Buchwert-Verhältnis The market value to book value (also called discount to net asset value) divides the market value by the net book value.[...]
Net tangible assets	datatype (NTA)	Buchwert (netto) Net tangible assets (also referred to as net book value) is defined as total assets, excluding intangible assets less total liabilities, minority interest and preference stock. It can also be defined as ordinary shareholder's equity less tangible assets.[...]

Quelle: Thomson Datastream (Data Definitions Guide)

E.2. Thomson Datastream Worldscope-Datenbank

Tabelle E.2.: Definitionen der Thomson Worldscope-Datenbank

Bezeichnung	Code	Definition
Common Equity	Field 03501	Eigenkapitalbuchwert: Shareholders' Equity Data, Annual Item (Vgl. *Primark Corporation* (2000), S. 194 f.) All Industries: COMMON EQUITY represents common shareholders' investment in a company. It includes: Common stock value Retained earnings Capital surplus Capital stock premium Cumulative gain or loss of foreign currency translation, if included in equity per FASB 52 treatment Monetary correction-capital (Wsc field 03482) Goodwill written off (Wsc field 03491) For Non-U.S. Corporations preference stock which participates with the common/ordinary shares in the profits of the company For Non-U.S. Corporations, if shareholders equity section is not delineated then the following additional accounts are included: Appropriated and unappropriated retained earnings Net income for the year, if not included in retained earnings (majority share of income is only included) Compulsory statutory/legal reserves without specific purpose Discretionary Reserves if other companies in that country include in their delineated shareholders' equity Negative Goodwill It excludes: Common treasury stocks Accumulated unpaid preferred dividends For U.S. Corporations, excess of involuntary liquidating value for outstanding preferred stock over stated value is deducted Redeemable common stock (treated as preferred)

Fortsetzung auf der nächsten Seite

Tab. E.2: *(Fortsetzung)*

Bezeichnung	Code	Definition
		Footnotes: A. Common shareholders' equity is not delineated B. Preferred stock cannot be separated C. Treasury stock appears on asset side and cannot be separated D. Minority interest in current year's income and/or the entire minority interest cannot be separated F. A small amount of special reserves cannot be separated (Germany) G. Common shareholders' equity is not delineated and is not comparable H. Policyholders equity cannot be separated I. Includes non-equity reserves and/or other provisions which cannot be separated J. Before appropriation on net income for the year K. Increase/Decrease due to revaluation of assets L. No standard text M. No standard text N. Adjusted to include foreign currency translation gains/losses O. Adjusted to exclude treasury stock P. Adjusted to include unappropriated net loss Q. Adjusted to include unrealized gain/loss on marketable securities R. Includes equity portion of untaxed reserves T. Includes consolidation adjustments
Total Assets	Field 02999	Bilanzsumme: Asset Data, Annual Item (Vgl. *Primark Corporation* (2000), S. 500) Industrials: TOTAL ASSETS represent the sum of total current assets, long term receivables, investment in unconsolidated subsidiaries, other investments, net property plant and equipment and other assets. Banks: TOTAL ASSETS represent the sum of cash & due from banks, total investments, net loans, customer liability on acceptances, investment in unconsolidated subsidiaries, real estate assets, net property, plant and equipment and other assets. Insurance Companies: TOTAL ASSETS represent the sum of cash, total investments, premium balance receivables, investments in unconsolidated subsidiaries, net property, plant and equipment and other assets. Other Financial Companies: TOTAL ASSETS represent the sum of cash & equivalents, receivables, securities inventory, custody securities, total investments, net loans, net property, plant and equipment, investments in unconsolidated subsidiaries and other assets. Footnotes: B. Excludes contra items (contingent liabilities) C. Includes trust business assets D. Adjusted to exclude foreign currency translation gains/losses F. Adjusted to exclude provision for bad debt/loan losses G. Adjusted to exclude treasury stock H. Adjusted to exclude investment in own bonds I. Adjusted to exclude foreign currency translation losses and provision for bad debts J. Adjusted to excluded treasury stock and investment in own bonds K. Adjusted to excluded unappropriated net loss L. No standard text M. No standard text N. Increased by payments on work in progress which has been treated as a current liability O. Adjusted to exclude deferred taxes

Fortsetzung auf der nächsten Seite

Tab. E.2: *(Fortsetzung)*

Bezeichnung	Code	Definition
Investments in Unconsol. Subs.	Field 02256	Asset Data, Annual Item (Vgl. *Primark Corporation* (2000), S. 351) All Industries: INVESTMENTS IN UNCONSOLIDATED SUBSIDIARIES represent long term investments and advances in unconsolidated subsidiaries and affiliates in which the company has a business relationship or exercises control. It includes joint ventures. Data is generally not available prior to 1989. It includes: Investment in non-consolidated subsidiaries or associated companies Investment in joint ventures Advances in related companies (if the item is simply called advances then it will be update to Other Investments) Advances/Loans to unconsolidated subsidiaries or related companies (if reported simply as loans, this item is shown in other investments) Footnotes: A. Includes other investments
Other Investments	Field 02250	Asset Data, Annual Item (Vgl. *Primark Corporation* (2000), S. 413 f.) Industrials: OTHER INVESTMENTS represent any other long term investment except for investments in unconsolidated subsidiaries Banks: OTHER INVESTMENTS represent time deposits, interest bearing deposits and other short term investments Insurance Companies: OTHER INVESTMENTS represent all other investments of the insurance company besides fixed income and equity securities, real estate investments and mortgage and policy loans. Other Financial Companies: OTHER INVESTMENTS represent all investments except real estate assets and loans. It includes: Treasury securities (Wsc field 02205) Equity securities investment-total (Wsc field 02230) Securities purchased under resale agreements (Wsc field 02211) Long term bond investments Advances (if called advances in related companies then it is updated to Investments in Associated Companies) Assets held for resale Mortgages held for resale Money held in trust (Japan) Gold collectible (France) Construction projects under development Condominium projects under development Investments in leveraged leases Construction projects under development Footnotes: A. Net assets of non-major business when combination or consolidation is impossible B. Includes real estate investment C. Cash on hand is included F. May include long term receivables G. No standard text H. Includes investments in associated/subsidiary companies
Other Current Assets	Field 02149	Asset Data, Annual Item (Vgl. *Primark Corporation* (2000), S. 411) Industrials: OTHER CURRENT ASSETS represents all other current assets besides cash and equivalents, receivables, inventories and prepaid expenses. For years prior to 1989 it represents all other current assets besides cash and equivalents, receivables and inventories. It includes: Deferred expenses included in current assets Property and assets held for disposal Deposits and advances to others

Fortsetzung auf der nächsten Seite

Tab. E.2: *(Fortsetzung)*

Bezeichnung	Code	Definition
		Program rights Accrued Ad Valorem taxes Felling Rights (if shown as a current asset) Deferred or future income tax benefits (if shown as current asset) Footnotes: A. Includes prepaid expenses
Other Assets	Field 02652	Asset Data, Annual Item (Vgl. *Primark Corporation* (2000), S. 409 f.) Industrials: OTHER ASSETS represent all other assets of the company besides current assets, long term receivables, investment in unconsolidated subsidiaries, other investments and net property, plant and equipment. For years prior to 1989 it represents all other assets of the company besides current assets and net property, plant and equipment Banks: OTHER ASSETS represent all other assets of the bank besides cash and due from banks, total investments, net loans, investment in unconsolidated subsidiaries, customer liability on acceptances (if included in total assets), real estate assets and net property, plant & equipment. For years prior to 1989 it represents all other assets besides cash and due from banks, customer liabilities on acceptances (if included in total assets), total investments, net loans, real estate assets and net property, plant and equipment. Insurance Companies: OTHER ASSETS represent all other assets of the company besides total investments, investment in unconsolidated subsidiaries, cash, premium balance receivables and net property, plant and equipment. For years prior to 1989 it represents all other assets of the company besides total investments, cash, premium balance receivables and net property, plant and equipment. Other Financial Companies: OTHER ASSETS represent all other assets of the company besides cash and equivalents, receivables, securities inventories, custody securities, total investments, investment in associated companies and net property, plant and equipment. For years prior to 1989 it represents all other assets of the company besides cash and equivalents, receivables, securities inventory, custody securities, total investments and net property, plant and equipment. Footnotes: A. Includes net fixed assets B. Includes some cash items C. Includes other investments
Short Term Investments	Field 02008	Asset Data, Annual Item (Vgl. *Primark Corporation* (2000), S. 488 f.) Industrials, Other Financial Companies: SHORT TERM INVESTMENTS represent temporary investments of excess cash in marketable securities that can be readily converted into cash. It includes: Short-term obligations of the U.S. government Stocks, bonds, or other marketable securities listed as short-term investment Time certificates of deposit Time deposits Eurodollar bank time deposits U.S. government treasury bills Corporate securities - stocks, bonds Municipal securities Commercial paper Money market mutual fund shares Post office time deposits (non-U.S.) Short-term investments Temporary investments It excludes: Commercial paper issued by unconsolidated subsidiaries to parent company (this is included in receivables) Amount due from sale of debentures (this is included in receivables) Checks written by the company but not yet deposited and charged to the company's bank account

Fortsetzung auf der nächsten Seite

Tab. E.2: *(Fortsetzung)*

Bezeichnung	Code	Definition
		Promissory notes Footnotes: A. Includes long term investments B. Includes securities due four years or less for Germany C. Cash on hand is included D. Includes cash and securities held for regulatory purposes
Operating Income	Field 01250	Income Data, Annual Item (Vgl. *Primark Corporation* (2000), S. 405 f.) All Industries: OPERATING INCOME represents the difference between sales and total operating expenses Footnotes: B. Net of income taxes
Book Value Per Share	Field 05476	Stock Data, Annual Item (Vgl. *Primark Corporation* (2000), S. 172 f.) All Industries: BOOK VALUE PER SHARE represents the book value (proportioned common equity divided by outstanding shares) at the company's fiscal year end for non-U.S. corporations and at the end of the last calendar quarter for U.S. corporations. Preference stock has been included in equity and the calculation of book value per share where it participates with common/ordinary shares in the profits of the company. It is excluded in all other cases, deducted at liquidation value for U.S. companies and at par value for all others. In Germany, special (tax-allowed) reserves have been excluded. [...] Footnotes: A. Based on combined multiple shares B. No standard text C. No standard text D. No standard text F. No standard text G. No standard text H. Restated, to include acquisition or change in accounting policies K. Increase/decrease due to revaluation of assets M. Increase or decrease due to issuance of stock, redemption of debt/preferred stock or purchase of treasury stock P. Based on common & common equivalent shares Q. Based on fully diluted shares
Tangible Book Value Per Share	Field 05486	Stock Data, Annual Item (Vgl. *Primark Corporation* (2000), S. 496) All Industries: TANGIBLE BOOK VALUE PER SHARE represents the fiscal year end book value of a company excluding intangible other assets.
Common Shares Outstanding	Field 05301	Stock Data, Annual Item (Vgl. *Primark Corporation* (2000), S. 198 f.) All Industries: COMMON SHARES OUTSTANDING represent the number of shares outstanding at the company's year end. It is the difference between issued shares and treasury shares. For companies with more than one type of common/ordinary share, common shares outstanding represents the combined shares adjusted to reflect the par value of the share type identified in field 6005 - Type of Share. This item is also provided at the security level for 1987 and subsequent years. Footnotes: A. Average number of shares outstanding in year B. Equivalent number of shares based on par value C. Breakdown not available D. A small amount of treasury stock could not be separated F. Privately owned company G. Cooperative company/consortium/partnership I. Stock data not specified in annual report J. Government owned company or majority owned by government K. Shares owned by government/institutions are not included L. Preferred shares may be included M. Increase/decrease due to reorganization of share capital

Fortsetzung auf der nächsten Seite

Tab. E.2: *(Fortsetzung)*

Bezeichnung	Code	Definition
		N. Increase in shares is partially or totally due to new issues O. Equivalent number of shares based on par value and increase in shares is due to new issue P. Estimated based on uniform par value Q. Share capital has been changed not increasing/decreasing the number of shares R. Change of incorporation without affecting number of shares or share capital S. Number of shares represents parent company share capital which is different than group equity T. Trading units are at present 100 for all common shares and 1000 for all preferred shares V. Share capital has been changed not increasing/decreasing the number of shares and new issue W. Company is a mutual insurance company X. Registered and bearer shares cannot be separated Z. Combined multiple shares based on equivalent par value

Quelle: Thomson Datastream (Worldscope Data Definitions Guide), siehe *Primark Corporation* (2000)

E.3. Jahresabschlussgliederung Worldscope-Datenbank

Tabelle E.3.: Bilanzgliederung der Worldscope-Datenbank (Aktivseite)[a]

WSID[b]	Bezeichung Bilanzposten
02001	Cash and Short Term Investments
02003	Cash
02008	Short Term Investments
02051	Receivables (Net)
02101	Inventories -Total
02097	Raw Materials
02098	Work in Process
02099	Finished Goods
02100	Progress Payments and Other
02140	Prepaid Expenses
02149	Other Current Assets
02201	Current Assets - Total
02258	Long Term Receivables
02256	Investment in Unconsolidated Subsidiaries
02250	Other Investments
02501	Property Plant and Equipment - Net
02301	Property Plant and Equipment - Gross
18375	Land
18376	Buildings
18377	Machinery and Equipment
18378	Rental/Lease Property
18380	Transportation Equipment
18379	Property Plant and Equipment - Other
18381	Property Plant and Equipment under Capitalized Leases
02401	Accumulated Depreciation
18383	Accumulated Depreciation - Land
18384	Accumulated Depreciation - Buildings
18385	Accumulated Depreciation - Machinery and Equipment
18386	Accumulated Depreciation - Rental/Lease Property
18388	Accumulated Depreciation - Transportation Equipment
18387	Accumulated Depreciation - Other Property Plant and Equipment
18389	Accumulated Depreciation - P P and E under Capitalized Leases
02652	Other Assets
02647	Deferred Charges
02648	Tangible Other Assets
02649	Intangible Other Assets
02999	Total Assets

Quelle: Thomson Datastream (Vgl. *Primark Corporation* (2000), S. 70)

[a] Die Gliederung der Bilanz bezieht sich auf Industrie-Unternehmen (Industrial-Template)

[b] Worldscope Identification Number

Tabelle E.4.: Bilanzgliederung der Worldscope-Datenbank (Passivseite)[a]

WSID[b]	Bezeichung Bilanzposten
03040	Accounts Payable
03051	Short Term Debt and Current Portion of Long Term Debt
03054	Accrued Payroll
03063	Income Taxes Payable
03061	Dividends Payable
03066	Other Current Liabilities
03101	Current Liabilities - Total
03251	Long Term Debt
03245	Long Term Debt Excluding Capital Leases
18281	Non Convertible Debt
18282	Convertible Debt
03249	Capitalized Lease Obligations
03260	Provision for Risks and Charges
03262	Deferred Income
03263	Deferred Taxes
18183	Deferred Taxes - Credit
18184	Deferred Taxes - Debit
03257	Deferred Tax Liability in Untaxed Reserves
03273	Other Liabilities
03351	Total Liabilities
03401	Non-Equity Reserves
03426	Minority Interest
03451	Preferred Stock
03448	Preferred Stock Issued for ESOP
03449	ESOP Guarantees - Preferred Issued
03501	Common Equity
03480	Common Stock
03481	Capital Surplus
03492	Revaluation Reserves
03493	Other Appropriated Reserves
03494	Unappropriated (Free) Reserves
03495	Retained Earnings
03490	Equity in Untaxed Reserves
03496	ESOP Guarantees
03497	Unrealized Foreign Exchange Gain/Loss
03498	Unrealized Gain/Loss on Marketable Securities
03499	Treasury Stock
03999	Total Liabilities and Shareholders Equity

Quelle: Thomson Datastream (Vgl. *Primark Corporation* (2000), S. 70 f.)

[a] Die Gliederung der Bilanz bezieht sich auf Industrie-Unternehmen (Industrial-Template)

[b] Worldscope Identification Number

Tabelle E.5.: Gewinn-und-Verlust-Rechnung Worldscope-Datenbank[a]

WSID[b]	Bezeichung Bilanzposten
01001	Net Sales or Revenues
01051	Cost of Goods Sold
01151	Depreciation, Depletion & Amortization
01148	Depreciation
01149	Amortization of Intangibles
01150	Amortization of Deferred Charges
01100	Gross Income
01101	Selling, General & Administrative Expenses
01230	Other Operating Expenses
01249	Operating Expenses - Total
01250	Operating Income
01253	Extraordinary Credit - Pretax
01254	Extraordinary Charge - Pretax
01266	Non-Operating Interest Income
01301	Reserves - Increase/Decrease
01267	Pretax Equity in Earnings
01262	Other Income/Expense - Net
18191	Earnings before Interest and Taxes (EBIT)
01251	Interest Expense on Debt
01255	Interest Capitalized
01401	Pretax Income
01451	Income Taxes
18186	Current Domestic Income Tax
18187	Current Foreign Income Tax
18188	Deferred Domestic Income Tax
18189	Deferred Foreign Income Tax
18185	Income Tax Credits
01501	Minority Interest
01503	Equity in Earnings
01504	After Tax Other Income/Expense
01505	Discontinued Operations
01551	Net Income before Extraordinary Items/Preferred Dividends
01701	Preferred Dividend Requirements
01706	Net Income after Preferred Dividends (Basic EPS)
01601	Extraordinary Items & Gain/Loss Sale of Assets

Quelle: Thomson Datastream (Vgl. *Primark Corporation* (2000), S. 71)

[a] Die Gliederung der Bilanz bezieht sich auf Industrie-Unternehmen (Industrial-Template)

[b] Worldscope Identification Number

Anhang F.

Publikationshäufigkeit einschlägiger Literaturbeiträge

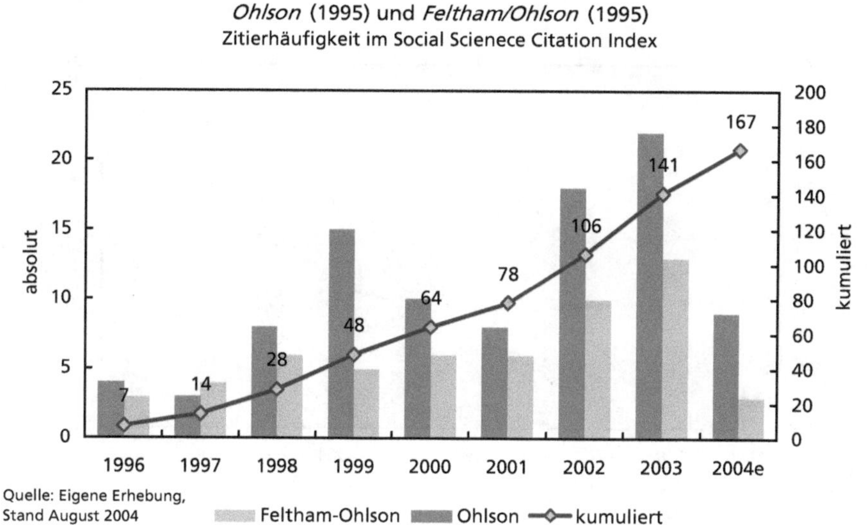

Abbildung F.1.: Zitierhäufigkeit von *Ohlson* (1995) und *Feltham/Ohlson* (1995) im Social Science Citation Index

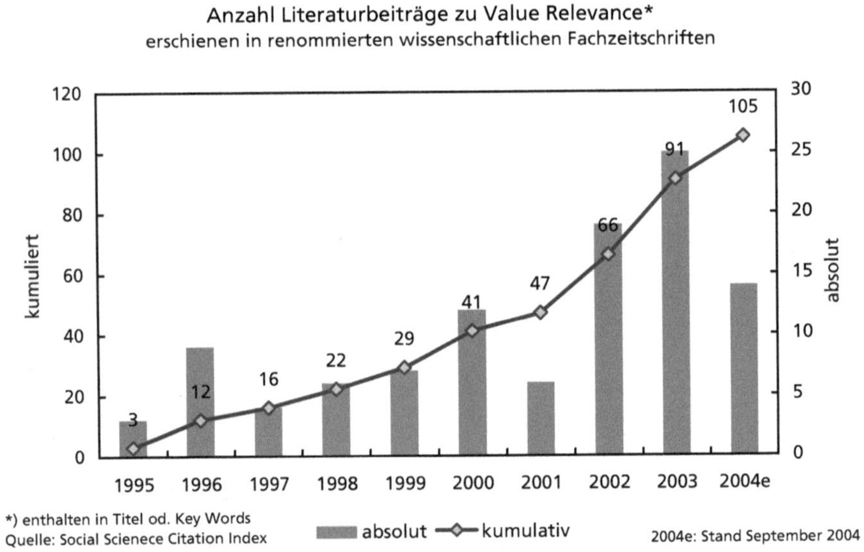

Abbildung F.2.: Anzahl Literaturbeiträge zu Value Relevance

Literaturverzeichnis

Aaker, David/Robert Jacobson (2001): The Value Relevance of Brand Attitude in High-Technology Markets. *Journal of Marketing Research*, 38 (4), S. 485–493

Aboody, David/Baruch Lev (1998): The Value Relevance of Intangibles: The Case of Software Capitalization. *Journal of Accounting Research*, 36 (3), S. 161–191

Adler, Hans/Walther Düring/Kurt Schmaltz (2002): *Rechnungslegung und Prüfung der Unternehmen*. Kommentar zum HGB, AktG, GmbHG, PublG nach den Vorschriften des Bilanzrichtlinien-Gesetzes, 6. Aufl., Schäffer-Poeschel, Stuttgart, ADS-CD-ROM mit Hinterlegungen

Akbar, Saeed/Andrew W. Stark (2003): Discussion of Scale and the Scale Effect in Market-based Accounting Research. *Journal of Business Finance and Accounting*, 30 (1/2), S. 57–72

Albert, Michael B./Daniel Avery/Francis Narin/Paul McAllister (1991): Direct Validation of Citation Counts as Indicators of Industrially Important Patents. *Research Policy*, 20 (3), S. 251–259

Alford, Andrew/Jennifer Jones (1993): The relative informativeness of accounting disclosures in different countries. *Journal of Accounting Research*, 31 (Ergänzungsheft), S. 183–223

Altman, Edward I. (1968): Financial Ratios, Diskriminant Analysis and the Prediction of Corporate Bankruptcy. *Journal of Finance*, XXIII (4), S. 589–609

Amir, Eli (1993): The Market Valuation of Accounting Information: The Case of Postretirement Benefits other than Pensions. *The Accounting Review*, 68 (4), S. 703–724

Amir, Eli/Baruch Lev (1996): Value-Relevance of Nonfinancial Information: The Wireless Communications Industry. *Journal of Accounting and Economics*, 22 (1–3), S. 3–30

Arbeitskreis „Immaterielle Werte im Rechnungswesen" der Schmalenbach-Gesellschaft für Betriebswirtschaft e. V. (2001a): Die Zukunft der Rechnungslegung aus Sicht von Wissenschaft und Praxis – Fachprogramm des Arbeitskreises. *Der Betrieb*, 54 (4), S. 160–161

ARBEITSKREIS „IMMATERIELLE WERTE IM RECHNUNGSWESEN“ DER SCHMALENBACH-GESELLSCHAFT FÜR BETRIEBSWIRTSCHAFT E. V. (2001b): Kategorisierung und bilanzielle Erfassung immaterieller Werte. *Der Betrieb*, 54 (19), S. 989–995

ARBEITSKREIS „IMMATERIELLE WERTE IM RECHNUNGSWESEN“ DER SCHMALENBACH-GESELLSCHAFT FÜR BETRIEBSWIRTSCHAFT E. V. (2003): Freiwillige externe Berichterstattung über immaterielle Werte. *Der Betrieb*, 56 (23), S. 1233–1237

ARELLANO, MANUEL (2003): *Panel Data Econometrics*. Advanced Texts in Econometrics, Oxford University Press, Oxford

AUSTIN, DAVID H. (1995): The Power of Patents. Resources, Spring 1995, Resources for the Future

BAETGE, JÖRG (Hrsg.) (1976a): *Bilanzfragen*. Festschrift zum 65. Geburtstag von Ulrich Leffson, IDW-Verlag, Düsseldorf

BAETGE, JÖRG (1976b): Rechnungslegungszwecke des aktienrechtlichen Jahresabschlusses. In: Jörg Baetge (Hrsg.), *Bilanzfragen*, Festschrift zum 65. Geburtstag von Ulrich Leffson, IDW-Verlag, Düsseldorf, S. 11–30

BAETGE, JÖRG (1994): Rating von Unternehmen anhand von Bilanzen. *Die Wirtschaftsprüfung*, 47 (1), S. 1–20

BAETGE, JÖRG (1997): *Konzernbilanzen*. 3. Aufl., IDW Verlag, Düsseldorf

BAETGE, JÖRG (1998): *Bilanzanalyse*. IDW-Verlag, Düsseldorf

BAETGE, JÖRG/THOMAS R. FISCHER/DIERK PASKERT (1989): *Der Lagebericht: Aufstellung, Prüfung und Offenlegung*. Schäffer, Stuttgart

BAETGE, JÖRG/JÜRGEN KRUMNOW/JENNIFER NOELLE (2001): Das „Deutsche Rechnungslegungs Standards Committee“ (DRSC) - Standortbestimmung und Zukunftsperspektiven der Konzernrechnungslegung. *Der Betrieb*, 15, S. 769–774

BALL, RAY (1994): The Development, Accomplishments and Limitations of the Theory of Stock Market Efficiency. *Managerial Finance*, 20 (2), S. 3–48

BALL, RAY/PHILIP BROWN (1968): An Empirical Evaluation of Accounting Income Numbers. *Journal of Accounting Research*, 6 (2), S. 159–177

BALLWIESER, WOLFGANG (1982): Zur Begründbarkeit informationsorientierter Jahresabschlußverbesserungen. *Zeitschrift für betriebswirtschaftliche Forschung*, 34, S. 772–793

BALLWIESER, WOLFGANG (1985): *Ergebnisse der Informationsökonomie zur Informationsfunktion der Rechnungslegung*. Poeschel, Stuttgart

Ballwieser, Wolfgang (Hrsg.) (2002a): *Handwörterbuch der Rechnungslegung und Prüfung*, Bd. 8 von *Enzyklopädie der Betriebswirtschaftslehre*. 3. Aufl., Schäffer-Poeschel, Stuttgart

Ballwieser, Wolfgang (2002b): Informations-GoB – auch im Lichte von IAS und US-GAAP. *Kapitalmarktorientierte Rechnungslegung*, 3, S. 115–121

Ballwieser, Wolfgang/Hans-Joachim Böcking/Jochen Drukarczyk/Reinhard H. Schmidt (Hrsg.) (1994): *Bilanzrecht und Kapitalmarkt*. Festschrift für Adolf Moxter zum 65. Geburtstag, IDW-Verlag, Düsseldorf

Ballwieser, Wolfgang/Thomas Schildbach (Hrsg.) (1998): *Rechnungslegung und Steuern International*, Bd. 40 von *Schmalenbachs Zeitschrift für betriebswirtschaftliche Forschung (ZfbF) Sonderheft*. Verlagsgruppe Handelsblatt, Düsseldorf

Baltagi, Badi H. (2001): *Econometric Analysis of Panel Data*. 2. Aufl., John Wiley & Sons, New York

Bar-Yosef, Sasson/Jeffrey L. Callen/Joshua Livnat (1996): Modeling Dividends, Earnings, and Book Value Equity: An Empirical Investigation of the Ohlson Valuation Dynamics. *Review of Accounting Studies*, 1, S. 207–224

Barker, Richard (2001): *Determining Value - Valuation Models and Financial Statements*. Prentice Hall, London

Barrell, Ray/Geoff Mason/Mary O'Mahony (Hrsg.) (2000): *Productivity, Innovation and Economic Performance*. Cambridge University Press, Cambridge

Barth, Mary E. (2000): Valuation-based Accounting Research: Implications for Financial Reporting and Opportunities for Future Research. *Accounting and Finance*, 40 (1), S. 7–31

Barth, Mary E./William H. Beaver/Wayne R. Landsman (2001): The Relevance of the Value Relevance Literature for Financial Accounting Standard Setting: Another View. *Journal of Accounting and Economics*, 31 (1–3), S. 77–104

Barth, Mary E./Greg Clinch (1998): Revalued Financial, Tangible, and Intangible Assets: Associations with Share Prices and Non-Market-Based Value Estimates. *Journal of Accounting Research*, 36 (Supplement), S. 199–233

Barth, Mary E./Greg Clinch (2001): Scale Effects in Capital Markets-Based Accounting Research. Arbeitspapier, Januar 2001, London Business School – Accounting Subject Area No. 017, URL http://ssrn.com/abstract=201228

Barth, Mary E./Sanjay Kallapur (1996): The Effects of Cross-Sectional Scale Differences on Regression Results in Empirical Accounting Research. *Contemporary Accounting Research*, 13 (2), S. 527–567

BAUMAN, MARK P. (1996): A Review of Fundamental Analysis Research in Accounting. *Journal of Accounting Literature*, 15, S. 1–33

BEAVER, WILLIAM H. (1966): Financial Ratios as Predictors of Failure. *Journal of Accounting Research*, 4 (3), S. 71–111

BEAVER, WILLIAM H. (1968): The Information Content of Annual Earnings. *Journal of Accounting Research*, 6 (3), S. 67–92

BEAVER, WILLIAM H. (1973): What Should be the FASB's Objectives? *Journal of Accountancy Journal of Accountancy*, 136 (2), S. 49–56

BEAVER, WILLIAM H. (1982): Discussion of Market-Based Empirical Research in Accounting: A Review, Interpretation, and Extension. *Journal of Accounting Research*, 20 (Supplement), S. 323–331

BEAVER, WILLIAM H. (1998): *Financial Reporting – An Accounting Revolution*. Contemporary Topics in Accounting, 3. Aufl., Prentice Hall, New Jersey

BEAVER, WILLIAM H. (2002): Perspectives on Recent Capital Market Research. *The Accounting Review*, 77 (2), S. 453–474

BENKARD, GEORG (1993): *Patentgesetz, Gebrauchsmustergesetz*, Bd. 4 von *Beck'sche Kurz-Kommentare* 9. Aufl., Verlag C. H. Beck, München

BERESFORD, DENNIS R. (1991): Commentary on: Standard Setting Process in Trouble (Again). *Accounting Horizons*, 5 (2), S. 94–96

BERESFORD, DENNIS R./TODD L. JOHNSON (1995): Interactions between the FASB and the Academic Community. *Accounting Horizons*, 9 (4), S. 108–117

BERGER, PHILIP G./ELI OFEK (1995): Diversification's Effect on Firm Value. *Journal of Financial Economics*, 37 (1), S. 39–65

BERNARD, VICTOR L. (1987): Cross-Sectional Dependence and Problems in Inference in Market-Based Accounting Research. *Journal of Accounting Research*, 25 (1), S. 1–48

BERNARD, VICTOR L. (1989): Capital Markets Research in Accounting during the 1980's: A critical Review. In: Thomas J. Frecka (Hrsg.), *The State of the Accounting Research as we enter the 1990's*, Illinois PhD Jubilee 1939 – 1989, Department of Accountancy, University of Illinois at Urbana-Champaign, Urbana, IL, S. 72–120

BERNARD, VICTOR L. (1995): The Feltham-Ohlson-Framework: Implications for Empiricists. *Contemporary Accounting Research*, 11 (2), S. 733–747

BERNHARDT, IRWIN/BONG S. JUNG (1979): The Interpretation of Least Squares Regression with Interaction of Polynomial Terms. *Review of Economics & Statistics*, 61 (3), S. 481–483

BIDDLE, GARY C./GIM S. SEOW/ANDREW S. SIEGEL (1995): Relative versus Incremental Information Content. *Contemporary Accounting Research*, 12 (1), S. 1–23

BIDDLE, GARY C./ANDREW F. SIEGEL (1995): Comparison of Regression Functions in the Presence of Heteroscedasticity. Arbeitspapier, Juni 1995, University of Washington

BÖCKING, HANS-JOACHIM (1998): Zum Verhältnis von Rechnungslegung und Kapitalmarkt: Vom „Financial Accounting" zum „Business Reporting". In: Wolfgang Ballwieser/Thomas Schildbach (Hrsg.), *Rechnungslegung und Steuern International*, Bd. 40 von *ZfbF Sonderheft*, Verlagsgruppe Handelsblatt, Düsseldorf, S. 17–53

BODIE, ZVI/ALEX KANE/ALAN J. MARCUS (2005): *Investments*. The Irwin Series in Finance, 6. Aufl., Irwin/McGraw-Hill, Chicago, Ill.

BOSWORTH, DEREK/DESPOINA FILIOU/MARK LONGLAND (2003): Measuring the „Quality" of Patents. Draft report to the uk patent office, januar 2003, Manchester School of Management – Oxford Intellectual Property Research Centre

BREALEY, RICHARD A./STEWART C. MYERS (1996): *Principles of Corporate Finance*. 5. Aufl., McGraw-Hill, New York

BREALEY, RICHARD A./STEWART C. MYERS (2003): *Principles of Corporate Finance*. 7. Aufl., McGraw-Hill, New York

BREITZMAN, ANTHONY F./MARY ELLEN MOGEE (2002): The many applications of patent analysis. *Journal of Information Science*, 28 (3), S. 187–205

BRIEF, RICHARD P./K. V. PEASNELL (Hrsg.) (1996): *Clean Surplus – A Link Between Accounting and Finance*. New Works in Accounting History, Garland Publishing, Inc., New York

BROADUS, R.N. (1987): Towards a Definition of Bibliometrics. *Scientometrics*, 12 (5–6), S. 373–379

BROCKHOFF, KLAUS (1999a): *Forschung und Entwicklung: Planung und Kontrolle*. 5. Aufl., Oldenbourg Verlag, München

BROCKHOFF, KLAUS (1999b): Technological progress and the market value of firms. *International Journal of Management Reviews*, 1 (4), S. 485–501

BROCKHOFF, KLAUS (2000): Die Auswahl von Patentdatenbanken für das Technologiemanagement. In: Gerold E. Häflinger und Jörg D. Meier (Hrsg.), *Tendenzen im Innovationsmanagement*, Festschrift für Werner Popp zum 65. Geburtstag, Physica-Verlag, Heidelberg, S. 94–102

BROCKHOFF, KLAUS (2001): Neue Herausforderungen an die Berichterstattung über Forschung und Entwicklung. In: Christian Dyckerhoff Kurt Boysen/Holger Otte (Hrsg.), *Der Wirtschaftsprüfer und sein Umfeld zwischen Tradition und Wandel zu Beginn des 21. Jahrhunderts*, Festschrift zum 75. Geburtstag von Hans-Heinrich Otte, IDW-Verlag, Düsseldorf, S. 49–66

BROWN, LAWRENCE D. (1993): Earnings Forecasting Research: Its Implications for Capital Markets Research. *International Journal of Forecasting*, 9 (3), S. 295–320

BROWN, LAWRENCE D. (1996): Influential Accounting Articles, Individuals, Ph.D. granting Institutions and Faculties: A citational Analysis. *Accounting, Organizations and Society*, 21 (7/8), S. 723–754

BROWN, PHILIP/BRYAN HOWIESON (1998): Capital Markets Research and Accounting Standard Setting. *Accounting and Finance*, 38 (2), S. 5–28

BROWN, STEPHEN/KIN LO/THOMAS LYS (1999): Use of R-Square in Accounting Research: Measuring Changes in Value Relevance over the Last Four Decades. *Journal of Accounting and Economics*, 28 (2), S. 83–115

BROWN, STEPHEN/KIN LO/THOMAS LYS (2002): Erratum to „Use of R-Square in Accounting Research: Measuring Changes in Value Relevance over the last four Decades". *Journal of Accounting and Economics*, 33 (1), S. 141

BROWN, VICTOR H. (1990): Accounting Standards: Their Economic and Social Consequences. *Accounting Horizons*, 4 (3)

BÜHLER, WOLFGANG/HERBERT HAX/REINHARD SCHMIDT (Hrsg.) (1999): *Empirical Research on the German Capital Market*. Contributions to Management Science, Physica-Verlag, Heidelberg

BÜHLER, WOLFGANG/HERBERT HAX/REINHART SCHMIDT (Hrsg.) (1993): *Empirische Kapitalmarktforschung*, Bd. 31 von *Schmalenbachs Zeitschrift für betriebswirtschaftliche Forschung (ZfbF) Sonderheft*. Verlagsgruppe Handelsblatt, Düsseldorf

BURTON, JOHN C./ROBERT J. SACK (1990): Standard Setting Process in Trouble (Again). *Accounting Horizons*, 4 (4), S. 117–120

BUSSE VON COLBE, WALTHER (1993): *Die Entwicklung des Jahresabschlusses als Informationsinstrument*, Bd. 32 von *Schmalenbachs Zeitschrift für betriebswirtschaftliche Forschung (ZfbF) Sonderheft*. Verlagsgruppe Handelsblatt, Düsseldorf

CAMPBELL, JOHN Y./ANDREW W. LO/A. CRAIG MACKINLAY (1997): *The Econometrics of Financial Markets*. Princeton University Press, Princeton, New Jersey

CHATTERJEE, SAMPRIT/ALI S. HADI/BERTRAM PRICE (2000): *Regression Analysis by Example*. 3. Aufl., John Wiley & Sons, New York

CHMIELEWICZ, KLAUS (1979): *Forschungskonzeptionen der Wirtschaftswissenschaften*. 2. Aufl., Poeschel Verlag, Stuttgart

CHRISTIE, ANDREW A. (1987): On Cross-Sectional Analysis in Accounting Research. *Journal of Accounting and Economics*, 9 (3), S. 231–258

CLUBB, COLIN D.B. (1996): Valuation and Clean Surplus Accounting: Some Implications of the Feltham and Ohlson Model for the Relative Information Content of Earnings and Cash Flows. *Contemporary Accounting Research*, 13 (1), S. 329–337

COCKBURN, IAIN/ZVI GRILICHES (1988): Industry Effects and Appropriability Measures in the Stock Market's Valuation of R & D and Patents. *American Economic Review*, 78 (2)

COENENBERG, ADOLF G. (1997): *Jahresabschluß und Jahresabschlußanalyse*. 16. Aufl., Verlag Moderne Industrie, Landsberg/Lech

COENENBERG, ADOLF G. (2003): *Jahresabschluss und Jahresabschlussanalyse*. 19. Aufl., Schäffer-Poeschel, Stuttgart

COENENBERG, ADOLF G./HANS-PETER MÖLLER/FRANZ SCHMIDT (1984): Empirical Research in Financial Accounting in Germany, Austria, and Switzerland: A Review. In: Anthony G. Hopwood/Hein Schreuder (Hrsg.), *European Contributions to Accounting Research: The Achievement of the Last Decade*, Free University Press, Amsterdam, S. 61–81

COLLINS, DANIEL W./EDWARD L. MAYDEW/IRA S. WEISS (1997): Changes in the Value-Relevance of Earnings and Book Values over the Past Forty Years. *Journal of Accounting and Economics*, 24 (1), S. 39–67

COMMITTEE ON RESEARCH METHODOLOGY IN ACCOUNTING (1972): Report of the Committee on Research Methodology in Accounting. *Accounting Review*, 47 (4), S. 399–520

CONNOLLY, ROBERT A./MARK HIRSCHEY (1988): Market Value and Patents: A Bayesian Approach. *Economics Letters*, 27 (1), S. 83–87

COOK, DENNIS R. (1977): Detection of Influential Observation in Linear Regression. *Technometrics*, 19 (1), S. 15–18

COPELAND, THOMAS E./J. FRED WESTON (1992): *Financial Theory and Corporate Policy*. 3. Aufl., Addison-Wesley, Reading, Mass.

COPELAND, TOM/TIM KOLLER/JACK MURRIN (1995): *Valuation*. 2. Aufl., John Wiley & Sons, New York

Crane, Dwight B. (1995): The Transfer of Economic Resources. In: Dwight B. Crane et. al. (Hrsg.), *The global Financial System – A functional Perspective*, Kap. 4, Harvard Business School Press, Boston, Mass., S. 129–152

Damodaran, Aswath (2002): *Investment Valuation*. 2. Aufl., John Wiley & Sons, New York

Davidson, Russell/James G. MacKinnon (1993): *Estimation and Inference in Econometrics*. Oxford University Press, Oxford

Davidson, Russell J./James G. MacKinnon (1981): Several Tests for Model Specification in the Presence of Alternative Hypotheses. *Econometrica*, 49 (3), S. 781–793

Demers, Elizabeth/Baruch Lev (2001): A Rude Awakening: Internet Shakeout in 2000. *Review of Accounting Studies*, 6 (2/3), S. 331–359

Deng, Zhen/Baruch Lev/Francis Narin (1999): Science and Technology as Predictors of Stock Performance. *Financial Analyst Journal*, 55 (3), S. 20–32

Detken, Carsten/Philipp Hartmann (2000): The Euro and International Capital Markets. *International Finance*, 3 (1), S. 123–160

Deutsche Börse AG (2004): Leitfaden zu den Aktienindizes der Deutschen Börse. Leitfaden – Aktienindizes der Deutschen Börse, Version 5.4, Juli 2004, Deutsche Börse AG – Information Services, Frankfurt am Main, URL http://deutsche-boerse.com/dbag/dispatch/de/binary/gdb_navigation/information_services/30_Indices_Index_Licensing/60_Guidelines_Short_Information/Content_Files/10_aktienindizes/equity_indices_guide.pdf

Dimson, Elroy/Massoud Mussavian (1998): A brief history of market efficiency. *European Financial Review*, 4 (1), S. 91–103

Domsch, Michel/Franz Eisenführ/Dieter Ordelheide/Manfred Perlitz (Hrsg.) (1988): *Unternehmenserfolg: Planung - Ermittlung - Kontrolle*Festschrift für Walther Busse von Colbe zum 60. Geburtstag, Gabler Verlag, Wiesbaden

DRSC, Deutsche Rechnungslegungs Standards Committee (2004): Organisation und Ziele des DRSC. Informationsbroschüre, Deutsche Rechnungslegungs Standards Committee e. V., Berlin, URL http://www.standardsetter.de/drsc/docs/gasc_about.html

Drukarczyk, Jochen (1998): *Unternehmensbewertung*. Vahlens Handbücher der Wirtschafts- und Sozialwissenschaften, 2. Aufl., Verlag Franz Vahlen, München

Dwight B. Crane et. al. (Hrsg.) (1995): *The global Financial System – A functional Perspective*. Harvard Business School Press, Boston, Mass.

DYBDAHL, LISE (2000): *Europäisches Patentrecht – Einführung in das Europäische Patentsystem.* Carl Heymanns Verlag, Köln

DYE, RONALD A. (2001): An evaluation of ëssays on disclosureänd the disclosure literature in accounting. *Journal of Accounting and Economics*, 32 (1–3), S. 181–235

EASTON, PETER D. (1998): Discussion of Revalued Financial, Tangible, and Intangible Assets: Association with Share Prices and Non-Market-Based Value Estimates. *Journal of Accounting Research*, 36 (Supplement), S. 235–247

EASTON, PETER D. (1999): Security Returns and the Value Relevance of Accounting Data. *Accounting Horizons*, 13 (4), S. 399–412

EASTON, PETER D./TREVOR S. HARRIS (1991): Earnings as an Explanatory Variable for Returns. *Journal of Accounting Research*, 29 (1), S. 19–36

EASTON, PETER D./GREGORY A. SOMMERS (2003): Scale and the Scale Effect in Market-based Accounting Research. *Journal of Business Finance and Accounting*, 30 (1/2), S. 25–55

ECCHER, ELIZABETH A. (1998): Discussion of The Value Relevance of Intangibles: The Case of Software Capitalization. *Journal of Accounting Research*, 36 (3), S. 193–198

EDVINSSON, LEIF/GISELA BRÜNIG (2000): *Aktivposten Wissenskapital.* Gabler Verlag, Wiesbaden

EDWARDS, EDGAR O./PHILIP W. BELL (1961): *The Theory and Measurement of Business Income.* University of California Press, Berkeley

ERNST, HOLGER (1996): *Patentinformationen für die strategische Planung von Forschung und Entwicklung*, Bd. 18 von *Betriebswirtschaftslehre für Technologie und Innovation.* Deutscher Universitäts-Verlag, Wiesbaden, dissertationsschrift, Universität Kiel, 1996

ERNST, HOLGER (1999): Führen Patentanmeldungen zu einem nachfolgenden Anstieg des Unternehmenserfolges? – Eine Panel Analyse. *Zeitschrift für betriebswirtschaftliche Forschung*, 12, S. 1146–1168

ERNST, HOLGER (2001): Patent Applications and Subsequent Changes of Performance: Evidence from Time-Series Cross-Section Analyses on the Firm Level. *Research Policy*, 30 (1), S. 143–157

EUROPÄISCHE ZENTRALBANK (2001): The Euro Equity Market. Marktstudie, August 2001, Europäische Zentralbank, Frankfurt am Main, URL http://www.ecb.int/pub/pdf/other/euroequitymarketen.pdf

FAMA, EUGENE F. (1965): The Behaviour of Stock Market Prices. *The Journal of Business*, 38 (1), S. 34–105

FAMA, EUGENE F. (1970): Efficient Capital Markets: A Review of Theory and Empirical Work. *The Journal of Finance*, 25 (2), S. 383–417

FAMA, EUGENE F. (1991): Efficient Capital Markets: II. *The Journal of Finance*, 46 (5), S. 1575–1618

FAMA, EUGENE F. (1998): Market Efficiency, Long-Term Returns, and Behavioral Finance. *Journal of Financial Economics*, 49 (3), S. 283–306

FAMA, EUGENE F./LAWRENCE FISHER/MICHAEL C. JENSEN/RICHARD ROLL (1969): The Adjustment of Stock Prices to New Information. *International Economic Review*, 10 (1), S. 1–21

FAMA, EUGENE F./MERTON H. MILLER (1972): *The Theory of Finance*. Dryden Press, Hinsdale, Illinois

FASB, FINANCIAL ACCOUNTING STANDARDS BOARD (2004): Facts about FASB 2003–2004. Factbook, Financial Accounting Standards Board, Norwalk, Connecticut, USA, URL http://www.fasb.org/facts/facts_about_fasb.pdf

FELTHAM, GERALD A./JAMES A. OHLSON (1995): Valuation and Clean Surplus Accounting for Operating and Financial Activities. *Contemporary Accounting Research*, 11 (2), S. 689–731

FELTHAM, GERALD A./JAMES A. OHLSON (1996): Uncertainty Resolution and the Theory of Depreciation Measurement. *Journal of Accounting Research*, 34 (2), S. 209–234

FELTHAM, GERALD A./JAMES A. OHLSON (1999): Residual Earnings Valuation with Risk and Stochastic Interest Rates. *The Accounting Review*, 74 (2), S. 165–183

FIELDS, THOMAS D./THOMAS Z. LYS/LINDA VINCENT (2001): Empirical Research on Accounting Choice. *Journal of Accounting and Economics*, 31 (1–3), S. 255–307

FRANCFORT, ALFRED J./BERND RUDOLPH (1992): Zur Entwicklung der Kapitalstrukturen in Deutschland und in der Vereinigten Staaten von Amerika. *Zeitschrift für betriebswirtschaftliche Forschung*, 44, S. 1059–1079

FRANCIONI, RETO (1997): Eigenkapital für wachstumsorientierte Unternehmen – der Neue Markt der Deutsche Börse AG. In: Wolfgang Gerke (Hrsg.), *Die Börse der Zukunft: Märkte, Plätze, Netze*, Schäffer-Poeschel, Stuttgart, S. 87–98

FRANCIS, JENNIFER (2001): Discussion of Empirical Research on Accounting Choice. *Journal of Accounting and Economics*, 31 (1–3), S. 309–319

Francis, Jennifer/Katherine Schipper (1999): Have Financial Statements Lost Their Relevance? *Journal of Accounting Research*, 37 (2), S. 319–352

Francis, Jennifer/Kathrine Schipper/Linda Vincent (2002): Expanded Disclosures and the Increased Usefulness of Earnings Announcements. *Accounting Review*, 77 (3), S. 515–546

Franke, Jürgen F. (1993): Die Bedeutung des Patentwesens im Innovationsprozess - Probleme und Verbesserungsmöglichkeiten. *IFO Studien*, 39 (34), S. 307–326

Frecka, Thomas J. (Hrsg.) (1989): *The State of the Accounting Research as we enter the 1990's*, Illinois PhD Jubilee 1939 – 1989, Department of Accountancy, University of Illinois at Urbana-Champaign, Urbana, IL

Fröschle, Gerhard/Martin Glaum/Udo Mandler (1998): Internationale Rechnungslegung und Kapitalaufnahmeerleichterungsgesetz – Meinungswandel bei Führungskräften deutscher Unternehmungen? *Der Betrieb*, 46 (51), S. 2281–2288

Gebhardt, Günther/Bernhard Pellens (Hrsg.) (1999): *Rechnungswesen und Kapitalmarkt*, Bd. 41 von *Schmalenbachs Zeitschrift für betriebswirtschaftliche Forschung (ZfbF) Sonderheft*. Verlagsgruppe Handelsblatt, Düsseldorf

George, Nashwa (2004): The Participation of Academics in the Standard-Setting Process of the Financial Accounting Standards Board. *Journal of Business & Economic Studies,*, 10 (1), S. 54–60

Gerke, Wolfgang (Hrsg.) (1997): *Die Börse der Zukunft: Märkte, Plätze, Netze.* Schäffer-Poeschel, Stuttgart

Goodwin, John/Kim R. Sawyer/Kamran Ahmed (2002): Relevance of Value. Arbeitspapier, Februar 2002, La Trobe University – Department of Accounting and Management, URL http://ssrn.com/abstract=299466

Greenbaum, Stuart I./Anjan V. Thakor (1995): *Contemporary Financial Intermediation*. Dryden Press, Fort Worth

Greene, William H. (2002): *Econometric Analysis*. 5. Aufl., Prentice Hall, Upper Saddle River, NJ

Griliches, Zvi (1981): Market Value, R & D and Patents. *Economics Letters*, 7, S. 183–187

Griliches, Zvi (1990): Patent Statistics as Economic Indicators: A Survey. *Journal of Economic Literature*, 28 (4), S. 1661–1707

Griliches, Zvi/Bronwyn H. Hall/Ariel Pakes (1991): R & D, Patents and the Market Value Revisited: Is there a Second (Technological Opportunity) Factor? *Economics of Innovation and New Technology*, 1, S. 183–202

GROCHLA, ERWIN (1976): Praxeologische Organisationstheorie durch Sachliche und Methodische Integration. *Zeitschrift für betriebswirtschaftliche Forschung*, 28, S. 617–637

GU, ZHAOYANG (2004): Scale Factor, R^2, and the Choice of Levels vs. Returns Models. Arbeitspapier, undatiert, Tepper School of Business – Carnegie Mellon University, URL http://littlehurt.tepper.cmu.edu/gsiadoc/wp/2001-08.pdf, forthcoming, Journal of Accounting, Auditing & Finance

GUJARATI, DAMODAR N. (1995): *Basic Econometrics*. 3. Aufl., McGraw-Hill, New York

HÄFLINGER, GEROLD E./JÖRG D. MEIER (Hrsg.) (2000): *Tendenzen im Innovationsmanagement*. Physica-Verlag, Heidelberg, festschrift für Werner Popp zum 65. Geburtstag

HALL, BRONWYN H. (2000): Innovation and Market Value. In: Ray Barrell/Geoff Mason/Mary O'Mahony (Hrsg.), *Productivity, Innovation and Economic Performance*, Kap. 7, Cambridge University Press, Cambridge, S. 177–198

HALL, BRONWYN H./ADAM JAFFE/MANUEL TRAJTENBERG (2000): Market Value and Patent Citations: A First Look. NBER Working Paper No. W7741, Juni 2000, National Bureau of Economic Research, Cambridge, MA, USA, URL http://ssrn.com/abstract=233745

HALLER, AXEL/RALPH DIETRICH (2001): Interlectual Capital Bericht als Teil des Lageberichts. *Der Betrieb*, 54 (20), S. 1045–1052

HAND, JOHN R. M. (2003): Profits, Losses and the Non-linear Pricing of Internet Stocks. In: John Hand/Baruch Lev (Hrsg.), *Intangible Assets — Values, Measures, and Risks*, Oxford Management Readers, Oxford University Press, Oxford, S. 248–268

HAND, JOHN R.M. (2001): The Role of Book Income, Web Traffic, and Supply and Demand in the Pricing of U.S. Internet Stocks. *European Finance Review*, 5 (3), S. 295–317

HAND, JOHN R.M./WAYNE R. LANDSMAN (1998): Testing the Ohlson model: v or not v, that is the question. Arbeitspapier, August 1998, University of North Carolina at Chapel Hill – Accounting Area, URL http://ssrn.com/abstract=126308

HAND, JOHN R.M./BARUCH LEV (Hrsg.) (2003): *Intangible Assets – Values, Measures, and Risks*. Oxford University Press, Oxford

HARHOFF, DIETMAR/FRANCIS NARIN/FREDERIC M. SCHERER/KATRIN VOPEL (1999): Citation Frequency and the Value of Patented Inventions. *The Review of Economics and Statistics*, 81 (3), S. 511–515

HARHOFF, DIETMAR/MARKUS REITZIG (2004): Determinants of Opposition against EPO Patent Grants - The Case of Biotechnology and Pharmaceuticals. *International Journal of Industrial Organization*, 22 (4), S. 443–480

HARHOFF, DIETMAR/FREDERIC M. SCHERER/KATHRIN VOPEL (2003): Citations, Family Size, Opposition and the Value of Patent Rights. *Research Policy*, 32 (8), S. 1343–1363

HARRIS, TREVOR S./MARK LANG/HANS-PETER MÖLLER (1994): The Value Relevance of German Accounting Measures: An Empirical Analysis. *Journal of Accounting Research*, 32 (2), S. 187–209

HARRIS, TREVOR S./MARK LANG/HANS-PETER MÖLLER (1995): Zur Relevanz der Jahresabschlußgrößen Erfolg und Eigenkapital für die Aktienbewertung in Deutschland und den USA. *Zeitschrift für betriebswirtschaftliche Forschung*, 47, S. 996–1028

HAUSCHILDT, JÜRGEN (1993): *Ergebnisse empirischer betriebswirtschaftlicher Forschung: Zu einer Realtheorie der Unternehmung*. Festschrift für Eberhard Witte, Schäffer-Poeschel, Stuttgart

HAUSCHILDT, JÜRGEN/OSKAR GRÜN (Hrsg.) (1993): *Innovationsmanagement – Determinanten des Innovationserfolges*. Festschrift für Eberhard Witte, Schäffer-Poeschel, Stuttgart

HAVERMANN, HANS (Hrsg.) (1987): *Bilanz- und Konzernrecht*. Festschrift zum 65. Geburtstag von Dr. Dr. h. c. Reinhard Goerdeler, IDW-Verlag, Düsseldorf

HAVERMANN, HANS (1994): Internationale Entwicklungen in der Rechnungslegung. In: Wolfgang Ballwieser/Hans-Joachim Böcking/Jochen Drukarczyk/Reinhard H. Schmidt (Hrsg.), *Bilanzrecht und Kapitalmarkt*, IDW-Verlag, Düsseldorf, S. 655–678

HAX, HERBERT (1988): Rechnungslegungsvorschriften – Notwendige Rahmenbedingungen für den Kapitalmarkt. In: Michel Domsch/Franz Eisenführ/Dieter Ordelheide/Manfred Perlitz (Hrsg.), *Unternehmenserfolg: Planung - Ermittlung - Kontrolle*, Festschrift für Walther Busse von Colbe zum 60. Geburtstag, Gabler Verlag, Wiesbaden, S. 187–201

HEALY, PAUL M./KRISHNA G. PALEPU (2001): Information Asymmetry, Corporate Disclosure, and the Capital Markets: A Review of the Empirical Disclosure Literature. *Journal of Accounting and Economics*, 31 (1–3), S. 405–440

HEALY, PAUL M./JAMES M. WAHLEN (1999): A Review of the Earnings Management Literature and its Implications for Standard Setting. *Accounting Horizons*, 13 (4), S. 365–383

HIRSCHEY, MARK/VERNON J. RICHARDSON/SUSAN W. SCHOLZ (2001): Value Relevance of nonfinancial Information: The Case of Patent Data. *Review of Quantitative Finance and Accounting*, 17 (3), S. 223–235

HOLTHAUSEN, ROBERT W./ROSS L. WATTS (2001): The Relevance of the Value Relevance Literature for Financial Accounting Standard Setting. *Journal of Accounting and Economics*, 31 (1–3), S. 3–75

HOPWOOD, ANTHONY G./HEIN SCHREUDER (Hrsg.) (1984): *European Contributions to Accounting Research: The Achievement of the Last Decade*. Free University Press, Amsterdam

HORVÁTH, PÉTER/ALI ARNAOUT (1997): Internationale Rechnungslegung und Einheit des Rechnungswesens. *Controlling*, 4, S. 254–269

HÜFNER, BERND/HANS-PETER MÖLLER (1997): Erfolge börsennotierter Unternehmen aus Sicht von Finanzanalysten: zur Verläßlichkeit von DVFA-Ergebnissen und deren Prognosen. *Zeitschrift für Bankrecht und Bankwirtschaft*, S. 1–14

HUGHES II, K. E. (2000): The Value Relevance of Nonfinancial Measures of Air Pollution in the Electric Utility Industry. *The Accounting Review*, 75 (2), S. 209–228

HULL, JOHN C. (2000): *Options, Futures and other Derivatives*. 4. Aufl., Prentice Hall International, London

ITTNER, CHRISTOPHER D./DAVID F. LARCKER (1998): Are Nonfinancial Measures Leading Indicators of Financial Performance? An Analysis of Customer Satisfaction. *Journal of Accounting Research*, 36 (3), S. 1–35

JENKINS, EDMUND L. (1994): *Improving Business Reporting – A Customer Focus*. American Institute of Certified Public Accountants, New York

JONAS, GREGORY (1998): Bridging the Gap: Who Can Bring a User Focus to Business Reporting. *Accounting Horizons*, 12 (2), S. 154–159

KELLER, ERICH/HANS-PETER MÖLLER (1993): Die Auswirkungen der Zwischenberichterstattung auf den Informationswert von Jahresabschlüssen am Kapitalmarkt. In: Wolfgang Bühler/Herbert Hax/Reinhart Schmidt (Hrsg.), *Empirische Kapitalmarktforschung*, Nr. 31 in ZfbF Sonderheft, Verlagsgruppe Handelsblatt, Düsseldorf u. a., S. 35–60

KENNEDY, PETER (1998): *A Guide to Econometrics*. 2. Aufl., The MIT Press, Cambridge

KINNEY, WILLIAM R., JR. (1986): Empirical Research Design for Ph.D. Students. *The Accounting Review*, 61 (2), S. 338–350

KOTHARI, S. P. (2001): Capital Market Research in Accounting. *Journal of Accounting and Economics*, 31 (1–3), S. 105–231

KOTHARI, S. P./JEROLD L. ZIMMERMAN (1995): Price and Return Models. *Journal of Accounting and Economics*, 20, S. 155–192

KOTHARI, S.P./JEROLD B. WARNER (2004): The Econometrics of Event Studies. Arbeitspapier, Oktober 2004, Massachusetts Institute of Technology (MIT) – Sloan School of Management, URL http://ssrn.com/abstract=608601

KRASSER, RODOLF (2004): *Patentrecht*. 5. Aufl., Verlag C. H. Beck, München

KRISHNAN, JAYANTHI/ERIC PRESS (2003): The North American Industry Classification System and its Implications for Accounting Research. *Contemporary Accounting Research*, 20 (4), S. 685–717

KUBIN, KONRAD W. (1998): Der Aktionär als Aktienkunde – Anmerkungen zum Shareholder Value, zur Wiedervereinigung der internen und externen Rechnungslegung und zur globalen Verbesserung der Berichtserstattung. In: Hans Peter Möller/Franz Schmidt (Hrsg.), *Rechnungswesen als Instrument für Führungsentscheidungen*, Festschrift für Professor Dr. Dr. h. c. Adolf G. Coenenberg zum 60. Geburtstag, Schäffer-Poeschel, Stuttgart, S. 525–558

KURT BOYSEN, CHRISTIAN DYCKERHOFF/HOLGER OTTE (Hrsg.) (2001): *Neue Herausforderungen an die Berichterstattung über Forschung und Entwicklung*. Festschrift zum 75. Geburtstag von Hans-Heinrich Otte, IDW-Verlag, Düsseldorf

KÜTING, KARLHEINZ/CLAUS-PETER WEBER (Hrsg.) (1995): *Handbuch der Rechnungslegung: Kommentar zur Bilanzierung und Prüfung*, Bd. 1a. 4. Aufl., Schäffer-Poeschel, Stuttgart

KÜTING, KARLHEINZ/CLAUS-PETER WEBER (Hrsg.) (1998): *Handbuch der Konzernrechnungslegung: Kommentar zur Bilanzierung und Prüfung*, Bd. 2. 2. Aufl., Schäffer-Poeschel, Stuttgart

KUTZER, HERMANN (1997): Die Inflation der Information. In: Wolfgang Gerke (Hrsg.), *Die Börse der Zukunft: Märkte, Plätze, Netze*, Schäffer-Poeschel, Stuttgart, S. 115–122

KVANLI, ALAN H./C. STEPHEN GUYNES/ROBERT J. PAVUR (1996): *Introduction to Business Statistics*. 4. Aufl., West Publishing Company, New York

LANDSMAN, WAYNE R./JOSEPH MAGLIOLO (1988): Cross-Sectional Capital Market Research and Model Specification. *The Accounting Review*, 63 (4), S. 586–604

LEE, CHARLES M.C. (2001): Market Efficiency and Accounting Research – A Discussion of Capital Market Research in Accounting by S. P. Kothari. *Journal of Accounting and Economics*, 31 (1–3), S. 233–253

LEFFSON, ULRICH (1987): *Die Grundsätze ordnungsmässiger Buchführung*. 7. Aufl., IDW-Verlag, Düsseldorf

LEISENRING, JAMES J./L. TODD JOHNSON (1994): Accounting Research: On the Relevance of Research to Practice. *Accounting Horizons*, 8 (4), S. 74–79

LEITER, JOSEF M. E. (2000): New Economy – Modernisierungswelle der Wirtschaft. Vortrag, Private Equity Venture Capital Congress, Juni 2000, McKinsey & Company Inc., München

LEV, BARUCH (1989): On the Usefulness of Earnings and Earnings Research: Lessons and Directions from Two Decades of Empirical Research. *Journal of Accounting Research*, 27 (3), S. 153–192

LEV, BARUCH (2001): *Intangibles – Management, Measurement, and Reporting*. Brookings Institution Press, Washington, D. C.

LEV, BARUCH/JAMES A. OHLSON (1982): Market-Based Empirical Research in Accounting: A Review, Interpretation, and Extension. *Journal of Accounting Research*, 20 (Supplement), S. 249–322

LEV, BARUCH/THEODORE SOUGIANNIS (1996): The Capitalization, Amortization, and Value-Relevance of R & D. *Journal of Accounting and Economics*, 21 (1), S. 107–138

LEV, BARUCH/PAUL ZAROWIN (1999): The Boundaries of Financial Reporting and How to Extend Them. *Journal of Accounting Research*, 37 (2), S. 353–385

LEVICH, RICHARD M. (1998): *International Financial Markets – Prices and Policies*. Irwin/McGraw-Hill, Boston, Mass.

LINTNER, JOHN (1965): The Valuation of Risk Assets and the Selection of Risky Investments in Stock Portfolios and Capital Budgets. *Review of Economics & Statistics*, 47 (1), S. 13–37

LIU, JING/JAMES A. OHLSON (2000): The Feltham-Ohlson (1995) Model: Empirical Implications. *Journal of Accounting, Auditing and Finance*, 15 (3), S. 321–331

LIVNAT, JOSHUA (2000): Discussion: „The Ohlson Model: Contribution to Valuation Theory, Limitations, and Empirical Applications". *Journal of Accounting Auditing and Finance*, 15 (3), S. 368–370

LO, KIN/THOMAS LYS (2000a): The Ohlson Model: Contribution to Valuation Theory, Limitations, and Empirical Applications. *Journal of Accounting, Auditing and Finance*, 15 (3), S. 337–367

LO, KIN/THOMAS Z. LYS (2000b): Bridging the Gap Between Value Relevance and Information Content. Arbeitspapier, Dezember 2000, University of British Columbia – Sauder School of Business, URL http://ssrn.com/abstract=253369

Loebig, Micheal (2005): *Tracking Stocks für deutsche Aktiengesellschaften – Eine sachlich-analytische Analyse der Auswirkungen auf die Corporate Governance* Dissertation, WHU Otto-Beisheim-Hochschule, Vallendar, Laufendes Dissertationsprojekt

Lücke, Wolfgang (1955): Investitionsrechnungen auf der Grundlage von Ausgaben oder Kosten. *Zeitschrift für betriebswirtschafltiche Forschung*, 7, S. 310–324

Lücke, Wolfgang (1965): Die kalkulatorischen Zinsen im betrieblichen Rechnungswesen. *Zeitschrift für Betriebswirtschaft*, 35, S. 3–28

Lundholm, Russell J. (1995): A Tutorial on the Ohlson and Feltham/Ohlson Models: Answers to some Frequetly Asked Questions. *Contemporary Accounting Research*, 11 (2), S. 749–761

MacKinlay, A. Craig (1997): Event Studies in Economics and Finance. *Journal of Economic Literature*, 35 (1), S. 13–39

Maddala, G. S. (2003): *Introduction to Econometrics*. 3. Aufl., John Wiley & Sons, New York

Malkiel, Burton G. (2003): The Efficient Market Hypothesis and Its Critics. *Journal of Economic Perspectives*, 17 (1), S. 59–82

Mansfield, Edwin (1986): Patents and Innovation: An Empirical Study. *Management Science*, 32 (2), S. 173–181

Markowitz, Harry M. (1952): Portfolio Selection. *Journal of Finance*, 7 (1), S. 77–91

Mason, Scott P. (1995): The Allocation of Risk. In: Dwight B. Crane et. al. (Hrsg.), *The global Financial System – A functional Perspective*, Kap. 5, Harvard Business School Press, Boston, Mass., S. 129–152

Maul, Karl-Heinz/Jutta Menninger (2000): Das „Intellectual Property Statement"– eine notwendige Ergänzung des Jahresabschlusses? *Der Betrieb*, 53 (11), S. 529–533

McGahan, Anita M./Michael E. Porter (1997): How Much Does Industry Matter, Really? *Strategic Management Journal*, 18 (6), S. 15–30, Summer 1997 Special Issue: Organizational and Competitive Interactions

Meffert, Heribert (2000): *Marketing*. 9. Aufl., Gabler Verlag, Wiesbaden

Megna, Pamela/Mark Klock (1993): The Impact of Intangible Capital on Tobin's q in the Semiconductor Industry. *American Economic Review*, 83 (2), S. 265–269

Merton, Robert C./Zvi Bodie (1995): A conceptual Framework for Analyszing the Financial Environment. In: Dwight B. Crane et. al. (Hrsg.), *The global Financial System – A functional Perspective*, Kap. 1, Harvard Business School Press, Boston, Mass., S. 3–32

Mishkin, Frederic S. (2001): *The Economics of Money, Banking, and Financial Markets.* The Addison-Wesley-Series in Economics, 6. Aufl., Addison-Wesley, Bosten

Mishkin, Frederic S./Stanley G. Eakins (2003): *Financial Markets and Institutions.* The Addison-Wesley-Series in Finance, 4. Aufl., Addison-Wesley, Reading, Mass.

Möller, Hans-Peter/Bernd Hüfner (2002): Zur Bedeutung der Rechnungslegung für den deutschen Aktienmarkt – Begründung, Messprobleme und Erkenntnisse empirischer Forschung. In: Gerhard Seicht (Hrsg.), *Jahrbuch für Controlling und Rechnungswesen*, LexisNexis ARD Orac., Wien, S. 405–463

Möller, Hans-Peter/Erich Keller (1999): Financial Reporting and the Stock Market in Germany. In: Wolfgang Bühler/Herbert Hax/Reinhard Schmidt (Hrsg.), *Empirical Research on the German Capital Market*, Physica-Verlag, Heidelberg, S. 135–148

Möller, Hans Peter/Franz Schmidt (Hrsg.) (1998a): *Rechnungswesen als Instrument für Führungsentscheidungen.* Festschrift zum 60. Geburtstag von Prof. Dr. A. G. Coenenberg, Schäffer-Poeschel, Stuttgart

Möller, Hans-Peter/Franz Schmidt (1998b): Zur Bedeutung von Jahresabschlüssen und DVFA/SG-Daten für die fundamentale Aktienbewertung. In: Hans-Peter Möller/Franz Schmidt (Hrsg.), *Rechnungswesen als Instrument für Führungsentscheidungen*, Festschrift zum 60. Geburtstag von Prof. Dr. A. G. Coenenberg, Schäffer-Poeschel, Stuttgart, S. 477–504

Morel, Mindy (1999): Multi-Lagged Specifications of the Ohlson Model. *Journal of Accounting, Auditing and Finance*, 14 (2), S. 147–161

Morris, Claire (1993): *Quantitative Approaches in Business Studies.* 3. Aufl., Pitman Publishing Ltd., London

Moxter, Adolf (1976): Bilanzfragen. In: Jörg Baetge (Hrsg.), *Bilanzfragen*, Festschrift zum 65. Geburtstag von Ulrich Leffson, IDW-Verlag, Düsseldorf, S. 87–100

Moxter, Adolf (1978): Der Einfluss der EG-Bilanzrichtlinie auf das Bilanzsteuerrecht. *Betriebs-Berater*, 33, S. 1629–1632

Moxter, Adolf (1984): *Einführung in die Bilanztheorie – Bilanzlehre I*, Bd. 1 von *Bilanzlehre.* 3. Aufl., Gabler Verlag, Wiesbaden

Moxter, Adolf (1986): *Einführung in das neue Bilanzrecht – Bilanzlehre II*, Bd. 2 von *Bilanzlehre.* 3. Aufl., Gabler Verlag, Wiesbaden

Moxter, Adolf (1987): Zum Sinn und Zweck des handelsrechtlichen Jahresabschlusses nach neuem Recht. In: Hans Havermann (Hrsg.), *Bilanz- und Konzernrecht*, Festschrift zum 65. Geburtstag von Dr. Dr. h. c. Reinhard Goerdeler, IDW-Verlag, Düsseldorf, S. 361–374

MOXTER, ADOLF (2002): Grundsätze ordnungsmäßiger Buchführung. In: Wolfgang Ballwieser (Hrsg.), *Handwörterbuch der Rechnungslegung und Prüfung*, Bd. 8 von *Enzyklopädie der Betriebswirtschaftslehre*, 3. Aufl., Schäffer-Poeschel, Stuttgart, S. 1042–1052

MYERS, JAMES N. (1999): Implementing Residual Income Valuation with Linear Information Dynamics. *The Accounting Review*, 74 (1), S. 1–28

MYERS, JAMES N. (2000): Discussion: „The Feltham-Ohlson (1995) Model: Empirical Implications". *Journal of Accounting, Auditing and Finance*, 15 (3), S. 332–335

NAKAMURA, LEONARD I. (2003): The Rise in Gross Private Investment in Intangible Assets since 1978. Arbeitspapier, Juni 2003, Federal Reserve Bank of Philadelphia, URL http://www.nber.org/~confer/2003/si2003/papers/prbb/nakamura.pdf

NARIN, FRANCIS (1993): Technology Indicators and Corporate Strategy. *Review of Business*, 14 (3), S. 19–23

NARIN, FRANCIS (2000): Assessing Technological Competencies. In: Joe Tidd (Hrsg.), *From Knowledge Management to Strategic Competence*, Bd. 3 von *Series on Technology Management*, Kap. 7, Imperial College Press, London, S. 155–195

NARIN, FRANCIS/KIMBERLY S. HAMILTON/DOMINIC OLIVASTRO (1997): The increasing linkage between U.S. technology and public science. *Research Policy*, 26 (3), S. 317–330

NARIN, FRANCIS/DOMINIC OLIVASTRO (1988): Technology Indicators based on Patent Citations. In: A. F. J. van Raan (Hrsg.), *Handbook of Quantitative Studies of Science and Technology*, Kap. 15, Elsevier Science Publishers B.V. (North-Holland), Amsterdam, S. 465–507

OHLSON, JAMES A. (1987): *The Theory of Financial Markets and Information*. North-Holland, Elsevier Science Publishing, New York

OHLSON, JAMES A. (1990): A Synthesis of security valuation theory and the role of dividends, cash flows, and earnings. *Contemporary Accounting Research*, 6 (2), S. 648–676

OHLSON, JAMES A. (1991): The Theory of Value and Earnings, and an Introduction to the Ball-Brown Analysis. *Contemporary Accounting Research*, 8 (1), S. 1–19

OHLSON, JAMES A. (1995): Earnings, Book Values, and Dividends in Equity Valuation. *Contemporary Accounting Research*, 11 (2), S. 661–687

OHLSON, JAMES A. (1999): On Transitory Earnings. *Review of Accounting Studies*, 4, S. 145–162

OHLSON, JAMES A. (2001): Earnings, Book Values, and Dividends in Equity Valuation: An Empirical Perspective. *Contemporary Accounting Research*, 18 (1), S. 107–120

OHLSON, JAMES A./PERVIN SHROFF (1992): Changes versus Levels in Earnings as Explanatory Variables for Returns: Some theoretical Considerations. *Journal of Accounting Research*, 30 (2), S. 210–226

OSAREH, FARIDEH (1996a): Bibliometrics, Citation Analysis and Co-Citation Analysis: A Review of Literature I. *Libri*, 46, S. 149–158

OSAREH, FARIDEH (1996b): Bibliometrics, Citation Analysis and Co-Citation Analysis: A Review of Literature II. *Libri*, 46, S. 217–225

OTA, KOJI (2003): The Impact of Price and Return Models on Value Relevance Studies: A Review of Theory and Evidence. *Accounting Research Journal*, 16 (1), S. 6–20

PAKES, ARIEL (1985): On Patents, R & D and the Stock Market Rate of Return. *Journal of Political Economy*, 93 (2), S. 390–409

PALEPU, KRISHNA G./PAUL M. HEALY/VICTOR L. BERNARD (2000): *Business Analysis & Valuation*. 2. Aufl., South-Western College Publishing, Cincinnati

PATELL, JAMES M. (1989): Discussion of On the Usefulness of Earnings Research: Lessons and Directions from Two Decades of Empirical Research. *Journal of Accounting Research*, 27 (3), S. 193–201

PEASNELL, KEN V. (1982): Some Formal Connections between Economic Values and Yields and Accounting Numbers. *Journal of Business Finance and Accounting*, 9 (3), S. 361–381

PELLENS, BERNHARD (1999): *Internationale Rechnungslegung*. 3. Aufl., Schäffer-Poeschel, Stuttgart

PELLENS, BERNHARD/ROLF UWE FÜLBIER/JOACHIM GASSEN (2004): *Internationale Rechnungslegung – IFRS/IAS mit Beispielen und Fallstudie*. 5. Aufl., Schäffer-Poeschel, Stuttgart

PELLENS, BERNHARD/CLAUDE TOMASZEWSKI (1999): Kapitalmarktreaktionen auf den Rechnungslegungswechsel zu IAS bzw. US-GAAP. In: Günther Gebhardt/Bernhard Pellens (Hrsg.), *Rechnungswesen und Kapitalmarkt*, Nr. 41 in ZfbF Sonderheft, Verlagsgruppe Handelsblatt, Düsseldorf u. a., S. 199–228

PINDYCK, ROBERT S./DANIEL L. RUBINFELD (1993): *Econometric Models & Economic Forecast*. 3. Aufl., McGraw-Hill Inc., New York

PODDIG, THORSTEN/HUBERT DICHTL/KERSTIN PETERSMEIER (2000): *Statistik, Ökonometrie, Optimierung*. Uhlenbruch Verlag, Bad Soden

POPPER, KARL R. (1984): *Logik der Forschung*. 8. Aufl., Mohr, Thübingen

POWELL, THOMAS C. (1996): How Much Does Industry Matter? An Alternative Empirical Test. *Strategic Management Journal*, 17 (4), S. 323–334

PRATHER, JENICE/NORLIN RUESCHHOFF (1996): An analysis of international accounting research in U.S. academic accounting journals, 1980 through 1993. *Accounting Horizons*, 10 (1), S. 1–17

PREINREICH, GABRIEL A. D. (1937): Valuation and Amortization. *The Accounting Review*, 12, S. 209–226

PREINREICH, GABRIEL A. D. (1938): Annual Survey of Economic Theory: The Theory of Depreciation. *Econometrica*, 6 (3), S. 219–241

PRIMARK CORPORATION (2000): Worldscope Database. Data definitions guide, Primark Corporation

VAN RAAN, A.F.J. (Hrsg.) (1988): *Handbook of Quantitative Studies of Science and Technology*. Elsevier Science Publishers B.V. (North-Holland), Amsterdam

RAJAN, RAGHURAM/LUIGI ZINGALES (2003): Banks and Markets: The changing Character of European Finance. Arbeitspapier (NBER Working Paper Series), März 2003 Working Paper 9595, National Bureau of Economic Research – University of Chicago, GSB, URL http://www.nber.org/papers/w9595

RAJGOPAL, SHIVARAM/SURESH KOTHA/MOHAN VENKATACHALAM (2003): The Value Relevance of Network Advantages: The Case of E-commerce Firms. *Journal of Accounting Research*, 41 (1), S. 135–162

RAYN, BOB/ROBERT W. SCAPENS/MICHAEL THEOBALD (2002): *Research Method and Methodology in Finance and Accounting 2nd Edt*. 2. Aufl., Thomson, London

REBEL, DIETER (2003): *Gewerbliche Schutzrechte*. 4. Aufl., Carl Heymanns Verlag, Köln

RICHARD, HERMANN-JOSEF (1990): *DAX*. Deutsche Bank, Frankfurt am Main

RICHARD, HERMANN-JOSEF (1992): *Aktienindizes*. Josef Eul Verlag, Bergisch Gladbach

RILEY, RICHARD A., JR./TIMOTHY A. PEARSON/GREG TROMPETER (2003): The Value Relevance of Non-Financial Performance Variables and Accounting Information: The Case of the Airline Industry. *Journal of Accounting & Public Policy*, 22 (3), S. 231–254

RIMERMAN, THOMAS W. (1990): The changing Significance of Financial Statements. *Journal of Accountancy*, 169 (4), S. 79–83

ROOSENBOOM, PETER/GIANCARLO GIUDICI (Hrsg.) (2004): *The Rise and Fall of Europe's New Stock Markets*, Bd. 10 von *Advances in Financial Economics*. Elsevier Ltd., Oxford, series Editors: Mark Hirschey, Kose John und Anil K. Makhija

RUMELT, RICHARD P. (1991): How Much Does Industry Matter? *Strategic Management Journal*, 12 (3), S. 167–185

RUNTE, MATTHIAS (1999): Missing Values – Konzepte und Statistische Literatur. Arbeitspapier, 1999, Universität Kiel – Lehrstuhl für Marketing, URL http://www.runte.de/matthias/publications/missingvalues.pdf

RYAN, BOB/ROBERT W. SCAPENS/MICHAEL THEOBALD (1992): *Research Method and Methodology in Finance and Accounting*. Academic Press, London

RYAN, BOB/ROBERT W. SCAPENS/MICHAEL THEOBALD (2002): *Research Method and Methodology in Finance and Accounting*. 2. Aufl., Thomson Learning, London

SCHILDBACH, THOMAS (2001): *Der Konzernabschluß nach HGB, IAS und US-GAAP.* 6. Aufl., Oldenbourg Verlag, München

SCHIPPER, KATHERINE (1994): Academic Accounting Research and the Standard Setting Process. *Accounting Horizons*, 8 (4), S. 61–73

SCHMIDT, REINHARD H. (1982): Rechnungslegung als Informationsproduktion auf nahezu effizienten Kapitalmärkten. *Zeitschrift für betriebswirtschafltiche Forschung*, 34, S. 728–748

SCHMOCH, ULRICH (1990): *Wettbewerbsvorsprung durch Patentinformation*. Verlag TÜV Rheinland, Köln, fraunhofer-Institut für Systemtechnik und Innovationsforschung (ISI), Karlsruhe

SCHNEIDER, DIETER (1997): *Betriebswirtschaftslehre, Band 2: Rechnungswesen*. 2. Aufl., Oldenbourg Verlag, München

SCHNEIDER, DIETER (2001): *Betriebswirtschaftslehre, Band 4: Geschichte und Methoden der Wirtschaftswissenschaft*. Oldenbourg Verlag, München

SCHULZE, PETER M. (1998): *Beschreibende Statistik*. 3. Aufl., Oldenbourg Verlag, München

SCHUMPETER, JOSEPH A. (1961): *Konjunkturzyklen*, Bd. 1&2. Vandenhoeck & Ruprecht, Göttingen

SCHUMPETER, JOSEPH A. (1987a): *Kapitalismus, Sozialismus und Demokratie*. 6. Aufl., Francke, Tübingen

SCHUMPETER, JOSEPH A. (1987b): *Theorie der wirtschaftlichen Entwicklung*. 7. Aufl., Duncker & Humblot, Berlin

SEC-INSPIRED TASK FORCE (2001): Strengthening Financial Markets: Do Investors have the Information they need? Task Force Report, Mai 2001

SEICHT, GERHARD (Hrsg.) (2002): *Jahrbuch für Controlling und Rechnungswesen*. Lexis-Nexis ARD Orac, Wien

SHACKELFORD, DOUGLAS A./TERRY SHEVLIN (2001): Empirical tax research in accounting. *Journal of Accounting and Economics*, 31 (1–3), S. 255–307

SHARPE, WILLIAM F. (1964): Capital Asset Prices: A Theory of Market Equilibrium under Conditions of Risk. *Journal of Finance*, 19 (3), S. 425–442

SHEVLIN, TERRY (1996): The Value-Relevance of Nonfinancial Information: A Discussion. *Journal of Accounting and Economics*, 22 (1–3), S. 31–42

SPANNHEIMER, JÜRGEN/CHRISTIAN KOCH (2000): Internationale Bilanzierungspraxis in Deutschland – Ergebnisse einer empirischen Untersuchung der Unternehmen des DAX und MDAX sowie des Neuen Marktes. *Die Wirtschaftsprüfung*, 7, S. 301–310

STAHL, ANNE B. (2004): *Wechsel von HGB zu IAS/IFRS oder US-GAAP – Empirische Untersuchung der Umstellung von deutschen auf internationale Rechnungslegungsgrundsätze*. Gabler Edition Wissenschaft: Unternehmensführung & Controlling, Deutscher Universitäts-Verlag, dissertationsschrift, WHU Otto-Beisheim-Hochschule, Vallendar 2003

STEINER, MANFRED/LOUIS PERRIDON (2002): *Finanzwirtschaft der Unternehmung*. Vahlens Handbücher der Wirtschafts- und Sozialwissenschaften, 11. Aufl., Verlag Vahlen, München

STONEMAN, PAUL/DEREK BOSWORTH (1994): Feasibility Study for the Development of an Innovation Scoreboard. Abschlussbericht, Department of Trade and Industry, London

STÖPPLER, SIEGMAR (Hrsg.) (1985): *Information und Produktion*. Poeschel, Stuttgart

STREIM, HANNES (2000): Die Vermittlung von entscheidungsnützlichen Informationen durch Bilanz und GuV – Ein nicht einlösbares Versprechen internationaler Standardsetter. *Betriebswirtschaftliche Forschung und Praxis*, 52 (2), S. 111–131

STROMAN, HILKE (2003): *Die Wertrelevanz deutscher und US-amerikanischer Rechnungslegungsinformationen – Theoretische und empirische Analyse des Feldham-Ohlson-Modells*. Gabler Edition Wissenschaft: Unternehmensfürhung & Controlling, Deutscher Universitäts-Verlag, Wiesbaden, dissertationsschrift, WHU Otto Beisheim Hochschule, Vallendar 2002

SWIERINGA, ROBERT J. (1989): Accounting Research and Accounting Standards. In: Thomas J. Frecka (Hrsg.), *The State of the Accounting Research as we enter the 1990's*, Illinois PhD Jubilee 1939 – 1989, Department of Accountancy, University of Illinois at Urbana-Champaign, Urbana, IL, S. 72–120

TANDY, PAULETTE R./NANCY L. WILBURN (1996): The Academic Community's Participation in Standard Setting: Submission of Comment Letters ion SFAS Nos. 1–117. *Accounting Horizons*, 10 (3), S. 92–111

TIDD, JOE (Hrsg.) (2000): *From Knowledge Management to Strategic Competence*, Bd. 3 von *Series on Technology Management*. Imperial College Press, London

TOIVANEN, OTTO/PAUL STONEMAN/DEREK BOSWORTH (2002): Innovation and the Market Value of UK Firms, 19891995. *Oxford Bulletin of Economics & Statistics*, 64 (1), S. 39–61

TRAUTWEIN, ANDREAS/SVEN VORSTIUS (2004): The Role of Accounting Data and Web-Traffic in the Pricing of German Internet Stocks. In: Peter Roosenboom/Giancarlo Giudici (Hrsg.), *The Rise and Fall of Europe's New Stock Markets*, Bd. 10 von *Advances in Financial Economics*, Kap. 7, Elsevier Ltd., Oxford, S. 159–182

TRUEMAN, BRETT/M. H. FRANCO WONG/XIAO-JUN ZHANG (2000): The Eyeballs have It: Searching for the Value in Internet Stocks. *Journal of Accounting Research*, 38 (Supplement), S. 137–162

TRUEMAN, BRETT/M.H. FRANCO WONG/XIAO-JUN ZHANG (2001): Back to Basics: Forecasting the Revenues of Internet Firms. *Review of Accounting Studies*, 6 (2/3), S. 305–329

UPTON, WAYNE S., JR. (2001): Business and Financial Reporting, Challenges from the New Economy. Special Report NO. 219-A, April 2001, Norwalk, URL http://www.fasb.org/articles&reports/sr_new_economy.pdf

VERRECCHIA, ROBERT E. (2001): Essays on Disclosure. *Journal of Accounting and Economics*, 32 (1–3), S. 97–180

VORSTIUS, SVEN (2004): *Die Wertrelevanz von Jahresabschlussdaten – Eine theoretische und empirische Betrachtung von Wertrelevanz im Zeitverlauf in Deutschland*. Gabler Edition Wissenschaft: Unternehmensführung & Controlling, Deutscher Universitäts-Verlag, dissertationsschrift, WHU Otto-Beisheim-Hochschule, Vallendar 2004

VUONG, QUANG H. (1989): Likelihood Ratio Tests for Model Selection and Non-Nested Hypotheses. *Econometrica*, 57 (2), S. 307–333

WAGNER, FRANZ W. (Hrsg.) (1993): *Ökonomische Analyse des Bilanzrechts – Entwicklungslinien und Perspektiven*, Bd. 32 von *Schmalenbachs Zeitschrift für betriebswirtschaftliche Forschung (ZfbF) Sonderheft*. Verlagsgruppe Handelsblatt, Düsseldorf

WALLACE, WANDA (2000): The Value Relevance of Accounting: The Rest of the Story. *European Management Journal*, 18 (6), S. 675–682

WATTS, ROSS L./JEROLD L. ZIMMERMAN (1990): Positive Accounting Theory: A Ten Year Perspective. *The Accounting Review*, 65 (1), S. 131–156

WEBER, JÜRGEN/BARBARA E. WEISSENBERGER (2002): *Einführung in das Rechnungswesen*. 6. Aufl., Schäffer-Poeschel, Stuttgart

WEISSENBERGER, BARBARA E. (2003): *Anreizkomptible Erfolgsrechnung im Kontext der Konzernsteuerung – Grundmuster und Gestaltungsalternativen*, Bd. 12 von *Gabler Edition Wissenschaft: Schriften des Center for Controlling & Management (CCM)*. Deutscher Universitäts-Verlag, Wiesbaden, habilitationsschrift, WHU Otto Beisheim Hochschule, Vallendar 2002

WEISSENBERGER, BARBARA E./ANNE STAHL/SVEN VORSTIUS (2004): Changing from German GAAP to IFRS or US GAAP: Objectives and Achievements – A Survey of German Companies. *Accounting in Europe*, 1 (1), S. 169–189

WEISSENBERGER, BARBARA E./JÜRGEN WEBER/MICHAEL LÖBIG/CORNELIA HAAS (2003): IAS/IFRS: Quo vadis Unternehmensrechnung? – Konsequenzen der IAS Rechnungslegung für die Gestaltung der Unternehmensrechnung in deutschen Unternehmen. *Advanced Controlling*, 6 (31)

WHITE, GERALD I./ASHWINPAUL C. SONDHI/DOV FRIED (1998): *The Analysis and Use of Financial Statements*. 2. Aufl., John Wiley & Sons, New York

WHITE, GERALD I./ASHWINPAUL C. SONDHI/DOV FRIED (2003): *The Analysis and Use of Financial Statements*. 3. Aufl., John Wiley & Sons, New York

WILLIAMS, JOHN BICKERTON (1938): *The Theory of Investment Value*. Harvard University Press, Cambridge, Mass.

WINKER, PETER (1997): *Empirische Wirtschaftsforschung*. Springer-Verlag, Berlin

WITTMANN, WALDEMAR (1959): *Unternehmung und Unvollkommene Information: Unternehmerische Voraussicht - Ungewißheit und Planung* Westdeutscher Verlag, Köln u. a.

WÖHE, GÜNTER (1996): *Die Handels- und Steuerbilanz* 3. Aufl., Verlag C. H. Beck, München

WÖHE, GÜNTER (2000): *Einführung in die Allgemeine Betriebswirtschaftslehre*. 20. Aufl., Verlag Franz Vahlen, München

Wyatt, Anne/Zoltan Paul Matolcsy (2004): What Drives the Value of Technological Companies – An Economics of Innovation Approach. Arbeitspapier, March 2004, University of Melbourne – Faculty of Economics and Commerce, URL http://ssrn.com/abstract=517122

Wyatt, Arthur (1990): Accounting Standards: Conceptual or Political? *Accounting Horizons*, 4 (3), S. 83–88

FSC
www.fsc.org
MIX
Papier | Fördert gute Waldnutzung
FSC® C083411

Kolibri 360 GmbH
Ferdinand-Jühlke-Straße 7
99095 Erfurt, Deutschland
produktsicherheit@kolibri360.de